HEIDELBERGER JAHRBÜCHER

2009

53

Herausgegeben
von der
Gesellschaft der Freunde
Universität Heidelberg e.V.

EKKEHARD FELDER

(Herausgeber)

Sprache

Mit Beiträgen von

Jochen A. Bär · Nina Berend · Katharina Bremer
Ekkehard Felder · Fritz Hermanns † · Jörg Kilian
Klaus-Peter Konerding · Klaus J. Mattheier
Marcus Müller · Jörg Riecke · Jörn Stegmeier
Jana Tereick · Herbert Ernst Wiegand

 Springer

IM AUFTRAG DER GESELLSCHAFT DER FREUNDE
UNIVERSITÄT HEIDELBERG E.V.
UND DES REKTORS DER UNIVERSITÄT HEIDELBERG
herausgegeben von Prof. Dr. Michael Wink

WISSENSCHAFTLICHER BEIRAT
Martin Bopp · Joachim Funke · Hans Gebhardt · Helmuth Kiesel · Stefan M. Maul
Veit Probst · Arnold Rothe · Volker Storch · Michael Wink

BANDHERAUSGEBER
Prof. Dr. Ekkehard Felder
Universität Heidelberg, Germanistisches Seminar
Hauptstraße 207–209, 69117 Heidelberg
felder@gs.uni-heidelberg.de

REDAKTION
Jana Tereick, M. A.
Universität Heidelberg, Germanistisches Seminar
Hauptstraße 207–209, 69117 Heidelberg
jana.tereick@gs.uni-heidelberg.de

ISBN 978-3-642-00341-7   e-ISBN 978-3-642-00342-4
Heidelberger Jahrbücher (Series) ISSN 0073-1641

Mit 40 Abbildungen, davon 6 in Farbe und 2 Tabellen

Bibliografische Information der Deutschen Bibliothek
Die Deutsche Bibliothek verzeichnet diese Publikation in der Deutschen Nationalbibliografie;
detaillierte bibliografische Daten sind im Internet über http://dnb.ddb.de abrufbar.

© 2009 Springer-Verlag Berlin Heidelberg

Umschlaggestaltung: WMX Design GmbH, Heidelberg
Satz und Umbruch durch PublicationService Gisela Koch, Wiesenbach
mit einem modifizierten Springer-LATEX-Makropaket

Gedruckt auf säurefreiem Papier

9 8 7 6 5 4 3 2 1

springer.de

Vorwort

Leben wir in einer Zeit der Sprachvergessenheit? Die Unhintergehbarkeit menschlicher Erkenntnis ist seit Kant ein Topos und findet bei Humboldt eine Zuspitzung auf die Sprache als *das* Medium der Erkenntnis. Auch heute noch wird Sprache offensichtlich für so wichtig erachtet, dass sie Anlass zahlreicher Umfragen in den Medien, Grundlage vielfältiger Kompetenzüberprüfungen in den Schulen und mitunter Zankapfel politischer Auseinandersetzungen ist. All dies scheint keineswegs auf eine sprachvergessene Zeit zu deuten.

Andererseits wird gerade in unserer Zeit den Dingen Vorrang vor den Worten eingeräumt (cf. Redewendungen wie *Worte sind wie Schall und Rauch; nicht reden, sondern handeln*), der sprachlichen Betrachtung wird allenfalls Evidenzcharakter zugesprochen. Die Dinge sind wie sie sind. Es zählen die Fakten. Sprache ist nur das Wie des Gesagten, im Kern geht es aber um das Was.

Was wie ein Widerspruch erscheint, entpuppt sich als ein gespaltenes Verhältnis vieler Zeitgenossen zur Sprache und kann paradoxerweise durchaus nebeneinander existieren. Wenn eine Sprachbetrachtung nützlich sein kann, so wird sie gerne vorgenommen. Mitunter wird sogar in Auseinandersetzungen über die Problematisierung der sprachlichen Ausdrucksweise der Maßstab für die Lösung strittiger Fragen gesucht: Der inhaltliche Streit soll dann über die Feststellung des „richtigen" sprachlichen Zugriffs entschieden werden. Das überfordert selbstredend die Sprache, deren Verwendungsweisen wie die mit ihr thematisierten Inhalte immer wieder neu ausgehandelt werden müssen.

Vor dem Hintergrund des so skizzierten Befundes will dieser Band an einschlägigen Themen der Sprachwissenschaft darlegen, wie sich die Entwicklung und Variationsbreite von Sprache beschreiben lässt, was dies über die Sprecher und ihr zeitspezifisches Denken und Wissen aussagt und wie sich die Komplexität der sprachlichen Gebrauchsformen linguistisch erfassen lässt. In diesem Band stellen Sprachwissenschaftler die Bandbreite linguistischer Forschungen für an Sprache Interessierte vor und verdeutlichen damit die anthropologische und gesellschaftspolitische Relevanz der Sprache.

Besonderer Dank gilt Jana Tereick M.A. für die gewissenhafte Lektüre sowie das Redigieren aller Beiträge. Das Buch widme ich meinem fünfjährigen Sohn Caleb, der im Urlaub in Norddeutschland feststellt: „Hier sagen die Leute *ne*, gell Mama?"

Heidelberg, im Januar 2009   *Ekkehard Felder*

Inhaltsverzeichnis

EKKEHARD FELDER
Einführende Bemerkungen zur Sprache   *1*

EKKEHARD FELDER
Sprache – das Tor zur Welt!?
Perspektiven und Tendenzen in sprachlichen Äußerungen   *13*

JOCHEN A. BÄR
Die Zukunft der deutschen Sprache   *59*

JÖRG RIECKE
Sprachgeschichte trifft Medizingeschichte.
Über die Aufgaben der Sprachgeschichtsschreibung   *107*

JÖRG KILIAN
„Wie muß das heissen?"
Hochsprachnormierung und Sprecherziehung
im Lehrgespräch des 18. Jahrhunderts. Ein Beitrag der Historischen
Dialogforschung zur Erklärung des Sprachwandels   *131*

KLAUS-PETER KONERDING
Diskurslinguistik – eine neue linguistische Teildisziplin   *155*

FRITZ HERMANNS †
Linguistische Hermeneutik.
Überlegungen zur überfälligen Einrichtung eines in der Linguistik
bislang fehlenden Teilfaches   *179*

NINA BEREND
Standardsprache – Alltagssprache.
Eine Aufnahmeaktion zur Untersuchung der Variation
im gesprochenen Standarddeutsch   *215*

KLAUS J. MATTHEIER
Kommmunikationsprofil: ein zentrales Analysefeld der Dialektsoziologie –
am Beispiel des Heidelberger Dialekts   *235*

HERBERT ERNST WIEGAND

Nichtnatürlich über natürliche Sprache schreiben.
Zu einigen formalen Aspekten von Wörterbuchartikeln   *247*

JÖRN STEGMEIER

Grundlagen, Positionen und semantische Kämpfe
in der Orthographiediskussion   *287*

MARCUS MÜLLER

Zur Ikonisierung komplexer Sprachzeichen in der Medienwelt –
das Beispiel Infografik   *317*

KATHARINA BREMER

Spracherwerb – Vielfältige Perspektiven gefragt   *341*

JANA TEREICK

Sprachkritik und Sprachmagie.
Eine Kategorisierung von Formen der Sprachkritik
vor dem Hintergrund des Streits zwischen Sprachkritikern
und Sprachwissenschaftlern   *363*

Autorinnen und Autoren

Priv.-Doz. Dr. JOCHEN A. BÄR
Universität Heidelberg, Germanistisches Seminar
Hauptstraße 207–209, 69117 Heidelberg
jochen.baer@gs.uni-heidelberg.de

Prof. Dr. NINA BEREND
Institut für Deutsche Sprache
R 5, 6–13, 68161 Mannheim
berend@ids-mannheim.de

Dr. KATHARINA BREMER
Universität Heidelberg, Germanistisches Seminar
Hauptstraße 207–209, 69117 Heidelberg
bremer@uni-heidelberg.de

Prof. Dr. EKKEHARD FELDER
Universität Heidelberg, Germanistisches Seminar
Hauptstraße 207–209, 69117 Heidelberg
felder@gs.uni-heidelberg.de

Priv.-Doz. Dr. FRITZ HERMANNS †

Prof. Dr. JÖRG KILIAN
Universität Kiel, Germanistisches Seminar
Olshausenstraße 40, 24098 Kiel
kilian@germsem.uni-kiel.de

Prof. Dr. KLAUS-PETER KONERDING
Universität Heidelberg, Germanistisches Seminar
Hauptstraße 207–209, 69117 Heidelberg
klaus-peter.konerding@gs.uni-heidelberg.de

Prof. Dr. Dr. h.c. KLAUS J. MATTHEIER
Universität Heidelberg, Germanistisches Seminar
Hauptstraße 207–209, 69117 Heidelberg
klaus.mattheier@gs.uni-heidelberg.de

Dr. MARCUS MÜLLER

Universität Heidelberg, Germanistisches Seminar
Hauptstraße 207–209, 69117 Heidelberg
marcus.mueller@gs.uni-heidelberg.de

Prof. Dr. JÖRG RIECKE

Universität Heidelberg, Germanistisches Seminar
Hauptstraße 207–209, 69117 Heidelberg
riecke@gs.uni-heidelberg.de

JÖRN STEGMEIER, M.A.

Universität Heidelberg, Germanistisches Seminar
Hauptstraße 207–209, 69117 Heidelberg
joern.stegmeier@gs.uni-heidelberg.de

JANA TEREICK, M.A.

Universität Heidelberg, Germanistisches Seminar
Hauptstraße 207–209, 69117 Heidelberg
jana.tereick@gs.uni-heidelberg.de

Prof. em. Dr. Dr. h.c. mult. HERBERT ERNST WIEGAND

Universität Heidelberg, Germanistisches Seminar
Hauptstraße 207–209, 69117 Heidelberg
herbert.ernst.wiegand@gs.uni-heidelberg.de

Einführende Bemerkungen zur Sprache

EKKEHARD FELDER

Fangen wir mit etwas ganz Grundsätzlichem an – mit der Liebe. Die Liebe zwischen Menschen, die Liebe zur eigenen oder zu einer nicht mehr fremden Kultur, die Liebe zu einer Stadt, Region oder einem Land, die Liebe zur Musik, Kunst, Literatur oder vielem anderem mehr und letztlich – besonders wichtig – die Liebe zur Sprache.

Liebe – ob platonisch, körperlich oder wie auch immer geartet – ist auch Gegenstand kulturanthropologischer, geistesgeschichtlicher, literarischer, psychologischer usw. Thematisierungen. Was hat aber die Liebe bzw. das Erleben der Liebe mit Sprache zu tun?

Ein Großteil unserer Erfahrung und unseres Wissens basiert einerseits auf dem unmittelbaren primären Erleben von Gefühlen, Lebenssituationen und Phänomenen dieser Art. Auf der anderen Seite haben wir beim Sprechen und Schreiben sowie beim Zuhören und Lesen – z. B. über die Liebe – gelernt, unsere diesbezüglichen Erfahrungs- und Wissensbestände in der Interaktions- und Kommunikationspraxis mit diversen Formen des Lexems *Liebe* oder synonym eingeschätzter Wörter auszudrücken. Wir verweisen auf Sachverhalte dieses Themenspektrums mit entsprechenden Wortformen (sog. tokens wie *lieb, lieblich, Liebender* etc.) in Bezug auf den sog. type *Liebe* (Type-Token-Relation). Für den Bereich der Liebe wie für jeden anderen Ausschnitt der Lebenswirklichkeit gilt: Ein großer Teil unseres individuellen Wissens gründet nicht nur auf eigenen Erfahrungen, sondern vielmehr auch auf der Rezeption und Produktion von Sprachzeichen, wie sie sich in mündlichen und schriftlichen Äußerungen manifestieren.

Dabei ist Folgendes zu bedenken: Einzelne Sachverhalte verarbeiten wir Menschen nicht hermetisch isoliert, sondern stets verknüpft mit anderen Sachverhalten – quasi im Kontext von Wissens- und Sachverhaltsverknüpfungen (Wissensrahmen, Wissensnetzen). Auf der sprachlichen Ausdrucksseite lassen sich Indizien und Indikatoren für die mentale Anordnungspraxis finden, wenn man sich mit dem Perspektivierungspotential im Bereich der Lexik, der Verweisungszeichen (Deiktika, Pronomina und Artikel), der Verknüpfungsmittel (z. B. Konjunktionen, Präpositionen, Adverbien) sowie der grammatischen Grund-

formen (hier vor allem der grammatischen Verbkategorien Tempus, Modus
und Genus verbi) beschäftigt.[1]

Neben diesen perspektivierenden Formen stehen im Mittelpunkt sprachlicher Untersuchungen auch zweistellige Relationen zwischen Sätzen – z. B.
zwischen dem Bezugssatz und dem Verhältnissatz (Adverbialsatz) –, die einen
Sachverhalt stets eingebettet in eine Umgebung mit anderen Sachverhalten auftreten lassen. Die so verknüpften Sachverhalte unterliegen in besonderem Maße den sprachlich-grammatischen Ordnungsmustern der Temporalität und der
Kausalität (hier verstanden im weiten Sinne als instrumentale, konzessive, konditionale, finale, konsekutive und kausale i.e.S. Verknüpfungsstruktur).[2] Dies
entspricht auch dem menschlichen Grundbedürfnis, rezipierte Sachverhalte
sowohl im Hinblick auf ihre zeitlich-chronologische Relevanz einzuordnen als
auch hinsichtlich möglicher Kausalitäten, also der virulenten Grundfrage nach
den erklärenden Ursachen für die uns begegnenden Phänomene.

Um sprachlich Relationen zwischen einem Agens (einem Handelnden) und
einem Patiens (Betroffenen einer Handlung) bzw. Contra-Agens (Person, auf
die hin eine Handlung als Interaktion gerichtet ist) oder einem Benefaktiv
(Person, zu deren Nutzen oder Schaden eine Handlung ausgeführt wird) herzustellen,[3] können syntagmatisch zum Beispiel Nominalphrasen wie *Liebe zu*
verwendet werden, denkbar und möglich ist aber auch der Gebrauch von Ge-
netivattributen *Liebe des Vaters* oder *Liebe Gottes* (Genitivus subiectivus oder
obiectivus), aber auch Komposita wie *Vaterlandsliebe* (als ein Determinativ-
kompositum). Mit jeder Wahl einer Formulierungsvariante wird eine je spezifische Zielgerichtetheit zum Ausdruck gebracht (*Paula liebt Paul* versus *Paul
wird von Paula geliebt*), bei explizierter gegenseitiger Liebe kann das Verb auch
reflexiv (*Sie lieben sich*) gebraucht werden. Wir haben demnach spezifische
ausdrucksseitige und grammatische Möglichkeiten, Relationen zwischen Personen und Sachverhalten zu versprachlichen, wobei jeder Versprachlichungs-
form eine spezifische Perspektive innewohnt. Da in der konkreten Kommunikationssituation nicht jeder Sachverhalt multiperspektivisch durch zahlreiche
Formulierungsvarianten konstituiert werden kann (vor allem aus sprachöko-
nomischen Gründen), kann jede Entscheidung für eine Formulierungsvariante
auch als eine Entscheidung gegen andere mögliche Formulierungsvarianten

---

[1] Den Themenkomplex der perspektivierten Wahrnehmung hat Wilhelm Köller in der Monographie *Perspektivität und Sprache* (Berlin 2004) zunächst auf die Perspektivität im visuellen
Bereich und die Perspektivität im kognitiven Bereich bezogen, um im Anschluss eine Übertragung auf die Perspektivität im sprachlichen Bereich vorzunehmen.

[2] Peter Eisenberg unterscheidet in seinem *Grundriss der Grammatik* (Stuttgart 2004, S. 332)
bei den Adverbialsätzen die beiden Gruppen der kausalen und temporalen Konjunktional-
sätze. Er stellt eindrucksvoll vor, wie sich die Verknüpfungsmöglichkeiten von Haupt- und
Nebensätzen beschreiben lassen und wie vor allem die Relationen zwischen Sätzen durch die
grammatischen Verknüpfungsmöglichkeiten perspektivisch unser Denken instruieren.

[3] Vgl. dazu das einschlägige Buch von Peter v. Polenz mit dem Titel *Deutsche Satzsemantik.
Grundbegriffe des Zwischen-den-Zeilen-Lesens* (Berlin/New York ²1988).

und deren Perspektiven aufgefasst werden (obgleich sich der Sprecher meist dessen nicht bewusst ist).

Genauso wenig, wie wir Menschen geschichtslos sind, ist es unsere Sprache, weil diese stets an Menschen gebunden ist und war. Aufschluss über Einstellungen, Denkweisen und Wissensformationen der Vergangenheit erlangen wir über Sprache, die wir unter sprachgeschichtlichem Blickwinkel als Indikator für bestimmte zeitspezifische Konzepte zu deuten vermögen. Ausdrucksseitig lässt sich dies belegen, wenn beispielsweise Bezeichnungen kontrastiv nebeneinander bestehen und ihr Funktionsbereich und ihr Bedeutungsspektrum sich verschieben. Begriffsgeschichtlich teilt sich der Ausdruck *minne* beispielsweise mit *Liebe* ein nicht statisches Bedeutungsspektrum, und beide lassen sich kulturgeschichtlich, literarisch und philologisch kontrastieren. Im Kontext der Mehrsprachigkeit kommen darüber hinaus kulturspezifische Konzeptionen und Assoziationen durch Ausdrücke anderer Sprachen wie z. B. *l'amour* oder *l'amore* hinzu, die für sich genommen in ihren Kulturkreisen ebenfalls einen Vergangenheits- und einen Gegenwartsgebrauch aufweisen.

All diese Ausführungen weisen darauf hin, dass der Ausdruck *Liebe* ambig ist, d.h. zur Präsentation mehrerer Begriffe herangezogen werden kann – manche sprechen auch von Konzepten, wobei Unterschiede und Gemeinsamkeiten der Wortverwendung von *Begriff* und *Konzept* ganze Regale füllen – Unterschiede und Gemeinsamkeiten, die hier jedoch nicht ausgeführt werden. Über die Vielzahl von Verwendungsweisen können kontextabstrahiert Bedeutungen kategorisiert und beschrieben werden (letztlich über das Erfassen und Beschreiben prototypischer Gebrauchsweisen im Hinblick auf Gemeinsamkeiten der Inhaltsseite). Dabei hat jeder Sprecher im Rahmen bestimmter diskursiv und textuell geprägter Möglichkeiten die Wahl, mit welchen sprachlichen Mitteln er seine individuellen Erfahrungen mit dem Phänomen Liebe in sprachlichen Formen ausdrücken möchte.

Mehrwortverbindungen (Syntagmen) können sich in der Kommunikationspraxis verfestigen, wenn sie von den Sprachbenutzern immer wieder verwendet werden – man spricht dann von Kollokationen. „Wenn Menschen wiederholt ‚ähnliche' Dinge in ‚ähnlichen' Situationen sagen, entwickelt sich daraus mit der Zeit ein sprachliches Verwendungsmuster, das in den Köpfen der Benutzer als neue Kategorie oder Konstruktion schematisiert wird – mit unterschiedlichen Abstraktionsgraden."[4] Syntagmen wie *im Zeitalter der Globa-*

---

[4] Michael Tomasello: *Konstruktionsgrammatik und früher Erstspracherwerb.* In: Kerstin Fischer und Anatol Stefanowitsch (Hg.): *Konstruktionsgrammatik – Von der Anwendung zur Theorie.* Tübingen 2006; S. 21. Vgl. aber auch seine Monographie *Die kulturelle Entwicklung des menschlichen Denkens. Zur Evolution der Kognition.* Frankfurt 2006 (suhrkamp taschenbuch wissenschaft 1827). Tomasello entwickelt ein anthropologisches Modell des menschlichen Denkens, das die beiden Wissenschaftskulturen der Geistes- und Naturwissenschaften insofern neu beschreiben möchte, als es die kulturelle Vermittlung als biologischen Mechanismus ausweist.

lisierung oder *die Liebe in Zeiten des/der X* entstehen sukzessive (in Anlehnung an den berühmten Roman von Gabriel Garcia Marquez *Die Liebe in den Zeiten der Cholera* – im Original *El amor en los tiempos del cólera*) und zeigen graduell modelliert den Übergang von der freien Zeichenkombination in Form eines Syntagmas hin zu einer festeren Zeichenverknüpfung (einer sog. Kollokation). Für X stehen in der Mehrwortverbindung *die Liebe in Zeiten des X* beispielsweise Wörter wie *Krieges, Studiums, Internet, Altersheims, postmodernen Konsumkapitalismus.*

Unter bestimmten Bedingungen können manche Fügungen im Extremfall sogar durch den Sprachgebrauch lexikalisiert werden wie *Erste-Hilfe-Ausrüstung (Ausrüstung für erste Hilfe), Erste-Hilfe-Leistung (das Leisten von erster Hilfe)* oder *Erste-Klasse-Abteil.* In der Folge können Sie als Lemma Eingang in ein Wörterbuch finden. In unserem Zusammenhang stellt sich die Frage: Hat die Wortverbindung *erste Liebe* das Potential zur Lexikalisierung (Univerbierung)? Welche Auswirkungen hätte dies in einem solchen Falle auf unsere Wahrnehmung und Verarbeitung von Wissens-, Erfahrungs- und Handlungsformen? Oder ist es gar denkbar, dass sich eines Tages für Menschen, die sich in der sog. dritten Lebensphase verlieben, neue Wörter wie *reife Liebe* oder *späte Liebe* durchsetzen genau dann, wenn in Medien dieser Sachverhalt als ein gesamtgesellschaftlich relevantes Phänomen konstituiert und publik gemacht wird?

Wie dem auch sei: Eine derartige Lexikalisierung erweitert unseren Wortschatz dadurch, dass wir als sprachgeprägte Menschen durch die Verdichtung in einem Wort (also von der Mehrwortverbindung zum Einzelwort) und durch die Inventarisierung im mentalen Lexikon oder gar in Wörterbüchern begrifflich sensibilisiert werden für Sachverhalte dieser Art. Da wir von nun an – sprachlich mit einem Einzelwort ausgestattet – auf Grund der begrifflichen Fokussierung spezifischer präpariert sind für das In-Bezug-Setzen von sprachlichen Zeichen mit Phänomenen dieser Art, nehmen wir solche Sachverhalte in der Folge zielstrebiger wahr, als dies der Fall wäre, wenn wir bei sinn- und sachverwandten Mehrwortverbindungen stehen geblieben wären.

Nicht unwesentlich sind in diesem Zusammenhang Ausdrucksmuster, die ein gewisses Maß an Statik und eine gewisse Flexibilität aufweisen. Ich denke beispielsweise an *X ist eine Liebeserklärung an Y.* Die folgenden Beispiele sollen dies illustrieren: „Dieses Buch ist eine Liebeserklärung an die unvollkommene Frau" (aus einer Buchrezension); „Die neue Revue heißt ›Rhythmus Berlin‹ und ist eine Liebeserklärung an eine aufregende Stadt" (Werbetext); „Das ist eine Liebeserklärung an die Nudelsuppe" (Neues aus Japan von der japanischen Botschaft).

Zu solchen musterhaften Formeln sind selbstverständlich auch Redewendungen wie *Liebe geht durch den Magen, Liebe macht blind, wo die Liebe hinfällt* zu rechnen. Besonders wichtig beim Reden und Argumentieren ist auch der Verweis auf große Denker und Werke, die als Autoritätstopoi unserem Gedankengang noch mehr Überzeugungskraft und Durchsetzungsfähigkeit verleihen sollen. Ich denke dabei an Zitate, Sentenzen, Aussprüche, intertextuelle Anspielungen und Verweise. Exemplarisch erwähnt seien an dieser Stelle die folgenden Verweise: *Liebe Deinen Nächsten wie dich selbst* (Paulus im Brief an die Galater 5, 14), *Zur Liebe will ich dich nicht zwingen* (Sarastro in Mozarts „Zauberflöte") oder *Nur nicht aus Liebe weinen* (dieses Lied singt Zarah Leander in dem deutschen Spielfilm „Es war eine rauschende Ballnacht" aus dem Jahre 1939).

Die hiermit beschriebenen diskursiven und textuellen Erfahrungen stehen im Spannungsverhältnis der Festigkeit und Flexibilität möglicher Zeichenverknüpfungen. Sie sind das ausdrucksseitige Pendant für die inhaltsseitigen Sachverhaltsverknüpfungen. Ausdrucksseitige Muster, die – aus welchen Gründen auch immer – von den Sprachbenutzern häufig verwendet werden, können sich in Kommunikationsroutinen und sprachlichen Mustern verfestigen, die in Form von Textsorten wie *Liebesgedicht, Liebesroman, Liebesfilm* usw. sowohl für die Textproduktion als auch für die Rezeption konstitutiv sind.

Mit dieser Skizze sei die Relevanz des sprachlich prädisponierten Zugangs zur Welt illustriert. Im Folgenden sollen die einzelnen Beiträge des Bandes vorgestellt und im Hinblick auf dessen thematische Klammer erläutert werden.

Aspekte von Sprache in den Beiträgen dieses Sammelbands

Mit den einführenden Bemerkungen ist deutlich geworden: Weltbilder werden selbstredend auch außersprachlich durch primäre Erfahrungen geprägt. Sie werden allerdings darüber hinaus zu einem erheblichen Teil über unsere interaktional ausgetauschten und sprachlich gefassten Erfahrungen, Einstellungen und Erlebnisse geprägt – also beispielsweise durch das Reden über Liebe. Sowohl die Produzenten als auch die Rezipienten von Sprachzeichen, wie sie in sprachlichen Äußerungen zum Einsatz kommen, bedienen sich des Mediums Sprache, das seine Gegenstände erst entstehen lässt. Die Gebrauchserfahrungen, die Sprachbenutzer mit sprachlichen Zeichen in Sprachspielen (Wittgenstein) sammeln, zeigen, dass auf Grund unterschiedlicher Wissensvoraussetzungen und kulturellen Vorerfahrungen identische Zeichenverknüpfungen zu divergierenden Wirkungen bei den Kommunikationsteilnehmern führen können. Ein wesentlicher Zugang zur Welt vollzieht sich demnach über sprachliche Mittel, die uns als Texte begegnen; deswegen spricht Scherner von vertexteter Welt.[5] Im Mittelpunkt des ersten Beitrags von EKKEHARD FELDER

---

5 Vgl. dazu Maximilian Scherner *Textverstehen als „Spurenlesen" – Zur texttheoretischen Tragweite dieser Metapher* in dem Band: Canisius, Peter/Herbemann, Clemens-Peter/Tschauder, Gerhard (Hgg.): Text und Grammatik. Festschrift für Roland Harweg zum 60. Geburtstag. Bochum 1994, S. 317–340, insbesondere S. 336. Dort werden die Voraussetzungssysteme des Textverstehens systematisch in dem Schema „vernetztes textevozierbares Wissen" modelliert. Das „Textexemplar" als lineare sprachliche Vertextung ist für Scherner nicht Repräsentation,

stehen Texte sowie die Frage, wie ihnen immanente Perspektiven und Tendenzen erfasst werden können. Wie diese auf verschiedenen linguistischen Ebenen
zu eruieren sind, wird in diesem Beitrag methodisch dargelegt und an Hand
von Beispielen verdeutlicht. Die sprachlichen Formen perspektivieren stets die
Dinge und Sachverhalte, die durch sie erst entstehen. Die Verdeutlichung der
Perspektivierungspotentiale auf der Ebene der Wörter, der Mehrwortverbindungen (Syntagmen; wenn diese sich verfestigen, spricht man von Kollokationen), der Sätze und ihrer Verknüpfungen, der Texte – genauer der Texttransfor-
mationen und Intertextualität – und von Photographien in Text-Bild-Gefügen
ist das Ziel des Beitrags.

Sprache ist bekanntermaßen historisch geprägt. Hat die deutsche Sprache
aber auch eine Zukunft – und wenn ja, welche? Darüber hinaus wird in der Öffentlichkeit immer wieder die Frage diskutiert, inwiefern die deutsche Sprache
des Schutzes, der Pflege oder gar des Verfassungsrangs bedarf. Um solche Fragen angemessen diskutieren und beurteilen zu können, müssen Entwicklungstendenzen bewusst gemacht werden, um Prognosen abgeben und gegebenenfalls (staatliche) Maßnahmen in Kenntnis der bisherigen Sprachentwicklung
ergreifen zu können. JOCHEN A. BÄR beschäftigt sich in seinem Beitrag mit
den Faktoren des Sprachwandels und demonstriert, dass die deutsche Sprachgeschichte weder kontinuierlich noch zielgerichtet verlief. Der Beitrag widmet
sich der Frage, ob und mit welchem Anspruch sich Aussagen über zukünftige Entwicklungen der deutschen Sprache treffen lassen. Da sprachhistorische
Entwicklungen in der Regel als längerfristige Prozesse erscheinen, wird ein
Überblick über die Vorgeschichte und Geschichte der deutschen Sprache gegeben. Eine Betrachtung des gegenwärtigen Entwicklungsstandes schließt sich
an. Die Zusammenschau historischer und rezenter Sprachverhältnisse ermöglicht dann in einigen Fällen vorsichtige Zukunftsprognosen. Die allgemeine
Tendenz, so die These, geht in Richtung auf einen Abbau von Normen und Nor-
menbewusstsein und auf eine größere Variantenvielfalt. Abschließend wird die
Frage diskutiert, ob sprachpflegerische Bemühungen aus linguistischer Sicht
sinnvoll und angeraten scheinen.

Die Geschichte der Sprache steht in unmittelbarem Zusammenhang mit der
Geschichte von Sach- und Wissensgebieten, also mit fach- und wissenschafts-
bezogenen Erkenntnissen von Wissensdomänen, die sich historisch über Jahrhunderte herausgebildet haben. So ist eine thematisch eingegrenzte Sprachgeschichte – also eine solche, die den Gebrauch sprachlicher Zeichen im Kontext
eines spezifischen Fachgebiets untersucht – ohne entsprechende Kenntnisse

---

sondern lediglich „Spur" des Gedachten. Verstehen wird als subjektabhängiger, intentionaler
und aktiver Prozess der Sinnkonstruktion aufgefasst. Siehe dazu auch den Grundlagenartikel
von Maximilian Scherner (1996): Text. Untersuchungen zur Begriffsgeschichte. In: Archiv für
Begriffsgeschichte. Hrsg. von Gunter Scholtz (in Verbindung mit Hans-Georg Gadamer und
Karlfried Gründer). Band 39. Bonn, S. 103–160.

des jeweiligen Faches nicht zu denken. Dies zeigt JÖRG RIECKE in Bezug auf die Medizingeschichte und verdeutlicht dadurch gleichermaßen den interdisziplinären Impetus sprachgeschichtlicher Beschreibungs- und Erklärungsversuche. Der Beitrag benennt vier Herausforderungen und Aufgaben der Sprachgeschichtsforschung: Eine „philologische Aufgabe", die den Sinn von Texten verständlich machen soll, eine „linguistische Aufgabe", die die Struktur der in den Texten verwendeten Sprache verständlich machen soll, eine „pragmatische Aufgabe", die die Funktion der Sprache in Texten und Diskursen verständlich machen und schließlich eine „sprachreflexive Aufgabe", die die Bedeutung der Sprache für die jeweils untersuchte Sprach- und Kulturgemeinschaft verständlich machen soll. Das darin enthaltene Nachdenken über Sprache schließt auch die Möglichkeit ein, in einem spracharchäologischen Sinne Wörter als Speicher älterer Traditionen und Konzepte zu entschlüsseln. Die Überlegungen werden mit Beispielen aus der Medizingeschichte illustriert.

JÖRG KILIAN richtet seinen sprachgeschichtlichen Blick auf die gesprochene Sprache. Die Frage nach der Rolle des Gesprächs im Prozess des Sprachwandels gehört zu den wichtigsten Fragen der historischen Dialogforschung und der Sprachwandeltheorie. Der Beitrag geht dieser Frage nach und versucht, am Beispiel von Lehrgesprächen aus der Zeit der Etablierung der deutschen Hoch- und Schriftsprache im 18. Jahrhundert das dialogische Sprechen von Angehörigen einer Sprachgesellschaft, zumal im Zusammenhang des Generationenwechsels und des dialogischen Zusammenspiels von Sprachlehrenden und Sprachlernenden, zugleich als Ursache, Mittel und Ort des Sprachwandels zu erweisen. Vornehmlich auf den Schulen sollte auf dem Wege des Dialogs, auf dem Wege des Sprechens und Hörens, Lesens und Schreibens die hochdeutsche Sprache verbreitet und gefestigt werden. Der Beitrag zeigt, dass und wie sehr der institutionell erwachende schulische Deutschunterricht am Ende des 18. Jahrhunderts in den Dienst des Hochdeutschen gestellt wurde.

Alle menschliche Erfahrung zeigt ohne jeden Zweifel, dass jegliche Beschreibungs- und Erklärungsversuche von alltagsweltlichen und fachlichen Sachverhalten nicht immer im Konsens, sondern mitunter auch im Dissens vollzogen werden. Ein solches themengebundenes Sprechen und Schreiben findet in irgendwie verknüpften und in Zusammenhang stehenden Texten und Gesprächen statt, für die sich in den letzten Jahrzehnten der randunscharfe Begriff des Diskurses herausgebildet hat. Einerseits erstaunlich, andererseits nicht unbekannt ist der Umstand, dass der Diskursbegriff trotz oder gerade wegen seiner Unbestimmtheit zum Schlüsselwort zahlreicher Wissenschafts- und Wissensdisziplinen avancieren konnte. KLAUS-PETER KONERDING präsentiert die spezifisch linguistische Zugriffsweise im Kontext der Diskursproblematik. Die Komplexität und Funktionalität rezenter menschlicher Gesellschaften und Interaktionsbereiche mit ihren ebenso hochspezialisierten und ineinander verwobenen Wissens- und Handlungsfeldern beruht auf der Grundlage ebenso komplexer Kommunikationsfelder, die ihrerseits in Traditionen kulturspezifischer kollektiver Handlungsmuster stehen. Der wissenschaftliche Diskursbegriff versucht die Regelhaftigkeit in der Dynamik und Entwicklung dieser kommunikativen Komplexität und ihrer Funktionalität zu registrieren und analytisch zu erschließen. Die wissenschaftliche Erforschung von Diskursen und die möglichen Konsequenzen für eine – globale – Diskursethik sind ein sehr wichtiges und sachbedingt komplexes emergentes transdisziplinäres Unternehmen im Gesamtbereich der Geistes- und Sozialwissenschaften, das sich in der Forschungslandschaft entsprechend immer stärker etabliert und ausgestaltet. Es wird in dem Beitrag deutlich gemacht, dass gerade auch die Linguistik, die Wissenschaft von der menschlichen Sprache bzw. von der sprachlichen Interaktion, hierzu einen ganz zentralen Beitrag beisteuern kann.

Bei der Auseinandersetzung mit Diskursen geht es um das Verstehen von thematisch miteinander verwobenen Texten. Die Hermeneutik als Verstehenswissenschaft blickt auf eine traditionsreiche und wechselvolle Geschichte zurück. Wenn wir uns mit Hans Georg Gadamer vor Augen führen, dass im Miteinandersprechen sich Sinnhorizonte herausbilden und das Erfassen von Sinn Verstehen ist, so drängt sich bei einer derartigen Betonung des Mediums Sprache die Frage auf, wie die dazu gehörige Bezugswissenschaft – also die Sprachwissenschaft – mit diesem Phänomen umgeht. Der hoch geschätzte und 2007 völlig unerwartet verstorbene Kollege Fritz Hermanns (1940–2007) plädierte in einem bereits im Jahre 2003 erschienen Beitrag für die Einrichtung des Teilfaches *Linguistische Hermeneutik* und stellte deren Bedeutung für eine moderne Linguistik als auch für eine historische Sprachwissenschaft heraus (die Ausdrücke *Sprachwissenschaft* und *Linguistik* werden hier synonym gebraucht). Dieser Aufsatz ist vielfach rezipiert worden und hat Spuren hinterlassen. Mit freundlicher Genehmigung des Niemeyer Verlags wird er hier erneut abgedruckt.

Mit dem Beitrag von Nina Berend wird der Blick auf die gesprochene Gegenwartssprache gelenkt. Es handelt sich dabei um einen Forschungszweig, der in den letzten Jahrzehnten einen enormen Aufschwung erfahren hat. Die sprachliche Erfassung und Beschreibung gesprochener Sprache sieht sich auf Grund ihrer Flüchtigkeit besonderen Herausforderungen gegenübergestellt. Eine wichtige Besonderheit der im Alltag gesprochenen deutschen Standardsprache ist ihre Variabilität. Wie auch in anderen Sprachen ist die mündliche Form des Deutschen durch gesprochensprachliche Varianten charakterisiert, die die Sprechsprache von der Schriftsprache unterscheiden. Hinzu kommen im Deutschen zahlreiche regionale Varianten, welche die auch in der Gegenwart noch relativ stark ausgeprägte geographische Differenzierung des gesprochenen Deutsch begründen. Es besteht die Problematik der Dokumentation und Darstellung der aktuellen Ausprägung der Variation, insbesondere z. B. im Hinblick auf die Aufgaben des Unterrichts Deutsch als Fremdsprache im Ausland. Der Beitrag beschreibt eine Aufnahmeaktion des Instituts für Deutsche Sprache (Mannheim), das sich das Ziel gesetzt hat, im gesamten deutschsprachigen

Raum Sprachaufnahmen zu machen und die Unterschiede in einem Sprachatlas im Internet darzustellen.

Gesprochene Alltagssprache ist in ihrer Beschreibung auch von der Variablen der regionalen Determination überlagert. KLAUS J. MATTHEIER illustriert dies, indem er exemplarisch am Kommunikationsprofil des Heidelberger Raumes und seiner Dialektsprecher die Forschungsrichtung der Dialektsoziologie vorstellt. Thema seines Textes ist das Kommunikationsprofil als einer der zentralen Analysebereiche der modernen Dialektsoziologie. Theoretischer Ansatzpunkt ist dabei nicht die dialektsoziologische Makroebene mit Gesamtübersichten über ganze Varietätensysteme und auch nicht die Mikroperspektive, die den einzelnen Sprecher in den Mittelpunkt des Interesses rückt. Mit dem Kommunikationsprofil wird die Mesoebene der Dialektsoziologie thematisiert, wie sie sich in Ortspunkten mit komplexen Varietätenstrukturen konkretisiert. Vorgeschlagen wird als Forschungsinstrument ein Fragebogen, der das Kommunikationsprofil einer Ortsgemeinschaft ins Zentrum rückt, wobei die vier zentralen Themenbereiche *Varietätenspektrum, Kompetenzstruktur, Dialektgebrauchsstruktur* und *Bewertungsstruktur* erfasst und an der städtischen Gemeinschaft Heidelberg veranschaulicht werden.

HERBERT ERNST WIEGAND befasst sich in seinem Aufsatz mit dem prägnanten Titel „Nichtnatürlich über natürliche Sprache schreiben – Zu einigen formalen Aspekten von Wörterbuchartikeln" ebenfalls mit einem Erfassungs- und Beschreibungsproblem der Sprachwissenschaft, nämlich der lexikographischen Fragestellung nach der Struktur von Wörterbuchartikeln. Kondensierte Wörterbuchartikel von Sprachwörterbüchern sind nichtnatürliche Texte über Einheiten natürlicher Sprachen, weil die Artikeltexte keine natürlich-sprachliche Syntax aufweisen. Damit sind solche Wörterbuchartikel Artefakte, die hinsichtlich ihrer Strukturen strikt formal analysiert und generiert werden können. Dies wird am Beispiel unterschiedlicher Strukturtypen wie z. B. hierarchischen Artikelkonstituentenstrukturen, Artikelmikrostrukturen, Angabenstrukturen und nichthierarchischen Adressierungsstrukturen mit Rücksicht auf den vorausgesetzten Adressatenkreis in vereinfachter Form gezeigt, so dass die Grundlagen der zahlreichen Anwendungsmöglichkeiten einer Theorie der Wörterbuchform, wie z. B. die systematische Lehrbarkeit des Verfassen von Wörterbuchartikeln, das Parsen von Artikeln, die Softwareentwicklung für das Schreiben von Wörterbuchartikeln, erkennbar werden.

Die Diskussion über die inzwischen abgeschlossene Rechtschreibreform hat das öffentliche Bild der Sprachwissenschaft nachhaltig geprägt und wahrlich nicht zur Steigerung ihrer Reputation beigetragen. JÖRN STEGMEIER diskutiert Grundlagen, Positionen und semantische Kämpfe in der Orthographiediskussion. Dabei wird deutlich: Ob im privaten Bereich, in der Schule, in den schreibenden Berufen oder in der Wissenschaft: die Orthographie ist ein stark polarisierendes Thema. Die Diskussion um die seit 2008 gültige reformierte Schreibung zeigt daher ein großes Aussagenspektrum und einen hohen

Emotionalitätsgrad. Der Artikel stellt kurz die Grundlagen und die historische Entwicklung der Orthographie vor und gibt einen Überblick über die semantischen Kämpfe, die im Rahmen der Orthographiediskussion zwischen 1995 und 2008 beobachtet werden können.

Relativ neue Darstellungsformen in Medien sind Anlass, dass die Menschen ihre sozialen und kommunikativen Interaktionsformen reflektieren und nach den Auswirkungen auf den kommunikativ eingeübten Orientierungsrahmen im Umgang mit Texten fragen. Diese Fragestellung mündet mitunter in polarisierende Debatten, die einerseits Kassandra-Rufe des kulturellen Untergangs oder andererseits messianisch überhöhte Erwartungen eines neuen Zeitalters kultivieren. MARCUS MÜLLER wirft einen diesbezüglich unparteiischen Blick auf das verbreitete Darstellungsformat der Infografik. Er beschäftigt sich mit der Ikonisierung komplexer Sprachzeichen in der Medienwelt. Text-Bilder, in denen Schriftäußerungen bildlich zu komplexen Zeichen verknüpft sind, stellen eine Herausforderung für die Linguistik dar, weil in ihnen Verknüpfungsregeln zur Geltung kommen, die nicht mehr in Termini der traditionellen Grammatikschreibung gefasst werden können. Das wird exemplarisch an der florierenden Medientextgattung ‚Infografik‘ verdeutlicht. Diese zeichnet sich dadurch aus, dass schriftsprachliche Zeichenketten in bildliche Umgebungen eingebettet werden, die ihrerseits mehr oder weniger konventionalisiert sind. Der Aufsatz schlägt zur Beschreibung solcher Phänomene eine Syntaktik der Text-Bilder auf der Grundlage einer multikodalen Semiotik nach Peirce und im Rückgriff auf den Terminus ‚Kontextualisierung‘ vor.

Ein Band mit dem Thema *Sprache* bedarf zwingend einer Erörterung der sprachlichen Entwicklung, die nach wie vor – wie man bei den eigenen Kindern besonders intensiv erlebt – etwas Wundersames in sich birgt. KATHARINA BREMER umreißt in ihrem Beitrag den Spracherwerb als einen außerordentlich anforderungsreichen Prozess, der nur deshalb erfolgreich gemeistert werden kann, weil das Kind dafür Ressourcen aus vielen Bereichen gleichzeitig nutzen kann. Ein einleitender Abschnitt skizziert zunächst die forschungsleitenden Fragen. Wesentliche Ergebnisse der Spracherwerbsforschung werden dann zum einen entlang der Zeitachse und biografischen Entwicklung dargestellt; zum anderen wird der Erwerb des Wortschatzes als Ausgangspunkt dafür genommen, exemplarisch zu zeigen, wie eng kognitive, soziale und sprachliche Faktoren in der Sprachentwicklung miteinander verwoben sind. Ein Blick auf die spezifischen Aufgaben im Spracherwerb der späteren Kindheit bildet den Abschluss des Beitrags.

Neben der Diskussion der Rechtschreibreform gibt es ein weiteres sprachwissenschaftliches Thema, dem in der Öffentlichkeit mit besonderer Aufmerksamkeit und auch Emotionalität begegnet wird: die Kritik an der Sprache bzw. – genauer formuliert – die Kritik an einem bestimmten Sprachgebrauch. JANA TEREICK beschäftigt sich mit dem Verhältnis von Sprachkritik und Sprachwissenschaft. Sprachkritik und die sich um Deskriptivität bemühende Sprachwis-

senschaft stehen seit ihrer Institutionalisierung im 19. Jahrhundert in einem
Spannungsverhältnis. Tereicks Beitrag stellt verschiedene Formen der Sprachkritik vor und untersucht die Gründe für eine sprachwissenschaftliche Kritik
an der Kritik. Verschiedene Formen von Sprachkritik lassen sich vier Kategorien zuordnen: dem *Gegenstand der Kritik,* dem *Aspekt der Kritik,* der *Ebene
der Kritik* sowie dem *Maßstab der Kritik.* Vor allem der Maßstab der Angemessenheit in Bezug auf gesellschaftliche Normen, hinter dessen Anwendung
die Vorstellung einer (nach David Crystal) „magischen" Wirkung der Sprache steht, wird in sprachwissenschaftlichen Repliken abgelehnt. Eine genauere
Analyse zeigt jedoch den wichtigen Stellenwert gerade dieses Maßstabs im
gesellschaftlichen Diskurs und beschreibt mögliche Konsequenzen für eine
linguistisch begründete Sprachkritik.

Heidelberger Jahrbücher, Band 53 (2009)
E. Felder (Hrsg.) Sprache
© 2009 Springer-Verlag Berlin Heidelberg

Sprache – das Tor zur Welt!?

Perspektiven und Tendenzen in sprachlichen Äußerungen *

EKKEHARD FELDER

Eine Perspektive ist „die Wirklichkeit" der Wahrnehmung.
Zwei Perspektiven sind „zwei Wirklichkeiten".
Multiperspektivität ist ein Quasi-Ersatz für theoretische Neutralität.

1. Einleitung

Ein großer Teil unseres individuellen Wissens basiert auf der Rezeption von Sprachzeichen, wie sie in sprachlichen Äußerungen mündlicher und schriftlicher Art verbreitet werden. Die Basis unseres Erfahrungsschatzes und der Ausgangspunkt unserer Wissensbildungsprozesse sind Interaktionen, die zwischen Individuen oder innerhalb von Gruppen oder in Massenmedien stattfinden. Die auf diese Weise gewonnenen Wissensbestände und Erfahrungen werden in kommunikativen Formulierungsroutinen reproduziert und dadurch teilweise zu „kollektiven" Wissensbeständen bzw. Erfahrungsmustern verdichtet – genauer gesagt, sie werden als kollektiv gültig eingeschätzt; so beispielsweise im Herbst 2008 die als kollektiv gültig unterstellte Annahme, die Welt befinde sich in einer globalen Finanzkrise. Das Bewusstsein für die Grenze zwischen einerseits empirisch-individuell und andererseits kommunikativ erfahrenen Wirklichkeitskomponenten muss in der Vielzahl der Rezeptions- und Perzeptionsvorgänge verschwimmen. Damit ist auch nicht mehr klar bestimmbar, welche Wissens- und Erfahrungsbestände überwiegend sprachlich in Rezeptionsakten wahrgenommen wurden und welche auf unmittelbar empirischsinnlichen Wahrnehmungen fußen. Beide Formen der Wahrnehmung münden in Wissensbestände. Da allerdings auch die nicht sprachlich wahrgenommenen Sinneseindrücke zum Zwecke der Kommunikation sprachlich erfasst werden müssen, kann man mit Recht von Sprache als dem zentralen Medium unserer Erfahrungsbasis und unserer Wissenskonstitution (Wygotski 1934/1971) sprechen.[1]

---

* Für wertvolle Hinweise danke ich Matthias Attig, Jochen A. Bär, Klaus-Peter Konerding, Marcus Müller, Jana Tereick und Friedemann Vogel.
[1] Der Begriff *Medien* – daran sei erinnert – bündelt in der Medienwissenschaft verschiedene Aspekte (Schmidt 1996: 3), pragmatische, semiotische und textuelle Perspektive als medienlin-

Als Beispiele für Wissensbestände dieser Façon, die für die soeben beschriebenen Phänomene einschlägig sind, können die folgenden gesamtgesellschaftlich relevanten Themen angeführt werden: soziale, kulturelle und gesellschaftspolitische Zusammenhänge von Lebensweisen, Berufsentscheidun-
gen, Partnerschaft, Familiengründung, Generationenunterschieden, Krankheiten, kulturspezifischer Identität in multikulturellem Umfeld, wirtschaftlichem
Wohlstand, Geburt, Midlife-Crisis, Altern, Tod.[2] All diesen Themen ist gemeinsam, dass einerseits jeder einzelne selbst als zoon politikon in seinem Alltag
Eindrücke dazu sammelt und perzipiert, wir andererseits aber auch durch
die Rezeption zwischenmenschlicher Interaktionen und zahlreicher Medien-
produkte in unserer Wahrnehmung gesellschaftlicher Verhältnisse instruiert
– wenngleich nicht determiniert werden.[3] Ob in Privatsphären kursierende
Einschätzungen die veröffentlichten Meinungen prägen oder ob vice versa die
in Medien als öffentliche Meinungen konstituierten Darstellungen und Sichtweisen die Einzelmeinungen von Privatpersonen dominieren, lässt sich nicht
monokausal zugunsten einer Wirkungsrichtung beantworten (vgl. auch Konerding in diesem Band). Hier wird – weil nicht analysierbar – von einer nicht
näher verifizierbaren Korrelation der Beeinflussung zwischen privaten und
veröffentlichten Darstellungen und Meinungen ausgegangen. Völlig abwegig
ist aber, dass – wie mitunter pauschal unterstellt wird – private Meinung sich
ausschließlich aus veröffentlichter Meinung speise. In diesem Kontext ist das
breite Meinungsspektrum der sozialen Gruppierungen, in denen die Individu-
en sozial und kommunikativ handeln, viel zu bedeutend für den Einzelnen, als
dass solches ohne Weiteres behauptet werden dürfte.

Nehmen wir zur Verdeutlichung ein Beispiel, das skizzieren soll, wie Wissensbestände sowohl durch individuelle Primärerfahrungen und Einstellungen
als auch durch veröffentlichte Mediendarstellungen und -meinungen konglo-

---

guistische Theoriebildung (vgl. auch Leonhardt (Hg) 1999–2002 und Burger [3]2005): 1) Semiotische Kommunikationsmittel (z. B. natürliche Sprache); 2) Materialien der Kommunikation
wie z. B. Zeitungen und Bildschirme; 3) Technische Mittel zur Herstellung und Verbreitung
von Medienangeboten wie z. B. Verlage, Rundfunkanstalten oder Internetprovider (samt ihrer ökonomischen, juristischen, sozialen und politischen Handlungsvoraussetzungen); 4) Die
Medienangebote selbst (z. B. Zeitungsartikel, Rundfunk- und Fernsehsendungen, Internetin-
halte), die in *dynamische* (Video- und Audiosequenzen) und *statische* (z. B. Text und Dateien)
Medien unterteilt werden können. Von welchem Medienbegriff die Rede ist, ist aus dem Kontext ersichtlich.

[2] Vgl. unter anderem die Marsilius-Projekte der Universität Heidelberg mit dem Titel *Menschenbild und Menschenwürde* und den dazu gehörenden Teilprojekten „Menschenbild und
Neurowissenschaften", „Menschenwürde am Lebensanfang" und „Menschenwürdig sterben"
ebenso wie das Großprojekt *Perspectives of ageing in the process of social and cultural change*
unter http://www.marsilius-kolleg.uni-heidelberg.de.

[3] In diesem Sinne formuliert Schmidt: „Zeichen und Zeichenverkettungen [...] *instruieren*
Kognition wie Kommunikation, aber sie *dirigieren* nicht." (Schmidt 1994: 148). Vgl. zum
Zusammenhang von Kognition, Kommunikation, Kultur und Medien beim Erwerb von medial
vermitteltem Fachwissen Felder 2003: 97ff.

meratisch aufgebaut werden. Höchst komplex ist das persönliche Erleben im Problemkreis ethischer, juristischer und institutioneller Fragen von Patientenverfügungen bei sog. lebenserhaltenden ärztlichen Maßnahmen oder im Kontext von Palliativmedizin oder „Suizidbeihilfe" bzw. „Suizidassistenz" bei unheilbar kranken Menschen (vgl. zu sprachlichen Aspekten Felder 2009b), mit dem die meisten von uns – wenn auch nicht unmittelbar, so doch über eine anthropologische Grundfrage – konfrontiert werden, die da heißt: Was soll mit mir geschehen, und wie sollen meine Angehörigen in einem solchen Fall reagieren? Ihre Beantwortung im Hinblick auf unser Wissen und unsere Einstellung ist wesentlich durch Sprache – also die zur Verfügung stehenden sprachlichen Mittel – geprägt.

Im letzten Jahrzehnt wurde in Deutschland – aber auch in anderen europäischen Ländern – die Diskussion entfacht, ob *Sterbehilfe* legalisiert werden solle.[4] Zunächst muss metasprachlich die triviale, aber erkenntnistheoretisch folgenreiche Feststellung in Erinnerung gerufen werden, dass auch jeder Sprachanalytiker im Rahmen von Sprachreflexionen in seiner Sprache „gefangen" ist und nicht aus ihr „ausbrechen" kann. Wenn ich im Folgenden den Terminus *Sterbehilfe* verwende, dann nur deshalb, weil er als Erkennungszeichen dient. Mit der Verwendung des Ausdrucks behaupte ich nicht, dass er intersubjektiv ohne jede Kontroverse als angemessen akzeptiert würde. Dass dies nicht der Fall ist, belegen Facetten der öffentlichen Diskussion, denn auch das Lexem *Sterbehilfe* wird kritisch in Frage gestellt. Die ebenfalls verbreiteten Syntagmen *Hilfe zum Sterben – Hilfe beim Sterben – Hilfe im Sterben* usw. werden metasprachlich in der Debatte kritisch reflektiert und die Behauptung der verschiedenen Lager, die jeweils von ihnen gewählte Sprechweise sei die einzig angemessene, als Argument eingesetzt (vgl. dazu Felder 2009b).

Dieses Beispiel soll illustrieren: Persönliche Erfahrungen werden zusätzlich mit medialer Berichterstattung über solcherart gelagerte Sachverhalte kontrastiert. In ihr offenbart sich auch heterogen ein gewisses Meinungsspektrum mitsamt solchen Positionen, die der persönlichen Erfahrung und Sichtweise der einzelnen Staatsbürger entsprechen. Auch deswegen ist die Unterstellung von Monokausalitäten in Bezug auf die Beeinflussungsrichtung – also vom Individuum zur veröffentlichten Meinung oder umgekehrt – als unseriös zurückzuweisen.

Die Grenzen unserer Erfahrung, Wissensbestände, Wirklichkeitsvorstellung und (Vorstellungs-)Welt sind demnach prädisponiert durch das Gestaltungspotential und die Wirkungsmächtigkeit von Sprache. Wir treten mit unserer Umgebung sprachlich und außersprachlich in Kontakt, wir interagieren mit

---

4 Eine öffentliche Diskussion über *Sterbehilfe* (Euthanasie) steht in Deutschland oft im Kontext der Erfahrungen mit der nationalsozialistischen Herrschaft, die Menschen, die als „lebensunwert" angesehen wurden, durch sog. Ärzte töten bzw. ermorden ließ. Die Lockerung der Vorschriften zur *Sterbehilfe* in den Niederlanden und die Arbeit der deutschen Expertenkommission zur „Patientenautonomie am Lebensende" haben die Diskussion belebt.

unseren Mitmenschen unter anderem im Medium Sprache. Aus diesem Grunde ist unser Wissen über die Welt, unsere Erkenntnis und die Wahrnehmung
unserer Umgebung im Wesentlichen durch die sprachlichen Mittel beeinflusst,
die uns das Sprachsystem zum sprachlichen Handeln zur Verfügung stellt und
die wir als Rezipienten von Äußerungen wahrnehmen. Trotz des intuitiven Be-
dürfnisses, an die Dinge selbst herankommen zu können, gleichsam unverstellt
die Wurzeln der Erkenntnisobjekte erreichen oder die Dinge in ihrer Ursprüng-
lichkeit und Eigentlichkeit entdecken zu können, müssen wir uns doch stets
eine Grundannahme vergegenwärtigen, die seit Kant unhintergehbar zu sein
scheint: Unsere Erkenntnis bezieht sich nicht auf die Dinge, sondern die Dinge,
wie wir sie anschauen, beziehen sich auf unsere Erkenntnis (und das, was wir
selbst in sie legen).[5]

Diese Anschauungen wiederum machen wir uns größtenteils in der Gestalt
kommunikativ vermittelter Zeichen verfügbar – also mit Hilfe der natürlichen Sprache. Der Vorstellung einer unabhängig von der Sprache existierenden
Realität, die lediglich durch Sprache abgebildet wird, steht die hier vertretene
Auffassung konträr gegenüber, der zufolge die sprachlichen Mittel als eine spezifische und kulturell geprägte Wahrnehmungsfolie uns Deutungsrahmen bei
der Wirklichkeitskonstitution vorgeben, in denen wir die Input-Daten (z. B.
Sprach- und Bildzeichen) erfassen und verarbeiten (Gardt 2007). Dadurch
rückt die erkenntnisformende Kraft sprachlicher Mittel in das Zentrum der
Aufmerksamkeit.[6]

2. Linguistisches Erkenntnisinteresse
und gesamtgesellschaftliche Relevanz

Ein solch grundsätzliches Untersuchungsinteresse richtet den Aufmerksam-
keitsfokus auf das Medium Sprache und die erkenntnisformende Kraft natürlichsprachlicher Zeichen und ihrer Verknüpfungsmöglichkeiten (Zifonun
2000).[7] Jeder sprachlichen Zeichenverknüpfung ist damit eine bestimmte Per-

---

[5] Vgl. die Vorrede zur zweiten Auflage der „Kritik der reinen Vernunft" (B XVII–XIX).

[6] Feilke (1994) hat das Konzept einer „Common sense-Kompetenz" entwickelt, dem zufolge
nicht außersprachliches Wissen oder Handlungswissen die kontextabstrahierte Bedeutung
einer Äußerung vervollständigt, sondern der gemeinte kommunikative Sinn bereits in der
idiomatischen Prägung, d.h. in der durch den Sprachgebrauch festgeschriebenen Selektion
und Kombination der Ausdrücke eines Ausdrucksarrangements (mit-)enthalten ist.

[7] Bei nicht-linguistisch ausgerichteten Textanalysen werden gedanklich meistens die jeweiligen
Themen, Inhalte und Sachverhalte selbst, nicht aber deren sprachliche Repräsentation problematisiert. Und wenn wir uns beim Denken mit den Konstitutionsbedingungen von Sachverhalten im Medium Sprache beschäftigen (metasprachliche Betrachtungen oder Denken
zweiter Ordnung), so stehen meistens die autosemantischen lexikalischen Zeichen im Mittelpunkt des Interesses, die offensichtlich Repräsentationsfunktion für Vorstellungsinhalte zu
haben scheinen. Vernachlässigt werden jedoch in aller Regel die synsemantischen grammatischen Zeichen, die eine Organisations- und Interpretationsfunktion für lexikalische Zeichen

spektivität immanent, die zur Verfügung stehenden sprachlichen Mittel instruieren unsere Wahrnehmung. Die Perspektivität der sprachlichen Zeichen ist zwar die Regel der sprachlichen Wahrnehmung, deutlich und bewusst wird sie uns jedoch nur in Ausnahmefällen. Ein solcher Ausnahmefall ist zum Beispiel gegeben, wenn wir als Kommunikationsteilnehmer sicher die beiden vermeintlich kontradiktorischen Attribute *tot* und *lebendig* zu gebrauchen wissen, dann aber in spezifischen Kontexten von medizintechnischen Phänomenen „erfahren", die von Zuständen sprechen, die mit Lexemen wie *Hirntod, Ganzhirntod, Teilhirntod, Teiltod, Totaltod, dissoziierter Hirntod* usw. versprachlicht werden (inklusive der mit solchen Ausdrücken einhergehenden ethischen Fragen der Patientenverfügungen, Organtransplantation, lebensverlängernden Maßnahmen usw.). Bei solchen sprachlichen Rezeptionsverfahren müssen Individuen als Kommunikationsteilnehmer häufig ihr sprachliches Koordinatensystem der Wirklichkeitsaufspannung neu justieren (Felder 2001).

Aus dem Gesagten und den Beispielen lässt sich die folgende Prämisse ableiten: Wer auf die Welt mit Sprache zugreift und damit Sachverhalte schafft, deutet sie unvermeidlich durch die Auswahl spezifischer sprachlicher Mittel. Der Sprachgebrauch prägt also die Gestalt des Sachverhalts, der sprachlich erst konstituiert wird und nicht sprachunabhängig schon gegeben ist. Damit wird die Hoffnung auf eine objektive Wirklichkeit (wie sie uns die Medienrepräsentanten immer wieder zu verkaufen trachten) ad absurdum geführt, und Schlüsselwörter wie *Perspektivenselektion* und *Faktizitätsherstellung* beerben im Sprachgebrauch naiv und objektivistisch verwendete Lexeme wie *Information* und *Faktum*.[8] Ansprüche wie Objektivität oder Neutralität werden dann überführt in Konzepte wie das der Multiperspektivität, das davon ausgeht, dass eine bestimmte Anzahl von Perspektiven in Form von sprachlichen Formulierungen, also Zugriffsweisen, explizierbar ist im Hinblick auf identisch oder ähnlich modellierte Referenzobjekte in der Welt. Die Vielzahl der Perspektiven gibt uns einen recht aspektreichen Eindruck von den Konstitutionsmöglichkeiten identischer Sachverhalte (z. B. die Bezeichnungsalternativen oder konkurrierenden Ausdrücke *Leitkultur* und *Metakultur* hinsichtlich

---

haben. Köller (2004: 444 ff.) weist darauf hin, dass für das Wahrnehmen grammatischer Funktionszeichen, welche z. B. die syntaktischen Rollen (Kasus) oder die Gültigkeitsbedingungen von Aussagen (Tempus, Modus) oder die Art der Verknüpfung von Aussagen (Konjunktionen) kennzeichnen, gleichsam eine Denkanstrengung dritter Ordnung notwendig ist, da wir mit diesen Zeichen keine selbständigen Vorstellungen assoziieren, sondern allenfalls bestimmte Formen von Sinnbildungsinstruktionen.

8 In der Medienwissenschaft wird die Begriffsklärung in Bezug auf „Information" wie folgt vorgenommen: „Nur solche Ereignisse können zur journalistischen Information, zur Nachricht werden, die neben ihrer Unwahrscheinlichkeit (Überraschung) auch von Relevanz für eine möglichst große Zahl von Rezipienten sind" (Merten 1999: 305). Im Moment der Relevanz manifestiert sich der interpretative Akt bei der Konstitution des scheinbar intersubjektiven Gültigen, das als Information etikettiert wird.

eines gesamtgesellschaftlich modellierten Ist- oder Soll-Zustandes[9]). Wir müssen allerdings stets bescheiden bekennen, dass andere als die explizierbaren Perspektiven denkbar sind. Angesichts dieses Umstandes sind Objektivitätsansprüche in Bezug auf *die* richtige – sprich angemessene – Formulierung und Versprachlichung eines Sachverhalts – so sehr wir sie wünschen und wir uns dadurch eine Vereinfachung des Lebens herbeisehnen – unhaltbar.

Auf Grund dessen rückt die Bearbeitung der folgenden kulturellen Grundsatzfrage in den Mittelpunkt des Erkenntnisinteresses (Köller 2004): Wie lässt sich die Welt der Gegenstände und Sachverhalte (Objektsphäre) mittels natürlichsprachlicher Zeichen in Verbindung bringen mit der Welt des Denkens und Wissens der Menschen (Subjektsphäre)? Oder genauer formuliert – wie sind die natürlichsprachlichen Zeichen und ihre Verknüpfungspotentiale beschaffen, mit denen wir die Welt der Sachverhalte in Verbindung bringen mit der Welt der Wissensdisposition, also der Wirklichkeitswahrnehmung und -verarbeitung des Subjekts? Eine so weitreichende Frage nach Möglichkeiten der Verbindung von der Subjektsphäre (individuellem und kollektivem Wissen in einer Kulturgemeinschaft) und Objektsphäre (also den konkreten Objekten in der Welt – allerdings nicht im vorkantischen Sinne gemeint – ebenso wie den abstrakten Sachverhalten) auf der Basis sprachlicher Mittel muss im Hinblick auf die Konstitution von fachlichen Gegenständen und Sachverhalten durch Sprache aus linguistischem Erkenntnisinteresse heraus präzisiert werden – und kann dann wie folgt formuliert werden: **Mit welchen sprachlichen Elementen wird Sinn** intersubjektiv **gemäß einer bestimmten Ordnung konstituiert** und vermittelt, und wie lassen sich solche Wissensbildungs-Prozesse mit Hilfe linguistischer Instrumentarien genauer beschreiben?

Bei der Strukturanalyse derartiger Prozesse (also des Verbindens der Objektsphäre mit der Subjektsphäre durch sprachliche Zeichen) gehe ich davon aus, dass Konzeptualisierungen in Zeichenverkettungen als kommunikativ eingeübte und erfahrene Wissensformen ausfindig gemacht werden können. Spezifische Zeichenverkettungen können sich mit der Zeit sprachlich und sozial als Wahrnehmungs- und Objektivierungsmuster stabilisieren. Aufzuspüren sind solche Muster in Texten mit konventionalisierten Zeichen und Zeichensystemen bzw. Stiltraditionen (Textverstehen als Spurenlesen) – **sie können als sprachlich konstituierte Kulturprodukte angesehen werden.** Erkenntnistheoretisch gesehen ordnen diese natürlichsprachlichen Strukturierungsmittel unsere Vorstellungsinhalte und gehören zu den konstitutiven Bestandteilen wahrgenommener Sinninhalte. Daher sind **sprachliche Elemente idiomatische**

---

9 Friedrich Merz (CDU) hat im Jahre 2000 das Schlüsselwort *Leitkultur* wieder auf die öffentliche Agenda gesetzt und hat damit nicht die Teilbedeutungen ,Kulturen sind grundsätzlich gleich' betont, sondern ,der Kultur der jeweiligen Region kommt der Stellenwert prima inter pares zu'. Der Philosoph Peter Sloterdijk hat dahingegen das Fahnenwort *Metakultur* geprägt und sieht ein ,Weltprojekt auftauchen, das von allen Kulturen, auch den religiösen, eine gemeinsame Metakultur, das heißt eine welttaugliche Zivilisierung, verlangt'.

Steuerungsmittel. Die idiomatische Ordnung sprachlichen Wissens spiegelt sich in einer bestimmten Ausformung unseres Wissensrahmens wider und ist zugleich Orientierungsrahmen der Verständigung (vgl. dazu auch Feilke 1994: 373ff. und zu *Frames* in der linguistischen Diskursforschung Konerding 1993, 2005, 2007 und Ziem 2008).

Solch ein abstrakt formuliertes Erkenntnisinteresse hat enorme praktische Auswirkungen auf die Wissens- und Willensbildungsprozesse der Staatsbürger, wie das folgende Beispiel erläutern soll: Erfahren wir etwas über neue medizintechnische Verfahren (wie die Bestimmung der genetischen Disposition von Embryonen im Kontext der Präimplantationsdiagnostik, vgl. Domasch 2007), so begegnen wir als Laien diesen neuen Aspekten in der Regel durch Sprache. Exemplarisch sei darauf verwiesen, dass auf der Grundlage medizintechnischer Untersuchungen Embryonen zuerst diagnostisch, anschließend sprachlich als *gesund* bzw. *passend* oder als *nicht gesund* bzw. *unpassend* klassifiziert werden (falls eine genetische Untersuchung einzelner Zellen eines in vitro gezeugten Embryos bestimmte „unerwünschte Eigenschaften" eines geplanten Kindes indiziert), um sie anschließend entweder in die Gebärmutter zu „verpflanzen" bzw. zu „implantieren" oder den „Zellhaufen"[10] zu „verwerfen", also „auszusondern" oder nicht zu „implantieren" (Domasch 2007).

Mit dieser Problemskizzierung sei die Relevanz der folgenden grundsätzlichen Problemstellung umrissen und hinreichend belegt, dass Sprache kein neutrales Medium ist, das 1:1 den (sprachlich unabhängig existierenden bzw. sprachunabhängigen) Sachverhalt der Welt widerspiegelt. Sprache wohnt vielmehr ein Perspektivierungspotential inne, weil mit jeder Entscheidung für eine Formulierung (z. B. *Metakultur* versus *Leitkultur*) indirekt eine Entscheidung gegen eine andere mögliche Formulierung einhergeht. Theoretisch besteht natürlich die Möglichkeit der metasprachlichen Reflexion im Hinblick auf den eigenen Sprachgebrauch, in der Kommunikationspraxis kann dieses Verfahren allerdings auf Grund sprachökonomischer Restriktionen nur dosiert eingesetzt werden – das heißt, dass wir in Texten nicht unbegrenzt jede gewählte Formulierung sofort metasprachlich reflektieren können, weil unsere Texte dadurch unleserlich würden.

Da wir also im Diskurs nicht jede sprachliche Äußerung auf der Metaebene hinsichtlich der ausgewählten Wörter reflektieren und problematisieren können und im Hinblick auf die vielen Facetten der eröffneten Perspektiven zu diskutieren vermögen, so kann in Anlehnung an Rombach formuliert werden: Eine Perspektive ist „die Wirklichkeit" der Wahrnehmung.[11] Diese Sichtweise rechtfertigt es, von „semiotischer Gefangenschaft" (Felder 2009a: 32) zu sprechen. Die semiotische Gefangenschaft gilt selbstredend auch für den Au-

---

[10] Rechtlich auch als Embryo klassifiziert, weil mit der Teilbedeutung ‚aus sich heraus lebensfähig' versehen.

[11] Rombach (1980: 187) formuliert: „Perspektivität ist der *Realismus* der Wahrnehmung".

tor eines solchen Aufsatzes. Auch er kann nicht jede seiner Formulierungen auf der Metaebene sprachreflexiv anderen Formulierungen mit je spezifischen Perspektiven gegenüberstellen; dies zeigt sich insbesondere weiter unten, wenn ich Formulierungen wie *die Unruhen in Pariser Vororten im Oktober 2005* oder *die Ereignisse des 11. September 2001* verwende.

Auf die „Zubereitungsfunktion der Sprache" (Jeand'Heur 1998: 1292) projiziert bedeutet dies: Wer Wirklichkeit durch die Verwendung sprachlicher Mittel entstehen lässt, prägt und damit Sachverhalte schafft, der deutet sie zugleich und unvermeidlich durch die Auswahl spezifischer sprachlicher Mittel, welche wiederum bestimmte Konzepte als relevant vermitteln. Der Sprachgebrauch im Diskurs mit seinen vielfältigen Textsortenspezifika prägt also die Gestalt des Sachverhalts und die Ausprägung des Konzepts im Rezipienten. Deswegen stehen im Mittelpunkt des Untersuchungsprogramms handlungsleitende Konzepte, die an Beispielen von Mediendiskursen (vgl. Fraas/Klemm 2005) im Folgenden noch exemplifiziert werden. Unter *Konzept* verstehe ich eine kognitive Einheit, an der Attribute (Beifügungen) identifiziert werden können, wenn sie sich in Texten manifestieren – ich spreche dann von *Teilbedeutungen*.[12] Diese Teilbedeutungen wiederum korrespondieren mit Eigenschaften bzw. Aspekten von Sachverhalten, so dass heuristisch unterschieden werden kann (ohne getrennte Entitäten zu unterstellen): Ausdrücke in Texten evozieren Begriffe und Konzepte als mentale Korrelate und referieren auf Objekte und Sachverhalte der Lebenswelt (semasiologische Sichtweise). Vice versa vom Referenzobjekt gedacht lässt sich also aus onomasiologischer Sicht formulieren: An Sachverhalten und Objekten der Lebenswelt lassen sich Eigenschaften bzw. Aspekte beschreiben, die mit Attributen auf der Konzept- und Begriffsebene korrespondieren und die sich als Teilbedeutungen sprachlicher Zeichen in konkreten Texten identifizieren lassen. Zur terminologischen Klärung seien die folgenden Unterscheidungen getroffen, die ich mit Hilfe der bekannten Darstellung des semiotischen Dreiecks (triadisches Zeichenmodell nach Ogden/Richards 1923) darlegen möchte (siehe Abb. 1).

Das Prägen eines Begriffes bzw. Konzeptes (mittels des spezifischen und steten Gebrauchs eines bestimmten sprachlichen Ausdrucks) wird hier als Bedeutungsfixierungsversuch bezeichnet (vgl. Wimmer 1979, 1998), identische Ausdrücke können Begriffe bzw. Konzepte mit divergierenden Attributen als Teilbedeutungen von Texten evozieren und tragen damit zu einer spezifischen Sachverhaltskonstitution bei (hier als Sachverhaltsfixierungsakt bezeichnet, von Wimmer 1979, 1998 als Referenzfixierungsakt bezeichnet). Das Nachzeichnen von Bedeutungs- und Sachverhaltsfixierungsversuchen bei einem umstrit-

---

[12] Den Terminus *Teilbedeutung* verwende ich nicht in lexikographischer Tradition, sondern im Sinne von Bedeutungsaspekt im Paradigma holistischer Bedeutungstheorien. Der Terminus *Teilbedeutung* wird hier nicht im Sinne der Komponentialsemantik oder Merkmalsemantik gebraucht (vgl. Felder 1995: 35; Felder 2003: 60).

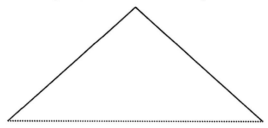

Begriffe bzw. Konzepte, an denen Attribute identifiziert werden
können, die mit den Teilbedeutungen in Texten und Eigenschaften
bzw. Aspekten der Sachverhalte korrespondieren

Sprachliche Zeichen in konkreten   Konstituierte Objekte & Sachverhalte
Texten, an denen Teilbedeutungen   mit partiellen Eigenschaften
expliziert werden können   bzw. Aspekten

Abb. 1. Modifikation des triadischen Zeichenmodells nach Ogden und Richards 1923

tenen Sachverhalt im Rahmen fachwissenschaftlicher Auseinandersetzungen
ist Gegenstand sog. semantischer Kämpfe.

Unter *handlungsleitenden Konzepten* verstehe ich auf der sprachlichen Inhaltsseite Konzepte bzw. Begriffe, welche die Textproduzenten bei der Vermittlung von gesellschaftlich relevanten Sachverhalten unbewusst verwenden oder
bewusst versuchen durchzusetzen (Felder 2006a: 18). Auf die verschiedenen
Wissenschaftskulturen bezogen bedeutet dies: Kategorien wie Konzept bzw.
Frame auf der einen Seite sowie Diskurs und Intertextualität auf der anderen
Seite sind bei den je fachspezifischen Konstitutionen der Wissensbestände von
grundlegender Bedeutung. Derartige sprachliche Formungen von Wissensbeständen durch gesellschaftliche Akteure sind unmittelbar mit Machtfragen verknüpft. Wegen der gesellschafts- und wissenschaftspolitischen Relevanz dieser
Problematik stehen diese Fragen im Zentrum des interdisziplinären und internationalen Forschungsnetzwerks *Sprache und Wissen* (http://www.suw.uni-
hd.de) mit seinen 13 Wissensdomänen.[13]

Es lässt sich festhalten: In vielen Gesellschaftsbereichen ist Wissen diskursiv
geformt und Aushandlungsgegenstand „semantischer Kämpfe" (Felder 2006a)
in fachwissenschaftlichen und massenmedialen Veröffentlichungen. Diskurse
prägen unser gesamtgesellschaftliches Denken und Verhalten (vgl. umfassend
dazu Warnke (Hg.) 2007, Warnke/Spitzmüller (Hg.) 2008), sie stehen im Spannungsfeld fachlich geprägter Wissensformationen und breiter adressierten Ver-
mittlungstexten, die nur bedingt Transparenzkriterien genügen. Foucault hat
schon in den 1970er Jahren den Terminus „Dispositiv" als eine Diskursforma-
tion eingeführt (vgl. Warnke 2007), in der Macht, Recht und Wahrheit mit-

---

[13] Welche sprachtheoretischen Prämissen einer solchen Semantikauffassung zugrunde liegen,
präzisiert Ziem 2008 auf der Basis von Konerding 1993. In den von Warnke 2007 und Warn-
ke/Spitzmüller 2008 herausgegebenen Sammelbänden werden die einschlägigen diskurstheoretischen Fragestellungen erörtert und exemplifiziert.

einander verknüpft und Praktiken institutionalisiert sind, die menschliches Begehren (désir) und gesellschaftliche Not (urgence) befriedigen (Foucault 1983: 105f.). Sex gilt Foucault als Beispiel eines solchen Dispositivs (Foucault 1978: 119f.), die Justiz ist ein anderes (Foucault 1975, Seibert 2004: 12ff.). Nach Foucaults (1978) *Dispositiven der Macht* schafft ein Dispositiv Bedingungen für die Akzeptanz eines bestimmten Wissens. Durch das Dispositiv wird den Individuen ein Wissen möglich, das sie dazu bringen kann, sich auf eine bestimmte (nützliche) Weise zu sich und zur Welt zu verhalten.[14]

3. Zielsetzung und Fragestellung der Sprach- und Textanalyse

Auf der Grundlage der oben stehenden Ausführungen beschäftigt sich der Beitrag mit der Frage, welche linguistischen Beschreibungsebenen berücksichtigt werden müssen, um die soeben herausgestellte sprachimmanente Perspektivität transparent machen zu können und wie sich handlungsleitende Konzepte in Mediendiskursen eruieren lassen. Der Beitrag verfolgt in erster Linie ein methodisches Interesse, das heißt, es soll ein Beschreibungsinstrumentarium für die Analyse von Texten (vgl. umfassend dazu Brinker/Antos/Heinemann/Sager (Hg.) 2000/2001, insbesondere Scherner 2000 und Rolf 2000 sowie Hausendorf/Kesselheim 2008 und Janich 2008) in Mediendiskursen in Ansätzen skizziert und an Einzelbeispielen plausibilisiert werden. Welche sprachlichen Ebenen sind bei der Beantwortung der Grundsatzfrage relevant, durch welche spezifischen Ausdrucksweisen bzw. Äußerungseigenschaften Wahrnehmungsprozesse, Wissensvorstellungen und Konzeptualisierungen ko-orientiert werden? Und wie kann die Aspektualisierung des Sachverhalts durch die sprachlichen Mittel transparent gemacht werden?

Das Untersuchungsinteresse fokussiert demnach die Konstitution des Referenzobjektes und Versuche seiner Fixierung (Wimmer 1979, Searle 1997) und analysiert, wie der Sachverhalt als – durch prototypische Zeichenverwendungen evoziertes – Wissen beschrieben werden kann. Im Unterschied zu den verdienstvollen Analysen der Medien- und Kommunikationswissenschaften setzt die relativ junge Wissenschaftsrichtung der linguistischen Mediendiskursanalyse nicht bei den Inhalten und deren Interpretation an, sondern vorgeschaltet an dem Medium, durch welches uns überhaupt die Inhalte erst zugänglich gemacht werden. Damit versucht dieses Paradigma nicht nur der Kantischen Philosophie gerecht zu werden, der wir die Einsicht in die unhintergehbare Bedingtheit des menschlichen Erkenntnisvermögens verdanken, sondern rückt

---

[14] Mit „Dispositiv" ist eine Akzeptanzvorkehrung für bestimmte Verhaltensweisen, Diskurse, Selbstverhältnisse, Wissensformationen etc. gemeint. Das Dispositiv, wie etwa das der Macht, leistet einen Eingriff in die Kräfteverhältnisse auf bestimmte soziale Notlagen hin. Es bündelt bzw. funktionalisiert außerordentlich heterogene Elemente wie Gesetze, Diskurse, (staatliche) Subventionen etc. und fungiert als Analysebegriff, mit dessen Hilfe man erfahren möchte, wie sich eine bestimmte Praxis etablieren konnte und was für Effekte sie ermöglicht. Ein grundlegendes Medium von Dispositiven ist eben Sprache!

im Sinne Humboldts konsequent die natürliche Sprache in den Mittelpunkt der Wahrnehmungs- und Kategorisierungsprozeduren. Der Fokus wird also von den Dingen und Medieninhalten weg auf deren Anschauungen verlagert, die uns in der Gestalt kommunikativer und medienvermittelter Sprach- und Bildzeichen begegnen. In diesem Sinne stellt eine solche Linguistik auch ihr erkenntnistheoretisches und -praktisches Potential unter Beweis, insofern sie stets das Verhältnis zwischen Ausdruckskomplex, begrifflicher und konzeptueller Inhaltsfüllung und den konstituierten Sachverhalten der Welt problematisiert.

Der hier vorliegende Beitrag will dementsprechend aufzeigen, wie sich Perspektivität und Tendenzen in sprachlichen Gebilden – also in Formen – ermitteln lassen. Zu diesem Zwecke berücksichtigt das hier vorgestellte Untersuchungsprogramm der pragma-semiotischen Textarbeit (Felder 2007a: 361; Felder in Vorb.) die Ebene des Textes, des Satzes sowie die Ebene der lexikalischen und grammatischen Grundformen. Die in den Medienwissenschaften bekannte Unterscheidung zwischen Wirklichkeit und Realität (Schmidt 1996) ist hierbei hilfreich: Unter *Wirklichkeit* wird die subjektive, mit den originären Sinnen erfahrbare und begreifbare Welt verstanden, *Realität* ist das medial konstituierte und sprachlich also zwangsläufig gestaltete Szenario davon, die sog. Medienrealität als vermittelte Welt. Vor diesem Hintergrund der Differenzierung sind wir als Medienrezipienten des sog. Informationszeitalters in erheblichem Maße mit Realität konfrontiert, also mit sprachlichen Produkten, die Wirklichkeit zu zeigen vorgeben (sprachliche Formung bei der Sachverhaltskonstitution bzw. die „Zubereitung" (Jeand'Heur 1998: 1292) der Wirklichkeit und Gestaltung der Realität). In der Rezeption von gesellschaftspolitisch relevanten Ereignissen und Wissensbeständen haben wir es demnach mit gestalteten Materialien in sprachlicher Form zu tun, die individuelle und idiolektal instruierte Wirklichkeiten in kollektiv rezipierte (Medien-)Realität verwandelt haben. Massenmediale Sprach- und Bildzeichen und Zeichenverkettungen sind daher **ein perspektivierter Ausschnitt von Welt zur interessengeleiteten Konstitution von Realität im Spektrum verschiedener Wirklichkeiten.**[15]

---

[15] Auch Schmidt als Vertreter kognitiv-konstruktivistischer Konzeptionen des Verstehens gebracht innerhalb des systemtheoretischen Paradigmas das Wort *Wirklichkeit* als einen systemrelativen Begriff im Plural (Schmidt 1996: 15) und bringt darüber hinaus als zweites wichtiges Konzept der philosophischen Diskussion den Beobachter ins Spiel, um mit diesen beiden Konzepten deutlich zu machen, dass Menschen die Realität „unhintergehbar" als „kognizierende Realität, d.h. als Erfahrungswirklichkeit oder Umwelt" (Schmidt 1994: 114) erleben. „Die Konstruktion von Wirklichkeiten" wird umschrieben als Emergenz „sinnvoll gedeuteter Umwelten in kognizierenden Systemen" (Schmidt 1996: 15). „*Emergenz:* [...] In einer modernen Version spricht man von Emergenz, wenn durch mikroskopische Wechselwirkung auf einer makroskopischen Ebene eine neue Qualität entsteht, die nicht aus den Eigenschaften der Komponenten herleitbar (kausal erklärbar, formal ableitbar) ist, die aber dennoch allein in der Wechselwirkung der Komponenten besteht" (Krohn/Küppers 1992: 389).

4. Beschreibung und Exemplifizierung der Untersuchungsebenen

Das hier vorgestellte Untersuchungsprogramm der pragma-semiotischen Textarbeit[16] (Felder in Vorb.) dient der linguistischen Analyse von Medientexten
und umfasst die unten aufgeführten Untersuchungsebenen, die an Beispielen
illustriert werden sollen.

Ausdrucksseitig manifestieren sich die Spuren des Denkens auf folgenden linguistisch beschreibbaren Ebenen: Lexeme,[17] Syntagmen[18] bzw. Klloka-
tionen[19] bzw. idiomatische Wendungen[20] oder Phraseologismen[21], Sätze und
Texte (inkl. Bilder, siehe dazu Stöckl 2004, Sachs-Hombach 2006). Aus diesem materiell Sichtbaren werden Rückschlüsse auf Inhaltsseitiges gezogen bzw.
Hypothesen gebildet, deren Plausibilität über ihre Durchschlagkraft entscheiden. Hierbei rückt der bereits erwähnte Zusammenhang zwischen Wissen und
Macht in das Zentrum der Aufmerksamkeit, genauer gesagt, welche gesell-

---

[16] Ihr Ziel lässt sich wie folgt zusammenfassen: „Linguistische Diskursanalyse (in dem auf Foucault zurückführbaren Sinne) dient der Erfassung des – notwendig gesellschaftlich geprägten
– Wissens" (Busse 2007: 81). Die dargelegten Untersuchungsebenen verdeutlichen, wie die Me-
dieninhalte als sprachlich gestaltete Medienrealität nicht von sich aus gegeben sind, sondern
im Sprachgebrauch als Sachverhalte erst konstituiert werden. Es handelt sich um sprachlich
gebundene Faktizitätsherstellung. Der Fokus liegt auf der Sachverhaltskonstitution – verstanden als an prototypischen Zeichenverwendungen orientiertes Wissen.

[17] *Lexem* wird hier nicht im engeren strukturalistischen Sinne als langue-Entsprechung für
Lex der parole-Ebene verstanden, sondern in einem weiteren Sinne steht der Terminus für
eine lexikalische Einheit, also Wort, mit einer langue- und parole-Komponente. In Anlehnung an und Erweiterung von Schmidt 1969 kann Lexem als „Kombinationsprodukt" unter
phonologischen, morphologischen, syntaktischen, semantischen, aber auch pragmatischen
(Hundsnurscher 1998) Gesichtspunkten beschrieben werden. Bei der konkreten Vertextung
treten Bedeutungsakzentuierungen dominant in den Vordergrund, die anderen latenten Be-
deutungsnuancen stabilisieren gleichsam im Hintergrund die aktuelle Bedeutung.

[18] Ein Syntagma ist eine syntaktisch strukturierte Folge von sprachlichen Ausdrücken, die aus
Wortgruppen (Mehrworteinheiten) bestehen, die kleiner als Teilsätze (z. B. Attribut- oder
Adverbialsätze) oder „ganze" Sätze sind.

[19] Als Kollokationen gelten charakteristische, häufig auftretende Wortverbindungen, deren Mit-
einandervorkommen auf einer Regelhaftigkeit gegenseitiger Erwartbarkeit beruht, also primär semantisch (nicht grammatisch) begründet sind.

[20] Unter *Idiomatizität* versteht man die Eigenschaft natürlicher Sprachen, feste Wortverbindungen zu verwenden, deren Bedeutung nicht als die Summe der Einzelelemente beschreibbar
ist.

[21] Ein Phraseologismus zeichnet sich nach Elspaß in Anlehnung an die Definition von Burger/
Buhofer/Siam 1982 durch folgende Charakteristika aus: „– Mehrgliedrigkeit/Polylexikalität,
d. h. die Verbindung besteht aus mindestens zwei Wörtern, höchstens jedoch aus einem ganzen Satz; – i. d. R. Vorhandensein mindestens eines Autosemantikons/Kernwortes, das ein
Substantiv, Adjektiv, Adverb, Numerale oder ein Verb sein kann; – Lexikalisierung, d. h. die
Verbindung wird wie ein Wort in der Sprachgemeinschaft gespeichert und verwendet; – Sta-
bilität/Festigkeit, die Variation und Modifikation nicht ausschließt; – Idiomatizität, die aber
ein fakultatives Merkmal darstellt" (Elspaß 1998: 44).

schaftlichen Akteure bestimmte Wissensbestände als gültig deklarieren oder ihre Strittigkeit behaupten.

Um inhaltsseitige Korrelate eruieren zu können, müssen die Indikatoren für solche Denkmuster an der Textoberfläche systematisch ermittelt werden. Im Folgenden werden die Untersuchungsebenen skizziert und im Anschluss anhand von Untersuchungsergebnissen zweier linguistischer Mediendiskursanalysen exemplifiziert, die Nachwuchswissenschaftler in eigenständig durchgeführten Untersuchungen erarbeitet haben. Dabei haben sie den Methodenansatz auf von ihnen ausgewählte Themenbereiche angewendet, kritisch reflektiert und erweitert. Es handelt sich um Untersuchungen zu den Themen *Unruhen in den Pariser Vorstädten von Oktober 2005* (Vogel 2009) und *Die Anschläge in den USA vom 11. September 2001* (Tereick 2008).[22]

In einem Textkorpus von 360 Artikeln aus den Zeitungen *Neues Deutschland*, *Süddeutsche Zeitung* und *Die Welt* arbeitet Vogel (2009) die mediale und diskursive Konstitution der Unruhen in Pariser Vorstädten von Oktober 2005 heraus. Das folgende Schaubild zum Zusammenhang von Symbol – Gedanke – Referent verdeutlicht das Erkenntnisinteresse im Hinblick auf die sprachliche Konstitution der Referenzobjekte, also der Ereignisse. Es betont, dass zwischen sprachlichem Ausdruck und dem Sachverhalt keine unmittelbare Relation besteht, sondern nur eine mittelbare über Begriffe bzw. Konzepte.

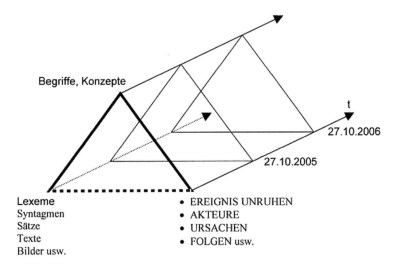

Abb. 2. Modifikation des semiotischen Dreiecks nach Ogden und Richards 1923 (vgl. die Abbildung in Vogel 2009: 38)

---

[22] Die Untersuchung von Friedemann Vogel erscheint 2009 als Monographie, die Untersuchung von Jana Tereick kann angefordert werden, zugänglich über Prof. Dr. Ekkehard Felder, Germanistisches Seminar der Universität Heidelberg.

5. Ebene der Lexik

5.1 Ebene des Einzelwortes mit Schlüsselwortcharakter

Bezeichnungen instruieren wechselseitige Orientierung und Erfahrung zwischen Subjekt und Umwelt.[23] Sachverhalte werden über sprachliche Mittel je spezifisch perspektiviert. Köller (2004) macht eindrucksvoll deutlich, dass jedes lexikalische Zeichen eine kognitive Perspektive zur aspektivischen Erschließung von Phänomenen eröffnet. Müller (2007) hat Köllers Ansatz methodisch am Diskurs zur nationalen Kunstgeschichte operationalisiert. Dort werden die drei Untersuchungsebenen *eingliedrige Ausdrücke, syntaktische Muster* und *Textpassagen* unterschieden.[24] Auch in dieser Untersuchung wird deutlich, wie Sachverhalte der Lebenswelt (Konkreta und Abstrakta) in sprachlichen Gebilden konstituiert werden und sich auf der Textebene mittels Explizierung von Bedeutungen beschreiben lassen. Der Terminus „*Aspekt* ist genuin objektorientiert" (Köller 2004: 9), er findet auf begrifflicher und konzeptueller Ebene durch den Terminus *Attribut* eine Entsprechung (mentales Korrelat) und wird dort genau dann *Teilbedeutung* genannt, wenn eine solche im konkreten Text in Bezug auf den referierten Sachverhalt an Ausdrücken der sprachlichen Oberfläche bestimmt werden kann.

Die aspektivischen Besonderheiten der Sachverhalte (die durch den Zugriff mittels sprachlicher Mittel je spezifisch hervorgehoben werden) können also durch Teilbedeutungen expliziert werden. Beispielsweise lassen sich an den bereits erwähnten Lexemen *Leitkultur* und *Metakultur* die folgenden Teilbedeutungen zur Präzisierung der differentia specifica hinsichtlich der unterschiedlichen Perspektivierungen herausarbeiten: In Bezug auf das Lexem *Leitkultur* dominiert im politischen Kontext – wie bereits erwähnt – die Teilbedeutung ‚der Kultur der jeweiligen Region kommt der Stellenwert prima inter pares zu‘, während dem von Sloterdijk geprägten Begriff *Metakultur* die Teilbedeutung ‚die Kulturen müssen sich zu einer „welttauglichen Zivilisierung" hin transformieren und erlangen dadurch eine neue Qualität‘ zuzuweisen ist. Diskursiv

---

[23] Der Gebrauch von Sprache orientiert sich in jedem Einzelfall an solchen Erfahrungen, beispielsweise an den erlebten Interaktionen mit dem Wort *Mobbing* und seiner Verwendung beim In-Bezug-Setzen zu Lebenssachverhalten. In der Folge aktiviert der Sprecher bei der Konfrontation sozial ausgrenzender Verhaltensweisen das Konzept ›Mobbing‹ aus dem individuellen Wissensbereich, bringt es in Verbindung mit dem aktuellen Sachverhalt und befragt seine kommunikativen Gebrauchserfahrungen mit dem Wort *Mobbing* (Sprachspiele im Sinne Wittgensteins 1958/[11]1997) dahingehend, ob sie für eine angemessene Umschreibung des neuen Sachverhalts adäquat erscheinen.

[24] Müller 2007 analysiert auf der Grundlage des Perspektivierungsgedankens die lexikalische Implementierung, die syntaktische Integration und die thematische Entfaltung zentraler Wissenbereiche über Kunst und arbeitet zentrale Konzepte von ‚Geschichte‘, ‚Kunst‘ und ‚Nation‘ in *Geschichten der deutschen Kunst* heraus. Dabei werden Routinen der Nomination, Attribution, Prädikation und Vertextung aufgezeigt und auf ihre Sinnbildungsleistung zur Prägung nationaler Identität hin interpretiert.

kann exemplarisch an beiden Schlüsselwörtern im Paradigma des semantischen Kampfes (Felder 2006a) gezeigt werden, wie über die Ausdrucksseite handlungsleitende Konzepte etabliert werden können. Damit verbunden ist die Vorstellung, gegebenenfalls die gesamte komplexe Wirklichkeit zentralperspektivisch als Systemraum von einem spezifischen Sehepunkt aus durchstrukturieren zu können: Dementsprechend weisen solche konkurrierenden Benennungen nicht nur ein großes Bedeutungspotenzial auf, sie sind von grundsätzlicherer Relevanz, da sie die Lebenssachverhalte bereits mitkonstituieren, die sie zu diskutieren vorgeben. Damit sind solche Bezeichnungen notwendige Voraussetzung für das Verständnis wichtiger gesamtgesellschaftlich relevanter Fragen, denn in den Begriffen stehen gemeinhin Weltanschauungen bzw. ein definierbares Interesse. Die Durchsetzung spezifischer Termini und die Auseinandersetzung mit sozial-, geistes- und naturwissenschaftlichen Sachverhalten stellen so gesehen den Versuch dar, die Welt bzw. einen Weltausschnitt spezifisch perspektiviert wahrzunehmen (Köller 2004).

Bedeutungsrelationen lassen sich – wie das angeführte Beispiel zeigt – hinsichtlich der paradigmatischen Feldbeziehungen (vgl. z.B. die Wortfeldtheorie von Trier 1931) beschreiben. Einschlägig sind dabei unter anderem die Explizierung der Sinnrelationen in Bezug auf Ober-/Unterbegriff (Hyperonym/Hyponym), Ko-Hyponymie sowie Synonymie und Antonymie.

5.2 Beispiele auf der Lexemebene

Betrachtet man exemplarisch die sprachliche Vielfalt der Lexeme, mit deren Hilfe auf die Unruhen in den Pariser Vorstädten referiert wird und die teilweise als Etikette der Ereignisse bezeichnet werden können, so ist schon ein erster Blick auf folgende Aneinanderreihung der Lexeme ausgesprochen aufschlussreich: *Unruhen – Vorstadtunruhen – Herbst-Unruhen; Proteste – Aufstände – Revolte – Aufruhr; Gewaltwelle – Die Welle; Vorort-Krawalle* (Vogel 2009).

Wir haben mit den Wörtern *Proteste* und *Aufstände* zwei Vertreter der Kategorie Nomen Actionis vorliegen, die sich als ein von einem Verb abgeleitetes Substantiv definieren lassen, das ein Geschehen bezeichnet (z.B. *Zerstörung* zu *zerstören*). Köller (2004: 233) spricht diesbezüglich von „durchsichtigen Wörtern" (siehe auch Müller 2007: 60 und Bär 2007: 319 zur Verschränkung von syntaktischer Struktur und Wortbildungsstruktur). In unserem Fall lässt sich die Bedeutung von *Protest* in Relation zu *protestieren* und von *Aufstand* in Relation zu *aufstehen* (im übertragenen Sinne von sich auflehnen) beschreiben. Den beiden Nomen liegt ein Wissensrahmen zugrunde, der sich syntagmatisch durch den Ausdruck *gegen X aufstehen* explizieren lässt, wobei das X für Ungerechtigkeit, Unterdrückung usw. stehen kann. Darüber hinaus wird durch die beiden Lexeme eine Handlung konstituiert (also *gegen X aufstehen*), so dass der Wissensrahmen die Frage beinhaltet, wer für die Zustände von X verantwortlich ist. Gegen diese Personengruppe richtet sich dann der Protest. Im Lexem *Aufstand* ist also ein Adressat der Handlung mitgemeint, der gleichzeitig als der Verantwortliche für die unerwünschten Zustände modelliert wird. Damit wird eine Monokausalität impliziert, die andere Variablen einer polykausalen Ursache-Folge-Kette sprachlich nicht zu erfassen mag.

Das Lexem *Unruhe* beispielsweise ist – kategorisch betrachtet – ein Derivat mit Negationspräfix *Un-*. Usuelle Wortverbindungen mit *Unruhe* sind durch den antonymischen Charakter des Bezugswortes *Ruhe* gekennzeichnet, wobei intersubjektiv nicht eindeutig zu klären ist (Mehrdeutigkeitspotential), ob dieses – assoziiert durch idiomatische Wendungen wie z.B. *Ruhe ist die erste Bürgerpflicht* – positiv, negativ oder zwiespältig konnotiert ist.

Die Determinativkomposita *Gewaltwelle, Vorstadtunruhen, Vorort-Krawalle* und *Herbst-Unruhen* sind durch die Funktion gekennzeichnet, das jeweilige Grundwort hinsichtlich Beschaffenheit, Ort und Zeit zu bestimmen. Die Unterschiede der Lexeme lassen sich mit Hilfe von Teilbedeutungen ermitteln, die signifikant nur einem, aber nicht allen anderen sinn- und sachverwandten Lexemen zugeschrieben werden können.[25] Das Prinzip lässt sich wie folgt umschreiben: Über die jeweiligen Grundwörter werden Stereotype aufgerufen – so zum Beispiel beim Lexem *Welle* im Unterschied zu den anderen Begriffen das Moment der ‚Verselbständigung‘, des ‚Nicht-mehr-Steuerbaren‘ oder des ‚Nur-bedingt-Intentionalen‘. Durch diese charakterisierende Teilbedeutung wird – im Unterschied zu den oben erwähnten Ursache-Folgen-Modellierungen – ein Moment der nur bedingten Rationalität impliziert. Die Begriffe klassifizieren gleichsam die Wahrnehmungsinhalte durch die ausgewählte Perspektive als die jeweils gültige Wirklichkeit (vgl. zum Gültigkeitsanspruch von Aussagen Köller 2004 und das Motto des Beitrags in der Überschrift). Sie stellen das Ergebnis einer Klassifizierung dar, in welcher die Welt als in sich strukturiert modelliert wird.

Das Lexem *Revolte* dahingegen zeichnet sich durch die begriffliche Nähe zu *Revolution* aus und kann durch die Teilbedeutung des ‚grundsätzlichen Umwälzens bestehender Verhältnisse‘ spezifiziert werden. *Aufstand* hebt eine solche Bedeutungsnuancierung noch stärker hervor, *Protest* ist diesbezüglich unterspezifiziert oder bedeutungsoffen. Führt man sich vor Augen, dass Journalisten aus stilistischen Gründen in ihrer Wortwahl variieren müssen, so wird deutlich, dass mit jedem der hier aufgeführten Lexeme der vermeintlich identische Sachverhalt in der Welt – kurz das Ereignis – in jeder Formulierung unter einer je spezifischen Nuancierung konstituiert und damit das beim Rezipienten evozierte Konzept durch spezifische, meist wertende Teilbedeutungen ergänzt wird. Dies macht deutlich, dass wir – obgleich wir diese Ereignisse auch außersprachlich z. B. durch Bilder (Stöckl 2004, Sachs-Hombach 2006) und Grafiken

---

[25] Da einerseits eine Explizierung der gemeinsamen Bedeutungsschnittmenge wenig ergiebig sowie angesichts der Verwendungsvielfalt auch nicht möglich ist und da andererseits in dem hier vorgestellten Kontext vor allem die Bedeutungsunterschiede relevant sind, gilt es, die Bedeutungsnuancierungen in Form von Interpretationshypothesen herauszuarbeiten, die den einzelnen Lexemen spezifisch anhaften.

(vgl. dazu Müller in diesem Band) wahrnehmen – bei jeder Wiederaufnahme im Text nicht auf *das* ontisch gegebene Ereignis in der Welt direkt zugreifen können, sondern gleichsam der Sachverhalt jeweils spezifisch konstituiert wird, also Sinn in jedem Individuum als dem empirischen Ort der Sinnproduktion immer neu produziert werden muss, wobei „individuelle Varianten der Programmanwendung zur kulturellen Dynamik" beitragen (Schmidt 1994a: 600). Die Sinnproduktion geschieht mittels Wörtern und der ihnen immanenten Perspektivität. Angesichts dieses Befundes ist auch der Wunsch nach einer neutralen Darstellungsweise Illusion. Neutralität in der sprachlichen Wiedergabe eines Ereignisses oder eines Erlebnisses kann – graduell gedacht – mehr oder weniger stark ausgeprägt vorhanden sein, die Rede von der Objektivität in Medienkontexten führt sich selbst ad absurdum und sollte meines Erachtens durch das Paradigma der Multiperspektivität ersetzt werden (vgl. dazu auch das erwähnte Schlüsselwort *Perspektivenselektion*).

Macht man sich darüber hinaus die vielfältigen und individuell stark divergierenden Konnotationen im Hinblick auf bestimmte Lexeme der oben aufgeführten Komposita bewusst – z. B. das Lexem *Vorstadt* oder *Vorort* –, so wird ein weiterer Gesichtspunkt der – in den sprachlichen Mitteln begründeten – Perspektivität eines jeden Lexems deutlich. Unbestritten dürften die Assoziationen zu diesen beiden Lexemen sich unterscheiden bei einem Bewohner sog. Villenviertel oder Innenstädte usw. im Vergleich zu einem Bewohner von sog. Vorstädten oder Vororten. Und dass Wissensvoraussetzungen, Vorerfahrungen und Assoziationen bei der Medienrezeption solcher Ereignisse von grundlegender Bedeutung sind, ist evident.

Gleichwohl kann kein Textproduzent – schon gar nicht im Mediendiskurs – stets in ausführlicherer Form sprachreflexiv auf einer Metaebene komplexe Betrachtungen in Bezug auf seine Wortwahl vornehmen: Das würde die Themenentfaltung im Text extensiv ausdehnen und die Textlektüre für die Rezipienten erheblich erschweren. Hierbei kommt das Moment der semiotischen Gefangenschaft wieder ins Spiel (Felder 2009a: 32). Umso absurder ist es, die sprachliche Unschärfe zwischen *Ausdruck – Begriffsinhalt – Ereignis* vernachlässigend auf der Grundlage einer instrumentalistischen Sprachauffassung eindeutig feststellen oder gar auf Grund einer Mediendiskursanalyse ermitteln zu wollen, wie *das* (sic!) kollektive Wissen über ein Ereignis auf Grund einer Mediendiskursanalyse gestaltet sei.

Zur kontrastiven Erhellung seien aus der *synchronen und diachronen Untersuchung des Printmediendiskurses zum 11. September 2001* von Jana Tereick einige Resultate vorgestellt. Das Textkorpus umfasst 8696 Artikel im Ereignis-Zeitraum vom 12.9.2001 bis 8.10.2001 und 637 Artikel im Retrospektiv-Zeitraum mit Artikeln des Mediendiskurses aus Anlass der Jahrestage 2002–2007. Die den Lexemen immanenten Perspektiven, die beim Referieren auf den identischen Sachverhalt – nämlich die Anschläge in den USA vom 11. September 2001 – zutage treten, zeigen sich bei einer ausgewählten Zusammenstellung in Form der folgenden Wortliste: *Anschlag – Anschläge* (es besteht ein Unterschied beim Referieren, ob mittels Singular- (*Anschlag*) oder Pluralform (*Anschläge*) auf das Ereignis verwiesen wird); *Terroranschlag – Terroranschläge; das Unfassbare – das Undenkbare – das Unbegreifliche – das Schreckliche*. In der retrospektiven Medienberichterstattung anlässlich der Jahrestage von 2002 bis 2007 ist die Bezeichnung *der 11. September* der am häufigsten verwendete Ausdruck. Es handelt sich dabei nicht um eine Datumsangabe, sondern um eine Ereignisbezeichnung, die einem Eigennamen gleicht (z. B. „Der 11. September war ein Angriff auf die Freiheit", *Die Welt* am 11. 9. 2002).

Weitaus umstrittener und interessanter ist der semantische Kampf um angemessene Bezeichnungen unmittelbar nach dem 11. September 2001. Betrachtet man die vorkommenden Bezeichnungen, so wird die Frage virulent, ob die Ereignisse als *Verbrechen* oder *Kriegshandlung* zu kategorisieren sind. Tereick macht deutlich, dass die ersten Tage nach dem Anschlag das Lexem *Krieg* in vielfältigen Verwendungsformen bevorzugt wird (so z. B. *Die Zeit, taz, Der Spiegel, Focus, Die Welt, Süddeutsche Zeitung, Frankfurter Allgemeine Zeitung*). In den darauf folgenden Tagen wird dahingegen auch die Diskursposition vertreten, es handle sich um ein Verbrechen, ansonsten müsse man die Definition von *Krieg* ändern (ganz davon abgesehen, dass Versicherungen angeblich den Schaden bei einer Klassifizierung als Krieg nicht übernehmen würden).

> „Interessant ist die Entwicklung in der *taz*: Der erste Teil der Druckauflage vom 12. September 2001 erscheint noch mit der Schlagzeile ‚Angriff auf Amerika‘, im späteren Teil findet sich hingegen die bereits erwähnte Überschrift ‚Krieg gegen die USA‘. Diesen Vorgang erläutert die Redaktion am 14. September in einer Hausmitteilung (*taz* 14. 9. 2001) – alles andere als ‚Krieg‘ habe man als ‚Verharmlosung‘ empfunden – und erklärt, warum sie inzwischen wieder von der Wortwahl abgerückt ist: ‚Ehe Deutschland und die NATO den Bündnisfall erklärt hatten, war Krieg eine eher metaphorische oder assoziative Vokabel. Nun, da Krieg eine Möglichkeit geworden ist, sollte die taz alles vermeiden, was als sprachliche oder gesellschaftliche Eskalation wirken kann‘" (Tereick 2008: 62).

Besonderer Aufmerksamkeit bedarf auch die Einschätzung der *FAZ*, welche die sprachkritische Reflexion des Wortes *Krieg* als „semantische Spitzfindigkeit" (*FAZ* 22. 9. 2001) oder als „sprachlichen Eiertanz" (*FAZ* 21. 9. 2001) etikettiert. Tereick macht jedoch in ihrer Untersuchung deutlich, wie die terminologische Unterscheidung zwischen *Kriegshandlung* und *Verbrechen* von den meisten Medien als zunehmend relevant eingeschätzt wird. Im Paradigma des semantischen Kampfes könnte man im Hinblick auf die Benutzung oder Vermeidung des Ausdrucks *Krieg* resümieren, dass es der FAZ-Redaktion vermutlich um die Dominant-Setzung bestimmter, besonders die Gräuel betonende Teilbedeutungen des Konzepts ›Krieg‹ geht, die sie bei der Vermeidung des Ausdrucks *Krieg* und bei der Verwendung einer entsprechenden Alternativbenennung wie

z. B. *Angriff* nicht angemessen repräsentiert findet. Andere Redaktionen und Autoren (z. B. der taz) neigen zum Zwecke der Neukonzeptualisierung des als singulär und einzigartig eingeschätzten Sachverhalts (dass nämlich nicht ein Staat, sondern eine politisch-religiöse Gruppierung in kriegsähnlicher Art und Weise einen Staat attackiert, ohne selbst den Status eines Staates aufweisen zu können) dazu, dieses „neue", völkerrechtlich und politisch erst noch zu klassifizierende Ereignis nicht nur auf der Sach- und Inhaltsebene zu diskutieren, sondern gleichsam den sprachlichen Zugriff und die damit einhergehende Konstitution des Ereignisses zu reflektieren.

Abschließend sei hier noch die Bezeichnungsvielfalt erwähnt, die Tereick bei der Untersuchung des Konzepts ›Amerikas Antwort‹ aufzeigt: Befürworter der US-Politik sprechen von *Prävention, militärischer Gegenwehr, Intervention*, Gegner bevorzugen Benennungen wie *Rachefeldzug, Racheakt, Racheaktion*, für die man keinen *Blankoscheck*, keine *Blankovollmacht*, keinen *Freibrief* erteilen dürfe (Tereick 2008: 68).

6. Ebene der Syntagmen (Mehrwort-Verbindungen)

6.1 Ebene flexibler Syntagmen bis hin zu festen Kollokationen

Neben den paradigmatischen Bedeutungsrelationen bestehen auch syntagmatische Feldbeziehungen an der Textoberfläche, die im Satz bei der Kombination der Wörter wirksam sind (vgl. z. B. bei Porzig ³1950: 71 Bedeutungsfelder und Bedeutungsbeziehungen zur Beschreibung syntagmatischer Angemessenheitsbeziehungen und Häufigkeitsvorkommen). Diese gilt es in Bezug auf die Verweisstrukturen innerhalb der linearen Zeichenketten zu untersuchen. Syntagmatische Bedeutungsbeziehungen sind durch die Verträglichkeit der verknüpften Einzelzeichen und die Erwartbarkeit des gemeinsamen Vorkommens bestimmter Zeichen charakterisiert (z. B. *Ohren waschen*, aber *Zähne putzen*). Bei häufigem gemeinsamem Auftreten spezifischer Zeichen auf syntagmatischer Ebene sprechen wir von Kollokationen (Festigkeit von Mehrwort-Einheiten; zum Beispiel aus dem Korpus der Neuen Zürcher Zeitung (NZZ) *Kampf gegen X, Kampf dem X, Kampf mit X* und *Bekämpfung von X*; vgl. Bubenhofer 2009).

Der Übergang von der freien Verknüpfung sprachlicher Zeichen bis zur festen Kollokation kann graduell modelliert werden und lässt sich an der Textoberfläche indizieren (so dient z. B. das Wort *ranzig* der Prädizierung von Butter oder Fetten bzw. Ölen und weist daher an der Textoberfläche entsprechend Lexeme dieses Begriffsfeldes auf). Ein gesellschaftspolitisch relevantes Beispiel ist die unterschiedliche Sachverhaltskonstitution für ähnliche Referenzobjekte, wenn Sprecher beispielsweise entweder von *Assimilation* bzw. *Anpassung der Ausländer an die jeweilige Gesellschaft* oder im Kontrast dazu von *Integration der Ausländer in die jeweilige Gesellschaft* sprechen. Diese Formulierungsalternativen kursieren schon seit längerem in diversen Medientexten und wurden schlagartig – aber nicht zum ersten Mal[26] – im Februar 2008 im Kontext der Kölner Rede des türkischen Ministerpräsidenten Recep Tayyip Erdoğan zum sprachreflexiven Streitpunkt im Hinblick auf angemessene Formulierungsstrategien, als dieser in einer medial breit rezipierten Rede am 10. Februar 2008 in der Köln-Arena zu Fragen der Integration oder Assimilation Stellung bezog.

6.2 Beispiele auf der syntagmatischen Ebene und für Kollokationen

In diesem Zusammenhang wird der enorme Stellenwert der syntagmatischen Ebene deutlich, insbesondere der Kookkurrenzen. Unter *Kookkurrenz* verstehen wir verkürzt gesagt das gemeinsame Vorhandensein von mindestens zwei Wörtern in einem Kontext von fest definierter Größe, die frequent und/oder überzufällig oft nahe zusammen in einem Textkorpus vorkommen (Lemmitzer/Zinsmeister 2006: 197, Bubenhofer 2009). Bildet das häufige gemeinsame Auftreten zweier Wörter, also eine bestimmte Wortverbindung, eine strukturell interessante Einheit, so wird das wiederholte gemeinsame Vorkommen genau dann als *Kollokation* bezeichnet, wenn die Auswahl eines Wortes die Auswahl eines anderen Wortes zuungunsten von Wörtern mit gleicher oder ähnlicher Bedeutung zu beeinflussen scheint (Lemmitzer/Zinsmeister 2006: 196). Werden bestimmte Wortverknüpfungen fester – sprich überzufälliges Vorkommen von bestimmten Wortverknüpfungen – und vollziehen daher graduell den Übergang von bloßen Syntagmen (relativ freien Zeichenverknüpfungen) zu Kollokationen (relativ betrachtet eine verfestigte Zeichenkombinationen), dann haben wir es mit den oben erwähnten Ausdrucksmustern zu tun, die in spezifischer Weise unsere Konzepte von Ereignissen prägen und bei einer gewissen Vorkommenshäufigkeit bzw. Dominanz sich als handlungsleitend bezeichnen lassen (Felder 1995: 3). Die folgenden Beispiele aus 569 Belegen für syntagmatische Verbindungen des Musters „Anschlag/Anschläge auf" mögen dies illustrieren (vgl. Tereick 2008: 22):

> „Anschlag auf Frieden und Freiheit" (*Welt*$_{01-9-14:41}$ [Zitat]), „Anschlag auf die Freiheit" (*Spiegel*$_{01-9-15:166}$ [Zitat], *taz*$_{01-9-19:12}$ [Zitat], *FAZ*$_{01-9-15:9}$ [Zitat]), „Anschlag auf die freie Welt" (*SZ*$_{01-9-13:44}$ [Zitat]), „Anschlag auf die gesamte freie Welt" (*Zeit*$_{01-10-4:41}$, *Welt*$_{01-9-12:4b}$ [Zitat]), „Anschlag auf die freiheitliche Gesellschaft" (*SZ*$_{01-9-15:7b}$ [Zitat]), „Anschlag auf die offene Gesellschaft" (*FAZ*$_{01-9-15:9}$ [Zitat]), „Anschlag auf den eigenen Glauben" (*Spiegel*$_{01-10-8:225}$), „Anschlag auf die Seele" (*Focus*$_{01-9-24:136}$), „Anschlag auf

---

[26] Als Beispiele für metasprachliche Problematisierung seien die folgenden erwähnt: „Nicht Assimilation – Integration sei das operative Wort" (Welt, 10.11.03); „ ‚Das Ziel unserer Integrationspolitik ist das Gegenteil von Assimilation.' Integration sei ein wechselseitiger Prozess, bei dem Deutsche und Auslaender im gegenseitigen Respekt voneinander lernten. Bei der Assimilation werde die eigene kulturelle Identitaet aufgegeben. Deshalb finde sie Schilys Aeusserungen inakzeptabel. ‚Sie wirft uns in der Debatte um Jahrzehnte zurueck.'" (Agence France Presse, 29.6.2002)

die internationale Wirtschafts- und Finanzkooperation" (*Focus*$_{01\text{-}10\text{-}8:42}$ [Zitat]), „Anschlag auf die Marktwirtschaft" (*FAZ*$_{01\text{-}9\text{-}13:19a}$ [Zitat]), „Anschlag auf die Zivilisation" (*SZ*$_{01\text{-}9\text{-}13:16d}$, *taz*$_{01\text{-}9\text{-}13:17}$, *taz*$_{01\text{-}9\text{-}14:14}$, *Zeit*$_{01\text{-}10\text{-}4:15}$ [Zitat], *Zeit*$_{01\text{-}10\text{-}4:55}$), „Anschlag auf die gesamte Zivilisation" (*FAZ*$_{01\text{-}9\text{-}17:51}$), „Anschlag auf unsere Zivilisation" (*FAZ*$_{01\text{-}9\text{-}13:52a}$), „Anschlag auf die zivilisierte Welt" (*Welt*$_{01\text{-}9\text{-}22:4}$ [Zitat]), „Anschlag auf unsere Werte" (*SZ*$_{01\text{-}9\text{-}22:8}$, *WamS*$_{30a}$), „Anschlag auf das, was unsere Welt im Innersten zusammenhält" (*taz*$_{01\text{-}9\text{-}13:11}$ [Zitat]), „Anschlag auf die Mobilität" (*SZ*$_{01\text{-}9\text{-}19:4d}$), „Anschlag auf die bewegte Welt" (*FAZ*$_{01\text{-}9\text{-}20:R1}$), „Anschlag auf die dichte Stadt" (*SZ*$_{01\text{-}9\text{-}19:17a}$), „Anschlag auf den Eichelschen Sparhaushalt" (*SZ*$_{01\text{-}9\text{-}22:8}$ [ironisch]), „Anschlag auf die Menschheit" (*taz*$_{01\text{-}9\text{-}13:17}$), „Anschlag auf die gesamte Menschheit" (*FAZ*$_{01\text{-}9\text{-}22:3b}$), „Anschlag auf die ganze Menschheit" (*FAZ*$_{01\text{-}9\text{-}26:N5}$ [Zitat]), „Anschlag auf die Menschlichkeit" (*Welt*$_{01\text{-}9\text{-}21:8b}$, *WamS*$_{01\text{-}9\text{-}16:22}$, *FAZ*$_{01\text{-}9\text{-}17:45}$ [Zitat]), „Anschlag auf das Selbstverständnis ihres [d. h. der Amerikaner – J.T.] Landes" (*Welt*$_{01\text{-}9\text{-}13:21}$), „Anschlag auf unser Leben als Nation" (*FAZ*$_{01\text{-}9\text{-}25:54}$), „Anschlag auf die innere Sicherheit dieses Landes" (*FAZ*$_{01\text{-}9\text{-}18:10b}$), „Anschlag auf das schlichte Leben von Millionen Menschen" (*Welt*$_{01\text{-}9\text{-}13:38}$), „Anschlag auf unsere Frivolität" (*Welt*$_{01\text{-}9\text{-}15:2}$), „Anschlag auf die Türme von Babylon" (*Welt*$_{01\text{-}9\text{-}19:9b}$ [Zitat]), „Anschlag auf die Lebensnerven" (*WamS*$_{16c}$), „Anschlag auf das Herz der Vereinigten Staaten" (*FAZ*$_{01\text{-}9\text{-}12:2}$), „Anschlag auf die Hauptschlagader der Weltfinanzmärkte" (*FAZ*$_{01\text{-}9\text{-}13:1}$), „Anschlag auf die Wohnzimmer der Welt" (*FAZ*$_{01\text{-}9\text{-}18:55}$), „Anschlag auf uns alle [...], auf unsere Freiheit, auf unsere Sicherheit, auf die Humanität, auf den Glauben an das Gute" (*Welt*$_{01\text{-}9\text{-}13:1a}$).

In Bezug auf das Syntagma „Anschlag/Anschläge auf X" lässt sich zunächst feststellen, dass neben dem Referieren auf Konkreta wie die Gebäude und die getöteten oder verletzten Menschen ganz augenscheinlich eine beträchtliche Varianz an Abstrakta zu diagnostizieren ist, wenn man das Referenzobjekt, den Sachverhalt X, zu klassifizieren trachtet. Folgende Kategorien in Bezug auf das Syntagma *Anschlag auf X* lassen sich bilden:

1. Dynamik: Mobilität, bewegte Welt, das Leben der Menschen ...
2. Wirtschaft: Marktwirtschaft, Wirtschafts- und Finanzkooperation ...
3. Werte: Freiheit, Frieden, offene Gesellschaft, Zivilisation ...
4. Glaube: sowohl auf den islamischen als auch auf andere Glaubensrichtungen bezogen.

Besonders eindrücklich prägen diese in seriösen Printmedien ermittelten Formulierungsmuster unsere Wahrnehmungen, wenn man die Folgen des frequenten Syntagmengebrauchs *Anschlag auf X* genauer betrachtet. In diesem Zusammenhang ist zu berücksichtigen, dass individuelle Formulierungen (Verknüpfung von Sprachzeichen) als freie Syntagmen im Laufe der Diskursentwicklung sich verfestigen und zunehmend statischen Charakter erlangen können – und zwar vom Entstehen über den Gebrauch, die Habitualisierung und Konventionalisierung bis hin zur Stereotypisierung (Beckmann 2001) von schemageleiteten Wissensdispositionen. Das bedeutet für unseren Kontext: Anhand der oben aufgeführten Syntagmenliste „Anschlag auf X" und der vier herausgearbeiteten Kategorien für den Sachverhalt X als Abstraktum – Dynamik, Wirtschaft, Werte, Glaube – können die Deutungsmuster transparent gemacht werden, die uns durch den sprachlichen Zugriff der einschlägigen Medien nahegelegt werden. Sie bilden in Bezug auf die Ereignisse des 11. September 2001 den Wissensrahmen: jegliches Quer- oder Andersdenken muss die kollektiven Deutungsmuster durchbrechen (vgl. dazu bei Tereick die geschilderten Reaktionen der Medien auf ungewöhnliche Diskurspositionen, wie sie beispielsweise von Ulrich Wickert mit seinem Vergleich der Denkstrukturen von Georg W. Bush mit denen von Osama bin Laden vertreten wurden).

Wie schwierig das Äußern von Gedanken ist, die als gegen die opinio communis gerichtet eingeschätzt werden, zeigt sich, wenn man in den Texten die Verwendung von Distanzierungsmustern analysiert. Es handelt sich also um Unsicherheiten der Textproduzenten insofern, als sie nicht sicher sind, ob die Behandlung eines Themas oder die Art und Weise der Behandlung als angemessen beurteilt wird. Tereick (2008: 33) weist in diesem Kontext auf das Distanzierungsmuster wie *das / es mag zynisch klingen, aber ...* hin, das von einer dichotomischen Unterteilung zwischen *in diesen Zeiten* einerseits und *Normalität* andererseits flankiert wird. Aus diesem Grund gliedert Tereick ihre Diskursuntersuchung in das Grundmuster der beiden Kategorien *Konsens* versus *Dissens*. Diese dichotomische Aufteilung ist insofern erhellend, als sich gerade die Versprachlichungen im Printmediendiskurs über die Ereignisse am 11.9.2001 in besonderem Maße dazu eignen, kollektive Bewusstseinsbildung als vermeintlich intersubjektiv gültige Wissensbestände und Einstellungen in sprachlichen Darstellungen transparent zu machen – und zwar durch die Analyse der Sachverhaltskonstitution, der Sachverhaltsverknüpfung, der Sachverhaltsfixierung und durch das Herausarbeiten von vorherrschenden Konzeptualisierungen (inkl. Argumentationsmuster). Konsens- und Dissenspositionen manifestieren sich in kommunikativen Routinen oder Abweichungen.

In argumentativen Kontexten können die soeben erwähnten syntagmatischen Muster (Kollokationen) wie zum Beispiel *in diesen Tagen, in diesen Zeiten, aus aktuellem Anlass* auch als unscharfe Argumentationsformen verwendet werden, die in Zeiten vermeintlicher oder tatsächlicher intersubjektiver Übereinstimmung hinsichtlich der Beurteilung eines Sachverhalts (wie z. B. des 11.09.2001) diesen Umstand strategisch und argumentativ so instrumentalisieren, dass damit in Zusammenhang stehende Sachverhalte oder vermeintliche oder tatsächliche Folgen als ebenso unstrittig hinsichtlich der Geltungsansprüche modelliert werden. Oder anders formuliert: Der Dunstkreis des Unstrittigen wird zur Durchsetzung potentiell strittiger Positionen eingesetzt. Wer dagegen zu opponieren gedenkt, muss zunächst den hergestellten Konnex bezweifeln.

7. Ebene des Satzes bzw. der Äußerungseinheit

7.1 Satzebene inklusive intra-/transphrastischer Phänomene

Setzt man nun die semasiologische Betrachtungsweise fort, so folgt nach der oben dargelegten lexematischen (Kap. 5) und syntagmatischen (Kap. 6) Ebene nun die Ebene des Satzes, die im nächsten Kapitel durch die Ebene des Textes komplettiert wird. Bezieht man neben der Blickweise von den einzelnen sprachlichen Zeichen und ihren Verknüpfungen noch eine onomasiologische Betrachtungsweise mit ein (also von den Dingen und Sachverhalten hin zu ihren Benennungen), so rücken damit textrelevante und zentrale Konzepte und ihre Versprachlichung und Vertextung in den Mittelpunkt der Aufmerksamkeit. Besonders prägnante und textkonstituierende Konzepte werden hier *handlungsleitende Konzepte* genannt, es sind – wie bereits erwähnt – auf der sprachlichen Inhaltsseite Begriffe bzw. Konzepte, welche die Textproduzenten bei der Vermittlung von gesellschaftlich relevanten Sachverhalten unbewusst verwenden oder bewusst durchzusetzen versuchen (Felder 2006a: 18). Auf dieser Ebene von Äußerungseinheiten geht es um die Ermittlung von Begriffen bzw. Konzepten in Form von Verbünden verknüpfter und vernetzter Sachverhalte als inhaltsseitigen Korrelata der Ausdrucksseite. Sprecher nutzen sprachlich benannte Unterscheidungen in Form von Zeichenketten, um Erfahrungen und Vorstellungen zu artikulieren; und umgekehrt werden solche Nutzungserfahrungen zum Bestandteil sprachlichen Verwendungswissens.

Normwissen (fachlicher und sprachlicher Art) über Konventionen und Common sense ist kommunikativ eingeübtes und erfahrenes soziales Wissen, das in Kommunikation immer wieder sowohl erprobt als auch bestätigt oder modifiziert wird. Der Gebrauch der Sprache orientiert sich an solchen Spracherfahrungen und den Wirkungen auf andere, Spracherfahrung wird „ein intersubjektives Wissen der Sprecher/innen und ein zur wechselseitigen Orientierung einsetzbares Steuerungsmittel im Meinen und Verstehen" (Feilke 1994: 23). Referenz wird bestimmt als an prototypischen Verwendungen orientiertes semiotisches Common sense-Wissen (vgl. auch Schmidt 1996: 22.).

In Anknüpfung an meine Untersuchung zum juristischen Diskurs im Kontext von Sitzblockadenentscheidungen (Felder 2003) schlage ich die folgenden Handlungsmuster als Analysekategorien zur Ermittlung handlungsleitender Konzepte in Texten vor:

- Sachverhaltskonstituierung / Sachverhaltsklassifizierung als Sachverhaltsfestsetzung mit allgemeinem Faktizitätsanspruch (so ist z.B. das Konzept der ›Generationengerechtigkeit‹ mittels verschiedener Formulierungen als gesamtgesellschaftlich relevantes Thema im öffentlichen Bewusstsein verankert, um dessen Ausgestaltung im öffentlichen und privaten Diskurs zu ringen ist).

- Sachverhaltsverknüpfung in Wissensrahmen / Wissensdispositionen (so
  wird z. B. das Konzept der ›Generationengerechtigkeit‹ verknüpft mit Konzepten wie ›Verantwortung für die Zukunft und Respekt gegenüber dem
  Vergangenen‹, ›Rechte und Pflichten‹, ›Hegemonie der Jüngeren oder der
  Älteren‹, ›Generationenvertrag‹ usw.).[27] Busse 2007 präzisiert den Begriff
  der *Kontextualisierung* in Anlehnung an Auer (1986) und in der linguistischen Gesprächsanalyse dahingehend, dass er unter *Kontext* weniger eine
  kopräsente (lokale, soziale) Situation während eines aktualen Kommunika-
  tionsereignisses versteht, sondern vielmehr einen umfassenden epistemisch-
  kognitiven Hintergrund unter Einbeziehung soziokultureller und sprachlich
  geprägter Wissensrahmen, die das Verstehen einzelner Zeichenketten überhaupt erst möglich machen (Busse 2007: 81).
- Sachverhaltsbewertung (implizit und explizit): Beispielsweise ist an der bloßen Ausdrucksseite eines Lexems (z. B. *Globalisierung*) nicht zu erkennen,
  ob der Sprecher ein Befürworter, ein Gegner oder ein Skeptiker der welt-
  politischen und ökonomischen Phänomene ist, auf welche mit diesem Wort
  referiert wird. Der Kotext, insbesondere die Attribuierungen, offenbart oft
  explizite Bewertungen, mitunter werden Einschätzungen aber auch nur impliziert.

7.2 Beispiele auf der Satzebene als Ebene komplexerer Äußerungseinheiten

Die folgenden Beispiele sollen verdeutlichen, wie ein anthropologisches Grundbedürfnis diskursiv ausgestaltet werden kann. Ich meine damit den Umstand,
dass wir in Bezug auf bestimmte Themen nach der Klärung der Kausalitäts-
beziehungen verlangen – die Ursachen also geklärt wissen wollen. Es geht im
Kern um die Beantwortung der Frage, warum sich ein bestimmter Sachverhalt zugetragen hat und welche Variablen als Auslöser oder Determinanten
für einen bestimmten Sachverhalt konstituiert werden. Solche Kausalitätsher-
stellungen sind in erster Linie Behauptungen (assertive Sprachhandlungen),
genau dann, wenn sie nicht logisch herzuleiten sind, also Enthymene darstellen. Aristoteles sieht in *enthymena* das „Kernstück des Überzeugens, denn es
bezieht sich sowohl auf das, was den Menschen für wahr erscheint, als auch auf
die Aufnahmefähigkeit des Zuhörers, indem es Schritte des Syllogismus aus-
lässt, die den Zuhörer langweilen oder verwirren" (Ueding/Steinbrink 1986:
25). Bei den hier betrachteten gesellschaftspolitischen Themendarstellungen
und -entfaltungen haben wir es so gut wie nie mit Syllogismen zu tun, sondern
jede behauptete Kausalitätsbeziehung muss mittels Plausibilität gerechtfertigt
werden. Die Plausibilitätskriterien freilich werden häufig nur impliziert und
nicht explizit ausgeführt. Die als plausibel deklarierten Kriterien für Kausalitäten werden diskursiv bearbeitet, setzen sich durch (also gelangen zu inter-

---

[27] Vgl. das Konzept der „syntaktischen Integration" in Müller (2007: 144ff. und 304ff.).

subjektiver Gültigkeit) oder werden durch Nicht-Beachtung zurückgewiesen. Sie sind dem intersubjektiven Spiel der Diskurskräfte ausgeliefert. Kausalitäten manifestieren sich in bestimmten Konzepten, wenn nämlich Sachverhalt A als ursächlich für Sachverhalt B modelliert wird. Sie vermögen sich gegebenenfalls als dominant durchzusetzen.

Stellen wir zur Illustration und zur Exemplifizierung die beiden Sätze aus der Untersuchung von Vogel (2009) gegenüber: (Satz 1) *In Frankreich zeigen sich in den letzten Tagen die jahrelangen Versäumnisse der Politik* (Vogel 2009: 57; ND, 07.11.2005) – (Satz 2) *In Frankreich werden der Regierung die sozialen Unzulänglichkeiten derzeit in verbrannten Autos vorgerechnet* (Vogel 2009: 57; ND, 14.11.2005).

Betrachten wir nun die Faktizitätsherstellung in Form von Sachverhaltskonstitution und der Konstituierung von Kausalitäten, die den Lesern als Erklärungen angeboten werden. Der zugrunde liegende Topos ist der der logischen Folge (vgl. zu Topos aus linguistischer Sicht Wengeler 2003). Verdichten wir die Sachverhalte in Form prägnant formulierter Propositionen, so haben wir es mit den beiden Sachverhalten (A) *Frankreichs (Sozial-)Politik in der Vergangenheit* und (B) *aktuelle Unruhen in den Pariser Vorstädten* zu tun. Sachverhalt (A) wird als ursächlich für Sachverhalt (B) behauptet. Nun stellt sich die Frage nach den Akteuren bzw. Verantwortlichen für Sachverhalt (A). Wer kommt dafür in Frage? Die Regierung in Paris, kommunale Regierungen usw.

Auf Sachverhalt (A) wird mit dem Lexemverbund „*X der Politik*“ (Satz 1) und „*der Regierung*“ (Satz 2) einmal metonymisch und das andere Mal unmittelbar auf politische Verantwortliche, also Menschen, referiert. Ganz anders bei Sachverhalt B *aktuelle Unruhen in den Pariser Vorstädten*: Dort wird mittels der Wörter *Versäumnisse* und *Unzulänglichkeiten* auf den Sachverhalt Bezug genommen (Teilhandlung des Referierens) und ihm Eigenschaften zugeschrieben (Teilhandlung des Prädizierens). Sowohl Referieren (Bezugnehmen) als auch Prädizieren (Eigenschaften zuschreiben) gehören neben dem Herstellen von Relationen und Quantifizierungen zu den zentralen Analysekomponenten der v. Polenz'schen pragmatischen Satzsemantik (v. Polenz 1988). Konkret für Sachverhalt (B) bedeutet dies: es wird mit den beiden Lexemen auf etwas Abstraktes ohne expliziten Verweis auf Menschen und Akteure der Ereignisse verwiesen. Dem handlungsleitenden Konzept liegt die Behauptung zugrunde, die realisierte Politik sei defizitär. Dieser Aspekt wird als gesetzt bzw. unstrittig gegeben präsupponiert. Diese resultative Sichtweise manifestiert sich in der Wortbildung mit den Präfixen *Un-* bzw. *Ver-* mit einer deontischen Bedeutungskomponente und zeigt sich im Fokussieren der als Resultate konstituierten politischen Vorgaben der politischen Akteure. Grundsätzlich lassen sich Wirklichkeitsausschnitte eher prozessual (z.B. *Flexibilisierung, Individualisierung, Technologisierung*) oder eher statisch-deklarativ (z.B. *Flexibilität, Individualität, Technologie*) versprachlichen. Bezogen auf unser Beispiel heißt das: In der Wortbildung kann man im Hinblick auf *Versäumnis* (zur Kategorie der

Nomina acti gehörend, weil das Substantiv das Ergebnis des Verbs *versäumen* verdichtet) von einem Tätigkeitsverb sprechen, das einen Wissensrahmen aufruft, der paraphrasiert *X versäumt Y gegenüber Z zu tun* syntagmatisch drei Slots aktiviert, die – wenn nicht explizit – so doch implizit gefüllt werden können. Das Lexem *Unzulänglichkeit* (abgeleitet vom Basisadjektiv *unzulänglich* mit Transpositionssuffix -*keit*) hat statischen Charakter und ruft im evozierten Wissensrahmen nicht direkt die potentiellen Agenten und Verantwortlichen für den Zustand auf. *Versäumnis* dahingegen fokussiert im Lexem die Frage nach den verantwortlichen Agenten, die hätten handeln müssen.[28]

Durch *Unzulänglichkeit* werden die menschlichen Aktivitäten bzw. Handlungen einmal ausgeblendet und durch *Versäumnis* ein anderes Mal aktiviert. Im Syntagma *in verbrannten Autos* wird die Kausalitätsbeziehung *defizitäre Politik – Verhalten der Protestanten* ausschließlich auf den fokussierten Endpunkt („brennende Autos") einer als logisch präsupponierten Ursache-Folge-Kette modelliert.

Mir geht es hier als Sprachwissenschaftler selbstredend in keiner Weise um eine politisch-inhaltliche Bewertung der Darstellungsweisen. Vielmehr bin ich ein strenger Verfechter der konsequenten Trennung zwischen Beschreibungsebene (bezogen auf die sprachliche Darstellung einerseits) und Beurteilungsebene (in Bezug auf den politischen Inhalt andererseits). Diese Herangehensweise entspricht den Grundsätzen einer linguistischen Aufklärung, der zufolge der sprachwissenschaftliche Analytiker die kommunikativ-diskursiven Bedingungen der Sachverhaltskonstitution, Sachverhaltsverknüpfung und Sachverhaltsbewertung verdeutlicht, indem er die eingesetzten sprachlichen Mittel auf verschiedenen Ebenen untersucht. Eine solchermaßen verstandene Linguistik verdeutlicht Erkenntnisbedingungen als Voraussetzung und Basis einer Debatte über die richtige Politik (vgl. Busse/Niehr/Wengeler 2005). Macht und ihre sprachlich-diskursive Bedingtheit werden hinsichtlich kommunikativer Durchsetzungsverfahren transparenter.

In diesem Kontext muss noch die Problematik von Einzelsatzanalysen angesprochen werden (wie sie hier soeben nur ansatzweise angedeutet wurde). Sie dienen der Plausibilisierung der Untersuchungsmethoden und der Verdeutlichung ihrer Relevanz. Sie beanspruchen, Perspektiven und Tendenzen in einzelnen Aussagen transparent zu machen. Es geht damit aber nicht die Behauptung einher, der ganze Mediendiskurs habe diese Einfärbung erfahren. Die meisten perspektivierten oder tendenziösen Darstellungen werden im Gesamtdiskurs relativiert, nicht aber unbedingt in den von uns präferierten Einzelmedien, die wir zu rezipieren gewohnt sind. Entscheidend sind dabei

---

[28] Drei Kategorien sind in unserem Zusammenhang besonders einschlägig: Nomen Acti (von einem Verb abgeleitetes Substantiv, das das Ergebnis eines Geschehens bezeichnet – *Bruch* zu *brechen*); Nomen Actionis (von einem Verb abgeleitetes Substantiv, das ein Geschehen bezeichnet – *Schlaf* zu *schlafen*); Nomen Agentis (von einem Verb abgeleitetes Substantiv, das das handelnde Subjekt/Agens eines Geschehens bezeichnet – *Läufer* zu *laufen*).

die Wissensrahmen, die durch vielfältigen sprachlichen Input beeinflusst werden. Schließlich sind im Wissensrahmen sowohl über den Kotext (also den rein textimmanenten Kontext) als auch über den Kontext (auch außertextueller Kontext in Form von Weltwissen) die nicht explizierten und referierten Leerstellen (Slots) der Ereigniskonzeptualisierung zu füllen. Je nach „Füllung" findet die Konzeptualisierung spezifisch perspektiviert statt. Einschlägig wird das Verfahren dann, wenn sich diskursv handlungsleitende Konzepte eruieren lassen. Diese können selbstredend nicht über Einzelsatzanalysen ermittelt werden.

Die Untersuchung von Tereick zum 11. September 2001 arbeitet auf der Grundlage der pragma-semiotischen Textarbeit eine dominant gesetzte Konzeptualisierung heraus. Die Konzeptualisierung der Ereignisse, der Hintergründe und der Ursachenvariablen wird hier im Konzept ›des historischen Einschnitts‹, ›der Zäsur‹ versprachlicht, die sich mit der Struktur *alte Zeiten – Ereignis – diese Zeiten* verdeutlichen lässt (Tereick 2008). Ausdrucksseitig zeigt sich dies an den folgenden Ausdrucksmustern: *[Doch] Dann kam der 11. September; In der Stunde der Not …; Es mag jetzt zynisch klingen, aber …; Nichts ist mehr, wie es war.* Es handelt sich offensichtlich um den Versuch der Sachverhaltsfixierung durch Dominantsetzung der Konzeptstruktur *alte Zeiten – Ereignis – diese Zeiten,* die auf nur bedingte Vergleichbarkeit bis hin zur Singularität abzielt. Die konkreten Erfahrungen der Gegenwart werden gleichsam als historisch konstituiert (assertive Sprachhandlung), es findet eine Historisierung des aktuellen Erlebens und der Gegenwart statt (wie z. B. auch im Wahlkampf zur Präsidentschaft in den USA im Herbst 2008 geschehen, als schon Wochen vor der Wahl diese als historisch etikettiert wurde).

Eine kurze Synopse möge die Komplexität des linguistischen Analyseinstrumentariums verdeutlichen, wenn es um das systematische Auffinden von Konzepten und ihrer Vernetzungen geht: Ausgangspunkt ist die in unserem Zusammenhang relevante Frage, wie Sprecher Relationen zwischen Satzinhalten (Propositionen) herzustellen vermögen: Syntaktisch können sich die Beziehungen zwischen Satzinhalten ausdrücken als Subjekt-, Objekt-, Prädikativ-, Adverbial-, Attributivsatz oder auch als Adverbiale, Präpositionalphrase oder durch Konjunktionaladverbien.

> „In der Grammatik des Deutschen werden – meist unter dem Oberbegriff der Kausalbeziehungen mit den Subkategorien kausal (im engeren Sinne), konsekutiv, final, instrumental, konditional und konzessiv – die wichtigsten eindeutigsten Indikatoren für konklusive Beziehungen aufgeführt, soweit sie sich auf die Satzebene beziehen und soweit es sich dabei um Konjunktionen, Konjunktionaladverbien und Präpositionen handelt." (Klein 1987: 224)

Zur Kategorisierung der Inhalte (inhaltsseitigen Einheiten) wird unterschieden zwischen Aussagegehalt (einer Äußerung) und Handlungsgehalt (Sprache

verstanden als Handeln von Menschen in sozialen Situationen).[29] Im Aussagegehalt wird über Dinge in der bzw. einer wahrgenommenen Lebenswelt, auf
die man Bezug nimmt (Referenz), etwas ausgesagt (Prädikation). Wie diese
Kategorien in einer themengebundenen linguistischen Mediendiskursanalyse
zum Einsatz kommen, wird in einer gesonderten Monographie am Beispiel
des sog. Baus und Falls der Berliner Mauer gezeigt werden (Felder in Vorb.).
Die vorgestellten Untersuchungsebenen (Lexik, Syntagma, Satz, Text) sind hier
synkretistisch präsentiert worden. Wie die sprachlichen Mittel der einzelnen
Ebenen systematisch ineinander verwoben im Text Bedeutung evozieren, das
bleibt als Desiderat zu erarbeiten (vgl. dazu die Arbeiten von Müller 2007,
Konerding 2007, 2008, 2009 und Felder in Vorb.).

Da Medien mit ihrem im Grundgesetz und in den Länderverfassungen
verankerten Status als Institutionen zu bezeichnen sind (auch das Bundes-
verfassungsgericht bestätigte in mehreren Entscheidungen diesen besonderen
Status), fasse ich in Erweiterung des Searleschen Verständnisses bestimmte
(nicht alle) Aussagen über die Wirklichkeit (in den berichtenden Textsorten)
auch als Deklarativa – und nicht nur als Assertiva – auf. Ob ein Politiker z. B.
behauptet, es handle sich um den Aufruhr der Benachteiligten, oder ob in
einer seriösen überregionalen Zeitung auf Seite 1 die Schlagzeile steht „Kra-
walle in Frankreich", ist ein grundsätzlicher Unterschied. Eine solche durch
Printmedien geschaffene Realität (unabhängig davon, wie viele Beispiele es
für diese Behauptung in der Wirklichkeit gibt) kann nicht nur als Behauptung
eines Verlags beschrieben werden, sondern wird qua institutionelle Autorität als wirklich deklariert (Realitätsstiftung) und von vielen Rezipienten auch
so wahrgenommen (Wirklichkeitsveränderung im individuellen Gedächtnis).
Selbst die Rücknahme eines durch Medien konstituierten Sachverhalts ist nicht
immer und mitunter nur bedingt möglich – wenn beispielsweise in den vergangenen Jahrzehnten Politikern eine bestimmte Eigenschaft unterstellt wurde
und diese sich nach einiger Zeit intersubjektiv unstrittig als falsch herausgestellt hat. Eine in Medien „konstituierte" Realität (in ihrer spezifischen Qualität
ohne ein 1:1-Pendant in der außermedialen Wirklichkeit) kann nie vollständig
zurückgenommen werden (vgl. dazu die abschließenden Bemerkungen im Re-
sümee).

8. Ebene des Textes

8.1 Ebene des Textes inklusive Intertextualitätsphänomene

Neben diesen eher sprachsystematisch und textstrukturell inspirierten Sichtweisen verfolgt das Konzept der Textarbeit (Felder 2003) auch unter varietä-
tenlinguistischen Gesichtspunkten das Erkenntnisinteresse, im Hinblick auf
intertextuelle Transformationen zu untersuchen, wie einzelne Sachverhalte –

---

[29] Vgl. zu satzsemantischen Analysen und dem Zwischen-den-Zeilen-Lesen Polenz ²1988.

geformt von Textsortenspezifika und Varietätencharakteristika – von einem Text in einem anderen Text weiterverarbeitet werden und damit die Nuancierungen im Gesamtdiskurs beeinflussen. Dies lässt sich leicht illustrieren an dem Umstand, dass bestimmte Textteile (die Ausdrucksseite betreffend) und die durch sie evozierten Teilthemen (die Inhaltsseite betreffend) während des Textproduktionsprozesses in Redaktionen eine Transformation erfahren. Textexemplare müssen also unter Aspekten der Textsortenspezifika, der Varietätencharakteristik betrachtet werden und münden in die Fragestellung: Was passiert in Medienzusammenhängen zum Beispiel mit Pressekonferenzen, Politikerreden, Gerichtsurteilen, Fachtexten, Dokumenten, Protokollen bei ihrer Einarbeitung, ihrer Einschreibung in Medientexte?

Derartige Fragen stehen im Mittelpunkt linguistischer Diskursanalysen im Foucaultschen Paradigma und werden exemplfiziert am „Grass-SS-Diskurs" (Busse 2008), „Heuschrecken-Diskurs" (Ziem 2008), im öffentlichen Diskurs zur Gendiagnostik (Domasch 2007) oder über Nanotechnologie (Zimmer 2009). Jung weist darauf hin, dass weniger eine Beziehung zwischen Texten als vielmehr zwischen „Aussagen, Behauptungen, Topoi" (Jung 1996: 460) von Texten bestehe. Dabei ist allerdings zu bedenken, dass diesen Themen, Aussagen, Behauptungen als Textausschnitten nicht aus sich heraus ein Sinn zugeschrieben werden kann, sondern nur dadurch, dass sie als Teiltexte eines „ganzen" Textes erst zu Bedeutung gelangen und rezipiert werden (vgl. weiter oben den Terminus der Kontextualisierung im Sinne von Busse 2007). Mit der Bezugnahme auf Textausschnitte ist der Gesamttext stets virtuell im Hintergrund bedeutungskonstitutiv aktiv. Hier wird hingegen das Programm verfolgt, Form-Funktions-Korrelationen (Felder 2006b) zwischen ausdrucksseitigen Mustern an der Textoberfläche (Bubenhofer 2009) und inhaltseitigen Mustern (handlungsleitenden Konzepten, Felder 1995: 3, 2006a: 18) zu explizieren. Zu diesem Forschungszwecke entsteht derzeit am Germanistischen Seminar der Universität Heidelberg das *Heidelberger Korpus* (vgl. www.gs.uni-heidelberg.de/sprache02/hd_korpus/). Ein solches Untersuchungsinteresse steht auch in Zusammenhang mit Feilkes Common-sense-Ansatz (1994) und interessiert sich für die Frage, dank welcher Qualitäten Sprache (inhaltsseitig sprachliches Wissen wie ausdrucksseitig Äußerungseigenschaften umfassend) als ein System der Verhaltensorientierung dienen kann.

8.2 Beispiele der Intertextualität

Um das Phänomen intertextueller Verweisstrukturen und die Wiederaufnahme bestimmter konzeptueller Deutungsmuster zu verdeutlichen, ist es aufschlussreich, die Regierungserklärung von Bundeskanzler Gerhard Schröder am 12. September 2001 näher zu betrachten, in der er von einer „Kriegserklärung gegen die gesamte zivilisierte Welt" (Tereick 2008: 57) sprach. Diese ausdruckseitige Wendung und die inhaltliche Sachverhaltsverknüpfung (die

Verantwortlichen dieser Tat haben damit allen – sich mit den USA solidarisch erklärenden – Ländern den Krieg erklärt) ist im Textkorpus der Untersuchung von Tereick (2008) erstmals in dieser Regierungserklärung (deswegen als Initialtext zu bezeichnen) nachgewiesen. Interessanterweise scheint die Formulierung im Anschluss eine eigene Dynamik in unterschiedlichen Variationsformen zu entwickeln (vgl. auch die oben beschriebene Diskussion in der *taz*-Redaktion in Bezug auf die Lexeme *Angriff* – *Krieg*), sie wird nämlich in vielen Medientexten rezipiert und verwendet – mitunter ohne Quellen- oder Herkunftsangaben (*Focus, SZ, taz, Die Welt* und öfter, vgl. Tereick 2008: 57). Solche Phänomene findet man häufig in Diskursen: Es gibt Formulierungen, die – aus welchen Gründen auch immer – sich der wörtlichen oder paraphrasierenden Wiederaufnahme erfreuen und mitunter von ersten Adhoc-Bildungen über Habitualisierung und Konventionalisierung zum stereotypen Muster avancieren können. Auch dem Sprachanalytiker fehlen mitunter plausible Erklärungen, warum bestimmten Verbindungen eine solch hochfrequente Karriere beschieden ist, andere Wendungen (denen man ein ähnliches Potential zuschreibt) eine solche Verwendungsfreude jedoch nicht erfahren. Die soziale Stellung und die Macht des Akteurs, hier des Bundeskanzlers der Bundesrepublik Deutschland, ist selbstredend ein wichtiger Faktor, mitnichten aber ein hinreichender.

Ein anderes Beispiel für die diskursive Kraft intertextueller Anknüpfungen (Herstellung von Anschlussfähigkeit) stellen die Äußerungen des aus dem so genannten Historikerstreit der 1980er Jahre bekannten Geschichtswissenschaftlers Michael Stürmer dar. Er wurde im Kontext der Bewertung von „9/11" (nine-eleven) mit dem Ausspruch „Der Clash of Civilization ist jetzt blutige Realität" (*taz* 13.9.2001) zitiert. Im Sinne eines Autoritätstopos wird das Werk des US-amerikanischen Politikwissenschaftlers Samuel P. Huntington *The Clash of Civilizations* aus den 1990er Jahren aufgegriffen und als Basis einer Behauptung verwendet. Damit wird den Ereignissen des 11.9.2001 im Wissens- und Deutungsrahmen „Kampf der Kulturen" eine kulturspezifische Interpretation zugeschrieben. Stellt man die folgenden beiden Deutungsmuster gegenüber – ‚Aktivisten einer politisch-religiös motivierten Gruppierung mit dem Namen Al Qaida ist verantwortlich' versus ‚der 11.9.2001 ist nur im Deutungskontext eines politisch-religiösen Kulturkreises verständlich' –, so werden die unterschiedlichen Dimensionen beider Deutungsversuche deutlich. Bei der zweiten Interpretationsvariante wird der Sachverhalt derart konstituiert, mit anderen Sachverhalten verknüpft und bewertet, dass den Aktionen einer überschaubaren Zahl von Akteuren mit einer nicht definierbaren Menge an Sympathisanten der Stellenwert zugeschrieben wird, von einer Kultur als Ganzes gestützt zu werden. Diese Sachverhaltsverknüpfung wird in diesem Beispiel nicht dadurch hergestellt, dass ein Sprecher einen Sachverhalt X in explizite Beziehung zu Y setzt (also behauptet, die Akteure attackierten als Teil eines Kulturkreises einen anderen Kulturkreis), sondern dadurch, dass die Bezugnahme auf ein weltweit beachtetes Werk (hier nämlich das Werk „Clash of Civilization" von Huntington) im Dunstkreis dieses Werkes als Autoritätstopos ein Deutungsrahmen als plausibel aufgespannt wird. Das diskursive Spezifikum einer solchen Sachverhaltsverknüpfung zwischen der Autorität eines viel beachteten und zitierten Buches und dem 11.9.2001 vermag eine andere argumentative Kraft zu entfalten als die schlichte Behauptung, dieser Angriff vom 11.9.2001 geschehe repräsentativ für einen Kulturkreis gegen einen anderen (ohne dass ich damit Stürmer unterstellen möchte, er vertrete die Ansicht, der gesamte muslimisch-religiöse Kulturkreis müsse die Verantwortung für den Anschlag übernehmen). Es geht hier um die suggestive Kraft intertextueller Verweise im Rahmen argumentativer Deutungszusammenhänge – oder anders formuliert: um die Art der Sachverhaltsverknüpfung im Rahmen von behaupteten Ursache-Folgen-Erklärungen.

Wie lässt sich die Funktion dieser intertextuellen Verweise beschreiben? Intertextuelle Verweise der soeben beschriebenen Art erfahren als Autoritätstopos eine Sedimentierung, die anscheinend diskursiven Aushandlungsverfahren enthoben sind und sich nicht mehr in dem üblichen Maße um Gültigkeit bemühen müssen, weil auf Grund eines objektivierbaren Zitierindex und einer sichtbaren Rezeptionshäufigkeit die Angemessenheit der Buchinhalte gleichermaßen belegt zu sein scheint.

9. Ebene der Text-Bild-Beziehungen inkl. Interpicturalität *

Das bisher Gesagte bezog sich auf sprachliche Zeichen. Es gilt aber auch für z.B. Pressefotographien in Text-Bild-Gefügen, die untereinander ebenfalls in einer Verweisstruktur stehen. Auf Grund der Komplexität derartiger Text-Bild-Gefüge können hier keine Analysebeispiele vorgeführt werden, sondern die Problematik des Untersuchungsgegenstandes kann nur skizziert werden (vgl. Stöckl 2004, Sachs-Hombach 2006 und Felder 2007a, 2007b).

Ausgangspunkt der folgenden Überlegungen ist das syntagmatische Wortspiel von Uwe Wittsock im Kontext des Mediendiskurses zum 11.9.2001, dem gemäß *Bilder des Terrors* zum *Terror der Bilder* werden (*Die Welt* 15.9.2001; vgl. auch *Die Welt* 29.9.2001 und Tereick 2008:28). Es ist in diesem Zusammenhang schon bezeichnend, dass an dieser Stelle keine Photographie der Ereignisse publiziert werden muss, da wir diese vor unserem geistigen Auge haben. Damit ist auch offensichtlich, warum Hartmut Winkler (1997) medienkritisch von der „medialen Darstellungspenetration" durch Bilder spricht.[30]

---

* Die Ausführungen zum Text-Bild-Gefüge sind in Teilen eine Umarbeitung von Passagen älterer Beiträge (Felder 2007a, 2007b).

[30] Auch im Mediendiskurs über die Unruhen in den Pariser Vorstädten vom Oktober 2005 nahmen Photographien einen zentralen Stellenwert ein. Versprachlicht sind sie u.a. in den folgenden syntagmatischen Mustern (Vogel 2009): *Paris brennt – Französische Feuer – Feuer der Vororte – Flammen vor der Toren von Paris.*

Insofern stellt sich die Frage, über welches erkenntnisstiftende Potential Bildzeichen im Vergleich zu Sprachzeichen verfügen und ob Bildzeichen in Text-Bild-Gefügen wie z. B. Mediendarstellungen geringere Vagheitspotentiale als den Sprachzeichen zugeschrieben werden können. Alles, was im Folgenden gesagt wird, gilt auch für die Medienpublikationen von Photographien über die bereits erwähnen Ereignisse (11. 9. 2001 und Pariser Vorstadt-Unruhen im Oktober 2005), die uns als Medienrezipienten noch gegenwärtig sind.

Zunächst gilt es, die drei semiotischen Grundeigenschaften sprachlicher Zeichen in Erinnerung zu rufen, denen gemäß (1) das Verhältnis zwischen Ausdrucksseite und Inhaltsseite willkürlich (arbiträr) ist (vgl. die Kurzgeschichte *Ein Tisch ist ein Tisch* von Peter Bichsel 1969). Die Kommunikation gelingt mehr oder weniger trotz dieses willkürlichen Verhältnisses, weil (2) durch kommunikative Routinen des Sprachgebrauchs Sprachzeichen so konventionalisiert werden, dass bei allen Sprachteilnehmern einer Sprachgemeinschaft bei einem bestimmten Ausdruck (3) ähnliche mentale Repräsentationen hervorgerufen werden (also das Zeichen /tisch/ für Gegenstände mit waagrechter Platte und einer Anzahl an Tischbeinen steht). Wie lassen sich diese drei semiotischen Eigenschaften im Hinblick auf Bildzeichen beschreiben? Bilden die in Medien publizierten Bilder eine eigene Sprache in übertragenem Sinne?

Eine ausführliche Diskussion an dieser Stelle nicht geleistet werden (vgl. bei entsprechendem Interesse Felder 2007a, 2007b). Im Folgenden resümiere ich in Anlehnung an Winkler (1992, 1997) meine Auffassung, die darin besteht, dass Bildern ebenso wie stereotyp gebrauchten Sprachmustern eine Tendenz zur Abstraktion innewohnt, die sie bei penetranter Reproduktion ihres authentischen Potentials der Wirklichkeitsvermittlung berauben kann. Somit erleiden Bilder, hier Pressephotographien, ein ähnliches Schicksal wie stereotyp klassifizierte Ausdruckshülsen ohne Inhalt.

Dazu ein kurzer Exkurs: Ende des 19. Jahrhunderts erfasste viele Intellektuelle eine Krise im Verhältnis zu ihrer Sprache und zu den tradierten Ausdrucksformen als den Fundamenten des kulturellen Selbstverständnisses. Im kulturgeschichtlichen Reden über diese vielschichtigen Ereignisse und Phänomene wird häufig das Etikett der „Sprach- und Kulturkrise der Jahrhundertwende" benützt (Grimminger 1993: 7/7). Diese philosophische und literarische Sprachkritik muss in den Zusammenhang einer Erkenntniskritik der Sprache gestellt werden, weil hier die grundsätzliche Leistungsfähigkeit von sprachlichen Zeichen überhaupt in Frage gestellt wurde.

In die bisherige Vertrautheit mit *der* Muttersprache mischten sich nicht nur bei den Zeitzeugen und Sprachkritikern wie Fritz Mauthner (1849–1923)[31], Karl Kraus (1874–1936)[32], Arthur Schnitzler (1862–1931 „*Jedes Wort hat flie-*

---

[31] Vgl. Fritz Mauthners dreibändiges Werk *Beiträge zu einer Kritik der Sprache* aus dem Jahre 1901/1902.

[32] Kraus, Herausgeber der Zeitschrift *Die Fackel* und Verfasser des Anti-Kriegs-Dramas *Die letzten Tage der Menschheit*, hält Öffentlichkeit und freie Presse für korrumpiert.

ßende Grenzen. Diese Tatsache zu ästhetischer Wirkung auszunützen ist das Geheimnis des Stils"[33]), Friedrich Nietzsche (1844–1900)[34] und Hugo von Hofmannsthal (1874–1929)[35] erhebliche Zweifel hinsichtlich des Sinnstiftungspotentials von Sprache – gemeint ist ihre Zuverlässigkeit beim Sprechen, Denken und Kommunizieren über Welt und beim Sich-Beziehen auf Sachverhalte und Gegenstände mittels Benennungen.[36] Solche Verwandlungen zur Fremdheit („Sprachmetamorphosen") haben sich von der ausgehenden Moderne des späten 19. Jahrhunderts bis zur sogenannten Postmoderne in zahlreichen Variationen fortgesponnen. In der Konsequenz sehen sich viele Kulturschaffende ihres Werkzeugs beraubt, es entsteht Verunsicherung durch erfahrene Fremdheit auf Grund erschütterter sprachlicher Ordnung, die nun eben nicht mehr in dem ersehnten Maße zur Ordnung der Dinge (vgl. Foucault 1974) beitragen kann. Solche Verunsicherung hat ihren Kern in der konventionellen Beliebigkeit der Sprachzeichen überhaupt. Der Weg von den Sprachzeichen zu einem Dasein der Dinge (ich spreche bewusst nicht von *dem Dasein der Dinge*) ist weit, der Weg zu ihrem Wesen erscheint endlos und verliert sich im Gewirr der Sprachspiele und deren babylonischer Willkür. Infolge dessen ist es bis heute in einer kritikfreudigen Meinungsbildungselite Gemeingut, dass sprachliche Zeichen auf diese oder jene Weise oft als unauthentisch oder uneigentlich charakterisiert werden: Und die Ursache dafür soll eben in der Arbitrarität und Konventionalität sprachlicher Zeichen liegen.[37]

Die radikalsten Konsequenzen aus der erfahrenen Verunsicherung gegenüber der sprachlichen Ordnung zogen Nietzsche und von Hofmannsthal.[38] Deren Unbehangen sei hier nur kurz resümiert.

Der flüssige Traum findet für Nietzsche seinen Ausdruck im Mythos und in der literarischen Kunst (Grimminger 1993: 7/20). Obwohl oder gerade weil

---

[33] Schnitzler Arthur (1987): Beziehungen und Einsamkeiten: Aphorismen. Frankfurt.

[34] Einschlägig ist Nietzsches Abhandlung über *Wahrheit und Lüge im außermoralischen Sinne* (1873).

[35] Sein berühmt gewordener *Chandos-Brief* von 1902 hat die schlichte Überschrift „Ein Brief".

[36] Bei Nietzsche und von Hofmannsthal entsteht eine neue Form der poetischen Rede, die sich in dem poetischen Bild um die Leiblichkeit der Metapher verfestigt (Grimminger 1993: 7/4).

[37] Der Literaturwissenschaftler Rolf Grimminger resümiert die Kritik an den von ihm vereinfachend als „Bildungssprache des 19. Jahrhunderts" etikettierten Phänomenen sprachlicher Erscheinungsformen wie folgt:
„In ihr herrschte eine verkappte Zensur. Sie war von Tabus überwacht, die auszugrenzen hatten, was nicht in den Schematismus der Konventionen hineinpaßte. Die literarische Kritik daran setzt verschiedene Akzente in einer Richtung: Man attackiert die Enge des erstarrten Sprachgehäuses, man bezweifelt die Wahrheit der in ihm eingesperrten Bildung, und man entwirft Alternativen für einen anderen Sprachgebrauch, der – bei allen Unterschieden – die Natur des Lebens und der Sinne gegen die Bildung zurückfordert" (Grimminger 1993: 7/4).

[38] Ihrer Enttäuschung über konventionelle Sprachformen setzten sie die Kraft des poetischen Bildes entgegen. Nietzsches poetische Gegensprache soll all jene Bilder, Träume und Affekte wieder in sich aufnehmen, die auf den abgegriffenen Wortmünzen der Konventionen ver-

die Metapher traditionell im Kontext rhetorischer Figurenlehre als unwahr
betrachtet und desavouiert wird, feiert Nietzsche in ihr die wahre Natur – nicht
nur der Sprache, sondern auch des menschlichen Daseins, das entsprechend zu
sich selbst finden soll: in den Sprachformen des Traums, des Mythos und der
Kunst. Nietzsche setzt offensichtlich der von ihm empfundenen Künstlichkeit
der Sprachformen die Natürlichkeit der Bilder entgegen.[39] Grimminger (1993:
7/21) zieht folgendes Fazit: Nietzsche

> „stellt der stumm gewordenen Anwesenheit unserer Natur eine Sprache zur
> Verfügung, die nicht mehr nur ›lügenhaft‹ willkürlich und konventionell ge-
> steuert sein soll, sondern durch die Natur der ›Nervenreize‹ motiviert. Sie
> verbinden den sinnlich gewordenen Sprachköper mit dem leib-seelischen
> Organismus des Menschen. Bei aller Zeichenhaftigkeit, die sie nicht abstrei-
> fen kann, ist Nietzsches Gegensprache also sekundär motiviert durch den
> Leib. In der Tat ist das ein semiotisch wie existenziell grundlegender Un-
> terschied: Nietzsche trennt eine nur kommunikative Sprache, die gar noch
> im ›Wahnsinn der allgemeinen Begriffe‹ befangen ist, von der literarischen
> Sprache der Sinne strikt ab.“ (Grimminger 1993: 7/21)

Hugo von Hofmannsthal konstatiert in seinem berühmt gewordenen *Chandos-
Brief* aus dem Jahre 1902 den endgültigen Vertrauensverlust in die überlieferte
„Bildungs“sprache bzw. Literatursprache. Stattdessen betont er das Sehen:

> „Es zerfiel mir alles in Teile, die Teile wieder in Teile, und nichts mehr ließ
> sich mit einem Begriff umspannen. Die einzelnen Worte schwammen um
> mich; sie gerannen zu Augen, die mich anstarrten und in die ich wieder hin-
> einstarren muß: Wirbel sind sie, in die hinabzusehen mich schwindelt, die
> sich unaufhaltsam drehen und durch die hindurch man ins Leere kommt“
> (Hofmannsthal 1902: 49).[40]

---

schwunden sind. Sie soll wieder der Natur folgen, er setzt hinzu: unserer „Nervenreize“. Nietzsche spricht in diesem Zusammenhang vom Fundamentaltrieb des Menschen zur Metaphern-
bildung, zur sinnlichen Energie der Bilder: „Fortwährend verwirrt jener Fundamentaltrieb
des Menschen [...] die Rubriken und Zellen der Begriffe dadurch, daß er neue Übertragun-
gen, Metaphern, Metonymien hinstellt, fortwährend zeigt er die Begierde, die vorhandene
Welt des wachen Menschen so bunt unregelmäßig, folgenlos zusammenhängend, reizvoll und
ewig neu zu gestalten, wie es die Welt des Traums ist“ (Nietzsche 1873: 319).

[39] „Der Mensch ist in seinem Erkennen stets auf die Sprache angewiesen, auf sie zurückgeworfen.
Akzeptiert er den prinzipiell metaphorischen Charakter der Sprache nicht und versucht er,
mittels Sprache eine allgemeingültige, objektive, d.h. die Dinge selbst vermeintlich erfassende
Wahrheit zu formulieren, dann unterliegt er einem Fehlschluß. Dem Menschen ist es nicht
möglich, objektive Wahrheiten zu erkennen, er selbst ist stets das Maß aller Dinge. Nietzsche
löst den Begriff der Wahrheit von den Dingen los und verlagert ihn in den Menschen“ (Schiewe
1998: 189).

[40] Hofmannsthal schafft expressive Sprachbilder, mit deren Hilfe sein Lord Chandos sich in sein
Gegenüber zu versenken versucht – zum Zwecke der Selbstreflexion. Hofmannsthal „geht es
um die Grenzen des Mediums Sprache, deren Wörter stets Zeichen für etwas sind, nie aber

Hofmannsthal lässt des weiteren über Chandos mitteilen, dass von all dem, was die Kunst zum Leben braucht, nämlich die visuelle Anwesenheit der Bilder in der Malerei oder die akustische Macht der Töne in der Musik, die Sprache nur einen Schatten zu liefern vermag.[41] Das Unbehagen an der Zeichenhaftigkeit der Sprache äußert sich auch darin, dass die Bilder nicht selbst erscheinen, sondern nur die Sprachzeichen für sie. Hofmannsthal hält diese Stellvertreterfunktion nur für einen unbefriedigenden Abklatsch (ein Surrogat) des Originals.

In dem Aufsatz „Der Ersatz für die Träume" aus dem Jahre 1921 huldigt Hofmannsthal der Wirkung und den Leistungen von Bildern geradezu euphorisch und kritisiert die Erkenntniskraft sprachlicher Zeichen nochmals grundsätzlich:

> „Und im Tiefsten, ohne es zu wissen, fürchten diese Leute die Sprache; sie fürchten in der Sprache das Werkzeug der Gesellschaft. [...] Diese Sprache der Gebildeten und Halbgebildeten, ob gesprochen oder geschrieben, sie ist etwas Fremdes. Sie kräuselt die Oberfläche, aber sie weckt nicht, was in der Tiefe schlummert. Es ist zuviel von der Algebra in dieser Sprache, jeder Buchstabe bedeckt wieder eine Ziffer, die Ziffer ist die Verkürzung für eine Wirklichkeit, all dies deutet von fern auf irgend etwas hin, auch auf Macht, auf Macht sogar, an der man irgendwelchen Anteil hat" (Hofmannsthal 1921: 150).

So sehr er mit dem letzten Satz Recht hat, dass Sprache eine verkürzte Darstellungsform für eine Wirklichkeit ist (notabene *eine*) („Das Bild ist ein Modell der Wirklichkeit" schreibt Ludwig Wittgenstein (1958/[11]1997) etwas früher im *Tractatus* 2.12), so grundlegend täuscht er sich in der illusionären Glorifizierung von Bildern.[42] Was der Lord stellvertretend für Hofmannsthal in Bezug

---

dieses Etwas selbst in seinem körperlichen, sinnlich wahrnehmbaren Dasein. Dort hinein rettet sich Chandos und verweigert jede weitere Auskunft außer der beschwörenden Metaphorik des Sehens" (Grimminger 1993: 7/27).

[41] „Der Brief des Lord Chandos steht in einer Tradition des Gesamtkunstwerks, die Literatur längst vor dem Zeitalter des Films – den Hofmannsthal schätzte – und der elektronischen Medien ein Höchstmaß an sinnlicher Suggestion abgewinnen wollte" (Grimminger 1993: 7/28).

[42] Dieses Sehen – oder wie Mattenklott 1970/1985 formuliert – dieser Wille zum Bild begnügt sich nicht mit dem bloß Sichtbaren, das gleichgültig lässt: Die Intensität des erfüllten Augenblicks aus der Anschauung heraus kann nicht in die Zeichen der Sprache übertragen werden, Fixierungsversuche mittels Begriffe und Benennungen sind nach Hofmannsthals Auffassung zum Scheitern verurteilt. Überhaupt hält er es für eine Zumutung und Anmaßung, Zeichen für etwas anderes zu sehen als sie selbst. „Alles Sehen und aller Wille zur Synästhesie der Sprache verharren gegenüber der körperlichen Natur in der kulturellen Distanz des nachdenklichen Beobachters. Der verwandelt die Natur in ein Bild, er kommuniziert mit ihr aus der Entfernung, er ist sie nicht selbst." (Grimminger 1993: 7/29) Und weiter führt er aus: „Sprachkritik, Sprachkrise und Körper-Sprache waren um die Jahrhundertwende also punktuell auf einem überschaubaren Zeitraum versammelt. [...] Die Kritik an den Konventionen zertrümmerte

auf Bilder nur andeutet, das lässt Hofmannsthal nun in dem Essay von 1921 seinen namenlosen „Freund" konkret ausdrücken: „das sinnliche Bild [steht] für geistige Wahrheit, die der ratio unerreichbar ist" (Hofmannsthal 1921: 152).

Mit der Enttäuschung über das Medium Sprache, welches in der Sprachkrise zum Ausdruck gebracht wurde, bleibt der Wunsch nach Authentizität und Integrität ungebrochen bestehen,[43] und es entsteht gleichzeitig aus dem Verlangen nach Orientierung eine enorme Erwartungshaltung gegenüber Bildern, die begünstigt wird durch ihre technische Reproduzierbarkeit im Geflecht neuer und alter Medien. Wenn Worte demnach nichts mehr zu sagen vermögen, dann sollen die Dinge für sich sprechen. Wahrnehmungspsychologisch ist dies nichts anderes als *sich ein Bild von etwas machen* – also der Weg vom materiellen Bild zum mentalen Bild.

Führt man sich die Publikationsflut von Bildern, die den Anschlag auf das *World Trade Center* vom 11. 9. 2001 in verschiedenen Perspektiven darstellen, so wird deutlich: Die Bilder ereilt schließlich dasselbe Schicksal wie die Sprache und deren Stereotype bzw. Schemata: auf Grund ihrer vermeintlich endlosen Reproduzierbarkeit werden die technischen Bilder zu so hochfrequenten Erscheinungen, dass ihre quantitative Zunahme Spuren insofern in der Qualität hinterlässt, als Bilder substantiell nicht mehr als Singularitäten gelten können. Die scheinbar unendliche Vervielfältigung, die sich in Form von Bilderfluten über uns ergießt, schwächt ihre Aussagekraft und erst recht ihre Beweiskraft und ist gleichsam auch den abgebildeten oder fotografierten Ereignissen abträglich, sie werden regelrecht von ihrer „medialen Darstellungspenetration" (Winkler 1997) unter sich begraben. Die Häufung der Rezeptionsakte schlägt negativ um, erschwert Konkretion und Singularität der wahrgenommenen Bilder erheblich und macht sie letztlich quasi unmöglich.

Von der Entstehung sprachlicher Zeichen und ihres Gebrauchs wissen wir: Nach der Entstehung folgt aus dem mehr oder weniger regelmäßigen Gebrauch eine Phase der Habitualisierung, die nahezu zwangsläufig Konventionalisierung zur Folge hat und mitunter auch Stereotypisierung zur Folge haben kann: Die häufig gebrauchten Bilder sind demnach dem gleichen Schicksal der Schematisierung ausgesetzt. Hofmannsthals Hoffnungsmedium ist damit seiner Singularität beraubt, seiner Unschuld verlustig. Gleich und gleich gesellt sich gern. Man könnte sagen: Die gefallene Sprache ist nun nicht mehr allein – das Bild ist an ihrer Seite.

---

nun auch ihren formalen Zusammenhang: die Grammatik. Der Entwurf einer Körper-Sprache zerstörte die Bedeutung sprachlicher Zeichen, die Wörter. Übrig blieb etwas in der Lautpoesie – der akustische Ton" (Grimminger 1993: 7/29).

[43] Um mit Lord Chandos zu sprechen, der die einzige Hoffnung gegen die Willkür und Leere der Begriffe und die Verlogenheit der Konventionen in der unvermittelten [sic!] Zuwendung zur Fülle der Dinge selbst sieht: Über den Verlust an Bedeutung vermag nur der „ungeblendete Blick" hinwegzutrösten. Er sucht das Unmögliche, nämlich eine Sprache, in welcher die „stummen Dinge zu mir sprechen" (Hofmannsthal 1902: 54).

So ist als Fazit festzuhalten: Betrachtet man Hugo von Hofmannsthals *Ein Brief* des Lord Chandos aus dem Jahre 1902 als Zeugnis der Sprachkrise zur Zeit des Fin de siècle, das als Ausdruck der erheblichen Erschütterungen und Verunsicherungen in Bezug auf das Medium Sprache gewertet werden kann, so können für die letzte Jahrhundertwende diverse Symptome einer „Krise der Bilder" (Winkler 1997: 210) diagnostiziert werden. Das Medium *technisches Bild* (Photographie, Film usw.), das gerade im Zuge der Sprachkrise mit den Kategorien des Realismus, der Wahrheit und des Weltbezugs überfrachtet wurde, schien auf Grund der Konkretion der technischen Bilder den Unschärfeproblemen sprachlicher Allgemeinbegriffe (Arbitrarität, Konventionalität, Repräsentativität) enthoben zu sein. Nur so konnten sie zur „Lösung" der Sprachkrise (z. B. bei Hugo v. Hofmannsthal) avancieren.

Jedoch werfen Entstehung, Gebrauch, Habitualisierung, Konventionalisierung von Bildzeichen und ihre Stereotypisierung im Kommunikationsprozess bildsemiotisch noch größere Probleme auf als dies bei Sprachzeichen der Fall ist, weil beispielsweise das Problem der Perspektivierung nicht auf einer Metaebene im selben Medium geklärt werden kann. Der Weg vom Entstehen eines Bildzeichens über den Gebrauch, die Habitualisierung und die Konventionalisierung hin zur Stereotypisierung stellt eine Propositionsfixierung (= Verstetigen des Konzepts im Hinblick auf den Sachverhalt) dar, wie sie für sprachliche Zeichen in Diskursen und Textroutinen üblich ist.

10. Resümee

Der Titel des vorliegenden Beitrags *Sprache – das Tor zur Welt!? Perspektiven und Tendenzen in sprachlichen Äußerungen* bedarf nun resümierend der kritischen Reflexion. Neben Primärerfahrungen erwirbt jeder Zeitgenosse seine individuellen Wissensbestände auch dadurch, dass er mit Menschen seines beruflichen und privaten Umfeldes über für ihn relevante Themen kommuniziert und als Medienrezipient mit intersubjektiv gültigen oder strittigen Äußerungen gesellschaftlicher Protagonisten oder Experten konfrontiert wird. Auf Grund dieses Befunds kann die Komplexität individueller und kollektiver Bewusstseinsbildung eher mosaikartig erfasst als umfassend beschrieben werden. Dennoch sind vielfach rezipierte Texte Indikatoren für Mentalitäten, kollektive Einstellungen und Handlungsorientierungen. Texten bzw. Diskursen wohnt – wie an Beispielen zum 11. 9. 2001 und zu den sog. Unruhen in Pariser Vorstädten im Oktober 2005 illustriert – auf den oben beschriebenen sprachlichen Ebenen Perspektivität und damit Tendenz inne. Diese zu verdeutlichen und die unserer Bewusstseinbildung deutlich zu machen, ist unter anderem Aufgabe einer linguistischen Hermeneutik (vgl. dazu den Beitrag unseres verstorbenen Kollegen und Freundes Fritz Hermanns in diesem Band). Was Literaturwissenschaftler an fiktionalen Texten exemplifizieren, analysieren Sprachwissenschaftler in der Regel an sog. Gebrauchstexten. Zusammen gibt diese Textvielfalt ein eindrückliches Exempel dafür, was gesamtgesellschaftliche gedacht und geschrieben wird.

Auf Grund des enormen Stellenwerts von Sprach- und Bildzeichen bei der Wirklichkeitskonstitution kann von einer – durch sprachliche Mittel prädisponierten – perspektivierten Welt unter anderen Welten gesprochen werden, die wir als identische bzw. ähnliche Sachverhalte der Welt unterstellen. Wir gelangen also nicht zu *der* Welt (daher neben dem Ausrufezeichen das Fragezeichen im Titel *Sprache – das Tor zur Welt!?*), sondern zu Weltausschnitten, die Perspektiven und Tendenzen sprachlicher Äußerungen unterworfen sind. Deswegen eröffnen sowohl Sprachzeichen als auch Bildzeichen spezifisch perspektivierte Weltausschnitte, deren Konstitution durch die Auswahl der Zeichen und die Art ihrer Verknüpfung interessengeleitet ist. Die so hergestellte Realität ist eine ausgewählte Wirklichkeit im Spektrum verschiedener Wirklichkeiten.

Da keine Wirklichkeitsperspektive intersubjektiv als einzig gültig akzeptiert wird, ist das Moment der Agonalität in Rechnung zu stellen. Wir haben es mit einem Wettstreit diskursiv geprägter Weltausschnitte zu tun, die alle um möglichst breite Akzeptanz und Gültigkeit werben. Die hermeneutisch ausgerichtete Sprachwissenschaft setzt sich das Transparent-Machen der Verfahren zum Ziel, damit das zoon politikon im Bewusstsein der vielfältigen Perspektiven auf einen Sachverhalt zu einer relativ eigenständigen und der sprachlichen Verzerrungen bewussten Haltung finden kann. Die herbeigesehnte Objektivität liegt selbstredend nicht in dem so häufig bemühten Topos des richtigen – im Sinne von angemessenen – Sprachgebrauchs, weil dieser Allgemeinplatz eine eindeutige Relation zwischen Ausdrucksseite und Inhaltsseite impliziert, der den beschriebenen semiotischen Eigenschaften sprachlicher Zeichen zuwider läuft. Obgleich Kant mit seiner *Kritik der reinen Vernunft* (1781) dem naiven Vertrauen auf ein unverstelltes und objektadäquates Erkennen der Welt ein jähes Ende bereitete, indem er unsere Erkenntnisfähigkeit nicht auf die Dinge, sondern auf deren Erscheinungen bezog, so ist dennoch das erkenntniskonstituierende Potential von Sprache in seinen Ausführungen nicht grundlegend in Rechnung gestellt worden (vgl. auch Köller 2004). Für manche Zeitgenossen war die Einsicht in die unhintergehbare Bedingtheit des menschlichen Erkenntnisvermögens mit einer tiefen Enttäuschung und grundständigen Erschütterung verbunden. Heinrich von Kleist z. B. meinte, dass mit der Philosophie Kants das Streben nach Wahrheit, dem er sein Leben verschrieben habe, unmöglich und sinnlos geworden sei:

> „Die Folge dieser enttäuschenden Einsicht [...] war bei Kleist der Sturz in einen Zustand, der dem gleicht, den Hofmannsthal einhundert Jahre später seinem Lord Chandos zuschrieb: kognitive Verunsicherung, die zu nihilistischen Schlüssen drängte und den Verfasser an den Rand der Verzweiflung führte: geistige Lähmung bei gleichzeitiger innerlicher Beunruhigung, [...]

›innerer Ekel‹, der ihn an jeder schriftstellerischen Arbeit hinderte." (Kiesel 2004: 178)

Offensichtlich ist dieser anthropologisch konstante Wunsch nach größtmöglicher Neutralität (also an die Dinge selbst als unverstellte heranzukommen) im Menschen tief verwurzelt und meines Erachtens nur durch das Paradigma der Multiperspektivität unter Berücksichtigung der sprachlich prädisponierten Perspektiven und Tendenzen der Wirklichkeitskonstitutionen zu entschärfen. Je mehr Perspektiven zutage gefördert werden, desto bewusster kann theoretisch die Entscheidung ausfallen.[44] Das Unsagbare bleibt dabei allerdings auf der Strecke, besser gesagt im Verborgenen.

Angesichts dieses Wettbewerbs um Geltungsansprüche von Wirklichkeitsentwürfen stellt sich für die Sprachwissenschaften die Frage, wie solche Aushandlungsprozesse beschrieben werden können. Ansatzpunkt einer jeden Untersuchung muss die sprachliche Oberfläche, also die Texte und Gespräche selbst, sein, um durch sie zu den Perspektiven und Tendenzen der mit ihnen verbundenen Inhalte und Konzepte zu kommen. Im Zentrum der Aufmerksamkeit stehen also Verfahren, wie Begriffe und Konzepte diskursiv geprägt werden. In Texten und Diskursen werden durch den steten Gebrauch bestimmter Ausdrucksweisen Begriffe geprägt und Konzepte durchgesetzt – es handelt sich um eine Form der Bedeutungsfixierung. Darüber hinaus evozieren identische Ausdrücke mitunter Begriffe bzw. Konzepte mit divergierenden Teilbedeutungen – sie tragen damit zu einer spezifischen Sachverhaltskonstitution bei, der hier als Sachverhaltsfixierungsakt (Wimmer 1979) bezeichnet wird. Das Nachzeichnen von Bedeutungs- und Sachverhaltsfixierungsversuchen bei einem umstrittenen Sachverhalt im Rahmen fachwissenschaftlicher und außerfachlicher Auseinandersetzungen ist Gegenstand einer hermeneutisch orientierten Linguistik.

Denn durch den Nachvollzug der sprachlich vermittelten Sachverhaltskonstitution (Referenztätigkeit) der Diskursprotagonisten (sprachliche Prä-

---

[44] Eine Analogie dieses Gedankens findet sich im sprachphilosophischen Idealismus der deutschen Frühromantik (vor allem August Wilhelm Schlegels) und Wilhelm von Humboldts. Diesem Ansatz zufolge sind die unterschiedlichen Sprachen unterschiedliche Manifestationen des menschlichen Geistes, „der, ‚an sich' unfassbar, nur in der Gesamtheit seiner Erscheinungsformen ex negativo gefasst werden kann" (Bär 1999: 88). Jede Sprache entspricht nach Humboldt einer spezifischen „Weltansicht" (vgl. ebd.: 254), die jeweils gedacht werden kann wie der Blick von einem bestimmten Punkt einer Kreislinie hin auf den Kreismittelpunkt, dessen genaue Position aber unbekannt ist. Je mehr unterschiedliche, einander überschneidende Weltansichten einem Menschen zur Verfügung stehen (Multiperspektivität!), desto schärfer kann er den gleichwohl letztlich unbestimmbar bleibenden Mittelpunkt (die Welt ‚an sich') eingrenzend in den Blick nehmen. Es geht folglich darum, möglichst viele verschiedene Sprachen zu kennen, „sich in alle hineinzudenken und hineinzufühlen, und so einen kosmopolitischen Mittelpunkt für den menschlichen Geist zu stiften" (A. W. Schlegel, zit. n. Bär 1999: 274).

zedenzfälle, Rekonstruktion der bisherigen Benennungsfestsetzungen etc.) gewinnen Sprachteilnehmer nicht „die Bedeutung" eines Ausdrucks, sondern nur mögliche Handlungsmuster, denen gemäß sie die bisherigen Benennungsfestlegungen fortsetzen, modifizieren oder durch neue ersetzen können. Darin – im Dominant-Setzen bestimmter Teilbedeutungen bei Begriffen und/oder bei Durchsetzungsversuchen von Benennungsfestlegungen als Handlungsmuster – besteht der „semantische Kampf" (Felder 2006a), der die Relevanz des Bildes *Sprache als Tor zur Welt* ausweist, aber eben nur zu einer spezifisch perspektivierten Welt. Denn Medien setzen den sozialen Sachverhalt durch die Verwendung der ausgewählten sprachlichen Mittel erst fest und schaffen so einen Sachverhalt eigener Qualität, den es ohne institutionelle Medienkommunikation nicht gäbe. Außermediale Wirklichkeit wird auf mediale Realität mittels Sprache und Bildern zugepasst bzw. zubereitet. Der Streit um Perspektiven und Tendenzen in sprachlichen Äußerungen ist gleichsam ein Ringen um Wahrheit, zu der es uns zieht, die es zu suchen lohnt, die aber niemand gefunden zu haben behaupten darf.

Literatur

Auer, Peter (1986) Kontextualisierung. In: Studium Linguistik 19, S. 22–47.

Bär, Jochen A. (1999) Sprachreflexion der deutschen Frühromantik. Konzepte zwischen Universalpoesie und grammatischem Kosmopolitismus. Mit lexikographischem Anhang. Berlin/New York (Studia Linguistica Germanica 50).

Bär, Jochen A. (2007) Kürze als grammatisches Problem. Determinative Verschränkungen. Phänomene der Ersparung im Übergangsbereich von Wortbildung und Syntax. In: Bär, Jochen A./Roelcke, Thorsten/Steinhauer, Anja (Hg.) Sprachliche Kürze. Konzeptuelle, strukturelle und pragmatische Aspekte. Berlin/New York, S. 310–338. (Linguistik – Impulse und Tendenzen Bd. 27).

Beckmann, Susanne (2001) Die Grammatik der Metapher. Eine gebrauchstheoretische Untersuchung des metaphorischen Sprechens. Tübingen (Linguistische Arbeiten Band 438).

Bichsel, Peter (1969) Ein Tisch ist ein Tisch, in: ders.: Kindergeschichten. Neuwied, S. 21–31.

Brinker, Klaus/Antos, Gerd/Heinemann, Wolfgang/Sager, Sven F. (Hg.) (2000/2001) Text- und Gesprächslinguistik. Ein internationales Handbuch zeitgenössischer Forschung. Zwei Halbbände. Berlin/New York (Handbücher zur Sprach- und Kommunikationswissenschaft Band 16.1 und 16.2).

Bubenhofer, Noah (2009) Sprachgebrauchsmuster. Korpuslinguistik als Methode der Diskurs- und Kulturanalyse. Berlin/New York (Sprache und Wissen Bd. 4).

Burger, Harald (³2005) Mediensprache. Eine Einführung in Sprache und Kommunikationsformen der Massenmedien. Berlin/New York (de Gruyter Studienbuch).

Burger, Harald/Buhofer, Annelies/Sialm, Ambros (1982) Handbuch der Phraseologie. Berlin/New York.

Busse, Dietrich (2007) Diskurslinguistik als Kontextualisierung – Sprachwissenschaftliche Überlegungen zur Analyse gesellschaftlichen Wissens. In: Warnke, Ingo (Hg.) Diskurslinguistik nach Foucault. Theorie und Gegenstände. Berlin/New York, S. 81–105 (Linguistik – Impulse und Tendenzen 25).

Busse, Dietrich (2008) Diskurslinguistik als Epistemologie – Das verstehensrelevante Wissen als Gegenstand linguistischer Forschung. In: Warnke, Ingo/Spitzmüller, Jürgen (Hg.) Methoden der Diskurslinguistik. Sprachwissenschaftliche Zugänge zur transtextuellen Ebene. Berlin/New York, S. 57–87 (Linguistik – Impulse und Tendenzen 31).

Busse, Dietrich/Niehr, Thomas/Wengeler, Martin (Hg.) (2005) Brisante Semantik. Neuere Konzepte und Forschungsergebnisse einer kulturwissenschaftlichen Linguistik. Tübingen.

Domasch, Silke (2007) Biomedizin als sprachliche Kontroverse. Die Thematisierung von Sprache im öffentlichen Diskurs zur Gendiagnostik. Berlin/New York (Sprache und Wissen Bd. 1).

Elspaß, Stephan (1998) Phraseologie in der politischen Rede. Untersuchung zur Verwendung von Phraseologismen, phraseologischen Modifikationen und Verstößen gegen die phraseologische Norm in ausgewählten Bundestagsdebatten. Opladen/Wiesbaden.

Feilke, Helmuth (1994) Common sense-Kompetenz. Überlegungen zu einer Theorie des „sympathischen" und „natürlichen" Meinens und Verstehens. Frankfurt.

Felder, Ekkehard (1995) Kognitive Muster der politischen Sprache. Eine linguistische Untersuchung zur Korrelation zwischen sprachlich gefaßter Wirklichkeit und Denkmustern am Beispiel der Reden von Theodor Heuss und Konrad Adenauer. Frankfurt am Main u.a. (Europäische Hochschulschriften: Deutsche Sprache und Literatur, Band 1490).

Felder, Ekkehard (2001) Medizinische Fachkommunikation am Beispiel der Debatte über „Organspenden". Ein Lexem wird zum Schlüsselwort und trennt die Lager. In: Meier, Jörg/Ziegler, Arne (Hg.) Deutsche Sprache in Europa – Geschichte und Gegenwart. Festschrift für Ilpo Tapani Piirainen zum 60. Geburtstag. Wien, S. 357–372.

Felder, Ekkehard (2003) Juristische Textarbeit im Spiegel der Öffentlichkeit. Berlin/New York: New York.

Felder, Ekkehard (2006a) Semantische Kämpfe in Wissensdomänen. Eine Einführung in Benennungs-, Bedeutungs- und Sachverhaltsfixierungs-Konkurrenzen. In: Felder, Ekkehard (Hg.) Semantische Kämpfe. Macht und Sprache in den Wissenschaften. Berlin/New York, S. 13–46 (Linguistik – Impulse und Tendenzen Bd. 19).

Felder, Ekkehard (2006b) Form-Funktions-Analyse von Modalitätsaspekten zur Beschreibung von Geltungsansprüchen in politischen Reden. In: Maximilian Scherner, Arne Ziegler (Hg.) Angewandte Textlinguistik. Linguistische Perspektiven für den Deutsch- und Fremdsprachenunterricht. Tübingen, S. 157–178 (Europäische Studien zur Textlinguistik 2).

Felder, Ekkehard (2007a) Text-Bild-Hermeneutik. Die Zeitgebundenheit des Bild-Verstehens am Beispiel der Medienberichterstattung. In: Hermanns, Fritz/Holly, Werner (Hg.) Linguistische Hermeneutik. Theorie und Praxis des Verstehens und Interpretierens. Tübingen, S. 357–385 (Reihe Germanistische Linguistik 272).

Felder, Ekkehard (2007b) Von der Sprachkrise zur Bilderkrise. Überlegungen zum Text-Bild-Verhältnis im Paradigma der pragma-semiotischen Textarbeit. In: Müller, Friedrich (Hg.) Politik, [Neue] Medien und die Sprache des Rechts. Berlin: Duncker und Humblot, S. 191–219 (Schriften zur Rechtstheorie Heft 234).

Felder, Ekkehard (2009a) Sprachliche Formationen des Wissens. Sachverhaltskonstitution zwischen Fachwelten, Textwelten und Varietäten. In: Felder/Müller (Hg.), S. 21–77.

Felder, Ekkehard (2009b) Linguistische Sprachkritik im Geiste linguistischer Aufklärung. In: Liebert, Wolf-Andreas/Schwinn, Horst (Hg.) Mit Bezug auf Sprache. Festschrift für Rainer Wimmer. Tübingen, S. 163–185 (Studien zur deutschen Sprache. Forschungen des Instituts für Deutsche Sprache Bd. 49).

Felder, Ekkehard (in Vorb.) Mediendiskursanalyse – Theorie und Praxis eines linguistischen Untersuchungsprogramms. Berlin/New York.

Felder, Ekkehard (Hg.) (2006) Semantische Kämpfe. Macht und Sprache in den Wissenschaften. Berlin/New York (Linguistik – Impulse und Tendenzen Bd. 19).

Felder, Ekkehard/Müller, Marcus (Hg.) (2009) Wissen durch Sprache. Themen, Methoden und Theorie des Forschungsbereichs ‚sprachliche Wissenskonstitution'. Berlin/New York (Sprache und Wissen Bd. 3).

Foucault, Michel (1974) Die Ordnung der Dinge. Frankfurt/Main (OA., frz.: Les mots et les choses 1966).

Foucault, Michel (1975), Surveiller et Punir. La naissance de la prison. – Übersetzung: Michel Foucault (1976) Überwachen und Strafen. Die Geburt des Gefängnisses. Deutsch v. W. Seitter. Frankfurt a. M. [1976].

Foucault, Michel (1978) Dispositive der Macht. Über Sexualität, Wahrheit und Wissen. Berlin.

Foucault, Michel (1983) Der Wille zum Wissen. Sexualität und Wahrheit I. Deutsch von U. Raulff u. W. Seitter. Frankfurt a. M. (Orig. Paris 1976).

Fraas, Claudia / Klemm, Michael (2005) Diskurse – Medien – Mediendiskurse. Begriffsklärungen und Ausgangsfragen. In: Fraas, Claudia/Klemm, Michael (Hg.) Mediendiskurse. Bestandsaufnahme und Perspektiven. Frankfurt/Main, S. 1–8.

Gardt, Andreas (2007) Linguistisches Interpretieren. Konstruktivistische Theorie und realistische Praxis. In: Hermanns, Fritz/Holly, Werner (Hg.) Linguistische Hermeneutik. Theorie und Praxis des Verstehens und Interpretierens. Tübingen, S. 263–280 (Reihe Germanistische Linguistik 272).

Grimminger, Rolf (1993) Der Sturz der alten Ideale. Sprachkrise und Sprachkritik um die Jahrhundertwende. In: Funkkolleg „Literarische Moderne – Europäische Literatur im 19. und 20. Jahrhundert". Studienbrief 3, Studieneinheit 7. Tübingen: Deutsches Institut für Fernstudien an der Universität Tübingen, S. 7/1–7/42.

Hausendorf, Heiko/Kesselheim, Wolfgang (2008) Textlinguistik fürs Examen. Göttingen

Hofmannsthal, Hugo von (1902) Ein Brief. In: Hofmannsthal, Hugo von (1975) Sämtliche Werke. Kritische Ausgabe in 36 Bänden. Band 31. Frankfurt am Main, S. 45–55.

Hofmannsthal, Hugo von (1921) Der Ersatz für die Träume. In: Kaes, Anton (Hg.) (1978) Kino-Debatte. Text zum Verhältnis von Literatur und Film 1909–1929. Tübingen, S. 149–152.

Hundsnurscher, Franz (1998) Pragmatische Wortsemantik. Zum pragmatischen Hintergrund einer gebrauchstheoretisch orientierten lexikalischen Semantik. In: Schmitzdorf, Eva/Hartl, Nina/Meurer, Barbara (Hg.) Lingua Germanica. Studien zur deutschen Philologie. Jochen Splett zum 60. Geburtstag. Münster u.a., S. 128–142.

Janich, Nina (2008) Textlinguistik. 15 Einführungen. Tübingen (Narr Studienbücher)

Jeand'Heur, Bernd (1998) Die neuere Fachsprache der juristischen Wissenschaft seit der Mitte des 19. Jahrhunderts unter besonderer Berücksichtigung von Verfassungsrecht und Rechtsmethodik. In: Hoffmann, Lothar/Kalverkämper, Hartwig/Wiegand, Herbert Ernst (Hgg.) Fachsprachen. Berlin/New York. 1. Halbband, S. 1286–1295.

Jung, Matthias (1996) Linguistische Diskursgeschichte. In: Böke, Karin/Jung, Matthias/Wengeler, Martin (Hg.) Öffentlicher Sprachgebrauch. Praktische, theoretische und historische Perspektiven. Opladen, S. 453–472.

Kienpointner, Manfred (1992) Alltagslogik. Struktur und Funktion von Argumentationsmustern. Stuttgart/Bad Cannstatt (problemata frommann–holzboog Band 126).

Kiesel, Helmut (2004) Geschichte der literarischen Moderne. Sprache, Ästhetik, Dichtung im zwanzigsten Jahrhundert. München.

Klein, Josef (1987) Die konklusiven Sprechhandlungen. Studien zur Pragmatik, Semantik, Syntax und Lexik von BEGRÜNDEN, ERKLÄREN-WARUM, FOLGERN und rechtfertigen. Tübingen (Reihe Germanistische Linguistik Band 76).

Konerding, Klaus-Peter (1993) Frames und lexikalisches Bedeutungswissen. Untersuchungen zur linguistischen Grundlegung einer Frametheorie und zu ihrer Anwendung in der Lexikographie. Tübingen (Reihe Germanistische Linguistik Band 142).

Konerding, Klaus-Peter (2005) Diskurse, Themen und soziale Topik. In: Fraas, Claudia/Klemm, Michael (Hg.) Mediendiskurse. Frankfurt/Main, S. 9–38.

Konerding, Klaus-Peter (2007) Themen, Rahmen und Diskurse. Zur linguistischen Fundierung des Diskursbegriffes. In: Warnke, Ingo (Hg.) Diskurslinguistik nach Foucault. Theorie und Gegenstände. Berlin/New York, S. 107–140.

Konerding, Klaus-Peter (2008) Diskurse, Topik, Deutungsmuster. Zur Komplementarität, Konvergenz und Explikation sprach-, kultur-, und sozialwissenschaftlicher Zugänge zur Diskursanalyse auf der Grundlage kollektiven Wissens. In: Warnke/Spitzmüller (Hg.), S. 117–150.

Konerding, Klaus-Peter (2009) Sprache – Gegenstandskonstitution – Wissensbereiche. Überlegungen zu (Fach-)Kulturen, kollektiven Praxen, sozialen Transzendentalien, Deklarativität und Bedingungen von Wissenstransfer. In: Felder/Müller (Hg.), S. 79–111.

Köller, Wilhelm (2004) Perspektivität und Sprache. Zur Struktur von Objektivierungsformen in Bildern, im Denken und in der Sprache. Berlin/New York.

Krohn, Wolfgang/Küppers, Günter (1992) Emergenz. Die Entstehung von Ordnung, Organisation und Bedeutung. Frankfurt.

Lemmitzer, Lothar/Zinsmeister, Heike (2006) Korpuslinguistik. Eine Einführung. Tübingen.

Leonhardt, Joachim-Felix/Ludwig, Hans-Werner/Schwarze, Dietrich/Straßner, Erich (Hg.) (1999–2002) Medienwissenschaft. Ein Handbuch zur Entwicklung der Medien und Kommunikationsformen. Berlin/New York (Handbücher zur Sprach- und Kommunikationswissenschaft Band 15).

Mattenklott, Gert (1970/1985) Bilderdienst. Ästhetische Opposition bei Beardsley und George. München 1970 und Frankfurt am Main 1985.

Mauthner, Fritz (1901/1982) Beiträge zu einer Kritik der Sprache. Band 1: Zur Sprache und zur Psychologie. Stuttgart.

Merten, Klaus (1999) Einführung in die Kommunikationswissenschaft. Bd. 1: Grundlagen der Kommunikationswissenschaft. Münster u. a.

Müller, Marcus (2007) Geschichte, Kunst, Nation. Die sprachliche Konstituierung einer ‚deutschen‘ Kunstgeschichte aus diskursanalytischer Sicht. Berlin/New York (Studia Linguistica Germanica 90).

Nietzsche, Friedrich (1873/1954ff.) Über Wahrheit und Lüge im außermoralischen Sinne. In: Nietzsche, Friedrich (1954ff.) Werke in drei Bänden. Hrsg. von Schlechta. Band 3. München, S. 309–322.

Ogden, Charles Kay/Richards, Ivor Amstrong (1923) The meaning of meaning. New York.

Polenz, Peter v. (²1988) Deutsche Satzsemantik. Grundbegriffe des Zwischen-den-Zeilen-Lesens. Berlin/New York.

Porzig, Walter (³1950) Das Wunder der Sprache. Probleme, Methoden und Ergebnisse der modernen Sprachwissenschaft. Bern.

Rolf, Eckard (2000) Textuelle Grundfunktionen. In: Brinker/Antos/Heinemann/Sager (Hg.), S. 422–435.

Rombach, Heinrich (1980) Phänomenologie des gegenwärtigen Bewusstseins. Freiburg.

Sachs-Hombach, Klaus (2006) Das Bild als kommunikatives Medium. Elemente einer allgemeinen Bildwissenschaft. Köln.

Scherner, Maximilian (2000) Kognitionswissenschaftliche Methoden in der Textanalyse. In: Brinker/Antos/Heinemann/Sager (Hg.), S. 186–195.

Schiewe, Jürgen (1998) Die Macht der Sprache. Eine Geschichte der Sprachkritik von der Antike bis zur Gegenwart. München.

Schmidt, Siegfried J. (1969) Bedeutung und Begriff. Zur Fundierung einer sprachphilosophischen Semantik. Braunschweig (Wissenschaftstheorie. Wissenschaft und Philosophie, Bd. 3)

Schmidt, Siegfried J. (1994) Kognitive Autonomie und soziale Orientierung. Konstruktivistische Bemerkungen zum Zusammenhang von Kognition, Kommunikation, Medien und Kultur. Frankfurt.

Schmidt, Siegfried J. (1994a) Konstruktivismus in der Medienforschung. In: Merten, Klaus/ Schmidt, Siegfried J./Weischenberg, Siegfried (Hg.) Die Wirklichkeit der Medien. Eine Einführung in die Kommunikationswissenschaft. Opladen, S. 592–623.

Schmidt, Siegfried J. (1996) Die Welten der Medien. Grundlagen und Perspektiven der Medienbeobachtung. Braunschweig.

Schnitzler, Arthur (1987) Beziehungen und Einsamkeiten: Aphorismen. Frankfurt.

Searle, John R. (1997) Die Konstruktion der gesellschaftlichen Wirklichkeit. Zur Ontologie sozialer Tatsachen. Reinbek (Originaltitel: The Construction of Social Reality. New York 1995).

Seibert, Thomas-Michael (2004) Gerichtsrede. Wirklichkeit und Möglichkeit im forensischen Diskurs. Berlin (Schriften zur Rechtstheorie Heft 222).

Stöckl, Hartmut (2004) Die Sprache im Bild – das Bild in der Sprache. Zur Verknüpfung von Sprache und Bild im massenmedialen Text: Konzepte, Theorien, Analysemethoden. Berlin/New York (Linguistik, Impulse und Tendenzen Bd. 3).

Tereick, Jana (2008) Eine synchrone und diachrone Untersuchung des Printmediendiskurses zum 11. September 2001 unter grammatischen, semantischen und pragmatischen Aspekten. Magisterarbeit (eingereicht bei der Neuphilologischen Fakultät der Universität Heidelberg und zugänglich über Prof. Dr. Ekkehard Felder, Germanistisches Seminar).

Trier, Jost (1931) Der deutsche Wortschatz im Sinnbezirk des Verstandes. Zur Geschichte eines sprachlichen Feldes. I: Von den Anfängen bis zum Beginn des 13. Jahrhunderts. Heidelberg.

Ueding, Gert/Steinbrink, Bernd (1986) Grundriß der Rhetorik. Geschichte, Technik, Methode. Stuttgart.

Vogel, Friedemann (2009) „Aufstand" – „Revolte" – „Widerstand". Linguistische Mediendiskursanalyse der Ereignisse in den Pariser Vorstädten 2005. Frankfurt am Main.

Warnke, Ingo (2007) Diskurslinguistik nach Foucault – Dimensionen einer Sprachwissenschaft jenseits textueller Grenzen. In: derselbe (Hg.) Diskurslinguistik nach Foucault. Theorie und Gegenstände. Berlin/New York, S. 3–24.

Warnke, Ingo (Hg.) (2007) Diskurslinguistik nach Foucault. Theorie und Gegenstände. Berlin/New York (Linguistik – Impulse und Tendenzen 25).

Warnke, Ingo/Spitzmüller, Jürgen (2008) Methoden und Methodologie der Diskurslinguistik. Grundlagen und Verfahren einer Sprachwissenschaft jenseits textueller Grenzen. In: dieselben (Hg.) Methoden der Diskurslinguistik. Sprachwissenschaftliche Zugänge zur transtextuellen Ebene. Berlin/New York.

Warnke, Ingo/Spitzmüller, Jürgen (Hg.) (2008) Methoden der Diskurslinguistik. Sprachwissenschaftliche Zugänge zur transtextuellen Ebene. Berlin/New York.

Wengeler, Martin (2003) Topos und Diskurs. Begründung einer argumentationsanalytischen Methode und ihre Anwendung auf den Migrationsdiskurs (1960–1985). Tübingen.

Wimmer, Rainer (1979) Referenzsemantik. Untersuchungen zur Festlegung von Bezeichnungsfunktionen sprachlicher Ausdrücke am Beispiel des Deutschen. Tübingen (Reihe Germanistische Linguistik Band 19).

Winkler, Hartmut (1992) Das Ende der Bilder? Das Leitmedium Fernsehen zeigt deutliche Symptome der Ermüdung. In: Hickethier, Knut/Schneider, Irmela (Hg.) Fernsehtheorien. Dokumentation der GFF-Tagung 1990. Berlin, S. 228–235.

Winkler, Hartmut (1997) Docuverse. Zur Medientheorie der Computer. Mit einem Interview von Geert Lovink. München.

Wittgenstein, Ludwig (1958/[11]1997) Philosophische Untersuchungen. Werkausgabe Band 1. Frankfurt.

Wygotski, Lew S. (1934/1971) Denken und Sprechen. Stuttgart.

Ziem, Alexander (2008) Frame-Semantik. Kognitive Aspekte des Sprachverstehens. Berlin/New York (Sprache und Wissen Bd. 2).

Zifonun, Gisela (2000) Textkonstitutive Funktionen von Tempus, Modus und Genus verbi. In: Brinker, Klaus/Antos, Gerd/Heinemann, Wolfgang/Sager, Sven F. (Hg.) Text- und Gesprächslinguistik. Ein internationales Handbuch zeitgenössischer Forschung. Erster Halbband. Berlin/New York, S. 315–330 (Handbücher zur Sprach- und Kommunikationswissenschaft Band 16.1).

Zimmer, René (2009) Die Rahmung der Zwergenwelt. Argumentationsmuster und Versprachlichungsformen im Nanotechnologiediskurs. In: Felder/Müller (Hg.), S. 279–308.

Heidelberger Jahrbücher, Band 53 (2009)
E. Felder (Hrsg.) Sprache
© 2009 Springer-Verlag Berlin Heidelberg

Die Zukunft der deutschen Sprache*

JOCHEN A. BÄR

1. Die Sprache im Wandel

Ein Paradoxon frei nach Martin Luther: *Die Sprache ist der Sprache größter Feind und tut ihr unablässig Schaden. Die Sprache ist der mächtigste Freund der Sprache und erhält sie allein.*[1] Denn spricht man nicht jeden Tag und hört man nicht andere sprechen, so geht einem die Sprache verloren. Wer längere Zeit im Ausland ist und keine Gelegenheit hat, seine Muttersprache zu üben, erfährt, dass sie ihm mit der Zeit teilweise abhanden kommt, dass sie sich aber unmittelbar wieder einstellt, sobald er sie hören und mit anderen sprechen kann. Nur die aktive Teilhabe an der Sprache erhält dem Einzelnen die Sprache. Er lernt sie nicht ein für allemal (und sei es als Muttersprache), um sie dann stets gleichbleibend zu beherrschen, sondern muss den Spracherwerb jeden Tag, ja jeden Augenblick im Kleinen wiederholen. Entsprechend verfügt jeder Mensch über einen ausgeprägten Nachahmungstrieb, um sich das ihm von allen Seiten Vorgesprochene und auch Vorgeschriebene immer wieder von Neuem anzueignen. Eben darin aber gründet die Wandelbarkeit der Sprache, denn was man im faustischen Sinne täglich erobern muss[2], ist kein sicherer Besitz, sondern „wintschaffen" (Gottfried von Straßburg, *Tristan*, V. 15740), also schwankend und keinen Augenblick sich selbst gleich. Wer, um bei der Sprache zu bleiben, anderen nachspricht, die ihrerseits anderen nachsprechen, die ihrerseits … – der bleibt bei der Sprache, ohne bei der Sprache zu bleiben, denn die Sprache, bei der er bleibt, bleibt nie dieselbe Sprache. Wäre es anders, sprächen wir noch heute wie zur Zeit Karls des Großen; es gäbe keine Wörter, um das alltägliche Leben zu gestalten (und folglich weder *Auto* noch *Telefon*, weder *Beruf* noch *Freizeit*, weder *freiheitlich-demokratische Grundordnung* noch

---

* Bei Teilen des vorliegenden Beitrags handelt es sich um eine Umarbeitung von Passagen älterer Beiträge (Bär 1999; ders. 2000a). Ich danke Sarah Stephan (Heidelberg) und Jana Tereick (Heidelberg/London) für zahlreiche Anregungen und wertvolle Hinweise.
[1] Vgl. Martin Luther, *Von der Freiheit eines Christenmenschen* (1520): „Eyn Christenmensch ist eyn freyer herr uber alle ding und niemandt unterthan. Eyn Christenmensch ist eyn dienstpar knecht aller ding und yderman unterthan." (*D. Martin Luthers Werke. Kritische Gesamtausgabe.* Weimar 1883ff. Bd. 7, 21.)
[2] Johann Wolfgang Goethe, *Faust II*, V. 11575f.

germanistische Linguistik), hingegen etliche Wörter zum Pflügen, Frönen und Beten. Vermutlich säße der Mensch sogar noch auf den Bäumen, denn eine Sprache, die sich nicht verändern kann, wäre niemals auch nur entstanden. Nie hätte jemand überhaupt angefangen zu sprechen, d. h. sein äffisches Gekreisch und Gebrüll nach und nach (über Generationen hinweg) modifiziert.

Doch obwohl der sprachliche Wandel nicht nur eine Tatsache, sondern, wie sich zeigt, eine Notwendigkeit zur Erklärung des Status quo ist, muss es zugleich auch ein Moment der Kontinuität in der Sprache geben, da anders keine Verständigung möglich wäre. In der Tat ist dieses Moment so ausgeprägt, dass nicht nur eine Kommunikation zwischen Zeitgenossen möglich ist, sondern dass sprachliche Äußerungen oft über Jahrhunderte hinweg mehr oder weniger verständlich bleiben.[3] Solche Dauerhaftigkeit der Sprachgestalt begründet die Verlässlichkeit der Sprache. Kontinuierliche Verständlichkeit ist sogar in solchem Maße eine Selbstverständlichkeit, dass nicht das Bleibende, sondern der Wandel vom einzelnen Sprecher als auffällig wahrgenommen wird.

2. Prognostizierbarkeit des Wandels

Über die Zukunft einer Sprache ist nachzudenken – nicht hingegen ist sie, wie beispielsweise das Wetter, vorherzusagen. Die Sprache, anders als das Wetter, ist kein Naturphänomen, sondern eine kulturelle und damit historische Gegebenheit. Diese Erkenntnis unterscheidet die heutige Linguistik von der Sprachwissenschaft des 19. Jahrhunderts. Damals hielt man Sprachen für natürliche Organismen, die wachsen, blühen, verfallen und schließlich absterben; die Organismus-Metapher wurde als vollkommen adäquat empfunden. Aus heutiger Sicht kann eine Sprache zwar ‚aussterben' in dem Sinne, dass es keine Sprachgemeinschaft mehr gibt, die sie aktiv spricht, aber dies unterliegt keiner natürlichen und damit unabwendbaren Gesetzlichkeit und lässt sich eben deshalb auch nicht vorhersagen. Noch weniger kann mit Sicherheit prognostiziert werden, welche konkreten Phänomene sprachlichen Wandels in Erscheinung treten werden.

Auch wenn die Historiographie immer wieder einmal in „Teleologiefallen" (Fritzen 2007) tappt: Dass etwas historisch ist, darunter versteht man heute gemeinhin die Tatsache, dass es eine individuelle Geschichte hat, in der kein logisches Prinzip, sondern letztlich nur der Zufall waltet. In eben diesem Sinne ist die Sprache ein historisches Phänomen, und zwar ihren innersten Prinzipien gemäß. Eine Sprache ist ein System von Zeichen und Regeln zu deren Verwendung. Sprachliche Zeichen sind dabei – worauf bereits der Begründer der modernen Linguistik, Ferdinand de Saussure, nachdrücklich hinweist –

---

3 Bei allen Verständnisproblemen, die Texte des 18. und 19. Jahrhunderts heute bereits machen (vgl. Abschnitt 3.6.3), sind viele von ihnen doch immer noch um vieles verständlicher, als man bei derartigen zeitlichen Abständen streng genommen glauben sollte.

arbiträr: Es gibt keinerlei Notwendigkeit oder selbst nur vernünftigen Grund, warum ein Zeichen in einer bestimmten Art verwendet wird, und warum es gerade dieses Zeichen sein muss. Gäbe es eine solche Notwendigkeit, so müssten logischerweise alle Sprachen dasselbe Wort für dieselbe Sache haben, und es gäbe also überhaupt keine verschiedenen Sprachen. Was man im Deutschen *Stuhl* nennt, heißt aber nun einmal im Französischen *chaise*, und es wäre unsinnig zu behaupten, dass eines von beiden das ‚bessere‘ Wort sei – obgleich sie sich nicht nur in der Lautgestalt unterscheiden, sondern auch noch im Geschlecht: *der Stuhl* (Maskulinum), *la chaise* (Femininum). Niemand würde auf den Gedanken kommen zu behaupten, dass ein solches Sitzmöbel seiner natürlichen Beschaffenheit gemäß eher männlich oder eher weiblich sei. Niemand würde auch ernsthaft auf den Gedanken kommen, das Deutsche sei dem Französischen überlegen, weil es statt nur zweier Genera deren drei unterscheidet.[4] Und betrachtet man noch einmal genauer die Wörter *Stuhl* und *chaise* selbst, so erkennt man, dass sie nicht nur in der Lautgestalt verschieden sind, sondern auch semantisch, will sagen, dass sie Verschiedenes bezeichnen. *Chaise* heißt nämlich auf Französisch nicht nur ›Stuhl‹, sondern auch ›Kutsche‹. *Stuhl* steht aber im Deutschen nicht gleichfalls für ›Kutsche‹, vielmehr für etwas, das man auf einer ganz bestimmten und durchaus nicht prototypischen Sorte Stuhl hinterlässt – wofür nun aber wiederum das Französische *chaise* nicht stehen kann.

All diese sprachlichen Unterschiede kann man historisch selbstverständlich irgendwie erklären, aber eben nur als individuelle Phänomene, nicht als notwendige. Französisch *chaise* für ›Kutsche‹ und deutsch *Stuhl* für ›Kot‹, das ist im einen Fall Metaphorik, im anderen Metonymie (konkret: Tätigkeit für Produkt) in Wechselwirkung mit Wortkürzung (*Stuhl* aus *Stuhlgang*); warum jedoch die eine Sprache an der bewussten Stelle so verfährt, die andere anders, das kann man höchstens vermuten. Wenn nun dergleichen aber schon im historischen Rückblick nicht gelingen will, wieviel weniger dann in der Vorschau.

Gleichwohl lässt sich der mit dem Titel des Beitrags erhobene Anspruch aufrechterhalten. Zwar sind sichere Vorhersagen in der Sprachwissenschaft nicht möglich, behutsame Prognosen hingegen schon. „Sprache ist historisch“, heißt nämlich auch, dass nichts in ihr einfach vom Himmel fällt. Jedes Phänomen hat vielmehr seine Geschichte, und es ist in aller Regel die Geschichte eines beständigen Wandels, nicht die einer abrupten Neuerung. Nach der Zukunft der Sprache zu fragen, heißt, diese Zukunft als Fortsetzung einer kontinuierlichen Entwicklung zu begreifen, deren bekannte Vergangenheit bis in die Gegenwart hinein verfolgt wird. Wer einer solchen Entwicklungslinie nachgeht, kann dann ungefähr die Richtung angeben, in der sie künftig weiterverlaufen wird,

---

4 Zum Phänomen des grammatischen Geschlechts (Genus) und zu der Tatsache, dass es mit dem natürlichen Geschlecht (Sexus) historisch nichts zu tun hat, vgl. Bär (2004).

sofern nicht Diskontinuität eintritt, d. h. Unvorhersehbares sich ereignet (was selbstverständlich jederzeit der Fall sein kann).[5]

3. Entstehung und Geschichte der neuhochdeutschen Sprache: ein Abriss

Eine Grundsatzfrage jeder Sprachgeschichtsschreibung ist die Frage der Periodengliederung. Wie diese Gliederung ausfällt, liegt nicht ‚in der Sache‘. Vielmehr müssen Sprachhistoriker/innen immer entscheiden und darüber Aufschluss geben (zumindest sich selbst), nach welchen Kriterien sie die zeitliche Abfolge gliedern. Prinzipiell gibt es zwei Möglichkeiten: Einerseits können sprachinterne Aspekte wie Laut- und Formenwandel, Wortschatz- und Syntaxentwicklung herangezogen werden, andererseits ist es möglich, sich an sprachexterne Aspekte zu halten, d. h. die Relevanz kulturhistorischer Phänomene und Prozesse für die Sprachgeschichte zu betonen. Zu nennen wären beispielsweise: die Kulturpolitik Karls des Großen, die Rolle der Klöster als Zentren der schriftlichen Überlieferung im 8. bis 10. Jahrhundert, die Entstehung des Rittertums, die deutsche Ostkolonisation im 11. bis 14. Jahrhundert, der Aufstieg der Städte im späten Mittelalter, die große Pest von 1348, die Erfindung des Papiers und des Buchdrucks mit beweglichen Lettern, die Reformation und der Dreißigjährige Krieg, die Weimarer Klassik und die Reichsgründung von 1871, schließlich das Ende des Zweiten Weltkrieges.

An Eckdaten mangelt es nicht, und die Gliederungsmöglichkeiten sind entsprechend vielfältig[6], zumal in der Regel sprachinterne und sprachexterne Kriterien kombiniert werden. Dies gilt auch für die vorliegende Überblicksdarstellung.

3.1. Vorgeschichte I: Indoeuropäisch und Germanisch

Das Deutsche gehört zur Familie der indoeuropäischen Sprachen. Es ist daher verwandt u. a. mit dem Altindischen (Sanskrit) und den darauf zurückgehenden Sprachen, mit dem Iranischen, dem Griechischen, den slawischen und baltischen Sprachen, dem Lateinischen einschließlich der von diesem abgeleiteten romanischen Sprachen (u. a. Rumänisch, Italienisch, Französisch, Spanisch, Portugiesisch) sowie mit dem Keltischen; innerhalb der indoeuropäischen Sprachfamilie gehört das Deutsche zusammen mit dem Englischen, dem Friesischen, dem Niederländischen, den skandinavischen Sprachen (Dänisch,

---

5 In diesem Sinne kann man dann beispielsweise Kriterien dafür angeben, welche Chancen ein neu geprägtes Wort hat, in den allgemeinen Sprachgebrauch übernommen zu werden. Zu einer solchen ‚Wörtervorhersage‘ vgl. beispielsweise Metcalf (2002).

6 Überblicke über verschiedenste Vorschläge zur Periodisierung geben Reichmann (1992) und – ausführlich – Roelcke (1995). Zu den möglichen Gegenstandsbereichen der Sprachgeschichtsschreibung vgl. Mattheier (1995), zu unterschiedlichen Auffassungen und Konzepten derselben Reichmann (1998).

Schwedisch, Norwegisch, Isländisch und Färöisch) sowie dem heute ausgestorbenen Gotischen zum Zweig der germanischen Sprachen. Diese unterscheiden sich von den anderen indoeuropäischen Sprachen durch eine Veränderung im System der Konsonanten, die wohl im ersten vorchristlichen Jahrtausend stattgefunden hat: die so genannte erste oder germanische Lautverschiebung. Davon betroffen sind unter anderem die Verschlusslaute p, t und k, die in den nichtgermanischen Sprachen erhalten geblieben sind, in den germanischen aber zu Reibelauten verschoben wurden: zu f, þ (entspricht im Lautwert dem englischen stimmlosen th, später dem d) und h (als *ich*-Laut, *ach*-Laut oder Hauchlaut). Also steht z. B. lat. *pater* und ital. *padre* gegenüber engl. *father*, dt. *Vater*, lat. *tres* gegenüber engl. *three*, dt. *drei* und grch. *karpos* ›Frucht, Ernte‹, lat. *carpere* ›ernten, pflücken‹ gegenüber engl. *harvest* ›Ernte‹, dt. *Herbst* ›Erntezeit‹.[7] Das Deutsche lässt sich von den übrigen germanischen Sprachen durch die so genannte zweite Lautverschiebung abgrenzen, die gegen Ende der Völkerwanderungszeit, wahrscheinlich zwischen dem fünften und dem achten nachchristlichen Jahrhundert stattfand und noch einmal das Konsonantensystem veränderte. Unter anderem wurde p zu pf, t zu s und k zu ch, so dass z. B. engl. *plough* gegenüber dt. *Pflug* steht, engl. *that* gegenüber dt. *das* und engl. *make* gegenüber dt. *machen*.

Die von der zweiten Lautverschiebung erfassten germanischen Dialekte oder Stammessprachen, auf die auch die heutige deutsche Standardsprache historisch zurückgeht, bezeichnet man als *hochdeutsche* Dialekte. Ihnen gegenüber werden bestimmte andere germanische Stammessprachen, die von der zweiten Lautverschiebung zwar nicht erfasst wurden, aber in späterer Zeit mit dem Hochdeutschen in enge Wechselwirkung traten und teils von ihm überlagert wurden, vom Zeitpunkt der zweiten Lautverschiebung an *niederdeutsch* genannt. Zu beachten ist dabei, dass die Zusammenfassung aller dieser Sprachen unter dem Begriff ‚deutsch‘ erst Jahrhunderte nach der zweiten Lautverschiebung erfolgte, so dass es genau genommen unhistorisch ist, beispielsweise das Alemannische, Bairische oder Ostfränkische des 8., 9. oder 10. Jahrhunderts als *Althochdeutsch* und entsprechend die nördlicheren Stammessprachen als *Altniederdeutsch* zu bezeichnen.

Hinzu kommt, dass die zweite Lautverschiebung bei den Dialekten, die sie erfasste, keineswegs zu einer einheitlichen Sprachform führte. Es bleibt vielmehr zunächst bei einer Reihe zwar eng verwandter, aber doch divergenter Sprachen germanischer Stämme, an deren prinzipieller Verschiedenheit der Lautwandel nicht nur nichts änderte, sondern die er sogar noch verfestigte.

Geographisch gesehen breitete sich die zweite Lautverschiebung, ausgehend von den am weitesten südlich angesiedelten westgermanischen Stäm-

---

[7] Wie die Beispiele zeigen, können die Ergebnisse der ersten Lautverschiebung durch andere Lautwandelphänomene überlagert werden: so bei *harvest* (regulär in Relation zu *karpos*), demgegenüber jedoch *Herbst*.

men, den Alemannen, Baiern und Langobarden, nach Norden hin aus, wobei ihre Auswirkungen jedoch immer geringer wurden.[8] Dadurch kommt die bis heute im Wesentlichen erhalten gebliebene Gliederung der deutschen Dialektlandschaft zustande: Nur in den am weitesten südlich gesprochenen (den oberdeutschen) Mundarten wurde die zweite Lautverschiebung vollständig durchgeführt; zum Mitteldeutschen hin wurde sie schrittweise immer unvollständiger übernommen, so dass in den einzelnen Gebieten unterschiedliche Konsonantensysteme anzutreffen sind. Während man im Alemannischen *Apfel* und *das* sagt, heißt es im Kurpfälzischen *Appel* und *das*, im Rheinland hingegen *Appel* und *dat*. Zwar gab es im Laufe der sprachhistorischen Entwicklung mehrfach Ansätze zu überregionalem Ausgleich, deren bekanntester die oberdeutsche Dichtersprache des 12. und 13. Jahrhunderts (das ‚klassische Mittelhochdeutsch') ist. Doch nicht vor dem 16. Jahrhundert entstand aus den in ihrer Heterogenität auch geschriebenen Dialekten heraus eine einheitliche Schriftsprache, die als Schriftsprache dann in den niederdeutschen Gebieten übernommen wurde – ein Prozess, der erst im 18. Jahrhundert weitgehend zum Abschluss kam. In der gesprochenen Sprache etablierte sich neben bzw. (mit Blick auf sein Sozialprestige) über der dialektalen Vielfalt sogar erst im 20. Jahrhundert ein überregionaler Standard. Das Kriterium für gutes mündliches Deutsch lautet in diesem Zusammenhang: „Sprich, wie man schreibt".[9]

3.2. Vorgeschichte II: Althochdeutsch (ca. 750 bis ca. 1050)

Prinzipiell gibt es keine Möglichkeit, zu bestimmen, wodurch genau die konkreten sprachlichen Äußerungen einer beliebigen Menge von Menschen als Manifestationen *einer* Sprache erscheinen – außer, man fragt nach der Selbsteinschätzung der Sprecherinnen und Sprecher. Dies wird deutlich, wenn man zum Beispiel einen beliebigen schweizerdeutschen Dialekt mit dem Letzebuergeschen (der Amtssprache Luxemburgs) vergleicht. Unter rein sprachsystematischem Aspekt, in Phonologie, Grammatik und Wortschatz, unterscheidet sich das eine vom Standarddeutschen nicht weniger stark als auf seine Weise das andere. Doch das Schweizerische gilt gemeinhin als Deutsch (seine Sprecher/

---

[8] So die traditionelle, bis heute allgemeine Lehrmeinung. Zu neueren, abweichenden Erklärungsversuchen, die es „verdienen […], […] ernsthaft zur Kenntnis genommen zu werden" (Peust 2005: 131), vgl. z.B. Vennemann 1994 und Lange 2001 (jeweils mit Verweis auf frühere Beiträge). Eine Sammlung kontroverser Forschungsbeiträge zur zweiten Lautverschiebung – darunter von Theo Vennemann – findet sich bei Schwerdt (2002).

[9] Es versteht sich, dass dieses Postulat nicht eins zu eins gelten kann und soll. Eine vollständige Entsprechung zwischen Laut und Schrift ist nicht möglich und wird auch faktisch nicht angestrebt. Schreibgepflogenheiten wie die, den Laut [ʃ] nicht als *sch*, sondern als *s* (z.B. in *stehen*) oder den Laut [a] als *e* (z.B. in *eins*) zu schreiben oder auf die Realisierung der Auslautverhärtung zu verzichten ([fɛlt], aber *Feld* in Analogie zu *Feldes*, *Felder* usw.), fallen nicht unter das Prinzip „Sprich, wie man schreibt".

-innen selbst nennen ihre Sprache so: *Schwyzerdütsch*), das Letzebuergesche hingegen nicht, weil seine Sprecher/-innen (historisch bedingt) ein stärkeres Abgrenzungsbedürfnis gegenüber Deutschland haben und daher nicht ‚Deutsch‘ sprechen wollen.

Was nun der Gegenwartslinguistik recht ist, muss der Sprachgeschichtsschreibung billig sein. Will sie sich von sprachhistorischem Imperialismus freihalten, so sollte sie berücksichtigen, dass die Autoren, die man dem seit Jacob Grimm so genannten Althochdeutschen zuzurechnen pflegt, die Sprache, die sie sprachen oder schrieben, gemeinhin nicht *deutsch* nannten, sondern – je nach Herkunft – *fränkisch, bairisch, thüringisch* usw.

Das Wort *deutsch* geht zurück auf althochdeutsch *diutisc*, mittelhochdeutsch *diutsch*, das sich etymologisch an das Substantiv *diot, diet* ›Volk, Volksstamm‹ anschließen lässt. Man kann hierzu die germanische Vorform **þeoda* und zu *diutisc* das Adjektiv **þeodisk* erschließen, das dann wörtlich so viel wie ›völkisch (volkhaft, nach Art des Volks, dem Volk zugehörig)‹ bedeutet haben muss. Diese germanischen Ausdrücke sind allerdings nicht überliefert, und auch das Adjektiv *diutisc* ist nach Ausweis des Leipziger *Althochdeutschen Wörterbuchs* (Große 1970–1997: 565) erst etwa um das Jahr 1000 schriftlich bezeugt. Es bleibt sogar noch 150 Jahre danach selten. Allerdings gibt es eine mittellateinische Entsprechung: ein Adjektiv *theodiscus*, das schon ab dem Jahr 786 vergleichsweise gut belegt ist. Aber dieses Wort bedeutet lange Zeit keineswegs ›deutsch‹, sondern ›germanisch‹ bzw. ›diejenige Sprache, die nicht lateinisch, sondern volkssprachlich (aber nicht romanisch) ist‹.[10] Auf die Frage, welche Sprache man spreche, nannte man auch im 12./13. Jahrhundert in der

---

[10] Zur Geschichte des Wortes *deutsch* vgl. exemplarisch Reiffenstein (2003: insbes. 2191–2199). – Aufgrund des Fehlens von Belegen für den volkssprachlichen Ausdruck und der weit gefassten Bedeutung wurde von Eugen Lerch und anderen die Ansicht geäußert, das Wort sei keine volkssprachliche, sondern eine fachsprachliche Bildung derjenigen mittelalterlichen Gelehrten, die bereits im 8. Jahrhundert ein Bewusstsein germanischer Zusammengehörigkeit, d. h. eines gemeinsamen Ursprungs germanischer Stämme und Sprachen entwickelt hatten. Genannt wird in diesem Zusammenhang in der Regel der Kreis um Alkuin von Tours, das Haupt der Hofschule Karls des Großen, dem beispielsweise der Abt von Fulda, Hrabanus Maurus, angehörte. In diesem Kreis habe man das Bedürfnis verspürt, einen Sachverhalt (eben die gesamtgermanischen Verwandtschaftsverhältnisse) zu benennen, für den es bis dahin kein adäquates Wort gab, und habe sich dafür des Kunstwortes *theodiscus* bedient. Wenn dies zutrifft, so könnte als Indiz dafür interpretiert werden, dass nicht nur die Vorstellung von der skandinavischen Herkunft und der Stammesverwandtschaft der germanischen Völkerschaften, sondern auch das Adjektiv *theodiscus*, das zur Bezeichnung dieser Zusammenhänge im 8./9. Jahrhundert zur Verfügung stand, nicht im kollektiven Bewusstsein der Zeitgenossen verankert war. Eine volkssprachliche Entsprechung für das mittellateinische *theodiscus* ist jedenfalls, wie erwähnt, nicht vor etwa dem Jahr 1000 n. Chr. belegt. Zudem stehen die meisten *theodiscus*-Belege des 8./9. Jahrhunderts in irgendeinem Zusammenhang mit der Alkuin-Schule, also mit einem vergleichsweise kleinen Kreis von Gelehrten. Wie weitgehend dieser das kollektive Bewusstsein der weitgehend illiteraten Sprachgemeinschaft beeinflussen konnte, bleibt fraglich.

Regel noch den Namen der eigenen Stammessprache. Die Gemeinsamkeiten
zwischen diesen landschaftlichen Sprachen wurden durch Verwendung der Bezeichnung *diutisc*/*diutsch* immer nur dann betont, wenn es um die Abgrenzung
nach außen ging (so im *Renner* Hugos von Trimberg, der *tiutsche liute* sprachlich u. a. gegen *Beheim* ›Böhmen‹, *Ungern*, *Lamparten* ›Lombarden‹, *Franzois*,
Walhe ›Welsche, d. h. Italiener‹ und *Engellant* ›Engländer‹ absetzt).[11]

Als Beginn dessen, was im engeren Sinne als Vorgeschichte des Deutschen
gelten kann, sind die Anfänge der schriftlichen Überlieferung in der zweiten
Hälfte des 8. Jahrhunderts anzusehen. Damit werden etwa anderthalb Jahrhunderte aus der Betrachtung ausgeklammert, in denen vermutlich die zweite
Lautverschiebung schon erfolgt war und also statt Germanisch bereits (Vor-)
Deutsch gesprochen wurde. Da aber aus dieser Zeit nun einmal praktisch keine Sprachzeugnisse vorliegen, sind über sie keine sicheren Erkenntnisse zu
gewinnen, sondern nur Vermutungen anzustellen.

Einen wichtigen Anstoß zum Verfassen deutschsprachiger Texte gab die
Reichspolitik der Karolinger, vor allem Karls des Großen. Zur Verwirklichung
von dessen Idee eines *imperium christianum* gehörte eine umfassend angeleg-
te Kulturpolitik, die so genannte karolingische Renaissance, die auf eine Ver-
schmelzung lateinisch-christlicher und germanischer Traditionen zielte und
unter anderem eine Aufwertung der Volkssprache gegenüber der Gelehrten-
sprache Latein mit sich brachte. Karls Biograph Einhard berichtet, dass der
König unter anderem eine Sammlung germanischer Literatur, die Einführung
fränkischer Namen für die Winde und Monate und den Beginn einer „Grammatik seiner Muttersprache" veranlasst habe.[12] Zudem ordnete er an, das Volk

---

[11] Nimmt man diese Tatsachen ernst, so lässt sich die Behauptung aufstellen: Die Sprecher
bzw. Schreiber des so genannten Althochdeutschen waren sich in aller Regel nicht bewusst,
‚deutsch' zu sprechen oder zu schreiben, und wenn doch, dann spielte dieses Bewusstsein
für sie im Alltag praktisch keine Rolle. Eine Sprachgeschichtsschreibung, die das Sprachbewusstsein als relevanten, vollwertigen Gegenstand der Beschreibung ansieht (vgl. Mattheier
1995), könnte daraus den Schluss ziehen, auf die Bezeichnung *Althochdeutsch* zu verzichten.
Als Alternative böte sich entweder ein Ausdruck wie *Vordeutsch* an, der dann gleichermaßen
auch für das so genannte Mittelhochdeutsche stünde (vgl. 3.3), oder ein an das zeitgenössische
Wort angelehnter Ausdruck wie *Theodisk* (soll heißen: älteres Vordeutsch). Die Form *Theodisk* (anstelle von *Diutisk*) entspricht dem mittellateinischen Adjektiv. Dieses, wie erwähnt, ist
seit 786 belegt und als Vorbild für einen Terminus, der für gut dreihundert Jahre (ca. 750 bis
ca. 1050 n. Chr.) stehen soll, besser geeignet. Der am Lateinischen orientierte Ausdruck kann
zudem andeuten, wer damals tatsächlich über ein Bewusstsein sprachlicher Einheitlichkeit
verfügt haben dürfte: nicht die gesamte Sprachgemeinschaft, sondern eben nur einige Gelehr-
te (vgl. Anm. 10). – Der Grund dafür, dass der vorliegende Beitrag gleichwohl die Bezeichnung
Althochdeutsch beibehält, ist ein wissenschaftspragmatischer: die Wertschätzung der kom-
munikationssichernden Funktion, die etablierte Termini in der Regel auch dann behalten,
wenn sie sich als problematisch erweisen.

[12] *Inchoavit et grammaticam patrii sermonis.* – Unter dieser „Grammatik", die (falls es sie tatsächlich gegeben hat) nicht erhalten geblieben ist, wird man sich selbstverständlich kein
Regelwerk im heutigen Sinne vorstellen dürfen.

in seiner eigenen Sprache mit den christlichen Glaubensinhalten vertraut zu machen, so dass das Übersetzen bestimmter kirchlicher Texte nötig wurde.

Da die Volkssprache auf die meisten der zu vermittelnden Inhalte allerdings gar nicht vorbereitet war, will sagen, da schlicht die entsprechenden Wörter fehlten, mussten viele Ausdrücke aus den klassischen Sprachen, vor allem aus dem Lateinischen übernommen werden. Es kam mithin bereits vor dem Beginn der deutschen Sprachgeschichte im engeren Sinne zu einem ersten Schub von Fremdwortentlehnungen, denen man allerdings ihre Herkunft heute kaum noch ansieht. Zu ihnen gehören Wörter wie *Kirche* (aus grch. *kyrikón* ›Gotteshaus‹), *Bischof* (aus grch. *epískopos*), *Engel* (aus grch. *ángelos*), *Kreuz* (aus lat. *crux*), *opfern* (aus lat. *operari*), *predigen* (aus lat. *predicare*), *dichten* (aus lat. *dicere*), *schreiben* (aus lat. *scribere*), *Kopf* (aus lat. *cuppa*), *Körper* (aus lat. *corpus*), *Tisch* (aus lat. *discus*), *Fenster* (aus lat. *fenestra*), *Mauer* (aus lat. *murus*), *Ziegel* (aus lat. *tegula*), *Wein* (aus lat. *vinum*), *nüchtern* (aus lat. *nocturnus*) und viele andere – also nicht nur Wörter aus dem Bereich der christlichen Religion, sondern solche, die bis heute zum Alltagswortschatz gehören. Dass diese Wörter wie einheimische klingen und aussehen, hingegen die in jüngerer Zeit und aus anderen Sprachen (v. a. dem Französischen und dem Englischen) übernommenen Ausdrücke eine erkennbar fremde Gestalt behalten haben, erklärt sich zum einen aus dem größeren zeitlichen Abstand, denn die älteren Fremdwörter haben verschiedene Lautwandelerscheinungen mitdurchlaufen, die zur Zeit, als die jüngeren entlehnt wurden, bereits abgeschlossen waren.[13] Es erklärt sich aber vermutlich auch dadurch, dass im frühen Mittelalter die überwiegende Mehrheit der Bevölkerung über keinerlei Latein- bzw. Griechischkenntnis verfügte, und dass Fremdartigkeit des Ausdrucks mithin keinerlei Selbstzweck haben konnte. Das war bereits im hohen Mittelalter ganz anders, als die Angehörigen des Ritterstandes sich am Vorbild Frankreichs orientierten und viele französische Ausdrücke aus dem Bereich der höfischen Kultur übernommen wurden. Wer Wörter wie *marveillos* (›wunderbar‹), *krîe* (›Kampfgeschrei‹), *prisant* (›Geschenk‹), *schoie* (›Freude‹), *schastel* (›Schloss‹), *turnei* (›Ritterkampf‹), *visier* (›Helmgitter‹) und *zimierde* (›Helmschmuck‹) verwendete, der wollte mit fremdsprachlichen Kenntnissen glänzen, so wie man es seither im-

---

13 Wörtern, die mehrmals übernommen wurden, kann man die unterschiedlichen Zeitpunkte der Entlehnung im Vergleich besonders gut ansehen. Ein Beispiel ist das lateinische *palatium* (›Residenz, Wohnung des Herrschers‹, nach dem Mons Palatinus, demjenigen der sieben Hügel Roms, auf dem das Wohnhaus des Augustus stand): Bereits vor der zweiten Lautverschiebung wurde es erstmals aus dem Spätlateinischen entlehnt; durch die zweite Lautverschiebung wurde das anlautende p zu pf (sowie das t zu z): *Pfalz*. Gegen Ende des 12. Jahrhunderts wurde altfranzösisch *palais* oder *pales* (das seinerseits auf *palatium* zurückgeht) als *Palas(t)* übernommen, von der lange zuvor zum Abschluss gekommenen zweiten Lautverschiebung jedoch nicht mehr erfasst. Ohne jede lautliche Assimilation wurde dann im 17. Jahrhundert das französische *palais* in der Bedeutung ›kleines Schloss, repräsentatives Wohnhaus‹ erneut entlehnt.

mer wieder gern tat und bis heute tut. Es scheint also ein direkter Zusammenhang zwischen der Kultiviertheit und Weltläufigkeit einer Sprachgemeinschaft
und dem Grad der Fremdwortassimilation zu bestehen: Je höher der Grad der
allgemeinen Bildung, desto weniger werden Fremdwörter eingedeutscht.

Wie die sprachliche Realität des Althochdeutschen – d.h. die tatsächlich
gesprochene Sprache – ausgesehen haben mag, ist kaum zu erschließen.[14] Die
überwiegende Mehrzahl der überlieferten Texte sind entweder Übersetzungen
aus dem Lateinischen oder (ein kleinerer Teil) Dichtung. Die Übersetzungen
sind in aller Regel eng an der Ausgangssprache orientiert. Die Dichtungen,
zu denen hier auch heidnische und später christliche Beschwörungsformeln,
Segenssprüche usw. gerechnet werden, mögen Dokumentation mündlich überlie-
ferter Texte sein, folgen jedoch eigenen Gesetzen der Sprachverwendung und
haben ebenfalls (wenn es denn zulässig ist, von den Erscheinungsformen heutiger Alltagssprache auf solche des Mittelalters zu schließen) mit derjenigen
Sprache, in der die Zeitgenossen wirklich miteinander kommunizierten, wenig
zu tun.

Eine schriftsprachliche Tradition, an die spätere Jahrhunderte anknüpfen,
wurde durch die althochdeutschen Schreibübungen des 8. und 9. Jahrhunderts
gleichfalls nicht begründet. Für das 10. Jahrhundert, grob gesprochen, ist man
mit einer großen Überlieferungslücke konfrontiert, wobei offen bleiben muss,
ob man in dieser Zeit volkssprachlich geschrieben hat und nur die Zeugnisse
nicht erhalten sind, oder ob aus irgendeinem Grund wieder ausschließlich
lateinische Texte verfasst wurden. Volkssprachlich *gesprochen* wurde jedenfalls
mit Sicherheit, und ab etwa dem späten 10./frühen 11. Jahrhundert setzt dann
erneut eine Schriftlichkeit ein, insbesondere vertreten durch den Abt Notker III.
von St. Gallen (✝ 1022). An eine frühere Schreibtradition angeknüpft hat Notker
nicht; vielmehr fand er, Texte nicht auf Latein sondern in der Volkssprache
zu verfassen, sei eine *res paene inusitata*, sinngemäß übersetzt: eine völlig
unübliche Sache.

3.3. Vorgeschichte III: Mittelhochdeutsch
(ca. 1050 bis ca. 1350)

Im Mittelhochdeutschen – innerhalb des Zeitraums von der zweiten Hälfte des
11. Jahrhunderts bis etwa 1350 unterscheidet man das Frühmittelhochdeutsche
(bis 1170/80), das höfische oder klassische Mittelhochdeutsche (bis um 1250)
und das Spätmittelhochdeutsche – gibt es anders als im Althochdeutschen diverse Zeugnisse für ein Bewusstsein sprachlicher Zusammengehörigkeit: Die

---

[14] Immerhin gibt es einige Quellen, in denen sich Reflexe gesprochener Sprache finden, so dass
man mündliches Althochdeutsch bis zu einem gewissen Grade (re)konstruieren kann (vgl.
Sonderegger 2000). Insbesondere sind hier die *Pariser Gespräche* zu nennen, „[d]asjenige
Prosadenkmal des Althochdeutschen, dessen Nähe zum täglichen Leben am größten sein
dürfte" (Meineke 1992: 329). Die

eigene Sprache wird, insbesondere in der Abgrenzung nach außen, in der Regel als *diutsch*[15] bezeichnet. Andererseits sind aber Zeugnisse für ein ausgeprägt partikularistisches Sprachbewusstsein bis ins 15. und sogar bis ins frühe 16. Jahrhundert greifbar.

Sprachliche Kriterien für eine genaue Datierung des Anfangs der mittelhochdeutschen Periode lassen sich kaum angeben. Bestimmte Phänomene des Lautwandels, die hier gern ins Feld geführt werden, sind in längerfristige Entwicklungen eingebunden. So finden sich Anzeichen für die Abschwächung der unbetonten Nebensilbenvokale a, i, o und u (Lang- wie Kurzvokale) zu unbetontem e (z. B. althochdeutsch *salbôn* zu mittelhochdeutsch *salben*, *gibirgi* zu *gebirge*) bereits im frühen Althochdeutschen, und ebenso finden sich volle Nebensilbenvokale auch noch im späten Mittelhochdeutschen; in einigen höchstalemannischen Mundarten in den Gebirgstälern um den Monte Rosa sind die vollen Endsilbenvokale, die das Althochdeutsche charakterisierten, sogar bis in die Gegenwart erhalten geblieben, so zum Beispiel in *der Tag*, Plural *die Taga*, hingegen neuhochdeutsch: *die Tage*. Diese extremen Ausnahmen liegen aber im Bereich der Mündlichkeit; in der Schriftlichkeit ist nach einem Übergangszeitraum von etwa der Mitte des 11. Jahrhunderts bis etwa zur Mitte oder zur zweiten Hälfte des 12. Jahrhunderts die geschriebene Lautung des Mittelhochdeutschen im Großen und Ganzen vollständig entwickelt.

Der Beginn einer neuen sprachgeschichtlichen Periode zeigt sich weniger anhand sprachlicher als anhand kulturhistorischer, also außersprachlicher Phänomene, die sich auf die Sprache auswirken. Seit der Mitte des 11. Jahrhunderts vollzieht sich ein Umbruch der politischen, sozialen und wirtschaftlichen Gegebenheiten, was selbstverständlich auch den kulturellen Bereich stark beeinflusst. Ein besonderes Kennzeichen der Zeit ist die Ablösung der Kirche als wichtigster Bildungs- und Kulturträgerin. Sie hat ihre direkten Ursachen vor allem in zwei soziologisch-politischen Entwicklungen: in der Entstehung einer neuen gesellschaftlichen Schicht, des Dienstadels, und in der wachsenden politischen Bedeutung des Hochadels.

Seit der ersten Hälfte des 11. Jahrhunderts werden die Ministerialen, ursprünglich Unfreie, in größerer Zahl zu Kriegs- und Hofdienst herangezogen und zu diesen Zwecken mit Dienstlehen ausgestattet. Durch die *Constitutio de feudis* von 1037, eine Verordnung, mit der König Konrad II. die Erblichkeit der kleinen Lehen durchsetzte, steigen sie sozial auf und zeigen – wohl im Zusammenhang damit – Interesse an Bildung, oft auf literarischem Gebiet. Sie werden zu Trägern einer neuen, der so genannten höfischen Kultur, deren Höhepunkt in die Stauferzeit fällt und deren bekannteste Ausprägungen sich im Minne- und im Ritterideal finden. Den Prototyp des ,gelehrten Ritters' verkörpert der Ministeriale Hartmann von Aue.

---

[15] Mittelhochdeutsches *iu* ist als langes *ü* zu lesen.

Eine womöglich noch wichtigere Rolle spielt die Tatsache, dass seit dem 12. Jahrhundert die Adels- und Fürstensitze den Königshof als wichtigstes literarisches Zentrum außerhalb der Klöster ablösen. Ihre zunehmende Unabhängigkeit gegenüber dem Reich lässt bei den Territorialfürsten ein Repräsentationsbedürfnis entstehen, das sich vorwiegend in Bautätigkeit und literarischem Mäzenatentum äußert.

Mit dem Beginn der höfischen Dichtung entwickeln sich verschiedene Literaturidiome von regional-dialektaler Prägung, z. B. am Mittelrhein und im bairischen Raum. Überregionale Züge verrät allein die so genannte hochhöfische Dichtersprache, die eine stärker konzeptionell schriftliche Prägung und ein höheres Sozialprestige gewinnt und so zum Vorbild auch für andere Schreibdialekte wird. Ihr geographisches Ausgangsgebiet ist der deutsche Südwesten, der Rhein-Main-Donau-Raum; im Gegensatz zu den anderen Literatursprachen treten in ihr die dialektalen Besonderheiten so weit zurück, dass man allein aus der Sprache eines Dichters nicht mehr auf seine Herkunft schließen kann. Ihrer bedienen sich die ‚Klassiker‘ Hartmann von Aue, Wolfram von Eschenbach, Gottfried von Straßburg und Walther von der Vogelweide. Selbst Autoren wie der Niedersachse Albrecht von Halberstadt und der Thüringer Ebernand von Erfurt, die sich selbst eine unvollkommene Beherrschung der hochhöfischen Dichtersprache attestieren und in diesem Zusammenhang Rechtfertigungsgründe vorbringen, bezeugen eben dadurch ein Bewusstsein des sprachlichen Vorbildes.

Allerdings ist die Bedeutung der Dichtersprache als einer ‚überlandschaftlichen Ausgleichssprache‘ von hohem Einheitsgrad oft überschätzt worden. Insbesondere Vorstellungen, die davon ausgehen, sie sei in der kulturell hochstehenden Oberschicht oder geistigen Elite als Umgangssprache tatsächlich *gesprochen* worden, laufen den Tatsachen ganz offensichtlich zuwider. Es handelte sich um eine fast reine Dichtungssprache – ansatzweise (im 13. Jahrhundert im südwestdeutschen Raum) auch um eine Urkundensprache –, die zumal in ihrer idealen Form kaum jemals tatsächlich realisiert wurde. Diesen Anschein vermitteln lediglich die normalisierten Textausgaben unserer Zeit: Nach der im 19. Jahrhundert von Karl Lachmann aus der klassischen Philologie übernommenen textkritischen Methode präsentieren sie Idealtexte, die aus dem Vergleich verschiedener Handschriften hergestellt sind und mit der überlieferten sprachlichen Realität des Mittelhochdeutschen nicht übereinstimmen. Sie besteht, ebenso wie die des Althochdeutschen, in der Vielzahl der Dialekte.

3.4. Älteres oder Frühneuhochdeutsch (ca. 1350 bis ca. 1650)

Spätestens seit der zweiten Hälfte des 14. Jahrhunderts beginnt die oberdeutsche Literatursprache mehr und mehr in Vergessenheit zu geraten. Von ihr führt definitiv kein Weg zur heutigen deutschen Allgemeinsprache. Vielmehr ist dafür erneut der Ausgangspunkt in der verschriftlichten Mündlichkeit zu suchen, will sagen: die Autoren des 14./15. Jahrhunderts knüpfen nicht an die Schreibtradition des hohen Mittelalters an, sondern schreiben in der Regel wieder, wie sie zu sprechen gewohnt sind: rein landschaftlichen Dialekt. Eine Vorstellung von überregionaler schriftsprachlicher Einheitlichkeit, überhaupt von ‚besserem‘ und ‚schlechterem‘ Schreiben, ist in dieser Zeit kaum ausgeprägt, so dass die Texte sich vor allem durch eine ausgesprochene Variantenvielfalt auszeichnen. Lautlich unterscheidet sich das Frühneuhochdeutsche vom Mittelhochdeutschen vor allem in zweierlei Hinsicht: durch die Phänomene der neuhochdeutschen Monophthongierung und der neuhochdeutschen Diphthongierung. Erstere lässt aus den alten Doppellauten ie, uo und üe die einfachen Langvokale i, ü und u werden (*liebe brüeder suochen* wird zu *liebe Brüder suchen*), letztere demgegenüber aus den alten Langvokalen i, iu (vgl. Anm. 15) und u die Diphthonge ei, eu und au (*mîn niuwes hûs* wird zu *mein neues Haus*). Beide Lautwandelerscheinungen erfolgen nicht im gesamten hochdeutschen Sprachgebiet gleichzeitig, sondern breiten sich allmählich aus: die Monophthongierung vom Westmitteldeutschen, die Diphthongierung von Südosten, vom Kärntner Raum her. Sie erfassen nicht alle Dialekte gleichermaßen. Die Diphthongierung wird im Alemannischen und großen Teilen v. a. des Westmitteldeutschen nicht durchgeführt (hier heißt es mundartlich bis heute *Zit* und *Hus* für *Zeit* und *Haus*), die Monophthongierung dringt unter anderem ins Bairische und in große Teile des Schwäbischen und Alemannischen nicht vor (hier sagt man mundartlich immer noch *liab/lieb* und *guat/guet* statt *lieb* und *gut*). Beide Vorgänge beginnen bereits zu mittelhochdeutscher Zeit und dauern mehrere Jahrhunderte, so dass in einem Gebiet lautlich schon (früh)neuhochdeutsch geschrieben wird, während man in einem anderen noch mittelhochdeutsch schreibt.

Kulturhistorisch ist die Epoche des späten Mittelalters und der frühen Neuzeit durch eine Fülle von Entwicklungen und Neuerungen geprägt, die zu einer Veränderung der kommunikativen Bedingungen und Möglichkeiten führen. Sozialgeschichtlich sind hier vor allem der Niedergang des Rittertums und das wirtschaftliche Erstarken der Städte zu nennen. Zusammenschlüsse wie die norddeutsche Hanse und der schwäbische Städtebund werden im 14. Jahrhundert zu bedeutenden Machtfaktoren. Das aufstrebende Bürgertum übernimmt zugleich die Funktion eines Kulturträgers. In den Städten entsteht eine vielseitige Literatur mit vielen neuen Textsorten, unter anderem aus dem Bereich der Fachprosa. Im niederdeutschen Sprachgebiet existiert in der zweiten Hälfte des 14. Jahrhunderts und im 15. Jahrhundert eine eigene überregionale Verkehrssprache, die so genannte Hansesprache.

Auch im hochdeutschen Sprachgebiet lehnen sich im 15. Jahrhundert von neuem verschiedene Schreiblandschaften aneinander an, allerdings andere als Ende des 12. Jahrhunderts. Im Zuge der so genannten deutschen Ostkolonisation werden spätestens seit dem 11. Jahrhundert deutsche Siedler durch wirt-

schaftliche und soziale Anreize dazu gebracht, sich in bis dahin slawisch be-
siedelten Gebieten niederzulassen. Dort entstehen – im Gegensatz zur territo-
rialen Zersplitterung des Altreiches – großflächige, zentral regierte Territorialstaaten, in denen einheitliche Verwaltungen mit einheitlichen Schreibgepflogenheiten existieren. Durch den engen politischen und wirtschaftlichen
Kontakt mit den südlicher gelegenen Gebieten kommt zudem eine ostmitteldeutsch-nordoberdeutsch-ostoberdeutsche „Schreiballianz" (Besch 2003: 2262)
zu Stande. Andere Schreiblandschaften – das Westoberdeutsche und das West-
mitteldeutsche – folgen hingegen eher eigenen Traditionen. Insgesamt wird zumindest in bestimmten Textsorten eine immer stärker sich ausbildende konzeptionelle Schriftlichkeit erkennbar. Sie zeigt sich nicht nur in einer ausge-
bauten, teils höchst elaborierten Syntax (zu nennen sind Phänomene wie der
Ausbau der Nominalphrase und der Satzklammer, vgl. Hartweg/Wegera 2005:
173 u. 175f.), sondern überhaupt in dem, was Oskar Reichmann mehrfach (insbes. Reichmann 1988; 1990; 2003) als „Vertikalisierung" des Varietätenspektrums bezeichnet hat. Diese Entwicklungstendenz

> „ist eine alles umfassende sprachsoziologische Umschichtung der bis ins
> 16. Jh. auf annähernd gleicher Wertebene horizontal nebeneinander ste-
> henden Vielheit von Varietäten zu einem spätestens seit dem Frühbarock
> vertikal organisierten, von oben nach unten geschichteten Übereinander.
> Die unteren Positionen der neuen Varietätenpyramide unterliegen einer
> zunehmenden Ausrichtung nach den oberen Positionen hin. Die Kommu-
> nikation zwischen den Sprechern auch der Basisvarietäten verläuft höchs-
> tens noch bei geringer Raumdifferenz (unmittelbare Nachbarschaft) hori-
> zontal, d. h. von grundschichtigem Dialekt zu grundschichtigem Dialekt; sie
> verläuft viel eher und geschichtlich im allgemeinen [...] zunehmend über
> eine höherschichtige Varietät. Es ist deshalb kein Zufall, daß sich die großen
> raumgeographischen Veränderungen (auf phonologischer Ebene etwa die
> frnhd. Diphthongierung, Monophthongierung, Dehnung in offener Silbe)
> in einer Zeit abspielten, in der sich der Varietätenkontakt horizontal voll-
> zog." (Reichmann 1988: 174f.)

Reflektierter Sprachgebrauch – sei es die bewusste Vermeidung dialektaler
Besonderheiten oder das bewusste Festhalten an ihnen, sei es die zu Beginn
der frühen Neuzeit erstmals aufkommende Kritik an Fremdwörtern –, teils
sogar „Philologisierung" (Reichmann 2003: 50, in Anlehnung an Ingo Warnke), d. h. die Bemühung um die Durchsetzung sprachlicher Normen, wird zu
einem Statussymbol, insbesondere des wirtschaftlich und teils auch politisch
mächtig werdenden Stadtbürgertums. Es sind nicht zufällig große Städte wie
Lübeck (für den niederdeutschen Raum) und Nürnberg (für den hochdeutschen Raum), die im späten Mittelalter und der frühen Neuzeit neben den
landesherrlichen Kanzleien ein besonderes sprachliches Prestige genießen.

Die neue Blüte des Schrifttums wird durch die Tatsache begünstigt, dass die Einführung des Papiers Ende des 14. Jahrhunderts die Produktion geschriebener Texte enorm verbilligt. So kann das Lesebedürfnis breiterer Schichten, die in den seit Mitte des 13. Jahrhunderts auch in kleineren Städten bestehenden Schulen das Analphabetentum überwunden haben, befriedigt werden.

Eine weitere wichtige Neuerung ist die Erfindung des Buchdrucks mit beweglichen Lettern in der Mitte des 15. Jahrhunderts. Sie trägt zwar in der Anfangszeit nicht unmittelbar zur Verbreitung deutschsprachiger Literatur bei, weil gedruckte Bücher zunächst sehr teuer sind und mehr als 90 % aller Drucke lateinisch bleiben. Bis zum Ende des 15. Jahrhunderts entstehen aber im deutschsprachigen Gebiet mehr als sechzig Druckereien, die ihrerseits aus Gründen des großflächigen Absatzes keinen kleinräumigen Dialekt, sondern überregionale Ausgleichssprachen (so genannte Druckersprachen) verwenden, und als dann im ersten Viertel des 16. Jahrhunderts Martin Luther den Ablasshandel der katholischen Kirche zu geißeln beginnt, steht ihm im Buchdruck ein höchst wirksames Medium zur Verfügung, seine Ansichten zu verbreiten.

Auch Luther gebrauchte keinen reinen Regionaldialekt, sondern eine überregionale, ostmitteldeutsch-ostoberdeutsche Ausgleichssprache, die für eine große Anzahl von Menschen verständlich war und darüber hinaus durch das Prestige des Reformators wie auch des Textes, mit dem sein Name vor allem verbunden wurde, der Bibel, Vorbildcharakter bekam und vielerorts nachgeahmt wurde. Luther hatte diese Schreibsprache nicht selbst ,erfunden', sondern adaptierte für seine Zwecke, wie er selbst bekannte, die Sprachform der sächsischen Kanzlei. Er fand in ihr eine weithin gültige, ihrerseits prestigeträchtige Varietät vor, die er selbst durch intensive Spracharbeit noch allgemeiner verständlich gestaltete und der er zu noch größerer Verbreitung verhalf. Damit war er selbstverständlich nicht der einzige Faktor im sprachlichen Ausgleich; als ,Schöpfer' der neuhochdeutschen Schriftsprache wird er seit langem nicht mehr gesehen. Die ostmitteldeutsch-nordoberdeutsch-ostoberdeutsche Schreibsprache ist auch nicht allein Grundlage der neuhochdeutschen Schriftsprache geworden. An ihr haben verschiedene Landschaften Anteil, und pro Einzelfall haben sich ganz unterschiedliche Schreibformen, Lautungen, Wortformen oder Wörter im Einigungsprozess durchgesetzt.

3.5. Mittleres Neuhochdeutsch
(ca. 1650 bis ca. 1950)

Seit der Reformation unterlag die politische Landschaft Deutschlands nicht mehr allein einer aus partikularistischen Tendenzen entstandenen Aufspaltung, sondern zusätzlich auch noch einer auf Glaubenskontroversen zurückzuführenden Teilung in den katholischen Süden und den protestantischen Norden (wobei die konfessionellen Unterschiede oft genug von den Reichsfürsten

politisch lediglich instrumentalisiert wurden). Die Spannungen entluden sich
bereits 1546/47 im Schmalkaldischen Krieg. Im 1555 geschlossenen Augsburger
Religionsfrieden wurden sie nicht beseitigt, sondern nur auf längere Zeit be-
sänftigt. Die Konflikte schwelten weiter und erreichten schließlich sechs Jahrzehnte später ihren Höhepunkt im Dreißigjährigen Krieg. Dieser hinterließ ein
politisch hoffnungslos zerstückeltes deutsches Reich; im Westfälischen Frieden
von 1648 erlangten alle Territorialstaaten weitgehende Selbstständigkeit. Unter diesen Umständen war eine politische Einigung auf lange Zeit unmöglich.
Der Wunsch danach war aber durchaus lebendig, vor allem in den bürgerli-
chen Bildungsschichten, denen der Gedanke von der Einheit und Stärke des
Reichs, ab dem 18. Jahrhundert dann zunehmend der Nationalgedanke, als
Ventil für ihren Wunsch nach Emanzipation von der Vorherrschaft des Adels
diente. Die politisch-sozialen Ambitionen wurden kompensatorisch auf das
Gebiet der Sprache verlagert, wo die Einigung und die Befreiung vom fremden
Einfluss (vor allem vom Französischen, im 17. und 18. Jahrhundert der bevor-
zugten Sprache des Adels) mit großem nationalem Pathos und oft lautstark
patriotischen Tönen angestrebt wurde.

Zu Anfang des 17. Jahrhunderts (ab 1617) begannen sich in den barocken
Sprachgesellschaften zum ersten Mal größere Kreise für ihre Muttersprache zu
interessieren und einzusetzen. Diese Gesellschaften zielten einerseits auf die
Abgrenzung des Deutschen gegenüber anderen Sprachen (z. B. in Polemiken
gegen den Fremdwortgebrauch, in der Betonung des Alters und des ‚ehrwürdi-
gen Charakters‘ der eigenen Sprache usw.), andererseits auf die Durchsetzung
einer bestimmten Sprachform als absoluter Richtigkeitsnorm gegenüber der
Vielfalt von Varianten (Dialekten, Soziolekten usw.). Der bedeutendste Sprach-
theoretiker dieser Zeit war Justus Georg Schottelius (1612–1676), der mit seiner
Ausführlichen Arbeit von der Teutschen HaubtSprache (1663) wichtige Impulse
gab.

Das 18. Jahrhundert knüpfte an die sprachformerischen Bestrebungen der
Sprachgesellschaften an. Neben den Sprachpatriotismus trat nun, im Zeitalter der Aufklärung, verstärkt ein rationalistischer Aspekt. Autoren wie Johann
Christoph Gottsched (1700–1766), der als ‚Literaturpapst‘ großes Ansehen ge-
noss, versuchten die Sprache zu normieren und einer strikt rational begründeten Regelhaftigkeit zu unterwerfen. Vor allem auf dem Gebiet der Syntax
zeigt sich dies: Die verschachtelten barocken Satzgefüge wurden von kurzen,
nüchternen, tendenziell parataktischen Fügungen mit klaren logischen Be-
zugsverhältnissen abgelöst. Im Bereich des Wortschatzes gingen die Bestrebungen u. a. dahin, mehrdeutige Wörter durch Festlegung eindeutig zu machen (Polysemie-Reduktion) und bei verschiedenen, gleichklingenden Wörtern zumindest gleiche Schreibungen zu vermeiden, z. B. bei *Lerche/Lärche*
(Homonymie-Reduktion). Bedeutsam ist hier die Arbeit des Lexikographen
Johann Christoph Adelung. Dieser setzte Gottscheds Vorstellungen von reinem
und richtigem Deutsch in seinem *Versuch eines vollständigen grammatisch-*

kritischen Wörterbuches der Hochdeutschen Mundart (1774–86) um. Zur Herausbildung der klassischen deutschen Literatursprache hat Adelung, dessen Wörterbuch von allen bedeutenden Autoren der zweiten Hälfte des 18. und der ersten Hälfte des 19. Jahrhunderts zu Rate gezogen wurde, Wesentliches beigetragen. Die klassische Literatursprache ihrerseits wurde – vor allem durch Schiller und Goethe, deren Werke seit dem 19. Jahrhundert als nationales Eigentum galten – zur kulturellen Vorbildsprache schlechthin.

In der Rechtschreibung gab es in der ersten Hälfte des 19. Jahrhunderts allerdings weiterhin erhebliche Varianz. Druckereien hatten oft eigene Hausorthographien, und noch 1862 ordnete das preußische Unterrichtsministerium an, dass jede einzelne Schule per Konferenzbeschluss festzulegen habe, welche Schreibnormen im Unterricht gelten sollten. Die völlige Schreibnormierung wurde erst gegen Ende des 19. Jahrhunderts von staatlicher Seite vorgenommen. Bereits fünf Jahre nach der Reichsgründung von 1871 berief der preußische Kultusminister eine *Conferenz zur Herstellung größerer Einigung in der deutschen Rechtschreibung* nach Berlin. Führende Köpfe dieser Konferenz waren der Germanist Wilhelm Wilmanns und der Gymnasiallehrer Konrad Duden. Beide hatten sich durch Arbeiten auf dem Gebiet der Orthographieregelung einen Namen gemacht, hatten vor allem Vorschläge zur Rechtschreibung an Schulen vorgelegt. Ihre Ideen setzten sich in der Folgezeit gegen manche Widerstände durch, wurden durch staatliche Erlasse institutionalisiert und fortan über den Schulunterricht als allgemeine, einheitliche, feststehende Norm verbreitet. 1901 wurde dann auf der *Orthographischen Conferenz der deutschen Länder*, zu der nun auch Österreich und die Schweiz hinzutraten, die einheitliche Rechtschreibung für den gesamten deutschen Sprachraum gültig.

Auch in Bezug auf die Lautung hatte es keine einheitliche Regelung gegeben. So reimte beispielsweise Goethe *Bereiche* auf *Gezweige*, was einer Eigenart seines mitteldeutschen Dialekts entspricht. Nun trat am Ende des 19. Jahrhunderts neben die normierte Schreibung die normierte Lautung. Auf der Grundlage der neuen Orthographie erarbeitete der Germanist Theodor Siebs 1898 seine *Deutsche Bühnenaussprache*, die später – in modifizierter Form – auch für Radio und Fernsehen gültig wurde.

Damit ist das Ideal „Sprich, wie man schreibt" zumindest für die gebildeten Schichten und in den großen Städten weitgehend erreicht. Die Schriftsprache als eine aus den Dialekten hervorgegangene, als Leitvarietät über ihnen schwebende Sprachform ist nun erstmals keine reine Schreibsprache mehr, sondern wird auch als gesprochene Sprache realisiert. Das ist selbstverständlich jedoch nicht gleichbedeutend mit einer Verdrängung der Dialekte: Diese bleiben weiterhin das Kommunikationsmedium einer breiten Mehrheit der Bevölkerung, insbesondere in mittleren oder kleineren Städten oder auf dem Land.

3.6. Jüngeres oder Spätneuhochdeutsch
(seit ca. 1950)

3.6.1. Allgemeine Rahmenbedingungen

3.6.1.1. Soziale und politische Veränderungen

Nimmt man eine Gliederung der deutschen Sprachgeschichte nach sozialhistorischen Kriterien vor und sieht beispielsweise mit Hans Eggers „die alt- und mittelhochdeutsche Sprachperiode als vom Adel, die frühneuhochdeutsche und neuhochdeutsche als vom Bürgertum geprägt" (Eggers 1977: 180), so lässt sich nach der Mitte des 20. Jahrhunderts eine neue sprachhistorische Epoche ansetzen: „Das Bürgertum in dem hier gemeinten Sinne existiert heute nur noch in Resten; es wird in zunehmendem Maße in eine nicht mehr ständisch gegliederte Gesamtgesellschaft integriert." (Ebd.)

Drei Schlagwörter, mit denen sich die gesellschaftliche Entwicklung in der zweiten Hälfte des 20. Jahrhunderts und im frühen 21. Jahrhundert beschreiben lässt, sind *Egalisierung, Engagement* und *Emanzipation.* Gemeint sind damit bestimmte Tendenzen einer immer größeren Öffnung unterschiedlicher sozialer Schichten zu einander sowie einer immer stärkeren Teilnahme verschiedenster sozialer Gruppen am öffentlichen Leben.

Die nach 1945 im Westen Deutschlands einsetzende Demokratisierung von oben schlug spätestens mit dem Generationenwechsel in den 1960er Jahren in eine Demokratisierung von unten um. Immer größere Teile der Bevölkerung beteiligten sich in Form verschiedener ‚Bewegungen' (Studentenbewegung, Frauenbewegung, Friedensbewegung, Ökologiebewegung, Bürgerrechtsbewegung usw.) aktiv an der Gestaltung des öffentlichen Geschehens. In Folge einer konsequenten Bildungspolitik vor allem in den 1970er Jahren mit Schul- und Hochschulgründungen, Ausbildungsförderungsgesetzen und systematischem Ausbau der Massenuniversität wurde für breite Kreise ein hoher Bildungsstandard möglich. Heute steht der Zugang zu politischer, wirtschaftlicher, kultureller Information zumindest prinzipiell ebenso allgemein offen wie der Weg in die Politik, an die Börse oder ins Internet. Niemandem ist es heutzutage aus politischen, weltanschaulichen oder religiösen Gründen, aufgrund von Herkunft und/oder Geschlecht verwehrt, sich über alle Gegenstände des Interesses umfassend eine Meinung zu bilden; jede/r hat prinzipiell die Möglichkeit, öffentlich mitzureden und mitzugestalten. (Freilich darf nicht ignoriert werden, dass der soziale Hintergrund faktisch immer noch eine Qualifikationsbarriere darstellt. Aber das elitäre Zeitalter des Bildungsbürgertums ist zu Ende; qualifiziert zu sein ist heute keine Voraussetzung mehr dafür, ein öffentliches Forum zu haben.)

Auch in der Sprache spiegeln sich daher die Veränderungen im gesellschaftlichen Gefüge. Nicht mehr *eine* bestimmte, *einer* sozialen Schicht oder Gruppe mit besonderem sozialem Prestige zugeordnete Art des Sprechens und Schreibens wird für die beste gehalten, sondern es gibt eine Standardsprache, an der unterschiedliche soziale Schichten und Gruppen teilhaben und die in verschiedenen regionalen Färbungen, in verschiedenen funktionalen und situativen Varianten erscheinen kann. Diese Varianten sind nur noch bedingt auf einer vertikalen Werteskala angeordnet, sie existieren vielmehr im Bewusstsein der Sprachgemeinschaft bereits mehr oder weniger gleichberechtigt und gleichwertig nebeneinander.

3.6.1.2. Massenmedien

Der beschriebene gesellschaftliche Ausgleichsprozess ist allerdings nicht nur für sich zu betrachten, sondern geht – gerade in seiner Eigenschaft als historische Rahmenbedingung der Sprachveränderung – Hand in Hand mit einer anderen Entwicklung. Die Massenmedien haben durch ihre Breitenwirkung und ihre Omnipräsenz im Alltag einen großen Einfluss auf das allgemeine Bewusstsein und auch auf das sprachliche Verhalten. Vor allem durch die Medien Rundfunk und Fernsehen kommt seit einigen Jahrzehnten der konzeptionellen Mündlichkeit gegenüber der konzeptionellen Schriftlichkeit ein immer größeres Gewicht zu.[16] Dabei ist weniger an Textsorten wie Nachrichtenmeldungen, Rundfunkvorträge, Features usw. zu denken, die weitgehend der konzeptionellen Schriftlichkeit verhaftet bleiben (vgl. Steger 1979: 175), eher schon an fiktionale Textsorten wie Spielfilme oder Daily Soaps, die um Nähe zur gesprochenen Sprache dezidiert bemüht sind, hauptsächlich aber an solche, die ungebrochen auf sprechsprachlicher Basis beruhen: an Livesendungen aller Art. Besonders hervorzuheben ist die Textsorte der Talkshow, weil hier – insbesondere im Zeitalter des Privatfernsehens, das in Deutschland 1984 begann – nicht nur wenige, unter Aspekten der Sprachkompetenz elitäre Personen zu Wort kommen, sondern ein breiter Querschnitt der Bevölkerung, der für eine ebenso große Bandbreite der deutschen Gegenwartssprache steht. Dadurch werden der Sprachgemeinschaft auch Varietäten als ,medienwürdig' präsentiert, die nicht oder nur bedingt zur Standardsprache zu rechnen sind, was wiederum Rückwirkungen auch auf bestimmte schriftsprachliche Textsorten hat, z. B. auf pressesprachliche.

Ein anderes Phänomen, das im Zusammenhang mit der Bedeutung der Massenmedien für die Gegenwartssprache eine Rolle spielt, ist das der Werbung. Alltäglich gegenwärtig sind heutzutage Texte, die einerseits nah an der gesprochenen Alltagssprache sein sollen, um den potentiellen Konsumenten auf Du und Du oder – wie es heute heißt – „auf Augenhöhe" anzusprechen, andererseits aber bewusst Mittel der sprachlichen Verfremdung einsetzen (Neo-

---

[16] Steger (1979: 175f.) spricht statt von konzeptioneller Mündlichkeit von gesprochener Sprache: Er versteht darunter das, was gesprochen wird, ohne vorher aufgezeichnet worden zu sein, ohne vorher länger für einen bestimmten Vortragszweck bedacht worden zu sein, ohne in Vers, Reim, Melodie oder vergleichbar fester Bindung zu stehen, und zudem im Rahmen des jeweiligen Sprachtyps als „normal", d. h. als textsorten- bzw. situationsadäquat anzusehen ist.

logismen, Fremdwörter, Wortspiele usw.), um Aufmerksamkeit zu erregen (vgl.
z. B. Janich 2007). Man wird aber den Einfluss der Werbesprache auf die Sprache in ihrer Gesamtheit nicht überbewerten dürfen: Sie ist eine Varietät unter anderen, ein textsorten- bzw. situationsspezifisches Register, dessen sich
Sprecherinnen und Sprecher neben anderen Registern in der Regel gezielt zu
bedienen wissen.

Eine wichtige Rolle für die deutsche Gegenwartssprache und voraus-
sichtlich ihre zukünftige Entwicklung spielt die elektronische Kommunikation mittels der so genannten neuen Medien. Bereits 1969 begann das US-
amerikanische Verteidigungsministerium damit, Computer in den Bereichen
von Wissenschaft und Militärtechnik zu vernetzen. Das so genannte ARPAnet
(ARPA = Advanced Research Projects Agency) war die Grundlage des heutigen Internet. Seit 1992 in Genf die so genannte Web-Technik entwickelt wurde,
auf der heute das World Wide Web basiert, steigt die Zahl der – zunehmend
privaten – Internet-Teilnehmer (User) ständig an. Die „Dynamik der Entwicklung spiegelt sich in der exponentiellen Entwicklung der vernetzten Rechner
(Hosts) und Domains wider sowie darin, dass heute in Deutschland über 60 %
[…] der Bevölkerung ab 14 Jahre online sind, 1997 waren es gerade mal 6,5 %"
(Schlobinski 2006: 7).

Die neuen Medien stellen allerdings nicht nur Kommunikationsformen
und -bedingungen, sondern auch neue Realitäten dar und können als solche wiederum Gegenstand der Kommunikation sein. Computer sind heute
nicht mehr nur Arbeitsinstrument für wenige Privilegierte, sie gehören für
viele zum Alltag und sind längst auch in die Freizeit vorgedrungen. In vielen
Bereichen haben sie enormen Einfluss auf moderne Lebens- und Denkweisen genommen. Was gemeint ist, wenn von *Computerkindern* oder *Compu-
terkids*, überhaupt von einer *Computergeneration* oder auch *Generation @*[17]
gesprochen wird, bedarf keiner Erläuterung. Entsprechend gibt es eine eigene ‚Computersprache‘, womit hier weder eine Programmiersprache noch eine
reine Fachsprache der Informatik und Computertechnologie gemeint ist, vielmehr jene Sondersprache der Computer- und Internetszene, für die am besten
Ausdrücke wie *Cyberslang* (Abel 1999: v. a. 5–11) oder *Cyberdeutsch* geeignet
scheinen. Diese Sondersprache weist nicht nur einen spezifischen Wortschatz
auf[18], sondern die digitalen Kommunikationsmöglichkeiten E-Mail, Internet

---

[17] So Opaschowski (1999) in Anspielung auf den Buchtitel *Generation X* von Douglas Coupland
(erschienen 1991) und das beim E-Mail-Verkehr gebräuchliche At-Zeichen. (Vgl. auch Bär
2000b: 13f.)

[18] Veränderte Realitäten beeinflussen den Wortschatz. Für neue Gegenstände werden nicht nur
Ausdrücke aus anderen Sprachen entlehnt (z. B. *Scanner, Browser, Software*), was als passive
Wortschatzerweiterung bezeichnet werden könnte, sondern es werden auch – für entlehn-
te Inhalte – aktiv neue Wörter in der eigenen Sprache gebildet (z. B. *Datei*) oder bekannte
Wörter semantisch erweitert und umgeprägt (z. B. *Verzeichnis* ›virtuelle Schublade im Com-
puter‹, *Maus* ›Computermaus‹ usw.). Bei der aktiven Wortschatzerweiterung spielt das Prin-

und SMS haben auch völlig neue Textsorten mit spezifischen morphologisch-syntaktischen Strukturen[19] und sogar eigenen Höflichkeitsformen (vgl. z.B. Runkehl/Schlobinski/Siever 1998: 48 u.ö.; Schlobinski 2000) entstehen lassen (vgl. auch die Beiträge in Kallmeyer 2000 und Schlobinski 2006). Gerade im Bereich der virtuellen Kommunikation ist das Cyberdeutsch stärker als Gruppensprache denn als Fachsprache zu sehen.[20] Es handelt sich um eine konzep-

zip der Metaphorik eine wichtige Rolle: Das neu zu Benennende wird mit etwas Bekanntem verglichen, das unter irgend einem Aspekt analog erscheint. Für eine Miniatursoftware beispielsweise, die, wenn man sie auf einem Computer installiert, bestimmte andere Programme beeinträchtigt oder außer Kraft setzt und dabei beständig redupliziert wird, ist der Ausdruck *Virus* üblich geworden (mit durchgängiger sprachlicher Analogie: Computerviren können sich *vermehren* und *fortpflanzen*, eine Datei kann *infiziert*, eine Festplatte kann regelrecht *verseucht* sein; es gibt *gutartige*, aber auch *bösartige Viren* und sogar *Killerviren*). – Metaphorik ist jedoch auch umgekehrt möglich. Nicht nur von Altbekanntem kann eine Bezeichnungsübertragung auf ein zu benennendes Neues stattfinden, sondern auch von einem neu benannten Gegenstand oder Sachverhalt zurück auf einen sprachlich längst gefassten, der nun seinerseits neu benannt wird. So hört man alltagssprachlich heute beispielsweise oft, dass zwei sich vertragende Ansichten – wie Computerprogramme – *kompatibel* sind, und statt von einem *Berührungspunkt* oder einem *Überlappungsbereich* zwischen zwei Fachgebieten spricht man mittlerweile gern von einer *Schnittstelle*. Hier ist eine neue Metaphorik im Spiel; es zeigt sich, dass Sprache mit neuen Ausdrucksmöglichkeiten (in diesem Fall: mit neuen Wörtern) das Denken beeinflussen kann, indem von Wörtern auch in anderen Bereichen als denen, in denen man sie ursprünglich verwendet, Gebrauch gemacht wird.

[19] Runkehl/Schlobinski/Siever (1998: 106ff.) beschreiben die Verwendung unflektierter Verbstämme, so genannter Inflektive (Teuber 1998), in der Internetkommunikation, insbesondere im Internet-Chat, deren Vorbild sie in der Sprache der Comics vermuten. Dort deuten Formen wie *raschel, dröhn, seufz, glucker, schnüffel, murmel* usw. das Ereignen vor allem eines Geräusches an. Wenngleich das Phänomen als solches sprachhistorisch älter ist – so findet man beispielsweise in Heinrich von Kleists Erzählung *Das Bettelweib von Locarno* (1810) die Form *tapp* – geht seine intensive Nutzung nach verbreiteter Auffassung auf die Übersetzerin der Donald-Duck-Comics von Carl Barks, Erika Fuchs, zurück. In der Fangemeinde hat sich deshalb mittlerweile die liebevolle Bezeichnung *Erikativ* etabliert; vgl. z.B. http://faql.de/sonstiges.html#erikativ (30.10.2008). Prinzipiell jede Handlung, jeder Vorgang und jeder Zustand kann durch Inflektive/Erikative zum Ausdruck gebracht werden: *grübel, denk, hüpf, strahl, freu, grins, lächel, schweig*. In der Internetsprache ist dieses Prinzip zu einem vielfach genutzten grammatischen Muster geworden. Anders als in aller Regel beim klassischen Comic können auch zusammengesetzte Verben verwendet werden: *entsetz, rumtänzel, anspring* (die Beispiele hier und im Folgenden nach Runkehl/Schlobinski/Siever 1998: 108f.). Darüber hinaus ist Inkorporierung von Adverbialen (*traurigguck, ganzliebguck*) und Objekten (*mobiltraushol, Aufschreidurchdiemengegehenhör*) möglich. Semantisch gesehen können solche Formen als Eventive bezeichnet werden, weil der Aspekt der aktiven Verrichtung dabei stets ausgeblendet ist. Die Bedeutung wäre jeweils: ›es ereignet sich, dass … (… jemand traurig guckt/ganz lieb guckt/Mobilat rausholt/einen Aufschrei durch die Menge gehen hört)‹. – Es bedarf keiner Erläuterung, dass damit völlig neue morphologisch-syntaktische Möglichkeiten entstanden sind: Das Deutsche wird – sehr partiell freilich, da (zumindest vorerst) strikt textsortengebunden – zu einer polysynthetischen Sprache, in der das Verb einem vollständigen Satz entsprechen kann.

[20] Zwar sind die Grenzen fließend, doch hat die Gruppensprache mehr die Funktion sozialer Bindung und Integration als sachbezogener Darstellung. Dazu zwei Beispiele: Akronyme

tionell mündliche Schreibsprache, die erst in den letzten fünfzehn Jahren, v. a.
in der jüngeren Generation, größere Verbreitung gefunden hat.

3.6.1.3. Sprachkontakt

Mit den neuen Kommunikationsformen unmittelbar in Zusammenhang stehen die wirtschaftlichen Aktivitäten großer Konzerne: der weltweit agierenden
‚global players', die Firmen auf der ganzen Welt zu einem Gesamtkomplex ver-
einigen und dabei beliebig Standortvorteile nutzen können. Computer und
Internet erlauben dabei Austausch, Abstimmung, Datentransfer und auch Ge-
schäftsabschlüsse nahezu ohne jede Zeitverzögerung. Bezeichnend ist die Rede
vom *global village*: Die Welt rückt kommunikativ zur Größe eines Dorfes zusammen.

Doch nicht nur virtuell, sondern auch ganz real sind die Grenzen offener
geworden. Die heute für mehr Menschen als je zuvor gegebene Möglichkeit, auf
Reisen andere Länder, Kulturen und auch Sprachen kennenzulernen, und die
Möglichkeit für Menschen fremder Herkunft, längerfristig oder dauerhaft im
Inland zu leben und zu arbeiten und aktiv am kulturellen Leben teilzunehmen
(letzteres besonders in Großstädten), führen zum unmittelbaren Kontakt eines
nicht geringen Teils der deutschsprachigen Bevölkerung mit nicht deutschsprachigen Menschen.

> „Eine internationale Wirtschafts- und Finanzstadt wie Frankfurt a. M., in
> der Bürgerinnen und Bürger aus 180 Nationen leben, hat einen Auslän-
> deranteil von 30 %; die Stadt Berlin ist mit ca. einer Million türkischer
> Einwohner die weltweit viertgrößte türkische Gemeinde (nach Istanbul,
> Ankara und Izmir).
>
> Das Deutsch, das viele von ihnen sprechen und das – überwiegend in
> parodistischer Absicht – über die Massenmedien, vor allem das Privatfern-
> sehen, Verbreitung findet, lässt die deutsche Sprache nicht unbeeinflusst."
> (Leonhard 2007: 43.)

Der Sprachkontakt zum Türkischen wird nicht ohne Grund hervorgehoben.
Die seit Beginn der 1970er Jahre als so genannte Gastarbeiter ins Land gekommenen und mittlerweile oft in zweiter oder sogar dritter Generation hier
lebenden Türken bilden mit knapp zwei Millionen Personen die größte Zu-
wanderergruppe in der Bundesrepublik Deutschland. Sie sind in der Regel

---

wie *ASCII* (*American Standard Code for Information Interchange*) oder *HTML* (*Hyper Text
Markup Language*) sind fachsprachliche Ausdrücke; sie sind gegenstandsbezogen und die
Abkürzung ist vor allem sprachökonomisch begründet. Die Verwendung von Akronymen
wie dem in Internet-Newsgroups und -Chatforen gebräuchlichen *RTM* (*Read the Manual*)
bzw. gleichbedeutendes *LDH* (*Lies das Handbuch*) hingegen ist keine darstellend-referentielle
sprachliche Handlung, sondern eine Aufforderung; sie zu verstehen, beweist nicht sachliche,
sondern soziale Kompetenz (Gruppenzugehörigkeit).

zweisprachig. Interferenzen bleiben dabei nicht aus und sind sogar typisch
für die inzwischen zu einem deutschen Soziolekt gewordene „Kanak Sprak"
(Zaimoğlu 1995). Der Ausdruck steht für eine deutsch-türkische Mischspra-
che, eine Substandardvarietät meist junger Türken oder Türkischstämmiger,
die aber als Pidgin mittlerweile auch bei Immigranten mit anderem sprachlichem Hintergrund gebräuchlich ist sowie bei deutschen Muttersprachlern,
die mit ihnen zu tun haben. Charakteristika wie die Artikellosigkeit und der
Verzicht auf Präpositionen sind durch Parodien von Ethno-Kabarettisten wie
Kaya Yanar oder dem Duo *Mundstuhl* weithin bekannt. Dabei ist festzuhalten, dass die Persiflage-Produkte nur bedingt Ähnlichkeit mit demjenigen haben, was tatsächlich an ‚Kiezsprache' in deutschen Großstädten Verwendung
findet.[21]

Ein wichtiger politischer Prozess, der historische Rahmenbedingungen für
die deutsche Sprachgeschichte setzt, ist auch die europäische Integration. Das
allmähliche Zusammenwachsen Europas schafft, bei allen zu konstatieren-
den Problemen im Einzelnen, auf lange Sicht einen gemeinsamen geistig-
kulturellen Raum mit offenen Grenzen und vielfältigsten Verflechtungen auf
allen Gebieten. Massentourismus, Migration und multikulturelle Gesellschaft
sind zwar in Deutschland nicht nur begrenzt auf den europäischen Skopus,
sie sind aber insbesondere in diesem bewusstseinsprägend geworden: Urlaub
im europäischen Ausland, Freizügigkeit innerhalb der Europäischen Union
und Teilnahme europäischer Mitbürgerinnen und Mitbürger am kulturellen
Leben sind heute für breite Kreise selbstverständlich, und zwar nicht allein wegen der räumlichen Nähe, vielmehr hauptsächlich wegen der auf zweieinhalb
Jahrtausende gemeinsamer Geschichte beruhenden kulturellen Affinität. Diese
Affinität ist nicht zuletzt auch eine sprachliche.

„Die zahlreichen Strukturkonvergenzen in den europäischen Sprachen sind
[…] der Hauptgrund für ihre relativ leichte gegenseitige Übersetzbarkeit.
Dagegen ist die Übersetzung z. B. einer altisländischen Saga oder der Dichtungen von Wolfram ins Neuhochdeutsche viel schwieriger als die Übersetzung einer EG-Verordnung innerhalb der EG-Sprachen. Und dies liegt
nicht nur an der Internationalität des Wortschatzes. Solche Konvergenzen
können wohl kaum aus genetischer, d. h. indogermanischer Verwandtschaft
erklärt werden, eher aus ihrer gemeinsamen Orientierung am Latein in
jahrhundertelanger Diglossie der schreibenden und lesenden Oberschicht,
auch aus jüngeren Sprachkontakten, vor allem aber aus der Gleichgerichtet-
heit zivilisatorischer Entwicklungen, die sich in den europäischen Sprachen
niedergeschlagen haben. Zweifellos gibt es den europäischen Sprachbund,

---

[21] Erste Informationen zum Thema bietet das am Potsdamer Lehrstuhl für deutsche Sprache der Gegenwart unter Leitung von Heike Wiese erstellte Internetportal *Kiezdeutsch*
(http://www.kiezdeutsch.de).

auch wenn dies bislang nicht so deutlich nachgewiesen wurde wie beim
Balkansprachbund." (Munske: 1995, 401.)

Auch wenn gerade die europäische Integration nicht die Gefahr birgt, die verschiedenen Einzelsprachen und also auch das Deutsche könnten in absehbarer
Zeit ihre Existenz verlieren – gefordertes und zumindest prinzipiell erklärtes
Ziel ist vielmehr gerade eine Stärkung der sprachlichen Vielfalt und Eigenständigkeit[22] –, so beeinflusst doch die in immer mehr Bereichen gemeinschaftlich
werdende Realität die Sprachen sowie zwischensprachliche Interferenzen, vor
allem auf inhaltlichem Gebiet. B. L. Whorfs These vom „Standard Average Eu-
ropean" klingt hier an, der Gedanke einer Art Eurosemantik (vgl. hierzu z. B.
Reichmann 1993), die als Phänomen kultureller Interaktion Jahrhunderte alt
ist, indes zukünftig immer wichtiger werden könnte.

Die wichtigste Kontaktsprache für das Deutsche (ebenso wie für alle anderen europäischen Sprachen) ist derzeit zweifellos das Englische bzw. Anglo-
amerikanische. Diese Sprache hat im 20. Jahrhundert die Funktion des weltweiten Verständigungsmittels übernommen, wobei sie in diesem Zusammenhang nicht mehr als nationale, sondern als multinationale Sprache zu sehen ist.
Im Unterschied zu anderen Weltsprachen wie Chinesisch, Russisch, Spanisch
oder Französisch ist das Englische nicht auf eine mehr oder weniger große Region begrenzt; im Unterschied zu früheren Verkehrssprachen wie dem Latein
der Gelehrten oder der Handelssprache der Hanse im hohen und späten Mittelalter ist es nicht an bestimmte Handlungszusammenhänge, soziale Gruppen
oder Schichten gebunden, sondern wird – wie rudimentär oder bruchstückhaft
auch immer – von Menschen unterschiedlichster Herkunft und Ausbildung
verstanden.

Der englische Einfluss auf das Deutsche ist schon im 19. Jahrhundert spür-
bar und ist charakteristisch für das gesamte 20. Jahrhundert. In dessen zweiter
Hälfte steht er jedoch in besonderer Weise in Wechselwirkung mit den gesellschaftlichen und kommunikationstechnischen Veränderungen, d. h., er wird
nicht mehr nur von einer kleineren oder größeren Minderheit wahrgenommen, sondern betrifft in Beruf und Alltag mittlerweile den weitaus größten
Teil der Sprachgemeinschaft. Das Englische ist dabei nicht nur Lingua franca,
sondern vielfach auch Gegenstand und Mittel der kulturellen Identifikation.
Die zu verschiedenen Zeiten (beispielsweise während der 1920er Jahre), für
die breite Mehrheit jedoch erst nach Ende des zweiten Weltkriegs feststellbare
Orientierung am Vorbild USA führte zu einer Modifikation des Deutschen vor

---

[22] Zu nennen sind hier u. a. die „Tutzinger Thesen zur Sprachenpolitik in Europa" (z. B. in:
Der Sprachdienst 43/1999: 220–222), die sich für sprachkulturelle Identität, Sprachenpluralität
und Mehrsprachigkeit des Einzelnen einsetzen, und die Forderungen, die 2006 anlässlich
eines Expertengespräches, veranstaltet von der Alexander-von-Humboldt-Stiftung und der
Deutschen Welle, formuliert wurden (vgl. Leonhard 2007: 50ff.).

allem auf der Ebene des Wortschatzes[23] und der Redewendungen[24] (weit weniger stark auf der Ebene der Grammatik und der Syntax), die in jüngerer Zeit vor allem von Laien zunehmend beklagt wird.[25] In diesem Zusammenhang gilt jedoch entsprechend, was Horst Haider Munske in Bezug auf das Lateinische und Französische feststellt:

> „Die Rolle des Lateins als übernationale Koine vom frühen Mittelalter bis ins 18. Jahrhundert ist freiwilliger Akkulturation zu danken, ebenso die Verbreitung des Französischen als Bildungssprache des europäischen Adels. Nicht die Römer und nicht die Franzosen haben ihre Sprache verbreitet und die europäischen Sprachen durch lateinische und französische Entlehnungen geprägt – es waren die Sprachträger dieser Sprachen selbst, die in freiwilliger Adaption Latein und Französisch als Zweitsprache benutzt und auf diesem Wege ihre eigenen Sprachen bereichert haben." (Munske 1995: 408.)

---

[23] Einzelwörter und Mehrworteinheiten mit fester Bedeutung (Phraseologismen) können im Zusammenhang der Frage nach Entlehnungsprozessen prinzipiell analog betrachtet werden. Man unterscheidet ausdrucksseitige und inhaltsseitige Entlehnungen. Zu den ausdrucksseitigen gehören: 1. echte Fremdwörter wie *Broker* ›Börsenhändler‹ und 2. ausdrucksseitig assimilierte Lehnwörter wie *sponsern* ›finanziell unterstützen, fördern‹ (von *to sponsor*), zu denen man (als Homonyme zu vorhandenen Wörtern der eigenen Sprache) auch die in anderem Zusammenhang erwähnten *faux amis* wie *Seite* (im Internet) aus *site* rechnen kann. Zu den inhaltsseitigen Entlehnungen gehören: 1. Lehnübersetzungen, die ein fremdes Wort in allen Bestandteilen wiedergeben, z. B. *Blumenkind* ›Angehöriger der Hippie-Bewegung‹ (nach *flower child*), *die Pille* ›Antibabypille‹ (nach *the pill*; vgl. Stöckhardt 1999) oder *Sinn machen* ›Sinn haben, ergeben, sinnvoll sein‹ (nach *to make sense*), 2. Lehnübertragungen, die im Vergleich zur Lehnübersetzung freier sind und nur einzelne Wortbestandteile direkt übersetzen, z. B. *Wolkenkratzer* (nach *sky-scraper*) und *Weltnetz* (wohl eine Kontamination nach *internet* und *world wide web*), 3. Lehnschöpfungen, die ausdrucksseitig weder eine Ähnlichkeit mit dem fremdsprachlichen Vorbild noch eine Entsprechung zu ihm aufweisen, z. B. *Niethose* gegenüber *(blue) jeans*, 4. Lehnbedeutungen, die von vorhandenen, bereits unter anderem Aspekt bedeutungsverwandten Wörtern nach dem Vorbild einer anderen Sprache zusätzlich angenommen werden (z. B. *schneiden* ›jemanden meiden, absichtlich übersehen‹ nach englisch *to cut*). – Gradmesser der Akkulturation können daneben Wörter sein, die nach den Regeln einer anderen Sprache in der eigenen Sprache neu gebildet werden. Bekanntestes Beispiel ist *Handy* (›Mobiltelefon‹), ein Wort, das es im Englischen so nicht gibt (dort: *mobile phone* bzw. – im amerikanischen Englisch – *cell(ular) phone*) und das daher als Hybridbildung, d. h. als spezifisch deutsches Wort nach fremdem Vorbild – gewissermaßen als Fremdwortbildung (zum englischen Adjektiv *handy* ›griffbereit, greifbar, praktisch‹) – zu sehen ist. – Bei alledem ist aber der Anteil der Anglizismen am deutschen Gesamtwortschatz nach wie vor gering (v. Polenz 1999: 402f.).

[24] Deutsche Flexion englischer Wortstämme (z. B. *downloaden, loadete down, habe downgeloadet*) bleiben Ausnahmen, auch wenn einige Beispiele viel zitiert werden (so eine Hamburger Modeschöpferin über ihr Label: „Wer Ladysches will, searcht nicht bei Jil Sander"). Eine Tendenz zu englischen Satzmustern ist im Deutschen derzeit nicht zu erkennen.

[25] Vgl. die Beiträge in Hoberg (2002), zu einer kritischen Beleuchtung des Begriffs der Lingua franca insbes. den Beitrag von Harald Weinrich.

Dass nicht jede Verwendung von Fremdwörtern Sprachbereicherung ist und
Anglizismen insbesondere in der aktuellen Kommerz- und Werbesprache oft
genug bloße Signal- und/oder Imponierfunktion haben, liegt auf der Hand
und wird auch von seriösen Fachgelehrten wie Peter von Polenz (1999: 403)
und Friedhelm Debus (1999: 29 ff.) kritisch beleuchtet. Doch ist zu berücksichtigen: Sowohl der Versuch Aufmerksamkeit zu erregen als auch der Versuch
zu beeindrucken sind ganz alltägliche sprachliche Handlungsmuster, die in jedem gruppensprachlichen, auch z. B. im fachsprachlichen Diskurs üblich sind.
Sprachliche Handlungen aber sind in erster Linie nach ihrem Erfolg zu bewerten. Wenn durch die Verwendung von Anglizismen etwa in einem Werbetext
die ins Auge gefasste Zielgruppe tatsächlich erreicht und zum Konsum ani-
miert wird, so ist die Verwendung unter *diesem* Aspekt sinnvoll und bleibt es
auch dann, wenn andere, *nicht zur Zielgruppe gehörende* Personenkreise mit
Unverständnis, Verunsicherung oder Verärgerung reagieren.

3.6.2. *Charakteristika des Spätneuhochdeutschen*

Stellt man die Frage, wie sich abgesehen von den soziopolitischen und kommunikationstechnischen Rahmenbedingungen die deutsche Sprache nach 1950
spezifisch von früheren historischen Perioden unterscheidet, so lässt sich eine Verschiebung im Varietätensystem anführen, die man unter verschiedenen
Aspekten jeweils als Ausgleich (Einebnung von Unterschieden) charakterisie-
ren könnte. In den Blick fallen dabei mindestens drei Punkte: ein Ausgleich
zwischen Varietäten und Standardsprache (3.6.2.1), ein Ausgleich zwischen
Schreibsprache und Redesprache (3.6.2.2) und ein Ausgleich zwischen den
Stilebenen (3.6.2.3).

3.6.2.1. Ausgleich zwischen Varietäten und Standardsprache

Eine Öffnung der Grenze zwischen Varietäten und Standardsprache lässt sich
insbesondere im Bereich der regionalen Varietäten (Dialekte) erkennen. Letztere existieren heute nicht mehr in der gleichen Weise wie noch in der ersten
Hälfte des 20. Jahrhunderts. Vor allem die akustischen und audiovisuellen Massenmedien trugen entscheidend zum Rückgang der Dialekte nicht nur aus der
geschriebenen, sondern auch aus der gesprochenen Sprache bei. Dieser Rückgang hängt allerdings auch mit dem Ende des Zweiten Weltkrieges und der
Vertreibung von ca. 12 Millionen Menschen aus deutschsprachigen Gebieten in
Osteuropa und Ostmitteleuropa zusammen. Das Jahrhunderte alte Gefüge der
deutschen Dialekte veränderte sich dadurch von Grund auf. Mundartgebiete
wie Pommern und Schlesien verschwanden von der Sprachlandkarte, und die
massenhafte Umsiedlung von Sprecherinnen und Sprechern dieser Dialekte in
andere Dialektgebiete beeinträchtigte auch deren Geschlossenheit.

Während bis etwa 1945 für die überwiegende Mehrzahl aller Deutschen ihre
jeweilige Mundart die erste Sprache war und die Schriftsprache als Sprechspra-

che erst später oder sogar nie gelernt wurde, wachsen heute viele Menschen mit der Standardsprache (allerdings meist in der einen oder anderen regionalen Färbung) auf. Dabei ist ein Funktionswandel des Dialektgebrauchs zu konstatieren:

> „Er wird weniger für die allgemeine Alltagskommunikation verwendet, mehr bei speziellem Bedarf: beim geselligen, witzigen, emotionalen Reden gegenüber persönlich Vertrauten. Wo Dialekt oder Regiolekt nicht mehr zur Verfügung steht, in heimatsprachlich entwurzelten und standardsprachlich aufgewachsenen Bevölkerungsteilen, da tritt an die Stelle regionalen Sprachgebrauchs für solche Funktionen ein kaum mehr regionalspezifischer allgemeiner neuer Substandard, der u. a. von unkonventionell sprechenden Fernsehmoderatoren und in der Jugendsprache verbreitet wird [...]. Regionale Sprachvariation tritt so hinter soziale und situative zurück." (v. Polenz 1999: 459.)

Vor allem in den Städten ist der Übergang vom Dialekt zur regionalen Umgangssprache und von dieser zur Standardsprache fließend. Moser (1985: 1680) sieht für das Gegenwartsdeutsche insgesamt eine „Neigung zum räumlichen und sozialen Ausgleich" als charakteristisch an. Dies bedeutet andererseits, dass die Standardsprache, die von diesem Prozess ebenfalls nicht unberührt bleibt, nicht mehr in gleicher Weise wie noch in der ersten Hälfte des 20. Jahrhunderts eine über den anderen Varietäten gleichsam thronende, deutlich abgehobene Leitvarietät darstellt. In dem Maße, in dem sich Dialekt- oder Regiolektsprecher ihr annähern und sie – adaptierend – selbständig realisieren, verringert sich ihre Qualität als sprachliches Ideal, als absoluter Maßstab „guten" und „richtigen" Sprechens (wenngleich nicht so sehr, dass sie ihres Leitbildcharakters ganz verlustig ginge; die Rede kann hier allenfalls von einer Relativierung, nicht von einer völligen Planierung der Prestigeverhältnisse sein).

Eine andere Verschiebung im Varietätensystem zeigt sich auf dem Gebiet der Fachsprachen. Diese „legen sich [...] wie ein großer Kranz [...] um die deutsche Gemeinsprache und wirken in vielfältiger Form auf sie ein" (Weinrich 1984: 94). Insbesondere im Wortschatz gibt es starke Einflüsse. Nach Sommerfeldt (1988: 64) schwanken die Mutmaßungen über den Umfang des Fachwortschatzes zwischen einer Million und sieben Millionen Einheiten (gegenüber geschätzten 300 000 bis 500 000 Einheiten der Allgemeinsprache). Meist handelt es sich dabei um Wortbildungen (Kurzwörter, Ableitungen und Komposita) und Entlehnungen aus anderen Sprachen bzw. Hybridbildungen (Wortbildungen aus exogenen Bestandteilen). Immer mehr fachsprachliche Termini finden heute – oft als bildungssprachliches Wortgut – Eingang in die Allgemeinsprache. Debus (1999: 26) sieht „ein wesentliches Kennzeichen der Entwicklungen der deutschen Sprache" darin, dass „die Standardsprache durch einen hohen

Anteil fachsprachlicher Wörter geprägt" ist. Die Grenze zwischen Allgemeinsprache und Fachsprachen ist im konkreten Einzelfall ebenso fließend wie die zwischen Allgemeinsprache und regionalen Varietäten.

3.6.2.2. Ausgleich zwischen Schreibsprache und Redesprache

Auch bezüglich des Verhältnisses von Schriftlichkeit und Mündlichkeit unterscheidet sich die deutsche Sprache seit etwa 1950 vom vorangegangenen Neuhochdeutschen. Spätestens in der zweiten Hälfte des 19. Jahrhunderts hatte sich eine einheitliche schriftsprachliche Norm ausgebildet, die v. a. in den elitärbildungsbürgerlichen Kreisen mehr und mehr auch zur gesprochenen Sprache wurde. In den Jahrzehnten nach 1950, insbesondere seit den frühen 1970er Jahren, erfährt die Beeinflussung der gesprochenen durch die geschriebene Sprache indes allmählich eine Umkehrung. Dies führt zur Reduktion eines allgemeinen, einheitlichen Bewusstseins schriftsprachlicher Normen: Der einen, allgemein verbindlichen und zum schützenswerten Kulturgut stilisierten Art schriftsprachlich zu schreiben und nach Möglichkeit sogar zu sprechen, stehen individuelle Arten zu schreiben, wie man tatsächlich spricht, gegenüber. Wo aber mehrere Möglichkeiten als akzeptabel gelten, da scheinen Bemühungen um die beste von ihnen nicht nur verzichtbar, sondern es geht auf die Dauer der Maßstab zur Beurteilung von Besser und Schlechter verloren.

Die sprachliche Realität in den Printmedien der Gegenwart im Gegensatz zu derjenigen des 20. Jahrhunderts – bis Anfang der 1990er Jahre – beschreibt Schmidt (2002: 322) wie folgt:

> „Lange haben Korrektoren darüber gewacht, dass in unseren Zeitungen und Büchern die geltenden orthographischen und grammatischen Regelungen [...] eingehalten wurden. Was im Druck erschien, trug das Gütesiegel des Berufsstandes der Druckerei-, Verlags- und Zeitungskorrektoren. Individuelle Abweichungen von den normierten Formen hatten gegen die Hüter verbindlicher Normen kaum eine Chance. Seit den 90er Jahren des 20. Jahrhunderts ist das anders. Der Berufsstand der Korrektoren scheint ausgestorben. Ersetzt ist er durch mehr oder weniger perfekte PC-Kontrollprogramme. Was bis dahin für einen Druckfehler gehalten werden musste, darf heute wieder als Ausdruck der individuellen Sprachkompetenz des Textautors oder auch seiner Redakteure gelten."

Bei der Frage, welche Gründe für die von geltenden Normen abweichenden sprachlichen Leistungen anzuführen sind, erscheint in vielen Fällen die Vermutung hilfreich, dass im späten 20. und frühen 21. Jahrhundert Tendenzen eines Ausgleich zwischen Schrift-/Schreibsprache und Rede-/Sprechsprache stattgefunden haben bzw. immer noch und zunehmend stattfinden.

Mit Peter Koch und Wulf Oesterreicher lassen sich Schriftlichkeit und Mündlichkeit sowohl hinsichtlich des Mediums der Realisierung sprachlicher Äußerungen als auch hinsichtlich der Konzeption unterscheiden. Demnach ist von *medialer Mündlichkeit* dort die Rede, wo eine sprachliche Äußerung phonisch, von *medialer Schriftlichkeit* dort, wo sie graphisch realisiert ist (Koch/Oesterreicher 1994: 587). *Konzeptionelle Schriftlichkeit* bzw. *Mündlichkeit* stehen demgegenüber für „den Duktus, die Modalität der Äußerungen sowie die verwendeten Varietäten" (ebd.). Während die Unterscheidung von medialer Schriftlichkeit und Mündlichkeit „dichotomisch zu verstehen" ist (ebd.), erscheinen konzeptionelle Schriftlichkeit und Mündlichkeit als die „Endpunkte eines Kontinuums" (ebd.). Der „Schriftlichkeits-Pol" (ebd.: 588) steht dabei unter Anderem für folgende Aspekte: ‚raumzeitliche Distanz', ‚soziale Distanz', ‚emotionale Distanz', ‚öffentliche Sprachverwendungssituation', ‚Monologizität', ‚Reflektiertheit/Geplantheit der Äußerung'. Man könnte auch sagen: Konzeptionelle Schriftlichkeit bzw. Mündlichkeit sind sprachproduktionsbezogene Einstellungen. Sie erscheinen jeweils als die Neigung, sprachliche Äußerungen, seien sie für das Medium der Phonie oder der Graphie geplant, so zu gestalten, wie *prototypischerweise* phonische bzw. graphische Äußerungen gestaltet sind.

Eine medial schriftliche Sprachform nenne ich hier der Einfachheit halber *Schreibsprache*, eine medial mündliche *Sprechsprache*. Demgegenüber steht *Schriftsprache* für eine konzeptionell schriftliche Sprachform (die als Schreib- oder Sprechsprache erscheinen kann), *Redesprache* für eine konzeptionell mündliche (die ihrerseits Sprech- oder Schreibsprache sein kann). Schrift- und Schreibsprache einerseits und Rede- und Sprechsprache andererseits weisen dabei jeweils eine „ausgeprägte Affinität" auf (Koch/Oesterreicher 1994: 587).

Im hier eingeführten Sinne von *Schreibsprache* und *Redesprache* ist für das späte 20. und frühe 21. Jahrhundert eine Tendenz der Annäherung zwischen beiden Sprachformen festzustellen. Diese Tendenz wird von der Forschung auf unterschiedlichen Ebenen des Sprachsystems anhand konkreter Sprachwandelphänomene behauptet.

Als Reflex der gesprochenen Sprache im syntaktischen Bereich lässt sich mit Weinrich (1984: 97) eine Tendenz der deutschen Gegenwartssprache zur Reduktion der Satzklammer interpretieren (*Die Sonne geht nicht unter in meinem Reich* statt *Die Sonne geht in meinem Reich nicht unter*). Ähnliches gilt für die seit Jahren viel diskutierte Verbzweitstellung im kausalen Nebensatz mit *weil* (*Ich kann nicht mit in die Kneipe, weil ich bin anderweitig verabredet*). Das Phänomen erregte auch außerhalb der Sprachwissenschaft weithin Aufmerksamkeit. Sprachpflegerisch gesinnte Zeitgenossen gründeten eine Aktionsgemeinschaft „Rettet den Kausalsatz" (Wegener 1999: 3); in Hamburg wurde 1994 in einer Gymnasialklasse auf Anregung des Deutschlehrers jeder *weil*-Satz mit Verbzweitstellung als „sprachliche Schlamperei" mit einer Geldbuße belegt (ebd.). Die Linguistik sieht heute in der beschriebenen Satzstellung jedoch gemeinhin nicht mehr einen Bruch der Satzkonstruktion (Anakoluth) und damit einen Regelverstoß, sondern ein „Spezifikum der gesprochenen

Sprachform" (Glück/Sauer 1997: 45). In neueren Grammatiken wird die Konstruktion üblicherweise berücksichtigt, bisweilen schon als (in manchen Kontexten) regelkonform gesehen und für bestimmte Redezusammenhänge sogar empfohlen.[26]

Im Wortschatz werden Elemente gesprochener Sprache auf unterschiedlicher Ebene in die Schriftlichkeit übernommen. Besonders signifikant ist hier die Wortbildung; zu nennen sind u. a. Ableitungen auf *-i/-y/-ie* (*Wessi, Ossi, Fuzzy, Yuppie*)[27], auf *-o* (*Realo, Brutalo, Fascho*), auf *-e* (*Häme, Zyne, Schreibe*)[28] sowie Kurzwörter ohne Ableitungssuffix (*Prof* ›Professor‹, *Alk* ›Alkohol‹, *Uni* ›Universität‹).

Auf der morphosyntaktischen Ebene beschreiben Glück/Sauer (1997: 53) eine „Tendenz, die normgerechte Markierung von Akkusativobjekten durch die entsprechenden Endungen aufzugeben" („Kein Schutt abladen!"); ähnliches gilt auch für den Dativ („Durchfahrt verboten, außer Bewohner und Versorgungsfahrzeuge", ebd.: 54). Die Autoren schlagen vor, dergleichen nicht als Kasuswechsel, vielmehr als „phonologische Reduktionen (nachlässige Aussprache, ›Verschlucken‹ von unbetonten Silben)", mithin als Auswirkungen der Sprechsprache auf die Schreibsprache zu interpretieren (ebd.: 58).

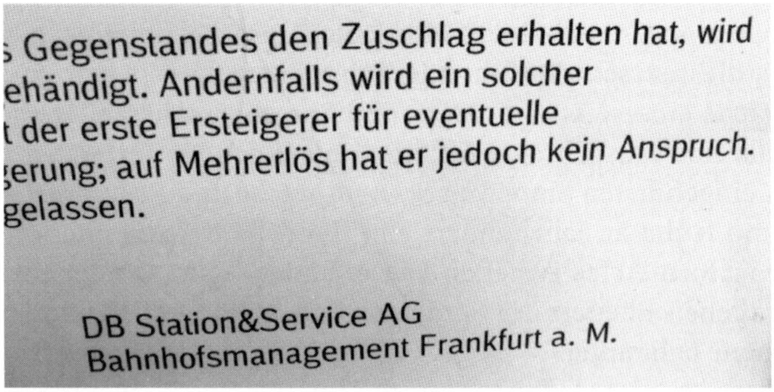

Abb. 1. Aushang im Hauptbahnhof Frankfurt a. M., März 2008

---

[26] Einen Überblick über die Literatur gibt Wegener (1999: 4); sie stellt fest: „Weil-Verbzweit ist […] grammatikfähig geworden." (Ebd.)

[27] Das Ableitungsmuster „Kurzform auf *i*" gilt nicht nur für Substantive, sondern – seltener – auch für Adjektive, z. B. bei *depri* (in *depri* ›niedergeschlagen, depressiv‹ *sein*).

[28] Die Ableitungen auf *-e* sind wohl zu einer größeren Gruppe von Verbalableitungen zu rechnen, zu denen auch seit Jahrhunderten übliche Wörter wie *Rede* gehören. Das Derivationsmuster, dem der Präteritalstamm zugrunde liegt (erkennbar bei starken Verben wie *Gabe* < *geben*, *Sprache* < *sprechen* usw.), scheint jedoch in neuerer Zeit umgedeutet worden zu sein: Die Ableitung erfolgt bei starken Verben heute in der Regel ohne Ablaut (*Schreibe* statt *Schriebe*), wohl aufgrund der Annahme, sie entstehe aus dem Infinitiv, bei dem das *n* weggelassen werde; vgl. Glück/Sauer (1997: 75). – Zu diesen Deverbativa gehören dann auch Wörter, die das Suffix *-e* nicht aufweisen, z. B. *Flatter* (in *die Flatter machen*) < *flatter[e]n*.

Freilich scheinen einige Differenzierungen angebracht. Ohne weiteres nachvollziehbar ist der postulierte Einfluss der Sprechsprache auf die Schreibsprache in Fällen der Apokope, Synkope oder – in Beispielen wie *Kein Schutt abladen!* oder *auf Mehrerlös hat er jedoch kein Anspruch* (Abb. 1) – der Ekthlipsis (*kein* = *kein'n*). In Fällen wie *Durchfahrt verboten, außer Bewohner und Versorgungsfahrzeuge* scheint demgegenüber eher ,Telegrammstil' vorzuliegen: Erreicht wird durch die Ersparung der verbindenden Präposition *für* eine der Textsorte bzw. Sprechhandlung VERBOT angemessene Reduktion kommunikativer Verbindlichkeit (eine Steigerung von Schroffheit und Schärfe). Man denkt an den preußischen Offizierston des späten 19. und frühen 20. Jahrhunderts, aber auch an die Sprachform amtlicher Verordnungen jeder Art. Wenn hier überhaupt ein Einfluss von Redesprache (konzeptioneller Mündlichkeit) auf Schreibsprache (mediale Schriftlichkeit) zu konstatieren ist, so handelt es sich historisch gesehen jedenfalls um ein nicht besonders neues Phänomen.

Anders hingegen sind offenbar Fälle wie die folgenden zu deuten:

a) *Was ist ein Student heute noch wert ohne eigenem Blog, eigener Homepage, eigenem Freundesnetzwerk, eigener Videogalerie* (Abb. 2);

b) *Wenn [...] die Schneeverhältnisse eine starke Nutzung der [Haltestelle] Kohlhofwiesen erwarten lässt [...]* (Abb. 3);

c) *Für zu Schuppen neigendem Haar* (Abb. 4);

d) *US-Buchhändler versenden per Internet Naziliteratur nach Deutschland – obwohl dessen Vertrieb hier verboten ist* (Abb. 5);

e) *Man stößt auf Divisions-Sonderbefehle wie jenem aus dem Jahr 1944* (Abb. 6).

Was hier vorliegt, sind offenbar zunächst ganz gängige Grammatikfehler, wie sie immer schon bei der Produktion mündlicher wie schriftlicher Texte unterlaufen sind. In Beispiel a) prägt offenbar der Gedanke an die zu *ohne* antonymische Präposition *mit* die Konstruktion und führt zu einer Verwendung des falschen Kasus; bei b) und c) wird jeweils eine syntaktisch näher stehende, aber für die Rektion nicht in Frage kommende Einheit als Rektions-Orientierungsgröße gewählt (*eine starke Nutzung* für den Numerus im ersten, *zu* für den Kasus im zweiten Fall). Interessant erscheint demgegenüber Beispiel d), weil hier als Orientierungsgröße für die Genusrektion des Pronomens (*dessen*) eine weiter weg stehende Einheit (*Internet*) gewählt wurde. Der falsche Kasus in Beispiel e) mag ein bloßer Tippfehler sein.

Auffällig scheint nun weniger, dass solche Fehler überhaupt gemacht werden, vielmehr dass sie in für die Öffentlichkeit bestimmten Texten vor der Publikation nicht mehr korrigiert werden. Eben dieses Phänomen aber kann durch das Sprachproduktionskonzept Redesprache (konzeptionelle Mündlichkeit) erklärt werden. Ein Charakteristikum der Sprechsprache (der medialen Mündlichkeit) ist es, dass Äußerungen zwar widerrufen, aber nicht gänzlich

Abb. 2. Aushang an der Universität Gießen, Winter 2008/09

> **Sehr geehrte Fahrgäste,**
>
> wenn es die Witterungsverhältnisse erfordern, bzw. die Schneever-
> hältnisse eine starke Nutzung der Kohlhofwiesen erwarten lässt, wird
> im Bereich Drei-Eichen-Weg und Gaiberger Weg die Verkehrsführung
> geändert.
>
> Die Linie 39 fährt an diesen Tagen von Montag bis Freitag, ab 13.00
> Uhr bis 16:30 Uhr, an Samstagen, Sonn- und Feiertagen, sowie in den
> ~~~~~ und 16 30 Uhr ab Königstuhl in Richtung

Abb. 3. Aushang des Verkehrsverbundes Rhein-Neckar (RNV) in Heidelberg, Dez. 2007

aus der Welt geschafft werden können: Was einmal gesagt ist, bleibt gesagt, wohingegen etwas Geschriebenes problemlos ohne Spuren gelöscht werden kann. (Eine gestrichene Passage erscheint nicht im Druck, von den neumedialen Möglichkeiten der Textproduktion, die rückstandslose Korrekturen bereits am Bildschirm erlauben, einmal ganz zu schweigen.) Zwar können auch gesprochene Äußerungen ‚repariert‘, d.h. neu strukturiert werden, aber eine Revision im wörtlichen Sinne ist ausgeschlossen. Sie ist auch gar nicht nötig, weil Gesprochenes in literal orientierten Sprachgemeinschaften prinzipiell

Nazibücher schlüpfen durch das Internet

US-Buchhändler versenden per Internet Naziliteratur nach Deutschland – obwohl dessen Vertrieb hier verboten ist.

Die beiden größten amerikanischen Online-Buchhandlungen, Amazon. com und Barnesandnoble.com (50 Prozent Bertelsmann), haben auf ihren US-Webseiten Schriften wie Hitlers „Mein Kampf" (14,40 Dollar) im Angebot. Das Simon Wiesenthal-Center in Los Angeles forderte die Firmen auf, die deutschen Gesetze zu beachten, den Versand einzustellen.

Abb. 4 (*links*). Aufdruck auf Shampoo-Flaschen der Marke Pantene Pro-V;
Aufnahme vom Aug. 2008
Abb. 5 (*rechts*). *Bild*, 11. 8. 1999

Panzer auflaufen lassen"). Man stößt auf
Divisions-Sonderbefehle wie jenem aus
dem Juni 1944, der angesichts „bandenge-
fährdeter Gebiete" den „rücksichtslosen
Waffengebrauch, kein Einlassen auf Ver-

Abb. 6. *FAZ*, 18. 8. 2006

vergänglich ist und leicht dem Vergessen anheimfällt. Brüche in syntaktischen Konstruktionen beispielsweise sind daher in der Sprechsprache ebenso wenig ein Problem wie Abbrüche mit vollständigen Neuansätzen, und beides kann als Charakteristikum der Sprechsprache gelten. Geschriebenes hingegen ist bleibend und jederzeit wiederholbar, so dass als ein Charakteristikum der Schreibsprache die Möglichkeit der Bemühung um eine idealiter vollständige Revision erscheint.

Nimmt man nun an, dass die genannten Charakteristika der Sprech- bzw. Schreibsprache (der medialen Mündlichkeit bzw. Schriftlichkeit) als konzeptionelle Aspekte die Rede- bzw. Schriftsprache (die konzeptionelle Mündlichkeit bzw. Schriftlichkeit) prägen, so lässt sich folgende Erwartung formulieren: Wer Schriftsprache produziert, will, dass der Produktionsprozess mit all seinen Um- und Irrwegen im Produkt selbst möglichst nicht mehr erkennbar ist. Dies gilt sogar für gesprochene Schriftsprache; bis heute gibt es Zeitgenossen, die ‚druckreif' zu sprechen wissen. Umgekehrt bleibt bei geschriebener Redesprache die Möglichkeit einer Revision außerhalb des Fokus. Mit anderen Worten: Wer schreibt, *so als ob er spräche*, der korrigiert möglicherweise seinen Text an der einen oder anderen Stelle, aber kaum noch intensiv im Ganzen. Was

einmal geschrieben ist, bleibt bei geschriebener Redesprache geschrieben, so
wie bei gesprochener Redesprache etwas einmal Gesagtes gesagt bleibt. Man
schaut in der Regel vor der Publikation nicht mehr gründlich auf seine Texte
(verlässt sich allenfalls auf unzulängliche Korrektur-Computerprogramme),
wofür dann in aller Regel ökonomische Aspekte als Gründe herhalten müssen. Die faktische Abschaffung des professionellen Korrigierens (s. o.) ist dafür
lediglich symptomatisch.

3.6.2.3. *Ausgleich zwischen den Stilebenen*

Eng mit dem Ausgleich zwischen Varietäten und Standardsprache und dem
Ausgleich zwischen gesprochener und geschriebener Sprache einher geht ein
Ausgleich der Stilebenen. Gemeint ist damit eine Tendenz zum allgemein-
sprachlichen Verzicht auf stilistisch gehobene Varianten einerseits und zur
Aufwertung ehemals als niedrig empfundener Varianten andererseits.

Wie wenig eine gehobene Sprache schon im späten 20. Jahrhundert noch
als zeitgemäß empfunden wurde, hat Uwe Förster – in engagierten Plädoyers
für dieselbe – mehrfach herausgestellt (z. B. Förster 1990). Signifikant sind in
diesem Zusammenhang die Bemühungen um die Einheitsübersetzung der hei-
ligen Schrift, bei der normalsprachliche Formulierungen in der Regel den aus-
gefallenen (meist Archaismen) vorgezogen wurden. Sprachliche Höhenzüge
wurden auf diese Weise planiert, der typische „Bibelstil", eine textsortenspezi-
fische Varietät, die in vielerlei Hinsicht Relikte der Luthersprache konservierte,
zu Gunsten einer modernen Einheitssprache aufgegeben. Ebenfalls zu beobachten ist spätestens seit den 1970er Jahren ein Generalverdacht gegen jede Art
von rhetorischem Pathos. Hält man Parlamentsreden oder (gehobene) Talk-
runden bis hinein in die 1960er Jahre neben vergleichbare Textsorten seit den
1970ern, so lässt sich in letzteren ein viel enger an die Alltagssprache angelehnter Sprachduktus konstatieren. Das hohe Pathos – gegen das freilich bereits im
19. und frühen 20. Jahrhundert vereinzelt polemisiert worden war (vgl. Bär
2003) – hat in der seriösen öffentlichen Rede ausgedient; wo es dennoch in
Erscheinung tritt, wirkt es peinlich bzw. unfreiwillig komisch.

Am unteren Rand des Stilspektrums lässt sich hingegen beobachten, dass
viele noch bis vor kurzem als derb, schmutzig oder unanständig empfundene
Wörter nach und nach salonfähig werden.

> „Schmutzige Wörter gehören in den Bereich des Wortschatzes, der tradi-
> tionell als obszön gilt [...]. Das ist insbesondere alles, was mit Sexualität
> zu tun hat. Hier hat sich eine gewisse Enttabuisierung vollzogen, denn viele
> Wörter, die noch vor zehn, zwanzig Jahren allenfalls als ‚...' gedruckt wor-
> den sind, werden heute immer öfter ausgeschrieben und ausgesprochen.
> Sie gelten nach wie vor als deftig und in der Lexikonsprache als ‚derb', und
> viele Leute finden sie nach wie vor obszön. Aber sie haben ihre angestamm-
> te Welt der Schulhöfe, Stammkneipen und Schmuddelheftchen verlassen.

Viele von ihnen gehören zum Wortschatz der meisten Leute und sind in der lockeren Umgangssprache immer normaler geworden. *Arschloch* beispielsweise ist nach wie vor ein saftiges Schimpfwort, aber es ist immerhin von Josef Fischer MdB als Bezeichnung für den zweithöchsten Repräsentanten unseres Landes öffentlich verwendet worden (‚Mit Verlaub, Herr Präsident, Sie sind ein Arschloch‘), und selbst die *Zeit* schreckt nicht mehr [...] davor zurück [...]." (Glück/Sauer 1997: 37.)

Während etliche Schimpfwörter ihre Bedeutung behalten und nur einfach gängiger werden, erfahren andere Wörter, die ehemals als eindeutig abwertend empfunden wurden, eine semantische Aufwertung, indem sie z.B. von gesellschaftlichen Gruppen zur Selbstbezeichnung verwendet werden (*Hure*, *schwul*).[29] In anderen Fällen erfolgt eine Aufwertung durch Bedeutungserweiterung, so bei dem bis Ende der 1970er Jahre fast ausschließlich in der Bedeutung ›voll sexueller Begierde‹ verwendete Adjektiv *geil*, das heute nicht nur in der gesprochenen Sprache von Jugendlichen, sondern zunehmend auch in der Schriftsprache, z.B. in Medientexten, in der Bedeutung ›toll, klasse, beeindruckend‹ zu finden ist.[30]

3.6.3. Eine neue sprachhistorische Periode?

Das Deutsche hat unter veränderten historischen, kulturellen und kommunikationstechnischen Bedingungen seit der Mitte des 20. Jahrhunderts zu einer veränderten Form gefunden. Festzustellen sind Modifikationen in Morphologie, Lexik, Syntax und im Textbereich. Auf all diesen Ebenen des Sprachsystems zeigt sich ein größerer Einfluss der Redesprache auf die Schreibsprache und ein größerer Einfluss der Fachsprachen auf die Allgemeinsprache. Das Bewusstsein einer einheitlichen, verbindlichen sprachlichen Norm geht mehr und mehr verloren. Zwar sind keineswegs alle varietätenspezifischen Unterschiede weggefallen, die Grenzen zwischen den Varietäten werden aber insgesamt gesehen immer unschärfer. Damit soll nicht gesagt sein, dass eine prinzipielle Tendenz zur Nivellierung zu erwarten stünde. Vielmehr handelt es sich um einen Prozess, für den zuvor mit Bedacht der Ausdruck „Verschiebung im Varietätensystem" gewählt wurde. Um eine räumliche Metapher zu verwenden: Es scheint, als ob

---

[29] Hier ist das nicht selten zu beobachtende Verhaltensmuster zu erkennen, abwertende Fremdbezeichnungen zu adaptieren und ihnen das negative Potenzial zu nehmen, indem man sie aktiv zur Selbstbezeichnung verwendet, gewissermaßen als Ehrentitel führt. Beispiele sind die *Romantiker* des 19. Jahrhunderts (vgl. Behler 1992: 22f.) und die französischen Expressionisten des *Fauvismus* (von französisch *les fauves* ›die Wilden‹); beide Bezeichnungen wurden ursprünglich von Gegnern in karikierender bzw. diffamierender Absicht gebraucht.

[30] Tatsächlich handelt es sich dabei nicht um eine völlig neue Bedeutung, sondern um die – wohl unwissentliche – Wiederbelebung einer älteren, sogar ursprünglichen Bedeutung, die jedoch spätestens seit dem 19. Jahrhundert weitgehend in Vergessenheit geraten war (s. *Der Sprachdienst* 43/1999: 235f.).

in diesem System die weitgehend vertikale Ausrichtung des Oben und Unten,
Besser und Schlechter, die nach heute gängiger Lehrmeinung die Periode des
Neuhochdeutschen bestimmt hat, wieder stärker zu einer horizontalen Ausrichtung des Nebeneinander tendiere, wie sie die vorangegangene Epoche des
Frühneuhochdeutschen bestimmt hat. Allerdings ist selbstverständlich weder
die Varianzbreite noch der Grad dessen, was allgemein akzeptiert wird, auch
nur annähernd so groß wie etwa im 15. und 16. Jahrhundert.

Verändert hat sich auch die Sprachkontaktsituation. Der Einfluss anderer
Sprachen auf das Deutsche ist ein wichtiger Faktor des sprachlichen Wandels.
Insbesondere das Englische (genauer: das Angloamerikanische) ist hier von
Bedeutung; es hat ganz offensichtlich eine ähnliche Funktion übernommen,
wie sie in früheren Jahrhunderten das Latein erfüllte. Eine zweite, im Gegensatz
zum Englischen interne Kontaktsprache, die für das Deutsche immer wichtiger
wird, ist das Türkische.

Alle genannten Fakten lassen den Eindruck entstehen, dass die deutsche
Sprache seit ca. 1950 spezifische Eigenheiten aufweist. Die Unterschiede zur
unmittelbar vorangehenden Periode, dem Deutsch der ersten Hälfte des 20.
Jahrhunderts, sind sowohl in Bezug auf das Sprachsystem als auch auf die
soziokulturellen Rahmenbedingungen sicherlich nicht geringer als beispielsweise die zwischen dem späten Frühneuhochdeutschen in der ersten Hälfte
und dem frühen Neuhochdeutschen in der zweiten Hälfte des 17. Jahrhunderts.
Die Frage stellt sich, ob diese Beobachtung nicht Anlass geben sollte, für das
gegenwärtige Deutsch sprachhistorisch gesehen wiederum eine neue Periode
anzusetzen, die auch terminologisch deutlich von der davor liegenden (eben
derjenigen, die in der Sprachgeschichtsschreibung üblicherweise Neuhochdeutsch genannt wird) zu unterscheiden wäre. Mit Hartmut Schmidt (2002)
könnte man von „Spätneuhochdeutsch" sprechen.

Ein zusätzliches Argument dafür könnte die Tatsache liefern, dass dasjenige, was man üblicherweise *Neuhochdeutsch* nennt, heute oft genug bereits
schwierig zu verstehen ist.

> „Zentrale Schriften des 17. bis 19. Jahrhunderts, gelegentlich sogar Texte aus
> der Mitte des 20. Jahrhunderts, sind durch den verwendeten Wortschatz,
> durch regionale und stilistische Eigenheiten, nicht zuletzt aber auch durch
> ihre komplexe sprachliche Struktur erklärungsbedürftig." (J. Riecke, im
> vorliegenden Band, S. 108)

Dieses Phänomen führt dazu, dass seit einigen Jahren literarische Texte der
deutschen Klassik und des späteren 19. Jahrhunderts, die der Schullektüre
dienen sollen, in gegenwartsdeutscher Übersetzung angeboten werden (vgl.
Riecke 2007: 46). Folgt man Sonderegger (1979: 185ff.), so können eben solche
Probleme, die eine Sprachgemeinschaft beim Verstehen älterer Texte hat, ein
Kriterium für den Ansatz einer sprachhistorischen Periodengrenze zwischen
beiden Zeiträumen sein („Verstehbarkeitsgrenzen"; ebd.: 190).

Als Beginn der neuen Periode gilt in der jüngeren Sprachgeschichtsschreibung häufig das Jahr 1945. Doch wenngleich das Ende des Zweiten Weltkriegs und der nationalsozialistischen Diktatur ein einschneidendes historisches Ereignis darstellt, wird Sprachgeschichte durch politische Veränderungen oder Ereignisse (von direkten Sprachverordnungen einmal abgesehen) eher auf mittlere bis längere Sicht beeinflusst. Das Ende des Zweiten Weltkriegs wirkt sprachhistorisch vor allem durch bestimmte unmittelbare wie mittelbare Folgeentwicklungen: durch die Vertreibung der deutschsprachigen Bevölkerung aus den Ostgebieten und die dadurch zustande kommende essentielle Veränderung der deutschen Dialektlandschaft, durch die deutsche Teilung und durch die starke Westorientierung der alten Bundesrepublik (einschließlich Demokratisierung, Wirtschaftswunder usw.), die, einhergehend mit dem Generationswechsel, nach und nach einen tiefgreifenden, spätestens in den 1960er Jahren auch im Sprachgebrauch erkennbaren Mentalitätswandel zur Folge hatte. Man wird daher die Jahreszahl 1945 aus sprachhistorischer Sicht ebenso wie die meisten anderen exakten Daten eher als symbolisch verstehen müssen. Für eine trennscharfe Epochengrenze kann sie nicht stehen, vielmehr nur für *ein* wichtiges Datum in einem Übergangszeitraum, der am sinnvollsten wohl tatsächlich so unbestimmt anzugeben wäre wie oben bereits angedeutet: mittels Formulierungen wie „um die Jahrhundertmitte" oder eben durch die als gerundet verstandene Jahreszahl 1950.[31]

Die damit sich abzeichnende sprachhistorische Fünfgliederung kommt, was die Periodengrenzen betrifft, mit derjenigen überein, die Hans Eggers (an unterschiedlichen Stellen seiner vierbändigen *Deutschen Sprachgeschichte*; zur Zusammenfassung s. Roelcke 1995: 202f.) vornimmt und wie sie auch in die Konzeption der zweiten Auflage des Handbuchs *Sprachgeschichte* (Besch/ Betten/Reichmann/Sonderegger 2000: Abschnitte VIII–XIV) eingegangen ist:

1. ca. 750 bis ca. 1050: Althochdeutsch,
2. ca. 1050 bis ca. 1350: Mittelhochdeutsch,
3. ca. 1350 bis ca. 1650: Älteres oder Frühneuhochdeutsch,
4. ca. 1650 bis ca. 1950: Mittleres Neuhochdeutsch,
5. ab ca. 1950: Jüngeres oder Spätneuhochdeutsch.

---

[31] Dieses Jahr wird als Periodengrenze u. a. in den sprachgeschichtlichen Darstellungen von Hans Eggers, Randolf E. Keller, Joachim Schildt, Wilhelm Schmidt und Christopher J. Wells vorgeschlagen; vgl. die Synopse bei Roelcke (1995: 177ff.). Je nach bevorzugtem oder gerade hervorgehobenem Gliederungskriterium kann die Grenze einige Jahrzehnte davor oder danach angesetzt werden. Beispielsweise ließe sich unter dem Aspekt des Einflusses der auditiven Massenmedien auf die Sprache bereits in den 1920er Jahren von einem Epochenwechsel sprechen, während sich auf dem Gebiet der Stilistik, Metaphorik usw. ein deutlicher Wandel erst in den 1960er Jahren (und zwar hauptsächlich in Westdeutschland) abzuzeichnen beginnt.

Es bedarf keiner Erläuterung, dass damit lediglich ein allgemeiner sprachhistorischer Bezugsrahmen postuliert wird, eine eingängige Grobgliederung, wie sie sich besonders für Überblicksdarstellungen eignet – für eine Textsortengruppe, deren Bedeutung im Zusammenhang jeder Art von Wissenschaftsvermittlung und letztlich des gesellschaftlichen Stellenwertes der Sprachwissenschaft nicht hoch genug einzuschätzen ist. Für detaillierte Einzeluntersuchungen jeder Art empfehlen sich gegebenenfalls feinere und (in Abhängigkeit vom Untersuchungsinteresse) an jeweils unterschiedlichen Kriterien orientierte Gliederungen, die hier aber keine Rolle spielen sollen.

4. Entwicklungstendenzen des Spätneuhochdeutschen

Ob tatsächlich „frühneuhochdeutsche Zustände im Spätneuhochdeutschen" zu erwarten sind, also eine extreme Variantenvielfalt, wie Schmidt (2002) fraglich macht, bleibt zunächst abzuwarten. Setzen sich die aufgezeigten Tendenzen in den nächsten Jahrzehnten unverändert fort, so scheint eben dies freilich die Richtung, in welche die Entwicklung verlaufen dürfte – zumal (hier ist das demokratische System ursächlich, welches das Mitredendürfen begründet, und die Massenmedien sind als Multiplikatoren wichtig) immer mehr Leute aus den unterschiedlichsten gesellschaftlichen Schichten in vielerlei Hinsicht mitreden wollen und können.

Die Redesprache wird unter diesem Aspekt künftig eine vermutlich noch weitaus größere Rolle als bisher spielen. Möglicherweise wird der innere Sprachkontakt mit dem Türkischen sich verstärken. Auf dem Wege über die massenmedial verbreitete Parodie könnte die „Kanak Sprak" ihren bislang unterschichtigen Charakter nach und nach verlieren und sowohl die Artikulation als auch die Morphosyntax des Deutschen dauerhaft beeinflussen – ein Sprachwandel (was historisch neu sein dürfte) *per ineptiam*. Noch kann man sich durch die Nachahmung dieser Sprache über diejenigen lustig machen, die keine andere Varietät des Deutschen beherrschen oder zu beherrschen scheinen. Verselbständigt sich die Persiflage, ist irgendwann die Reaktion nicht mehr Gelächter, sondern nur noch aktive Nachahmung, so wird der Sprachwandel als erfolgt anzusehen sein.

Die Differenziertheit der Stilebenen wird vermutlich noch etwas weiter zurückgehen; vgl. auch Riecke (2007: 49), der den „fast völligen Verlust von sprachlich-stilistischer Variation" als „das sprachliche Hauptübel" bezeichnet, „das zur Zeit in Deutschland um sich greift". Hier könnte man allerdings früher oder später auch eine Gegenbewegung erwarten: Es ist unwahrscheinlich, dass die planierte Sprache die vielschichtigen kommunikativen Bedürfnisse dauerhaft befriedigen kann.

Ansonsten: Der englische Einfluss wird weiter zunehmen, vermutlich noch Jahrzehnte lang. Allerdings wird in der Sprachwissenschaft auch die Auffassung geäußert, dass dieser Einfluss sprachhistorisch gesehen nicht von größerer

Dauer sein wird: „Der bisherige Verlauf der Entlehnung von Anglizismen unterscheidet sich von dem der Wörter aus anderen Sprachen [...] nur dadurch,
dass er später [...] eingesetzt hat und noch keine deutliche Abschwächungs-
tendenz zeigt. Sein Verlauf erweist sich bisher als gesetzmäßig, so wie der der
Fremdwörter aus anderen Sprachen es auch war" (Best 2003: 19). Entlehnungs-
prozesse „entwickeln sich über Jahrhunderte und zeigen dabei einen typischen
s-förmigen Verlauf. D.h., es gibt eine Phase, in der die Wortübernahmen aus
einer bestimmten Sprache einsetzen, zuerst nur allmählich und dann immer
schneller zunehmen, bis der Zuwachs schließlich erlahmt und irgendwann fast
zum Erliegen kommt" (Best 2000: 49). Die Entlehnung englischer Wörter nun
„befindet sich Mitte des 20. Jhds. anscheinend etwa in der Mitte" eines solchen
„S-förmigen Prozesses" (Best 2003: 9), d.h., die Menge der neu entlehnten Anglizismen dürfte zukünftig nach und nach wieder geringer werden. (Es geht
dabei wohlgemerkt nicht um sprachhistorisch kurze Zeiträume von wenigen
Jahren oder selbst zwei bis drei Jahrzehnten und auch nicht um die Masse der in
bestimmten Textsorten, z.B. in der Werbung, für wenige Wochen oder Monate
verwendeten und dann wieder in Vergessenheit geratenden englischen Wörter,
sondern lediglich um solche, die langfristig in den Wortschatz der Allgemeinsprache eingehen.) Trifft die Berechnung tatsächlich zu, so könnte durchaus in
hundert bis hundertfünfzig Jahren das amerikanische Englisch seine Rolle als
wichtigste Kontaktsprache des Deutschen verloren haben.

Was in Zukunft durchaus in Frage steht, ist die internationale, vor allem die
europäische Rolle der deutschen Sprache. Neuere Forschungen, insbesondere
von Ulrich Ammon (z.B. Ammon 2000; ders. 2002), zeigen, dass das Deutsche
in verschiedenen Bereichen, vor allem in der Wissenschaft und in der Wirtschaft, international gesehen seine frühere Bedeutung seit längerem verloren
bzw. an das Englische abgetreten hat. Speziell im Kontext der Europäischen
Union ist es zwar auf dem Papier eine gleichberechtigte Arbeitssprache, faktisch werden aber nahezu alle Amtshandlungen in französischer, vor allem aber
in englischer Sprache vorgenommen.[32] Zwar mehren sich die Stimmen, dass
die Rolle des Deutschen in der Welt und in Europa gestärkt werden müsse, und
sogar das Bundeskanzleramt erklärt sich in diesem Sinne. Die Taten, die hier
unbedingt folgen müssten, wären eine erhebliche finanzielle Stärkung der im
Ausland Deutsch als Fremdsprache vermittelnden Institutionen, insbesondere
der Goethe-Institute, ebenso Maßnahmen im inländischen Bildungsbereich,
z.B. eine Stärkung des Deutschunterrichts (in jedem Fall wäre sicherzustellen,
dass Deutsch als Unterrichtssprache vom ersten Schuljahr an problemlos Verwendung finden kann, was derzeit aufgrund des hohen Anteils nicht Deutsch
sprechender Kinder in vielen Schulen kaum noch möglich ist), sowie eine
Unterstützung der ‚Lobby-Arbeit' von Einrichtungen wie der Gesellschaft für

---

[32] Vgl. hierzu sowie allgemein zum Thema „Sprache als Instrument der Außenpolitik" den
Beitrag von Stark (2000).

deutsche Sprache, um die Relevanz des Themas Sprache im allgemeinen Bewusstsein deutlicher zu verankern.

Inwiefern sich die Politik in den nächsten Jahren dieser Themen annehmen und ihre seinerzeitige Betroffenheit im Zusammenhang der Pisa-Studie in konkrete Maßnahmen umsetzen wird, muss sich zeigen. Es ist, worüber in den letzten Jahren innerhalb des Fachs weitgehende Übereinstimmung zu herrschen scheint, eine der wichtigsten Aufgaben der Germanistik, hier für ein öffentliches Bewusstsein zu arbeiten (vgl. dazu z.B. die Wissensdomäne „Deutsche Sprache" des Forschungsnetzwerks „Sprache und Wissen" unter www.suw.uni-hd.de); es ist demnach eine der Aufgaben der universitären Ausbildung, ein solches Bewusstsein bei der kommenden Generation von Germanistinnen und Germanisten zu schaffen. Ebenso wie ein verständiger Blick in die Zukunft ohne Kenntnis der Vergangenheit nicht möglich ist, kann umgekehrt kein Blick in die Vergangenheit befriedigen, der zukünftige Perspektiven ausblendet. Dies ist es, was die Fachgermanistik auch und gerade bei der Beschäftigung mit der Sprachgeschichte nicht aus dem Auge verlieren muss.

5. Sprachpflege?

Sprache ist in der Realität immer nur in Form konkreter Äußerungen einzelner Sprecher greifbar. Ein Sprachsystem ist dagegen immer ein wissenschaftliches Konstrukt, eine idealtypische Reduktion, die durch Abstraktion von den einzelnen Sprach- bzw. Sprechereignissen hervorgebracht wird.

Jede Sprache ist eine komplexe Interaktionsform einer bestimmten Gruppe von Menschen (der Sprachgemeinschaft), erfüllt verschiedene Funktionen (z.B. Verständigung, Manipulation, Darstellung von Gegenständen und Sachverhalten, kognitive Erfassung und Gliederung der Welt) und ändert sich mit wechselnden Aufgaben und Anforderungen. Als Gesamtheit von Sprechakten existiert sie, wie eingangs ausgeführt, überhaupt nur im permanenten Wandel – eine Tatsache, mit der sich jede Beschäftigung mit Sprache auseinanderzusetzen hat.

In diesem Zusammenhang wird nicht selten zugleich Besorgnis um die Sprache wach. Beispiele sind sattsam bekannt. Welcher sprachbewusste Zeitgenosse hätte sich nicht schon einmal über Sätze geärgert wie „Es würde Sinn machen, dieses Jahr was für die Sprache zu tun, weil, in 2001 ist das Europäische Jahr der Sprachen" (Hörbeleg „aus" 2001), oder auch den Verfall der schönen alten starken Verben beklagt (*gefechtet, geschwört, verschwindet* statt *gefochten, geschworen, verschwunden*)?

Wäre es nicht die Aufgabe aller verantwortungsbewussten Mitglieder der Sprachgemeinschaft und insbesondere die Aufgabe der Sprachwissenschaft, solchen Sprachwandel aufzuhalten, solche Entwicklungen rückgängig zu machen? Geht die Sprache sonst nicht „vor die Hunde"?

Wenn man so argumentiert, ist sie dort längst, und es besteht wohl keine Chance, sie von dort wieder wegzubekommen – denn wo fände sich beispielsweise eine Lobby dafür, nicht mehr *bellen, bellte, gebellt* zu sagen, sondern wieder schön und stark wie Jacob Grimm: *bellen, ball, gebollen*?

Dergleichen mutet absurd an, und eben dies ist ein Indiz dafür, dass ,Sprachverfall' offenbar recht unterschiedlich wahrgenommen wird. Dass alles Bekannte und Vertraute (und daher in der Regel unhinterfragt für gut und richtig Gehaltene) stets Ergebnis von Sprachwandelprozessen ist, bleibt nämlich gemeinhin unberücksichtigt. Als kritikwürdig wird allenfalls der Wandel empfunden, den man selbst erlebt, nie der, den frühere Generationen erlebt haben.[33]

Dennoch ist die Sorge um die Sprache selbstverständlich legitim, selbst wenn es hauptsächlich die Sorge um die Leichtigkeit des eigenen alltäglich wiederholten Spracherwerbs ist, die einen umtreibt, da man über das eingangs erwähnte Nachahmungstalent ja nicht in unbegrenztem Maße verfügt. Man braucht Vertrautes und allgemein Geltendes, sonst gibt es keine Wiederholung und keine Verständigung, und da die Sprache sich nur durch die Sprache erhält, bedarf es der „Bewahrung eines sprachlichen Usus" zum Zweck „der Traditions- und Kontinuitätssicherung" (Stöckhardt 2000: 206).

Die Frage muss daher nicht lauten: *Braucht man überhaupt sprachliche Normen?*, sondern vielmehr: *Braucht man die hergebrachten sprachlichen Normen?* bzw. konkreter: *Sollte es ein Anliegen sein, die im Wandel befindlichen und seit dem letzten Drittel des 20. Jahrhunderts teils in Vergessenheit geratenden sprachlichen Normen des 19. und der beiden ersten Drittel des 20. Jahrhunderts zu ,retten'?*

Die Antwort ist nicht ganz so einfach, wie sie auf den ersten Blick scheinen mag. Es kommt dabei sehr stark auf die Perspektive an.

Die Sprache selbst – besser gesagt: die an funktionierender Kommunikation und durchaus auch an der Hervorbringung kultureller Leistungen wie Literatur oder Wissenschaft interessierte Sprachgemeinschaft – braucht speziell *diese* Normen nicht. Es bedarf, wie gesagt, zwar durchaus eines bestimmten Grades an allgemeinem Regelbewusstsein und eines allgemeinen Bemühens um Angemessenheit des sprachlichen Ausdrucks[34]; *welche* Regeln aber im

---

[33] Der intellektuelle Konservativismus – was man einmal gelernt hat, lässt man nur höchst ungern wieder in Frage stellen – ist dabei keineswegs eine neue Erscheinung. Bereits 1478 beklagt der Esslinger Stadtschreiber Niclas von Wyle den zeitgenössischen Sprachwandel, im Prinzip mit genau den gleichen Topoi, die auch heutzutage noch in ähnlichen Zusammenhängen Verwendung finden: „ÿetz [...] in allē schwebischen cantzlien [...] schribent die schriber ei für ai [...]: daz ain grosse vnnütze endrüg ist vnsers gezüngs [...]. Jch [...] hab mich [...] grosses flÿsses gebruchet dz jch gewonte zeschriben ai für ei. Aber ÿetz were not mich des wider ze entwēnen [...] das ich aber nit tŭn wil." (Zitiert nach Reichmann/Wegera 1988: 50.)

[34] Mit dem Wort *Angemessenheit* ist die antike rhetorische Kategorie des *Aptums* angesprochen, wie sie als Qualitätskriterium für sprachlichen Ausdruck traditionell herangezogen wird. Konkret ist damit mindestens viererlei gemeint (vgl Bär 2002a: 134): Angemessenheit an den Sprecher/Schreiber und seine Intention, Angemessenheit an den Adressaten bzw. Rezipien-

Einzelnen befolgt werden und mit *welchen* Mitteln man Angemessenheit des Ausdrucks konkret zu erreichen sucht, ist zweitrangig. Jede einzelne Regel[35] bzw. Regelmenge[36] ist daher per se verzichtbar und kann an anderer Stelle des Regelsystems kompensiert werden, ohne dass die Kommunikations-, Erkenntnis- oder Darstellungsfunktion der Sprache beeinträchtigt wird. Aufgabe der wissenschaftlichen Beschäftigung mit Sprache ist es nicht, einzelne Fälle zu bewerten, sondern den sprachlichen Wandel als solchen zu konstatieren, in größeren Zusammenhängen zu sehen, zu beschreiben (und ggf. auf mögliche Folgen hinzuweisen).[37] Subjektive Vorlieben für oder Abneigungen gegen einen bestimmten einzelnen Sprachgebrauch vermitteln kein angemessenes Bild der Sprache und ihrer Geschichtlichkeit im Ganzen.

Sprache erfüllt freilich nicht nur die genannten Funktionen, sondern auch die der Identitätsstiftung bzw. -sicherung. Wer jemand ist, zu welcher sozialen Gruppe er gehört, definiert sich großenteils über die Sprache. Aus diesem Grund pflegen viele Mundartsprecher ihren Dialekt und aus diesem Grund hängen etliche Gebildete an der Sprache Thomas Manns und Günter Grass'. Aufgabe einer sich selbst als umfassend verstehenden wissenschaftlichen Beschäftigung mit Sprache kann es daher gleichfalls nicht sein, allen Forderungen nach Bewahrung eines bestimmten Sprachstandes pauschal eine Absage zu erteilen. Täte sie dies, so ignorierte sie eine relevante Dimension ihres Gegenstandes (der Sprache). Keinem Naturwissenschaftler wird man es vorwerfen, wenn er sich zugleich als Naturschützer engagiert (wobei nicht betont zu werden braucht, dass kein Naturwissenschaftler *als solcher* Naturschützer ist oder sein muss). Entsprechend kann und darf jeder Sprachwissenschaftler, der dazu den Beruf fühlt, nicht nur über Sprache, sondern auch mit Sprache, an der Sprache und für die Sprache arbeiten.[38] Dabei wird es weniger darum gehen,

---

ten und seine Erwartungen, Angemessenheit an den Gegenstand und seine (intersubjektiv konsensfähige) Beschaffenheit sowie Angemessenheit an die als gängig oder allgemein gebräuchlich akzeptierten sprachlichen Regeln.

[35] Beispielsweise: „Gebrauche Substantive, die keine Eigennamen sind und die nicht für eine unbestimmte Menge eines nicht zählbaren Materials stehen, mit bestimmtem oder unbestimmtem Artikel", „Gebrauche zur Angabe des Ziels oder der Richtung bei Verben der Bewegung eine Präpositionalgruppe (*in/nach/zu* …) oder *(da)hin*" und „Gebrauche *weil* mit Verbletztstellung"; also nicht: *Isch geh Bahnhof, weil isch will Frankfurt*, sondern *Ich gehe zum Bahnhof, weil ich nach Frankfurt will.*

[36] Beispielsweise: „Beachte innerhalb von Substantivgruppen und bei Pronomina die Genusrektion".

[37] Zur Frage der Wertung vgl. Glück (2000: insbes. 62f.), der hier zu Recht differenziert: Sprachwissenschaftler/-innen kommen ohne Werturteile selbstverständlich nicht aus – „Faktisch normieren sie, indem sie beschreiben, was sie beschreiben" (ebd.: 62) –, es ist aber „nicht ihre Aufgabe, Geschmacksurteile abzugeben oder falsch gestellte Fragen zu beantworten" (ebd.: 63).

[38] Spracharbeit hier im Sinne von Bär (2002b: insbes. 231ff.). Für das gleiche Anliegen sind in der Sprachwissenschaft Bezeichnungen wie *Sprachkritik* (z. B. bei Walther Dieckmann, Jürgen Schiewe, Rainer Wimmer) oder *Sprachkultivierung* (z. B. bei Abrecht Greule) gängig.

bestimmte Sprachgebräuche als sprachliche Normen zu setzen und/oder zu vermitteln, vielmehr darum, Sprachgebräuche historisch und funktional transparent zu machen und damit einer interessierten Öffentlichkeit Möglichkeiten zu reflektiertem Sprechen und Schreiben an die Hand zu geben. Denn keine Sprachverwendung, die blind irgendwelchen Regeln folgt, ist gut; Chancen, es zu sein, hat hingegen eine solche, die Regeln kennt, ihren Sinn einschätzen und sie gegebenenfalls auch bewusst brechen kann.

6. Fazit

Die deutsche Sprachgeschichte verlief weder kontinuierlich noch zielgerichtet. Das gegenwärtige Deutsch ist das Ergebnis eines Jahrhunderte langen Prozesses, an dem verschiedenste Faktoren – räumliche, soziale, politische, kulturelle – beteiligt waren; sie ist daher ein strukturell durchaus uneinheitliches, durch viele historische Zufälle gewachsenes und gewordenes Gebilde. Kommunikation, eine der wichtigsten sprachlichen Aufgaben, funktionierte über Jahrhunderte hinweg auch ohne Gemeinsprache, insbesondere ohne einheitliche Rechtschreibung. Eines der großen sprachbewusstseinsgeschichtlichen Ereignisse der letzten Jahre, die erregte Debatte um die am 1. 8. 1998 in Kraft getretene Neuregelung der Orthographie (vgl. den Beitrag „Semantische Kämpfe um die Rechtschreibreform" von Jörn Stegmeier im vorliegenden Band), betrifft daher aus sprachhistorischer Sicht lediglich ein linguistisches Randgebiet.

Wie die zukünftige Entwicklung dieser neuen, der fünften Periode der deutschen Sprachgeschichte verlaufen könnte, wurde dargestellt, und ebenso, dass es diesbezüglich keine Sicherheit geben kann. Manche Zeitgenossen, die Älteren vor allem, die noch in der vierten Epoche, dem Neuhochdeutschen in der ersten Hälfte des 20. Jahrhunderts, groß geworden und mit dieser Sprachform untrennbar verbunden sind, könnten die Tatsache, dass keineswegs alles so kommen *muss* wie vorstehend ausgeführt, durchaus beruhigend finden. Denn die Sprache ist nun einmal der Feind der Sprache. In Abwandlung eines Hölderlin-Zitats ließe sich sagen: Täglich listet die Sprache der Gebrauch uns ab. Wer aber, um die Sprache vor Gebrauch zu schützen, gar nicht mehr sprechen und sprechen lassen wollte, wie der Müller Voß in Brentanos *Märchen vom Murmelthier*, der verlöre die Sprache völlig, und wer ihren Wuchs und durchaus mitunter auch Wildwuchs mittels Verordnungen und Gesetzen einschränken wollte, der würde sie lediglich verkrüppeln und verstümmeln. Das ist eben ihr Wesen, dass sie sich ständig wandeln muss, aber eben dadurch allein lebendig bleibt. In diesem Sinne spricht Goethe (1817: 117) gelassen von den „Quellen" der Sprachentwicklung: „[S]ollten sie in ihrer Heftigkeit auch etwas Bergschutt mitführen, er setzt sich zu Boden und die reine Welle fließt darüber her".

Denn die Sprache erhält sich nur durch die Sprache. Man braucht sich also keineswegs um die Sprache zu sorgen; aber man kann *für* sie sorgen, indem man spricht und schreibt und damit nicht nur andere nachahmt, sondern zugleich auch selbst anderen potentiell zum Vorbild wird. Und man kann ein Übriges tun, indem man *gut* (im Sinne des Aptums, vgl. Anm. 34) spricht und schreibt – letzteres sinnvollerweise anders, als man spricht, denn Sprechen und Schreiben haben unterschiedliche Funktionen und folgen unterschiedlichen Regeln – und damit potentiell ein *gutes* Vorbild ist. Mit anderen Worten: Man sollte Sprachbewusstsein im umfassenden Sinne (vgl. z. B. Wimmer 1983; ders. 1984) entwickeln, anwenden und nach Möglichkeit anderen vermitteln. Dann mag die Zukunft der deutschen Sprache beschaffen sein, wie sie will: Sie *hat* eine Zukunft.

Zitierte Literatur

Abel, Jürgen (1999) Cybersl@ng. Die Sprache des Internet von A bis Z. München. (Beck'sche Reihe 1294)

Ammon, Ulrich (2000) Geltungsverlust und Geltungsgewinn der deutschen Sprache seit der Mitte des 20. Jahrhunderts. In: Sprachgeschichte. Ein Handbuch zur Geschichte der deutschen Sprache und ihrer Erforschung. 2., vollst. neu bearb. u. erw. Aufl. Hrsg. v. Werner Besch/Anne Betten/Oskar Reichmann/Stefan Sonderegger. 2. Teilbd. Berlin/New York, 2185–2190. (Handbücher zur Sprach- und Kommunikationswissenschaft 2.2)

Ammon, Ulrich (2002) Deutsch unter Druck von Englisch in Wissenschaft und Politik. In: Deutsch – Englisch – Europäisch. Impulse für eine neue Sprachpolitik. Hrsg. v. Rudolf Hoberg. Mannheim/Leipzig/Wien/Zürich, 139–151. (Thema Deutsch 3)

Bär, Jochen A. (1999) Die Geschichte der deutschen Sprache. Ein Abriss. In: Duden. Das große Wörterbuch der deutschen Sprache in zehn Bänden. Hrsg. vom Wissenschaftlichen Rat der Dudenredaktion. 3., völlig neu bearb. u. erw. Aufl. Bd. 10. Mannheim/Leipzig/Wien/Zürich, 4771–4782

Bär, Jochen A. (2000a) Deutsch im Jahr 2000. Eine sprachhistorische Standortbestimmung. In: Die deutsche Sprache zur Jahrtausendwende. Sprachkultur oder Sprachverfall? Hrsg. v. Karin M. Eichhoff-Cyrus und Rudolf Hoberg. Mannheim/Leipzig/Wien/Zürich, 9–34. (Thema Deutsch 1)

Bär, Jochen A. (2000b) Wörter des Jahres 1999. In: Der Sprachdienst 44, 1–20

Bär, Jochen A. (2002a) Das Wort im Spiegel der Sprachkritik. In: Das Wort. Seine strukturelle und kulturelle Dimension. Festschrift für Oskar Reichmann zum 65. Geburtstag. Hrsg. v. Vilmos Ágel/Andreas Gardt/Ulrike Hass-Zumkehr/Thorsten Roelcke. Tübingen, 133–158

Bär, Jochen A. (2002b) Darf man als Sprachwissenschaftler die Sprache pflegen wollen? Anmerkungen zu Theorie und Praxis der Arbeit mit der Sprache, an der Sprache, für die Sprache. In: Zeitschrift für germanistische Linguistik 30, 222–251

Bär, Jochen A. (2003) Pathos. [B. IV–VII.: Barock, Aufklärung, Empfindsamkeit, Sturm und Drang, Klassik, Romantik, Idealismus, Vormärz, Realismus, Moderne.] In: Historisches Wörterbuch der Rhetorik. Hrsg. v. Gert Ueding. Bd. 6: Must–Pop. Tübingen, 706–717

Bär, Jochen A. (2004) Genus und Sexus. Beobachtungen zur grammatischen Kategorie „Geschlecht". In: Adam, Eva und die Sprache. Beiträge zur Geschlechterforschung. Hrsg. v. Karin M. Eichhoff-Cyrus. Mannheim/Leipzig/Wien/Zürich, 148–175. (Thema Deutsch 5)

Behler, Ernst (1992) Frühromantik. Berlin/New York. (Sammlung Göschen 2807)

Besch, Werner (2003) Entstehung und Ausformung der neuhochdeutschen Schriftsprache/Standardsprache. In: Sprachgeschichte. Ein Handbuch zur Geschichte der deutschen Sprache und ihrer Erforschung. 2., vollst. neu bearb. u. erw. Aufl. Hrsg. v. Werner Besch/Anne Betten/Oskar Reichmann/Stefan Sonderegger. 3. Teilbd. Berlin/New York, 2252–2296. (Handbücher zur Sprach- und Kommunikationswissenschaft 2.3)

Besch, Werner/Anne Betten/Oskar Reichmann/Stefan Sonderegger (Hgg.) (2000) Sprachgeschichte. Ein Handbuch zur Geschichte der deutschen Sprache und ihrer Erforschung. 2., vollst. neu bearb. u. erw. Aufl. 2. Teilbd. Berlin/New York. (Handbücher zur Sprach- und Kommunikationswissenschaft 2.2)

Best, Karl-Heinz (2000) Unser Wortschatz. Sprachstatistische Untersuchungen. In: Die deutsche Sprache zur Jahrtausendwende. Sprachkultur oder Sprachverfall? Hrsg. v. Karin M. Eichhoff-Cyrus/Rudolf Hoberg. Mannheim/Leipzig/Wien/Zürich, 35–52. (Thema Deutsch 1)

Best, Karl-Heinz (2003) Anglizismen – quantitativ. In: Göttinger Beiträge zur Sprachwissenschaft 8, 7–23

Debus, Friedhelm (1999) Entwicklungen der deutschen Sprache in der Gegenwart – und in der Zukunft? Mainz/Stuttgart. (Akademie der Wissenschaften und der Literatur: Abhandlungen der Geistes- und Sozialwissenschaftlichen Klasse, Jg. 1999, Nr. 2)

Eggers, Hans (1977) Deutsche Sprachgeschichte IV. Das Neuhochdeutsche. Reinbek bei Hamburg. (Rowohlts deutsche Enzyklopädie 375)

Förster, Uwe (1990) Unsere Sprache verliert das Angesicht. Ein Plädoyer für die gehobene Sprache; in: Der Sprachdienst 34, 161–170. Ebenfalls abgedruckt in: Uwe Förster. Sprachpflege auf wissenschaftlicher Grundlage. Beiträge aus drei Jahrzehnten. Hrsg. v. der Gesellschaft für deutsche Sprache. Mannheim/Leipzig/Wien/Zürich 2000, 163–175

Fritzen, Florentine (2007) Von Aleppo nach Auschwitz? Band zum Genozid an Armeniern tappt in Teleologie-Falle. In: Frankfurter Allgemeine Zeitung, 3. 11. 2007, S. 8

Glück, Helmut (2000) Dürfen Linguisten werten? In: Die Zukunft der deutschen Sprache. Eine Streitschrift. Hrsg. v. Helmut Glück/Walter Krämer. Leipzig/Stuttgart/Düsseldorf, 62–70

Glück, Helmut/Sauer, Wolfgang Werner (1997) Gegenwartsdeutsch. 2., überarb. u. erw. Aufl. Stuttgart/Weimar. (Sammlung Metzler 252)

Goethe, Johann Wolfgang (1817) Deutsche Sprache. Zitiert nach: Goethes Werke. Hrsg. i. Auftr. der Großherzogin Sophie von Sachsen. Weimar 1887–1919. Abt. 1, Bd. 41/1, 109–117

Große, Rudolf (Hg.) (1970–1997) Althochdeutsches Wörterbuch. Aufgrund der von Elias von Steinmeyer hinterlassenen Sammlungen im Auftrag der sächsischen Akademie der Wissenschaften zu Leipzig. Bd. 2. Berlin

Hartweg, Frédéric/Wegera, Klaus-Peter (2005) Frühneuhochdeutsch. Eine Einführung in die deutsche Sprache des Spätmittelalters und der frühen Neuzeit. 2., neu bearb. Aufl. Tübingen. (Germanistische Arbeitshefte 33)

Hoberg, Rudolf (Hg.) (2002) Deutsch – Englisch – Europäisch. Impulse für eine neue Sprachpolitik. Mannheim/Leipzig/Wien/Zürich. (Thema Deutsch 3)

Janich, Nina (2007) (Sprach-)Ökonomie als Prinzip der Werbung? Perspektiven, Formen, Gegentendenzen. In: Sprachliche Kürze. Konzeptuelle, strukturelle und pragmatische Aspekte. Hrsg. v. Jochen A. Bär/Thorsten Roelcke/Anja Steinhauer. Berlin/New York, 434–458. (Linguistik – Impulse & Tendenzen 27)

Kallmeyer, Werner (Hg.) (2000) Sprache und neue Medien. Berlin/New York. (IDS-Jahrbuch 1999)

Koch, Peter/Oesterreicher, Wulf (1994) Schriftlichkeit und Sprache. In: Schrift und Schriftlichkeit. Writing and Its Use. Ein interdisziplinäres Handbuch internationaler Forschung. An Interdisciplinary Handbook of International Research. Hrsg. v. Hartmut Günther/Otto Ludwig. 1. Halbbd. Berlin/New York., 587–604. (Handbücher zur Sprach- und Kommunikationswissenschaft 10.1)

Lange, Klaus-Peter (2001) Die westfränkische Lautverschiebung nach dem Zeugnis der französischen Etymologie. In: Folia Linguistica Historica 22, 149–177

Leonhard, Joachim-Felix (2007) Man spricht Deutsch – spricht man Deutsch? Plenarvortrag am 25. November 2006 in der Bundespressekonferenz. In: Der Sprachdienst 51, 42–52

Mattheier, Klaus J. (1995) Sprachgeschichte des Deutschen: Desiderate und Perspektiven. In: Sprachgeschichte des Neuhochdeutschen. Gegenstände, Methoden, Theorien. Hrsg. v. Andreas Gardt/Klaus J. Mattheier/Oskar Reichmann. Tübingen, 1–18

Meineke, Eckhard (1992) Althochdeutsche Prosasyntax und die Pariser Gespräche. In: Althochdeutsch. Syntax und Semantik. Akten des Lyonner Kolloquiums zur Syntax und Semantik des Althochdeutschen (1–3 März 1990). Hrsg. v. Yvon Desportes. Lyon, 323–357

Metcalf, Allan A. (2002) Predicting New Words. The Secrets of Their Success. Boston/New York

Moser, Hugo (1985) Die Entwicklung der deutschen Sprache seit 1945. In: Sprachgeschichte. Ein Handbuch zur Geschichte der deutschen Sprache und ihrer Erforschung. Hrsg. v. Werner Besch/Oskar Reichmann/Stefan Sonderegger. 2. Teilbd. Berlin/New York, 1678–1707. (Handbücher zur Sprach- und Kommunikationswissenschaft 2,2)

Munske, Horst Haider (1995) Ist eine europäische Sprachgeschichtsschreibung möglich? In: Sprachgeschichte des Neuhochdeutschen. Gegenstände, Methoden, Theorien. Hrsg. v. Andreas Gardt/Klaus J. Mattheier/Oskar Reichmann; Tübingen, 399–411. (Reihe Germanistische Linguistik 156)

Opaschowski, Horst W. (1999) Generation @. Die Medienrevolution entläßt ihre Kinder: Leben im Informationszeitalter. Hamburg

Peust, Carsten (2005) [Rezension von] Theo Vennemann: Europa Vasconica – Europa Semitica (Hg. Patrizia Noel Aziz Hanna). (Trends in Linguistics, Studies and Monographs, 138) Berlin: Mouton de Gruyter 2003. XXII + 977 Seiten. In: Zeitschrift für Sprachwissenschaft 24, 127–132

Polenz, Peter von (1999) Deutsche Sprachgeschichte vom Spätmittelalter bis zur Gegenwart. Bd. 3. Berlin/New York

Reichmann, Oskar (unter Mitwirkung von Christiane Burgi/Martin Kaufhold/Claudia Schäfer) (1988) Zur Vertikalisierung des Varietätenspektrums in der jüngeren Sprachgeschichte des Deutschen. In: Deutscher Wortschatz. Lexikologische Studien. Ludwig Erich Schmitt zum 80. Geburtstag von seinen Marburger Schülern. Hrsg. v. Horst Haider Munske/Peter von Polenz/Oskar Reichmann/Reiner Hildebrandt. Berlin/New York, 151–180

Reichmann, Oskar (1990) Sprache ohne Leitvarietät vs. Sprache mit Leitvarietät: ein Schlüssel für die nachmittelalterliche Geschichte des Deutschen? In: Deutsche Sprachgeschichte. Grundlagen, Methoden, Perspektiven. Festschrift für Johannes Erben zum 65. Geburtstag; hg. v. Werner Besch; Frankfurt am Main u. a., 141–158

Reichmann, Oskar (1992) Periodisierung und Raumgliederung des Deutschen. In: Offene Fragen – offene Antworten in der Sprachgermanistik. Hrsg. v. Vilmos Ágel/Regina Hessky. Tübingen, 177–201. (Reihe Germanistische Linguistik 128)

Reichmann, Oskar (1993) Europäismen im Wortschatz von Einzelsprachen. In: Aufbau, Entwicklung und Struktur des Wortschatzes in den europäischen Sprachen. Motive, Tendenzen, Strömungen und ihre Folgen. Beiträge zum lexikologischen Symposion in Heidelberg vom 7. bis 10. Oktober 1991. Hrsg. v. Baldur Panzer. Frankfurt am Main u. a., 28–47

Reichmann, Oskar (1998) Sprachgeschichte: Idee und Verwirklichung. In: Sprachgeschichte. Ein Handbuch zur Geschichte der deutschen Sprache und ihrer Erforschung. 2., vollst. neu bearb. u. erw. Aufl. Hrsg. v. Werner Besch/Anne Betten/Oskar Reichmann/Stefan Sonderegger. 1. Teilbd. Berlin/New York, 1–41. (Handbücher zur Sprach- und Kommunikationswissenschaft 2.1)

Reichmann, Oskar (2003) Die Entstehung der neuhochdeutschen Schriftsprache: Wo bleiben die Regionen? In: Die deutsche Schriftsprache und die Regionen. Entstehungsgeschichtliche Fragen in neuer Sicht. Hrsg. v. Raphael Berthele/Helen Christen/Sibylle Germann/Ingrid Hove. Berlin/New York, 29–56. (Studia Linguistica Germanica 65)

Reichmann, Oskar/Wegera, Klaus-Peter (1988) Frühneuhochdeutsches Lesebuch. Tübingen

Reiffenstein, Ingo (2003) Bezeichnungen der deutschen Gesamtsprache. In: Sprachgeschichte. Ein Handbuch zur Geschichte der deutschen Sprache und ihrer Erforschung. 2., vollst. neu bearb. u. erw. Aufl., hrsg. v. Werner Besch/Anne Betten/Oskar Reichmann/Stefan Sonderegger. 3. Teilbd. Berlin/New York, 2191–2205. (Handbücher zur Sprach- und Kommunikationswissenschaft 2,3)

Riecke, Jörg (2007) Übersetzen aus dem älteren Neuhochdeutschen? Zum Problem der (Un-)Verständlichkeit auch der klassischen Literatur. In: Wissenschaften im Kontakt. Kooperationsfelder der Deutschen Sprachwissenschaft. Festschrift für Albrecht Greule. Hrsg. v. Sandra Reimann/Katja Kessel. Tübingen, 45–51

Roelcke, Thorsten (1995) Periodisierung der deutschen Sprachgeschichte. Analysen und Tabellen. Berlin/New York. (Studia Linguistica Germanica 40)

Runkehl, Jens/Peter Schlobinski/Torsten Siever (1998) Sprache und Kommunikation im Internet. Überblick und Analysen. Opladen/Wiesbaden

Schlobinski, Peter (2000) Chatten im Cyberspace. In: Die deutsche Sprache zur Jahrtausendwende. Sprachkultur oder Sprachverfall? Hrsg. v. Karin M. Eichhoff-Cyrus/Rudolf Hoberg. Mannheim/Leipzig/Wien/Zürich, 63–79. (Thema Deutsch 1)

Schlobinski, Peter (Hg.) (2006) Von *hdl* bis *cul8r*. Sprache und Kommunikation in den Neuen Medien. Mannheim/Leipzig/Wien/Zürich. (Thema Deutsch 7)

Schmidt, Hartmut (2002) Frühneuhochdeutsche Zustände im Spätneuhochdeutschen? In: Das Wort. Seine strukturelle und kulturelle Dimension. Festschrift für Oskar Reichmann zum 65. Geburtstag. Hrsg. v. Vilmos Àgel/Andreas Gardt/Ulrike Haß-Zumkehr/Thorsten Roelcke. Tübingen, 321–342

Schwerdt, Judith (Hg.) (2002) Die Kontroverse um die 2. Lautverschiebung. Frankfurt a. M. u. a. (Dokumentation Germanistischer Forschung 5)

Sommerfeldt, Karl-Ernst (Hg.) (1988) Entwicklungstendenzen in der deutschen Gegenwartssprache. Leipzig

Sonderegger, Stefan (1979) Grundzüge deutscher Sprachgeschichte. Diachronie des Sprachsystems. Bd. I: Einführung – Genealogie – Konstanten. Berlin/New York

Sonderegger, Stefan (2000) Reflexe gesprochener Sprache im Althochdeutschen. In: Sprachgeschichte. Ein Handbuch zur Geschichte der deutschen Sprache und ihrer Erforschung. 2., vollst. neu bearb. u. erw. Aufl., hrsg. v. Werner Besch/Anne Betten/Oskar Reichmann/Stefan Sonderegger. 2. Teilbd. Berlin/New York, 1231–1240. (Handbücher zur Sprach- und Kommunikationswissenschaft 2,2)

Stark, Franz (2000) Sprache als Instrument der Außenpolitik. In: Die Zukunft der deutschen Sprache. Eine Streitschrift. Hrsg. v. Helmut Glück/Walter Krämer. Leipzig/Stuttgart/Düsseldorf, 19–42

Steger, Hugo (1979) Gesprochene Sprache. Zu ihrer Typik und Terminologie. In: Deutsche Gegenwartssprache. Entwicklungen. Entwürfe. Diskussionen. Hrsg. v. Peter Braun. München, 172–205. (Kritische Information 79)

Stickel, Gerhard (Hg.) (1990) Deutsche Gegenwartssprache. Tendenzen und Perspektiven. Berlin/New York. (IDS-Jahrbuch 1989)

Stöckhardt, Julia (1999) [Wörter des Jahrhunderts.] Pille. In: Der Sprachdienst 43, 252

Stöckhardt, Julia (2000) Sprachpflege: Was, wozu, für wen, wie? Vier Fragen – vier Thesen. In: Der Sprachdienst 44, 204–209

Teuber (1998), Oliver: *fasel beschreib erwähn* – Der Inflektiv als Wortform des Deutschen. In: Germanistische Linguistik 141–142, 7–26

Vennemann, Theo (1994) Dating the Division between High and Low Germanic. A summary of arguments. In: Language Change and Language Structure. Older Germanic Languages in a Comparative Perspective. Hrsg. v. Toril Swan/Endre Mørck/Olaf Jansen Westvik. Berlin/New York, 271–303. (Trends in Linguistics, Studies and Monographs 73)

Wegener, Heide (1999) *Syntaxwandel und Degrammatikalisierung im heutigen Deutsch? Noch einmal zu weil-Verbzweit*; in: *Deutsche Sprache* 27, 3–26

Weinrich, Harald (1984) Die Zukunft der deutschen Sprache. In: Die deutsche Sprache der Gegenwart. Vorträge gehalten auf der Tagung der Joachim Jungius-Gesellschaft der Wissenschaften Hamburg am 4. und 5. November 1983. Göttingen, 83–108. (Veröffentlichungen der Joachim Jungius-Gesellschaft der Wissenschaften Hamburg 51)

Wimmer, Rainer (1983) Sprachkritik und reflektierter Sprachgebrauch. In: Sprache und Literatur in Wissenschaft und Unterricht 51, 3–14

Wimmer, Rainer (1984) Sprachkritik und Sprachkultur. In: Tendenzen der deutschen Gegenwartssprache. Hrsg. v. Hans Jürgen Heringer u. a. Tübingen, 253–264

Zaimoğlu, Feridun (1995) Kanak Sprak: 24 Mißtöne vom Rande der Gesellschaft. Hamburg

Heidelberger Jahrbücher, Band 53 (2009)
E. Felder (Hrsg.) Sprache
© 2009 Springer-Verlag Berlin Heidelberg

Sprachgeschichte trifft Medizingeschichte

Über die Aufgaben der Sprachgeschichtsschreibung

JÖRG RIECKE

I. Die Aufgaben der Sprachgeschichtsschreibung

Zu den zentralen Aufgaben der Sprachwissenschaft gehört die Beantwortung der Frage, welche Rolle die Sprache in einer bestimmten Kultur spielt und welche Stellung sie bei der Beschreibung dieser Kultur innehat. Gegenstand der Forschung sind die verschiedenen Einzelsprachen der Welt und ihre je unterschiedlichen Darstellungs- und Ausdrucksformen. Dies zielt auf die aktuelle Gegenwart einer Sprachgemeinschaft, gleichermaßen aber auch auf die historische Entwicklung einer Sprache, die für das Verständnis einer jeden Gegenwartssprache grundlegend ist. Für die Sprachgeschichtsschreibung ergeben sich daraus verschiedene Tätigkeitsfelder, die einerseits autonom sind, andererseits aber aufeinander aufbauen und zu immer komplexeren Fragestellungen führen. Wir unterscheiden zunächst vier Aufgaben:

1. Den Sinn von Texten verständlich machen.
2. Die Struktur der (in den Texten verwendeten) Sprache verständlich machen.
3. Die Funktion der Texte und Diskurse sowie der in ihnen verwendeten Sprache verständlich machen.
4. Die Bedeutung der Sprache für die untersuchte Sprach- und Kulturgemeinschaft verständlich machen.

I.1 Die philologische Aufgabe

Am Beginn der wissenschaftlichen Germanistik um 1800 steht das Bedürfnis, Texte der Vergangenheit – die zumeist für die politische Einigung der deutschen Länder wirksam gemacht werden sollten – wieder zugänglich und verständlich zu machen. Geschult an den Erfahrungen der schon älteren Disziplin der klassischen Philologie entstehen Texteditionen, erklärende Wortglossare und schließlich die großen Wörterbücher der beiden mittelalterlichen deutschen Sprachstadien, des Althochdeutschen und des Mittelhochdeutschen. Das Interesse richtet sich vor allem auf literarische Texte, deren ästhetische Schönheit wahlweise als Zeugnis für ein beachtliches kulturelles Niveau deutscher

Dichter herangezogen wird, das noch die Gegenwart beleuchtet – oder für
den Verlust eben dieses Niveaus in einer weniger poetischen Wirklichkeit des
19. Jahrhunderts. Die mittelalterlichen Gebrauchstexte wie Urkunden und Arzneibücher finden in diesem Konzept zunächst kaum Beachtung. Es dauert bis
in die Mitte des 20. Jahrhunderts, bis Gerhard Eis, als früher Vertreter des „New
Historicism", ausgehend von seinem Heidelberger Wirkungsort, die – litera-
turwissenschaftliche und volkskundliche, noch nicht sprachwissenschaftliche
– Erforschung der älteren Fachprosa in der Germanistik etablieren kann.[1]

Inzwischen hat sich herausgestellt, dass es nicht mehr länger nur die Texte des Mittelalters sind, die heutigen Lesern durch sprachliche Erläuterungen
verständlich gemacht werden müssen. Zentrale Schriften des 17. bis 19. Jahrhunderts, gelegentlich sogar Texte aus der Mitte des 20. Jahrhunderts sind durch
den verwendeten Wortschatz, durch regionale und stilistische Eigenheiten,
nicht zuletzt aber auch durch ihre komplexe sprachliche Struktur erklärungs-
bedürftig. Der Weg von der Edition bis zum Verständnis eines schwierigen Textes wird am Beispiel des „Quinarius" von Quirinus Kuhlmann (1680) in einem
Arbeitsbuch zur historischen Textanalyse exemplarisch vorgeführt (Riecke,
Hünecke 2004). Aber ob es sich um die Hauptwerke der klassischen deutschen
Literatur des 18. und 19. Jahrhunderts[2] oder um die Leidens-Chronik der in
das nationalsozialistische Getto Lodz/Litzmannstadt deportierten deutschen
und polnischen Juden der Jahre 1941 bis 1944 handelt (Riecke 2007c): Ohne
verständnissichernde sprachliche Erklärungen durch professionelle Sprach-
historiker sollte keine moderne Textausgabe ausgeliefert werden.

Die rasante Entwicklung der deutschen Sprache hat heute dazu geführt,
dass der sprachliche Abstand zu älteren Texten sehr viel spürbarer ist als noch
vor einigen Jahrzehnten. Die philologische Aufgabe, mit der die Germanistik
um 1800 in den Kreis der Wissenschaften eingetreten ist, hat daher eine über-
raschend neue – nun allerdings nicht mehr nationalphilologische – Aktualität
gewonnen. Im Bereich der Medizingeschichte ist der Nachholbedarf an Editio-
nen und Erläuterungen älterer Texte jedoch noch immer so groß, dass die Erschließung und Verständlichmachung auch nur der wichtigsten medizinischen
Texte des Mittelalters und der frühen Neuzeit noch immer viele Jahrzehnte in
Anspruch nehmen wird.

Zusammenfassend lässt sich sagen, dass es nach wie vor die erste Aufgabe
der historischen Sprachwissenschaft ist, Texte zu edieren und deren sprachlichen Sinn durch Worterklärungen, gestützt durch die Herstellung von Wörterbüchern, zu erschließen. Nur auf dieser Grundlage können dann weiterfüh-

---

[1] Einen guten Überblick über die Anfänge der Fachprosaforschung bietet die Festschrift zum
     60. Geburtstag Gerhard Eis' (Keil 1968).
[2] Zur Verständlichkeit dieser Texte, insbesondere für heutige Schüler und Studenten, vergleiche
     Riecke (2007b: 45–51). Zum im Entstehen begriffenen Wörterbuch der klassischen deutschen
     Literatur, das in Zusammenarbeit mit dem Germanistischen Seminar der Universität Heidel-
     berg erarbeitet wird, vergleiche Brückner und Knoop (2003: 62–86).

rende Überlegungen zur Struktur einer Sprache und zu den Funktionen von Texten angestellt werden.[3]

I.2 Die linguistische Aufgabe

Während sich Literaturwissenschaftler, wie etwa auch Rechtshistoriker oder Medizinhistoriker, vor allem für den Inhalt eines gegebenen Textes interessieren, fragen Sprachwissenschaftler nun als nächstes danach, WIE dieser Inhalt sprachlich vermittelt wird. Die Untersuchung der Möglichkeiten einer Gemeinschaft, mit Hilfe der Sprache Bedeutungen zu erzeugen und zu vermitteln, ist die im eigentlichen Sinne linguistische Aufgabe der Sprachwissenschaft. Diese linguistische Aufgabe zielt primär auf die Beschreibung der materiellen Seite der Sprache: der Laute als kleinste bedeutungsunterscheidende Einheiten (Phoneme), der Morpheme als kleinste bedeutungstragende Einheiten, der Wörter und der Sätze. Dies ist zunächst Grundlagenforschung. Man möchte wissen, welche Laute zum Beispiel im Deutschen bedeutungsunterscheidend sind, welche grammatischen Formen verwendet werden können, welche Möglichkeiten es zur Bildung neuer Wörter gibt und wie Sätze aufgebaut sind.

Dabei stehen allen Mitgliedern der Sprachgemeinschaft – theoretisch – die gleichen Möglichkeiten zur Verfügung. In der Praxis wird man aber kaum zwei Menschen finden, die von diesen Möglichkeiten auf die gleiche Art und Weise Gebrauch machen. Jeder Mensch trägt also seinen eigenen Ideolekt. Gemeinsamkeiten in der Verwendung sprachlicher Mittel gibt es aber zum Beispiel in räumlicher oder sozialer Hinsicht. So lassen sich durch die Auswertung der linguistischen Grundlagenforschung Dialekträume ermitteln und Eigenarten zum Beispiel des geschlechts- oder altersspezifischen Sprachgebrauchs feststellen und die untersuchten Texte verschiedenen Gruppen zuweisen. Zu den Ideolekten treten so beispielsweise Dialekte und Soziolekte. Da sich alle sprachlichen Formen in der Zeit wandeln, kommt immer auch eine historische Komponente hinzu. Wir können also die Ergebnisse der grammatisch-strukturellen Analysen einer linguistischen Untersuchung in zeitlicher (diachroner), räumlicher (diatopischer) und sozialer (diastratischer) Hinsicht auswerten. Auch einen beliebigen medizinischen Text müssen wir auf diese drei Komponenten hin befragen. Die Verwendung spezifischer sprachlicher Mittel kann uns dann im günstigsten Fall sagen, wann ein Text verfasst wurde, wo ein Text verfasst wurde und welcher sozialen Schicht der Verfasser angehört haben kann.

Diese drei Aspekte sind wichtig, aber wir wissen jetzt eigentlich noch immer gar nichts darüber, WARUM der gegebene Text verfasst wurde. Die Frage nach der Funktion des gegebenen Textes steht noch aus. Um auch sie zu beantworten, hat die Sprachwissenschaft ihr Instrumentarium in den letzten Jahrzehnten beträchtlich erweitert und nicht nur die Sprache als Materie, sondern auch den Sender und den Empfänger mit in die Untersuchungen einbezogen.

---

[3] Zu einigen Problemen der Edition mittelalterlicher Texte siehe Knapp (2005).

Dennoch bleibt die Beschreibung und Erläuterung der Struktur einer Sprache das ureigene Kerngeschäft des Sprachwissenschaftlers. Der Genfer Indogermanist Ferdinand de Saussure hat zu Beginn des 20. Jahrhunderts ein Modell entwickelt, das die Beschäftigung mit dem Sprachsystem – lösgelöst vom je aktuellen Sprachgebrauch – in den Mittelpunkt stellt.[4] Ferdinand de Saussure will die Sprache von all ihren Bezügen lösen und als isoliertes System begreifen, das er als Gegenstand eines eigenen Faches begreift; erkenntnistheoretische Überlegungen will er den Philosophen überlassen. Trotz einer gewissen Einseitigkeit seines Denkens, die vielleicht durch die verschlungenen Rezeptionswege noch pointiert wurde, bleibt sein großes Verdienst die Erkenntnis, dass sprachliche Zeichen nicht für sich, isoliert funktionieren, sondern stets im Verbund mit anderen, in einem systemhaften Zusammenhang. Bis heute befassen sich noch immer die meisten „Einführungen in die Sprachwissenschaft" vor allem mit diesem linguistischen Kern, allenfalls erweitert durch eine pragmatische Perspektive (Linke/Nussbaumer/Portmann 1996).

I.3 Die pragmatische Aufgabe

Im Gefolge der gesellschaftlichen Umbrüche der 60er Jahre des vergangenen Jahrhunderts rückte mehr und mehr die Frage in den Mittelpunkt, was man mit Sprache TUN kann. Es ging also um die Klärung des Problems, wie und wozu sprachliche Äußerungen, und damit zugleich auch Texte, dienen können, wenn sich ihr Zweck nicht in bloßen Aussagen über Sachverhalte erschöpft. Diese Wendung zum Handlungsaspekt folgt dem späten Ludwig Wittgenstein, der deutlich gemacht hatte, „daß das Sprechen der Sprache ein Teil ist einer Tätigkeit" (Wittgenstein 1953: 300). Was Logiker und Grammatiker über den Bau der Sprache gesagt haben, betrifft demnach nur einen Ausschnitt aus der Menge der Möglichkeiten, wozu Zeichen, Wörter und Sätze gebraucht werden können. Auch die je aktuelle Bedeutung der Wörter ist im Sprachgebrauch verankert (Geier 1998: 156–161). „Jedes Zeichen scheint allein tot. Was gibt ihm Leben? – Im Gebrauch lebt es" (Wittgenstein 1953: 453). Wittgenstein konnte dabei auf Überlegungen des Psychologen Karl Bühler zurückgreifen, der schon 1934 in seiner „Sprachtheorie" ein Vier-Felder-Schema entworfen hatte, „das dem Gesamtgegenstand der Sprachwissenschaft" Rechnung tragen sollte.[5]

Bei Bühler werden der Sprecher (Sender) und der Hörer (Empfänger) in den Aufgabenbereich der Sprachwissenschaft einbezogen. Bühler beruft sich dabei auf Platon, nach dem die Sprache ein *órganon* ist, ein Werkzeug, womit einer dem anderen etwas mitteilt über die Dinge. Bühlers sogenanntes Organon-Modell ist demnach nicht nur ein Zeichenmodell, sondern gleichzei-

---

[4] Eine gute erste Einführung in das Denken de Saussures bietet Manfred Geier im Kapitel zwei, „Wie Ferdinand de Saussure die Linguistik begründet hat" (1998: 29–51). Überraschende Bezüge eröffnet zudem Eva Ottmer (2003).

[5] Bühler (1934: 453). Siehe auch Hermanns (2002: 343–350).

tig ein Kommunikationsmodell. Das sprachliche Zeichen hat drei verschiedene Funktionen: Es ist Symbol auf Grund seiner Zuordnung zu Gegenständen und Sachverhalten (Darstellungsfunktion); es ist Symptom auf Grund seiner Abhängigkeit vom Sender, dessen Einstellung es zum Ausdruck bringt (Ausdrucksfunktion) und es ist Signal auf Grund seines Appells an den Hörer, dessen äußeres und inneres Verhalten es steuert wie ein Verkehrszeichen (Appellfunktion).[6]

Als gemeinsamer Kern der recht unterschiedlichen Ansätze, die sich in den letzten Jahrzehnten seit der „pragmatischen Wende" entwickelt haben, lässt sich festhalten, „daß sie von Sprachen als verschiedenen Formen sozialen Handelns (Wittgenstein: ‚Lebensformen') ausgehen und die darin gebundenen, verallgemeinerten Erfahrungen soziokommunikativer Verständigung zu rekonstruieren suchen" (Cherubim 1998: 539). Bei der geschichtlichen Betrachtung kommt es in einer pragmatischen Perspektive vor allem darauf an, die jeweils zeit- und sozialgebundenen Prozesse der „Konstruktion von Wirklichkeit" im sprachlichen Medium nachzuzeichnen und ihre kommunikative Aneignung und Umsetzung in den historischen Sprachgemeinschaften zu rekonstruieren.[7] Sprachgeschichte wird somit ein zentraler Teil der Kulturgeschichte. Die im Gefolge der Sprechakttheorie eher ahistorische, universalistisch ausgerichtete Pragmatikforschung wird damit zu einem Kerngebiet der historischen Forschung überhaupt. Dabei sollte jedoch nicht vergessen werden, dass schon Jacob Grimm 1848 prüfen wollte „ob nicht der Geschichte unseres Volkes das Bett von der Sprache her aufgeschüttelt werden könnte … die Geschichte aus dem unschuldigen Standpunkt der Sprache Gewinn nehmen sollte" (Grimm [4]1848: XI). Gelegentlich wird ganz offensichtlich alter Wein in neuen Schläuchen serviert; wenngleich das methodische Werkzeug wohl erst durch die neuere Pragmatikforschung bereitgestellt wird. Für eine pragmatisch orientierte Sprachgeschichtsforschung dürfte heute entscheidend sein, ob der äußere Verlauf von Sprachentwicklungsprozessen auf Voraussetzungen, Formen und Konsequenzen des sozialen Handelns bezogen und von dort erklärt werden kann (Cherubim 1998: 540f.)

Die Rekonstruktion der kommunikativen Handlungsbedingungen in einzelnen Texten spiegelt sich wider in einer pragmatisch fundierten historischen Semantik, in einer pragmatisch fundierten historischen Grammatik, die zum Beispiel die Entwicklungsgeschichte von speziellen Typen grammatischer Konstruktionen untersucht, in der historischen Sprechakttheorie, die zum Beispiel die historische Entwicklung einzelner pragmatischer Indikatoren wie Partikeln, Gliederungssignalen, Gesprächswörtern und Interjektionen nachzeichnet, in der historischen Gesprächsanalyse und schließlich in der Erfassung

---

[6] Dies entspricht einer „Ich-Es"-Beziehung (Darstellung), einer „Ich-Ich"-Beziehung (Ausdruck) und einer „Ich-Du"-Beziehung (Appell).

[7] Ebd., 540f.

der Entwicklung von Textmustern und Textsorten. Diesen Forschungen sind jedoch in der Praxis Grenzen gesetzt, da für die frühe, zumindest die mittelalterliche Überlieferung die Datenmenge für viele Fragestellungen nicht ausreicht. Und für spätere Zeiträume sind zwar genügend Texte vorhanden, nur selten werden aber die engeren soziokommunikativen Zusammenhänge mitüberliefert. Eine pragmatisch orientierte Sprachgeschichtsforschung ist daher in besonderem Maße auf die interdisziplinäre Zusammenarbeit mit anderen historischen Wissenschaften angewiesen (Cherubim 1998: 544). Wenn – wie in unserem Fall – die Sprachgeschichte auf die Medizingeschichte trifft, dann werden weiterführende Ergebnisse nur in der Zusammenarbeit von Medizin- und Sprachhistorikern möglich sein.[8] Die ältere Sprachgeschichte wird dabei vor allem Bausteine zur Entwicklung von medizinischen Textmustern und Textsorten beisteuern können.

Man erkennt unschwer, welch große Bereicherung die Sprachwissenschaft durch die pragmatische Erweiterung erfahren hat. Allerdings sollte man nicht ungeprüft alles, was nicht philologisch und nicht (system-)linguistisch motiviert ist, ohne weiteres der Pragmatik zuschlagen. Einige Aufgaben scheinen durchaus noch jenseits der Rekonstruktion der kommunikativen Handlungsbedingungen zu liegen. Dazu zum Abschluss des ersten Teils der folgende Abschnitt. Auch hier sind die Übergänge wieder fließend, so hat Andreas Gardt gezeigt, dass die Rekonstruktion kommunikativer Absichten keineswegs immer „kommunikativ" im Sinne einer partnerbezogenen Ausrichtung sein muss. Sie kann auch in einer mnemotechnischen, kathartischen oder kognitiven Hinsicht sprecherzentriert sein (Gardt 1995a).

I.4 Die sprachreflexive Aufgabe

Die sprachreflexive Aufgabe, die sich am Schluss einer sprachwissenschaftlichen Betrachtung stellt, beginnt bereits beim Nachdenken über die kommunikativen und sprecherzentrierten Funktionen der Sprache. Im Zentrum der Sprachreflexion sollen aber hier Gedanken stehen, die sich nach herkömmlicher Definition als metasprachliche Fähigkeiten im Sinne von „Wissen über Sprache" bzw. die „Fähigkeit zu metasprachlichen Urteilen über sprachliche Ausdrücke" bezeichnen lassen (Bußmann 1990: 697f.). Damit ist eine Verbindung zum Komplex des „Sprachbewusstseins" geknüpft, die seit längerer Zeit in der Grammatiktheorie und Psycholinguistik eine Rolle spielt. Die neuere Psycholinguistik betrachtet das Sprachbewusstsein oder die Sprachbewusstheit als „Schnittstelle" zwischen Sprache und Denken. Es geht um die Fähigkeit, die eigene Aufmerksamkeit – vorübergehend – weg vom sprachlichen Inhalt und hin auf die sprachliche Form zu lenken, über Sprache zu sprechen

---

[8] In diesem Sinn wird ein für Sommer 2009 an der Universitätsbibliothek Heidelberg geplanter Sommerkurs zur Erforschung der medizinischen Handschriften der Universitätsbibliothek durchgeführt.

und nachzudenken (Hinneberg 2003). Dies kann individuell oder gewissermaßen kollektiv verlaufen, etwa im Umkreis der barocken Sprachgesellschaften
(Gardt 1995b), der Frühromantik (Bär 1999) oder im Verlauf der Debatte um
die Sprachkrise um 1900, als einer nicht unbeträchtlichen Anzahl von Autoren mehr und mehr deutlich wurde, dass im Umgang mit der Sprache deren
ursprünglich sicher geglaubte Beziehung zwischen Bezeichnetem und Bezeich-
nendem zunehmend nicht mehr gewiss war.[9] Exemplarisch wäre dies an den
Schriften Hugo von Hofmannsthals zu untersuchen.

Eine noch zu schreibende Geschichte der Sprachreflexion hätte sich unter
anderem mit der Frage zu beschäftigen, was das Sprachbewusstsein und wie
es zu beschreiben ist: als in Sprache gefasstes Bewusstsein und als Bewusstsein
von sprachlichen Normen? Das eröffnet Zugänge zu Bereichen wie einerseits
Sprachpflege und Sprachkritik, andererseits zu den bekannten älteren Modellen Herders und Humboldts, aber auch zur „Linguistischen Anthropologie"
und zu neueren Überlegungen im Sinne einer Sprachgeschichte als Mentalitätsgeschichte. So ließe sich erneut die Verbindung zu den Traditionen der
Bemühung um eine semantische Analyse des kollektiven Denkens ziehen. Dieser Aspekt wird von Joachim Scharloth prägnant zusammengefasst: „Die erste
Traditionslinie speist sich aus der Sprachphilosophie Wilhelm von Humboldts
und wurde von Franz Boas, Edward Sapir und Benjamin Lee Whorf zur *Linguistic Anthropology* entwickelt. In der Germanistik hat sie mit Leo Weißger-
ber einen wichtigen Vertreter. Sie geht davon aus, dass in sprachlichen Strukturen, sei es im grammatischen Aufbau einer Sprache, sei es im Wortschatz,
Erfahrungsweisen und Zugänge zur Welt eingeschrieben sind, die sich dem
Zugriff des einzelnen Sprechers entziehen und daher sein Denken und seine Wirklichkeitserfassung (mit)bestimmen. Die Analyse der inneren Sprachform einer Sprache oder Varietät ermöglicht entsprechend Erkenntnisse über
das Weltbild der Sprecher. Die zweite Traditionslinie ist eher historiographi-
schen Ursprungs und viel neuer: Herausgefordert durch Entwicklungen in der
Geschichtswissenschaft, vor allem durch die Begriffsgeschichte (Koselleck),
setzte in der Linguistik eine Debatte über die Frage ein, inwiefern Sprache etwas über die bewusstseins- und mentalitätsgeschichtlichen Prozesse verraten
könne. Diese Debatte ist vor allem mit den Namen Dietrich Busse und Fritz
Hermanns verknüpft. Busse (1987) entwarf in Anlehnung an Foucault das Programm einer historischen Diskurssemantik und Hermanns (1995) schloss das
neue Forschungsparadigma an die Mentalitätsgeschichte an."[10]

---

[9] Man vergleiche dazu Kleinschmidt (1992). Zur „Sprachkrise" siehe auch Helmuth Kiesel,
Vierter Teil: Sprachkrise und Überwindungsversuche (2004: 177–231).

[10] Scharloth (2005: 119–134). Man vergleiche Busse (1987), Fritz Hermanns (1995: 69–101). Man
vergleiche auch den Beitrag von Klaus Mattheier im selben Band (1995: 1–18) sowie Oskar
Reichmann (1998: 1–41). Zur Begriffsgeschichte siehe Carsten Dutt (2003). Zur linguistischen
Anthropologie: Iwar Werlen (2002).

Gemeinsam ist den genannten sprachreflexiven Anschauungen, bei aller Unterschiedlichkeit im einzelnen, dass hier die Sprache als Medium des Erkennens und der Erkenntnis in den Mittelpunkt rückt. Sie orientiert und gestaltet unseren Wissensrahmen.[11] Dies kann bei einer sprachreflexiven Untersuchung auf zweierlei Weise geschehen: Es kann sich um eine text- oder diskursbezogene Analyse handeln, in der textimmanente metasprachliche Aussagen auf ihren sprachreflexiven Gehalt hin untersucht werden. Es kann sich jedoch auch um sprachreflexive Untersuchungen handeln, die gerade das zum Gegenstand machen, was für die Verfasser und Rezipienten des Textes nicht sichtbar ist, sondern nur für den wissenschaftlich geschulten Betrachter, zum Beispiel den Sprachwissenschaftler. Hier nun rückt der Sprachforscher in die Haltung der Sprachreflexion. Eine über den Text hinausweisende Reflexion etwa über Begriffe und Bezeichnungen betrachtet nicht mehr wie in den zuvor behandelten Schritten die aktuellen Bedeutungen, den kommunikativen Inhalt von Wörtern. Sie fragt vielmehr danach, in welchen Gefäßen die kommunikativen Inhalte transportiert werden, aus welchem (sprachlichen) Material die einzelnen Gefäße bestehen und woher sie stammen. Diese Form der sprachlichen Archäologie schließt vom Gefäß (der Ausdrucksseite) auf Inhalte, die zum Zeitpunkt der Abfassung oder gar zum Zeitpunkt der späteren Lektüre eines Textes schon längst nicht mehr in den Gefäßen (Wörtern) enthalten sind. So wie Flüssigkeiten oder Gewürze am inneren Rand der Gefäße Spuren hinterlassen, auch wenn sie selbst schon längst nicht mehr im Gefäß enthalten sind. Man kann also versuchen, Vorstellungen auch einer sonst nicht mehr fassbaren, vorschriftlichen Zeit in Ansätzen zu rekonstruieren. Dabei geht es nicht um die Erfassung immer noch älterer Kommunikationsformen, sondern im sprachreflexiven Sinn um die Sprache als Medium der Erkenntnis im Prozess der Nomination (Kotin 2005). Ein solches Programm ruht auf den Schultern von Etymologie und Wortgeschichte, wird aber durch die Einbettung in den sprachreflexiven Rahmen in einen neuen Zusammenhang gestellt.[12]

II. Sprachliche Aspekte der Medizingeschichte

Im Folgenden sollen nun einige Aspekte der sprachlichen Erschließung medizinischer Texte exemplarisch vorgeführt werden. Die im ersten Kapitel getroffenen Unterscheidungen werden nach Möglichkeit auf die ausgewählten Texte

---

[11] Man vergleiche exemplarisch: Felder (2006), Müller (2007).

[12] Siehe dazu auch Wittgenstein (1988: 260): „Das Benennen erscheint als eine seltsame Verbindung eines Wortes mit einem Gegenstand. – Und so eine seltsame Verbindung hat wirklich statt, wenn nämlich der Philosoph, um herauszufinden, was die Beziehung zwischen Namen und Benanntem ist, auf einen Gegenstand vor sich starrt und dabei unzählige Male einen Namen wiederholt, oder auch das Wort „dieses". Denn die philosophischen Probleme entstehen, wenn die Sprache feiert. Und da können wir uns allerdings einbilden, das Benennen sei irgend ein merkwürdiger seelischer Akt, quasi eine Taufe eines Gegenstandes."

angewendet. Der insgesamt noch unbefriedigende Forschungsstand bringt es mit sich, dass die verschiedenen Aspekte in unterschiedlicher Dichte behandelt werden.

II.1 Über die philologische Erschließung medizinischer Texte

Die Bedeutung der philologischen Erschließung medizinischer Texte als Grundlage für das Textverständnis liegt unmittelbar auf der Hand. Je älter ein Text ist, um so größer sind im allgemeinen die Verständnisprobleme. Zur Verdeutlichung biete ich zunächst einen Auszug aus dem ältesten erhaltenen medizinischen Text in deutscher Sprache (Steinmeyer 1968). Es handelt sich um das erste der sogenannten Basler Rezepte aus der Zeit um 800. Die Wiedergabe in einer modernen Schriftart, die zugleich möglichst eng am handschriftlichen Original bleibt, ist der erste Teil der Aufgabe.[13] Der Text lautet:

murra, ſeuina, uuiroh daz rota, peffur, uuiroh daz uuizza[14], uueramote, antar, ſuebal, fenuhal, pipoz, uuegabreita, uuegarih, heimuurz, zua flaſgun uuines, deo uurzi ana zi ribanne, eogiuuelihha ſuntringun. enti danne geoze ziſamane enti laze drio naht gigeſen enti danne trincen, ſtauf einan in morgan, danne in iz fahe, andran in naht, danne he en petti gange. ſeorzuc nahto uuarte he e tages getanes, daz he ni protes ni lides ni neouuihtes, des e tages gitan ſi, ni des uuazares nenpize, des man des tages geſohe, ni in demo niduuahe ni in demo nipado, ni cullantres niinpiize ni des eies, des in demo tage gilegit ſi. ni eino niſi, ni in tag ni in naht, eino niſlaffe, ni neouuiht niuuirce, nipuz de giſehe, de imo daz tranc gebe enti ſimplum piuuartan habe. eriſt do man es eina flaſgun, unzin dera giuuere; ipu iz noh danne fahe, danne diu nah gitruncan ſi, danne gigare man de antra flaſgun folla.

Der zweite Teil der Aufgabe besteht in der Erklärung schwer verständlicher Textstellen. Sie geht, wie das Beispiel des „weißen" oder „weichen" Weihrauchs zeigt, mit der ersten, aber auch den folgenden, Hand in Hand. Handelt es sich wie hier um ein frühmittelalterliches, althochdeutsches Denkmal, empfiehlt sich auf Grund der großen Distanz zur Gegenwartssprache eine komplette Übersetzung:

Myrrhe, Sadebaum, der rote Weihrauch, Pfeffer, der weiße Weihrauch, Wermut, Andorn, Schwefel, Fenchel, Beifuß, Großer Wegerich, (Spitz-)Wegerich, Schutt-Bingelkraut, zwei Flaschen Wein. Die Pflanzen zerreiben, jede gesondert, und dann gieße man zusammen und lasse drei Tage gären und dann trinken. Einen Becher am Morgen, wenn es ihn [den Kranken] befällt, den

---

[13] Die Auseinandersetzung mit den Basler Rezepten hat eine lange Tradition. Man vergleiche zuletzt Nedoma (1997).

[14] In der Handschrift steht *ueihha* [‚weiche'], das vermutlich aus *uuizza* [‚weiße'] verschrieben ist. Zur Stelle – die ich anders deute – vergleiche Nedoma (1997: 170).

zweiten am Abend, wenn er zu Bett geht. Vierzig Tage hüte er sich vor früh am Tage Zubereitetem, so dass er weder Brot noch Obstwein, nichts was am frühen Tag zubereitet ist, nichts vom Wasser zu sich nehme, dass man an diesem Tag holt, sich darin nicht wasche und nicht darin bade, nicht Koriander zu sich nehme und nicht das Ei, das an diesem Tag gelegt wird. nicht alleine bleibe er, nicht bei Tag und nicht bei Nacht, schlafe nicht allein und tue nichts, es sei denn, es gibt derjenige acht, der ihm den Trank gibt und ständig behütet hat. Zunächst bereite man davon eine Flasche vor, bis dass es für ihn reicht. Falls es dann noch immer befällt, wenn diese nahezu ausgetrunken ist, dann mache man die zweite Flasche voll.

Im allgemeinen genügt zur Entschlüsselung des Textes der Blick in ein althochdeutsches Wörterbuch, gelegentlich sind aber auch weitere linguistische Kenntnisse erforderlich, um die betreffenden Wörter überhaupt zu finden. So muss man beispielsweise wissen, dass die Form *gefohe* („des uuazares … des man des tages gefohe") zum starken Verb ahd. *gi-suohhen* ‚suchen, holen, erproben' gehört,[15] das an dieser Stelle ‚holen' bedeutet. Da sich darüber hinaus auch noch keine feste Beziehung zwischen den Phonemen und Graphemen herausgebildet hat, ist jede Schreibung auf ihren Lautwert hin zu überprüfen. Für das im Kloster Fulda entstandene Rezept lässt sich nach der Untersuchung der Graphien eine zu Fulda passende altostfränkische Herkunft erweisen, einzelne Schreibungen wie das anlautende <p> (*nipuz, fimplum, ipu*) sind jedoch deutliche bairische Merkmale. Die oberflächliche punktuelle Bajuvarisierung des Textes, den die linguistische Analyse erweist, deckt sich mit den Stationen der Klostergeschichte, da in der Gründungsphase vor allem Mönche bairischer Herkunft dem Kloster Fulda angehört haben.[16] Die „Basler Rezepte" enthalten darüber hinaus insgesamt wenig medizin-spezifische sprachliche Merkmale; allenfalls die häufige Nennung von Heilpflanzen kann als textkonstitutives Merkmal betrachtet werden. Dies wäre aber schon Teil einer weiterführenden, über das reine Textverständnis hinausgehenden linguistischen Untersuchung, die im nächsten Abschnitt wieder aufgegriffen werden soll.

Schon jetzt zeigt sich, dass die Edition und Übersetzung eines mittelalterlichen Textes noch nicht unmittelbar zum Textverständnis führt. Schrittweise etwas leichter fällt dies bei jüngeren Texten. Dies soll im nächsten Abschnitt am Beispiel einiger kürzerer Textpassagen medizinischen Inhalts verdeutlicht werden. Aber auch dann, wenn ein Text in seiner neuhochdeutschen Übersetzung sprachlich völlig klar ist, können Verständnisprobleme bestehen bleiben. Zur Erläuterung dient ein kurzer Auszug aus der „Anatomie" des Andreas

---

[15] Siehe Schützeichel (⁵1995: 276). Der Bedeutungsermittlung liegen eine Vielzahl linguistischer Vorüberlegungen zu Grunde; vor allem die Deutung des Präfixes *gi-* nicht als Partizipkennzeichen, sondern als Bestandteil einer Infinitivform, die den Abschluss einer Handlung wiedergibt: *suochen* ‚suchen' → *gi-suohhen* ‚holen' (als Abschluss des Suchvorgangs).

[16] Zu diesem Befund zusammenfassend Nedoma (1997: 189f.).

Vesalius. Der Text des deutschsprachigen Mediziners (Vesalius = „aus Wesel")
entsteht 1543 zunächst in lateinischer Sprache, die deutsche Übersetzung durch
Jacob Baumann erscheint 1551 in Nürnberg. Bei der Beschreibung der Knochen
und deren Teile heißt es im ersten Kapitel unter anderem:[17]

> *Ein yeder kinback zum mehrern teyl vberkompt sechzehen zähn / Als nemlich*
> *vier föder zähn / zwen spitzzähn / vnd zehen stockzähn / welche gleych wie si*
> *an form vnd gestalt vnterscheyden vn vngleych sein / ehe man sie außbricht*
> */ also haben sie auch vnten vngleyche wurtzeln / darmit sie in jren holen des*
> *kinbackens stecken / Jnnwendig im schlundt am letzten tayl oder wurtzen*
> *der zungen stehet ein beyn / mehr einem Grichischen υ dan einem Λ enlich*
> */ Diß wirdt von vilen baynlin zusamen gesetzt / auß welchen die vntersten*
> *mit jren euffersten orten / werden zugefügt dem oberstē tail des gurgels /*
> *nemlich dem ersten krospel / welcher ist wie ein schildt / vnd wirdt für das*
> *erst krospel der gurgel gerechnet / wan man es anrüret erzeyget es sich gar vn*
> *gentzlich / dan das ander krospel machet fast den letzten theyl / der gurgel*
> *oder öbern tail deslufftrhohrs / das hat keinē sonderlichen namen / sonder*
> *sihet gleych einem ringe / welchē die völcker Thraces so sie schiessen wollen*
> */ an den rechten daumen stecken / dauon es ein namen kan haben.*

Von einzelnen Worterklärungen abgesehen, etwa fnhd. *bein* in der Bedeutung
‚Knochen', scheint der Text sprachlich verständlich zu sein. Über das sprachliche Wissen hinaus wird vom Leser – heute wie damals – in besonderem Maße
auch Weltwissen gefordert. Der Hinweis auf Knochen, die wie ein griechischer
Buchstabe geformt sind, grenzt die Zielgruppe der „Anatomie" bereits stark
ein. Darüber hinaus wissen wir nicht – oder wir wissen es zumindest nicht als
Sprachwissenschaftler – welche Kenntnisse die damalige Leserschaft von dem
angesprochenen Ring hatte, den die Völker Trakiens „so sie schiessen wollen /
an den rechten daumen stecken".

II.2 Über charakteristische sprachliche Merkmale medizinischer Texte

Beide bisher vorgeführten Textauszüge, das althochdeutsche erste „Basler Rezept" und der Abschnitt aus der frühneuhochdeutschen „Anatomie" des Andreas Vesalius bieten in linguistischer Hinsicht reiches Material zur Beschreibung der Entwicklung der deutschen Sprache. Zu untersuchen wäre etwa die
Abfolge der Glieder in der Nominalgruppe (ahd. *uuiroh daz rota* statt nhd.
roter Weihrauch; *stauf einan* statt nhd. *einen Becher*; vgl. *Vater unser, Röslein
rot*), die Verwendung des Genitivs (ahd. *ni des uuazares nenpize*) oder die

---

[17] Vesalius, Andreas (1551): Anatomia Deudsch. Ein kurtzer Außzug der beschreibung aller glider
menschlichs Leybs aus den buchern des Hochgelerten Herrn D. Andree Vesalij von Brüssel
[…] Nürnberg: Jul. Paulo Fabricio 1551. Nürnberg (Faksimile hg. v. Andreas Bäslack, Leipzig).
Zur besseren Lesbarkeit werden die Umlaute als ä, ö, ü statt a, o, u mit übergeschriebenem e
wiedergegeben.

Flexion und der Artikelgebrauch bei Substantiven (fnhd. *dem oberſtē tail des gurgels*). Der Laut- und Formenstand erlaubt es zudem, die Texte zumindest zeitlich und räumlich zuzuordnen. In einem medizinischen Sinne charakteristische sprachliche Merkmale, mit deren Hilfe die Texte auch in medizinischer Hinsicht weiter entschlüsselt werden können, begegnen demgegenüber nur selten. In den „Basler Rezepten" sind es ausschließlich die Bezeichnungen der Heilpflanzen: „murra, ſeuina, uuiroh daz rota, peffur, uuiroh daz uuizza, uueramote, antar, ſuebal, fenuhal, pipoz, uuegabreita, uuegarih, heimuurz" und „zua flaſgun uuines", deren Abfolge und Wirkweise vor allem auf ein Mittel gegen Hysterie o. ä. deutet.[18]

Eine linguistische Untersuchung des kompletten medizinischen Wortschatzes der althochdeutschen Zeit[19] führt allerdings zu dem verblüffenden Ergebnis, dass durchaus seit ältester Zeit eine Vielzahl anatomischer und heilkundlicher Bezeichnungen vorhanden waren. Sie erscheinen in speziellen Glossaren oder begegnen bei der Beschäftigung mit lateinischen Handschriften, denen die frühmittelalterlichen benediktinischen Mönche häufig deutsche Wörter zum besseren Verständnis beigefügt haben. In den althochdeutschen Texten medizinischen Inhalts, wie etwa den „Basler Rezepten", begegnen diese frühen fachsprachlichen Bezeichnungen aber noch kaum. Vermutlich waren diese Bezeichnungen noch nicht allgemein verbreitet, außerhalb eines lateinischen Kontexts konnten sie zu Missverständnissen führen. Über die Nennung von Heilpflanzen hinaus gibt es in den frühen Rezepten daher kaum explizit fachsprachlichen Wortschatz (Riecke 2005).

Dies ändert sich auch in den folgenden Jahrhunderten nur langsam. Bei Andreas Vesalius finden sich – neben den genannten Metaphern und weiteren Bildern – zumindest vereinzelt schon deutsche anatomische Fachbezeichnungen wie *ſpitʒʒahn, ſtockʒahn* und *lufftrhohr*. Allerdings bilden sich schon im Mittelalter nach und nach Muster heraus, die einen Text deutlicher als noch in den „Basler Rezepten" als medizinischen Text kenntlich machen. Dies zeigen einige kurze Auszüge aus Arzneibüchern des 12. und 13. Jahrhunderts. Zunächst das Arzenîebuoch Ipocratis (B).[20]

Ad capilloſ cadenteſ.
Brenne den linſamen. v. miſche in mit ole. v. ſalbe daz hâr.
Brenne dez widirſ horn. vn- nivez mit dem ole. v. ſalbe daz hŏbit. dir mite.

---

[18] In diese Richtung deutet auch der Hinweis auf denjenigen „der ihm den Trank gibt und ständig behütet". Der Kranke darf offensichtlich nicht ohne Aufsicht bleiben. Die ältere Forschung hat hier zumeist einen Fiebertrank vermutet. Das zu diesem Krankheitsbild gehörige Wortfeld, das von mir versuchsweise mit „Wahnsinn und Besessenheit" überschrieben wurde, gehört zu den am reichsten ausgebildeten althochdeutschen Wortfeldern im Bereich der Krankheitsbezeichnungen: Riecke (2004: 384f.). Zur kognitiven Fundierung von Wortfeldern: Konerding (1993).

[19] Siehe Riecke (2004).

[20] Zürich, Stadtbibliothek C 58/275. Edition: Wilhelm (1960: A 53–64, hier S. 54).

(...) Ad aurium dolorem.

Nim daz ſaf der wizzvn bilſun. v. lawiez. v. tŏ ez in daz ore. Sint ioch die wrme dar inne. ſie erſtirbint.

Nim deſ ſaffes daz man da duhit uzzer dem grunen heneſſamin. v. trŏfez in diu orin.

Nim daz genſeſmer. zirlazeſ. v. trŏfez in div oren.

Nim daz ſŏ dez ſevibŏmiſ. v. der rutun. v die gemalnnun mirrun. v. miſche ſie mit ole. v. mit dem ezzike. v. ſalbe daz hŏbit. v. die naſe. v. div orin. ſo wirdit im baz.

Die mittelhochdeutschen Texte sind für heutige Leser – nach Erledigung der philologischen Aufgaben – zumindest in ihren Grundzügen verständlich. Es folgt daher unmittelbar der mittelhochdeutsche Text des sog. Bartholomäus:[21]

Swem die brâ sêr sint, der nem antimonium unde slîphe daz an einem steine unde beize daz in einem ezich unde giuz daz in ein êrîn vezelîn unde setze ez an den luft drî naht, dar nâh salbe die brâ dâ mit, sô werdent si heil.

Swem diu ougen tunchel sîn, der nem patônjen unde welle si in einem wazer unde trinch des wazers gein einen guoten trinchen: diu erzenîe tribet daz ubel von den ougen. (...)

Swem die oberen brâ sêr sint oder dem si sus wê tuont, der neme wilden cressen unde mül in unde temper in mit wîzem wîne unde leg uber daz sêre: sô werdent si schiere heil.

Sô diu ougen sêr sint, chumet der siechtuom von dem bluote, sô sint diu ougen rôt unde heiz unde griekech unde gênt die schüze vaste dar în, sone wart nie nehein erzenîe bezzer denne daz er diu ougen hebe in ein wazer, daz gerregenet sî, sô wirt im als balde baz.

Es gibt nun Rezepteingänge vom Typ „Swem die brâ sêr sint" die für ein Rezept charakteristisch sind. Aus der Sammlung solcher Rezepte entsteht seit dem 11. Jahrhundert die Textsorte Arzneibuch. Spezifischen medizinischen Fachwortschatz sucht man aber auch hier weithin vergebens. Bis in die Zeit des Vesalius ändert sich das nicht.

Rezepte und Arzneibücher sind allerdings nicht die einzigen früh- und hochmittelalterlichen medizinischen Textsorten. Daneben stehen von Anfang an Zaubersprüche, die zur Heilung von Menschen und Tieren dienen sollten. Als Beispiel der im 12. Jahrhundert niedergeschriebene Bamberger Blutsegen:[22]

Crist unte Iudas spîliten mit spîeza. do wart der heiligo Xrist wnd in sine sîton. do nâmer den dvmen. unte uordûhta se uorna. So uerstant du bluod. sóse Iordanis áha uerstunt. do der heiligo Iohannes den heilanden Crist in íro tovfta.

---

[21] München, Cgm 92. Edition: Pfeiffer (Hg.) (1863: 114–117, 127–158, hier S. 145f.).
[22] Bamberg, SB, Misc. Med. 6 – Edition: Steinmeyer (Hg.) (1916: 377).

In neuhochdeutscher Übersetzung:

> *Christus und Judas kämpften mit dem Spieße. Da ward der heilige Christus*
> *wund in seiner Seite. Da nahm er den Daumen und hielt sie vorne zu. So bleib*
> *du, Blut, stehen, so wie Jordans Flut stehen blieb, als der heilige Johannes den*
> *erlösenden Christus in ihr taufte.*

Die Heilkraft der Zaubersprüche beruht auf der magischen Kraft des Wortes.
Medizinischer Wortschatz ist – von elementaren Hinweisen abgesehen (*wart*
... wnt; *bluod*) – für diese Form der Heilung nicht erforderlich. Rezepte und
Zaubersprüche sind aber im Mittelalter selten klar zu trennen. Meist werden sie
gemeinsam in medizinischen Sammelhandschriften überliefert. Ein späterer
Textzeuge kann das ebenfalls deutlich machen. Es handelt sich um den Teil
eines Segens aus Admont.[23]

> *Sicut cervus thebeus viperam naribus producit, sic ego te nessia. tropho,*
> *crampho. herdo. nagado. accadens morbus in nomine patris et filii et spiritus*
> *sancti et in nomine omnium sanctorum educo etc.*

Hier begegnen zumindest eine Reihe von Krankheitsbezeichnungen als Übersetzung von lat. *nessia*, die einer linguistischen Untersuchung bedürfen: *tropho*
‚Schlagfluss, Erkrankung der Gelenke‘, *crampho* ‚Gelenkentzündung, Krampf‘,
herdo (mit unklarer Bedeutung) und *nagado* ‚eine Art Bauchschmerz‘. Von besonderem Interesse ist das Wort *nagado*, da es sich nicht wie in den anderen
Fällen um ein Simplex handelt, sondern um eine Wortbildung mit einem Suffix
-ado. Da die Entwicklung der lateinischen medizinischen Fachsprache über
solche Ableitungen in Gang gesetzt wurde, man vergleiche etwa Suffixe wie
-ies (etwa in *caries* ‚Fäulnis‘, *-itis* (etwa in *durities* ‚Verhärtung‘, *-igo* (etwa in
prurigo ‚juckender Schorf‘ oder *-or* (etwa in *rigor* ‚Kälteschauer‘) ist zu prüfen,
ob sich im ältesten Deutsch ähnliches vollzogen oder zumindest in Ansätzen
entwickelt hat. Im Althochdeutschen finden sich 15 Krankheitsbezeichnungen,
die mit diesem Suffix *-ado* oder der Variante *-ido* gebildet werden: *bronado* ‚juckender Grind‘, *lebado* ‚Muttermal, Auswuchs‘, *magabizzado* ‚Bauchschmerzen‘,
nagado ‚eine Art Bauchschmerz‘, *scabado* ‚Räude, Krätze, Aussatz‘, *stehhado*
‚Seitenstechen‘, *swerado* ‚Schmerz, Leiden‘; *brunnido* ‚Getreidebrand‘ (?), das
brennende Jucken der Haut‘, *juckido* ‚Krätze, Räude, Skabies‘, *klāwido* ‚Schorf‘,
magabizzido ‚Bauchschmerzen‘, *swilido* (?) ‚Aufschwellung‘, *unwillido* ‚Ekel,
Erbrechen‘, *willido* ‚Übelkeit, Ekel‘, *wullido* ‚Übelkeit, Ekel‘. Sieben weitere wie
anado ‚Neid‘ oder *fûlido* ‚Fäulnis‘ bezeichnen negative Zustände und sind wohl
der Ausgangspunkt für die Entwicklung des ersten eigenständigen Suffixes in
deutscher Sprache, das zur Bildung von Krankheitsbezeichnungen dient (Riecke 2004: 419–421). Max Höflers Krankheitsnamen-Buch enthält, teils versteckt,

---

[23] Admont, StiftsB. 393; 12./13. Jh.

noch eine Reihe von Bezeichnungen wie (früh-)neuhochdeutsch *Lähmt* oder *Krankt*, die bis in die Neuzeit gebräuchlich waren.[24]

So steht bei einer textbezogenen linguistischen Auswertung am Ende doch wieder das Wort im Mittelpunkt. Die Entwicklung des Fachwortschatzes zeigt, wie die älteren umschreibenden Syntagmen schließlich durch Fachausdrücke ersetzt werden. Am Anfang steht das alltagssprachliche Wort, über den Umweg der umschreibenden Nominalgruppen kehren die Fachtexte dann zum Wort, jetzt zum Fachwort zurück. So wird beispielsweise im „Deutschen Macer" (Schnell 2003: 17,10) lat. *matrix* ‚Gebärmutter' nicht direkt übersetzt, sondern umschrieben: *Matrix ist di stat, da das kint in der muter libe inne ligt, wan ze siner geburte zit.* Die Stelle ist ohne Zweifel verständlich, und für die meisten Leser wohl verständlicher, als sie es wäre, wenn eines der bereits im Althochdeutschen überlieferten Wörter hier eingesetzt wäre: ahd. *birid, lehtar, gilehtar, kindelegi* oder einmal bezeugtes *giburtmuoter*, alle in der Bedeutung ‚Gebärmutter', erscheinen im „Deutschen Macer" nicht. Die fachsprachliche Ebene wird nur durch das Zusammenwirken von lateinisch und deutsch erreicht. Deutsche Fachwörter wie *Gebärmutter* erscheinen in medizinischen Fachtexten dann erst deutlich später (Grimm 1878: Bd. 4,1,1 Sp. 1651).

II.3 Über die Erschließung der Textfunktion

Die philologische und die linguistische Analyse wird komplettiert durch die pragmatische Analyse. Hier muss nun zur Rekonstruktion der kommunikativen Handlungsbedingungen die Funktion von medizinischen Texten ermittelt werden. Da die drei Ebenen stets ineinander greifen, ist in den bisherigen Abschnitten schon einiges zur Funktion der Texte gesagt worden. Zusammenfassend lässt sich festhalten:

Rezepte zeigen eine vergleichsweise einfache sprachliche Struktur. Sie enthalten in der Regel eine rezepttypische Eröffnung, Imperative, die zur Heilbehandlung anleiten, sowie die Bezeichnungen der Heilmittel, meist Pflanzen, selbst. In althochdeutscher Zeit erscheinen allerdings vor allem die Rezepteingänge und imperativischen Handlungsanweisungen überwiegend noch in lateinischer Sprache. Volkssprachige Imperative, Krankheitsbezeichnungen und Bezeichnungen für komplexe Heilmittel sind selten. Verständlichkeit in der Volkssprache als unmittelbare Vorraussetzung für die erfolgreiche Anwendung eines Rezepts wird aber auch mit der volkssprachigen Angabe des Heilmittels allein noch nicht erzeugt. Vielmehr scheint es so zu sein, daß viele Einzelrezepte, und auch die mittelhochdeutschen, bereits etwas umfangreicheren Arzneibücher, gerade nicht aus sich selbst heraus verständlich sind. Meist fehlen, auch noch in den frühen Arzneibüchern des 11. und 12. Jahrhunderts,

---

[24] Höfler (1899). Hier S. 347 (*lembt der glieder*) und S. 309 *Krankt, Kränket,* dort wohl irrtümlich als Kurzform von *Krankheit* gedeutet.

genaue Mengenangaben oder Hinweise zur Dosierung. Die frühen Rezepte und Arzneibücher wirken daher eher wie die schriftlichen Gerüste einer viel umfangreicheren mündlichen Kommunikationssituation. Erst die mündliche Erläuterung eines Arztes kann aus den Rezepten komplette medizinische Anweisungstexte machen. Die Arzneibücher sind also handlungsorientiert, aber die schriftliche Form allein führt nicht zu einer erfolgreichen Anwendung.

Auch Zaubersprüche besitzen eine sehr einfache sprachliche Struktur. Allerdings wird der Zauberspruch durch den Rückgriff auf die magische Kraft des Wortes und darüber hinaus oft auch auf eine Vorbildhandlung poetisch aufgeladen. Unterstützt wird die poetische Form durch performative Verben, parataktischen Satzbau, Stabreim und archaischen Wortschatz. Das Rezept kennt diese zusätzliche Dimension nicht. Viele medizinische Zaubersprüche enthalten eine direkte Handlungsanweisung. Oft wird sie durch einen analogischen Bezug auf eine Vorbildhandlung eingeleitet. Dabei ist es ohne Bedeutung, ob die Handlungsanweisung oder die Vorbildhandlung in der Volkssprache oder auf Latein wiedergegeben wird. Das charakteristische Handlungsmuster dieses Typs ist die Tätigkeit des Heilens durch den Akt der Beschwörung. Manchmal wird die Beschwörungshandlung durch ein performatives „Beschwörungs-Verb" des Typs *bigalan* ‚besprechen' explizit gemacht, das im Zauberspruch den Platz des Heilmittels einnimmt. Maßgeblich für die erfolgreiche Durchführung des Handlungsmusters „Heilung" ist daher entweder ein einzelnes magisches Wort oder die sprachliche Form der Zaubersprüche insgesamt. Zaubersprüche funktionieren durch die Macht des Wortes, nicht durch die Nennung von pflanzlichen oder mineralischen Heilmitteln.[25]

Die beschreibenden und belehrenden medizinischen Fachtexte der frühen Neuzeit. Etwa die „Anatomie" des Andreas Vesalius, sind dagegen in ihrer Form als schriftliche Darstellungen aus sich selbst heraus verständlich. Sie bedürfen keiner mündlichen Erläuterungen mehr. Damit ist die Verschriftlichung der Welt auch in diesem Bereich abgeschlossen. An die Stelle der mündlichen Unterweisungen treten nun Inhaltsverzeichnisse, Abbildungen, Verweise und metasprachliche Reflexionen.[26]

II.4 Wege der Sprachreflexion

Wenn der Sprachwissenschaftler die Position der über den Text hinausweisenden Sprachreflexion einnimmt, dann bewegt er sich auf der Wortebene im Spannungsfeld von etymologischer Bedeutung und aktueller Bedeutung. Beide müssen, wie am Beispiel der althochdeutschen Bezeichnungen *arzāt* und *lāhhi* demonstriert werden soll, keineswegs zusammenfallen. Beide Wörter sind im Althochdeutschen gleichermaßen in der Bedeutung ‚Arzt' bzw. ‚Heiler' überliefert. Ein Bedeutungsunterschied ist zwischen den Lexemen nicht festzustellen.

---

[25] Vergleiche dazu ausführlicher: Riecke (2005: 91–102).
[26] Ausführlich zu dieser Textsorte: Habermann (2001).

Ihr Nebeneinander erklärt sich vielmehr aus einem zeitlichen Nacheinander. Ahd. *lāhhi* erscheint bis zur Mitte des 9. Jahrhunderts, ahd. *arzāt* beginnt dagegen seine kommunikative Karriere erst im 9. Jahrhundert und ist dann in Glossenhandschriften des 10. und 11. Jahrhunderts gut bezeugt. Die Ablösung eines Lexems durch ein anderes lässt sich selten in so reiner Form beobachten wie an dieser Stelle. Da die aktuellen Bedeutungen von ahd. *lāhhi* und *arzāt* keine Unterschiede zeigen, bleibt auf der Ebene der kommunikativen Semantik, das heißt der Verwendungsweisen, unklar, was den Untergang von *lāhhi* und seine Ersetzung durch *arzāt* hervorgerufen hat. Die Hintergründe des Wortschatzwandels erhellt die Etymologie. Sie verdeutlicht, dass die Lexeme den beiden wichtigsten Aspekten der frühmittelalterlichen Heiltätigkeit genau komplementär zugewiesen sind. Ahd. *lāhhi* gehört zu lat. *lego* ‚sammeln, auswählend auflesen (von Runen), lesen, deuten, vortragen, reden' und bezeichnet jemanden, der Krankheiten beschwörende, sie hemmende, austreibende Worte oder Sprüche aufsagt. Der begriffliche Kern des Lexems entspricht der Methode des Heilens durch Beschwörung, ein *lāhhi* ist der Heiler der Zaubersprüche und der Beschwörungsformeln der medizinischen Sammelhandschriften. Ahd. *arzāt* und seinen Varianten *arzāto*, *arzināri* und *erzetere* liegt demgegenüber griech. *archíatros*, mlat. *archiater* ‚Oberarzt, Leibarzt' zu Grunde. Es ist daher in seinem begrifflichen Kern ein Titel, der dem am fränkischen Königshof angestellten Oberarzt in hellenistisch-römischer Tradition verliehen wurde. In der eingedeutschten Form ist der Titel zur Berufsbezeichnung geworden. Die hellenistisch-römische Tradition der Bezeichnung deutet, wie auch das einmal von Notker verwendete *arzātgot* für den Gott Äskulap, auf die Wahrscheinlichkeit, dass *arzāt* den gelehrten, mit den Schriften Galens und dem hippokratischen Corpus vertrauten Heilkundigen bezeichnen sollte. Der durch *lāhhi* repräsentierten einheimischen magischen Medizin ist mit der neuen wissenschaftlichen Klostermedizin ein mächtiger Konkurrent erwachsen. Mit der Bevorzugung des neuen Wortes *arzāt* bringen die schreibenden Kleriker ihre Zugehörigkeit zur neuen Medizin deutlich zum Ausdruck. Warum sich *arzāt* gegenüber *lāhhi* durchsetzt, erklärt sich erst durch die Aufhellung des begrifflichen Kerns der Wörter, die aktuellen Bedeutungen verraten darüber nichts (Riecke 2004: 471–473).

Das Beispiel zeigt zugleich, dass der eigentliche Wert des ältesten deutschen Wortmaterials weniger auf dem Gebiet der Kommunikationsgeschichte liegt. Der Erkenntniswert der aktuellen Bedeutungen tritt deutlich zurück hinter den der Nomination, und damit hinter die Frage, welche Motive bei der Bildung eines Wortes eine Rolle gespielt haben. Denn die der schriftlichen Überlieferung offenbar schon vorgelagerten Unterschiede von wissenschaftlicher Medizin und magischer Medizin offenbaren sich nur spärlich in den Texten, sondern vielmehr durch die an die Wörter gebundenen etymologischen Informationen, die den Schreibern selbst gar nicht bewusst sein müssen.

Es versteht sich von selbst, dass beide Ebenen nicht miteinander vermischt werden dürfen. Es empfiehlt sich daher eine strikte Trennung der aus den aktuellen Kontexten erschlossenen kommunikativen Bedeutung von der kulturellen Bedeutung, die sich auf die Motive der Begriffsbildung bezieht. Beide Seiten der Bedeutungsforschung schließen sich an den bekannten Gegensatz von kommunikativem Gedächtnis und kulturellem Gedächtnis an. Da die kommunikativen Bedeutungen für das Althochdeutsche nur noch selten sicher zu ermitteln sind, sollten sie, ganz wie erschlossene Wortformen, als Ergebnisse einer Rekonstruktion mit einem Asterisk versehen werden. Ihr Wert für die Kommunikationsgeschichte des Deutschen ist daher zweifelhaft. Dagegen lässt sich die kulturelle Semantik anschließen an das ethnomedizinische Konzept der „Krankheit als semantischem Netzwerk", wie es Thomas Lux im deutschen Sprachraum bekannt gemacht hat (Lux 1999). Dort, wo das Modell nicht nur synchron auf die Kulturabhängigkeit von Krankheit aufmerksam macht, sondern auch in einer diachronen Perspektive semantische Netze als Abbilder geschichtlicher Zusammenhänge versteht (Jänisch 1999), können sich Sprach- und Medizingeschichte wechselseitig befruchten. So wie Judith F. Pugh 1983 hinter zeitgenössischen indischen Schmerzbezeichnungen Spuren einer älteren, an die Qualitäten „warm" und „kalt" geknüpften humoralpathologischen Tradition entdeckte,[27] lassen sich gelegentlich auch unter den althochdeutschen Krankheitsbezeichnungen Hinweise auf diese beiden Qualitäten finden. Auf ein Zuviel der Qualität „kalt" verweisen möglicherweise die bisher kaum richtig verstandenen Bezeichnungen *āhhalm*, *āhhelmo* ‚Geschwür, Frostbeule' (?) oder *tobohalmo* ‚Raserei' (alle zu *kalan* ‚frieren'). Daher ist für *āhhalm* und *āhhelmo*, die lat. *malannus* ‚Albdrücken, Geschwür' glossieren, die Bedeutungsangabe ‚Frostbeule' noch keineswegs zwingend.[28] Sie transportiert etymologisches Wissen in ein zeitgenössisches medizinisches Konzept. Wie bei *tobohalmo* als Übersetzung von lat. *furor* ‚Raserei, Wut' kann der Anschluss an *kalan* ‚frieren' jedoch ebenso gut auf ein Übermaß der inneren Qualität „Kälte" verweisen, die dann nichts mit äußerer Kälte in Form von Frostbeulen zu tun hätte.

Mit einem Überschuss der Qualität „warm" verbunden sind Bezeichnungen wie *bronado* ‚juckender Grind', *brunnido* und *brunnihizza* ‚das brennende Jucken der Haut', *brunst* ‚Hautentzündung' (alle zu *brinnan* ‚brennen, glühen'), *fiebar* ‚Fieber' (zu lat. *febris* ‚Hitze'), *fiur*, *wildfiur*, *wildaz fiur*, *flehtantaz fiur* ‚Wundrose, Antoniusfeuer' (zu *fiur* ‚Feuer, Brand'), *frat* ‚entzündet, eitrig' (zu einer Wurzel *prē-* ‚anzünden, anfachen'), *heis* ‚heiser, dumpf', *heisar* ‚heiser', *heisarunga* ‚Heiserkeit' u. a. (neben ahd. *gihei* ‚Hitze'), *līhloa*, *līhlōi* ‚Narbe', *lohafiur* ‚Hautgeschwulst', *lohanti* ‚räudig, schorfig' (zu *lohen* ‚lodern, leuchten'),

---

[27] Vergleiche Lux (1999), wo die Arbeit Pughs kommentiert und ausgewertet wird.

[28] So zuletzt wieder Rudolf Schützeichel (2004: Bd. 1, 90), der ausschließlich ‚Frostbeule' ansetzt. Mein eigenes Wörterbuch, vergleiche Riecke (2004: 280), führt zumindest beide Möglichkeiten auf.

sōde ‚Sodbrennen' (zu *siodan* ‚sieden'). Auch die charakteristischen Merkmale des Schmerzes, die mit diesen Qualitäten verknüpft werden können,[29] begegnen im althochdeutschen Material wieder. Der „zusammenziehende Schmerz" motiviert ahd. *angasezzo* und *ango* ‚Geschwür', *angust* ‚körperliche Bedrängnis', *angweiz* ‚Hautbläschen, Hautausschlag' (alle zu *engi* ‚eng'), *dampfo* ‚Katarrh', *demphi* ‚Erstickung' *dumpfe* ‚Schwindsucht' (zu *dimpfan* ‚dampfen' und *dempfen* ‚bedrängen, erwürgen'), *kramme, krampfo*, ‚Krampf' (zu *krampa ‚gekrümmt' und *zuckōn* ‚sich verkrampfen' (zu *ziohan* ‚ziehen'). Der „punktförmige Schmerz" schließlich begegnet in *magabiz* u. a. ‚Bauchschmerzen' (zu *biz* ‚Biss'), *nagado* ‚Bauchschmerz' (zu *-nagan* ‚nagen'), *scurf* ‚Schorf, Grind, Krätze' (zu *sceorfan* ‚abnagen, beißen') und *stehhado* ‚Seitenstechen' (zu *stehhan* ‚stechen'), der „trennende Schmerz" in den Krankheitsbezeichnungen *balcbrust* ‚Bluterguss' (zu *brust* ‚Riss') und *gibrāhhi* ‚Katarrh' (zu *brehhan* ‚brechen').

Judith Pugh geht davon aus, dass die Wahl einer bestimmten Schmerzmetapher sehr oft die Zuordnung zu einem Körperteil, aber auch zu einem in seiner Qualität „kalten" oder „heißen" Schmerz ermöglicht (Jänisch 1999: 102). Auch die zuletzt genannten althochdeutschen Krankheitsbezeichnungen könnten dann mit der humoralpathologischen Tradition in Verbindung stehen. Die meisten dieser Fragmente reichen in vorsalernitanische Zeit zurück und sind nicht erst durch die arabische Medizin neu vermittelt. Ebenso ließen sich Reste der alten, dämonologisch motivierten Schichten der magischen Medizin mit dem Leitwort *giht* ‚Schlaganfall, Körperlähmung' rekonstruieren, das auf *jehan* ‚sagen, sprechen, bekennen' zurückgeht. Dies im einzelnen zu beurteilen liegt aber nicht mehr im alleinigen Kompetenzbereich des Sprachwissenschaftlers. Die Sprachwissenschaft kann aber dann, wenn sie die kommunikative und kulturelle Semantik voneinander trennt und damit auch die Etymologie der Wörter berücksichtigt, das notwendige Material zur Entschlüsselung historischer semantischer Netzwerke zur Verfügung stellen (Riecke 2007a). Sprachreflexion im Sinne einer sprachwissenschaftlichen Archäologie bringt dann Netzwerke zum Vorschein, die sich dem heutigen Betrachter erschließen, den mittelalterlichen Verfassern aber vermutlich schon unkenntlich waren.

Als Fazit bleibt festzuhalten: Mit Hilfe von onomasiologischen Feldern kann das volkssprachliche medizinische Wissen des Frühmittelalters erschlossen werden. Da die den Feldern zu Grunde liegenden aktuellen Bedeutungen aber meist nur annäherungsweise ermittelt werden können, sind einem detaillierten Verständnis der Wortbedeutungen Grenzen gesetzt. Berücksichtigt man über die kommunikativen Bedeutungen hinaus aber auch die etymologischen Begriffskerne der Wörter, dann können semantische Netzwerke entstehen, die ältere, dem aktuellen Gebrauch noch vorgelagerte medizinische Konzepte aufscheinen lassen. So kann im Sinne der „Krankheit als semantischem Netz-

---

[29] Vergleiche die tabellarische Übersicht bei Thomas Jänisch (1999: 103).

werk" ein Beitrag zur Analyse der kulturellen Dimensionen des Umgangs mit Gesundheit und Krankheit entstehen.

Während der Wortschatz der älteren Texte vor allem Anlass zur Sprachreflexion als Spracharchäologie bietet, enthalten frühneuzeitliche Texte mehr und mehr textimmanente sprachreflexive Passagen. Sehr gut sichtbar wird dies in Baumanns Vesalius-Übersetzung. Bei der Lektüre der deutschen Übersetzung wird rasch deutlich, dass es bei der naturwissenschaftlichen Durchdringung eines Fachgegenstands im 16. Jahrhundert nicht nur spezifische Sachprobleme, sondern vor allem ein Sprachproblem gegeben hat (XLVr):

> *Von den Namen der Adern / ſo auff dem Arm / vnd oben auff der Handt befunden werden. Den Eſten ſo um euſſeren ort der öbern handt gehen / werden mancherley namen vonn vnſern Aertзten und Doctoribus geben / Welche Namen / dieweyl ſie ſehr vntereinander vngleych ſein / vnnd doch allenthalben hin vnnd wider befunden werden / acht ich für gut / etwas yetзund dauon зu melden. (. . .) Vber diſe yetзgemelte namen / wirſtu kaum andere bey jnen finden. So du aber inn der Arabier Bücher liſeſt / werden dir allenthalb hauffen begegnen / dern namen / welche diſer ader etwan kaum hetten mögen зugelegt werden.*

Gelegentlich hat Baumann auch über die Schwierigkeiten der deutschen Fachwortbildung nachgedacht (XLIIIv):

> *Die euſſerſt troſſelader. Etlich aber neñen die troſſelader (so Grichisch σφα-γιτιδαι lateinisch lugulares geneñet werden) diſe / welche bald in der bruſt / vnter dem oberſten orth des Bruſtbeyns / von der зwitheylten holen adern / herfürbracht werden. Ettlich wöllen nicht / das dieſelben gantз / oder volkomliche ſtöck ſeyner theylung / Troſſel adern ſollen genend werden / Sonder das / was auß denſelben vber den Troſſelbeynen in dem nacken oder halß geſehen wirdt. In der Arabier dolmetscher leſen wir das die Troſſeladern fast alſo ſindt genennet worden. Guideз, Guades, vnd nach der зerſtörten corrupten Grichiſchen wort lein Grandes, Sphragitidæ, iuueniles, penſiles, organicæ, ſubeticę, uertiginoſę, apoplecticæ, uenæ ſomni. Vnd alſo nennen ſie / ſo wol die innerſten als die euſſerſten. Vnd diſe heyſſen ſie die offentliche oder ſcheinliche / jhene aber die verporgene.*

Auf der Ebene der Textproduktion ermöglichen es die lateinischen Vorlagen und Vorbilder, aber auch die einheimischen volkssprachigen Vorläufer, umfangreiche und theoretisch ambitionierte Fachtexte zu schreiben. Auf der lexikalischen Ebene zeigt sich jedoch, dass der aus alt- und mittelhochdeutscher Zeit überkommene einstmalige Fachwortschatz dazu nun nicht mehr ausreicht. Die detaillierte Darstellung der Anatomie des menschlichen Körpers erfordert in Baumanns Vesalius-Übersetzung erstmals eine enorme sprachliche Differenziertheit. Die lexikalischen Lücken werden durch Komposita, sofern sie durchsichtig sind, vor allem aber durch Nominalgruppen aufgefüllt. Auch diese Maßnahme bezeugt den stärkeren Praxisbezug der deutschen Ausgabe, die sich wohl vor allem an medizinische Praktiker richtete (Riecke 2004: 518). Auf diese Weise verbindet sich am Ende auch die Untersuchung der metasprachlichen Aussagen mit den Fragen der Sprachstruktur und der Textfunktion.[30]

III. Zum Schluss

Der Streifzug durch die Problem- und Aufgabenfelder der Sprachwissenschaft hat deutlich gemacht, dass verschiedene Erkenntnisziele unterschiedliche Methoden und Schwerpunktsetzungen erforderlich machen. Im Unterschied zur älteren Forschung sollte die Perspektive immer zumindest europäisch ausgerichtet sein.[31] An dieser Stelle sollte in Grundzügen gezeigt werden, welche Schritte Bestandteil eines sprachwissenschaftlichen hermeneutischen Verfahrens sein können. Ich schließe daher mit Hans-Georg Gadamer: „Ein mit methodischem Bewußtsein geführtes Verstehen wird bestrebt sein müssen, seine Antizipationen nicht einfach zu vollziehen, sondern sie selber bewußt zu machen, um sie zu kontrollieren und dadurch von den Sachen her das rechte Verständnis zu gewinnen." (Gadamer 1986: 24).

Literatur

Bär, Jochen A. (1999) Sprachreflexion der deutschen Frühromantik. Konzepte zwischen Universalpoesie und grammatischem Kosmopolitismus. Berlin/New York

Brückner, Dominik/Knoop, Ulrich (2003) Das Klassikerwörterbuch. In: Zeitschrift für Germanistische Linguistik 31, S. 62–86

Bühler, Karl (1934) Sprachtheorie. Die Darstellungsfunktion der Sprache. Jena. (Neudruck (1982), mit einem Geleitwort von Friedrich Kainz. Stuttgart)

Bußmann, Hadumod (21990) Lexikon der Sprachwissenschaft. 2. Aufl. Stuttgart

Busse, Dietrich (1987) Historische Semantik. Analyse eines Programms. Stuttgart

Cherubim, Dieter (1998) Sprachgeschichte im Zeichen der linguistischen Pragmatik. In: Besch, Werner/Betten, Anne/Reichmann, Oskar/Sonderegger, Stefan (Hg.) Sprachgeschichte. Ein Handbuch zur Geschichte der deutschen Sprache und ihrer Erforschung, 2. Aufl. Berlin/New York, S. 538–550

Deutsches Wörterbuch. Hrsg. von Jacob Grimm – Wilhelm Grimm. Leipzig 1878

Dutt, Carsten (Hg.) (2003) Herausforderungen der Begriffsgeschichte. Heidelberg

Felder, Ekkehard (2006) Semantische Kämpfe in Wissensdomänen. Eine Einführung in Benennungs-, Bedeutungs- und Sachverhaltsfixierungs-Konkurrenzen. In: ders. (Hg.) Semantische Kämpfe. Berlin/New York

Gadamer, Hans-Georg (1986) Wahrheit und Methode. Tübingen

---

[30] Aus der Fülle der sprachreflexiven Zusammenhänge konnten an dieser Stelle nur einige wenige Aspekte herausgegriffen werden. Auch – aber nicht nur – in medizinischer Hinsicht ist darüber hinaus die Wahl der Sprache selbst von entscheidender Bedeutung. Man vergleiche dazu Telle (1982: 43–48).

[31] Dazu Reichmann (2001).

Gardt, Andreas (1995a) Die zwei Funktionen von Sprache: kommunikativ und sprecherzentriert. In: Zeitschrift für Germanistische Linguistik 23, S. 153–171

Gardt, Andreas (1995b) Sprachreflexion in Barock und Frühaufklärung. Entwürfe von Böhme bis Leibniz. Berlin/New York

Geier, Manfred (1998) Orientierung Linguistik. Was sie kann, was sie will. Reinbek

Grimm, Jacob (⁴1848) Geschichte der deutschen Sprache. 4. Aufl. Leipzig

Grimm, Jacob/Grimm, Wilhelm (1878) Deutsches Wörterbuch. Leipzig

Habermann, Mechthild (2001) Deutsche Fachtexte der frühen Neuzeit. Naturkundlich-medizinische Wissensvermittlung im Spannungsfeld von Latein und Volkssprache. Berlin/New York

Hermanns, Fritz (1995) Sprachgeschichte als Mentalitätsgeschichte. Überlegungen zu Sinn und Form und Gegenstand historischer Semantik. In: Gardt, Andreas/Mattheier, Klaus/Reichmann, Oskar (Hg.) Sprachgeschichte des Neuhochdeutschen. Gegenstände, Methoden, Theorien. Berlin/New York, S. 69–101

Hermanns, Fritz (2002) Dimension der Bedeutung I: Ein Überblick. In: Cruse, D. Alan/Hundsnurscher, Franz/Job, Michael/Lutzeier, Peter Rolf (Hg.) Lexikologie. Ein internationales Handbuch zur Natur und Struktur von Wörtern und Wortschätzen, 1. Halbbd. Berlin/New York, S. 343–350

Hinneberg, Sabrina (2003) Psycholinguistische Aspekte der Sprachbewusstheit. Aachen

Höfler, Max (1899) Deutsches Krankheitsnamen-Buch. München

Jänisch, Thomas (1999) Semantische Netzwerke als Abbildung geschichtlicher Zusammenhänge. Eine Studie über den Schmerz in Indien. In: Thomas Lux, Krankheit als semantisches Netzwerk. Berlin, S. 99–118

Keil, Gundolf/Rudolf, Rainer/Schmitt, Wolfram/Vermeer, Hans J. (Hg.) (1968) Fachliteratur des Mittelalters. Festschrift für Gerhard Eis. Stuttgart

Kiesel, Helmuth (2004) Geschichte der literarischen Moderne. Sprache, Ästhetik, Dichtung im zwanzigsten Jahrhundert. München

Kleinschmidt, Erich (1992) Gleitende Sprache. Sprachbewußtsein und Poetik in der literarischen Moderne. München

Konerding, Klaus-Peter (1993) Frames und lexikalisches Bedeutungswissen. Untersuchungen zur linguistischen Grundlegung einer Frametheorie und zu ihrer Anwendung in der Lexikographie. Tübingen

Kotin, Michail A. (2005) Die Sprache in statu movendi. Sprachentwicklung zwischen Kontinuität und Wandel. Bd. 1: Einführung – Nomination – Deixis. Heidelberg

Linke, Angelika/Nussbaumer, Markus/Portmann, Paul R. (1996 u. ö.) Studienbuch Linguistik, 3. Aufl. Tübingen

Lux, Thomas (Hg.) (1999) Krankheit als semantisches Netzwerk. Ein Modell zur Analyse der Kulturabhängigkeit von Krankheit. Berlin

Mattheier, Klaus (1995) Sprachgeschichte des Deutschen: Desiderate und Perspektiven. In: Gardt, Andreas/Mattheier, Klaus/Reichmann, Oskar (Hg.) Sprachgeschichte des Neuhochdeutschen. Gegenstände, Methoden, Theorien. Berlin/New York, S. 1–18

Müller, Marcus (2007) Geschichte, Kunst, Nation. Die sprachliche Konstituierung einer ‚deutschen' Kunstgeschichte aus diskursanalytischer Sicht. Berlin/New York

Nedoma, Robert (1997) *enti danne geoze zisamne*. Die althochdeutsche Fassung des *Ersten Basler Rezepts* (RB Ib). In: Die Sprache 39, S. 168–200

Ottmer, Eva (2003) Finger, die auf den Mond zeigen. Eine Gegenüberstellung europäischer und buddhistischer Sprachtheorien am Beispiel Ferdinand de Saussures und Sakya Paṇḍitas. Göttingen

Pfeiffer, Franz (Hg.) (1863) Zwei deutsche Arzneibücher aus dem 12. und 13. Jahrhundert. In: Sitzungsberichte der österreichischen Akademie der Wissenschaften. Phil.-hist. Klasse 42. Wien

Reichmann, Oskar (1998) Sprachgeschichte: Idee und Verwirklichung. In: Besch, Werner/Betten, Anne/Reichmann, Oskar/Sonderegger, Stefan (Hg.) Sprachgeschichte. Ein Handbuch zur Geschichte der deutschen Sprache und ihrer Erforschung, 2. Aufl. Berlin/New York, S. 1–41

Reichmann, Oskar (2001) Das nationale und das europäische Modell in der Sprachgeschichtsschreibung des Deutschen. Freiburg Schweiz

Riecke, Jörg (2004) Die Frühgeschichte der mittelalterlichen medizinischen Fachsprache im Deutschen, 2 Bde., Berlin/New York

Riecke, Jörg / Hünecke, Rainer / Pfefferkorn, Oliver / Schuster, Britt-Marie / Voeste, Anja (Hg.) (2004) Einführung in die historische Textanalyse. Göttingen

Riecke, Jörg (2005) Von der Ungleichzeitigkeit des Gleichzeitigen. Zum Verhältnis von Fachwortschatz und Fachtextsorten in der mittelalterlichen deutschen Fachsprache der Medizin. In: Riha, Ortrun (Hg.) Das Mittelalter. Perspektiven mediävistischer Forschung

Riecke, Jörg (2007a) Gesund und krank im Mittelalter: Beiträge zum mittelalterlichen deutschen Wortschatz der Heilkunde. In: Meyer, Andreas/Schulz Grobert, Jürgen (Hg.) Gesund und krank im Mittelalter. Marburger Beiträge zur Kulturgeschichte der Medizin. Leipzig, S. 89–108

Riecke, Jörg (2007b) Übersetzen aus dem älteren Neuhochdeutschen? Zum Problem der (Un-) Verständlichkeit auch der klassischen Literatur. In: Reimann, Sandra/Kessel, Katja (Hg.) Wissenschaften im Kontext. Kooperationsfelder der deutschen Sprachwissenschaft. Festschrift für Albrecht Greule. Tübingen, S. 45–51

Riecke, Jörg (2007c) Zur Sprache der Chronik. In: Feuchert, Sascha/Leibfried, Erwin/Riecke, Jörg (Hg.) Die Chronik des Gettos Lodz/Litzmannstadt, 5 Bde. Göttingen, Bd. 5, S. 191–203

Scharloth, Joachim (2005) Die Semantik der Kulturen. Diskurssemantische Grundfiguren als Kategorien einer linguistischen Kulturanalyse. In: Busse, Dietrich/Niehr, Thomas/Wengler, Martin (Hg.) Neue Konzepte und Forschungsergebnisse einer kulturwissenschaftlichen Linguistik. Tübingen, S. 119–134

Schnell, Bernhard (Hg.) (2003) Der deutsche ,Macer'. Vulgatfassung. Mit einem Abdruck des lateinischen Macer Floridus ,De viribus herbarum'. Kritisch herausgegeben in Zusammenarbeit mit William Crossgrove. Tübingen

Schützeichel, Rudolf (^{5} 1995) Althochdeutsches Wörterbuch. 5. Auflage. Tübingen

Schützeichel, Rudolf (2004) Althochdeutscher und Altsächsischer Glossenwortschatz. Tübingen

Steinmeyer, Elias von (Hg.) (Neudruck 1968) Die kleineren althochdeutschen Sprachdenkmäler. Dublin-Zürich

Telle, Joachim (1982) Arzneikunst und der „gemeine Mann". Zum deutsch-lateinischen Sprachenstreit in der frühneuzeitlichen Medizin. Braunschweig

Vesalius, Andreas (1551) Anatomia Deudsch. Ein kurtʒer Aufʒug der beʃchreibung aller glider menschlichs Leybs aus den buchern des Hochgelerten Herrn D. Andree Veʃalij von Brüssel [...] Nürnberg: Jul. Paulo Fabricio 1551. Nürnberg (Faksimile hg. v. Andreas Bäslack, Leipzig)

Werlen, Iwar (2002) Sprachliche Relativität. Tübingen/Basel

Wilhelm, Friedrich (1960) Denkmäler deutscher Prosa des 11. und 12. Jahrhunderts. München

Wittgenstein, Ludwig (1953) Philosophical Investigations / Philosophische Untersuchungen. Oxford

Wittgenstein, Ludwig (1988) Tractatus logico-philosophicus. Tagebücher 1914–1916. Philosophische Untersuchungen. Frankfurt/M.

Heidelberger Jahrbücher, Band 53 (2009)
E. Felder (Hrsg.) Sprache
© 2009 Springer-Verlag Berlin Heidelberg

„Wie muß das heissen?"

Hochsprachnormierung und Sprecherziehung
im Lehrgespräch des 18. Jahrhunderts
Ein Beitrag der Historischen Dialogforschung
zur Erklärung des Sprachwandels *

JÖRG KILIAN

1. Zur Einführung

Wer am Ende des 18. Jahrhunderts im pädagogischen Diskurs mitreden wollte, musste im Ort Reckahn in Brandenburg gewesen sein. Dort stand die von
Friedrich Eberhard von Rochow gegründete Elementarschule für die Kinder
seiner Untertanen. Die Besucherliste ist entsprechend umfangreich (vgl. Rochow, Pädagogische Schriften IV, 437ff.). Das Anziehende, ja: Exotische an dieser Schule des Domherrn Friedrich Eberhard von Rochow bestand darin, dass
hier vorgeführt wurde, wie offenere Formen des Lehrgesprächs, und zwar vornehmlich die Form des gelenkten Unterrichtsgesprächs, auf einer Landschule
mit Klassen einfacher Bauernkinder unterschiedlichen Alters und Lernstandes
geführt werden konnten. Bislang hatte man solche Kinder, sofern sie überhaupt
unterrichtet wurden, in relativ großen Klassen („Haufen" mit bis zu hundert
Kindern) in einem Klassenraum zusammengepfercht und „unterrichtet" im
Stil des lutherischen Katechismus: Die Kinder wurden angehalten, Fragen und
Antworten auswendig zu lernen, um sodann, einzeln aus den „Haufen" vor den
Lehrer gerufen, die Antworten auf die Fragen „herzusagen".

Hier nun, in Reckahn, sollten die Kinder systematisch unterrichtet werden,
mehr noch: im Stil des sokratischen Gesprächs selbsttätig Wissen erwerben.
Dazu wurden die Kinder erst einmal in eine Sitzordnung gebracht (nach Riemann 1781: 189; s. Abb. 1 auf der nächsten Seite).

Diese Sitzordnung ordnete die in der Dorfschulstube irgendwo stehenden,
sitzenden, liegenden Kinder, eben die „Haufen", zugleich zum Gespräch, sie war
Sozialordnung des Lehrgesprächs. Der Lehrer führte in Reckahn nicht mehr nur
„Verhöre" mit einzelnen Schülern, sondern Gespräche mit der ganzen Klasse,
was ein enormer Fortschritt war, wurden doch nun alle Kinder gleichzeitig am

---

* Der Beitrag fasst Teile meiner Untersuchungen zum Zusammenhang von „Lehrgespräch und
Sprachgeschichte" zusammen (vgl. Kilian 2002).

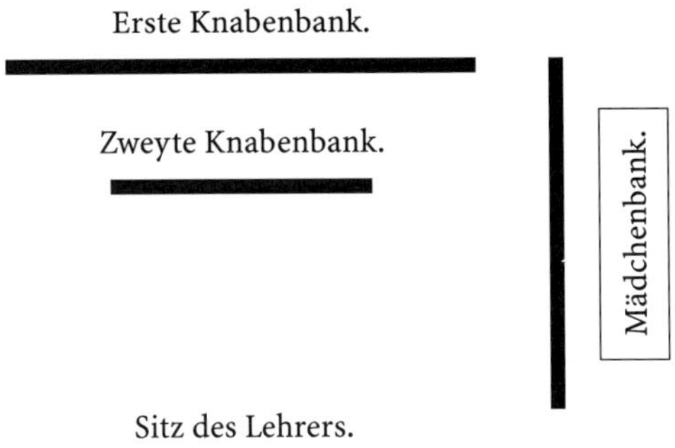

Erste Knabenbank.

Zweyte Knabenbank.

Mädchenbank.

Sitz des Lehrers.

Abb. 1

Lehr-Lern-Prozess beteiligt. Heinrich Gottlieb Zerrenner gehörte zu den auf-
merksameren Beobachtern, und sein Bericht im „Journal für Prediger" aus dem
Jahr 1788 überliefert mehrere Gespräche bzw. Gesprächspassagen aus Reckahn,
u. a. die folgende Passage:

> „Herr Bruns: Ich wollte ja heute etwas fragen? was doch wol?
> Kinder: von Eisen.
> B. Nun, weißt du denn etwas, das von Eisen gemacht ist? […]
> Kind 1. eine Klinke! Nun wurde weiter gefragt: woraus wird denn die ge-
> macht? wer macht denn eine Klinke? worzu braucht man eine Klinke? was
> ist denn dein Vater? – ein Schmidt etc.
> Kind 2. eine Pferdekette. B. Woraus ist denn die gemacht? was machen sie
> denn mit einer Pferdekette? wer macht die im Dorfe? etc.
> Kind 3. eine Krampe. B. Wozu braucht man denn die?
> K. Dat miner Mutter keiner wat rut dregt.
> B. Rut dregt? was ist das? wie muß das heissen?
> Ein andres Kind: herausträgt. B. Recht. Man kann einen Anwurf drum, und
> denn ein Schloß vor eine solche Krampe legen. Diese Uebungen sind denn
> besonders auch dazu gut und eingeführt, um die Kinder hochdeutsch spre-
> chen zu lehren, welches immer viel Mühe kostet. […]"
>
> (Zerrenner 1788: 14f.)

Der Protokollant Zerrenner lässt keinen Zweifel daran aufkommen, dass das
offenere gelenkte Unterrichtsgespräch nicht nur den Zweck hatte, Sachwissen
im weiteren Sinne zu vermitteln, sondern die Kinder auch hochdeutsch sprechen zu lehren, schließlich sollten sie ja auch lesen und schreiben lernen, wobei
Einflüsse der Mundart immer wieder (wie auch heute noch) zu Fehlern führten. Der Unterricht im alten Stil des katechetischen Gesprächs hatte die Kinder
zwar auswendig gelerntes Hochdeutsch hersagen lassen, doch war das Aus-
wendiggelernte oft nicht einmal in Ansätzen verstanden worden, geschweige
denn, dass es der Sprecherziehung zum Hochdeutschen, der „Lehr- und Befehlssprache" (von Rochow) gedient hätte. Hier nun in Reckahn (und anderen
Landschulen auch) sollte hochdeutsch sprechen im Gespräch geübt werden.

Der Lehrer, Herr Bruns, greift die niederdeutsch formulierte Antwort auf und tadelt noch relativ moderat, indem er die Korrektur des „Fehlers" einem anderen Schüler überlässt. Seine Fragen „was ist das?" und „wie muß das heissen?" lassen indes keinen Zweifel daran, dass die Mundart als unverständlich und falsch galt. Friedrich Eberhard von Rochow, der Domherr und Schulaufseher, hatte zwar den Gebrauch der Mundart als vorübergehendes Hilfsmittel für die jüngsten Schüler akzeptiert, weil die Kinder sonst an einer – modern gesprochen – Sprachbarriere zu scheitern drohten,[1] und in der Tat gibt es in den aus Reckahn überlieferten Lehrgesprächen Belege, die zeigen, dass die niederdeutsche Sprache der Kinder nicht immer sogleich hochdeutsch korrigiert wurde. Als beispielsweise einmal ein Kind einen Baum mit dem Ausdruck beschreibt: „Wo de Gänse bi gaen", wird vom Protokollanten sogar lobend hervorgehoben, dass das Kind nicht coram publico gemaßregelt und beschämt wurde (Zerrenner 1788, 39). Gleichwohl war Friedrich Eberhard von Rochow entschieden dagegen, dass in den Schulen grundsätzlich Mundart gesprochen werde, „da nur Bekanntschaft mit hoch= und plattdeutsch es möglich mache, letzteres durch ersteres, welches doch einmal Lehr= und Befehlssprache ist, zu verdrängen."[2] Das gelenkte Unterrichtsgespräch in seinen Schulen sollte also auch der Sprecherziehung dienen, dem Sprachenwechsel, mithin dem Sprachwandel.

2. Sprecherziehung, Sprachenwechsel und Sprachwandel im Dialog

Die Frage nach der Rolle des Gesprächs im Prozess des Sprachwandels wie auch die Frage nach dem Wandel des dialogischen Repertoires einer Sprachgesellschaft gehören zum ureigentlichen Erkenntnisinteresse der historischen Dialogforschung. Diese Fragen sind darüber hinaus von besonderem sprachtheoretischem Gewicht und sollen deshalb hier im Zusammenhang mit den aus verschiedenen theoretischen Zugriffen erwachsenen Ansätzen der Forschung diskutiert werden, bevor der Blick wieder zurückgeht in die Schulstuben des 18. Jahrhunderts.

Wann immer die Rede ist von der „Veränderung des Usus" durch „die gewöhnliche Sprechtätigkeit",[3] oder davon, dass „alles Diachronische in der Sprache nur vermöge des Sprechens diachronisch ist" und im Sprechen „der Keim aller Veränderungen" ruht;[4] wann immer das „Werden der Sprache durch

---

[1] Vgl. Rochow: „Vom Nationalcharakter durch Volksschulen" (1779), Pädagogische Schriften I, 313–348, hier 323; vgl. Riemann 1781, 3f.

[2] Mit dieser Begründung lehnte Rochow („Geschichte meiner Schulen" [1795]; Pädagogische Schriften III, 6–55, hier 13) den Vorschlag Friedrichs II. ab, sächsische Lehrer nach Preußen zu holen. Es gibt zahlreiche Belege für diese Sprachbarriere zwischen Mundart der Schüler und Hochsprache des Lehrers, vgl. Kilian 2002, 429ff.

[3] Paul 1909: 32 (im Original gesperrt).

[4] Saussure 1916/1967: 117 (im Original gesperrt).

das Sprechen" (Coseriu 1958/1974: 169) ergründet wird oder die „Wieder-Schöpfung und Neu-Schöpfung von Traditionen im Sprechen" (Schlieben-Lange 1983: 35) zur Beschreibung ansteht, so schimmert dahinter die Vor-stellung vom Prozess des Sprachwandels im Wege des Gesprächs hervor, die Vorstellung also, dass Sprecher ihre eigene Sprache fortwährend zur Verände-rung führen, indem „*einer – [mit] dem anderen – über die Dinge*" (Bühler 1934: 24) spricht.

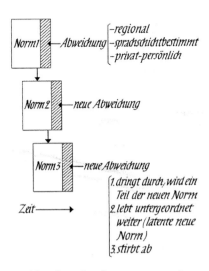

Abb. 2 (aus: Sonderegger 1979: 35)

Es ist hier nicht der Ort, Theorien und Ansätze zur Erklärung und Beschrei-bung von Sprachwandel ausgiebig zu diskutieren.[5] Für die Zwecke der vorge-nommenen Betrachtungen muss es genügen, Sprachwandel als eine im Nor-mengefüge einer Einzelsprache etablierte Veränderung (Verschiebung, Um-strukturierung, Hinzufügung, Tilgung usw.) zu begreifen. Diese Veränderung selbst, genauer: der Prozess des Sprachwandels von einer ersten Abweichung vom Bestehenden bis hin zur Etablierung des Neuen (vgl. obige Skizze), wird nun innerhalb einer pragmatischen Sprachtheorie auf Veränderungen im menschlichen Sprachhandeln zurückgeführt. Der dialogisch sprechende Mensch wird damit zum Agens allen Sprachwandels.

Allerdings genügt diese Darstellung des Sprachwandels als Wandel durch Abweichung von der Norm noch nicht ganz, denn es ist nicht nur eine Norm, nicht nur ein homogenes System „Deutsche Sprache", das in dialogischen Sprech- und Schreibtätigkeiten daran beteiligt ist, sondern ein „System von

---

5 Vgl. dazu die Überblicke von Cherubim 1975; v. Polenz 1991: 24ff.; Keller 1994.

Systemen" (H. Paul). Veranschaulicht sei der Sprachwandel im Dialog deshalb in einem Modell, das die innere Mehrsprachigkeit berücksichtigt (zur Genese dieses Modells vgl. Kilian 2001: 306):

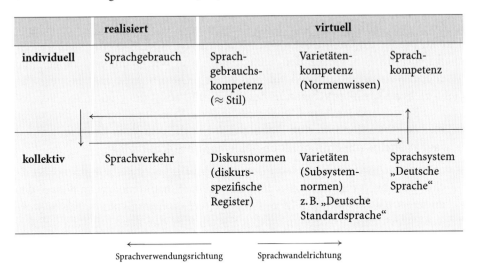

	realisiert		virtuell	
individuell	Sprachgebrauch	Sprach-gebrauchs-kompetenz (≈ Stil)	Varietäten-kompetenz (Normenwissen)	Sprach-kompetenz
kollektiv	Sprachverkehr	Diskursnormen (diskurs-spezifische Register)	Varietäten (Subsystem-normen) z. B. „Deutsche Standardsprache"	Sprachsystem „Deutsche Sprache"

Sprachverwendungsrichtung   Sprachwandelrichtung

Idealiter kann man den Sprachwandel im Dialog vor dem Hintergrund des Achtfeldermodells wie folgt am Beispiel erklären: Lehrer Bruns spricht die **Sprachkompetenz** der Kinder an; das **Sprachsystem** „Deutsche Sprache" bietet ihm ja unterschiedliche Möglichkeiten zur Auswahl, wie hier zu sehen ist: Ein Kind sagt „rut dregt", ein anderes sagt „rausträgt". Beide Möglichkeiten sind im System gegeben, sind in der Sprachkompetenz der Kinder zumindest rezeptiv zugänglich. Die **Varietäten-** und **Sprachgebrauchskompetenz** der Kinder ist jedoch auf Nieder- oder, wie man im 18. Jahrhundert auch gern sagte: „Platt-deutsch", ausgerichtet. Die Wandlung der Kompetenz erfolgt im **Sprachverkehr**: Ein individueller **Sprachgebrauch**, nämlich die Äußerung „Dat miner Mutter keiner wat rut dregt." wird im **Sprachverkehr** getadelt („Rut dregt? was ist das? wie muß das heissen?") und korrigiert („herausträgt"). Im Sprachverkehr soll ein anderer, nämlich hochdeutscher, Sprachgebrauch getätigt werden, es sollen hochdeutsche **Diskurs-** und **Varietätennormen** gefestigt und als individuelle **Sprachgebrauchs-** und **Varietätenkompetenzen** erworben und wieder erneut in den Sprachverkehr eingebracht werden.

In der Geschichte der historischen Sprachwissenschaft ist, wie auch oben an Zitaten aus sprachtheoretischen Arbeiten angedeutet, die bedeutsame Rolle dialogischen Sprachhandelns im Rahmen einer Sprachwandeltheorie eigentlich nichts Neues. Und doch kann von einer Sprachwandeltheorie auf der Basis der historischen Dialogforschung noch keine Rede sein. Möglicherweise ist dies auch darauf zurückzuführen, dass erst die moderne Sprachtheorie mit der Unterscheidung von virtuellen und realisierten Existenzweisen von Spra-che diesen dialogischen Erklärungsansatz plausibel gemacht und das dialogische Sprechen von Angehörigen einer Sprachgesellschaft, also das Gespräch, zugleich als **Ursache**, **Mittel** und **Ort** des Sprachwandels erwiesen hat.

Der Dialog in Form des Gesprächs, also der sprechsprachliche Dialog, ist demnach unmittelbar bzw. sprachintern **Ursache** des Sprachwandels, insofern im Wege des Miteinandersprechens das vom einen Sprecher über die Dinge anders, wieder und neu Geschöpfte vom anderen Hörer bereits etwas abweichend vernommen, verstanden, akzeptiert – und wiederum anders, gar neu geschöpft weitergegeben wird. Nur das gehörte Gesprochene, nur das gelesene Geschriebene kann Sprachwandel bewirken, und so ist der Dialog, so ist dialogisches Sprachhandeln von Menschen die erste Ursache allen Sprachwandels. In aller nur wünschenswerten Deutlichkeit hat dies Eugenio Coseriu, fußend u. a. auf Wilhelm von Humboldt und Hermann Paul, dargelegt:

> „Der Sprachwandel hat seinen Ursprung im Dialog: im Übergang sprachlicher Verfahren vom Sprechen des einen Gesprächspartners zum Wissen des anderen. All das, worin sich das vom Sprecher Gesprochene – als *sprachliches Verfahren* – von den in der Sprache, in der das Gespräch geführt wird, vorhandenen Mustern entfernt, kann *Neuerung* genannt werden. Und die Annahme einer Neuerung von seiten des Hörers als Muster für weitere Ausdrücke kann man Übernahme nennen." (Coseriu 1958/1974: 67)[6]

Man mag nun, weil diese Wirkung, durch Sprechen Veränderungen in die Sprache zu bringen, in der Regel von den Sprechern nicht intendiert ist, eine „unsichtbare Hand" bemühen, um die Unergründbarkeit der konkreten Wege des Sprachwandels doch noch „erklären" zu können;[7] man entfremdet damit allerdings den Sprachwandel seiner gesellschaftlichen Bedingungen im Rahmen der „Traditionen des Sprechens" (Schlieben-Lange 1983). Denn zur unmittelbaren Ursache des dialogischen Sprechens gesellen sich die mittelbaren Ursachen des einzelnen konkreten Wandels, die zumeist außersprachlicher Natur und im Großen und Ganzen rekonstruierbar – und damit auch sichtbar – sind.

Der Dialog ist, nicht zuletzt in seiner Rolle als Multiplikator des Neuen, zugleich **Mittel** des Sprachwandels. Hermann Paul hat in seiner theoretischen und methodologischen Grundlegung der Erforschung und genetischen Erklärung des Sprachwandels den Weg von der individuellen „Abweichung" bis zur Eingliederung des Neuen in die bestehende Norm und darüber hinaus in das System einer Einzelsprache detailliert beschrieben. Er hat dabei die Rolle des einzelnen Sprechers als Auslöser des Sprachwandels und die Rolle der Sprachgesellschaft als Richterin über Erfolg und Misserfolg der „Abweichung" zusammengedacht in seinem Begriff von der „Wechselwirkung der Individuen auf einander" (Paul 1909: 7ff. und 23ff.). In seiner Spätschrift über „Aufgabe und Methode der Geschichtswissenschaften" fasst er seine Erkenntnisse abschließend wie folgt zusammen:

---

[6] Vgl. Keller 1994: 136ff.
[7] Vgl. Keller 1994, bes. 109ff.; zur Kritik Cherubim 1983.

„Aber auch, was der Einzelne für sich oder innerhalb kleinerer Gruppen tut oder leidet, vergeht nicht spurlos, so wenig es zunächst beachtet zu werden pflegt. Aus einer Summe von anscheinend unbedeutenden Vorgängen entwickeln sich bedeutsame Gesamtwirkungen. [...] Geräuschlos vollzieht sich eine Ueberlieferung von Geschlecht zu Geschlecht, wobei durch eine Häufung minimaler Abweichungen allmählich in die Augen fallende Umgestaltungen hervorgebracht werden können." (Paul 1920: 34)

Die „Ueberlieferung" erfolgt dialogisch, die „Häufung" zudem dadurch, dass einer mit und zu vielen spricht. Dies gilt insonderheit für das Lehrgespräch: Die Lehrer an den Schulen der verschiedenen Schultypen des 17. und 18. Jahrhunderts und, sofern auf Deutsch gelehrt wurde, die Professoren an den Universitäten waren Verursacher und Multiplikatoren der „Abweichung", wenn sie, zumindest formal, dialogisch lehrten und die Schüler, Studenten und Lehramtskandidaten dialogisch lernen ließen. Und insofern in dieser historischen Zeit die Formung der deutschen Standardsprache erfolgte und gar, beispielsweise im Falle der Hochlautung, eine Wiege der deutschen Standardsprache der Gegenwart vermutet werden darf, ist für einen konkreten Moment der Sprachgeschichte das Gespräch als Mittel des Sprachwandels sogar konkret greifbar.

Schon Andreas Reyher hatte in seinem „Special=Bericht" von 1642 die sprachlenkende Kraft des Lehrers betont, als er forderte, dass eine falsche Aussprache sogleich korrigiert und die gewünschte Aussprache durch Wiederholung eingeprägt werden solle:

„150. Der Praeceptor brauche die Art / wenn ein Kind etwas übel außspricht / so wiederhole er es erstlich eben also / wie es das Kind außgesprochen / jedoch daß es ohne spöttliche Verhönung geschehe / damit dergestalt das Kind den Vbelstand kennen lerne. Flugs darauff verbessere der Praeceptor solch Laster durch rechtmässiges Außsprechen / vnd heisse den Discipul es auch mit seinem Munde verbessern. Kan es der Discipul nicht flugs auff einmal recht treffen / so lasse es ihn der Praeceptor zum 2. 3. vnd 4. mal wiederholen." (Reyher 1642, §150.)

Den konkreten Prozess dieses auf den Schulen gelenkten Sprachwandels hat noch beispielsweise Wilhelm C. C. v. Türk im Jahre 1806 beschrieben und man findet dabei auch den Generationenwechsel als Motor des Sprachwandels berücksichtigt. Von Türk konzentriert sich in seinen „Beiträgen zur Kenntniß einiger deutschen Elementar=Schulanstalten" zwar auf Schulstätten des mitteldeutschen Sprachraums („Dessau, Leipzig, Heidelberg, Frankfurt am Mayn und Berlin"[8]) und zudem auf städtische Bürger- und nicht auf Landschulen, doch darf seine Beschreibung des Sprachenwechsels und des Anschubs ei-

---

[8] Im Falle Berlins und auch noch Dessaus ist freilich im 17. und 18. Jahrhundert auch das Niederdeutsche des brandenburgischen Umlands in Rechnung zu stellen.

nes Sprachwandels im Wege des die Generationen übergreifenden Unterrichts durchaus für alle Mundartgebiete Deutschlands und auch für die ländlichen Schulen gelesen werden. Sie sei daher etwas ausführlicher zitiert:

> „Indessen muß ich noch einer Sache erwähnen, die keinen angenehmen Eindruck auf mich machte, der jedoch nicht auf Rechnung irgend eines Mangels der Anstalt [„Leipziger Bürger=Schule", J. K.] gesetzt werden darf. Es ist das Ziehende und Singende des Leipziger Dialects. Die Ausdrücke: O je – das wird mit einem weichen? d, das mit einem harten? t geschrieben, klingen mir noch in den Ohren. In den Schulen Nieder=Sachsens findet man eine reinere Aussprache; indessen sehe ich die Schwierigkeit, welche es haben würde, wenn man in und durch öffentliche Schulen eine vollkommen reine Aussprache einführen, alle eigenthümlichen Dialecte verbannen wollte, vollkommen ein. Die Lehrer selbst haben nur selten eine vollkommen reine und richtige Aussprache – diese scheint mir eine nothwendige Bedingung zu seyn, wenn wir verlangen, daß die Kinder, denen sie den Sprach=Unterricht ertheilen, eine fehlerfreie Aussprache annehmen sollen. [...] Doch aber scheint mir das Beispiel des Lehrers für die jetzige Lage der Sache das wirksamste Mittel zu seyn, um überall Provincialismen, fehlerhafte Dialecte zu verbannen und endlich eine reine deutsche Aussprache allenthalben zu verbreiten. [...]" (v. Türk 1806: 56f.)

Der Dialog ist schließlich zugleich **Ort** des Sprachwandels. Die historische Dialogforschung vermag im Rahmen der Rekonstruktion gesprochener Sprache im 18. Jahrhundert die Verwandtschaft, aber doch auch die Fremdheit; die Nähe, aber doch auch die Distanz; das Bewahrte, aber doch auch die Veränderung im Vergleich zur gesprochenen deutschen Standardsprache im Gespräch der Gegenwart aufzuzeigen. Dies beginnt bei den kleinsten Aussprachecharakteristika der gesprochenen Sprache, deren Kontinuität und Wandel nur im Gespräch fassbar werden, und es setzt sich fort bei den kleinsten dialogpragmatischen Einheiten, den Gesprächswörtern, wie schon ein mit gegenwärtigen Verhältnissen vergleichender Blick in die „Deutsche Encyclopädie" von 1793 rasch offenbart:

> „Die Empfindung des Schmerzens äussert sich durch ein ach! weh! vae; der schnellen Verwunderung durch oh! ey! des Widerwillens durch pfui! fi! pouah! der geringen Verwunderung durch hum, hom; der Freude durch ha! ho! und dergl." (DE 17, 1793: 744 [s.v. *Interjectiones*])

In der deutschen Gegenwartssprache sind viele der hier genannten Gesprächswörter in dieser Form nicht mehr möglich (z. B. *hum, hom*).

Auf der nächsthöheren Ebene sind im Gespräch Veränderungen im Rahmen kleinerer syntaktischer Glieder zuerst greifbar: Der Sprachforscher Johann Christoph Adelung etwa rügte 1793 den noch üblichen, schließlich aber auch in der gesprochenen Sprache getilgten Gebrauch der Präposition *bei* mit dem Akkusativ (z. B. „bei die Fliege"); [9] andererseits gibt es Variationen der Wortstellung, die schließlich den Bereich der Oralität überschreiten und auch in der geschriebenen Hochsprache akzeptiert wurden (vgl. z. B. die Zweitstellung des finiten Verbs im Relativsatz, wie z. B. in der Äußerung „Am Fenster kriecht eine große Fliege, die <u>soll</u> ich dem Kinde zeigen"; Salzmann 1796: 384; Hervorhebung von mir, J. K.).

Wie die gesprochene Sprache und Elemente der mittleren Ebene des Gesprächs, so unterliegen schließlich auch die Gesprächssorten und unterliegt das Repertoire der Gesprächssorten eines Gesprächstyps selbst der historischen Veränderung und, langfristig, dem Wandel. Das *katechetische Gespräch* etwa, in der frühen Neuzeit auch als „Verhören" benannt, gibt es in der deutschen Gegenwartssprache allenfalls noch im Zusammenhang mit dem Vokabelabhören, nicht aber als pädagogisch und didaktisch sanktionierte Form des Lehrgesprächs.

Wenn der Dialog – vornehmlich als Gespräch, aber auch als Korrespondenz – in unmittelbarem Sinn Ursache, Mittel, Ort und zugleich auch Gegenstand des Sprachwandels ist, und wenn der Begriff der „Dialogsorte" als linguistische Klammer Sprachgeschichte und Sozialgeschichte zusammenzubinden erlaubt, müsste die historische Dialogforschung auch „Einsicht in den Kausalzusammenhang des Geschehens" (Paul 1920: 15) eröffnen und im Rahmen der Empirie zu Erklärungen des Sprachwandels ohne Zuhilfenahme einer „Black box" oder einer „unsichtbaren Hand" vordringen können. Die nachfolgenden Ausführungen sollen dieser Anforderung am Beispiel des Sprachenwechsels im schulischen Lehrgespräch nachgehen. Zu diesem Zweck werden zunächst die sozialgeschichtlichen Rahmenbedingungen des Sprachenwechsels von der Mundart zum Hochdeutschen am Ende des 18. Jahrhunderts in den Blick genommen, bevor konkrete Beispiele für den Dialog als Ursache, Mittel und Ort dieses Sprachwandels zusammengetragen werden.

3. Hochdeutsch als „Lehr- und Befehlssprache" – und als Sprache des Unterrichtsgesprächs im 18. Jahrhundert

Die institutionelle Neuordnung des Schulwesens – wichtige Stichwörter sind die Verstaatlichung der Institution Schule und die Einführung der allgemeinen Schulpflicht –, die Einführung neuer Lehr-Lern-Gegenstände und die Erkundung neuer Methoden der Menschenbildung und Menschenführung sind die Säulen der Geschichte des Kommunikationsbereichs der Lehre im 17. und 18. Jahrhundert, und was die neuen Methoden anbelangt, spielte das Lehrgespräch eine immer bedeutendere Rolle. Gewiss, diese Neuerungen stießen keineswegs überall auf Zustimmung. Es gab kritische bis gar argwöhnische Einwände, und sowohl vor wie nach 1789 gab es den Verdacht, dass

---

9 Vgl. Salzmann 1796: 384 und dazu Adelung 1793–1801, Bd. 1, 1793: Sp. 977 (s.v. *Bey*).

das Neue die Ruhe im Staat gefährde.[10] Und so konnte es wohl geschehen, dass nicht nur aufgrund struktureller Eigenheiten eines Lehrgegenstandes, sondern auch aufgrund politisch-ideologischer Reichweiten bestimmte Methoden, insbesondere bestimmte Kommunikationsverfahren, und bestimmte Lehr-Lern-Gegenstände auf Ablehnung stießen oder nur ausgewählten Lernergruppen vorbehalten wurden (vgl. Gessinger 1980: 15f.). Die zur Erhöhung des wirtschaftlichen Ertrags notwendige Ausbildung der ländlichen Untertanen wie der gewerbetreibenden Stadtbürger, die zur Steigerung der Effizienz der Verwaltung erwünschte Modernisierung des Beamtenwesens und nicht zuletzt auch die „Sozialdisziplinierung der ländlichen Sozialschichten für Gutsherrschaft und Militärdienst" (Lundgreen 1980: 29) machten einen Wandel der schulischen Unterweisung jedoch erforderlich. Die Verstaatlichung und Institutionalisierung des Schulwesens ist daher schon im Spiegel der Schulgesetzgebung auch zu lesen als Versuch, dem neuen Zeitalter die Bahn zu bereiten – und zugleich die Richtung und die Geschwindigkeit zu bestimmen. Die normative Spracherziehung im Sinne der Sprecherziehung zum Hochdeutschen spielte dabei eine wichtige Rolle, war gar auch Instrument der Sozialdisziplinierung (vgl. auch Gessinger 1980: 33). Und so steht die Herausbildung und Normierung der hochdeutschen Standardsprache im 17. und 18. Jahrhundert in einem engen Zusammenhang mit der Wiederentdeckung und Einführung des Gesprächs als Lehr-Lern-Verfahren und seiner in der pädagogischen Theorie und Praxis dieser Zeit angestrengten Differenzierung und Optimierung. Mehr noch: Die normative Herausbildung einer überregionalen deutschen Hochsprache war in der Tat eine Voraussetzung dafür, dass die deutsche Sprache als Unterrichts- und Gesprächssprache auf gelehrten Schulen, Gymnasien und Realschulen, Akademien und Universitäten Einzug halten und den Sprachenwechsel vom Lateinischen zum Deutschen bzw., in der „häuslichen Erziehung" des Adels und Großbürgertums, vom Französischen zum Deutschen anstoßen und bestehen konnte. Herders Aufruf in seiner Schulrede von 1798:

> „Lernt Deutsch, ihr Jünglinge, denn ihr seyd Deutsche; lernt es reden, schreiben, in jeder Art schreiben! Lernt erzählen, berichten, fragen und antworten, zusammenhängend, andringend, klar, natürlich schreiben, vernünftig Auszüge, Tabellen, Expositionen und Deductionen der Begriffe machen; [...]."[11]

ist nur vor diesem sprachlichen Hintergrund der gelehrten Bildung seiner Zeit zu verstehen.

Die „häusliche Erziehung" in den unteren sozialen Schichten, so man hier von „häuslicher Erziehung" überhaupt sprechen kann, sowie die Unterweisung auf den „gemeinen Schulen", auf „Schreibschulen", „Landschulen" und

---

[10] Vgl. z. B. v. Türk (1806: 137), der argwöhnt, „arme Mädchen" würden dem „Stand der Dienstboten" entzogen, wenn sie eine „ihrer Bestimmung unangemessene Bildung erhalten".
[11] Herder: [„Vom Fortschreiten einer Schule mit der Zeit"] (1798); Werke 30, 239–249, hier 242.

den städtischen „Deutschen Schulen" bediente sich allerdings schon seit jeher
der deutschen Sprache. Der Sprachenwechsel, der in diesen Sozialschichten zu
vollziehen war bzw. erzwungen wurde, bestand deshalb in dem für die deutsche
Sprachgeschichte viel bedeutsameren Wechsel von der Mundart, vom ländlichen Dialekt und den regionalen Stadtsprachen, hin zum Hochdeutschen,
das fürderhin Standardsprache werden sollte.[12] Für diese – innersprachliche –
Richtung der Standardisierung des Deutschen war die Erreichung einer phonologischen, morphologischen, lexikalisch-semantischen und syntaktischen
Konvention der gesprochenen wie geschriebenen Sprache im Sinne eines, wie
Campe es später nennen sollte, „Aushubs" (Campe 1807–1811, Bd. 1, 1807: VIII)
aus anerkannten sprachlichen Texten jeglicher regionalen Herkunft notwendig, d.h. die Bildung und Festigung einer standardsprachlichen Leitnorm auf
der Grundlage geographisch und sprachsoziologisch unterschiedlicher Varietäten und Varianten.

In diesem Punkt herrschte übrigens Einigkeit unter den verschiedensten
pädagogischen Richtungen, und selbst die philanthropisch gesinnten Lehrer,
die sich im Gespräch zu den Kindern herabbeugen wollten, forderten von den
Schülern, dass sie sich in ihrer Gesprächssprache zum hochdeutsch sprechenden Lehrer hinaufstreckten. Denn vornehmlich hier, auf den Schulen, sollte im Wege des Gesprächs, im Wege des Sprechens und Hörens, Lesens und
Schreibens, und auf den gelehrten Schulen auch im Wege des sprachreflexiven
Unterrichts, für die Festigung des „Aushubs" der hochdeutschen Sprache ge-
sorgt und sollte diese überhaupt erst den Sprechern vermittelt werden. – Bis
zum Ende des hier betrachteten Zeitraums war dieser erzwungene Prozess des
Sprachenwechsels von der Mundart zum Hochdeutschen auf den „gemeinen
Schulen" jedoch bei weitem noch nicht abgeschlossen; noch Pestalozzi beklagt
zu Beginn des 19. Jahrhunderts eine Lernhemmung bei den betroffenen Kindern aufgrund der Verschiedenheit von Lehrersprache und Schülersprache.[13]

Aus sprachgeschichtlicher Sicht darf man deshalb von einem interagieren-
den Prozess zwischen Lehrgespräch und Sprachnormierung ausgehen, und insgesamt wird die Rolle des Dialogs, des mündlichen Gesprächs wie der schriftlichen Korrespondenz, bei der Herausbildung und Normierung der deutschen
Hoch- und Schriftsprache in Rechnung zu stellen – und kaum zu überschätzen
sein.

Den Bildungsinstitutionen, zumal seit sie am Ende des 18. Jahrhunderts
zu „Veranstaltungen des Staats" wurden, darf für die Geschichte der gesprochenen deutschen Sprache eine vergleichbare normierende wie die Normierung multiplizierende bzw. popularisierende Funktion zugemessen werden
wie dem Buchdruck im Bereich der Schriftsprache. Das reicht vom Großen,
von der normativen Einfassung und gesellschaftlichen Etablierung einzelner

---

[12] Vgl. v. Polenz (1991: 291f.; 1994: 200ff. und 222ff.).
[13] Pestalozzi 1804/1808: 265; ähnlich Rochow 1776: a2; vgl. auch v. Polenz 1994: 223.

Gesprächssorten, bis hin zum Kleinen und Kleinsten, der überregionalen Vereinheitlichung und Normierung des Hochdeutschen als orthophonetischer Richtschnur bei gleichzeitiger Stigmatisierung mundartlicher Ausspracheweisen einzelner Laute. Wie sehr der erwachende schulische Deutschunterricht in den Dienst des Hochdeutschen gestellt wurde – und dabei das Gespräch zu Hilfe nehmen sollte –, hat wiederholt der Weimarer „Ephorus des Gymnasiums" Johann Gottfried Herder in seinen Schulreden dargelegt, beispielsweise in der des Jahres 1796, als er zum Ostmitteldeutschen in Thüringen ausführte:

> „Jünglinge, die diesen unangenehmen Dialekt bloßer Thierlaute an sich haben, sie mögen aus Städten oder vom Lande her seyn, müssen sich alle Mühe geben, im Gymnasium eine Menschliche, natürliche, Charakter= und Seelenvolle Sprache zu bekommen und von ihrer bäurischen oder schreienden Gassenmundart sich zu entwöhnen."[14]

4. Sprecherziehung und Sprachnormierung im Lehrgespräch des 18. Jahrhunderts

4.1. Sprecherziehung zum Hochdeutschen: Facetten der historischen gesprochenen Sprache

Die Rekonstruktion historischer gesprochener Sprache im Gespräch gehört zu den schwierigsten Geschäften der historischen Dialogforschung und stellt besonders hohe Anforderungen an die wissenschaftliche Quellenkritik (vgl. Kilian 2005: 38ff.). Die Lehrgespräche des 18. Jahrhunderts sind ausschließlich schriftsprachlich überliefert, weshalb das Gesprochene erst mit aller philologischen Sorgfalt aus dem Geschriebenen herausdestilliert werden muss. Wenn beispielsweise Christian Gotthilf Salzmann in seinem „Conrad Kiefer" die Sprechsprache eines eineinhalbjährigen Kindes nachschafft und es „Täfe" für ‚Käfer', „Pitz" für ‚Spitz' und onomatopoetisches „Hau! Hau!" für ‚bellen' sagen lässt (Salzmann 1796: 398), so sind damit zunächst nur geschriebene Quellen des Mündlichen überliefert, die erst noch zum Tönen gebracht werden müssen. Die meisten der für gesprochene Sprache wesentlichen Charakteristika sind der schriftsprachlichen Überlieferung in der Regel nicht unmittelbar zu entnehmen, z. B. idiolektale, umgangssprachlich-regionale oder dialektale Aussprachecharakteristika (Allophone) einzelner Lautwerte, Satzmelodien, sodann Parasprachliches wie Pausenphänomene, Prosodie, Sprechgeschwindigkeit, Lautstärke, Intonation und gar erst die Vielfalt des Nonverbalen aus den Bereichen von Gestik und Mimik. Hier sind deshalb vor allem die zeitgenössischen sekundären Quellen zur gesprochenen Sprache zu befragen, also Grammatiken und Orthographielehren zur Aussprache und zu parasprachlichen

---

[14] Herder [„Von der Ausbildung der Rede und Sprache in Kindern und Jünglingen"] (1796), Werke 30, 217–226, hier 217.

Erscheinungen. Die Suche der Grammatiker des 17. und 18. Jahrhunderts nach einer Norm der deutschen Hochsprache und die Publikation und Popularisierung dieser Norm im Lehrgespräch auf den Schulen gingen in dieser Zeit ohnedies Hand in Hand, zumal nicht wenige Grammatiker ihre Werke zu Unterrichtszwecken aufbereiteten (vgl. z. B. Adelung 1782).

Die enge Beziehung, die das deutsche Lehrgespräch und die deutsche Sprachgeschichte in dieser Zeit eingingen, ist aber nicht nur darin zu sehen, dass die Grammatiker in eben solchen didaktisierten Werken den Schülern unter anderem auch Sprech- und Gesprächsnormen an die Hand gaben, auf dass sie diese im Gespräch befolgten. Vielmehr vertrauten die Grammatiker auch darauf, dass die Institution Schule ihre Multiplikatorfunktion erfülle und die neuen Normen übe und verbreite – manchmal wohl auch setze: Als beispielsweise im Zusammenhang mit der sich als äußerst schwierig erweisenden Differenzierung der Phoneme /æ/, /ä/, /ɛ/, /ə/, /e/, /ø/ und /ö/ die Grammatiker die Beschreibungsmacht verließ, wurde die Lösung des Problems kurzerhand an die Schulen verwiesen: „Die wahre Aussprache des ö muß aus dem Munde des Lehrers vernommen werden", konstatierte etwa Popowitsch (vgl. Voge 1978: 76). Es ist in den Quellen zum deutschen Lehrgespräch in der Tat reich bezeugt, dass und wie Lehrer aller Schultypen unter Berufung auf eine hochdeutsche Aussprachenorm metasprachliche Kritik an der Aussprache und sprachreflexive Kritik am Gesprächshandeln und -verhalten ihrer Schüler übten und auf diese Weise die deutsche Sprache im Gespräch im Sinne der Hochsprache normierten.

Die Normierung der hochdeutschen Aussprache war damit auch das Werk von Schullehrern, die den schulpolitisch gewollten Wechsel von der Mundart zur Hochsprache als Unterrichtssprache zunächst moderat, später unnachgiebig vollzogen. Die Lehrer auf den städtischen gemeinen Schulen und erst gar auf den Landschulen erzwangen mit dem Wechsel von der Mundart zur Hochsprache bei den Schülern einen Wechsel von der eigenen zu einer fremden Sprache, und insofern dabei die Mundarten stigmatisiert wurden, erzwangen sie mittelbar auch einen Wechsel der Einstellungen zu Hochsprache und Mundart und den mit ihnen verknüpften „Lebensformen".

Die Kenntnis der deutschen Hochsprache galt als Ausweis für Bildung, und dies war auch der stärkste Antrieb für den Sprachenwechsel im 18. Jahrhundert. Weil es politisch gewünscht war, dass auch die „Einfältigen" auf dem Land die hochdeutsche Aussprache lernten, mussten indes zuerst einmal die Lehrer selbst sie beherrschen. Gegen Ende des 18. Jahrhunderts werden denn auch die Forderungen und Bestimmungen immer deutlicher nicht nur für die hochdeutsche Sprache, sondern gegen die Mundart des Lehrers formuliert und mit Lernhinweisen auch für die Lehrer ausgestattet. Wilhelm C. C. v. Türk beispielsweise bietet eine ausführliche Beschreibung der „Mundstellungen" zur Artikulation der Laute (v. Türk 1806: 185ff.), Ferdinandus Stosch liefert „für die Schulmeister und Schüler des Landes" zu jedem Laut eine eingehende

Beschreibung (vgl. Stosch 1776), und der Protokollant von Lehrgesprächen in der Reckahner Landschule beschreibt gar die mundartlichen Lautungen der Kinder:

> „Das e sprechen die Kinder nach dortiger Mundart sehr hell und scharf aus, nicht als beinahe ä, z. E. in Lesen, leben, bisherigen; und darin war auch hier mit den Leuten im Magdeburgischen eine völlige Gleichheit, daß sie das g nicht als Gutturalbuchstaben, sondern sehr scharf, als j aussprachen, lange wie lanje, Auge wie Auje." (Zerrenner 1788: 13)

Des Weiteren findet man in mehreren Schriften Hinweise, die den Lehrer vor dem Gebrauch mundartlich und hochsprachlich homophoner Wörter warnen: Der Lehrer vermeide, heißt es etwa bei Schrödter, alle „im plattdeutschen und hochdeutschen gleichklingenden Wörter", wie *Rau* ‚die Ruhe' und *rauh* ‚grob' (Schrödter 1800: 71).

Die Schüler wurden, wie das Eingangszitat aus der Reckahner Landschule zeigt, getadelt, wenn sie nicht von ihrer Mundart ließen. Nun ist es noch kein Sprachwandel, wenn der Lehrer die Aussprache des Kindes korrigiert, sondern es ist dies noch heute eine seiner Aufgaben. Gegenwärtig wird diese Aufgabe, die dem Bereich der Sprachnormierung, besser noch dem Bereich der Sprecherbildung, zugehört, im Rahmen des Kompetenzbereichs „Sprechen und Zuhören" allerdings eher wohl mitgedacht. In Zeiten des sprachlichen Umbruchs, in „Sattelzeiten" also, die überhaupt erst eine Norm finden wollen, ist eine solche sprachnormierende und sprecherbildende Tätigkeit des Lehrers indes noch mehr als zu anderen Zeiten zugleich eine die Norm etablierende Normierungshandlung. Insofern die Korrektur des Schülers durch den Lehrer im 17. und 18. Jahrhundert dazu beiträgt, eine Norm durchzusetzen, und insofern dies nicht nur innerhalb einer Varietät, etwa der Hochsprache, geschieht, sondern wertend zwischen zwei Varietäten, der Hochsprache und der Mundart, erweist sich das Lehrgespräch als Faktor des Sprachenwechsels und auf diesem Wege zugleich des Sprachwandels.

Kurzum: Es gehörte auch auf den einfachen Landschulen des zerklüfteten Deutschland im 18. Jahrhundert zu den Aufgaben des Lehrers, die Kinder Hochdeutsch sprechen zu lehren. Und weil der Begriff des „Hochdeutschen" in erster Linie auf eine Aussprachenorm bezogen wurde – lexikalische Regionalismen wie z. B. *Krampe* oder *Pinne* wurden nicht wahrgenommen, es sei denn, sie waren mit hochdeutschen Wörtern homophon –, war der vornehmste Ort dieser Aussprachelehre und darüber hinaus der hochdeutschen Sprachlehre überhaupt das Lehrgespräch: Sei es die hochdeutsche Diphthongierung, sei es die hochdeutsche Dativ-Akkusativ-Unterscheidung, sei es die Aussprache einzelner Wörter oder die Auswahl aus allophonischen Varianten: Die Kinder auf den Schulen im niederdeutschen Sprachraum wurden vom Dialekt zum Hochdeutschen geführt. Dieselbe spracherzieherische Richtung mit dem Ziel der deutschen Hochsprache wurde auch in anderen Dialektgebieten eingeschlagen bzw. sollte eingeschlagen werden – man denke an Herders abschätziges Urteil über das Ostmitteldeutsche im Munde thüringischer Schüler (s. o.) oder v. Türks Klage über den Dialektgebrauch auf mitteldeutschen Schulen.[15] In vielen Schulordnungen war dieser Weg des Sprachenwechsels überdies ausdrücklich angeordnet, im 16. Jahrhundert etwa in der Braunschweiger Schulordnung des Rats aus dem Jahr 1596 („im deutschen sie zur oberlendischen sprach gewehnen"),[16] im 17. Jahrhundert z. B. im „Special=Bericht" Andreas Reyhers, der wiederum Wolfgang Ratkes theoretische Forderung in die Schulpraxis umzusetzen suchte: Der Praeceptor, so ist dort vorgeschrieben, soll

> „**recht deutlich** reden / nicht einen Vocalem für den andern / als ein **i** / vor ein **e** / ein **e** vor ein **ä** / auch nicht einen Consonantem für den andern / als ein **d** für ein **t** / ein **t** für ein **d** / ein **b** für ein **p** / oder ein **p** für ein **b** / Item ein **n** für ein **m** etc. aussprechen / sondern alles fein eigentlich / sonderlich auch die letzten Syllaben fürbringen." (Reyher 1642: §146)

Das „Protocoll der Landschulkonferenz und der Verhandlung über die im Plane angegebene Beibringung der nöthigen Sprachkenntniß" aus dem Jahr 1793 geht schließlich über die Aussprachenormierung hinaus in den morphosyntaktischen Bereich. Es heißt dort unmissverständlich, die Kinder der Landschulen sollten „einige Fertigkeit erlangen, hochdeutsch richtig zu sprechen"; und weiter:

> „Der Lehrer halte die Kinder dazu an, daß sie mit ihm nicht anders als hochdeutsch sprechen. Drücken sie sich, wenn sie ihm etwas zu sagen haben, unrecht aus; so stelle er sich, als hätte ers nicht verstanden [...] und gebe sich aufs Fragen. Z. B. ein Kind sagte: Herr Cantor, ich soll meinen Bruder erlauben; er kann nicht in die Schule kommen; so wäre die Frage: Wem sollst du erlauben? Antw. meinem Bruder. Was sollst du ihm erlauben? – Daß er aus der Schule bleiben kann. – Kannst du deinem Bruder erlauben, aus der Schule zu bleiben? – Nein! Sie können es erlauben. – Wie mußtest du nun sagen, daß ichs verstehen konnte, was du mir zu sagen hattest? – Wollen Sie meinem Bruder erlauben, heute aus der Schule zu bleiben?" (Auszug 1793: 49f.)

Der Satz „Ich soll meinen Bruder erlauben" wird durchaus verstanden, ist aber hochsprachlich nicht korrekt – und wird entsprechend getadelt und korrigiert.

---

[15] Insofern das Korpus vornehmlich Quellen aus dem nord- und mitteldeutschen Raum aufweist, bedürfen diese Aussagen über den Sprachenwechsel von der Mundart zum Hochdeutschen für den süddeutschen Raum einer genaueren Prüfung. Für Nord- und Mitteldeutschland aber darf man, Goethe anverwandelnd (vgl. Goethes „Regeln für Schauspieler"; Werke 12, 253: „Kein Provinzialismus taugt auf die Bühne!"), behaupten, die Marschroute sei gewesen: Kein Provinzialismus taugt auf die Schule!

[16] Vgl. die „Schulordnung des Rats [der Stadt Braunschweig]" (1596), abgedruckt in Koldewey, I, 1896, 122–146, hier 127.

Wenn in W. C. C. v. Türks Bericht über den Unterricht auf mitteldeutschen „Elementar=Schulen" aus dem Jahr 1806 noch immer über die Mundarten als Unterrichtssprache geklagt und gefordert wird, es sei Aufgabe des Lehrers, „überall Provincialismen, fehlerhafte Dialecte zu verbannen und endlich eine reine deutsche Aussprache allenthalben zu verbreiten" (v. Türk 1806: 57), so lässt dies zwar Rückschlüsse auf den nur geringen Erfolg der Umsetzung der Schulordnungen in der Unterrichtspraxis zu, belegt indes ein weiteres Mal den erzwungenen Sprachenwechsel von der Mundart zur Hochsprache.

Diese Hochsprache selbst war zwar von der zeitgenössischen Sprachforschung in erster Linie als Schriftsprache normiert, doch sollen die beiden zeitgenössischen Termini, „Hochsprache" und „Schriftsprache", bereits auf die unterschiedlichen medialen Existenzformen der gesprochenen und geschriebenen Sprache hinweisen, die im Zusammenhang mit dem Sprachenwechsel von der Mundart zur Hochsprache auseinandergehalten werden müssen. Die normierte Schriftsprache nämlich erhielt im Medium der Mündlichkeit, erhielt als Hochsprache im Gespräch eine ganz andere Klangfarbe. Man findet in den Lehrgesprächen beispielsweise die Elision (Apokope und Synkope) des schwachtonigen /ə/ auch in Präsensformen des Verbs, die diesen Vokal in der Schriftsprache noch heute fordern, beispielsweise gegen Ende des 18. Jahrhunderts in einem Lehrgespräch aus der Feder des Landschulinspektors Walkhof:

„L. Du wünschest auch wol, daß sie noch lange leben mögen? K. Das **wünsch** ich. [...] L. Nicht wahr, sie halten dich auch zur Schule an? Aber du gehst wol nicht gern in die Schule? K. O ja, da **lern** ich ja etwas. L. Sieh einmal, wie viel Gutes dir deine Aeltern thun! Solltest du sie nicht ehren und werthschätzen? K. Das thue ich auch. [...] L. **Verstehn** sie besser, was dir nützlich ist, oder du? [...] L. [...] Was thun aber Kinder, die ihre Aeltern ehren? K. Sie sind gern bei ihnen, sie sind still, sie helfen ihnen, sie **gehn** einen Weg für sie aus. [...] L. Wie soll es den Kindern **gehn**, welche ihre Aeltern ehren?" (Walkhof 1797: 8ff.; Hervorhebungen von mir, J. K.)

Hier lässt nicht nur der Schüler das auslautende schwachtonige /ə/ zumeist weg, sondern auch dem – immerhin von einem Landschulinspektor erfundenen – Lehrer wird die sprechsprachliche Synkope in den Mund gelegt („verstehn", „gehn"). Diese „Stutzung" des /ə/ haben die Grammatiker der Zeit fast einhellig missbilligt; sie „machet die Sprache rauh", schreibt Gottsched, und Adelung weist darauf hin, dass sie den „Wohllaut" gefährde, insofern die Schlusskonsonanten dann stimmlos ausgesprochen werden ([lo:p] statt [lo:bə]), also die Auslautverhärtung einsetzt.[17] Wenngleich Adelung sich hier auf die gesprochene Sprache bezieht, ist sein Urteil freilich schriftsprachlich verwurzelt; in der Poesie wie in der gesprochenen Sprache zählte es durchaus zum „Wohllaut", einen Hiatus zu vermeiden und, z. B., „wünsch ich" zu notieren (vgl. z. B. Bödiker 1746: 580).

---

[17] Vgl. Gottsched 1762: 535f.; Adelung 1782, I: 780.

Sodann sind in den Lehrgesprächen des Korpus sehr häufig Kontraktionen zu beobachten: „Sagt **mirs** nach" (Stresow); „Ja ich **hab's** selber gesehn", „Nun, so machen **Sie's** auch so" (Bahrdt); „Das freut mich, wenn ihr so fleißig seyd. Nicht wahr, ihr **wollets** auch immer seyn?" (Reuter); „Lassen **wirs** gut seyn."; „**S'ist** möglich" (Dannenmayer) (vgl. Kilian 2002: 436; Hervorhebungen von mir, J. K.).

Die Natürlichkeit des Sprechsprachlichen in diesen Beispielen wird belegt durch die abwertenden Urteile über Kontraktionen in sprachpädagogischen und sprachreflexiven Werken der Zeit. In seiner „Charakteristik der Erziehungsschriftsteller Deutschlands" kanzelt Samuel B. Baur die „Christusgeschichte für Kinder" von Heinrich Andreas Haubold schroff ab:

> „Sogleich in den ersten Bogen stößt man auf sehr viele Sprachfehler und Sprachverhunzungen, wie z. B. die Karte von Palästina, die hier **auf'm Tisch** liegt; **hast's** nicht gehört? **hast'** nicht ein solches rothes Schäferhäuschen draussen **auf'm** Acker gesehen? **weist's** nicht mehr?" (Baur 1790: 154) [18]

Und Adelung liefert dazu die sozio-stilistische Norm:

> „Besonders hüte man sich vor harten Elisionen und Zusammenziehungen; **'s war, hab's gesagt**, gehören mit allen übrigen in die niedrigsten Volkssprachen." (Adelung 1788: 61) [19]

Die Gesprächspraxis auf den Schulen und Erziehungsinstituten und auch die Sprachkompetenz der Lehrer und Schüler war den Sprachpädagogen und Sprachforschern in diesem Bezug einen Schritt voraus. Die Unterschiede zwischen der im Unterricht zum Lehr-Lern-Gegenstand erhobenen deutschen Hoch- und Schriftsprache einerseits und der in den überlieferten Gesprächen beobachtbaren Sprechweise andererseits legen jedenfalls die Vermutung nahe, dass auch den medialen Varietäten im Varietätenraum des Deutschen, der geschriebenen und der gesprochenen Sprache, von den Sprechern schon ganz intuitiv je eigene Regeln und Normen zugeordnet wurden.

4.2. Zur Syntax des historischen Lehrgesprächs

Nicht nur die Aussprache, sondern auch die Syntax der Schülersprache wurde idealnormativ eindeutig geregelt, etwa im Falle der Antwort: Die Antwort musste gemäß dem zu etablierenden Hochdeutschen „sprachrichtig" sein, und „sprachrichtig" meinte hier: syntaktisch vollständig. Diese Forderung nach syntaktisch vollständigen Antworten gehörte zum festen Bestand der didaktischen „Anleitungen" und „Anweisungen" im 17. und 18. Jahrhundert und ist aus didaktischen Gründen auch heute nicht ganz ungerechtfertigt. Sie erfuhr

---

[18] Das zweite „auf'm" ist im Original nicht halbfett gesetzt.
[19] Vgl. Stosch (1776: 25), der von einer „pöbelhaften Aussprache" spricht.

im Zuge der Formung und Standardisierung der deutschen Hoch- und Schriftsprache darin eine besondere Rechtfertigung, ein Mittel der Spracherziehung
zu sein (vgl. z. B. Schrödter 1800: 76).

Die Praxis des deutschen Lehrgesprächs allerdings lief dieser Norm von Anfang an zuwider, und je weiter sich das Lehrgespräch vom katechetischen Typ
entfernte und öffnete, und je offener auch die Fragen und Antworten formuliert
werden durften, desto häufiger wird in den überlieferten Gesprächen von der
Vorschrift syntaktischer Vollständigkeit abgerückt und die syntaktische Ordnung und Füllung auch der Antwort dem natürlichen Gespräch nachgebildet,
d.h.: Die Antwort wird, systemlinguistisch gesprochen, elliptisch bzw., prag-
malinguistisch gesprochen, syntaktisch in die dialogische Sequenz eingebettet
und nur partiell sprachlich ausformuliert; die „elliptischen" Antworten füllen
genau passend die propositionalen Lücken der Fragen:

> „L.[…] Giebt es wohl auch Winkel unter der Grundlinie?
> S. Nein.
> L. Aber wenn ich […] die Schenkel verlängere?
> S. Ja, dann." (Michelsen 1781: 92)

Wie die Schülerantworten werden in der Gesprächspraxis aber auch die Lehrer-
fragen nicht selten elliptisch bzw. dialogstrukturell angemessen versprachlicht.
Je offener das deutsche Lehrgespräch im 18. Jahrhundert wird, desto „natür-
licher" werden auch die elliptischen Lehrerfragen. Sie erscheinen nicht mehr
nur in den gesprächsstrukturellen, sondern auch in den gesprächssituativen
Verlauf fester eingebettet. In folgendem Gesprächsausschnitt formuliert der
Lehrer elliptisch einsetzend („Wie") einen Einwand gegen die vorangehende
Antwort seines Einzelschülers:

> **Lehrer.** Wann begehet man denn nun durch Entwendung fremder Güter
> einen Diebstahl?
> **Kind.** Wann man kein Recht dazu hat.
> **Lehrer.** Wie, wenn ich nun aber wüste, ein reicher Mann habe andern Leuten
> eine gewisse Summe entwendet, dürfte ich dann diese Summe wegnehmen,
> wenn ich könnte?" (Bahrdt 1776: 190)

An diesem Beispiel ist eine weitere Erscheinung der Syntax der gesprochenen
Sprache im historischen Lehrgespräch zu beobachten, nämlich die Voranstellung des konditionalen Nebensatzes im irrealen bzw. potentialen Fragesatz.
Der konditionale Nebensatz wird dadurch gleichsam zur Beschreibung einer
hypothetischen Versuchsanordnung in einem problemlösenden Lehrgespräch,
wie auch im folgenden Beispiel:

> **Lehrer.** Aber wann das Thier in der weiten Welt wär, und fände draussen
> weniger und schlechtere Speisen, würde es seinen Wechsel nicht bereuen?"
> (Bahrdt 1776: 157)

Die Hauptsache ist hier die nachhakende Frage, die Bedingung ist die hypothetische Nebensache, und so wird diese vorausgeschickt, um nicht das Wesentliche der Vergänglichkeit des Gesprochenen zu opfern. In vergleichbarer Weise ist auch die Inversion im engeren Sinne im Lehrgespräch des 17. und besonders des 18. Jahrhunderts ein beliebtes Mittel, das Wesentliche einer Aussage an eine syntaktisch herausgehobene Stelle zu bringen. Das Gespräch wird dadurch geschmeidiger, „natürlicher", wie im folgenden Ausschnitt durch die Voranstellung des anaphorischen Demonstrativpronomens:

> „**Lehrer.** Was müste ich thun, wann ich das Geld schon in meiner Gewalt hätte?
> **Kind.** Ich müste es dem wiedergeben, dem es jener entwendet hatte.
> **Lehrer.** Recht; **dem** gehört es, und sonst Niemand." (Bahrdt 1776: 191; Hervorhebung von mir, J. K.)

Eine weitere, noch heute für die Syntax der gesprochenen Umgangssprache typische Erscheinungsform, die jedoch im Lehrgespräch des 17. und 18. Jahrhunderts bereichsspezifische Funktionen annimmt, ist beispielsweise die so genannte Satzvollendung. Sie wird im Lehrgespräch, didaktisch inspiriert, künstlich erzeugt – und sorgt wohl unfreiwillig für syntaktisch unvollständige Schülerantworten. Als solche Satzvollendungen sind die Antworten auf Lückenfragen zu interpretieren, wie beispielsweise bei Michelsen:

> „L. [...] Suchen Sie hievon bey dem andern Falle Gebrauch zu machen. Dieser Fall ist nämlich?
> S. Wenn AB gleich DE, A gleich D, und C gleich F ist." (Michelsen 1782: 84)

5. Schluss

Die Bedeutsamkeit des schulischen Lehrgesprächs für die ausdrucks- wie inhaltsseitige Formung und Verbreitung des Hochdeutschen ist für weitere sprachliche Mittel sorgfältig zu prüfen. Die These von der sprachgeschichtlichen Rolle des Lehrgesprächs wird indes durch die bisher erbrachten Belege plausibel. Sie wird unterstützt dadurch, dass sprachwandeltheoretische „Prinzipien der Sprachgeschichte" in diesen Belegen geradezu in Reinkultur zusammenwirken. Denn wenn, wie oben angedeutet, mit Hermann Paul als „eigentliche Ursache für die Veränderung des Usus [...] nichts anderes als die gewöhnliche Sprechtätigkeit" anzuerkennen ist (Paul 1909: 32), dann liegt im gesprochenen und gehörten Wort der Grund allen sprachlichen Wandels. Nun gilt dies nach Paul für jeglichen Sprachgebrauch, somit also auch für die formal monologische Sprechtätigkeit, etwa den Lehrervortrag vor der Schülerschar, bei dem durchaus eine „Wechselwirkung" vom sprechenden auf die hörenden Individuen stattfindet. Im eigentlichen Verstand aber darf Paul dahingehend interpretiert werden, dass die den Sprachwandel

erzeugende „Wechselwirkung" so recht erst gefordert und gefördert wird im
Gespräch.

Beim Lehrgespräch im 17. und 18. Jahrhundert ist nun in qualitativer und
quantitativer Hinsicht zudem ein Sonderfall gegeben: Ein qualitativer insofern,
als eines der an der „Wechselwirkung" beteiligten Individuen bereits im Besitz von (schriftsprachlich geprägten) Normen war (bzw. idealiter sein sollte)
und im Wege seiner eigenen Sprechtätigkeit sowie im Wege reflektierter und
systematischer Sprecherziehung die Individualsprache des anderen Individu-
ums sprachlenkend zu verändern hatte, sei es von einer fremden Sprache, sei
es von einer Mundart ausgehend zum Hochdeutschen. Und dazu war dieses
normenwissende und -lehrende Individuum nicht nur, wie jeder Lehrer zu
allen Zeiten, berechtigt und beauftragt, sondern nunmehr durch die allseiti-
gen Anstrengungen zum Sprachenwechsel, durch normative Sprachforschung,
aufstrebende Literatursprache und sprach(image)bewusste Fürsten im engsten
Wortsinne verpflichtet.

Sodann war – nicht für den Schulunterricht im Allgemeinen, aber für den
durch den Sprachenwechsel angestoßenen Sprachwandel im Besonderen – ein
quantitativer Musterfall insofern gegeben, als diesem Einen, zumindest auf
öffentlichen Schulen, viele, oft gar zu viele, Andere in untergeordneter, nor-
menempfangender Stellung gegenübersaßen, in Hermann Pauls sprachwan-
deltheoretischen Worten:

> „Es liegt auf der Hand, dass d i e V o r g ä n g e b e i d e r S p r a c h e r l e r n u n g
> v o n d e r a l l e r h ö c h s t e n W i c h t i g k e i t f ü r d i e E r k l ä r u n g d e r V e r -
> ä n d e r u n g d e s S p r a c h u s u s s i n d , dass sie die wichtigste Ursache für
> diese Veränderungen abgeben." (Paul 1909: 34)

Und dies muss vornehmlich für die Spracherlernung auf Schulen gelten, denn
hier ist die Gleichartigkeit der Veränderungen gewährleistet:

> „Durch die Summierung einer Reihe solcher Verschiebungen in den einzel-
> nen Organismen, wenn sie sich in der gleichen Richtung bewegen, ergibt
> sich dann als Gesamtresultat eine Verschiebung des Usus." (Paul 1909: 32)

Diese Verschiebung des Usus hat eingesetzt; Hochsprache und Schriftsprache
bilden heute als gesprochene und geschriebene Standardsprache die Leitvarietät des Deutschen. Welche Rolle bei ihrer Herausbildung das Gespräch im
18. Jahrhundert, zumal das Lehrgespräch, gespielt hat, ist am Beispiel einiger
Quellen ausgeführt worden.

6. Zitierte Literatur

6.1. Quellen

Adelung, Johann Christoph (1782) Umständliches Lehrgebäude der Deutschen Sprache, zur Erläuterung der Deutschen Sprachlehre für Schulen, 2 Bde. Leipzig 1782. Ndr. Hildesheim, New York 1972

Adelung, Johann Christoph (1788) Vollständige Anweisung zur Deutschen Orthographie, nebst einem kleinen Wörterbuche für die Aussprache, Orthographie, Biegung und Ableitung. Leipzig

Adelung, Johann Christoph (1793–1801) Grammatisch-kritisches Wörterbuch der Hochdeutschen Mundart [...]. 2., verm. u. verb. Aufl. Leipzig. Ndr. mit einer Einführung und Bibliographie von Helmut Henne. Hildesheim, New York 1970

Auszug aus dem Protocoll der Landschulkonferenz und der Verhandlung über die im Plane angegebene Beibringung der nöthigen Sprachkenntniß (1793). In: Der deutsche Schulfreund, Bd. 5, S. 26–54

Bahrdt, Carl Friedrich (1776) Philanthropinischer Erziehungsplan oder vollständige Nachricht von dem ersten wirklichen Philanthropin zu Marschlins. Frankfurt am Mayn

Baur, Samuel (1790) Charakteristik der Erziehungsschriftsteller Deutschlands. Ein Handbuch für Erzieher. Leipzig. Ndr. mit einer Einleitung von Gernot Koneffke. Vaduz/Liechtenstein 1981

Bödiker, Johann (1746) Grundsäze der Teutschen Sprache. Mit dessen eigenen und Johann Leonhard Frischens vollständigen Anmerkungen. Durch neue Zusäze vermehret von Johann Jacob Wippel. Nebst nöthigen Registern. Berlin. Ndr. Leipzig 1977

Campe, Joachim Heinrich (1807–1811) Wörterbuch der Deutschen Sprache [...]. Braunschweig. Ndr. mit einer Einführung und Bibliographie von Helmut Henne. Hildesheim, New York 1969

DE: Deutsche Encyclopädie oder Allgemeines Real=Wörterbuch aller Künste und Wissenschaften von einer Gesellschaft Gelehrten. 23 Bde. Frankfurt am Mayn 1778–1804

Gottsched, Johann Christoph (1762) Vollständigere und Neuerläuterte Deutsche Sprachkunst. Nach den Mustern der besten Schriftsteller des vorigen und itzigen Jahrhunderts abgefasset, und bey dieser fünften Auflage merklich verbessert. Leipzig. Ndr. Hildesheim, New York 1970

Herder, Johann Gottfried (1877–1913) Sämmtliche Werke. Hrsg. von Bernhard Suphan. Berlin

Koldewey, Friedrich (1886/1890) Braunschweigische Schulordnungen von den ältesten Zeiten bis zum Jahre 1828 mit Einleitung, Anmerkungen, Glossar und Register. Bd. 1: Schulordnungen der Stadt Braunschweig. Berlin 1886. Bd. 2: Schulordnungen des Herzogtums Braunschweig. Berlin 1890

Michelsen, Johann Andreas Christian (1781) Versuch in socratischen Gesprächen über die wichtigsten Gegenstände der ebenen Geometrie. Berlin

Michelsen, Johann Andreas Christian (1782) Fortsetzung des Versuchs in socratischen Gesprächen über die wichtigsten Gegenstände der ebenen Geometrie. Berlin

Pestalozzi, Johann Heinrich (1804/1808) Über den Sinn des Gehörs in Hinsicht auf Menschenbildung durch Ton und Sprache. In: Johann Heinrich Pestalozzi: Ausgewählte Schriften. Hrsg. von Wilhelm Flitner. Frankfurt/M., Berlin, Wien 1983, S. 246–270

[Reyher, Andres (1642)] Special= vnd sonderbahrer Bericht / Wie nechst Göttlicher verleyhung / die Knaben vnd Mägdlein auff den Dorffschafften / vnd in den Städten die vnter dem vntersten Hauffen der SchuleJugend begriffene Kinder im Fürstenthumb Gotha / kurtz= vnd nützlich vnterrichtet werden können und sollen. Gotha. Ndr. Leipzig 1970

Riemann, Carl Friedrich (1781) Versuch einer Beschreibung der Reckanschen Schuleinrichtung [...]. Berlin und Stettin

Rochow, Friedrich Eberhard von: Sämtliche pädagogische Schriften. Hrsg. von Fritz Jonas und Friedrich Wienecke. 4 Bde. Berlin 1907–1910

Rochow, Friedrich Eberhard von (1776) Versuch eines Schulbuchs für Kinder der Landleute oder Unterricht für Lehrer in niedern und Landschulen. Neue ganz umgearbeitete Auflage [...]. Berlin

Salzmann, Christian Gotthilf (1796) Conrad Kiefer, oder Anweisung zu einer vernünftigen Erziehung der Kinder. Ein Buch für's Volk, Schnepfenthal. In: Christian Gotthilf Salzmann: Pädagogische Schriften. Mit einer Einführung über Salzmann's Leben und Pädagogik, sowie mit Einleitungen und Anmerkungen, hrsg. von Richard Bosse/Johannes Meyer. 2 Bde. Wien und Leipzig 1886 und 1888. Bd. 1, Wien und Leipzig 1886, S. 354–508

Schrödter, Franz Adolph (1800) Anleitung zu einem sokratischkatechetischen Unterricht über den schleswigholsteinischen Landeskatechismus in kurzen über die einzelnen Sätze desselben ausgearbeiteten Entwürfen nebst einigen ausführlichen Fragentwürfen für Schullehrer zur Verbreitung und Erleichterung einer bessern Methode beym Religionsunterricht der Landjugend. Zweite sehr verbesserte Aufl. Altona

Stosch, Ferdinandus (1776) Etwas von der reinen deutschen Aussprache für die Schulmeister und Schüler des Landes. Lemgo

Türk, Wilhelm C. C. von (1806) Beiträge zur Kenntniß einiger deutschen Elementar=Schulanstalten, namentlich der zu Dessau, Leipzig, Heidelberg, Frankfurt am Mayn und Berlin. Leipzig

Walkhof (1797) Kurze Anleitung zur Uebung des Nachdenkens der Kinder, bei den in Landschulen gewöhnlichsten Lektionen. In: Der deutsche Schulfreund, Bd. 17, S. 3–29

Zerrenner, Heinrich Gottlieb (1788) Noch etwas über Rekan und die Schulanstalten des Herrn Domherrn von Rochow. In: Journal für Prediger Zwanzigsten Bandes erstes Stück. Halle, S. 1–47

6.2. Sekundärliteratur

Bühler, Karl (1934) Sprachtheorie. Die Darstellungsfunktion der Sprache. Jena. Ndr. Frankfurt/M., Berlin, Wien 1978

Cherubim, Dieter (1975) Einleitung. In: Dieter Cherubim (Hrsg.) Sprachwandel. Reader zur diachronischen Sprachwissenschaft. Berlin, New York, S. 1–61

Cherubim, Dieter (1983) Trampelpfad zum Sprachwandel? [...] In: Zeitschrift für germanistische Linguistik 11, S. 65–71

Coseriu, Eugenio (1958/1974) Synchronie, Diachronie und Geschichte. Das Problem des Sprachwandels. Übersetzt von Helga Sohre. München

Gessinger, Joachim (1980) Sprache und Bürgertum. Zur Sozialgeschichte sprachlicher Verkehrsformen im Deutschland des 18. Jahrhunderts. Stuttgart

Henne, Helmut (1975) Sprachpragmatik. Nachschrift einer Vorlesung, Tübingen

Henne, Helmut (1980) Probleme einer historischen Gesprächsanalyse. Zur Rekonstruktion gesprochener Sprache im 18. Jahrhundert. In: Horst Sitta (Hrsg.) Ansätze zu einer pragmatischen Sprachgeschichte. Zürcher Kolloquium 1978. Tübingen 1980, S. 89–102

Henne, Helmut/Rehbock, Helmut (2001) Einführung in die Gesprächsanalyse. 4., durchgesehene und bibliographisch ergänzte Aufl. Berlin, New York

Keller, Rudi (1994) Sprachwandel. Von der unsichtbaren Hand in der Sprache. 2., überarbeitete und erweiterte Aufl. Tübingen

Kilian, Jörg (2001) Kritische Semantik. Für eine wissenschaftliche Sprachkritik im Spannungsfeld von Sprachtheorie, Sprachnorm, Sprachpraxis. In: Zeitschrift für germanistische Linguistik 29, S. 293–318

Kilian, Jörg (2002) Lehrgespräch und Sprachgeschichte. Untersuchungen zur historischen Dialogforschung, Tübingen (= RGL 233)

Kilian, Jörg (2005) Historische Dialogforschung. Eine Einführung, Tübingen (= Germanistische Arbeitshefte 41)

Lundgreen, Peter (1980) Sozialgeschichte der deutschen Schule im Überblick. Teil 1: 1770–1918. Göttingen

Paul, Hermann (1909) Prinzipien der Sprachgeschichte. 4. Aufl. Halle

Paul, Hermann (1920) Aufgabe und Methode der Geschichtswissenschaften. Berlin, Leipzig. Ndr. in: Henne, Helmut / Kilian, Jörg (Hgg.) Hermann Paul: Sprachtheorie, Sprachgeschichte, Philologie. Reden, Abhandlungen und Biographie. Tübingen 1998, S. 193–250

Polenz, Peter von: Deutsche Sprachgeschichte vom Spätmittelalter bis zur Gegenwart. Bd. 1: Einführung, Grundbegriffe, 14.–16. Jahrhundert. Berlin, New York 1991; 2., überarbeitete und ergänzte Aufl. Berlin, New York 2000. Bd. 2: 17. und 18. Jahrhundert. Berlin, New York 1994; Bd. 3: 19 und 20. Jahrhundert. Berlin, New York 1999

Saussure, Ferdinand de (1916/1967) Grundfragen der allgemeinen Sprachwissenschaft [...]. 2. Aufl. [...], Berlin 1967; [zuerst frz. 1916]

Schlieben-Lange, Brigitte (1983) Traditionen des Sprechens. Elemente einer pragmatischen Sprachgeschichtsschreibung, Stuttgart u. a.

Sonderegger, Stefan (1979) Grundzüge deutscher Sprachgeschichte. Diachronie des Sprachsystems. Bd. 1: Einführung – Genealogie – Konstanten. Berlin, New York

Voge, Wilfried M. (1978) The Pronunciation of German in the 18th Century. Hamburg

Heidelberger Jahrbücher, Band 53 (2009)
E. Felder (Hrsg.) Sprache
© 2009 Springer-Verlag Berlin Heidelberg

Diskurslinguistik – eine neue linguistische Teildisziplin

KLAUS-PETER KONERDING

1. Kommunikation, Faktizität und „Diskurs"

Seit einigen Jahrzehnten wird in der gesellschaftlichen Öffentlichkeit vermehrt von „Diskursen" gesprochen. Dies trifft auch auf sozial- und geisteswissenschaftliche Forschungsbeiträge zu, die dort zu verzeichnenden Gebrauchsformen stehen dabei mit den populär-öffentlichen Gebrauchsvarianten dieses Ausdrucks in einer gewissen Korrespondenz. Der Ausdruck wird in der weiteren Öffentlichkeit eher unspezifisch gebraucht, in den einschlägigen Wissenschaftsbereichen hingegen geschieht dies mit Bezug auf wichtige Traditionen der zugehörigen Theoriebildung. Was bezeichnet aber dieser zunehmend Relevanz gewinnende Ausdruck nun eigentlich? Ganz allgemein und einer weitergehenden Spezifikation an dieser Stelle vorgreifend, im Sinne eines noch sehr abstrakten gemeinsamen Nenners der variierenden Gebrauchsweisen und damit zunächst noch mehr oder weniger vage: Mit *Diskurs* werden in der Regel öffentlich geführte und von verschiedenen Medien getragene Debatten von größerem Umfang und längerer Dauer bezeichnet, die sich einschlägigen Themenbereichen und Problemstellungen von gesellschaftlich und/oder kulturellem Belang widmen. Derartige Debatten brauchen nicht den gesamten Bereich einer Gesellschaft in Gänze zu erfassen, sondern können auf gesellschaftliche Teilbereiche und somit auf bereichspezifische „Teilöffentlichkeiten" beschränkt sein.

Mit der Verwendung des Ausdrucks *Diskurs* gelangt eine gesteigerte Aufmerksamkeit der Öffentlichkeit für die gesellschaftliche Bedeutung von Kommunikations- und Argumentationsprozessen sowie überhaupt für die zentrale Rolle der Sprache für gesellschaftliche Wissenskonstruktion, Wissensversicherung, Meinungsbildungs- und Entscheidungsprozesse zum Ausdruck. Es wird damit zunehmend deutlich, dass kollektives und individuelles Bewusstsein stärker durch sprachlich-kommunikative Prozesse geprägt sind als jemals zuvor registriert. „Harte Fakten" erweisen sich – historisch-genetisch betrachtet – als kommunikativ produzierte, akzeptierte und schließlich präsupponierte Artefakte, die keiner Revision enthoben und nur in jeweiligen kulturspezifischen Zusammenhängen funktional sind. Gewissheit und Selbstverständlichkeit gibt es nur bis auf Widerruf und auf der Grundlage nicht weiter hinterfragter Standpunkte von sozialer Identität, Tradition, Lebens-, Wissens- und Berufspraxis sowie eines zugehörigen kulturspezifischen Weltbilds, einer mehr oder weniger komplexen „Ideologie". Gewissheit und Selbstverständlichkeit sind das Resultat fortgesetzter interindividueller Aushandlungsprozesse, die in wesentlichen Teilen kommunikativ getragen sind. Dies gilt für den Alltag lebensweltlicher Erfahrung wie für die abstraktesten Bereiche wissenschaftlicher Erkenntnis.[1]

Welche Gründe sind es nun, die, gerade auch im Rahmen der Geistes- und Sozialwissenschaften, für ein zunehmendes Interesse am Diskursbegriff, an Diskurstheorien und Diskursanalysen sorgen? Warum greift eine Analyse sozialer oder mentaler Prozesse in zunehmendem Maße auf eine Analyse von Diskursen zurück?

In den Geistes- und Sozialwissenschaften vollzieht sich in der Mitte des 20. Jahrhunderts der *Linguistic* bzw. *Cultural-Interpretative Turn* (so benannt nach dem einflussreichen amerikanischen Philosophen Richard Rorty – vgl. etwa Rorty 1967); gemeint ist damit der methodologische Übergang dieser Wissenschaften in die post-positivistische Phase, in der soziale Interaktion und ihre symbolische Medialität, nicht zuletzt die Rolle und Funktion der Sprache und sprachlicher Kommunikation für Gegenstandskonstitution und Wissensproduktion, ins Zentrum der Betrachtung und Untersuchung gerät. Zugleich wird zunehmend deutlicher, welchen zentralen Stellenwert symbolische, d.h. eben gerade auch sprachliche Interaktion, für die Ausbildung gesellschaftlicher Institutionen, jeweiliger Weltbilder, zugehöriger Bewusstseins- und Erfahrungsräume, kollektiver Ziel- und Wertsetzungen sowie kollektiver Handlungsfelder besitzt. Insbesondere die Produktion, Vermittlung und Veränderung von komplex differenzierten Wissensbeständen ist ohne die Medialität der Sprache, ohne sprachliche Texte, undenkbar. Aktuelle Untersuchungen zu Sprache und Kognition bestätigen zudem immer deutlicher, dass kognitive Prozesse sogar durch sprachlich spezifische, insbesondere grammatische Eigenschaften maßgeblich beeinflusst werden.[2]

Hinzu kommt: In menschlichen Gesellschaften herrscht ein steter Rangordnungswettbewerb bzw. -kampf um soziale Positionen und Ressourcen. Damit verbunden ist ein kompetitives „Ringen" um gesellschaftliche, wirtschaftliche und politische Gestaltungsmacht zur Durchsetzung jeweils präferierter Interessen und zur Realisierung zugehöriger Zielsetzungen. Wesentlich für die vorliegende Fragestellung ist, dass dieser „Kampf" seit Beginn der frühen Demokratien in der Antike vor allem ein kommunikativer Prozess ist: Es ist ein Kampf um die jeweilige Deutungshoheit von Phänomenen, d.h., um ihre sprachlich geleitete Kategorisierung und Qualifizierung, um die zugehörigen

---

[1] Man vergleiche dazu die einschlägige Literatur zur Wissens- und Wissenschaftssoziologie – einiges hierzu im folgenden; vgl. auch Konerding („im Druck" a).

[2] Man vergleiche hierzu etwa auch gerade die einschlägigen Forschungsergebnisse, die von der Heidelberger Kollegin Christiane von Stutterheim und ihrem Team in den letzten Jahren beigetragen wurden.

sprachlich bestimmten Erklärungen und Begründungen, die den jeweiligen Erfolg im Wettbewerb um die Durchsetzung der jeweiligen verständnis- und handlungsleitenden Begriffe und Zielsetzungen ermöglichen sollen. Man kann darüber hinaus die Genese und Geschichte des wissenschaftlich-technischen Weltbildes unserer Zeit als ein Resultat der Agonalität kommunikativer, letztlich wechselseitig responsiv adressierter schriftsprachlicher Beiträge zur fortgesetzten Aushandlung einer gemeinsamen Sicht auf die Welt ansehen, wie dies etwa gerade auch von einem einflussreichen Heidelberger Kollegen, dem Kulturwissenschaftler und Ägyptologen Jan Assmann, mit Hilfe des Konzepts der Hypolepse ausgeführt und begründet wurde (vgl. dazu Assmann 1999).[3]

In komplex differenzierten Gesellschaften mit vielseitig spezialisierten Handlungsfeldern ist zudem der Einfluss von fachbezogenem Expertenwissen auf allgemeinere gesellschaftliche Handlungsbereiche und zugehörige Problemfelder von komplexen, mehrfach vermittelten kommunikativen Prozessen getragen. Selbst die Lebensführung und -planung einzelner Individuen, bis in Detailfragen privater Lebensgestaltung, ist abhängig von sprachlich kommunizierten und öffentlich wie institutionell debattierten Themenfeldern und zugehörigen Problemkonstatierungen, die ihrerseits wieder auf jeweiliges Expertenwissen rekurrieren. Als Folge des stetig zunehmenden gesellschaftlichen wie auch fachlich disziplinären Bewusstseins der besonderen Bedeutung von komplex vernetzten Kommunikationsprozessen und zugehörigen sprachgebundenen Qualifizierungen von Wissen für gesellschaftliche Entscheidungs- und Gestaltungsprozesse erhält entsprechend der Begriff des Diskurses, in welcher speziellen Verwendungstradition auch immer, ein immer stärkeres Gewicht für die Untersuchung und Klärung sozial bestimmter Prozesse und Phänomene.

2. Diskursbegriffe und ihre Verwendungstraditionen

Im weiteren Rahmen der Geistes- und Sozialwissenschaften sind derzeit verschiedene Diskursbegriffe in Verwendung, die ihrerseits verschiedenen Theorietraditionen entstammen. Dies ist unter anderem in Folgendem begründet: Die wissenschaftliche Betrachtung und Analyse komplexer kommunikativer Ereignisse von gesellschaftlichem Belang kann sich je nach Untersuchungsziel und -tradition der Analyse konkreter Kommunikationsprozesse entweder in ihrer jeweiligen Feinstruktur oder in den Bezügen ihrer globalen Wirksamkeit, Wechselwirkungen und Folgen widmen. Dies gilt gerade auch für die Linguistik selbst, die sich im Bereich der Sprechakttheorie, der Gesprächsanalyse und der Textlinguistik sowie der linguistischen Pragmatik der detailgenauen Analyse der einzelnen Sprechereignisse zuwendet, im Bereich der Korpuslinguistik

---

3 Alternativ lässt sich dieser Prozess, in neurokonstruktivistischen Theoriezusammenhängen reformuliert, auch als Prozess der symbolisch vermittelten fortgesetzten „strukturellen Kopplung" von neurokognitiven Systemen verstehen – vgl. synoptisch etwa Foley (1997: Kap. 1).

und der historischen Diskursanalyse hingegen übergeordnete komplexe Zusammenhänge sowie Entwicklungen dokumentiert und eingehend analysiert.
Insbesondere im letztgenannten Bereich sind viele Berührungspunkte mit den
Sozialwissenschaften vorhanden. Ähnliches gilt für die Geschichts- und Sozialwissenschaften, wo der Diskursbegriff, speziell unter Rückgriff auf vor-
ausgehende einschlägige Entwicklungen vor allem im französischsprachigen
Raum, in den letzten zehn Jahren eine imposante Entwicklung erfuhr, die noch
nicht abgeschlossen ist. Insgesamt darf im Bereich der Geistes- und Sozialwissenschaften von einem emergierenden und äußerst fruchtbaren disziplin-
übergreifenden Forschungsparadigma gesprochen werden, dessen integrative
Kraft zweifellos zu ganz neuen Einsichten und Ergebnissen führen wird.

   Derzeit lassen sich im wissenschaftlichen Bereich vier wichtige Verwen-
dungstraditionen des Diskursbegriffs ausmachen. Es sind dies die Tradition
der linguistisch-anglo-amerikanischen *Discourse Analysis*, die Tradition der
Habermas'schen *Theorie des herrschaftsfreien Diskurses*, die Tradition der *poststrukturalistischen Diskurstheorien* französischer Provenienz sowie schließlich im Rahmen des *Interpretative Turn* die Tradition der *kulturanalytischen
Diskursanalyse* vor allem im anglo-amerikanischen kulturwissenschaftlichen
Bereich. Gewisse Verwirrungen und Missverständnisse im Umfeld der Fach-
diskussionen sind nicht zuletzt darauf zurückzuführen, dass die jeweiligen
Verwendungsweisen nicht auf die jeweils zugehörigen Fachtraditionen bezogen wurden. Darum seien hier nochmals die grundlegenden Charakteristika
der zugehörigen Traditionen umrissen:

Die anglo-amerikanische *Discourse Analysis* bezieht sich letztlich auf (sozio-)
linguistische Untersuchungen zu Phänomenen sprachlich-mündlicher Online-
Interaktion im engeren Sinn, wie sie bis heute im Bereich der linguistischen
Gesprächs- bzw. Konversationsanalyse betrieben und weiterentwickelt werden. Insofern ist *Discourse Analysis* nicht mit *Diskursanalyse* sondern mit *Gesprächsanalyse* zu übersetzen. Im engeren Sinn geht es hier speziell um Aspekte
der Gesprächsorganisation auf der so genannten Mikro- bzw. Makroebene, so
um die grammatische und pragmatische Organisation des Sprecher- und des
Themenwechsels, um Strategien und Regeln zur Aushandlung der Situations-
bzw. Kontextdefinition, um die Rolle impliziten Wissens bei der Verständigung
sowie um die verschiedenen, bereichsspezifisch funktional bestimmten sozio-
strukturellen Prägungen des Sprachgebrauchs in eben diesen Zusammenhängen (Sprachstile, Sprachgebrauchsformen und ihre systematische Variation).
Mittlerweile sind in diesem Bereich umfassende anwendungsbezogene Ergebnisse mit Blick auf die Gestaltung von Kommunikationsprozessen verfügbar.

   Seit Anfang der 70er Jahre des 20. Jahrhunderts hat der deutsche Sozial-
philosoph Jürgen Habermas seine Konzeption der Theorie eines „herrschaftsfreien Diskurses" im Sinne einer grundlegenden Ethik der gesellschaftlichen
Kommunikation entwickelt. Im Anschluss an die zeitgenössischen sprachphi-

losophische Position der Sprechakttheorie von Austin und Searle entfaltet Habermas eine umfassende Theorie kommunikativen Handelns. Darin findet der Ausdruck „Diskurs" in einem spezifischeren, engeren Sinn Verwendung, indem er dort als Bezeichnung für ethisch geregelte Verfahren der begründungspflichtigen, argumentativen Verhandlung von strittigen Themen verstanden wird, in deren Rahmen die Kontrahenten ihre Positionen jeweils rechtfertigen müssen. Damit werden hier „Diskurse" als kommunikative Verfahrensweisen begriffen, die besonderen Regeln der Argumentation folgen, nämlich solchen, die weitestgehende Verfahrensgerechtigkeit bei der interaktiven Aushandlung strittiger Positionen ermöglichen sollen. Der „herrschaftsfreie Diskurs" als Verfahrensideal fungiert übrigens heute auch in der Praxis alltäglicher Kommunikation als erfolgreiches Modell unterschiedlicher Prozesse der Konfliktbearbeitung und -lösung – etwa im immer wichtiger werdenden Bereich der Mediation.

Eine weitere dominante Verwendungstradition des Ausdrucks „Diskurs" hat seine Ursprünge in den poststrukturalistischen Theorieentwicklungen in Frankreich im Verlauf der 60er Jahre des 20. Jahrhunderts. Im Anschluss an den linguistischen Strukturalismus, seine sozialwissenschaftlichen Adaptionen, die neue Sprachphilosophie sowie eine umfassende Renaissance der Semiotik entwickelt sich dort nach und nach ein neues Forschungsparadigma, und zwar weitgehend unabhängig von und in kritischer Distanz zu der seinerzeit dominanten „Analytischen Philosophie" im anglo-amerikanischen Raum. So verschiedene wie bedeutende Denker und Wissenschaftler wie Louis Althusser, Michel Pêcheux, Roland Barthes, Algirdas Greimas, Jacques Derrida, Jacques Lacan oder Michel Foucault setzen sich eingehend mit der Rolle von Zeichen, von Sprache und der Rolle kommunikativer Sprachpraxis für das Entstehen von komplexen Wissenssystemen, von kollektiven Weltbildern und Ideologien sowie mit den Bedingungen ihres Erhalts und ihrer Veränderung auseinander. Es ist jedoch speziell Michel Foucault, der mit seinen beiden einflussreichen wie eigenwilligen Werken ‚Archäologie des Wissens' (1973) und ‚Die Ordnung des Diskurses' (1974) die Grundlagen für eine einheitliche und umfassende Diskurstheorie schafft, die den Stellenwert sprachlicher Kommunikation für die Dynamik sozialer Formationen und zugehöriger Wissenssysteme tiefgreifend umreißt und umfassend erhellt. Foucaults Aufmerksamkeit richtet sich auf die Bedingungen und Regeln der Produktion und Kontrolle kommunikativer Ordnungen und Handlungsvollzüge und auf die Regularitäten der damit zusammenhängenden Erzeugung, Aufrechterhaltung und Veränderung gesellschaftlicher Wissensbestände und Lebenspraktiken. Es geht darum, die Dynamik von kollektiven Wissenssystemen sowie darin die institutionellen und kommunikativ-diskursiven Bedingungen der Konstitution von Subjekten als sozial zulässigen Akteuren zu bestimmen. Dabei geht es letztlich immer auch um politische bzw. soziale Durchsetzung von Interessen und natürlich um Macht, was als rechtens oder vernünftig bzw. als abwegig bis verwerflich zu gelten hat; für ein einschlägiges Szenario führe man sich etwa die wechselnden Verhältnisse in der politischen und sozialen Geschichte Deutschlands allein im Verlauf des 20. Jahrhunderts sowie die darin erscheinende Vielfalt der konkurrierenden, extrem kontrastierenden und einander ablösenden Ideologien und kollektiven Weltbilder vor Augen, die das Bewusstsein, das Streben und Handeln einer Majorität von Individuen jeweils beherrschten.

Wissenssysteme werden damit nicht als Repräsentationen bzw. „Abbilder" der Wirklichkeit verstanden, sondern als ständig kollektiv kommunikativ produzierte und reproduzierte Artefakte; die zugehörigen kommunikativen Praktiken unterliegen dabei unterschiedlichen Institutionalisierungsformen und -traditionen, die auch implizit regeln, wie man wo über was reden darf und kann, was als gesichertes Resultat der Meinungsbildung und als Erkenntnis zu gelten hat und was als abwegig oder als Tabu qualifiziert wird, und wie dies wiederum mit unterschiedlicher formativer wie auch normativer Kraft wirksam wird. Für den Bereich komplexer kollektiver Wissenssysteme unserer Zeit, wie sie gerade auch die Wissenschaften, insbesondere die so genannten „exakten" Wissenschaften darstellen, gilt dabei das Gleiche wie für andere Systeme des Wissens und der Weltsicht. Will man hier nicht die eigene einschlägige Erfahrung als Wissenschaftler mit reichhaltiger Evidenz bemühen, so orientiere man sich z. B. an den Beobachtungen und Überlegungen, die prominente Wissenschaftssoziologen und -historiker wie Ludwik Fleck oder Thomas S. Kuhn zu normalwissenschaftlichen Prozessen und Paradigmenwechseln vorgestellt haben; neuere wissenssoziologische Studien, wie etwa die umfangreichen und anhaltenden Studien z. B. von Bruno Latour, Karin Knorr-Cetina oder Michael Mulkay, ergänzen und bestätigen diese Beobachtungen und Erkenntnisse nachhaltig.[4]

Erfahrbare Gegenstände und Ereignisse sind damit ihrem Wesen nach direkt oder indirekt Referenzgegenstände kommunikativer Praktiken. Nur in diesen Praktiken und ihren Traditionen, den unhinterfragten kollektiven Glaubensgewissheiten und Weltanschauungen, erlangen Gegenstände ihre Dignität und Bestimmung als Gegenstände kollektiv zulässiger wie möglicher Erfahrung. Damit steht der Inhalt jeder möglichen Erfahrung immer und notwendigerweise in Zusammenhängen kommunikativer Traditionen, in zugehörigen Zusammenhängen interaktiv-kommunikativ produzierter und organisierter Wissens- und Verhaltensordnungen, seien dies nun mythologische Systeme der Welterfahrung und -auslegungen traditioneller Form oder die szientistisch-materialistisch bestimmten Weltbilder und Weltgestaltungsprogramme der westlichen Zivilisationen unserer Tage. Das Erkenntnisinteresse Foucaults richtet sich entsprechend vor allem auf die Analyse der Struktur der Diskurse, auf die Praxis der Diskursproduktion, auf die kommunikativ-diskursiv bestimmten sozialen Machtkämpfe, auf die Definition von Normali-

---

4 Zur Agonalität des Ringens um Konzeptspezifikationen in den Wissenschaften auf der Grundlage von sprachlichen Bedeutungen vgl. auch aktuell Felder (2006).

tät und Abweichung sowie auf Prozesse der kommunikativen Veränderung von Wissens- und Wertsystemen.

Eine vierte, weniger dominante Verwendungstradition des Diskursbegriffs schließlich ist durch ihren Gebrauch im Zusammenhang mit dem *Cultural* bzw. *Interpretative Turn* im Rahmen der anglo-amerikanisch geprägten Kulturwissenschaften bestimmt. Diese Linie des Gebrauchs, die unter anderem über Clifford Geertz auf Max Webers ‚Verstehende Soziologie' zurückgeht, fokussiert die sozialen Handlungen und interaktiven Praktiken, mit denen Wissenssysteme und ihre Ordnungen von gesellschaftlichen Akteuren hergestellt, reproduziert und verändert werden. Gegenüber dem Foucault'schen Zugriff rücken hierbei stärker handlungstheoretische und hermeneutisch-interpretativ bestimmte Verfahrensweisen bei der Analyse der sozialen Herstellungsprozesse von Wissenssystemen in den Vordergrund. Diese Zugriffsrichtung ist keineswegs als konträr zu den von Foucault ausgehenden Verwendungsweisen von *Diskurs* zu verstehen. Sie kann gewissermaßen als ergänzende oder komplettierende Untersuchungstradition der letztgenannten an die Seite gestellt werden.

Insgesamt ist festzustellen, dass Diskurstheorien und Diskursanalysen derzeit eine breite Vielfalt von unterschiedlichen Ansätzen und Verfahrensweisen umfassen, die sich mehr oder weniger jeweils einer der zuvor skizzierten großen Traditionsbereiche zuordnen lassen. Es lassen sich aber auch in zunehmendem Maße Vermittlungsversuche verzeichnen. Hier ist an erster Stelle der einflussreiche Texttheoretiker und Sprachwissenschaftler Teun van Dijk (Universität Amsterdam) zu nennen, der seit den 8oer Jahren unter dem Titel der *Discourse Studies* eine disziplinübergreifende Diskurstheorie zu etablieren bemüht ist. In Frankreich verbindet Jacques Guilhaumou (Universität Marseille) quantitativ linguistische Zugangsweisen mit ethnomethodologisch-konversationsanalytisch bestimmten Vorgehensweisen. Margaret Wetherell (Open University) unternimmt dagegen einen Brückenschlag zwischen Foucaults einflussreicher Diskurskonzeption und der Tradition der Konversationsanalyse. Jonathan Potter (Universität Laughborough) verbindet wiederum die Konversations-/Gesprächsanalyse mit sozialpsychologischen Zugängen und Verfahrensweisen. Mit einer ideologiekritischen Zielrichtung verfolgt Norman Fairclough (Universität Lancaster) seine Bemühungen im Rahmen einer „Critical Discourse Analysis". Hierbei synthetisiert er soziolinguistische Zugangsweisen mit Aspekten der einflussreichen sozialtheoretisch-soziologischen Konzeptionen von Pierre Bourdieu sowie der postmarxistischen französischen Hegemonietheorien von Louis Althusser, Ernesto Laclau und Chantal Mouffe. In ähnlicher Weise verfährt Ruth Wodak (Universität Wien), die darüber hinaus Anleihen bei der Theorie von Jürgen Habermas macht. Neben Wodak ist im deutschen Sprachraum vor allem noch der Sozial- und Sprachwissenschaftler Siegfried Jäger (Universität Duisburg) zu nennen, der unter Rückgriff auf Weiterentwicklungen der Überlegungen Foucaults durch den Literaturwissenschaftler Jürgen Link (Universität Dortmund) in

Verbindung mit soziolinguistischen und ideologiekritischen Ansätzen – hier ähnlich wie Fairclough und Wodak – eine „Kritische Diskursanalyse" vertritt. In Distanz zu den letztgenannten, dezidiert ideologiekritischen Zugängen zu einer Diskurstheorie formieren sich zurzeit zudem im Rahmen sprachwissenschaftlich bestimmter Zugänge verstärkt Aktivitäten, die – gerade im deutschen Sprachraum – auf eine übergreifende methodologische Fundierung abzielen.

Eine griffige und kurze synoptische Charakterisierung der Gemeinsamkeiten und Kontinuitäten, die allen genannten Verwendungsvarianten von „Diskurs" zugrunde liegen, diese verbinden und die vor allem die Relevanz linguistischer Forschung für diesen Bereich einsichtig machen, ist von dem italienischen Sozialwissenschaftler Paolo Donati vorgeschlagen worden:

> „Alle diskursanalytischen Ansätze haben ihre Wurzeln in einer mehr oder weniger klaren linguistischen Perspektive, die Diskurse als ‚sprachliche Ereignisse' begreift, als eine Handlung, durch die ideelle und symbolische Konstrukte in der sozialen Welt aktualisiert und ‚realisiert' werden. Der Begriff ‚Diskurs' ist natürlich in metaphorischer Weise über seinen ursprünglichen Bedeutungsgehalt als *interpersonale Konversation* hinaus ausgeweitet worden. Er verweist nun auf alle Formen sozialen Dialogs, wie er innerhalb und zwischen Institutionen, zwischen Individuen und sozialen Gruppen, Organisationen und politischen Institutionen im Besonderen stattfindet." (Donati 2006: 147)

Im Folgenden möchte ich kurz auf die Rezeption und weitere Entwicklung diskurstheoretischer Ansätze im Rahmen sprachwissenschaftlicher Ansätze im deutschen Sprachraum etwas genauer eingehen.

3. Diskurslinguistik – Entwicklungen im deutschen Sprachraum

Frühe Diskursanalysen im deutschen Sprachraum werden speziell zu politischen Themen unter ideologiekritischem Zielsetzungen, etwa zu den Themenbereichen „Rassismus", „Fremdenfeindlichkeit" oder „Nationaler Identität" durchgeführt. Diese „Kritischen Diskusanalysen" haben ein ethisch-politisches Anliegen: Sie wollen nicht-reflektierte bzw. nicht-hinterfragte, kommunikativ verfestigte und ethisch problematische Formen der Machtausübung und diskursiven Ausschließung zu Bewusstsein bringen und verfolgen damit primär ein aufklärerisches, politisch emanzipatorisches Ziel. Hierzu zählen die bereits erwähnten Arbeiten von Ruth Wodak und Siegfried Jäger (vgl. etwa Wodak u. a. 1998, Wodak/Meyer 2001 oder Jäger 1993). Wodak untersucht anhand von Mengen öffentlich wirksamer und zugänglicher Texte, die den jeweiligen Themen in einem bestimmten Zeitabschnitt zugeordnet werden können, anhand von drei Analysedimensionen: Sie betrachtet und evaluiert die jeweils dargelegten Inhalte, zugehörige Argumentationsstrategien und die Spezifika der jeweils verwendeten sprachlichen Mittel auf den Ebenen von Wort, Satz und Text. Methodisch ähnlich zugleich aber differenzierter geht Jäger vor: Er verbindet Methoden der empirischen Sozialforschung mit linguistischen Analysetechniken, um im Anschluss an die Überlegungen von Foucault den Zusammenhang zwischen dem Handeln, Denken und Sprechen von Menschen in konkreten sozio-historischen Kontexten zu bestimmen. Diskurstheoretisch entscheidend ist hierbei, dass Jäger mit Foucault Äußerungen und zugehörige Texte immer in der Kontinuität beschränkter Thematisierungstraditionen und -formen sowie spezieller Wissensordnungen und damit verbundener Äußerungsmöglichkeiten betrachtet. Sie stehen damit immer in Zusammenhängen von über-individuellen, sozio-historisch bestimmten Formen der Sagbarkeit und Rationalisierbarkeit. Thematisch bestimmte Texte bzw. Textabschnitte stellen für Jäger „Diskursfragmente" dar. Abfolgen thematisch aufeinander bezogener Diskursfragmente bilden dabei „Diskursstränge", die wiederum über Diskursstrang-übergreifende thematische Beziehungen auf mannigfaltige Art miteinander zu einem gesamtgesellschaftlichen Diskurs „vernetzt" sind. Diskursstränge können dabei in den verschiedensten sozialen, institutionellen oder fachlichen Bereichen einer Gesellschaft, den „Diskursebenen", verortet sein, etwa im Bereich der Wissenschaften, der Politik, der Massenmedien, der Wirtschaft, des Bildungswesens, des Rechtswesens, der Verwaltung, des Alltags usw. Die Diskursebenen bzw. -domänen sind die „sozialen Orte", von denen aus – aus einer gesellschaftlichen Ordnung heraus – gesprochen wird. Speziell der Bereich der Massenmedien nimmt neben dem Bildungsbereich wichtige vermittelnde Funktionen zwischen den Alltagsdiskurssträngen und den Diskurssträngen in den übrigen Bereichen einer Gesellschaft wahr. Wichtig wird hier der „Mediendiskurs" selbst mit seiner breiten gesellschaftlichen Reichweite und Zugänglichkeit, in dem bestimmte Themen, die Art ihrer kommunikativen Be- und Verhandlung über bestimmte Zeiträume durch Wiederaufnahme und Respondierung in den Leitmedien einer Gesellschaft, im Aufmerksamkeitsbereich und im Bewusstsein der Öffentlichkeit gehalten werden; man denke hier nur an die „Themenkarrieren" der letzten Jahre, etwa die anhaltenden Debatten zum Klimawandel, zu den ethischen Problemen der Gentechnologie, zur Problematik um BSE oder AIDS, die Debatte zur Ressourcenproblematik, zum Wirtschaftswachstum, zu Bildungsprogrammen, zur Globalisierung, zum Reformaktivismus, zum Wirtschaftsliberalismus, zum weltweiten Terrorismus oder zum religiösem Fundamentalismus.

Im sprachwissenschaftlichen Bereich des deutschen Sprachraums haben sich im Verlauf der 90er Jahre im wesentlichen drei weitere wichtige und für die Linguistik in Deutschland grundlegende Forschungstraditionen herausgebildet, die sich mit sprachwissenschaftlichen Adaptionen und Weiterentwicklungen sowie eigenen Untersuchungen in der Folge der diskurstheoretischen Überlegungen Foucaults beschäftigt haben.

3.1 Die Heidelberg-Mannheimer Forschergruppe

An erster Stelle ist hier die ehemalige Heidelberg-Mannheimer Traditionslinie zu nennen, die auf gemeinsame und zugleich Grundlagen schaffende Arbeiten von Dietrich Busse, Fritz Hermanns und Wolfgang Teubert Ende der 80er und Anfang der 90er Jahre zurückgeht (vgl. hierzu z. B. Busse/Hermanns/Teubert 1994). Diese Arbeiten sind speziell dem Forschungsschwerpunkt einer historischen Diskurssemantik zuzuordnen, einer Richtung der Sprachgeschichtsforschung, die sich selbst dem Bereich der Analyse einer sich sprachlich manifestierenden kollektiven „Bewusstseinsgeschichte" (Busse 1987) bzw. „Mentalitätsgeschichte" (Hermanns 1995) widmen möchte. Ausgehend von der Analyse der kontextgebundenen Bedeutungen sprachlicher Zeichen in Texten historischer Diskurse soll einerseits die Beschreibung der begrifflichen Konstruktion von Welt und Wirklichkeit in diesen Diskursen, zum anderen die Offenlegung stillschweigend vorausgesetzten, d. h. implizit bleibenden aber verstehensrelevanten Hintergrundwissens geleistet werden (Rekonstruktion der „semantischen Tiefenstrukturen" der Texte). Damit sind die Zielsetzungen gegenüber den zuvor genannten Positionen von Wodak und Jäger, die dem Habermas'schen Anliegen näher stehen, weniger ideologiekritisch-emanzipatorisch bestimmt, als vielmehr dem Ziel verschrieben, anhand von Einzelstudien allgemein analytische Einblicke in die Faktoren und Prozesse kollektiver Bewusstseinsgeschichte als Teil der Dynamik und Veränderung kultureller Systeme zu eröffnen. Die Analyse zugehörigen Datenmaterials bezieht sich dabei auf konkrete Textkorpora als Produkte und Dokumente des historischen Kommunikationsgeschehens. Zum Einsatz gelangen vor allem analytische linguistische Methoden der lexikalischen, der intraphrastischen und transphrastischen Semantik, der Semantik von „Wort, Satz und Text". Konkret geht es um die Analyse und Rekonstruktion domänenspezifisch zentraler Begriffe und Begriffssysteme als zentraler Bestandteile sozialer Wissenssysteme, insofern derartige Begriffe über zugehörige Bezeichnungen und Charakterisierungen (in syntaktischen Formen assertierter oder präsupponierter Attribuierungen bzw. Prädikationen) in den jeweiligen Texten manifest werden und eine konkrete sprachliche Identifikation und Spezifikation erfahren. Darüber hinaus sollen über die Identifikation einschlägiger Indikatoren die jeweiligen epistemischen, evaluativen und konativen Einstellungen sowie die wesentlichen Gehalte der jeweiligen kollektiven Mentalitäten ermittelt werden. Konkret wird hierbei die Analyse von Begriffen und Begriffssystemen auf der Ebene der lexikalischen Bedeutungen unter Berücksichtigung der jeweils textuellen Umgebungen vorgenommen. Damit einher geht die Rekonstruktion von diskursspezifisch begriffskonstitutiven Aussagen und Aussagesystemen sowie von zugehörigen Geltungsansprüchen mit ihren handlungssteuernden deontischen Implikationen: Seins-, Sollens- und Wollens-Konstatierungen.

Busse und Teubert weisen insbesondere darauf hin, dass eine linguistische Argumentationsanalyse als wichtiger Schlüssel zur Ermittlung impliziten, d. h. nicht explizit behaupteten bzw. dargestellten, als selbstverständlich qualifizierten kollektiven Wissens genutzt werden könnte (vgl. Busse/Teubert 1994: 23). Letzeres ist später vor allem von Martin Wengeler im Rahmen der Anstrengungen der Düsseldorfer Forschergruppe aufgegriffen und weiter ausgearbeitet worden (Wengeler 1997, 2003); methodisch weiterführende Überlegungen und Ansätze, die argumentationstheoretische mit kognitionswissenschaftlich motivierten linguistischen Methoden und Modellierungen verknüpfen, sind darüber hinaus aktuell in Konerding (2005, 2008) zu finden.

Ein besonderes Verdienst von Busse, Herrmanns und Teubert ist die erste fruchtbare linguistische Operationalisierung des Diskusbegriffes auf der Grundlage korpuslinguistischer Prinzipien. Diskurse werden danach als thematisch bestimmte Mengen von Texten, von so genannten *thematischen Korpora* expliziert. Eine weitere Bedingung ist, dass die Texte intertextuelle Bezüge aufweisen, d. h. direkt oder indirekt aufeinander bzw. auf das in ihnen zum Ausdruck Gebrachte verweisen. Alle kommunikativen Äußerungen zu einem Thema (in einem bestimmten historischen Zeitraum), ob mündlich oder schriftlich, werden dabei als das *imaginäre Korpus* definiert. Alle Texte, die aus diesem imaginären Korpus zu einem bestimmten Zeitpunkt noch verfügbar sind, bilden das *virtuelle Korpus*. Zur Untersuchung von Diskursen wird in der Regel aus dem virtuellen Korpus ein *konkretes Korpus* von Texten als wesentlich beschränkteres Teilkorpus nach forschungsspezifischen Anliegen und Gesichtspunkten kompiliert. Konkreter:

„Zu einem Diskurs gehören alle Texte, die

– sich mit einem als Forschungsgegenstand gewählten Gegenstand, Thema, Wissenskomplex oder Konzept befassen, untereinander semantische Beziehungen aufweisen und/oder in einem gemeinsamen Aussage-, Kommunikations-, Funktions- oder Zweckzusammenhang stehen,

– den als Forschungsprogramm vorgegebenen Eingrenzungen in Hinblick auf Zeitraum/Zeitschnitte, Areal, Gesellschaftsausschnitt, Kommunikationsbereich, Texttypik und andere Parameter genügen,

– und durch explizit oder implizite (text- oder kontextsemantisch erschließbare Verweisungen aufeinander Bezug nehmen bzw. einen intertextuellen Zusammenhang bilden." (Busse/Teubert 1994: 14)

Als Beispiel wird von Busse/Teubert der Diskurs zum Thema „Historikerstreit" angeführt:

„Alle Beiträge dieser Auseinandersetzung bilden gemeinsam den Diskurs. Ein konkretes Beispiel zum Historikerstreit enthält eine Auswahl der Texte, in denen explizit oder implizit Stellung genommen wird, in denen auf Aussagen aus dem Streit zustimmend, ablehnend oder sonstwie Bezug genommen wird, oder in denen Elemente dieses Streits die semantische Ebene einzelner Wörter, Sätze oder Satzverknüpfungen ganz oder teilweise bestimmen. Bei der Zusammenstellung des Korpus ist es sinnvoll, beispielsweise Redundanzen zu vermeiden und vornehmlich solche Texte aufzunehmen, die die Struktur und den Verlauf des Diskurses maßgeblich beeinflusst haben [...]." (Busse/Teubert 1994: 14)

Insgesamt darf hier festgehalten werden, dass die Heidelberger-Mannheimer Forschergruppe um Dietrich Busse, Wolfgang Teubert und Fritz Hermanns einen entscheidenden programmatischen und methodischen Beitrag zur Grundlegung einer linguistischen Teildisziplin „Diskurslinguistik" geleistet haben. Dies zeigt insbesondere die bis heute anhaltende Entwicklung in diesem Bereich, auf die jetzt kurz eingegangen werden soll.[5]

3.2 Modifikation – Düsseldorfer Schule

In Düsseldorf greifen einige jüngere Wissenschaftler um Georg Stötzel, die sich mit sprachlichen Aspekten von Kontroversen in der politischen Öffentlichkeit nach 1945 in der Bundesrepublik Deutschland beschäftigen, die Anregungen und Operationalisierungen von Busse und Teubert Mitte der 90er Jahre auf und modifizieren diese weitergehend. So schlägt Matthias Jung vor, ähnlich wie schon Siegfried Jäger, Diskurse – jetzt verstanden als „konkrete Korpora" im Sinne von Busse/Teubert – nach gesellschaftlichen Kommunikationsbereichen, Teildiskursen (zu Subthematisierungen) und Textsorten weiter zu differenzieren. Obwohl bei Busse/Teubert die Rekonstruktion von Begriffen und Aussagen sowie deren „Vernetzungen" im Zentrum der Diskursanalyse standen, definierten sie die zugehörigen Korpora als *Text*- bzw. *Teiltext*korpora. Jung verändert diese Definition, indem er, „Diskurs" als die „Gesamtheit der Beziehungen zwischen thematisch verknüpften *Aussagekomplexen*" verstehen möchte (Jung 1996: 461). Gemeinsam mit Martin Wengeler plädiert er im Anschluss an Busse/Teubert (1994) weiterhin dafür, das diskursgebundene lexikalische Inventar (den spezifischen Wortschatz, der wichtige und zentrale Diskursbegriffe und ihre Strukturen identifiziert) im Kontext von Argumentationsmustern und Topoi zu untersuchen und zu analysieren (Jung/Wengeler 1999: 153). Wengeler (1997, 2003) greift dann auch den Hinweis von Busse/Teubert (1994) auf, Aufschlüsse von Tendenzen im kollektiven Hintergrundwissen und Bewusstsein, von gesellschaftlichen Meinungen und Bewertungen über die Untersuchung von topischen Mustern zu gewinnen, und zwar durch die Analyse der Veränderung derartiger Muster im Zusammenspiel mit der Veränderung von lexikalischem Material wie diskursspezifischen Metaphern und Schlüsselwörtern.[6]

---

5 Zum Folgenden vergleiche man auch Blum u. a. (2000).

6 Topoi erhalten insofern einen zentralen Stellenwert für die Diskursanalyse, als die Topik (die Sammlung der Topoi) gerade die prominenten Positionen/„Örter" der latenten kollektiven

Karin Böke, ebenfalls Mitglied der Düsseldorfer Nachwuchsgruppe, hat Mitte der 90er Jahre ergänzend Metaphern und Bildfelder in einschlägigen Diskursen erschlossen und analysiert (vgl. z. B. Böke 1996). Untersuchungen aus dem Bereich der kognitiven Linguistik hatten Anfang der 80er Jahre überzeugend und auf breiter Basis nachgewiesen, dass der größte Teil unseres abstrakten Wissens durch mental-kognitiv konstituierte metaphorische Projektionen geprägt wird, d. h. Strukturen und Eigenschaften von kognitiven Kategorien aus dem wahrnehmungsnahen Bereich werden auf Abstraktes, Nichtwahrnehmbares übertragen und in Analogie konzeptualisiert (genetischer „Code", elektrisches „Feld" und subatomare „Strahlung", Vektor-„raum", der Lebens-„lauf", Zeit-„punkt", finanzielle „Liquidität" etc.). Dies ist im Bereich der wissenschaftlichen Heuristik und Theoriengenese bekannt und auch erforscht. Durch Metaphern und Metaphernfelder können Sachverhalte im Alltag im Lichte bestimmter Szenarien und politischer Zielsetzungen funktionalisiert und bewertet werden, etwa die Zuwanderung von Migranten als „Strom", der sich zu einer „Flut" oder „Flutkatastrophe" auswächst und zum „Untergang" oder „Auflösung" erlangter traditioneller Werte und Errungenschaften zu führen droht. Daraus erwachsen nicht selten (negativ) evaluierende Stereotype. Werden derartige Metaphern in Diskursen frequent und musterhaft, können diese entsprechend als Indikatoren zum Denken, Wollen und Werten jeweiliger Diskurspositionen genutzt werden. Auf derartige Indikatoren greift Böke in ihren Untersuchungen zurück.

Die Düsseldorfer Forschergruppe baut auf den grundlegenden Arbeiten von Busse, Teubert und Herrmanns unmittelbar auf und demonstriert zugleich die durchschlagende methodische und explanative Kraft dieses Ansatzes anhand umfangreicher empirischer Untersuchungen von Einzeldiskursen zur politischen Geschichte und Mentalität im Nachkriegsdeutschland (BRD) der 60er und 70er Jahre des 20. Jahrhunderts. Ihr wesentlicher Beitrag ist die Weiterentwicklung und Verfeinerung diskursanalytischer linguistischer Methoden gerade unter Berücksichtigung forschungspraktischer Fragen. Zugleich sind wesentliche Bemühungen um Repräsentativität und Objektivität im Zusammenhang mit interpretativen Verfahren zu verzeichnen. Ideologiekritische Zielsetzungen, wie sie etwa bei Jäger und Wodak – beide stärker an Habermas orientiert – betont wurden, rücken in diesem Forschungszusammenhang, der primär linguistische diskursanalytische Methodenentwicklung fokussiert, in den Hintergrund.

Meinungs-, Wissens- und Bewertungssysteme umfasst, durch die Argumente allererst ihre jeweilige Plausibilität und Überzeugungskraft entfalten. Jedes Argument verwendet nämlich mindestens eine latente generische Prämisse (in Form einer allgemeinen Regel oder „Gesetzlichkeit"), die jeweils als gültig unterstellt oder suggeriert wird. Die Gesamtheit derartig möglicher Prämissen bildet die „Endoxa" oder das als selbstverständlich bzw. unstrittig stillschweigend vorausgesetzte kollektive Wissen einer Diskursgemeinschaft (dazu aktuell auch Konerding 2005, 2008).

3.3 Weiterentwicklungen – die Oldenburger Gruppe

Anschließend an die Aktivitäten der Heidelberger und der Düsseldorfer Gruppe hatte sich in der zweiten Hälfte der 90er Jahre an der Universität Oldenburg
um Klaus Gloy eine Arbeitsgruppe formiert, die sich im Rahmen des Projekts „Ethik-Diskurse: Praktiken öffentlicher Konfliktaustragung" weiterführend mit empirischen Problemen der linguistischen Diskursanalyse beschäftigte (vgl. z. B. Gloy 1998). Das spezifische Verständnis von Diskursen, deren
Struktur und ihr jeweiliger Gehalt bzw. Inhalt, wird dabei in weitgehender
Übereinstimmung mit den Positionen von Busse, Teubert, Hermanns und Jung
aufgefasst und modelliert. „Diskurs" wird hier insbesondere im Sinne eines
Super- oder sogar Hypertextes verstanden, insofern die intertextuellen, quasi-
dialogischen Bezüge, die zwischen den einzelnen Diskursbeiträgen im Verlauf
der Entwicklung eines Diskurses zu verzeichnen sind, ein komplex geknüpf-
tes Netzwerk bilden. Gegenüber der Düsseldorfer Gruppe rücken die Oldenburger Forscher, hier in Übereinstimmung mit der Heidelberger/Mannheimer
Gruppe, wieder die Analyse ganzer Texte in den Mittelpunkt, weil thematisch
bestimmte Einzelaussagen, über deren intertextuelle Bezüge ein Diskurs sich
konstituiert, immer in textuellen Zusammenhängen gedeutet werden müssen.
Von Jäger übernimmt die Oldenburger Gruppe die weitere Unterscheidung
von Diskurssträngen und Diskursebenen. Übereinstimmung mit den bisher
genannten diskurstheoretischen Positionen besteht auch darin, dass Diskursen
im Sinne der hier zuvor ausgeführten Zusammenhänge eine – für ein Diskurs-
Kollektiv – „wirklichkeitskonstituierende und handlungsorientierende Funktion" zugesprochen wird (Wenderoth 1999: 35). Nach Gloy und Mitarbeitern
fehlt den bisherigen methodischen Verfahrensweisen ein mikro-analytisches
Instrumentarium, dass es gestatte, die diskurskonstitutiven intertextuellen Vernetzungen der Texte bzw. Aussagen empirisch angemessen nachzuweisen und
zu untersuchen. Auch die Prozessdynamik in der Entfaltung von Diskursen sei
bisher unzureichend erfasst und methodisch erschlossen worden (Gloy 1998:
5). Speziell gelte es, die jeweilige Binnenperspektive der am Diskurs Beteiligten
zu rekonstruieren. Dies wird nach Meinung der Oldenburger Forscher möglich, indem man die intertextuell bedingten Kategorien der *Rezeptivität* und
Reflexivität in die Diskursanalyse einbezieht und entsprechend operationalisiert. Rezeptivität ist gemäß der weiteren Kategorien der kommunikativen
und ästhetischen Rezeptionsforschung als Aktivität zu verstehen, als Reaktionen auf vorangegangene, in Texten manifeste Sinnsetzungen bzw. als Respondierungen auf vorgängig Geäußertes. Das vorgängig Geäußerte ist dabei als
Konstrukt im Sinne eines rezipientenseitigen Textverarbeitungsresultats[7] zu
verstehen. Reflexivität ist nun eine Kategorie, die speziell dasjenige zu erfassen
sucht, was ein Autor mit seinem respondierenden Text an Rezeptionspoten-

---

[7] Zur rezipientenseitigen Textverarbeitung liegen in der einschlägigen Forschung differenziert
     entwickelte Modelle vor, man vgl. etwa Schnotz (2000) zur ersten Orientierung.

tialen aufgreift, entsprechend behandelt und mittels alternativer Positionen explizit oder implizit kontrastiert. Insofern geben kontrastive Untersuchungen kompletter Einzeltexte umfassenden Aufschluss über einschlägige Rezeptionslinien, Reflexionspositionen und Themenentwicklungen vor dem Hintergrund zugehöriger Potentiale und Relevanzen. Entsprechend wird es auch möglich, diskurskonstitutive Praktiken des „Ausgrenzens, Einbeziehens, Subsumierens und Oppositionen-Bildens" (Gloy 1998: 16) zu registrieren und im Rahmen der Rekonstruktion der jeweiligen Diskurs(strang)entfaltung zu identifizieren. Entsprechende Reaktionen bzw. „Respondierungen" von Texten auf Texte sind dabei im Wesentlichen mehrfach adressiert: Zum einen wenden sie sich an den Bezugstext und spezielle Inhaltsmomente, die dort thematisiert sind, zum anderen sind sie bemüht, ihre eigenen Rezipienten – und damit die weitere Öffentlichkeit – im Sinne ihrer spezifischen Interessen strategisch zu beeinflussen. Die Analyse textueller Rezeptivität und Reflexivität im Verlauf von agonalen Respondierungen im Diskurs gibt entsprechend auch Aufschluss über den (Wett-)Kampf um öffentliche Aufmerksamkeit und Anerkennung, um Deutungs- bzw. Erklärungshoheit, um Sichtweisen, Relevantsetzungen, Handlungsorientierungen, präferente Zielsetzungen sowie soziale Dominanzen. Im Weiteren werden von Gloy und Mitarbeitern zunehmend linguistische Instrumentarien methodisch eingebracht und fein-analytisch eingesetzt. Darüber hinaus werden Common-Sense-Orientierungen und Normalisierungsprozesse (Emergenz von Diskurs-Positionen, die sich als kollektiv akzeptierter Standard etablieren oder verlieren) im Rahmen von Diskursen über Instrumentarien der Phraseologie und Idiomatikforschung, der linguistischen Metaphernforschung sowie der Proto- und Stereotypensemantik identifiziert und freigelegt.

Die Mitarbeiter der Oldenburger Gruppe haben ihr Konzept anhand mehrerer Einzelstudien im Rahmen der Untersuchung von Ethik-Diskursen mit Erfolg erprobt, so unter anderem an der Rezeption von Peter Singers *Praktische Ethik* in Deutschland (Sindel 1998) oder am Beispiel der kommunikativen Thematisierung, Konstruktion und Aushandlung von Moral-Vorstellungen im Rahmen von Talkshows (Wenderoth 1999).

3.4 Neuere Entwicklungen

Die erste Generation von Forschern hat im Rahmen der deutschsprachigen Linguistik, wie dokumentiert, einen entscheidenden und grundlegenden Beitrag zur linguistischen Diskursanalyse geleistet und ein detailliertes wie methodisch überzeugendes, heuristisch fruchtbares wie auch praktisch erfolgreiches Forschungsprogramm entwickelt. Derzeit sind in der Linguistik, sozusagen in der zweiten und dritten Generation, verschiedene neuere Entwicklungen zu beobachten, in deren Verlauf einzelne Forscher das bisher Erreichte eher selektiv aufgreifen und dabei auf je eigene Weise zu fokussieren bzw. weiter zu entwickeln versuchen, oder auch ganz eigene Wege gehen – man vergleiche

zur allgemeinen Orientierung exemplarisch die aktuellen Sammelbände von
Fraas/Klemm (2005), Warnke (2007) oder Warnke/Spitzmüller (2008). Damit
scheint das bisher recht kohärente Forschungsparadigma zurzeit etwas an systematischer Kontur bzw. innerer Kohärenz zu verlieren. Zugleich zeichnen sich
aber auch Versuche zu einer Bestandsaufnahme und Verortung der linguistischen Diskursanalyse im Verbund der interdisziplinär bestimmten kultur-
und sozialwissenschaftlichen Diskursforschung ab. So mahnen etwa Warnke/
Spitzmüller (2008a) mit Busch (2007) an, dass das Bemühen um eine einheitliche Methodologie mit Blick auf Validität und Reliabilität ein disziplinär
erstrebenswertes Ziel darstellt. Warnke/Spitzmüller (2008a) schlagen entsprechend ein Modell zu einer „Diskurslinguistischen Mehrebenen-Analyse" vor,
die bemüht ist, verschiedene Verfahren zu integrieren und zu systematisieren.
Dabei plädieren sie dafür, methodisch die „transtextuelle Ebene" der spezifisch „diskursorientierten Analyse" von der Untersuchung der „intratextuellen
Ebene" der einzelnen Diskursbeiträge stärker zu trennen. Die intratextuelle
Ebene wird, im herkömmlichen textlinguistischen Sinn, weiter in eine Analyse
des lexikalischen Materials, eine Analyse der Propositionsstrukturen und in
eine Analyse der Textstruktur einschließlich der textthematischen Organisation differenziert. Weiterhin wird zwischen die Text- und Diskursebene die
Ebene der Akteure eingezogen, die „Diskurspositionen" im Sinne von Jäger
(und Gloy 1998 oder Bloemmart 2005) umfassen, hierbei aber auch explizit
sprachlich indizierte Interaktionsrollen (Autor und Adressat) in der Analyse
berücksichtigt wissen wollen.

Diese Systematisierungsversuche sind hilfreich, indem sie einen gewissen
Überblick über potentiell relevante Bereiche des linguistisch-instrumentellen
Inventars ermöglichen, insbesondere solche, die von jeweils unterschiedlichen
Autoren mit jeweils unterschiedlichem Gewicht bisher in die Diskussion eingebracht worden sind. Sie wirken allerdings zurzeit noch recht kompilatorisch-
aggregativ, weniger theoriegeleitet systematisiert oder auf eine überzeugende
und auch empirisch erfolgreiche Forschungsstrategie oder -heuristik hin orientiert. So wird z. B. bei Warnke/Spitzmüller (2008a) nicht deutlich, inwiefern
die Untersuchung z. B. von Schlüsselwörtern, Themenbehandlungen, Kontex-
tualisierungen und Topoi, von Sachverhalts- bzw. Ereignisdarstellungen, von
Ereigniskontextualisierungen (= Framing), zugehöriger Bewertungen und von
der Form ihrer sprachlichen Manifestationen systematisch miteinander verbunden sind und im Anschluss an die grundlegenden Gedanken von Foucault
mit Busse, Teubert und anderen Forschern, die für den theoretischen und
empirisch-methodischen Zugriff hier bisher Wesentliches und Durchschla-
gendes geleistet haben, letztlich die entscheidende linguistische Grundlage für
die Analyse von Diskursen abgeben soll. Mit Blick auf die Arbeiten der Forscher der ersten Generation, wie sie zuvor skizziert wurden, ist hier erst wieder
zunehmend Theoriearbeit mit Schwerpunkt auf der praktischen Operationalisierung und empirischen Fundierung zu leisten. Dabei werden die bisher

häufig vernachlässigten aber zentral diskurskonstitutiven Begriffe des *Themas* und der der *Themenbehandlung* zweifellos eine Schlüsselrolle spielen müssen.

Innovativ und fruchtbar scheinen in diesem Zusammenhang insbesondere zwei kognitions- bzw. sozialwissenschaftlichen Konzepte eingebracht werden zu können, die Konzepte „Rahmen" (engl. *Frame*) – je nach Verwendungstradition auch „Wissens-" bzw. „Deutungsrahmen" genannt – sowie „Rahmung" (engl. *Framing*), d.h. der rahmengeleiteten Kontextualisierung und Kontextkonstitution. In letzter Zeit erfahren diese transdisziplinär situierten Konzepte im Bereich der linguistischen und sozialwissenschaftlichen Diskursanalyse zunehmend an Bedeutung (vgl. etwa Fraas 1996, Donati 2001, Scheufele 2003, Konerding 2008). Frames sind themenbestimmte komplexe kognitive Strukturen, die das allgemeine, stereo- bzw. prototypische Wissen in Form kulturell erzeugter und kollektiv geteilter kognitiver Konzeptstrukturen zu einem Thema bzw. thematisierten Gegenstand umfassen bzw. modellieren. Frames sind im Bereich der kognitiven Wissenschaften eingehend erforscht worden (derzeit prominente klassische Modelle, die an dieser Stelle Relevanz haben, sind die von Barsalou 1993, Langacker 1987, Lakoff 1987). Entsprechende Strukturen lassen sind sprachbezogen modellieren und über sortal bestimmte „Ontologien" in hierarchischen Systemen anordnen, wobei höher stehende Rahmen ihre Eigenschaften an unterordnete Rahmen vererben (Konerding 1993, 1997, 2007, Konerding „im Druck b"). Dieses strukturgebundene, themen- und bereichsspezifische Wissen, das handlungs- und verhaltenspraktische (d.h. prozedurale) wie explanative (d.h. deklarative) Dimensionen umfasst, ist bis zu einem gewissen Grad sozial geteilt und bildet prinzipiell die Grundlage für erfolgreiche Kommunikation und Kooperation in einer sozialen Formation bzw. in einem bestimmten gesellschaftlichen Bereich. Das Wissen manifestiert sich direkt oder indirekt in Diskursen und wird dort ausgehandelt und modifiziert. Gelingt es also, dieses Wissen und seine diskursspezifische Dynamik über die sprachlich manifesten Indikatoren von Texten zu rekonstruieren bzw. zu modellieren, so wird es möglich, relativ direkt und nahezu beschränkt auf sprachlich bestimmte Analysen, einen Einblick in die Dynamik diskursbestimmter Wissensstrukturen und Wissensordnungen im Sinne der eingangs umrissenen Charakteristika von Diskursen zu erhalten. In Konerding (2005, 2007 und 2008) wurde gezeigt, wie derartige Rahmen/Frames im Sinne thematischer Makrostrukturen („Makrostrukturen" im Sinne der Textlinguistik) zur Analyse von Diskursen und zugehörigen komplexen Wissenssystemen eingesetzt werden können. Auf Konerding (1993) zurückgreifend und aufbauend haben dies weiterführend etwa Fraas (1996), Klein/Meisner (1999), Holly (2001), Lönnecker (2003) und zuletzt Ziem (2008) für Diskursanalysen zu leisten versucht.[8]

---

[8] Ich selbst habe in den letzten 15 Jahren in mehreren einschlägigen Arbeiten eine linguistische Adaption diese Konzeptes ausgearbeitet und in den letzten Jahren zugleich Vorschläge dazu unterbreitet, wie die Verwendung eines linguistisch adaptierten Konzepts des Frames

Entscheidend ist, dass Frames eine konzeptuelle Inhalts- sowie eine sprachliche Ausdrucksdimension aufweisen, wenn zugehörige Wissenskomponenten in Diskursen thematisch werden und diskursiv, quasi-dialogisch, verhandelt werden. Entsprechend lassen sich zu den ermittelten und modellierten Wissensstrukturen zugehörige diskursive Index- und Ausdrucksformen finden, die von spezifischen lexikalischen Feldern über stereotype feste Formeln und verfestigte Topoi bis hin zu fixen Formen der Themenbehandlung und zu pauschalen Bewertungen und Argumentationen reichen. Wie zuvor ausgeführt unterliegen diese Formen im Rahmen der Diskursentwicklung einer gewissen Dynamik und Veränderung, die ihrerseits mit Veränderungen der betroffenen Wissenssysteme, jeweiliger Handlungspräferenzen, kollektiver Seins-, Wollen- und Sollensorientierungen im Zusammenhang mit wechselnden Diskurskateuren und ihren jeweiligen Interessen einhergehen. Wie in Konerding (2007) ausgeführt wurde, bietet der methodische Zugriff über Frames ein unvergleichlich starkes und zugleich kohärentes Instrument, um auf der Grundlage einer Operationalisierung von forschungspraktischen Begriffen wie „thematische Kongruenz", „thematische Variation", „thematische Kontrastierung" und „thematische Elaboration" (Konerding 2007: 124ff.) die Dynamik einer Diskursentwicklung detailliert zu erschließen und in ihrem Verlauf methodisch kontrolliert zu modellieren. Ein zusätzlicher Vorteil ist, dass im Rahmen dieser Operationalisierung die Kategorien der Rezeptivität und Reflexivität, wie sie von Gloy und Mitarbeitern als zentral relevant für die linguistische Diskursanalyse ausgewiesen wurden, eine weitergehende methodische Spezifikation erfahren können. Es steht zu erwarten, dass gerade im Bereich der Methodologie in den kommenden Jahren ein erheblicher Entwicklungsschub zu erwarten ist, der der Validität der Verfahren empirischer Sozialforschung im Bereich der Sozialwissenschaften (vgl. etwa Scheufele 2003) nicht nachstehen und diese von seinen Ergebnissen her wesentlich ergänzen wenn nicht sogar übertreffen wird.

4. Mediendiskurse

Wie zuvor bereits hervorgehoben wurde, spielen die Massenmedien und die zugehörigen massenmedial vermittelten und konstituierten Teile von Diskursen seit ihrem Entstehen im 16. Jahrhundert eine entscheidende Rolle für die kollektive Bewusstseinsbildung und Handlungsorientierung. Die Öffentlichkeit von Diskursen im weiteren Sinne, wie wir sie heute kennen, ist ohne Massenmedien nicht denkbar. Massenmedien konstituieren öffentliche Foren für Diskurse mit einer zeitlichen und räumlichen Reichweite, wie sie alternativ

---

(bzw. des Framings) die diskurskonstitutiven Konzepte *Schlüsselwörter, Themen, Themenbehandlungen, Topoi* und *Kontextualisierung, Ausdrucks-* und *Inhaltsstereotype* sowie *Wissen* kohärent in einen einheitlichen Theoriezusammenhang integrieren kann. Hierdurch wird es möglich, neue und erfolgversprechende methodische Wege bei der Analyse von Diskursen und ihrer Dynamik zu beschreiten.

nicht verfügbar ist. Aufgrund ihrer spezifischen Funktion erhalten die in den Medien präsenten Teile von Diskursen eine exklusive Prominenz, die die individuellen Urteile über die Sinnhaftigkeit von Themen in entscheidendem Maße beeinflusst, solange bei den Rezipienten nicht eigene Primärerfahrungen mit dem einschlägigen Sachverhalt und zugehörige Rationalisierungen vorhanden sind: Der Einfluss der Medien auf die individuelle Wirklichkeitskonstruktion des einzelnen gilt nach Erkenntnissen der Medienwirkungsforschung als desto stärker, je spärlicher die Primärkontakte sind. Der Einzelne orientiert sich in der Regel an den von ihm unterstellten Verhaltensweisen und Meinungen seiner Zeitgenossen, die er als die mehrheitliche und damit für die entsprechenden Situationen vergleichbare Verhaltensweisen unterstellt. Damit stellt sich eine wesentliche Abhängigkeit der Einzelnen von der Berichterstattung der Massenmedien ein, die sich mit dem Aufkommen weiterer Medien noch verstärkt.

Medien „konstruieren" andererseits Vorstellungen von der „Wirklichkeit", „Medienwirklichkeiten", die das kollektive Bewusstsein, das öffentliche Meinungsbild, das kulturelle und das kollektive Gedächtnis nachhaltig beeinflussen und prägen können, man denke etwa an den 11. September 2001 und die politischen Folgeereignisse bis hin zum Irakkrieg und der entsprechenden Berichterstattung (vgl. etwa Wawra 2005 oder Kindt/Osterkamp 2005). Durch die Spezifik der Themenselektion, die Art und Intensität ihrer jeweiligen Behandlung sowie durch die Auswahl spezifischer Topoi, Metaphern und einschlägiger Wissenshintergründe werden Rezipienten korrespondierende Rangfolgen und vorgebliche Relevanzbezüge zu latenten Sinnhorizonten und Vorwissensbeständen suggeriert. Die Darstellung der Fakten selbst unterliegt erheblich Momenten der mehrstufig subjektiv geprägten Selektion, Wahrnehmung, Bewertung und Darstellung, Inszenierung und Komposition. Die Massenmedien bestimmen durch ihre Selektionen von Themen und die Promotion von Themenkarrieren wesentlich, was in einem bestimmten gesellschaftlichen Bereich zu einer Zeit auf welche Art öffentlich thematisierbar ist und welche Meinungen und Meinungsträger jeweils maßgeblich sind. Journalistische und redaktionelle Vorselektion suggeriert dem Publikum, was diskussions- und politisch entscheidungswürdig ist. Sie bewertet Themen formal durch Platzierung oder Aufmachung einer Nachricht, inhaltlich durch Betonung der Dringlichkeit oder der Einschätzung von Zukunftschancen eines Themas.[9] Inwieweit durch das neue Massenmedium des Internets durch eine Pluralisierung bzw. Proliferation der Meinungsvielfalt zugleich eine Pluralisierung von – miteinander konkurrierenden - Öffentlichkeiten mit globaler Reichweite die kollektiven Bewusstseinsbildungsprozesse nachdrücklich verändern wird, ist derzeit noch nicht abzusehen (vgl. dazu z. B. Bucher 2005). Aber auch hier beginnen derzeit erste Regulations- und Filtermechanismen im Zusammenspiel zwischen

---

9 Zur Rolle von Bildern in Medien und ihrer Rezeption vgl. z. B. Felder (2007).

rechtlichen, politischen und ökonomischen Interessen zu greifen, so z.B. im
Fall von Informations- und Darstellungsrechten sowie im Bereich politischer
Zensur und Überwachung bei Suchmaschinen, aktuell gerade in China.

Es ist in jedem Fall wissenschaftlich lohnenswert und gesellschaftlich unverzichtbar, sich eingehend mit der Analyse von Mediendiskursen und ihrer
maßgebenden Wechselwirkung mit anderen wichtigen Diskursbereichen der
Gesellschaft – so politisch-administrativen, fachlich-wissenschaftlichen oder
alltäglich-privaten – zu beschäftigen. Die Analyse von Mediendiskursen im
Zusammenspiel ihrer Wechselwirkungen mit anderen einschlägigen Diskursen gibt Aufschluss über die Entwicklung von kollektiven Meinungen und Be-
wusstseinsbildungsprozessen und zugehörige politische Entscheidungen, über
Themen- und Problemkomplexe, die die jeweils kurz- oder längerfristig kol-
lektive Aufmerksamkeit binden, über agonale Prozesse der Aushandlung von
Deutungshoheit (*wie etwas zu verstehen ist und warum es wichtig ist*), von
Ereignis- und Problembewertungen (*welche Bedeutung welchen Ranges ein
Ereignis oder Problem für die Gesellschaft besitzt*), den damit verbundenen
Handlungsobligationen (*was darum zu tun ist und wie es getan werden muss*)
und damit letztlich über die Gründe und Zusammenhänge der Gestaltung von
Identitäten, Weltsichten, kollektiven Handlungsprogrammen und von Realität
(man vergleiche z.B. Schlüsselworte „Globalisierung", „Ressourcenwirtschaft",
„Finanzwirtschaft", „Fundamentalismus"). Nicht zuletzt sind hier auch die
kommunikativen Prozesse der Vermittlung wissenschaftlicher bzw. fachlicher
Erkenntnisse, Kontroversen und Entscheidungen in den weiteren Bereich der
Öffentlichkeit betroffen, die immer wichtiger werden.

In der Kontinuität der frühen und grundlegenden Heidelberg-Mannheimer
Beiträge zur Etablierung der neuen linguistischen Teildisziplin „Diskurslinguistik" formiert sich in Heidelberg derzeit ein neuer Forschungsschwerpunkt der linguistischen Mediendiskurs-Analyse. Beteiligt in einem vorbe-
reitenden Netzwerk sind nahezu alle in Heidelberg vertretenen neueren Phi-
lologien. Aus einschlägigen Gründen ist das Netzwerk zurzeit darüber hinaus bemüht, auch Medien- bzw. Kommunikationswissenschaftler (extern) als
Kooperationspartner zu gewinnen, um hier in enger interdisziplinärer Orientierung mit wesentlich innovativem Forschungsanspruch und einer entsprechenden Zielsetzung methodisch und inhaltlich Neuland zu betreten. Daneben
hat sich ein von Ekkehard Felder (Germanistik) koordiniertes Forschungs-
netzwerk „Sprache und Wissen" etabliert (http://www.suw.uni-hd.de/), das
die erklärte Zielsetzung hat, wissenskonstitutive Kommunikationsprozesse
sowie kommunikative Vermittlungs- bzw. Transferprozesse in und zwischen
zentralen gesellschaftlichen Wissens- und Handlungsdomänen auf der Grundlage auch und gerade diskurslinguistischer Methoden eingehend zu untersuchen.

5. Fazit

Die Komplexität und Funktionalität rezenter menschlicher Gesellschaften und Interaktionsbereiche mit ihren ebenso komplexen hochspezialisierten und ineinander verwobenen Wissens- und Handlungsfeldern beruht auf der Grundlage ebenso komplexer Kommunikationsprozesse, die ihrerseits in Traditionen kulturspezifischer kollektiver Handlungsmuster stehen. Der wissenschaftliche Diskursbegriff – in den hier vorgestellten Varianten – versucht die Regelhaftigkeit in der Dynamik dieser kommunikativen Komplexität und ihrer Funktionalität zu registrieren und analytisch zu erschließen. Die wissenschaftliche Erforschung von Diskursen und ihre möglichen Konsequenzen für eine – globale – Diskursethik sind ein sehr wichtiges und sachbedingt komplexes emergentes transdisziplinäres Unternehmen im Gesamtbereich der Geistes- und Sozialwissenschaften, das sich in der Forschungslandschaft entsprechend immer stärker etabliert und ausgestaltet. Dass gerade auch die Linguistik, die Wissenschaft von der menschlichen Sprache bzw. von der sprachlichen Interaktion, hierzu einen ganz zentralen Beitrag liefern kann, sollte zuvor deutlich geworden sein. Anschließend an die grundlegenden Heidelberger Arbeiten aus den 90er Jahren zielen die derzeitigen Heidelberger Aktivitäten, neben den methodisch innovativen Zielsetzungen, auf die Untersuchung von Schlüsselbereichen für gesellschaftliche Meinungsbildungs-, Entscheidungs- und Entwicklungsprozesse: auf die Analyse von Mediendiskursen und von fachlich-wissenschaftlichen Vermittlungsdiskursen in Vergangenheit und Gegenwart.

Literatur

Assmann, Jan (1999) Das kulturelle Gedächtnis. München

Barsalou, Lawrence W. (1993) Frames, Concepts, and Conceptual Fields. In: Lehrer, Adrienne/ Kittay, Eva F. (Hg.) Frames, Fields, and Contrasts. New Essays in Semantic and Lexical Organization. Hillsdale

Bloemmart, Jan (2005) Discourse. A Critical Introduction. Cambridge

Bluhm, Claudia/Deissler, Dirk/Scharloth, Joachim/Stukenbrock, Anja (2000) Linguistische Diskursanalyse: Überblick, Probleme, Perspektiven. In: Sprache und Literatur in Wissenschaft und Unterricht 86. 3–19

Böke, Karin (1996) Überlegungen zu einer Metaphernanalyse im Dienste einer „parzellierten" Sprachgeschichtsschreibung. In: Böke, Karin/Jung, Matthias/Wengeler, Martin (Hg.). 431–452

Böke, Karin/Jung, Matthias/Wengeler Martin (Hg.) (1996) Öffentlicher Sprachgebrauch. Praktische, theoretische und historische Perspektiven. Georg Stötzel zum 60. Geburtstag gewidmet. Opladen

Bucher, Hans-Jürgen (2005) Macht das Internet uns zu Weltbürgern? Globale On-Line-Diskurse: Strukturwandel der Öffentlichkeit in der Netzwerk-Kommunikation. In: Fraas, Claudia/Klemm, Michael (Hg.). 187–218

Busch, Albert (2007) Der Diskurs: ein linguistischer Proteus und seine Erfassung – Methodologie und empirische Gütekriterien für die sprachwissenschaftliche Erfassung von Diskursen und ihre lexikalischen Inventare. In: Warnke, Ingo (Hg.). 141–163

Busse, Dietrich (1987) Historische Semantik. Analyse eines Programms. Stuttgart

Busse, Dietrich/Hermanns, Fritz/Teubert, Wolfgang (Hg.) (1994) Begriffsgeschichte und Diskursgeschichte. Methodenfragen und Forschungsergebnisse der historischen Semantik. Opladen

Busse, Dietrich/Teubert, Wolfgang (1994) Ist Diskurs ein sprachwissenschaftliches Objekt? Zur Methodenfrage der historischen Semantik. In: Busse, Dietrich/Hermanns, Fritz/Teubert, Wolfgang (Hg.). 10–28

Donati, Paolo (2001) Die Rahmenanalyse politischer Diskurse. In: Keller, Reiner/Hirseland, Andreas/Scheider, Werner/Viehöfer, Willy (Hg.) Handbuch Sozialwissenschaftliche Diskursanalyse. Band 1: Theorien und Methoden. Wiesbaden. 145–175

Felder, Ekkehard (Hg.) (2006) Semantische Kämpfe. Macht und Sprache in den Wissenschaften. Berlin/New York

Felder, Ekkehard (2007) Text-Bild-Hermeneutik. Die Zeitgebundenheit des Bild-Verstehens am Beispiel der Medienberichterstattung. In: Hermanns, Fritz/Holly, Werner (Hg.) Linguistische Hermeneutik. Theorie und Praxis des Verstehens und Interpretierens. Tübingen. 357–385

Foley, Willam (1997) Anthropological Linguistics. Oxford

Foucault, Michel (1974) Die Ordnung des Diskurses. Frankfurt

Foucault; Michel (1973) Archäologie des Wissens. Frankfurt

Fraas, Claudia/Klemm, Michael (Hg.) (2005) Mediendiskurse. Frankfurt/M.

Frass, Claudia (1996) Gebrauchswandel und Bedeutungsvarianz in Textnetzen: Die Konzepte *Identität* und *Deutsche* im Diskurs zur deutschen Einheit. Tübingen

Gloy, Klaus (1998) Ethik-Diskurse. Praktiken öffentlicher Konfliktaustragung. Skizze eines Forschungsprogramms. (Ethik-Diskurse. Praktiken öffentlicher Konfliktaustragung. Arbeitspapier Nr.1.) Universität Oldenburg

Hermanns, Fritz (1995) Sprachgeschichte als Mentalitätsgeschichte. Überlegungen zu Sinn und Form und Gegenstand historischer Semantik. In: Gardt, Andreas/Mattheier, Klaus/Reichmann, Oskar (Hg.) Sprachgeschichte des Neuhochdeutschen. Gegenstände, Methoden, Theorien. Tübingen. 69–101

Holly, Werner (2001) „Frame" als Werkzeug historisch-semantischer Textanalyse. Eine Debattenrede des Chemnitzer Paulskirchen-Abgeordneten Eisenstuck. In: Diekmannshenke, Hajo/Meißner, Iris (Hg.) Politische Kommunikation im historischen Wandel. Tübingen. 125–146

Jäger, Siegfried (1993) Kritische Diskursanalyse. Eine Einführung. Duisburg

Jung, Matthias (1996) Linguistische Diskursgeschichte. In: Böke, Karin/Jung, Matthias/Wengeler Martin (Hg.). 453–472

Jung, Matthias/Wengeler, Martin (1999) Wörter – Argumente – Diskurse. Was die Öffentlichkeit bewegt und was die Linguistik dazu sagen kann. In: Stickel Gerhard (Hg.) Sprache – Sprachwissenschaft – Öffentlichkeit. Berlin, New York. 143–171

Kindt, Walther/Osterkamp, Sven (2005) Rhetorik als Waffe im Kampf um die öffentliche Meinung – Argumentation und Persuasion im Irak-Konflikt. In: Fraas, Claudia/Klemm, Michael (Hg.). 268–285

Klein, Josef/Meisner, Iris (1999) Wirtschaft im Kopf. Begriffskompetenz und Einstellungen junger Erwachsener bei Wirtschaftsthemen im Medienkontext. Frankfurt/M.

Konerding, Klaus-Peter (1993) Frames und lexikalisches Bedeutungswissen. Tübingen

Konerding, Klaus-Peter (1997) Grundlagen einer linguistischen Schematheorie und ihr Einsatz in der Semantik. In: Pohl, Inge (Hg.) Methodologische Aspekte der Semantikforschung. Frankfurt/M. 57–84

Konerding, Klaus-Peter (2005) Themen, Diskurse und soziale Topik. In: Fraas, Claudia/Klemm, Michael (Hg.) Mediendiskurse. Frankfurt/M. 9–38

Konerding, Klaus-Peter (2007) Themen, Rahmen und Diskurse. Zur linguistischen Fundierung des Diskursbegriffes. In: Warnke, Ingo (Hg.) Diskurslinguistik – nach Foucault. Berlin. 107–139

Konerding, Klaus-Peter (2008) Diskurse, Topik, Deutungsmuster. Zur Komplementarität, Konvergenz und Explikation sprach-, kultur- und sozialwissenschaftlicher Zugänge zur Diskursanalyse auf der Grundlage kollektiven Wissens. In: Warnke, Ingo/Spitzmüller, Jürgen (Hg.).119–153

Konerding, Klaus-Peter („im Druck a") Sprache – Gegenstandskonstitution – Wissensbereiche. Überlegungen zu (Fach-)Kulturen, kollektiven Praxen, sozialen Transzendentalien, Deklarativität und Bedingungen von Wissenstransfer: In: Felder, Ekkehard/Müller, Markus (Hg.) Wissen durch Sprache. Theorie, Praxis und Erkenntnisinteresse des Forschungsnetzwerks „Sprache und Wissen". Berlin/New York

Konerding, Klaus-Peter („im Druck b") Unterspezifikation, Sorten und Qualia-Rollen: Semantik und/oder Pragmatik? In: Deutsche Sprache (Sonderheft zur Mehrdeutigkeit/Polysemie sprachlicher Ausdrücke, G. Harras (Hg.))

Lakoff, George (1987) Women, Fire, and Dangerous Things. What Categories Reveal about the Mind. Chicago

Langacker, Ronald (1987) Foundations of Cognitive Grammar. Vol. 1. Theoretical Prerequisites. Cambridge, MA.

Lönnecker, Birte (2003) Konzeptframes und Relationen: Extraktion, Annotation und Analyse französischer Corpora aus dem World Wide Web. Berlin

Richard Rorty (1967) The Linguistic Turn. Essays in Philosophical Method. Chicago

Scheufele, Bertram (2003) Frames – Framing – Framing-Effekte. Wiesbaden

Schnotz, Wolfgang (2000) Das Verstehen schriftlicher Texte als Prozess. In: Brinker, Klaus/Antos, Gerd/Heinemann, Wolfgang/Sager, Sven (Hg.) Text und Gesprächslinguistik. Ein internationales Handbuch zeitgenössischer Forschung. 1. Bd.: Textlinguistik. Berlin, New York. 497–506

Sindel, Lars (1998) „Toleranz" in der Debatte um das sog. „Kruzifix Urteil" am Beispiel der Frankfurter Rundschau. (Ethik-Diskurse. Praktiken öffentlicher Konfliktaustragung. Arbeitspapier Nr. 4.) Universität Oldenburg

Warnke, Ingo (Hg.) (2007) Diskurslinguistik nach Foucault. Berlin, New York

Warnke, Ingo/Spitzmüller, Jürgen (2008a) Methoden und Methodologie in der Diskurslinguistik. Grundlagen und Verfahren einer Sprachwissenschaft jenseits textueller Grenzen. In: Warnke, Ingo/Spitzmüller, Jürgen (Hg.), 3–51

Warnke, Ingo/Spitzmüller, Jürgen (Hg.) (2008) Methoden der Diskurslinguistik. Zugänge zur transtextuellen Ebene. Berlin: de Gruyter

Wawra, Daniela (2005) "A wall of lights going north…" Der Irakkrieg 2003 in US-amerikanischen Printmedien und im Internet. In: Fraas, Claudia/Klemm, Michael (Hg.). 245–267

Wenderoth, Anette (1999) Arbeit an Moral. Prozesse der kommunikativen Konstruktion und Aushandlung von Moral am Beispiel von Talkshows. Dissertation Universität Oldenburg

Wengeler, Martin (1997) Vom Nutzen der Argumentationsanalyse für eine linguistische Diskursgeschichte. Konzept eines Forschungsvorhabens. In: Sprache und Literatur in Wissenschaft und Unterricht 80. 96–109

Wengeler, Martin (2003) Topos und Diskurs. Begründung einer argumentationsanalytischen Methode und ihre Anwendung auf den Migrantendiskurs (1965–1985). Tübingen. Berlin, New York

Wodak, Ruth/de Cilia, Rudolf/Reisigl, Martin/Liebhardt, Karin/Hofstätter, Klaus/Kargl, Maria (1998) Zur diskursiven Konstitution nationaler Identität. Fankfurt/M.

Wodak, Ruth / Meyer, Michael (Hg.) (2001) Methods in Critical Discourse Analysis. London

Ziem, Alexander (2008) Frame-Semantik. Kognitive Aspekte des Sprachverstehens. Berlin, New York

Heidelberger Jahrbücher, Band 53 (2009)
E. Felder (Hrsg.) Sprache
© 2009 Springer-Verlag Berlin Heidelberg

Linguistische Hermeneutik *

Überlegungen zur überfälligen Einrichtung
eines in der Linguistik bislang fehlenden Teilfaches

FRITZ HERMANNS †

Die BeiträgerInnen dieses Bandes [d.h. Linke/Ortner/Portmann-Tselikas (Hg.) (2003): *Sprache und mehr* – Anm. des Herausgebers] sind gebeten worden, mit Vorschlägen an der Profilierung einer wünschenswerten zukünftigen Linguistik teilzunehmen; gemeint ist vor allem die germanistische Linguistik, die Sprachgermanistik. Diese ist derzeit in mancher Hinsicht reformwürdig, das ergibt sich aus der Konstatation ihrer Defizite, wie sie der Beitrag von Ortner/Sitta (2003) aufzählt. Insgesamt versäumt es danach die Sprachgermanistik nicht nur, sich der sie umgebenden und tragenden Gesellschaft als eine für deren Fragen und Probleme einschlägige Wissenschaft zu präsentieren, sondern auch – und das ist das Entscheidende – sich selbst, so gut sie kann, dazu zu machen. Insbesondere sträubt sie sich oft geradezu dagegen, für andere Wissenschaften und für die Gesellschaft nützlich sein zu sollen, d.h. „angewandt" zu werden (Antos 2003). Zu den so benannten Defiziten soll hier hinzugefügt werden, dass die Linguistik, wie sie heute ist und sich selbst darstellt, einen ihrer großen Trümpfe, eine ihrer stärksten Karten, noch so gut wie gar nicht ausspielt. Nämlich, dass sie – und zwar essenziell – *Verstehenswissenschaft* ist: *Hermeneutik.* Der Sinn dieses Beitrags ist es, darauf hinzuweisen, dass dies in der Tat der Fall ist, sowie dafür zu plädieren, dass Sprachgermanistinnen und -germanisten sich verstärkt bemühen sollten, bei der Selbstdarstellung ihres Faches darauf hinzuwirken, dass die Linguistik nicht mehr kontrafaktisch wahrgenommen werden kann als eine Linguistik, die zu Fragen und Problem des Verstehens nichts zu sagen hat, d.h. als Linguistik ohne Hermeneutik und daher als Linguistik ohne Belang für die Hermeneutik. Der Sinn dieses Beitrags ist es außerdem auch, zur Einrichtung eines sprachwissenschaftlichen

* Dieser Beitrag unseres verstorbenen Kollegen Dr. Fritz Hermanns (1940–2007) erschien erstmals in Linke, Angelika/Ortner, Hanspeter/Portmann-Tselikas, Paul (Hg.): Sprache und mehr. Ansichten einer Linguistik der sprachlichen Praxis. Tübingen: Max Niemeyer Verlag 2003. In der hier abgedruckten Version wurden die Verweise auf diesen Band sowie das Literaturverzeichnis entsprechend überarbeitet. Wir danken den Herausgebern und dem Verlag für die Erteilung der Abdruckrechte. Wir haben mit Fritz Hermanns einen brillanten Wissenschaftler und originären Denker verloren. Er fehlt uns sehr.

Teilfachs, das *linguistische Hermeneutik* oder auch *Sprachhermeneutik* heißen könnte, einige Anregungen zu geben.[1]

1. Keine Linguistik ohne Hermeneutik

Manchmal denke ich, die Linguistik müsste, um den eigenen Endzweck nicht zu vergessen, an die Eingangspforten aller ihrer Seminarien und Institute schreiben: *Hier wird untersucht, wie Sprache funktioniert. Im Einzelnen wie auch im Allgemeinen.* Denn das ist es doch wohl, was SprachwissenschaftlerInnen mehr als alles andere wissen wollen. In der Frage danach ist die andere mögliche Grundsatzfrage der Sprachwissenschaft – was Sprache *ist* – enthalten. Sprache *besteht* darin, dass und wie sie funktioniert, das Funktionieren ist ihr Wesen.

Wie Sprache funktioniert – auf diese Frage haben wir dank Wittgenstein die Antwort: immer wieder anders. Nämlich in verschiedensten Sprachspielen, die man einzeln untersuchen und beschreiben muss, wenn man erklären will, wie Sprache funktioniert. Es kann hier keine Ein-für-allemal-Erklärung geben. Die Sprachspiele unterscheiden sich durch ihre Regeln (Sprachspiel-Regeln, Sprach-Spielregeln) und ihre Funktionen (usuelle Zwecke, erwartbare Ergebnisse) und ihre Kontexte, denn man spielt sie in höchst verschiedenen „Funktionskreisen" (Ortner 1992: 281ff.) sprachlichen und nicht-sprachlichen Handelns und Geschehens. Aber trotz der Vielfalt und der Vielzahl der Funktionen und Funktionsweisen von Sprache lässt sich darüber, wie Sprache funktioniert, doch auch einiges Generelles sagen. So z. B., dass bei jedem sprachlichen Kommunizieren einerseits Zeichen gegeben werden, andererseits auf Zeichen reagiert wird; darum ist die Linguistik im System der Wissenschaften ein Teilfach der Semiotik. Oder dass sprachliche Zeichen etwas sozial Gelerntes sind; weshalb die Linguistik eine Kulturwissenschaft ist. Zu dem Allgemeinsten, was man über Sprache sagen kann, gehört nun aber auch, worauf es bei der Frage nach der Relevanz der Hermeneutik für die Linguistik und der Frage nach Relevanz der Linguistik für die Hermeneutik ankommt: Sprache funktioniert – immer und nur – durch Zu-verstehen-Geben und Verstehen. Sprachliches Verhalten kann unübersehbar viele Zwecke und Funktionen haben, aber ein Zweck (Zwischenzweck) ist dabei immer: Es zielt auf Verstanden-Werden. Auf der Adressatenseite sind die überhaupt möglichen Reaktionen auf ein sprachliches Verhalten ebenfalls unübersehbar viele, aber sie sind allesamt vermittelt durch Verstehen. Deshalb wird man ohne Übertreibung sagen können: Das Verstehen ist das A und O von Sprache.

Und aus diesem Grunde wiederum kann die gesamte Linguistik – nicht nur, aber doch auch – als Verstehenslehre angesehen werden. Auch lässt sich von ihr

---

[1] Dazu habe ich selbst Anregungen, Hinweise und Ratschläge bekommen von den HerausgeberInnen des Bandes *Sprache und mehr* – namentlich Angelika Linke, Hanspeter Ortner und Paul R. Portmann-Tselikas – und von Werner Holly, wofür ich mich hier bedanken möchte.

behaupten, dass sie – wie auch andere Kultur- und Gesellschaftswissenschaften – auf praktischer Hermeneutik, auf Verstehen, gründet. Ob in der Phonologie (in der es um die „distinktiven", d. h. die bedeutungsunterscheidenden, Merkmale von Sprachlauten geht), ob in der Lexikologie und der Grammatik (wo es auf das richtige Verständnis von Bedeutungen von Wörtern und Strukturen ankommt), ob in der Pragmatik (wo der Sinn sprachlicher Handlungsformen dargestellt wird) – überall ist linguistische Erkenntnis ohne eigenes Sprachverstehen von SprachwissenschaftlerInnen gar nicht möglich, die insoweit niemals gänzlich „unbeteiligte Beobachter" sein können (Scherner 1984: 60).

Mindestens aus folgenden zwei Gründen braucht die Linguistik also eine eigene Hermeneutik: Erstens, weil der Gegenstand der Linguistik – sprachliches Interagieren – über das Zusammenspiel von Zu-verstehen-Geben und Verstehen funktioniert, d. h. dadurch konstituiert ist; die Sprachwissenschaft benötigt eine Hermeneutik schon um ihres Gegenstandes willen. Zweitens, weil die Linguistik selber immer hermeneutisch verfährt und verfahren muss, so dass sie eine Hermeneutik auch als Komponente ihrer Metatheorie braucht. Eine solche eigene Hermeneutik hat die Linguistik einerseits schon, ja sie kann sogar als ganze, wie gesagt, als Hermeneutik (als Sprachhermeneutik) angesehen werden. Außerdem ist in ihr in den letzten zwanzig Jahren das Verstehen mehr und mehr auch explizit zum Thema gemacht worden.[2] Es fehlt ihr jedoch andererseits weitgehend eine eigene Hermeneutik, die sich selbst so nennen würde.[3] Daher kommt es, dass sie fälschlich oft als eine hermeneutiklose, her-

---

[2] In der Bibliografie von Biere (1991) sind die wichtigsten Publikationen bis etwa zum Jahre 1990 angegeben. Insbesondere von Polenz' *Deutsche Satzsemantik* (1985) ist ein Beispiel ausgeführter sprachwissenschaftlicher Hermeneutik, was der Untertitel anzeigt: „Grundbegriffe des Zwischen-den-Zeilen-Lesens". Hörmanns Buch über das *Meinen und Verstehen* (Hörmann 1976), auf das u. a. von Polenz wiederholt Bezug nimmt, kann inzwischen als Grundlagenwerk auch der Sprachgermanistik angesehen werden, so bekannt ist es in ihr geworden. Von den späteren Publikationen, die das Wort *Verstehen* oder das Wort *Interpretation* im Titel führen oder sonst ausführlich vom Verstehen handeln, sind als vielleicht repräsentativ zu nennen: Strohner (1990), Heinemann/Viehweger (1991), Busse (1992a), Knobloch (1994), Feilke (1994), Keller (1995), Falkner (1997), Müller (2001).

[3] Nur von einigen SprachwissenschaftlerInnen ist der Begriff *Hermeneutik* in Bezug auf Linguistik bisher überhaupt verwendet worden. Jäger hat in mehreren Arbeiten (Jäger 1975, 1976, 1977) eine „hermeneutische Begründung der Sprachtheorie" (Jäger 1977: 25) gefordert: „im Bereich geschichtlich-sozialer Gegenstände" sei keine Erkenntnis möglich, „die nicht auf der Basis kommunikativer bzw. hermeneutischer Erfahrung" gründe. Keller (1977) hat den Begriff *Hermeneutik des Handelns* geprägt. Ich selbst habe, mich darauf beziehend, den Begriff *linguistische Hermeneutik* bereits früher vorgeschlagen (Hermanns 1987b). Wichter (1994: 223ff.) nennt eine „linguistische Hermeneutik" ein „Desiderat" der Linguistik und gibt einen Überblick über dazu bereits vorhandene Ansätze. Glinz (1977: 92) spricht von der „hermeneutischen Situation" als konstitutiv für alle Sozialwissenschaften, also auch die Linguistik. Biere (1989) referiert in seinem Buch *Verständlich-Machen* als relevant für die Linguistik auch „hermeneutische Traditionen". Holly (1992) setzt in einem Aufsatz über die „Holistische Dialoganalyse" den Begriff *Methode* in Anführungsstriche, nennt ein „hermeneutisches Vorgehen" dabei „unumgänglich" und postuliert deshalb auch: „,Methode': hermeneutisch" (ebd.:

meneutikferne Disziplin gesehen wird: weil sie die eigene Hermeneutik mehr verleugnet, als sie vorzuzeigen.

Das Obige resümierend, möchte ich behaupten: Eine Linguistik ohne Hermeneutik ist ein Unding. Und es gibt deshalb auch keine Linguistik ohne Hermeneutik. Dass die Linguistik naturwissenschaftlich-szientifisch zu sein hätte oder sogar schon sei, ist nur ein Selbstmissverständnis mancher ihrer Schulen. Denn sie verfährt dauernd praktisch-hermeneutisch, d. h. sich auf eigenes Sprachverstehen von SprachwissenschaftlerInnen stützend und berufend, und es geht ihr immer um die Frage, wie Sprachliches zu verstehen ist, wie es zu sprachlichem Verstehen kommt, und welche einzelnen Faktoren dabei eine Rolle spielen. Und der eingeführte Name für Verstehenstheorie und -lehre sowie Praxis der Vermittlung von Verstehen ist nun einmal *Hermeneutik*.

2. Linguistische Hermeneutik

Die Wahrnehmung und die Selbstwahrnehmung der Sprachwissenschaft als Linguistik ohne Hermeneutik ließe sich am besten, jedenfalls am einfachsten und schnellsten, dadurch ändern, dass die Linguistik sich ein neues Teilfach zulegt, das *linguistische Hermeneutik* heißen könnte (analog zu *linguistische Pragmatik*), oder auch *Sprachhermeneutik*. Denn wenn man versuchen wollte, die gesamte Linguistik sozusagen umzukrempeln, so dass sie sich ingesamt als Hermeneutik darstellt, wäre das gewiss ein wissenschaftsstrategisch hoffnungsloses Unterfangen. Realistischer ist der Versuch, ein neues Teilfach einzurichten – wozu ich hier einen Vorschlag machen möchte.

Dabei kann die Forderung, die Linguistik solle eine „eigene" Hermeneutik – als eigenes Teilfach – haben, nicht bedeuten, dass sie eine gänzlich neue oder gänzlich andere (im Vergleich zu der von anderen Fächern) Hermeneutik haben sollte. Ganz im Gegenteil, es ist ja immer anzustreben, dass die akademischen Fachdisziplinen, die gemeinsame Erkenntnisziele haben, im Dialog miteinander zu gemeinsamen Einsichten, Theorien und Begrifflichkeiten kommen. Als Anfängerin auf diesem Gebiet wird die Linguistik aus der Hermeneutik anderer Fächer vieles übernehmen müssen. „Eigen" kann zunächst nur heißen, dass die Linguistik einen fachinternen Subdiskurs verstärkt ausbildet, der Verstehen sowie Interpretation zum Thema hat, und dass sie hermeneutisches Grundwissen regelmäßig auch in ihrem Unterricht vermittelt. Dass die Hermeneutik in der Linguistik darüber hinaus, wenn sie nur erst einmal in Gang kommt, bald ein „eigenes" Profil und einen „eigenen" Charakter haben

---

16). Fritz in seinem Buch *Historische Semantik* bringt die „methodischen Fragen" dieser Disziplin auf die Begriffe „Heuristik und Hermeneutik" (Fritz 1998: 23). Und so gibt es sicherlich noch manche anderen linguistischen Publikationen, die den Begriff *Hermeneutik* programmatisch oder nebenbei – als selbstverständlich oder notwendig – verwenden, aber viele dürften es wohl nicht sein.

wird, ergibt sich ganz von selbst aus ihren speziellen Wissensinteressen und aus dem speziellen Wissen, das sie in die Hermeneutik einbringt.

Im Vorgriff auf einen Zustand, in dem eine eigene Hermeneutik als Teilfach der Linguistik hinreichend herangereift ist, um sich selbst definitiv zu strukturieren, möchte ich hier den Gesamtbereich einer linguistischen Hermeneutik, um ihn übersichtlicher zu machen, provisorisch schon einmal aufteilen in die folgenden vier Teilbereiche, für die ich die angegebenen Bezeichnungen vorschlage.

Theoretische Hermeneutik würde wohl der Teilbereich der Hermeneutik heißen können, der Aussagen dazu macht, was Hermeneutik ist (bzw. was die wichtigsten Bedeutungen von *Hermeneutik* sind) und welche Teilbereiche sie hat; was *Verstehen* ist (bzw. heißen kann), wie es zu Stande kommt und worin es besteht; sowie, was *Interpretation* ist (bzw. was mit diesem Wort gemeint ist und gemeint sein sollte) und worauf es dabei ankommt.

Empirische Hermeneutik kann vielleicht ein Name sein für die Gesamtheit aller – linguistischer und anderer – Darstellungen von empirisch (inklusive philologisch) erschließbarem Sprach- und Text*verstehen,* ferner der Beschreibungen bzw. Analysen von empirisch zugänglichen *Interpretationen,* hier i.S. von Erklärungen von Texten oder Äußerungen. (Wie man auf den ersten Blick sieht, ist die zweite Art von Empirie viel leichter zu bekommen als die erste.) – Metonymisch könnte auch die zugehörige Methodenlehre *empirische Hermeneutik* heißen.

Die traditionelle Hermeneutik ist vorwiegend *didaktische Hermeneutik,* sie besteht vor allem aus Ratschlägen, sowohl zum Verstehen als auch zum Auslegen. Sie ist daher, wenn man so will, eine angewandte Hermeneutik.

Schließlich kann *praktische Hermeneutik* genannt werden das Verstehen und Interpretieren selber (wie es beides von der theoretischen und empirischen Hermeneutik dargestellt, von der didaktischen gelehrt wird).

3. Grundbegriffe, Grundgedanken

Der theoretischen Hermeneutik muss es zuerst einmal um die Klärung ihrer Grundbegriffe und gedanken gehen. Deshalb werden hier erörtert die Begriffe *Hermeneutik, Verstehen, Interpretieren,* jeweils mit einigen der Gedanken, die dazu gehören. Zusätzliche für die Hermeneutik unentbehrliche Begriffe – wie z.B. *Wort, Satz, Text, Textsorte, Sprechakt, Handlung, Sprachspiel, Zeichen* usw. – kann die Hermeneutik zunächst aus den jeweils zuständigen anderen linguistischen Teildisziplinen oder anderen Fächern übernehmen, um sie später, falls sich herausstellen sollte, dass dies nötig ist, durch Modifikation zu ihren eigenen Zwecken passender zu machen.

3.1 Dreimal drei Bedeutungen von *Hermeneutik*

Hermeneutik ist – in der wohl gängigsten Bedeutung der Bezeichnung – die „Kunst des Verstehens". Diese Wortbedeutung ist von Schleiermacher (posthum 1838: 75) geprägt worden. Er unterstreicht: „*Nur* Kunst des Verstehens, nicht auch der *Darlegung* des Verständnisses". Statt *Kunst* kann man auch *Technik* sagen, wie schon Schleiermacher selber (Birus 1982a: 34). Auch *Methode* käme noch in Frage. All dies ist nicht ganz unproblematisch, denn Verstehen ist kein Handeln, sondern allenfalls das Ziel und (im Gelingensfalle) das Ergebnis eines Handelns, das genau genommen zu beschreiben wäre als *Versuch* oder *Bemühen* (so Turk 1982: 145), etwas zu verstehen (s. dazu das nächste Unterkapitel). Deutet man jedoch die Paraphrase *Kunst/Technik/Methode des Verstehens* als Abkürzung von *Kunst/Technik/Methode (kunstgerechten und mehr oder minder systematischen) Bemühens, ein Verstehen zu erlangen,* dann wird man sie gelten lassen können. – Erstens also: *Hermeneutik* kann *Verstehenskunst* bedeuten.[4]

In der zweiten wichtigen – der älteren – Bedeutung der Bezeichnung ist die Hermeneutik eine Kunst entweder sowohl des Verstehens als auch des Auslegens oder (da Auslegen das Verstehen begrifflich voraussetzt) einfach die „Kunst des Auslegens".[5] Statt *Kunst* kann man auch hier wieder *Technik* sagen, statt *Auslegen* sowohl *Interpretation* als auch *Interpretieren,* außerdem *Erklären* (all dies war bereits vor Schleiermacher üblich), wobei man jedoch beachten sollte, dass sowohl *Auslegung* als auch *Interpretation/Interpretieren* oft im Sinne von *Verstehen* gebraucht werden; nur *Erklären* ist immer eindeutig das Verständlich-Machen und nie das Verstehen. Hier soll aber auch *Auslegen* und *Interpretieren* immer nur verwendet werden wie *Erklären.* – Zweitens also: *Hermeneutik* kann auch als *Auslegungskunst* verstanden werden.

Eine dritte, gleichfalls ältere, Bedeutung der Bezeichnung *Hermeneutik* ist durch Gadamers Buch *Wahrheit und Methode* neuerdings wieder bekannt geworden: Hermeneutik als Kunst nicht nur des Verstehens und Auslegens, son-

---

4 Hermeneutik kann nicht nur als *Kunst,* sie kann sogar als „Kunstwerk" angesehen werden, aber nur in dem Sinn, dass „mit [ihren] Regeln nicht auch die Anwendung gegeben ist", d. h. dass sie „nicht mechanisiert werden kann"; und ausdrücklich nicht in dem Sinn, „als ob die Ausführung in einem Kunstwerk endigte" (Schleiermacher 1838: 81). Das wird hier zitiert für die LinguistInnen, die sich vielleicht ungern an gewisse kunstwerkartige Textinterpretationen ihrer Studienzeit erinnern. – Wenn man heute bereits manchmal betont, alle Linguistik habe eine „hermeneutische" Grundlage, dann besonders in der Absicht, darauf hinzuweisen, dass ihre Methode „nicht mechanisiert werden kann", weil sie von einem (ganzheitlichen) Verstehen ausgeht.

5 Der Herausgeber von Schleiermachers *Hermeneutik* zitiert aus älterer Literatur (Schleiermacher 1838: 99): „Est autem interpretatio [= Hermeneutik] ... facultas *docendi,* [...] – Interpretatio ... duabus rebus continetur, sententiarum (idearum) ... *intellectu,* earumque ... *explicatione.*" Es benötige daher ein guter Hermeneut („interpres") beide Fähigkeiten (oder Künste), sowohl diejenige des *intelligendi* als auch die des *explicandi.*

dern auch „Anwendens" (also insgesamt als *ars intelligendi, explicandi, app-
licandi;* Gadamer 1960: 188; 312ff.). Dieser Begriff war zuvor wohl nur noch
von Juristen gebraucht worden. Für sie war es immer selbstverständlich, dass
gesetzliche Bestimmungen nicht nur verstanden und gedeutet, sondern dann
vor allem auch – auf „Fälle" – „angewendet" werden, wobei sich gelegentlich Verstehen und Auslegung der Gesetzestexte ändern, manchmal drastisch.
(Ein Beispiel dafür gibt Busse 1991.) Auch in der Theologie sieht Gadamer die
Auffassung von *Hermeneutik* noch lebendig, wonach es (vor allem in der Pre-
digt) auf Anwendung – auf das Hier-und-Heute, kann man vielleicht sagen –
ankommt, wobei der Text, seinem „Anspruch" entsprechend, „in jedem Augenblick, d.h. in jeder konkreten Situation, neu und anders verstanden werden
muß" (Gadamer 1960: 314), je nachdem, was auch der Augenblick (und nicht
der Text alleine) nach Ansicht des Predigenden von den Predigt-Adressaten
jeweils fordert. Es geschieht – so deute ich das, den Gedanken mir soweit zu
eigen machend – in der Anwendung des Textes sowohl eine *Aktualisierung* als
auch eine *Relevanzherstellung* für die (vom Text selber ursprünglich vielleicht
gar nicht gemeinten, also neuen) Adressaten eines Textes. – Aber wie dem auch
sei: *Hermeneutik* kann auch als *Anwendungskunst* verstanden werden. Im Folgenden soll jedoch *Anwendung* bei *Auslegung/Interpretation/Erklärung* als ein
möglicher Bestandteil immer mitgemeint sein.

Viertens, fünftens sowie sechstens ist – in einer zweiten Gruppe der Bedeutungen dieser Bezeichnung – *Hermeneutik* auch die *Lehre* oder *Theorie* oder
sogar, wenn man so will, die *Wissenschaft* von Kunst bzw. Technik sei es des Verstehens (Bedeutung 4), sei es des Erklärens (Bedeutung 5), sei es des Anwendens (Bedeutung 6). Schleiermacher wechselt immer wieder metonymisch
zwischen den Begriffsbestimmungen von *Hermeneutik* einerseits als *Kunst*
und andererseits als *Kunstlehre* (Birus 1982a: 53). Diese Ambiguität entspricht
der Ambiguität von *ars* und *technê* (ebd.). Die Bedeutung, wonach *Hermeneutik* eine Lehre (und nicht: eine Kunst) ist, ist vielleicht besonders durch das
Buch von Szondi gebräuchlich geworden, in dem definiert wird, die (literarische) Hermeneutik sei „die Lehre von der Auslegung, interpretatio, literarischer
Werke" (Szondi 1975: 9). Die traditionell gemeinte *Lehre* ist, als die Kunstlehre,
die sie sein soll, *didaktische* Hermeneutik. Sie besteht daher, wie schon gesagt,
hauptsächlich aus Maximen, Regeln und Kanones (*Kanon* hier im Sinne von
‚Norm' oder ‚Vorschrift'), z.T. aber mit verstehenstheoretischer Begründung.
Implizit ist sie daher teilweise auch theoretische Hermeneutik, also Theorie
entweder des Verstehens oder des Interpretierens.

Ebenfalls aus einem metonymischen Gebrauch von *Technik* oder *Kunst* ergibt sich eine dritte Gruppe von Bedeutungen von *Hermeneutik*. Es kann damit
nämlich auch gemeint sein die *Ausübung* der Kunst oder Technik *Hermeneutik,*
d.h. aber: das Verstehen, das Erklären oder das Anwenden selber (Bedeutungen
7, 8, 9). Diese Hermeneutik – also das tatsächliche Verstehen und Erklären und
Anwenden – könnte man, wie schon gesagt, *praktische Hermeneutik* nennen.

Ingesamt erweist sich das, was demnach als „die" Hermeneutik angesehen werden müsste, als Konglomerat heterogenster Entitäten, nämlich von Ereignissen (Verstehensereignissen), Tätigkeiten (Erklären und Lehren), Fähigkeiten (Künsten des Verstehens und Erklärens), Handlungsanweisungen (Regeln) und Wissensbeständen (Theorien, Theoriefragmenten), sofern sie nur etwas mit Verstehen zu tun haben. Dieser Bezug macht die einzelnen Bedeutungen des Wortes *Hermeneutik* metonymisch (zueinander). Trotz dieser Bedeutungsvielfalt wird man aber weiterhin getrost auch von „der" *Hermeneutik* sprechen können. In der Regel zeigt der Kontext, welche der Bedeutungen gemeint ist.[6]

Prototypisch geht es beim Verstehen und Auslegen in der Hermeneutik um Verstehen und Auslegen von schriftlichen Texten und Textstellen, dann auch um Verstehen und Auslegen gesprochener Rede (inklusive Wechselrede) sowie Redeteile. (Diese Reihenfolge wäre zwar verstehenstheoretisch umzudrehen, denn onto- wie auch phylogenetisch ist das Sprechverstehen früher als das Textverstehen, aber vorerst ist nun einmal die lexikologisch prototypische Rangfolge die genannte.) Per Verallgemeinerung ergibt sich: In der Hermeneutik geht es um Verstehen und Interpretieren sämtlicher Arten von *Zeichen* (und Zeichensequenzen und ensembles). Wenn man erst einmal in die Materie einsteigt, stellt sich aber heraus, dass auch diese weitere Begriffsbestimmung noch nicht weit genug ist, da auch andere Verstehensgegenstände (Stichwort *Weltverstehen*) aus dem Gegenstandsbereich der Hermeneutik prinzipiell nicht ausgeschlossen werden können – auch dann, wenn man ihn eingrenzen möchte auf *nur* Sprachverstehen. Was uns aber wiederum nicht daran hindert, festzusetzen: Gegenstandsbereich *linguistischer* Hermeneutik ist *primär* das Sprachverstehen und -auslegen.

3.2 Das Verstehen als Erkennen

Während man bei der Bezeichung *Hermeneutik* nicht darum herumkommt, eine Vielzahl von Bedeutungen als gleichberechtigt anzusetzen, lässt sich bei dem Wort *Verstehen* eine der Bedeutungen als Grund- und erste Hauptbedeutung unter allen übrigen Bedeutungen auszeichnen. Danach gilt: *Verstehen ist Erkennen*. Daraus lässt sich eine zweite Hauptbedeutung – *Verstehen* als Erkannt-Haben/Kennen – als Metonymie ableiten. Alle anderen Bedeutungen des Wortes unterscheiden sich wohl nur bezüglich der Art des jeweils erkannten (verstandenen) Gegenstandes des jeweiligen Verstehens; hier muss also keine Spezialbedeutung angenommen werden. In den meisten Fällen des Vorkom-

---

[6] Das Spiel der Metonymien ist mit den hier aufgezählten Bedeutungen noch längst nicht zu Ende. Auch ein Buch, das etwa hermeneutische Kunstregeln enthält, kann man (eine) *Hermeneutik* nennen, ebenso einen Diskurs über die Hermeneutik, usw. – Metaphorisch ist dagegen der Gebrauch von *Hermeneutik* z.T. in der neueren Philosophie (Heidegger), wo der Begriff *Hermeneutik* definiert wird durch Bedeutungsparaphrasen wie z. B. „Phänomenologie des Daseins" und „Analytik der Existenzialität der Existenz" (Scholz 2001: 136).

mens gilt die erste Hauptbedeutung, die man aber, gemäß der Semantik von *Erkennen,* noch ausbuchstabieren muss: *Verstehen* ist *Erkennen von etwas$_1$ als etwas$_2$.* Die semantische Valenz der Verbergänzung ist also zweistellig, sowohl bei *Verstehen* als auch bei *Erkennen.*

Meistens wird zwar das Lexem *erkennen* mit nur einem einzigen Objekt verwendet: „Ich erkannte meinen Freund" (bei Dunkelheit oder in einer Menschenmenge), „Sie erkannte das Motiv für sein Verhalten" (das zunächst als rätselhaft erschienen war), „Das Abzeichen war ganz deutlich zu erkennen". Was hier aber immer mitgedacht wird, ist ein Zweites: „Ich erkannte eine (nicht sofort erkennbare) Person als meinen Freund", „Sie erkannte etwas (im Beispielsatz nicht Genanntes) als Motiv für sein Verhalten", „Irgendetwas (Wahrnehmbares) war als ein Abzeichen (von etwas hier nicht Genanntem) zu erkennen". Hier ist das Erkennen einfach ein *Wieder*erkennen, und zwar unabhängig davon, ob man etwas Individuelles („Ich erkenne ihn", z. B. an der Stimme) oder etwas Generelles („Sie war als Engländerin erkennbar", an ihrer Aussprache) erkennt, weil in beiderlei Erkennen Eigenschaften (als „Merkmale") wiedererkannt werden. Würde man die Eigenschaften (die Merkmale) nicht schon vorher *kennen,* könnte man das Zu-Erkennende auch nicht *erkennen.*[7] Anders steht es beim Erkennen eines Etwas$_1$ als eines Etwas$_2$, wo uns sowohl das Etwas$_1$ als auch das Etwas$_2$ zuvor nicht (oder anders) bekannt waren, wo wir also ein „mentales Modell" (ein Etwas$_2$) des zuvor unbekannten Etwas$_1$ erst konstruieren müssen; in der Konstruktion dieses Modells besteht dann das Erkennen. Konstruktion von Wirklichkeit ist aber, recht betrachtet, ebenfalls bereits das einfache Erkennen (das Wiedererkennen), wenn auch ohne *neues* kognitives Modell, denn auch hier wird Wirklichkeit „zurechtgelegt" (und oft genug zurechtgestutzt) durch Projektion von Vorstellungen (Schemata, Stereotypen usw.), also mentalen Modellen, auf den Gegenstand einer Wahrnehmung.[8] Andererseits beruht jedes Neu-Erkennen immer auch auf Elementen des Wiedererkennens (von Merkmalen oder anderen Eigenschaften). Schon aus diesem Grunde ist das Wissen (oder Kennen) der Verstehenden und dessen jeweilige Aktivierung für jedes Verstehen in der Tat so wichtig, wie wohl mittlerweile alle Theoretiker des Sprachverstehens meinen. (Darauf wird daher im Folgenden nicht mehr ausführlich eingegangen.)

---

[7] Auf den für das menschliche Erkennen und Verhalten absolut grundlegenden Funktionswert des Wiedererkennens haben Kamlah/Lorenzen (1967: 45) hingewiesen: „Dass wir uns in der Welt überhaupt zurechtfinden, beruht darauf, dass wir fort und fort Gegenstände *wiedererkennen,* die uns zwar oft nicht als ‚diese' Einzeldinge (als ‚Individuen', wie man auch sagt), wohl aber als Beispiele, als ‚Exemplare' von etwas ‚Allgemeinem' bereits *bekannt* sind." (Was im Übrigen nicht nur für Menschen, sondern auch für viele Tiere gelten dürfte.)

[8] Eine „konstruktive Leistung" (Hörmann 1976: 506) ist aus diesem Grunde nicht nur das Verstehen, sondern überhaupt jedes Erkennen. – Als die Konstruktion mentaler Repräsentationen wird das Sprachverstehen u. a. von Heinemann/Viehweger (1991: 117f.) – nach van Dijk/Kintsch (1983) – erklärt.

Was beim Sprachverstehen erkannt werden muss, ist immer mindestens
zweierlei: einerseits Zeichengestalten wie vor allem Laute, Silben, Wörter und
Intonationen („akustisches Verstehen") oder deren schriftliche Äquivalente,
andererseits Bedeutungen. Von der Vielfalt alles dessen, was sonst noch da-
zugehören kann, soll ein späterer Abschnitt dieses Beitrags (Kap. 4) einen
Eindruck geben.

Der Begriff *Erkennen* wird in der Literatur zur Hermeneutik oft und, wie
es scheint, seit jeher als partielles Synonym oder als Obergriff zu *Verstehen*
gebraucht.[9] Offenbar ist das so gut wie unvermeidlich. Den Gedanken, dass
Verstehen immer ein *Erkennen* ist, hat bereits Dilthey notiert („Verstehen fällt
unter den Allgemeinbegriff des Erkennens …"; Dilthey 1957: 332), aber nicht
selbst publiziert, so dass er in der Dilthey-Rezeption nicht aufgegriffen wurde. Dass *Verstehen* und *Erkennen* jedenfalls begriffs- und wortgeschichtlich
eng verwandt sind, zeigt uns die Philosophiegeschichte. Die neuzeitliche Er-
kenntnistheorie beginnt (1690) mit dem berühmten Buch von Locke: "An Essay
Concerning Human *Understanding*". Leibniz schreibt als Antwort seine „Nou-
veaux essais sur *l'entendement* humain" (posthum 1765). Auch hier ist gemeint
die menschliche Erkenntnis. Im Lateinischen sind Äquivalente (und Vorbilder) von *entendement* und *understanding* die Bezeichnungen *intelligentia* und
intellectus (*intellegere* bedeutet ebenso ‚verstehen' wie ‚erkennen'). Und Kant
definiert *Verstand* als das Vermögen der „*Erkenntnis* durch Begriffe" (*Deutsches Wörterbuch* 1956: 1525, mit Verweis auf die Akademie-Ausgabe von Kants
Werken, Band 3, S. 75). Was natürlich alles nicht beweist, dass das *Verstehen* (in
der Grundbedeutung dieses Wortes) wirklich ein *Erkennen* ist, doch vielleicht
dazu beiträgt, den Gedanken, dass es dies ist, einleuchtend zu machen.

Ebenso wie von *Erkennen* reden wir auch von *Verstehen* oft nur dann, wenn
das Erkennen irgendwie erschwert ist. Dadurch kommen ebenso *Erkennen* wie
Verstehen in die semantische Nähe von *Entdecken* (von etwas Verborgenem)
und *Finden* (von etwas Gesuchtem). Über etwas, das wir „deutlich" sehen konnten – aber etwas „deutlich" sehen, heißt ja, es erkennen –, sagen wir nicht: „Ich
erkannte da etwas als Auto", sondern nur: „Ich sah ein Auto". So erklärt es sich
vielleicht, dass der Begriff *Verstehen* mit Vorliebe angewendet wird auf Entitä-

---

[9] Einige Bedeutungsparaphrasen, die das *Deutsche Wörterbuch* (1956: 1667ff.) anbietet: „den
sinn einer sache, die handlungsweise eines menschen *erkennen* …", „worte … auch nach
ihrem bedeutungsinhalt richtig … *erkennen*", „den zusammenhang eines gedankeninhalts,
einer rede, schrift, die zusammensetzung und das wesen eines werks *erkennen* …", „einen
durchschauen, seine meinung *erkennen; die handlungsweise eines menschen *erkennen* und
begreiflich finden". Zur letzten Bedeutungsparaphrase wäre anzumerken, dass es auch im
Deutschen (eine m.W. von den deutschen Wörterbüchern nicht vermerkte) weitere Spezialbedeutung gibt, wonach gilt: „Tout comprendre, c'est tout pardonner". Darin dürfte der
Grund dafür liegen, dass man manchmal hört: „Das *will* ich nicht verstehen". (Weil das als
verzeihen missverstanden werden werden könnte.) – Zur Bedeutung von *Verstehen* gibt es
in der Linguistik m.W. keine Einzelstudien. Keller (1976, 1977) unterscheidet drei bzw. vier
Bedeutungen des Wortes.

ten, die man nicht „sieht" (wie Motive oder Zwecke). Auch bei problemlosem Sprech- und Textverstehen sagen wir oft nur, dass wir „gehört" oder „gelesen" haben, wobei das Verstehen mitgemeint ist.

Prototypisch ist *Verstehen* wohl vor allem ein Erkennen von *Zusammenhängen* und deshalb speziell auch von *Ursachen* und von *Gründen,* von *Funktionen,* von *Motiven* und *Absichten.* Diese Wörter sind ja allesamt Bezeichnungen für Relationen. Ambig ist bezüglich der Bedeutungen ‚Motivation', ‚Funktion' und ‚Absicht' das Wort *Sinn,* das oft als Objekt von *verstehen* vorkommt; auch dies ist ein Relationswort („etwas$_1$ ist der Sinn von etwas$_2$"). Wenn wir sagen, dass wir eine *Theorie* verstehen, meinen wir nicht allein das Verstehen ihrer einzelnen Aussagen, sondern insbesondere auch das Erkennen deren (logischen) Zusammenhanges sowie der Funktion der Theorie bei der Erklärung ihres Gegenstandsbereiches. Man sagt beispielsweise auch von einem *Mechanismus,* dass man ihn verstehe. Gemeint ist dann das Erkennen sowohl seiner *Funktion* als auch seines *Funktionierens;* d. h. des Zusammenwirkens seiner Teile und der in ihm ablaufenden Teilvorgänge, deren Wirkung die Funktion ist. Beim Verstehen einer *Handlung* geht es darum, zu erkennen, wie sie motiviert ist, was ihr Zweck (ihre Funktion) und ihr Kalkül ist, usw.

Prototypisch ist *Verstehen* ferner *richtiges* Verstehen, allerdings ist auch das *Missverstehen* ein Verstehen. Das ist anders bei *Erkennen,* dieses Wort bedeutet immer ‚richtiges Erkennen'. Für das *Fehlerkennen* (ein Wort, das ich hier vorschlage) gibt es wohl im Deutschen – trotz Bedarf; ein Fehlerkennen kommt ja oft vor – in der Bildungssprache keine gängige Bezeichnung.[10] Mit der Richtigkeits- bzw. Wahrheitsunterstellung haben wir wohl bei *Erkennen* – und im prototypischen Gebrauch auch bei *Verstehen* – ganz genau dasselbe Problem, das wir schon bei *Wissen* haben – ein Wort, das von Soziologen, aber neuerdings auch Linguisten, alltagssprachwidrig gebraucht wird auch für *Meinen, Glauben* oder *Überzeugt-Sein.* Dieser so kontraintuitive Sprachgebrauch macht immer wieder eine Worterklärung nötig.

Anders als *Erkennen* kann *Verstehen* – damit sind wir bei der zweiten Hauptbedeutung dieses Wortes – auch das Resultat von dem bezeichnen, was das Wort primär bedeutet. Das *Verstehen* als Ereignis bewirkt das *Verstehen* als Verstanden-Haben (einen Zustand), das *Verstehen*$_1$ hat das *Verstehen*$_2$ zur Folge. „Ich verstehe jetzt" kann heißen „jetzt gerade" oder „ab jetzt" (oder auch „schon immer"). Man versteht gewissermaßen ein für alle Male, das Verstehen ist gewissermaßen etwas Dauerhaftes. Beispielsweise haben die Syntagmen „Ich verstehe dich", „einen Menschen verstehen" eine zweifache Bedeutung: hier-und-jetzt den Sinn eines Verhaltens (als so-und-so motiviert) *erkennen*

---

[10] In der Alltagssprache sagen wir „Ich habe y mit x *verwechselt*" oder – wertneutral – „für x *genommen*" oder „als x *angesehen*" (wie im Mediziner-Spottgedicht: „Und was er nicht erklären kann / Das sieht er gern als Rheuma an"). Wertneutral wird unterschiedliches Erkennen und Verstehen bildungssprachlich oft beschrieben durch Wendungen wie z. B. „etwas als … *auffassen*" oder auch „als … *denken*", oft auch „als … *verstehen*".

oder: wissen, wie ein Mensch „tickt", d. h. seine typischen Motivationen, Zielsetzungen und Verhaltensweisen *kennen*.[11] Beim Erkennen heißt das Resultat
dagegen *Kennen* oder *Wissen* (oder auch *Erkenntnis,* was gleichfalls ambig
ist), mit dem Wort *Erkennen* meint man immer und nur ein einmaliges Ereignis. Aus dieser grundsätzlichen Ambigheit von *Verstehen* folgen u. a. die
Unterschiede der Bedeutungen von zwei Verwendungsweisen von *Verstehen,*
die besonders in der Hermeneutik manchmal eine Rolle spielen: das „Verstehen eines *Wortes*", das „Verstehen einer *Sprache*". Ein *Wort* zu *verstehen* kann
entweder heißen: hier-und-jetzt (vielleicht zum ersten Mal) *erkennen,* was es
hier-und-jetzt bedeutet; oder: die Bedeutung *kennen.* Bei *Verstehen einer Sprache* ist es anders. Das kann nur bedeuten: *Kennen* einer Sprache, denn ein
Hier-und-jetzt-Verstehen einer Sprache ist, da *Sprache* ein Totalitätsbegriff ist
(Hermanns 1999), kategorial unmöglich.[12] Wenn ich ein *Wort* im Gebrauch
hier-und-jetzt immer wieder problemlos verstehe – d. h. die Bedeutung *routiniert* erkenne – kann man sagen, dass ich das Wort „überhaupt" verstehe. Das
meint ungefähr dasselbe wie, dass ich seine Bedeutung kenne. Deshalb könnte
es so scheinen, als ob ich die Wortbedeutung fortan nicht mehr zu erkennen
brauchte (weil ich sie ja kenne). Doch tatsächlich geschieht das Erkennen immer wieder, nur läuft es jetzt automatisiert (habitualisiert) ab. Ähnlich, wie wir
auch bei anderer Gegenstands- und Sachverhaltswahrnehmung routiniert (habitualisiert) erkennen, wenn wir Gegenstand bzw. Sachverhalt als Typ (oder als
Individuum) schon kennen. Im Falle des Wortverstehens muss auch die bereits
gekannte Wortbedeutung immer wieder neu als auch hier-und-jetzt passend
erkannt werden.

Gleichermaßen für das Wort *Verstehen* und das Wort *Erkennen* gilt hingegen wieder, dass sie beide keine *Handlungen* bezeichnen, sondern ein *Ereignis.*
Ein Verstehen ist kein Handeln. Man sagt beispielsweise zwar: „Versteh doch
endlich!" und: „Erkenne das doch endlich!", aber man sagt ebenso ja auch zu
einem Motor oder PC: „Lauf doch endlich!" Eigentlich weiß man in allen solchen Fällen ganz genau, dass das Auffordern keinen Sinn hat.[13] Das Verstehen
(und Erkennen) lässt sich nicht erzwingen. Es stellt sich – so scheint es uns –
von selbst ein, sozusagen ohne unser Zutun. Manchmal lässt es auf sich warten,

---

[11] Die Verstehenstheoretiker, die „das" *Verstehen* – analog zum *Wissen* – als Disposition erklären, wie Wittgenstein und Ryle (Biere 1989: 15ff.), meinen mit *Verstehen* offensichtlich das
Verstanden-Haben (Wissen, Kennen), denn eine Disposition ist kein Ereignis.

[12] Das „Verstehen einer Sprache" ist wohl in der Regel nur ein durchschnittliches oder sogar
unterdurchschnittliches Kennen dieser Sprache, d. h. der Phonemik und Graphemik, der ge-
läufigsten Vokabeln und grammatischen Strukturen usw. Eine „natürliche Sprache" kennt ja
total niemand. Weshalb jede natürliche Sprache immer wieder für noch eine Überraschung
gut ist.

[13] Die Feststellung, dass man ein Verstehen nicht befehlen (und verbieten) kann, benutzt schon
Keller (1976: 4; 1977: 8), um seinen Gedanken einleuchtend zu machen: „Verstehen … ist keine
Handlung". Harras (1980: 108) zitiert Wittgenstein, der sich auf einem seiner „Zettel" notiert
hatte: „Darum kann man einem nicht befehlen: versteh das!".

wie bei jenen Morgenstern'schen Witzen, „die erst viele Stunden später wirken". Erst nach einer Weile „fällt der Groschen". Manchmal stellt es sich auch nie ein. Allerdings kann man *versuchen,* man kann sich *bemühen,* zu verstehen. Wie man das methodisch tut, das eben soll die (didaktische) Hermeneutik lehren.

Zum Schluss dieses Abschnitts eine Antwort auf die Frage: Welcherlei Vorteile hat es, das Verstehen als Erkennen zu erklären? Nun, es ist auf alle Fälle ein Erkenntnisfortschritt, wenn man – vorausgesetzt, dass es zutrifft – sagen kann: *Verstehen ist Erkennen.* Das bringt Übersichtlichkeit in unser Denken und in unser Sprechen. – Zweitens, es verschwindet dadurch aller Anschein eines irgendwie Mysteriösen, der dem Wort *Verstehen* leider oft anhaftet. Auch in Linguistenkreisen wird die Hermeneutik wohl besonders deshalb oft mit Skepsis und geradezu mit Argwohn angesehen, weil man meint, sie sei etwas Irrationales. In ihr werde rationale (prototypisch: wissenschaftliche) *Erkenntnis* herabgesetzt als nur „oberflächlich" im Vergleich zu echtem, in die „Tiefe" gehendem und nur durch „Fühlen" gerechtfertigtem *Verstehen.* Dieses Vorurteil gegen die Hermeneutik beruht auf der Konstruktion des darin unterstellten Gegensatzes von *Verstehen* und *Erkennen* (oder von *Verstehen* und *Erklären,* s. u., Kap. 3.7). Erkennt oder erklärt man *Verstehen* als eine Form des *Erkennens,* dann verschwindet der Schein dieses Gegensatzes.[14] – Drittens erlaubt die Erklärung ein *gezieltes* Suchen, ein *gezieltes* Fragen: Was muss alles einzeln erkannt werden, damit ein Gesamtverstehen (beispielsweise eines Textes) eintritt? Für bestimmte Arten von Verstehensgegenständen wird man das angeben können. Bei misslungenem Verstehen hat man dann auch für den Einzelfall eine Suchfrage: Was ist von all dem, das hätte erkannt werden müssen, nicht oder fehlerkannt worden? So kommt man zu Missverstehensanalysen. Wenn man diese sammelt und auswertet, kann man daraus eine Missverstehenshermeneutik machen: eine Systematik typischer Verstehensfehler in typischen Kommunikationskonstellationen, wie schon Selting (1987) sowie Falkner (1997). – Viertens erlaubt das Verständnis des Verstehens als Erkennen eine Hoffnung. Nämlich die, dass manche vermeintlich speziellen Eigenschaften menschlichen Verstehens sich als generelle Eigenschaften menschlichen Erkennens herausstellen. Womit man dann eine Teilerklärung von Verstehen hätte.[15]

---

[14] *Verstehen und Rationalität* heißt programmatisch das Buch von Scholz (2001), das ich als Einführung in die Hermeneutik allen hermeneutisch, sprechakttheoretisch und sprachphilosophisch interessierten KollegInnen sehr empfehle.

[15] Was sind wohl die generellen, allgemeinen Eigenschaften menschlichen Erkennens (und daher Verstehens)? Ja, wenn man das wüsste! Kandidaten dafür sind vermutlich u.a.: Das Erkennen entspringt einem grundsätzlichen Streben nach „Sinnkonstanz" (Hörmann 1976: 195f.); es ist immer kreativ-konstruktivistisch (nie nur rezeptiv-reproduzierend); es ist an ihm stets beteiligt ein Schema-Erkennen (d.h. ein Schema-Wieder-Erkennen); es ist grundsätzlich holistisch (Einzelheiten werden stets als Teile von Ganzheiten wahrgenommen); daher ist es wohl unmöglich ohne gleichzeitige Horizontwahrnehmung (Hintergrund-, Kontext-Wahrnehmung); es ist – jedenfalls typischerweise – erfahrungsgeleitet und beruht z.T. auf vorgängigem Wissen; es verläuft oft quasi-automatisch (in Routinen); es ist immer perspek-

Mit der Subsumtion von *Verstehen* unter *Erkennen* haben wir noch keine Definition von *Verstehen*. Aber eine *differentia specifica,* mit der wir das Verstehen gegen anderes Erkennen eindeutig (trennscharf) abgrenzen könnten, scheint sich auch nicht anzubieten. Es wird daher wohl bei einer Worterklärung durch Angabe prototypischer Verstehensgegenstände bleiben müssen: *Ein Erkennen nennen wir vor allem dann* Verstehen, *wenn Zusammenhänge, Gründe und Ursachen, Zwecke und Funktionen, Bedeutungen und Sinn erkannt werden.*

3.3 Verstehen und Meinen

Eines der insgesamt zwei Miranda der traditionellen Hermeneutik ist ein Diktum Schleiermachers, wonach es das Ziel der Hermeneutik sei, die Rede eines Autors besser zu verstehen als der Autor selber.[16] Das hört sich so an, als könne Hermeneutik Unmögliches möglich machen, was von Schleiermacher aber ganz und gar nicht so gedacht ist. Zwar schreibt Schleiermacher (1838: 94) wirklich, es sei die Aufgabe, „die Rede zuerst ebensogut und dann besser zu verstehen als ihr Urheber", erklärt dies Ziel aber völlig nüchtern, ohne jeden Tiefsinn, der auch sowieso nicht seine Art ist, daraus, „daß wir keine unmittelbare Kenntnis dessen haben, was in ihm [dem Autor] ist" (d.h.: „in ihm war"), so dass wir versuchen *müssen,* uns „vieles zum Bewußtsein zu bringen ..., was ihm unbewußt bleiben kann" („konnte"). Das Besser-Verstehen ist also eine Art von Ersatz, und kein Triumph über den Autor. Was es ist, das zwar dem Autor, aber nicht auch seinen Interpreten unbewusst bleiben kann (konnte), sagt uns Schleiermacher nicht, doch kann man es sich denken: beispielsweise, dass und inwiefern der Autor ein „Kind seiner Zeit" war; sein Sprach- und Weltwissen (beides ist ein Wissen, das wir „haben", aber nicht zusätzlich auch noch kennen können, denn wir haben ja kein Metawissen unseres eigenen Wissens; das ist ein Problem z. B. für Examenskandidaten: vor der Prüfung wissen sie nicht, was sie wissen), machmal seine eigene Motivation zu seiner Rede, machmal auch die Funktion seiner Rede (oft sagt man ja etwas, ohne dass man wüsste, wozu) usw. – Schleiermacher fügt dem Satz, dass einem Autor an der eigenen Rede manches unbewusst bleibt, noch hinzu (und das ist eine, wie ich finde, wirklich höchst scharfsinnige Bemerkung): „außer sofern er selbst reflektierend sein eigener Leser wird. Auf der objektiven Seite hat [dann aber] auch er

---

tivisch; es ist immer motiviert, d.h. interessengeleitet; es ist, da es menschliches Erkennen ist, typischerweise teilgeprägt durch (eine jeweilige) Sprache; es ist (u. a. deshalb) auch kulturabhängig (es beruht z.T. auf kulturellem Lernen); es erfolgt nicht selten anhand unzulänglicher Indizien, dann im Wege einer „Divination", einer „Abduktion" bzw. eines „Ratens", weshalb es oft nicht „gewiss" ist. – Wie man sieht, sind manche der vermeintlichen Besonderheiten des Verstehens wohl tatsächlich generelle Eigenschaften jeglichen Erkennens.

[16] Leibfried (1980: 51f.) zitiert Kant, auf den das Diktum Schleiermachers zurückgehen dürfte: es sei gar nicht ungewöhnlich, „sowohl im gemeinen Gespräche, als in Schriften" den „Verfasser ...besser zu verstehen, als er sich selbst verstand".

keine anderen Data als wir". Man beachte die Modernität der Ausdrucksweise Schleiermachers.

Manchmal werden wir wohl den Text eines Autors *in gewisser Hinsicht* in der Tat besser verstehen können als er selber. Festzuhalten ist jedoch genauso, dass es oft natürlich umgekehrt ist (in der selben oder anderer Hinsicht), beispielsweise, wenn der Autor seine eigenen Motive und Absichten bei der Abfassung des Textes genau kannte (sich ihrer bewusst war), während wir sie allenfalls erraten können. Weiter führt uns aber die Feststellung, dass wir ihn auf alle Fälle oft *anders* verstehen und verstehen wollen als er sich selbst, und zwar nicht im Sinne eines „besseren" Verstehens, sondern wegen anderer Verstehensziele (Erkenntnisinteressen). Es gibt kein schlechthiniges Verstehen, sondern jedes einzelne Verstehen und Bemühen um Verstehen hat einen bestimmten *Skopus,* in den manche potenziellen Gegenstände des Verstehens (des Erkennens) fallen, andere nicht fallen. Deshalb können wir nicht nur von „Graden" (Knobloch 1994: 182) des Verstehens sprechen, sondern außerdem auch von *Domänen des Verstehens* oder von *Verstehensgegenstandsbereichen.* Beispielsweise interessieren manchmal die Motive eines Handelns oder Redens, manchmal aber auch nicht; manchmal historische oder biografische Zusammenhänge, in anderen Fällen gar nicht; usw.

Im Alltag des Sprachverstehens kann es vielleicht ab und zu der Fall sein, dass man adäquat verstanden hat, wenn genau das verstanden wurde, was „gemeint" war, d. h. das erkannt hat, was ein Sprecher hat „zum Ausdruck bringen wollen" (Duden 2001: 1066, s.v. *meinen,* 1.b). Doch verstehenstheoretisch ist dies nur ein Grenzfall. Denn im Prinzip ist der Skopus alles jeweils Verstehbaren immer größer, als der Skopus des Gemeinten je sein könnte.[17] Adressanten können nie verhindern, dass die Adressaten mehr verstehen, als gewollt war, beispielsweise die den Adressanten selbst vielleicht gar nicht bewussten psychischen Motive des jeweiligen Sprachhandelns. Erst recht gilt für kommunikationsexterne Beobachter (u. a. WissenschaftlerInnen) eines Kommunikationsverlaufes, dass sie mehr und anderes verstehen wollen und verstehen als die KommunikationsteilnehmerInnen: beispielsweise, ob das Kommunikationsgeschehen typisch (normal, regelhaft) war für die jeweilige Kommunikationsgemeinschaft; oder wie man es historisch (etwa als zeittypisch) einzuordnen habe. Einen Text so zu verstehen, wie schon die VerfasserInnen selber, wird zwar immer auch *ein* Ziel sein auch von kommunikationsexternen Beobachtern, aber in der Regel werden sie daneben auch noch andere Verstehensziele haben. Weshalb festzuhalten wäre, dass Verstehen in Teilnehmerperspektive und Verstehen in externer Beobachterperspektive zweierlei ist. Aber auch für das alltägliche Verstehen in Teilnehmerperspektive gilt, dass *Meinen* und *Ver-*

---

[17] Das gilt auch dann, wenn man (anders als die derzeitigen deutschen Wörterbücher) *meinen* definiert als ‚zu verstehen geben wollen' (statt als nur ‚zum Ausdruck bringen wollen'). – Auf die Inkongruenz von Meinen und Verstehen wird ausdrücklich von von Polenz (1985: 303) hingewiesen.

stehen oft nicht kongruent sind, und zwar auch im Fall gelingenden Verstehens. *Meinen* und *Verstehen* sind grundsätzlich asymmetrisch. Das in einem Sprechakt von dem Adressanten – als dem Adressaten schon bewusst (nicht bloß: von ihm gewusst) – Vorausgesetzte (alle Präsuppositionen im weiteren Sinne)[18] ist nicht etwas, das er eigens „meinen" oder auch „mitmeinen", also irgendwie „zum Ausdruck bringen wollen" müsste, damit es in das Gesamtverstehen seines Adressaten eingeht.

Andererseits ist der Skopus des jeweils Verstandenen oft sehr viel kleiner als der Skopus des Gemeinten, da wir stets nur „selektiv" wahrnehmen (hören oder lesen), je nach unseren jeweiligen Interessen, die uns jeweils anderes als für uns „relevant" erscheinen lassen (Heinemann/Viehweger 1991: 262f.). Ein Verstehen ist jeweils abhängig nicht allein vom „Wissen" des Verstehenden, d. h., altmodisch ausgedrückt, von seinen *Vorstellungen,* sondern ebenso sehr auch von seiner Haltung – zu Text oder Äußerung, zum darin Dargestellten, zum Sender / zur Senderin usw. – d. h. seinen *Einstellungen.* Je nach anderer Einstellung (einschließlich Verstehensinteresse) versteht man auch anders.[19] Auch dies wird für jegliches Erkennen gelten, nicht nur für das Sprachverstehen.

3.4 Die zwei „Zirkel des Verstehens"

Das zweite Mirandum der traditionellen Hermeneutik ist der sogenannte „Zirkel des Verstehens"; ein Mirandum deshalb, weil der Ausdruck *Zirkel des Verstehens* uns unweigerlich an das erinnert, was bei einer Argumentation auf keinen Fall geschehen darf: ein zirkelhaftes Schließen. Hier soll aber dieser Zirkel etwas Positives sein statt etwas Fehlerhaftes. Das ist paradox, und die Paradoxie des Ausdrucks *Zirkel des Verstehens* ist denn auch von manchen Theoretikern der Hermeneutik weidlich ausgeschlachtet worden, so mit der Empfehlung, dass es beim Verstehen gerade nicht darauf ankomme, diesen Zirkel zu vermeiden, sondern möglichst „tief" in ihn hineinzukommen. Was geignet ist, zum staunenden Bewundern dieses so geheimnisvollen Ratschlags anzuregen. Da sich LinguistInnen in ehrfurchtsvollem Staunen nicht so gern ergehen, sollten sie auf die Bezeichnung *Zirkel des Verstehens* ganz verzichten. Schon *Top-down-plus-bottom-up-Verstehen* ist insoweit besser – wenn auch nicht zureichend – weil ganz ohne Suggestion von Esoterik.

Schleiermacher (1838: 95) spricht, erkennbar kritisch, explizit von dem „*scheinbaren* Kreise" des Verstehens, der darin bestehe, „daß jedes Besonde-

---

[18] Als „pragmatische" im Gegensatz zu „semantischen" Präsuppositionen nach Linke/Nussbaumer (2000).

[19] Die grundsätzliche Verschiedenheit von „professionell-analytischem" und „direktem" Interesse beim Verstehen eines Textes hat Glinz (1977: 98) betont, und zwar auf Grundlage einer „Systematik" von Verstehensinteressen und Verstehensintentionen, von „Absichten/Haltungen gegenüber Texten" (ebd.: 87ff.), die man in einer linguistischen Hermeneutik unbedingt aufgreifen und weiterentwickeln sollte.

re nur aus dem Allgemeinen, dessen Teil es ist, verstanden werden kann und umgekehrt". Damit meint er (ebd.): „Der Sprachschatz und die Geschichte des Zeitalters eines Verfassers verhalten sich wie das Ganze, aus welchem seine Schriften als das Einzelne müssen verstanden werden, und jenes wieder aus ihm". Einerseits sind wir nach Schleiermacher (ebd.) „umso besser gerüstet … zum Auslegen, je vollkommener wir jenes [Allgemeine] innehaben", andererseits gilt aber auch, „daß kein Auszulegendes auf einmal verstanden werden kann, sondern jedes Lesen setzt uns erst, indem es jene Vorkenntnisse bereichert, zum besseren Verstehen instand". Das ist Schleiermachers erster nur scheinbarer Zirkel des Verstehens. Auch zu seinem zweiten Zirkel des Verstehens sagt er (ebd.: 97) explizit: „Dies *scheint* ein Zirkel, allein …", denn in Wirklichkeit ist auch dies keiner. Er besteht nämlich nur darin, dass gilt: „Auch innerhalb einer einzelnen Schrift kann das Einzelne [z. B. die Bedeutung eines ganz bestimmten Wortes oder Satzes] nur aus dem Ganzen verstanden werden, und es muß daher eine kursorische Lesung, um einen Überblick über das Ganze zu erhalten, der genaueren Auslegung vorangehen". So kommt es zu einem „vorläufigen Verstehen". Dazu „reicht diejenige Kenntnis des Einzelnen hin, welche aus einer allgemeinen Kenntnis der Sprache hervorgeht". Man versteht erst einmal provisorisch, um das provisorische Verstehen später, wo es sich als falsch erwiesen hat, zu korrigieren. Das ist ein methodisch absolut vernünftiges Vorgehen, das mit Zirkelhaftigkeit auch nicht das Mindeste zu tun hat.

Es sind, wie aus Schleiermachers Hinweisen hervorgeht, eigentlich zwei ganz verschiedene Probleme, die durch die Bezeichnung *Zirkel des Verstehens* begrifflich in einen Topf geworfen werden. In dem einen wie dem anderen Falle geht es um das Vorliegen von *Interdependenzen,* aber nicht der selben Interdependenzen. Interdependent sind erstens *generelles* und *spezielles, singuläres* Wissen und Erkennen. Es gibt wohl kein generelles Wissen und Erkennen ohne singuläres, aber auch kein singuläres ohne generelles. Dieser Satz trifft auf Erkennen allgemein zu, also auch dann, wenn wir es *Verstehen* nennen. Ich verstehe – jetzt, in dieser Äußerung, die ich gerade höre – ein Wort (token), weil ich es (als type) schon kenne. Aber dieses allgemeine Kennen beruht umgekehrt nur darauf, dass ich dieses Wort vorher schon einmal, meistens sehr viel öfter, gehört und verstanden habe, und zwar ebenfalls in singulären Einzeläußerungen. Analog erkennen wir z. B. etwas, das wir sehen, als ein *Haus* oder ein *Auto* usw. aufgrund dessen, dass wir bereits wissen, was „ein" Haus etc. ist, aber umgekehrt wissen wir dies nur daher, dass wir es anhand von einzelnen Beispielen (jeweils ganz bestimmten singulären Häusern usw.) gelernt haben. Das zeigt: Generelles Wissen und Erkennen – in Form von *Vorstellungen, Ideen* und *Begriffen* oder *Schemata, Stereotypen, mentalen Modellen* usw. (zur Synonymie dieser Begriffe siehe Hermanns 2002a), aber auch von generellen *Sätzen, Theoremen, Ideologemen, Topoi* usw. – und spezielles (singuläres) Wissen und Erkennen schaffen und erhalten sich in unserem Denken wechselseitig. Das ist alles, was es dabei mit dem „Zirkel des Verstehens" auf sich haben dürfte.

Schleiermachers zweiter Zirkel des Verstehens beruht auf der Interdependenz von *Teil* und *Ganzem*. Interdependent sind nämlich in jedem Erkennen und Verstehen das Erkennen und Verstehen einerseits des Ganzen, andererseits seiner „Teile". Diese „Teile" sind z.T. tatsächlich Teile oder sonst „Aspekte", „Qualitäten" o. ä., insgesamt: Merkmale. Wir erkennen (und verstehen) nicht nur sprachliche Einheiten, sondern alles, was wir überhaupt erkennen, anhand von „Merkmalen" (linguistisch: *features*): erkennbaren Eigenschaften. (Dabei ist auch die *Gestalt* bzw. die *Kontur* des Zu-Erkennenden ein Merkmal und nicht etwas völlig anderes.) Demnach kann Erkennen (und Verstehen) eines „Ganzen" immer nur geschehen, wenn dabei auch „Teile" dieses Ganzen erkannt werden. So dass ein Gesamterkennen in der Tat abhängig ist von einem (oder vielem) Teilerkennen. Und das Umgekehrte kann auch gelten. Manches Teilerkennen ist nicht möglich ohne ein Gesamterkennen. Ohne dieses würde man die Teile (Eigenschaften) nicht als „Teile" von etwas erkennen können, und erst recht nicht u. a. ihre Funktionen im Zusammenhang des „Ganzen". Das trifft – weil Verstehen ein Erkennen ist – auch zu auf das Verstehen, beispielsweise das Verstehen eines Textes. Man muss an ihm vieles Einzelne verstehen – gar nicht selten Tausende von Sätzen und natürlich noch mehr Wörter – um ihn dann als ganzen verstanden zu haben. Andererseits kann man jedoch auch viele Einzelheiten eines Textes nicht verstehen ohne ein Verstehen des Zusammenhanges manchmal eines Satzes, manchmal auch des ganzen Textes. Also besteht eine Interdependenz von Teil- und Ganzerkennen auch hier. Etwas anderes aber hat es mit dem „Zirkel des Verstehens" auch in diesem Fall nicht auf sich.

3.5 Verstehensdynamik

Es ist anzunehmen, dass wir immer dann, wenn wir verstehen, zugleich reagieren. Auch das gilt wohl für jedes Erkennen. Dabei ist schon das Erkennen selbst ein Reagieren, das jedoch weitere Reaktionen auslöst, die hier *Begleitreaktionen* oder *Folgereaktionen* heißen sollen. Dass Verstehen (wie jedes Erkennen) solche Begleitreaktionen immer hat bzw. haben kann, das muss verstehenstheoretisch festgehalten werden, aber daraus braucht man nicht den Schluss zu ziehen, dass man den Begriff *Verstehen* deshalb neu bestimmen müsse (*Verstehen* als ein Erkennen plus ein Reagieren). Besser scheint es, das Verstehen und das Darauf-Reagieren begrifflich-terminologisch separat zu halten. Manchmal wird man ja das eine von dem anderen unterscheiden wollen.

Das Erkennen ist wohl selbst schon als ein Reagieren anzusehen; als ein Reagieren – prototypisch: auf Wahrnehmung – das darin besteht, dass wir zuvor erworbene Ideen, Schemata, Stereotype usw. „aktivieren" (Heinemann/ Viehweger 1991: 117) und auf das, was wir wahrnehmen, projizieren. Nur so können wir ja „etwas als etwas" erkennen. Dieses Reagieren geschieht in der

Regel spontan (nur gelegentlich gibt es Verzögerungen, nämlich dann, wenn das Erkennen zum Problem wird), denn wir sind darauf, wie Wittgenstein brutal sagt, „abgerichtet", d. h. wir haben uns darauf im Wege einer Autopoiesis, die aber kulturell geprägt ist, selber abgerichtet. Niemand kann in unserer Kultur ein Auto sehen, ohne es sofort als Auto zu erkennen, niemand eine übliche Begrüßungsfloskel in der eigenen Sprache hören, ohne sie sofort als solche zu verstehen. Man kann das Erkennen und Verstehen von etwas als etwas, wenn es erst einmal gelernt ist, bei sich selbst nicht mehr verhindern, seine Automatik dann nie mehr abschalten, außer vielleicht in gewissen Rauschzuständen. Deshalb ist vieles Erkennen und Verstehen als (konditionierter) *Reflex* anzusehen.

Aber auch die Folgereaktionen auf Erkennen und Verstehen sind z.T. reflexhaft. Das trifft u. a. zu auf körperliches Reagieren insbesondere bei kleinen Kindern, die z. B., wenn man „Heiß!" ruft, in ihrer Bewegung innehalten wie ein gut dressierter Hund, zu dem man „Sitz!" sagt. Oder bei Rekruten, die auf ein Kommando ebenso reflexhaft reagieren. Hierin zeigt sich, dass auch die menschliche Sprache ihre Wurzeln hat in der Tierhaftigkeit des Menschen. Zu den z.T. reflexhaften Folgereaktionen beim Erkennen und Verstehen gehört weiter, dass es regelmäßig mit der Aktivierung von *Einstellungen* einhergeht.[20] Diese Einstellungen sind als zugleich kognitive, emotive, volitive Bereitschaften (zu weiteren Reaktionen) zu beschreiben. Kognitiv besteht die Aktivierung der Einstellung u. a. in der Bildung einer Wahrnehmungserwartung oder Erkennenserwartung des Typs: „Es liegt *a* vor, also wird auch *b* nicht weit sein" (falls *a* und *b* kognitiv in einer Idee, einem Schema, Stereotyp usw. zusammengehören). Emotiv besteht sie in der Aktivierung bestimmter Affekte (wie Angst, Hass, Zuneigung usw.) in Bezug auf das Erkannte, volitiv in der Formierung eines Wünschens (gleichfalls in Bezug auf das Erkannte). Auf der Aktivierung emotiver sowie volitiver Einstellungen dürfte es beruhen, dass wir beispielsweise die Lektüre eines Romans ein *Erlebnis* nennen können. (Ohne Emotionen gibt es kein Erlebnis.) Viele Texte und Sprechakte würden ihren Zweck verfehlen, würden wir nicht beim Verstehen auch mit Emotionen und mit Volitionen auf sie reagieren. (Dazu etwas mehr im folgenden Unterkapitel.)

Von den Folgereaktionen auf Erkennen und Verstehen ist verstehenstheoretisch das Aufbauen von *Erkennens- und Verstehenserwartungen* von besonderer Bedeutung. Diese sind kognitionspsychologisch zu erklären als Effekte einer Aktualisierung oder Projektion (auf partiell schon Erkanntes) von Stereotypen, frames, scripts, mentalen Modellen usw. Denn wenn ein Stereotyp – aufgrund eines Erkennens einiger seiner Merkmale – psychisch-mental aktiviert ist, besteht *immer* die Erwartung, dass zusätzliches Erkennen a) dieses Stereotyp in seinen Hauptmerkmalen entweder bestätigt oder, wenn man noch unsicher ist, als falsch erweist; b) die Leerstellen (Variablen) in ihm ausfüllt;

---

[20] Allerdings: Einstellungstheoretisch wäre das Erkennen sogar *als Teil* einer Aktivierung der Einstellung anzusehen, siehe Hermanns (2002b).

c) seine default-Werte entweder bestätigt oder ersetzt (aber das ist nur ein Spezialfall der Ausfüllung von Leerstellen). Diese Aktualisierung von Stereotypen
kann als teilidentisch mit der Aktualisierung oder Bildung der Präsuppositionen (im weiteren Sinne) angesehen werden, die wir für unser Verstehen und
Erkennen brauchen und die unser weiteres Verstehen und Erkennen leiten.
(Eine andere Quelle unserer jeweiligen Präsuppositionen – neben den Stereotypen, mentalen Modellen usw. – ist das im konkreten Einzelfall jeweils bereits
Bekannte, weil speziell bereits Gewusste oder hier-und-jetzt gerade schon Erkannte oder Verstandene.)

Der Begriff der Verstehenserwartung (Erkennenserwartung) ist vor allem
nötig zur Beschreibung und Erklärung der *Dynamik des Verstehens,* d.h. des
Verlaufs von Verstehensprozessen. In der Hermeneutik werden diese vielleicht
bisher nicht genug beachtet.[21] Für sie und ihre Interessen ist, so scheint es,
vielmehr typisch einerseits das *punktuelle* Verstehensereignis (das punktuelle Erkennen und das punktuelle Erkennenserlebnis: „Ach so! Ja, *jetzt* habe
ich verstanden"), andererseits ein *resümierendes* Verstehen insbesondere eines Sprachwerks. Dies vollzieht sich erst rückblickend (und rücklesend), nach
erfolgtem Leseprozess, der als solcher aber oft nicht auf ein Fazit aus war, sondern eher einer Reise zu vergleichen als der Ankuft nach der Reise, bei der
man sich dann vielleicht ausrechnet, worin ihr Gewinn lag. Insbesondere für
vieles Sprachverstehen (so von Dramen, von Romanen und von anderen Erzählungen, jedoch z.T. auch von Beschreibungen und von Argumentationen)
gilt nämlich das Diktum, dass der Weg das Ziel ist. Was man bei der Lesereise
durch ein Buch, durch einen Text, jeweils bereits verstanden hat (erkannt hat)
und was noch nicht, aber – möglichst bald! – verstehen möchte (mitgeteilt
bekommen möchte), macht, zusammen mit den emotiven und den volitiven
Reaktionen auf das jeweils schon Verstandene, punktuell den Sinn nur eines
Leseabschnitts, eines Augenblicks der Lesereise aus, doch der Gesamtsinn ist
oft – jedenfalls hauptsächlich – die Abfolge dieser Lese- und Verstehensau-
genblicke. Wobei jedes folgende Verstehen durch das schon vorangegangene
präfiguriert ist. Dies gilt auch dann, wenn Verstehenserwartungen enttäuscht
werden, denn die Funktion vieler Erzählstrategien ist ja, dass man im Ver-
stehensverlauf *überrascht* wird, was nicht möglich wäre, hätte man nicht –
kunstvoll irreführenden Andeutungen des Textes folgend – falsche (wie sich
jetzt herausstellt) Leseerwartungen (Verstehenserwartungen) gebildet. Aber
es gilt ebenso, wenn diesbezügliche Erwartungen befriedigt werden (und man

---

[21] Eine der Ausnahmen ist ein höchst bemerkenswerter Aufsatz von Wulff (1993), der zum Thema
Verstehensdynamik eine Theorie der Spannungserzeugung entwickelt, mit den zugehörigen
Begriffen wie z.B. *Informationsführung, Vorverweisung, Antizipation* und *Suchverhalten* (des
gespannten Lesers, der selbst wie ein Detektiv nach Zeichen sucht, die es ihm möglich machen
sollen, leere Stellen seines *informationellen Raumes* auszufüllen). – Der Begriff *Verstehenspro-
zess* wird in anderer Bedeutung in der kognitionspsychologischen Sprachverstehenstheorie
verwendet, so von Strohner (1990).

denkt: „So musste es ja kommen!"). Dann hat sich eine Gestalt geschlossen, was ohne den vorherigen Aufbau der Gestalterwartung nicht möglich gewesen wäre. Auch beim Sprachverstehen gibt es also Gegenwart, Vergangenheit und Zukunft, und die „vergangene Zukunft" (Koselleck 1979) im Verlauf eines Verstehens ist in dessen Theorie genauso zu beachten wie in der Theorie der Geschichte die Zukunftserwartung der historischen Subjekte.

3.6 Das empathische Verstehen

Wenn hier betont wurde und wird, dass jedes Verstehen ein Erkennen ist, dann soll damit die Existenz und die Bedeutung eines scheinbar völlig anderen Verstehens nicht geleugnet werden: desjenigen des *empathischen Verstehens*. Dies Verstehen beruht, wie der Name sagt, auf einer grundlegenden Fähigkeit des Menschen (und wohl mancher Tiere), eben der zur Empathie, d. h. zum „Sich-Einfühlen" oder „Sich-Hineinversetzen" in die Lage eines Anderen und in diesen selber. Hierbei kommt es aber auf das Wort „beruht" an. Das empathische Verstehen ist mit der Empathie selber nicht identisch. Definieren muss man es als ein ‚durch Empathie ermöglichtes Verstehen', und in dieser Formulierung lässt sich der Begriff *Verstehen* wieder problemlos ersetzen durch den allgemeineren Begriff *Erkennen*.

Das empathische Hineinversetzen geschieht wohl so, dass wir uns in einen Anderen sowohl „hineindenken", d. h. seine Welt aus seinem Blickwinkel betrachten, als auch „hineinfühlen", d. h. ähnliche Gefühle, Wünsche, Befürchtungen etc. entwickeln wie er selber.[22] Wir vollziehen dabei also eine Art Gedanken- und Gefühlsexperiment mit temporärem Perspektivenwechsel sowie einer temporären phantasierten Rollenübernahme, die Gefühle, Wünsche usw. einschließt. Empathie ermöglicht nicht nur ein (empathisches) Verstehen, sondern setzt auch ein Verstehen voraus: Kognitive Grundlage der Empathie ist erstens das Erkennen der Situation (der Lage), zweitens das Erkennen und

---

[22] Wie Nachschlagewerke lehren, ist *Empathie* die Lehnübersetzung von *Einfühlung*, zuerst englisch (als *empathy*), dann französisch (als *empathie*), dann rückimportiert ins Deutsche; der Begriff *Einfühlung* ist 1903 von Theodor Lipps erfunden worden (Dictionnaire historique de la langue française 1992: s.v.). Später sei er dann z. B. von Freud und von Mead verwendet worden (Ewert 1972: 397). Dass Mead den Begriff verwendet, ist zwar unzutreffend (jedenfalls in seinem Hauptwerk kommt er nicht vor), aber der Gedanke, den der Begriff *Empathie* bezeichnet, ist tatsächlich für sein Bild des Menschen als eines sozialen Wesens konstitutiv: "It is the ability of the person to put himself in other people's places that gives him his cues as to what he is to do under a specific situation. It is this that gives … [him] … his character as a member of the community" (Mead 1934: 270). In der neueren Psychologie wird Empathie definiert als "one person's vicariously experiencing the feelings, perceptions, and thoughts of another" (Stotland 2001: 496) oder als "an emotional reaction to the comprehension of another's emotional state or condition that is the same or very similar to the other's state or condition […] Thus, empathy involves … the affective experience of the other person's actual or inferred emotional state" (Eisenberg 2000: 179).

Verstehen des Verhaltens eines Anderen, speziell des Ausdrucksverhaltens, einschließlich des sprachlichen Ausdrucksverhaltens. Beides zusammen macht ein
Einstellungsverstehen (ein Verstehen der jeweils gerade aktuellen Einstellung
des Anderen) möglich, das dann wiederum die Aktualisierung oder Bildung
einer eigenen Einstellung (des Verstehenden) induziert, die derjenigen des
Anderen ähnelt. Diese Aktualisierung oder Bildung einer eigenen (der des Anderen ähnlichen) Einstellung *ist* dann die Empathie. Da die Einstellungen nicht
nur kognitive, sondern auch (teilweise starke) emotive sowie volitive Komponenten haben, lässt sich Empathie auch als ein (ansatzweises) *Miterleben* oder
(so schon Dilthey und Max Weber) *Nacherleben* der Wahrnehmungen, Affekte
und Tendenzen eines Anderen beschreiben. Man kann daher das darauf be-
ruhende Verstehen auch ein *mit-* oder ein *nacherlebendes* Verstehen nennen.
Als ein solches verschafft es uns eine Art von Innenansicht eines Menschen (in
einem bestimmten Augenblick, einer bestimmten Lage). Man erkennt bei ihm,
wie es „in" einem Anderen „aussieht". Mit- bzw. nacherlebend können wir die
eigene Gefühlserfahrung ins Spiel bringen. Auf der Basis dieser eigenen Gefühlserfahrung können wir die Einstellungen anderer Personen als irgendwie
„nachvollziehbar" beurteilen oder aber als – für uns – „nicht nachvollziehbar"
und in diesem Sinne „unverständlich".

Es ist anzunehmen, dass die Art und Weise eines *Sprachverhaltens* sich oft
oder immer[23] danach richtet, dass es ins Kalkül des Sprechens oder Schreibens eingeht, wie man sich die Sprecher- oder HörerInnen-Reaktionen darauf
antizipatorisch vorstellt, auf der Basis einer entweder realen oder (so beim
Schreiben) nur hypothetischen Empathie mit ihnen. Auch das *Sprachverstehen* wird in hohem Grad darauf beruhen, dass man das Gehörte und Gelesene empathisch mit-sagt oder mit-denkt, wobei man antizipiert, was der
Sprecher oder Autor wohl gleich sagen wird, auf der Grundlage eines Sich-in-
ihn-Hineinversetzens. (Nur so ist wohl auch die unglaubliche Schnelligkeit des
Sprachverstehens zu erklären: dass man oft verstanden hat, obwohl der Andere
noch kaum angefangen hat, etwas zu sagen.) Und erst recht ist das *erlebnishaf-
te Sprachverstehen* (und das Sprachverhalten, das auf dieses abzielt) ohne den
Begriff der Empathie kaum zu erklären. Viele Texte rechnen sozusagen damit,
dass wir uns als LeserInnen in ihre Protagonisten mittels Empathie hineinversetzen, was bedeutet, dass wir – ansatzweise jedenfalls – ähnliche Reaktionen
haben wie diese Personen. Und auch bei vielen Sprechakten wird von uns er-
wartet, dass wir uns hineinversetzen, entweder in die Sprechenden selber oder
in Personen, von denen sie uns erzählen. Geschieht dies nicht, dann war der
Sprechakt nicht erfolgreich, weil sein Sinn war, dass man miterleben sollte.
Sprechakt oder Text war dann „langweilig" statt z. B. „spannend", weil man da-

---

[23] Ob „oft" oder „immer" hängt davon ab, ob man Empathie – z.B. mit Mead (1934) oder, in
der Linguistik, Ortner (1992: 286) und seinem Begriff der *Perspektivenübernahme* – als den
Modus jeglicher Sozialwahrnehmung ansieht oder den Begriff nur dann verwendet, wenn
eine besonders stark gefühlsgeprägte Einfühlung stattfindet.

bei die Erwartungen, die Hoffnungen und die Befürchtungen nicht hatte, wie sie nur bei Empathie bzw. bei Identifikation (ein anderer Empathie-Begriff) gebildet werden, wie auch alle anderen Emotionen, die das Lesen oder Hören zum Erlebnis machen. Nur wenn Empathie stattfindet, können solche Texte und Sprechakte außer solchen Erlebnissen auch Erfahrungen (Gefühlserfahrungen) vermitteln.

3.7 Interpretation und doppeltes Verstehen

Vom Verstehen völlig, nämlich kategorial, verschieden, sind, wie die Begriffe hier verwendet werden sollen, *Interpretationen, Auslegungen, Deutungen* und *Erklärungen* von Äußerungen oder Texten.[24] Interpretationen sind selbst Sprechhandlungen oder (geschriebene) Texte (und Teiltexte), also Akte oder Artefakte, die auf Wahrnehmbarkeit angelegt sind. Das Verstehen ist dagegen ein bloß kognitiver, d.h. psychischer, d.h. rein „innerlicher" Vorgang, daher etwas nicht Beobachtbares. Interpretationen haben einen Adressaten; das Verstehen kann, als etwas Innerliches, keinen haben. Außerdem kann das Verstehen, da weder Artefakt noch Handeln, keine Zwecke haben (allerdings kann es, in hohem Maße sogar, funktional sein für nachfolgendes Verhalten und Erkennen), Interpretationen sind dagegen zweckhaft. Ihr Zweck ist es in der Regel, ein Verstehen (das des Interpreten) zu vermitteln (um es, gegebenen Falles, zugleich anzuwenden), oft auch, es als richtig zu erweisen, manchmal aber auch nur, es zur Diskussion zu stellen. Prototypisch geht es dabei um ein Textverstehen oder um ein Sprechakt- oder ein Gesprächsverstehen, aber man kann auch z.B. nicht-sprachliche Handlungen interpretieren. Dies geschieht im Alltag immer wieder, wenn wir sagen, warum oder wozu eine ganz bestimmte Handlung getan wurde. Voll von Handlungsinterpretationen ist die Geschichtsschreibung. (Handlungstheoretisch und textsortenlinguistisch könnte es aufschlussreich sein, solche Interpretationen zu analysieren.)[25]

Ebenso wie das Verstehen ein Erkennen, ist das Deuten, das Auslegen, das Interpretieren ein *Erklären*. Denn *erklären* heißt gerade: „so erläutern, dass der andere die Zusammenhänge versteht" (Duden 2001: s. v.). Das Verstehen ist

---

[24] Es ist in der Linguistik nicht unüblich, das *Verstehen* metonymisch als *Interpretieren* zu bezeichnen, und dagegen ist auch gar nichts einzuwenden, wenn nur klar ist, was jeweils gemeint ist. Gegen metonymischen Gebrauch von Wörtern kämpfen Götter selbst vergebens. Das zeigt sich z. B. auch am Gebrauch von *Begriff* und *Zeichen*, außerhalb wie innerhalb der Linguistik.

[25] Geradezu spektakulär sind manchmal Handlungsinterpretationen, wie sie kollektiv in Strafprozessen veranstaltet werden. Hier wird der Versuch gemacht, zu klären, wie es zu der Tat kam und wie sie ausgeführt wurde (das muss sein, weil beides strafmaßrelevant ist), und zu diesem Zweck wird eine oft aufwendige „Entfaltung" (Seibert 2001) der Umstände, der Motive und der Vorgeschichte der Tat vorgenommen, mit Beteiligung zahlreicher Zeugen (nicht allein Tatzeugen) und Experten (u. a. Psychiatern). Aber die *Entfaltung* (ex-plicatio, wenn man wortspielerisch sein möchte) ist wohl überhaupt ein potenzieller Modus jeglichen Interpretierens.

also die Funktion des Erklärens, das Erklären dient dazu, Verstehen zu bewirken. Deshalb muss man die Opposition von einerseits *Verstehen*, andererseits *Erklären* – wie sie Dilthey zugeschrieben wird – als schiefen Gegensatz bezeichnen (geisteswissenschaftliches Verstehen vs. naturwissenschaftliches Erklären). Die beiden Begriffe können überhaupt kein Gegensatzpaar bilden, weil es sich bei ihnen gar nicht um Kohyponyme handelt. Auch in allen Naturwissenschaften geht es selbstverständlich darum, etwas zu verstehen (u. a. Kausalzusammenhänge), und die Kulturwissenschaften können umgekehrt natürlich nicht darauf verzichten, die von ihnen dargestellten Phänomene zu erklären, d. h. verständlich zu machen.

Interpretationen sind für die linguistische Hermeneutik dreifach von Interesse: einerseits als sprachliche (metasprachliche) Manifestationen von Verstehen, andererseits als (verständnisstiftende) Sprechakte oder Texte, die als solche auch ganz unabhängig von den Zielen der linguistischen Hermeneutik Gegenstand der Linguistik werden könnten, drittens, insofern sie das Verstehensthema auf bisher noch nicht erwähnte Weise ins Spiel bringen, nämlich als Problem des *doppelten Verstehens* (Hermanns 1987a), das sich beim Interpretieren immer wieder einstellt (s. u.).

Welche Arten oder Typen von Interpretationen gibt es? Man kann unterscheiden zwischen Interpretationen, die *lokal* sind, d. h. die sich nur auf ganz bestimmte „Stellen" oder auch Aspekte eines Textes oder einer Sprechhandlung beziehen, und *globalen* Interpretationen, die den ganzen Text, den ganzen Sprechakt oder das ganze Gespräch interpretieren. Die lokalen Interpretationen könnte man auch *punktuelle* nennen; Biere (1989: 245) spricht von einer „Stellenhermeneutik". Sinn der punktuellen Interpretationen ist es meistens, dass sie ein partielles Nicht- bzw. Missverstehen sozusagen reparieren sollen. Oft bestehen sie in Wort- und Satzerläuterungen oder Sachinformationen, vorzugweise in Form von Fußnoten kommentierter Textausgaben. Die Palette der globalen Interpretationen reicht von der bloßen Angabe einer Sprechakt, Dialog- oder Text-Sorte (dadurch ist ja oft schon sehr viel Interpretation gegeben) bis zu ganzen Werken und sogar zu ganzen wissenschaftlichen Diskursen über manche Texte.

Eine andere nützliche Unterscheidung zwischen Interpretationen ist die zwischen *dogmatischen* und *zetetischen* Textinterpretationen (Geldsetzer 1974: 76f.). Dogmatische dienen, wie der Name sagt, der argumentativen Stützung eines Dogmas (damit man behaupten kann: „Es steht geschrieben"), zetetische „suchen" nach dem Sinn des Textes, wie er von dem Autor oder der Autorin dieses Textes selber intendiert war. Außerdem kann man *bewertende* von nicht-bewertenden Textinterpretationen unterscheiden. In den Literaturwissenschaften war es lange üblich, einen Text nicht einfach zu erklären, sondern zugleich darzutun, dass es sich bei ihm tatsächlich um ein echtes „Kunstwerk" handle, oder auch nicht. Jedenfalls ist das in meiner Studienzeit der Fall gewesen.

Interpretationen sind nur sinnvoll auf der Basis einer *Partnerhypothese* (Biere 1989: 265) oder *Adressatenhypothese*. Man erläutert einen Text nur dann, wenn man vermutet, dass die Adressaten der Erläuterung ein Interesse am Text haben oder haben sollten *und* ihn – jedenfalls teilweise – nicht verstehen oder falsch verstehen. Sinnvolles Interpretieren setzt daher das eben schon erwähnte *doppelte Verstehen* voraus, nämlich einerseits das Verstehen des Textes oder Sprechakts, der interpretiert wird, andererseits das Verstehen des Verstehens dieses Textes oder Sprechakts durch die Adressaten, wie es ohne die Verstehenshilfe durch den Interpreten war bzw. wäre. Das Verstehen dieses anderen Verstehens ist das Problem, an dem viele Interpretationen scheitern.

4. Sprachverstehen, Weltverstehen

Zu den Themen der linguistischen Hermeneutik werden, außer den bereits genannten, sicherlich noch viele andere gehören müssen. So die Frage, welche „Interpretationsprinzipien" (Scholz 2001) ein Verstehen und Interpretieren leiten sollten (die traditionelle didaktische Frage), aber auch die Frage, welche Interpretationsprinzipien das Verstehen und Interpretieren in welcherlei Kommunikationskonstellationen wirklich leiten (eine Frage für die empirische Hermeneutik). Es gibt nicht nur wohlmeinende Interpreten, die sich einem „principle of charity" (ebd., passim) verpflichtet wissen, sondern auch die „böswilligen Leser" (Hermanns 1989) und die böswilligen HörerInnen, die es beim Verstehen und Interpretieren resolut darauf anlegen, das Gemeinte zu verfehlen und das Nicht-Gemeinte als Gemeintes hinzustellen. Das ist ein Verstehensprinzip, scheint es manchmal, ganzer Berufsstände (Politiker und Juristen), aber auch in Alltagsbeziehungen kommt es ja vor, dass wir halbabsichtlich oder auch absichtlich missverstanden werden. Eng damit verwandt ist u. a. die Frage danach, welche „Präsumtionen" (Vorannahmen) beim Verstehen gemacht werden sollten (ebd.), und die Frage danach, welche – wann, in welchen Kommunikationskonstellationen – wirklich gemacht werden. Dabei sind die Präsuppositionen, weil sie nur die semantische Dimension der „Darstellung" (Bühler) betreffen, nur eine Teilmenge aller Präsumtionen, denn zu diesen kann z. B. auch gehören, dass die SprecherInnen entweder aufrichtig sind oder versuchen, ihre HörerInnen zu belügen.

Von den Fragen, die sich jeder Hermeneutik außerdem noch stellen, soll hier nur noch eine aufgeworfen werden. Eine theoretische und empirische Sprachhermeneutik hätte, scheint mir, insbesondere der Frage nachzugehen, welcherlei Verstehensgegenstände für ein jeweiliges Sprachverstehen (einen jeweiligen Typ von Sprachverstehen) relevant sind; welche man jeweils erkennen muss, um angemessen zu verstehen – angemessen den jeweiligen Verstehensinteressen und Erkenntniszielen. Dabei wird ein Grundgedanke der Sprachhermeneutik wohl sein können: Sprachverstehen ist ein komplexes Erkennen, das als solches immer aus Erkennenskomponenten besteht. Was im Einzelnen erkannt wird, muss im Sprachverstehen aber zugleich auch noch als *zusammenpassend* erkannt werden. (Auch das ist wohl ein Erfordernis jeden Erkennens, nicht nur des Verstehens.) Wie bei einem Puzzle müssen deshalb beim Verstehen alle Teile ineinander gefügt werden (oder auch: „verrechnet", so Ortner/Sitta 2003), damit man am Ende eine Art von Bild hat. Es ergibt sich daraus, dass die einzelnen Verstehensleistungen bzw. komponenten interdependent sind. Das meint man wohl, wenn man von der „Ganzheitlichkeit" des Verstehens redet. Was als Resultat von allen einzelnen Verstehensleistungen herauskommt, kann man ein *Gesamtverstehen* nennen.

Man wird sagen können, dass überhaupt *alles,* was es gibt und geben könnte, Gegenstand des Sprachverstehens sein kann, alles Wahrnehmbare und Denkbare – in dem Sinne, dass man es gegebenfalls erkennen oder kennen muss, um etwas (scheinbar nur) Sprachliches zu verstehen. Ein Problem jeder Sprachhermeneutik wird es deshalb sein, die Vielfalt der Verstehensgegenstände irgendwie zu ordnen, d. h. die Verstehensgegenstände zu sortieren. Eine Vollständigkeit der Aufzählung möglicher Verstehensgegenstände wird man nicht erreichen können, aber man sollte versuchen, den Gesamtbereich der möglichen Verstehensgegenstände durch ein sinnvolles Klassifizieren etwas übersichtlicher zu machen.

Ein eigener Versuch der Klassifikation soll hier nicht vorgetragen werden.[26] Denn um einen Eindruck von der Vielfalt und der Vielzahl möglicher Verstehensgegenstände – und damit auch von der „riesigen Komplexität" (Strohner 1990: 65) des Sprachverstehens – zu vermitteln, genügt wohl die folgende Zusammenstellung von „Begriffen partiellen Verstehens" (Hermanns 1987b), die dem Teilbereich des *sprachpragmatischen Verstehens* zugehören. Dieser umfasst schon für sich alleine eine Überfülle von verschiedensten Erkennensgegenständen, bei denen es aber (hoffe ich) sofort einleuchtet, dass sie für das Sprachverstehen relevant sind. Als Sortierungsschema bietet sich hier das Modell von Rescher (1967) an, wonach eine vollständige Beschreibung einer Handlung immer die Beschreibung oder die Angabe folgender Aspekte einer Handlung umfassen muss: a) der handelnden Personen, b) der Zwecke und Motive, c) der Situation, d) der Art und Weise, e) des Typs der Handlung. Was für das Beschreiben einer Handlung gilt, das gilt jedoch genauso auch für das Verstehen einer Handlung.

Personverstehen. Dieses besteht bei Sprechakten im Erkennen der sprechhandelnden und sprechhandlungsbeteiligten Personen, aber unter mancherlei verschiedenen Aspekten: als Erkennen kommunikativer (Sprecher, Hörer, Zeuge)

---

[26]Klassifikationen (nach Verstehensgegenständen) unterschiedlicher Verstehenskomponenten findet man bei Harras (1980), Selting (1987), Falkner (1997) und Scholz (2001); eine Liste von verstehensrelevanten Wissenskomponenten – die sich z.T. als Erkennenskomponenten re-interpretieren lassen – u.a. bei Heinemann/Viehweger (1991: 93ff.) und bei Busse (1992a: 148ff.).

und sozialer (Vorgesetzter, Lehrer, Pfarrer, Richter usw.) Rollen, von Persönlichkeitsmerkmalen (wie Charakter, Weltbild, Gewohnheiten), von Befindlichkeiten (Stimmungen und Lebenslagen), von Beziehungen zwischen Personen (momentanen oder dauerhaften), von historischen Mentalitäten – je nach dem, worauf es jeweils ankommt.

Sinnverstehen. Schließt man sich Max Weber (1921: 12f.) an, dann muss man in der Handlungstheorie als das Definiens von *Handlung* den Begriff *Sinn* (statt *Zweck*) wählen. Um ein Sich-Verhalten als sinnvolles Sich-Verhalten (also als ein Handeln) zu verstehen, muss nach Weber erkannt werden: a) der Zweck, auf das es abzielt (bei sprachlichem Handeln u. a. die illokutionären und die perlokutionären Zwecke), b) die Werte, die es leiten (wie z. B. Ehrlichkeit, Bescheidenheit und Klarheit oder deren Gegenteile), c) die Emotionen oder die Affekte, die es hervorbringen, oder d) die Traditionen, denen es folgt. Alle diese müssen – je nach den Verstehensintentionen z. T. oder sämtlich – auch beim Sprachverstehen erkannt werden.

Situationsverstehen. Mit einem einzigen Situationsbegriff wird die Sprachhermeneutik nicht auskommen können. Für das Sprachverstehen ist – je nach Verstehensinteresse – das Erkennen mehrerer der folgenden Situationen wichtig: der *Sprech-* bzw. *Kommunikationssituation* (vielleicht zu definieren als die sinnlich wahrnehmbare Umgebung des Kommunikationsgeschehens), des *Bühler'schen Zeigfelds* (in dem klar ist, wo jetzt *hier* und *dort* ist, wer jetzt *ich* und *du* ist usw.; Bühler 1934: 79ff.), der *Kommunikations-* bzw. der *Interaktionssituation* (als Ort der Kommunikation in einem sie umfassenden Interaktionsgeschehen; nach Hymes 1972: 56), der *Hintergrund-Situation* bzw. *Vorgeschichte* (nicht präsent, doch oft handlungsbestimmend), der *historischen Situation* (als der Gesamtheit zeitspezifischer oder zeittypischer Gegebenheiten).

Form- und Funktionalitätsverstehen. Formverstehen könnte das Erkennen der Modalität (Rescher), d. h. der Art und Weise eines Handelns, inklusive des Gebrauchs von materiellen Mitteln (Instrumenten), genannt werden. Die materiellen Mittel sind im Falle des sprachlichen Handelns u. a. Megaphone und Lautsprecher, Bleistift und Papier und die technischen Kommunikationssysteme, die wir *Medien* nennen (dazu Habscheid 2000). Alle anderen „Mittel" des sprachlichen Handelns sind nichts anderes als *Formen* sprachlichen Teilhandelns oder Handelns.[27] – Das Erkennen der Funktion von Handlungsformen kann man *Funktionalitätsverstehen* nennen.

Handlungstypverstehen. Beim *Beschreiben* (und Verstehen) einzelner Handlungen kann es prinzipiell auf *alles* das ankommen, was in irgendeiner Weise für die jeweilige Handlung relevant ist. Beim *Bezeichnen* einer solchen Handlung mittels eines Handlungsprädikators wird dagegen nur auf diejenigen ihrer Merkmale geachtet, die den *Handlungstyp* (nach Rescher 1967: den *Akt-Typ*)

---

[27] Austin (1962: 14, 26ff.) nennt konventionelle Formen kommunikativen Handelns *Prozeduren* – ein Begriff, der gut zum Ausdruck bringt, dass diese Formen funktional sind.

ausmachen, den der Prädikator benennt, d. h. ihre diesbezüglich typischen Merkmale (typische Akteure, Handlungszwecke, Situationen, Handlungsformen, Handlungsresultate). Deshalb abstrahiert man beim Erkennen und Benennen einer Einzelhandlung als Exemplar einer Handlungsgattung (als Realisierung eines Akttyps) – wie ja überhaupt bei jedem Prädizieren – von zahlreichen Eigenschaften, obwohl sie im Einzelfall vielleicht gerade ganz besonders interessant sind. Andererseits können aber die Beschreibungen sprachlicher Handlungstypen als *pauschale Interpretationen* aller kommunikativen Akte angesehen werden, die zum jeweiligen Typ gehören. Analog gilt dies auch für Textsorten als Texttypen (s. u., Kap. 7).

Wie man schon an diesem Beispiel – des pragmatischen Verstehens – sieht, ist „reines" Sprachverstehen wohl undenkbar. Zum Gesamtbereich des Sprachverstehens gehört untrennbar das Weltverstehen, ohne Weltverstehen ist kein Sprachverstehen möglich. Fragt sich nur noch, welche Weltausschnitte, welche Text- und Diskurswelten, für ein jeweiliges Sprachverstehen relevant sind.

5. Empirische Hermeneutik

Mit dem Begriff *empirische Hermeneutik* könnten, wie schon oben (Kap. 2) vorgeschlagen, insgesamt bezeichnet werden: a) alle auf Beobachtung gestützten Darstellungen von *Verstehens*vorgängen und resultaten, b) alle Analysen und Beschreibungen von *Interpretationen*. Da Verstehen etwas Innerliches ist, kann es grundsätzlich niemals beobachtet werden, sondern nur erschlossen. Deshalb sind die Darstellungen sprachlichen Verstehens immer selbst auch Interpretationen (von beobachtbaren Reaktionen auf Sprechakte und auf Texte). Andererseits sind die Interpretationen, die den zweiten Gegenstandsbereich der empirischen Hermeneutik bilden, als Sprechakte oder Texte der Beobachtung direkt zugänglich, müssen aber ihrerseits verstanden werden, so dass Analysen und Beschreibungen von Interpretationen ebenfalls als Interpretationen (Metainterpretationen oder Interpretationen zweiten Grades) anzusehen sind. Im einen wie im anderen Falle ist deshalb die empirische Hermeneutik immer auch praktische Hermeneutik.

In der Linguistik ist, soweit ich sehe, eine *empirische Hermeneutik des Verstehens* – ansatzweise jedenfalls – entwickelt in vier unterschiedlichen Bereichen. Einer davon ist die *Lexikologie* bzw. *lexikalische Semantik*. So berichtet Wichter (1994) über Untersuchungen zur Onoma- und Semasiologie von Laienwortschätzen (verglichen mit dem Sprach-Welt-Wissen von Experten) in diversen Sachbereichen (u. a. Kraftfahrzeugtechnik, Pferdesport, Buchhandel, Verlagswesen). Hier wird – wie einst schon in der Wörter-und-Sachen-Forschung – mit empirisch-soziologischen Methoden (Interviews und Fragebögen) Wortverstehen erforscht. Wortverständnisse hat empirisch (ebenfalls mit Fragebögen) auch Mangasser-Wahl (2000) erhoben. – Zweitens hat die

Linguistik sich beteiligt an der (von PsychologInnen dominierten) *Verständlichkeitsforschung.* In ihr wird Verstehen z.T. experimentell getestet.[28] – Drittens gibt es eine empirische Hermeneutik des Verstehens innerhalb der *Gesprächslinguistik.* U.a. (hierzu resümierend Bublitz 2001) wird dort festgestellt, wie SprecherInnen sich selbst korrigieren, wenn sie – sich selbst hörend und auf HörerInnen-Reaktionen achtend – selbst erkennen oder zu erkennen meinen, dass sie falsch, miss- oder unverständlich sprechen, oder daraufhin zusätzliche Verstehenshilfen geben, u.a. durch Paraphrasen (oft durch *das heißt, also* usw. eingeleitet). Daraus kann sowohl auf Selbstverstehen wie auf Fremdverstehen (das Verstehen des Verstehens einer Adressatin, eines Adressaten) rückgeschlossen werden. Ebenso beachtet werden dort auch HörerInnenreaktionen (u.a. Rückfragen, Paraphrasen, Korrekturvorschläge und nicht-sprachliche Signale), die auf Nicht-Verstehen oder auf Unsicherheiten des Verstehens seitens dieser HörerInnen schließen lassen.[29] – Viertens hat die Linguistik sich gelegentlich bereits beteiligt an einer *Rezeptionsforschung,* wenn auch, scheint es, in Bezug nur auf das Medium Fernsehen. Beispielhaft ist hier das Buch *Der sprechende Zuschauer* (Holly et al. 2001). – Das so weite Feld der *Rezeptionsgeschichte* – als Geschichte des Verstehens und der aktualisierenden Anwendung auf das jeweils zeitgenössisch Interessante – ganz bestimmter Texte bleibt dagegen bislang wohl den LiteraturwissenschaftlerInnen überlassen, obwohl Rezeptionsgeschichte nicht nur in Bezug auf Texte „literarischer" Textsorten sprachgeschichtlich und mentalitätsgeschichtlich von Belang sein könnte.

Ein gezieltes Provozieren von sprachlichen Manifestationen eines Textverstehens scheint es in der Linguistik kaum zu geben, weder in der Form von Befragungen oder Fragebögen noch in der von Anregungen wie z.B. der zum Schreiben von „Rezeptionsprotokollen" (Bredella 1984) oder zur Führung von Gruppendiskussionen über Texte oder Textpassagen, in denen sich „Lese-Unterschiede" (Krusche 1981) – insbesondere bei Angehörigen verschiedener Kulturen – zeigen können.

---

[28] Einen Überblick über die psychologische und linguistische Verständlichkeitsforschung gibt Biere (1989). – Das Verstehen (und damit auch die Verständlichkeit) von Gebrauchsanweisungen haben Liebert/Schmitt (1998) auf sehr einfache Weise – aber man musste erst einmal darauf kommen – überzeugend per Experiment getestet: Es sollten Versuchspersonen einfach Schritt für Schritt tun, was eine Gebrauchsanweisung ihnen sagte, und dabei ihr eigenes Verstehen und Verhalten durch ein „lautes Denken" kommentieren. Aus beidem zusammen – per Video festgehalten – ließ sich dann erschließen, was sie wie verstanden oder missverstanden hatten.

[29] Auf Gesprächsbeobachtung beruhen die Verstehens- und (hauptsächlich) Missverstehensanalysen in den bekannten Büchern von Tannen (1986, 1990). Darin geht es insbesondere um interkulturelles Nicht- und Missverstehen, wie stets in den Analysen, die das Interessante an der Linguistik interkultureller Kommunikation ausmachen (exemplarisch: Kotthoff 1989, Günthner 1993). – Auf ein Korpus eigener Gesprächsmitschnitte stützen sich die Missverstehensanalysen von Selting (1987), auf ein Korpus hauptsächlich literarischer Dialoge (David Lodge) diejenigen von Falkner (1997).

Und auch eine *empirische Hermeneutik des Interpretierens* gibt es in der Linguistik bislang wohl kaum.[30] Insbesondere ist die Textsorte *Interpretation* der Literaturwissenschaften oder die theologische *Exegese* bisher noch nicht Gegenstand sprachwissenschaftlichen Interesses. Dabei wäre aus der Untersuchung von Textinterpretationen gewiss mancherlei zu lernen für praktische, didaktische und theoretische Hermeneutik.

6. Didaktische Hermeneutik

Als Didaktiker des Sprach- und Textverstehens und auslegens treten Linguistinnen und Linguisten, wenn ich richtig sehe, publizistisch bisher noch sehr wenig in Erscheinung. Viele linguistische Publikationen lassen sich als implizit *verstehens*didaktisch auffassen, so vor allem Gesprächsanalysen und Textsortenbeschreibungen, die vorführen, worauf man beim Gesprächs- und beim Textverstehen achten sollte. Als „Anregung" zur Verbesserung des Textverstehens, nämlich „zu sprachkritischem Zwischen-den-Zeilen-Lesen" (und nicht nur als „Ansatz zu einer … Inhaltsgrammatik") ist die *Deutsche Satzsemantik* von von Polenz (1985: 342) gemeint. Rundheraus didaktisch, übrigens auch in seinem Darstellungsduktus, ist in der deutschsprachigen Sprachwissenschaft wohl nur das Werk von Glinz (1977/1978) *Textanalyse und Verstehenstheorie I und II*. Es enthält zahlreiche konkrete Ratschläge an die LeserInnen, die darauf abzielen, deren Textverstehen zu entwickeln und es methodisch zu kontrollieren, u. a. durch Selbstbefragung nach dem eigenen Lese-Interesse und Vorwissen, der daraus sich ergebenden Lektüre-Erwartung und durch Selbstbeobachtung beim Lesen mit Notizen, die den eigenen „Verstehensgang" festhalten. Explizite Empfehlungen zur Verstehensoptimierung formulieren auch Holly (1984) und Püschel (1995). – Eine Didaktik des Text*interpretierens* scheint dagegen in der Linguistik ganz zu fehlen.[31]

7. Praktische linguistische Hermeneutik

Als VerstehenskünstlerInnen, als praktische Hermeneuten, müssen sich SprachwissenschaftlerInnen immerfort bewähren, nicht nur als Privatpersonen, sondern auch in Ausübung ihres Berufes. Wie bereits gesagt (Kap. 1), beruht die

---

[30] Eine Ausnahme sind Busses Studien zur Rechtslinguistik (Busse 1992b).

[31] Ebenso von Polenz (1985: 328ff.) wie Glinz (1973: 147ff.) geben zwar Beispiele für „Textanalysen", die sich allenfalls als Interpretationen lesen lassen, aber eigentlich doch keine sind, sondern nur Vorarbeiten dazu. Denn Zweck dieser Analysen ist es offensichtlich sehr viel mehr, an einem Beispiel darzutun, was alles bei Textanalysen systematisch in Betracht gezogen werden könnte, als hauptsächlich auf den Sinn des jeweiligen Textes sowie die Modalitäten des je textspezifischen Zum-Ausdruck-Bringens dieses Sinnes abzuheben und dabei die Interessenlagen und das Vorverständnis mutmaßlicher LeserInnen dieses Textes sowie seiner Analyse in Betracht zu ziehen (Fehlen einer Adressatenhypothese, es sei denn, die wäre: Prüfungskandidaten).

Linguistik prinzipiell auf einem Sprachverstehen von SprachwissenschaftlerInnen. Zwar nicht jede einzelne sprachwissenschaftliche Feststellung – hier kann man an Apparatelinguistik, insbesondere in der Phonetik, an die linguistische Statistik und an große Teile der Computerlinguistik denken – aber doch die Linguistik insgesamt setzt dieses Sprachverstehen voraus. Aber auch als Interpreten, als AutorInnen von Interpretationen, sind SprachwissenschaftlerInnen mehr und öfter professionell tätig, als man das von Vornherein vermuten würde, und zwar nicht nur als Dolmetscher, Übersetzer- und SprachlehrerInnen.

Als Interpretationen sozusagen unscheinbar sind Erklärungen von Lexemen und grammatischen Strukturen, wie sie in der Lexikologie, der Lexikografie und der Grammatik durch Bedeutungsparaphrasen und Funktionszuschreibungen gegeben werden. Deshalb kann leicht übersehen werden, dass es sich hier überhaupt um Interpretationen handelt, nämlich um partielle Interpretationen der Belege (in der Regel: Sätze), auf die man sich dabei einerseits beruft und die durch die Bedeutungszuschreibungen andererseits erläutert, d. h. interpretiert, werden.

Dank der so erfreulichen Entwicklung der Text- und der Gesprächslinguistik in den letzten Jahren verfügt die Sprachwissenschaft jetzt über eine Reihe von Beschreibungen von Sprechakt, Text- und Gesprächssorten oder typen. Diese können als *pauschale Interpretationen* oder als *Passepartout-Interpretationen* angesehen werden. Denn bei Interpretationen von speziellen einzelnen Sprechakten, Texten und Gesprächen muss, wenn brauchbare Beschreibungen des Typus, dem sie angehören, schon vorliegen, nur noch zweierlei geleistet werden: erstens muss dieser Typ genannt werden, zweitens müssen seine Variablen spezifiziert werden. Oft ist die Kennzeichnung eines Textes, Sprechakts oder Gesprächs durch die Typbezeichnung bereits eine für den Interpretationszweck ausreichende Interpretation. Je nachdem ist damit außer der Funktion auch eine Form beschrieben, weiterhin vielleicht die Situierung in einem gesamten Kommunikationsgeschehen, ferner etwa die soziale Rolle des Verfassers und des Adressaten usw. (Entsprechend gilt für das *Verstehen:* Ist ein Sprechakt-, Kommunikationsakt- oder Texttyp schon bekannt, dann braucht man beim Verstehen einer ganz bestimmten kommunikativen Einzelhandlung oder eines Einzeltextes oft nur noch zusätzlich zu erkennen: erstens, dass die jeweilige Handlung unter diesen Typ fällt, zweitens, wie die Variablen dieses Typs konkretisiert sind und zusammenhängen.) Und auch hier gilt wieder, dass die Sorten- oder Typ-Darstellungen sich einerseits auf Interpretationen (oder mindestens auf das Verstehen) einzelner konkreter Texte, Äußerungen und Gespräche stützen und dann diese andererseits erklären. Eben deshalb kann man sie (pauschale) *Interpretationen* nennen.

Mittlerweile gibt es in der Linguistik auch zahlreiche Einzelinterpretationen einzelner sprachlicher Texte, Reden, Diskussionen sowie anderer individueller oder kollektiver kommunikativer Akte, insbesondere in der Gesprächslinguistik und im Themenbereich „Sprache in der Politik". Sie sind für die Linguistik

wichtig, denn in ihnen kann sie unter Beweis stellen, dass ihre Begriffe und Gedanken dazu taugen, die soziale und sprachliche Welt, in der wir leben, besser
verstehbar zu machen. „Anschauung ohne Begriff ist blind" – das können solche Interpretationen zur Erfahrung werden lassen, indem sie Aha-Erlebnisse
vermitteln, wie sie ohne die in ihnen gebrauchten Begriffe nicht eintreten würden. Umgekehrt verschaffen solche Interpretationen den Begriffen die Anschauung, ohne die sie „leer" sind.

Trotzdem ist wohl festzustellen, dass die Linguistik insgesamt die Interpretation einzelner Texte oder Kommunikationsereignisse noch nicht als eine
ihrer genuinen Aufgaben betrachtet. Manche KollegInnen haben, scheint es,
gegenüber solchen Interpretationen einen grundsätzlichen Argwohn. Dieser
rührt vermutlich daher, dass sich Einzelinterpretationen nicht „beweisen" lassen, nach Kriterien, wie sie in anderen Wissenschaftsbereichen gelten. In der
Tat lässt sich die Gültigkeit von Einzelinterpretationen weder deduktiv begründen noch durch wiederholbare Experimente oder auch nur Auszählungen.
Solche Interpretationen können nur *plausibel* sein, und Plausibilität ist daher
wohl der Wahrheitsmaßstab aller Einzelinterpretationen. Einen höheren Wahrheitsanspruch kann man für sie nicht geltend machen, und man sollte das wohl
eigentlich auch gar nicht wollen.

Wenn man sich für solche Interpretationen – für die Praxis des Interpretierens auch von Einzeltexten, einzelnen Sprechakten usw. – in der Linguistik
einsetzt, muss man konsequenterweise vielmehr umgekehrt versuchen, den
Begriff der Plausibilität als Wahrheitsbegriff stark zu machen. Dazu können
vielleicht die folgenden drei Hinweise einen Beitrag leisten. 1) Plausibilität
ist etwas Intersubjektives, also etwas, das zumindest *einem* wahrheitstheoreti-
schen Kriterium entspricht. 2) Plausibilität beruht (außer in trivialen Fällen)
immer auf der Schlüssigkeit von Argumentationen. Dies ist aber in der Linguistik insgesamt doch wohl nicht anders. Denn dass linguistische Grundfragen
je durch ein *experimentum crucis* oder eine logisch strenge Deduktion entschieden worden wären, wird man kaum behaupten können. Plausibilität ist
daher vielleicht sowieso das Höchste, was wir in der Linguistik als den Wahr-
heitsstandard unserer Wissenschaft je werden reklamieren können, ausgenom-
men, wenn wir über Einzelphänomene („Daten") Falsifizierbares sagen. (Dies
gilt selbstverständlich auch für viele andere, wenn nicht alle Wissenschaften.
Letztlich kommt es darauf an, dass ihre Aussagen „einleuchten".) 3) Es kann
unsere Wissenschaft nur glaubwürdiger machen, wenn wir, dieses anerken-
nend, keinen absoluteren Wahrheitsanspruch erheben, als denjenigen, dass
wir als LinguistInnen Aussagen machen, die, so hoffen wir, plausibel sind, aufgrund plausibler, einleuchtender, nachprüf- und nachvollziehbarer Argumentationen, die sich ihrerseits auf nachprüfbare Beobachtung stützen.

Nur Mut! Das kantische *Sapere aude!* sollte auch die Einzeldeutung von
einzelnen Kommunikationsereignissen und Texten – mit den Mitteln, die wir
in der Linguistik dafür haben – einbegreifen. Darauf sind wir nicht nur le-

bensweltlich – wo wir über Plausibilitäten kaum je hinauskommen – sondern auch als argumentationsgeübte LinguistInnen von vornherein gut vorbereitet. Außerdem verfügen wir über einschlägiges Fachwissen, das es uns ermöglicht, manchmal (allerdings durchaus nicht immer oder automatisch) das Wesentliche etwa eines Textes besser zu erkennen als die Interpreten anderer akademischer Fächer. Wissen, das uns jeweils fehlt, lässt sich aus anderen Fächern beschaffen. So machen es ja auch die Interpretinnen und Interpreten anderer Disziplinen, u. a. Literarhistoriker, die sich bei HistorikerInnen informieren. Es gibt also wohl nichts, was LinguistInnen hindern könnte, InterpretInnen zu werden, auch da, wo sie es noch nicht sind. Was ihnen dazu z.T. bisher noch fehlt, ist nur das Wollen.

Literatur [32]

Antos, Gerd (2003) Wie kann sich die Linguistik Öffentlichkeit ‚schaffen'? In: Linke/Ortner/Portmann-Tselikas (Hg.), S. 471–488

Austin, John L. (1962) How to Do Things with Words. Oxford: University Press. – Zitiert nach der 2. Aufl. 1975

Biere, Bernd Ulrich (1989) Verständlich-Machen. Tübingen: Niemeyer

Biere, Bernd Ulrich (1991) Textverstehen und Textverständlichkeit. Heidelberg: Groos

Birus, Hendrik (1982a) Zwischen den Zeiten. Friedrich Schleiermacher als Klassiker der neuzeitlichen Hermeneutik. – In: Hendrik Birus (Hrsg.) Hermeneutische Positionen. Göttingen: Vandenhoeck & Ruprecht, 15–58

Birus, Hendrik (Hrsg.) (1982b) Hermeneutische Positionen. Göttingen: Vandenhoeck & Ruprecht

Bredella, Lothar (1984) Rezeptionsprotokolle bei der Lektüre literarischer Texte. – In: Karl-Richard Bausch (Hrsg.) Empirie und Fremdsprachenunterricht. Tübingen: Narr, 28–34

Brinker, Klaus et al. (Hrsg.) (2000/2001) Text- und Gesprächslinguistik. Linguistics of Text and Conversation. Zwei Halbbände. Berlin/New York: de Gruyter

Bublitz, Wolfram (2001) Formen der Verständnissicherung in Gesprächen. – In: Klaus Brinker et al. (Hrsg.), 1330–1340

Bühler, Karl (1934) Sprachtheorie. Stuttgart: Gustav Fischer

Busse, Dietrich (1991) Der Bedeutungswandel des Begriffs ‚Gewalt' im Strafrecht. – In: Ders. (Hrsg.) Diachrone Semantik und Pragmatik. Tübingen: Niemeyer, 259–275

Busse, Dietrich (1992a) Textinterpretation. Opladen: Westdeutscher Verlag

Busse, Dietrich (1992b) Recht als Text. Tübingen: Niemeyer

Deutsches Wörterbuch (1956) Deutsches Wörterbuch von Jacob und Wilhelm Grimm. Zwölfter Band, I. Abteilung. Leipzig: Hirzel

Dictionnaire historique de la langue française (1992). Paris: Dictionnaires Le Robert

Dilthey, Wilhelm (1957) Gesammelte Schriften. V. Band. Stuttgart: Teubner / Göttingen: Vandenhoeck & Ruprecht

Duden (2001) Duden. Deutsches Universalwörterbuch. 4. Aufl. Mannheim [etc.]: Dudenverlag

Eisenberg, Nancy (2000) Empathy. – In: Alan E. Kazdin (Hrsg.) Encyclopedia of Psychology. Vol. 3. Oxford [etc.]: University Press, 179–182

Ewert, O. (1972) Einfühlung. – In: Joachim Ritter (Hrsg.) Historisches Wörterbuch der Philosophie. Bd. 2. Basel/Stuttgart: Schwabe, 396–397

---

[32] Die Literaturangaben sind z.T. ohne Untertitel.

Falkner, Wolfgang (1997) Verstehen, Mißverstehen und Mißverständnisse. Tübingen: Niemeyer

Feilke, Helmuth (1994) Common sense-Kompetenz. Überlegungen zu einer Theorie des „sympathischen" und „natürlichen" Verstehens. Frankfurt a. M.: Suhrkamp

Fritz, Gerd (1998) Historische Semantik. Stuttgart/Weimar: Metzler

Gadamer, Hans-Georg (1960) Wahrheit und Methode. – Zitiert nach der 5. Aufl.: Hermeneutik I. Wahrheit und Methode [usw.]. Tübingen: Mohr, 1986

Geldsetzer, Lutz (1974) Hermeneutik. – In: Heinrich Rombach (Hrsg.) Wissenschaftstheorie 1. Freiburg [etc.]: Herder, 71–78

Glinz, Hans (1977/1978) Textanalyse und Verstehenstheorie. Wiesbaden: Athenaion. Bd. I: 2. Aufl. 1977, Bd. II: 1978

Günthner, Susanne (1993) Diskursstrategien in der interkulturellen Kommunikation. Analysen deutsch-chinesischer Gespräche. Tübingen: Niemeyer

Habscheid, Stephan (2000) Medium in der Pragmatik. Eine kritische Bestandsaufnahme. In: Deutsche Sprache 28, 126–143.

Harras, Gisela (1980) Verstehen und Verständigung. Ein Essay. – In: Wolfgang Kühlwein (Hrsg.) Sprache und Verstehen. Tübingen: Narr, 106–118

Heinemann, Wolfgang/Viehweger, Dieter (1991) Textlinguistik. Eine Einführung. Tübingen: Niemeyer

Hermanns, Fritz (1987a) Doppeltes Verstehen. Überlegungen zur Begründung einer dialogischen Hermeneutik. In: Jahrbuch Deutsch als Fremdsprache 13, 145–155

Hermanns, Fritz (1987b) Begriffe partiellen Verstehens. Zugleich der Versuch einer Antwort auf die Frage nach der Relevanz einer linguistischen Hermeneutik für die interkulturelle Germanistik. – In: Alois Wierlacher (Hrsg.) Perspektiven und Verfahren interkultureller Germanistik. München: iudicium, 611–627

Hermanns, Fritz (1989) Deontische Tautologien. Ein linguistischer Beitrag zur Interpretation des Godesberger Programms (1959) der Sozialdemokratischen Partei Deutschlands. – In: Josef Klein (Hrsg.) Politische Semantik. Opladen: Westdeutscher Verlag, 69–149

Hermanns, Fritz (1999) Sprache, Kultur und Identität. Reflexionen über drei Totalitätsbegriffe. – In: Andreas Gardt, Ulrike Haß-Zumkehr, Thorsten Roelcke (Hrsg.) Sprachgeschichte als Kulturgeschichte [Festschrift Oskar Reichmann]. Tübingen: Niemeyer, 351–391

Hermanns, Fritz (2002a) „Bilder im Kopf". Zur Wiederauferstehung des Begriffes der Idee und der Vorstellung in den Begriffen des Stereotyps, des Schemas, des frame sowie ähnlicher Begriffe. – In: Peter Wiesinger (Hrsg.) Akten des X. Internationalen Germanistenkongresses Wien 2000. Band 2. Bern [etc.]: Lang, 291–297

Hermanns, Fritz (2002b) Attitude, Einstellung, Haltung. Empfehlung eines psychologischen Begriffs zu linguistischer Verwendung. – In: Dieter Cherubim, Karlheinz Jakob, Angelika Linke (Hrsg.) Neue deutsche Sprachgeschichte. Mentalitäts, kultur- und sozialgeschichtliche Zusammenhänge. Berlin/New York: de Gruyter, 65–89

Holly, Werner (1985) Politische Kultur und Sprachkultur. Wie sich der Bürger politische Äußerungen verständlich machen kann. – In: Rainer Wimmer (Hrsg.) Sprachkultur. Düsseldorf: Schwann, 196–210

Holly, Werner (1992) Holistische Dialoganalyse. Anmerkungen zur „Methode" pragmatischer Textanalyse. – In: Sorin Stati und Edda Weigand (Hrsg.) Methodologie der Dialoganalyse. Tübingen: Niemeyer, 15–40

Holly, Werner/Püschel, Ulrich/Bergmann, Jörg (Hrsg.) (2001) Der sprechende Zuschauer. Wie wir uns Fernsehen kommunikativ aneignen. Wiesbaden: Westdeutscher Verlag

Hörmann, Hans (1976) Meinen und Verstehen. Frankfurt a.M.: Suhrkamp

Hymes, Dell (1972) Models of the Interaction of Language and Social Life. – In: John J. Gumperz and Dell Hymes (eds.) Directions in Sociolinguistics. New York [etc.]: Holt, Rinehart & Winston, 35–71

Jäger, Ludwig (1975) Zu einer historischen Rekonstruktion der authentischen Sprachidee F. de Saussures. Diss. Düsseldorf

Jäger, Ludwig (1976) F. de Saussures historisch-hermeneutische Idee der Sprache. In: Linguistik und Didaktik 27, 210–244

Jäger, Ludwig (1977) Zu einer hermeneutischen Begründung der Sprachtheorie. In: Germanistische Linguistik 5/6, 3–78

Kamlah, Wilhelm/Lorenzen, Paul (1967) Logische Propädeutik. – Zitiert nach der 3. Aufl. Stuttgart/Weimar: Metzler, 1996

Keller, Rudi (1976) Handlungen verstehen. In: Zeitschrift für germanistische Linguistik 4, 1–16

Keller, Rudi (1977) Verstehen wir, was ein Sprecher meint, oder was ein Ausdruck bedeutet? Zu einer Hermeneutik des Handelns. – In: Klaus Baumgärtner (Hrsg.) Sprachliches Handeln. Heidelberg: Quelle und Meyer, 1–27

Keller, Rudi (1995) Zeichentheorie. Zu einer Theorie semiotischen Wissens. Tübingen/Basel: Francke

Knobloch, Clemens (1994) Sprache und Sprechtätigkeit. Tübingen: Niemeyer

Koselleck, Reinhart (1979) Vergangene Zukunft. Frankfurt a.M.: Suhrkamp

Kotthoff, Helga (1989) Pro und Kontra in der Fremdsprache. Pragmatische Defizite in interkulturellen Argumentationen. Frankfurt a. M. [etc.]: Lang

Krusche, Dietrich (1981) Lese-Unterschiede. Zum interkulturellen Leser-Gespräch. – Zitiert nach: Dietrich Krusche: Literatur und Fremde. München: iudicium, 1985, 139–160

Leibfried, Erwin (1980) Literarische Hermeneutik. Tübingen: Narr

Liebert, Wolf-Andreas/Schmitt, Reinhold (1998) Texten als Dienstleistung. Sprachwissenschaftler schreiben die besseren Gebrauchsanweisungen. In: Sprachreport 1/98, 1–5

Linke, Angelika/Nussbaumer, Markus (2000) Konzepte des Impliziten: Präsuppositionen und Implikaturen. – In: Klaus Brinker et al. (Hrsg.), 435–448

Linke, Angelika/Ortner, Hanspeter/Portmann-Tselikas, Paul (Hg.) (2003) Sprache und mehr. Ansichten einer Linguistik der sprachlichen Praxis. Tübingen: Max Niemeyer

Mangasser-Wahl, Martina (2000) Von der Prototypentheorie zur empirischen Semantik. Frankfurt a. M. [etc.]: Lang

Mead, George Herbert (1934) Mind, Self, and Society. From the Standpoint of a Social Behaviorist. Chicago: University Press

Müller, Klaus (2001) Probleme der Sinnkonstituierung in Gesprächen. – In: Klaus Brinker et al. (Hrsg.), 1196–1212

Ortner, Hanspeter (1992) Nachdenken über die Funktionen der Sprache. In: Zeitschrift für germanistische Linguistik 20, 271–297

Ortner, Hanspeter/Sitta, Horst (2003) Was ist der Gegenstand der Sprachwissenschaft? In: Linke/Ortner/Portmann-Tselikas (Hg.), S. 3–66

Püschel, Ulrich (1995) Stilpragmatik – vom praktischen Umgang mit Stil. – In: Gerhard Stickel (Hrsg.) Stilfragen. Berlin/New York: de Gruyter, 303–328

Rescher, Nicholas (1967) Aspects of Action. – In: Nicholas Rescher (ed.) The Logic of Decision and Action. Pittsburgh: University Press, 215–219. [Deutsch: Handlungsaspekte. – In: Georg Meggle (Hrsg.) Analytische Handlungstheorie. Band I. Frankfurt a. M.: Suhrkamp, 1977, 1–7.]

Scherner, Maximilian (1984) Sprache als Text. Ansätze zu einer sprachwissenschaftlich begründeten Theorie des Textverstehens. Tübingen: Niemeyer

Schleiermacher, Friedrich (1838) Hermeneutik und Kritik – mit besonderer Beziehung auf das Neue Testament. – Zitiert nach: F. D. E. Schleiermacher: Hermeneutik und Kritik. Hrsg. von Manfred Frank. Frankfurt a.M.: Suhrkamp, 1977

Scholz, Oliver Robert (2001) Verstehen und Rationalität. Untersuchungen zu den Grundlagen von Hermeneutik und Sprachphilosophie. 2. Aufl. Frankfurt a. M.: Klostermann

Seibert, Thomas-M. (2001) Entfaltung des Zeichenlosen oder: Wie das Gericht mit tödlicher Gewalt umgeht. – In: Friedrich Müller und Rainer Wimmer (Hrsg.) Neue Studien zur Rechtslinguistik. Berlin: Duncker & Humblot, 235–256

Selting, Margret (1987) Verständigungsprobleme. Eine empirische Analyse am Beispiel der Bürger-Verwaltungs-Kommunikation. Tübingen: Niemeyer

Stotland, E. (2001) Empathy. – In: W. Edward Craighead and Charles B. Nemeroff (eds.) The Corsini Encyclopedia of Psychology and Behavioral Sciences. Vol. 2, 3rd ed. New York [etc.]: John Wiley, 496–498

Strohner, Hans (1990) Textverstehen. Opladen: Westdeutscher Verlag

Szondi, Peter (1975) Einführung in die literarische Hermeneutik. Frankfurt a. M.: Suhrkamp

Tannen, Deborah (1986) *That's not what I meant!* How Conversational Style Makes or Breaks Relationships. New York: William Morrow. [Deutsche Übersetzung: *Das habe ich nicht gesagt!* Kommunikationsprobleme im Alltag. München: Goldmann, 1994.]

Tannen, Deborah (1990) *You just don't understand.* Women and Men in Conversation. New York: William Morrow. [Deutsche Übersetzung: *Du kannst mich einfach nicht verstehen.* Warum Männer und Frauen aneinander vorbeireden. München: Goldmann, 1998.]

Turk, Horst (1982) Wahrheit oder Methode? H.-G. Gadamers *Grundzüge einer philosophischen Hermeneutik.* – In: Hendrik Birus (1982b), 120–150

van Dijk, Teun A./Kintsch, Walter (1983) Strategies of Discourse Comprehension. Orlando [etc.]: Academic Press

von Polenz, Peter (1985) Deutsche Satzsemantik. Grundbegriffe des Zwischen-den-Zeilen-Lesens. Berlin/New York: de Gruyter

Weber, Max (1921) Wirtschaft und Gesellschaft. – Zitiert nach der 5. Aufl. Tübingen: Mohr, 1972

Wichter, Sigurd (1994) Experten- und Laienwortschätze. Umriß einer Lexikologie der Vertikalität. Tübingen: Niemeyer

Wulff, Hans J. (1993) Textsemiotik der Spannung. – In: Kodikas/Code 16, 325–352

Heidelberger Jahrbücher, Band 53 (2009)
E. Felder (Hrsg.) Sprache
© 2009 Springer-Verlag Berlin Heidelberg

Standardsprache – Alltagssprache

Eine Aufnahmeaktion zur Untersuchung der Variation im gesprochenen Standarddeutsch

NINA BEREND

> *„Im Hochdeutschen zu verweilen fällt mir nicht immer leicht"* (Landshut 2007)

> *„Im Übrigen sprechen wir hier nach wie vor Hochdeutsch in eindeutiger norddeutscher Klarheit"* (Hannover 2007)

1. Einleitung: Untersuchungsinteresse und Fragestellung

Es ist kein Geheimnis, dass das gesprochene Deutsch eine äußerst vielfältige und variantenreiche Sprache ist. In verschiedenen Regionen des deutschsprachigen Raums spricht man nicht nur unterschiedliche Dialekte, Regional- und Umgangssprachen, sondern es gibt auch regionale Unterschiede und Varianten in der gesprochenen deutschen Standardsprache. Diese Varianten sind gängige, in einer bestimmten Region übliche Realisierungen der Standardsprache im Alltag. Das im Alltag gesprochene typische Regionaldeutsch ist an verschiedenen Merkmalen erkennbar. Vor allem ist es die Aussprache, also die lautlichen Merkmale, an denen die Unterschiede am auffälligsten sind. Man denke z. B. an das österreichische oder das schweizerische Hochdeutsch. Diese beiden Sprachformen weisen viele sprachliche Merkmale auf, insbesondere im lautlichen Bereich, durch welche sie sich von der orthoepischen (kodifizierten) Norm des Standarddeutschen unterscheiden. Sie werden neuerdings als „nationale Varietäten" des Deutschen aufgefasst und auch gesondert kodifiziert (Ammon 1995). Aber auch innerhalb der einzelnen deutschsprachigen Staaten – sowohl in Österreich und in der Schweiz als auch innerhalb Deutschlands – sind die Akzentunterschiede und Aussprachebesonderheiten allgegenwärtig und nicht überhörbar. Man kann sie tagtäglich im Fernsehen wahrnehmen. Durch eindeutig identifizierbare, gut bekannte Aussprachemerkmale können Sprecher des Deutschen bestimmten Sprach- bzw. Dialektregionen zugeordnet werden. Wenn dies auch nicht im Detail möglich ist, so ist aber zumindest großräumig eine solche Zuordnung der hochdeutschen Standardsprecher im

deutschen Sprachraum durchaus möglich. Als Beispiel kann der öffentliche
Sprachgebrauch bekannter Politiker in Deutschland dienen. So ist z. B. Alt-
kanzler Schröder nach seinen „Spirantisierungen" ([g] > [x] [ç]) eindeutig in
den norddeutschen Großraum einzuordnen (wie auch übrigens Bundeskanzle-
rin Angela Merkel). Als eindeutiger Hinweis ist z. B. die Aussprache des Wortes
Bundestag als *Bundestach* ausreichend. Andere Politiker sind anhand des pala-
talisierten *s* (*s* > *sch*) in den südwestdeutschen Sprachraum einzuordnen (wie
z. B. Innenminister Wolfgang Schäuble mit den Aussprachebeispielen *Polizischt*
und *isch* (für *ist*). Es gibt zahlreiche ähnliche Beispiele für die Regionalausspra-
che von Politikern im öffentlichen Sprachgebrauch.

Aber nicht nur die Aussprache, sondern auch die Lexik, Grammatik und
andere Sprachebenen (wie Syntax, Morphologie, Pragmatik) weisen in der
gesprochenen Standardsprache regionale Unterschiede auf. Jedem Leser sind
sicherlich die lexikalischen Varianten *Samstag* und *Sonnabend* bekannt, die
jeweils als süd- und norddeutsche Varianten gelten. Als allgemein bekanntes
grammatisches Merkmal kann der Unterschied im Gebrauch der Hilfsverben
haben und *sein* gelten, ein Unterschied, der im Allgemeinen auch als Nord/Süd-
Differenzierung betrachtet wird. Überhaupt ist die sprachliche Nord/Süd-
Grenze – auch als *Weißwurstäquator* bekannt – im Bewusstsein der Sprecher
eine konstante Größe. In Wirklichkeit ist die regionale Variation im Deutschen
viel komplexer und differenzierter als die Trennung zwischen Nord und Süd. Es
gibt auch Variation und Unterschiede innerhalb Nord- und Süddeutschlands,
man denke nur an die Unterschiede zwischen dem bairischen und schwäbischen Hochdeutsch oder die standardsprachlichen Unterschiede im Freistaat
Bayern selbst (bairisches, fränkisches und schwäbisches Hochdeutsch). Außerdem gibt es im gesprochenen Deutsch, d. h. im Alltags-Standarddeutschen,
auch Neuerungen, die sich gegenwärtig nicht bzw. nicht mehr so eindeutig
einem bestimmten Sprachraum zuordnen lassen. Als Beispiel sei hier eine syntaktische Konstruktion mit besonderer Wortstellung angeführt, die sog. Dis-
tanzstellung (getrennte Pronominaladverbien wie *dafür* oder *davon*, z. B. *da
kann ich nichts für*). Das ist eine Konstruktion, die ursprünglich nur im norddeutschen Raum verbreitet war und die sich jetzt auch in anderen Gebieten
des deutschen Sprachraums auszubreiten scheint. Ein ähnliches Beispiel ist die
Form des unbestimmten Artikels *ne* (für *eine*, Nom. und Akk. Sg. Fem.). Diese
Form kann einerseits als typische Artikelvariante im norddeutschen Sprachraum betrachtet werden (andere Regionen haben dafür *a*, *e/ä* oder *en*, vgl.
Eichhoff 2000, Karte 4/66). In der jüngsten Zeit hat sich diese Artikelform
aber auch in anderen Regionen ausgebreitet und kann daher eigentlich nicht
mehr als eindeutig norddeutsch betrachtet werden.[1] Wir haben also einerseits
sehr bekannte, definitiv regional identifizierbare Varianten und andererseits

---

[1] Zum Beispiel im Südwesten, vgl. dazu Berend 2005, Karte *eine* auf S. 153.

die Tatsache, dass bestimmte Varianten ihren regionalen Gebrauch ausweiten oder einengen.

Und genau hier an diesem Punkt stellt sich die äußerst interessante und spannende Frage nach der genauen Disposition der regionalen und der ‚nicht mehr regionalen‘ bzw. der ‚wieder regionalen‘ Sprachvarianten des modernen gesprochen Deutsch. Diese Frage ist deswegen so interessant, weil das Deutsche heutzutage noch über eine Besonderheit verfügt, die in manchen anderen europäischen Sprachen nicht (bzw. nicht mehr) vorhanden ist: das ist der „Variantenreichtum"[2]. Einige Forscher aus dem Ausland sind der Meinung, das Deutsche sei sogar die „wahrscheinlich vielgestaltigste Sprache Europas" (Barbour/Stevenson 1998: 3). Der Grund für diese Vielgestaltigkeit und Verschiedenheit liegt vor allem darin, dass das Deutsche in seiner gesprochenen Form auch in der Gegenwart immer noch sehr stark regional geprägt ist.[3]

Wie oben schon ausgeführt wurde, geht es nicht nur um Dialekte oder Regiolekte, sondern betrifft auch die hochdeutsche Alltagssprache. Es gibt kaum Merkmale der *tatsächlich gesprochenen deutschen Standardsprache* („colloquial German"), die für das gesamte deutschsprachige Gebiet gültig wären. Im gesprochenen Deutsch wechselt man besonders leicht und in bestimmten Gegenden besonders gern – auch im standardsprachlichen, öffentlich-formellen Kontext – zu regionalen Formen bzw. man gebraucht regional geprägte Formen der Standardsprache.

1.1 Sollen Varianten ins Wörterbuch aufgenommen werden?

Die Variation in der tatsächlich gesprochenen Standardsprache ist noch so gut wie nicht beschrieben. Das betrifft sowohl die Aussprache als auch andere Sprachebenen. Über die regionalen Varianten in der Grammatik, Syntax, Morphologie und auch Pragmatik gibt es sehr wenig überblicksartige Informationssammlungen bzw. gezielte Darstellungen, die einen verlässlichen Gesamtüberblick über die regionale Variation bieten würden. Zwar werden in diesen Teilgebieten der Sprachwissenschaft häufig einzelne Phänomene der regionalen Variation im Detail untersucht (z. B. Formen des possessiven Dativ wie *meinem Vater sein Haus*), der Gebrauch dieser Varianten, ihre Frequenz und Geltung werden aber selten explizit zum Thema von Untersuchungen. Daher bleibt die Relevanz von bestimmten grammatischen Strukturen – im

---

[2] Das bezieht sich natürlich vor allem auf das gesprochene Deutsch, nicht auf das geschriebene, denn insbesondere nach der Einführung der neuen Rechtschreibregelung soll das geschriebene Deutsch ja weniger Varianten aufweisen.

[3] Das ist eine ganz andere Situation als z. B. im Russischen (oder auch im Englischen). Im Russischen z. B. unterscheidet man einerseits das gesprochene „Standardrussisch" der gebildeten Sprecher, das in etwa der Aussprache der Nachrichtensprecher im russischen Fernsehen entspricht. Andererseits gibt es das gesprochene Russisch, das bestimmte Merkmale aufweist, die im gesamten Gebiet Russlands Gültigkeit haben und nicht variieren. Im Russischen existiert so gut wie keine Regionalvariation.

Sinne von „Gebrauchsvarianten" – vage und die Gebrauchsbesonderheiten
unklar. Besonders brisant ist die Situation mit der Aussprachevariation, da
Aussprachevarianten sehr häufig vorkommen und auch das auffälligste Merkmal der Unterschiede darstellen. Gerade in der Aussprache unterscheiden sich
die regionalen Varietäten des Standarddeutschen am meisten und offensicht-
lichsten. Denn im Alltagssprachgebrauch ist es der Akzent, der in erster Linie auf die regionale Zugehörigkeit und Herkunft der Sprecher hindeutet. In
Aussprachewörterbüchern des Deutschen herrscht bisher aber immer noch
die Praxis der expliziten Profilierung von „Standardaussprache" und Nicht-
Berücksichtigung der Varianten. Das kann man deutlich am Duden Aussprachewörterbuch nachvollziehen, das im Vorwort vermerkt, dass eine „allgemeine Gebrauchsnorm" vermittelt wird, die Varianten aber „ausgeblendet oder
auf ein Mindestmaß beschränkt" bleiben.[4] Man geht von einer überregionalen
Gebrauchsform des Deutschen aus, die keine „landschaftlichen oder mundartlichen Besonderheiten enthält, einheitlich und schriftnah" ist und „weitgehend
durch das Schriftbild" bestimmt wird. Wie geht man aber mit häufigen, weit
verbreiteten (regionalen bzw. sprechsprachlichen) Varianten der Aussprache
um und wie behandelt man Varianten, die für den alltagssprachlichen Hoch-
deutschgebrauch typisch sind? Sie werden bestenfalls einfach in das Kapitel
„ungenormte Lautung/Umgangssprache" verschoben. So wird z. B. bei dem
Wort *China* die Aussprachevariante mit initialem ç-Laut als standardsprach-
lich angegeben: [çiːna]. Die Variante mit initialem Plosivlaut *k* wird als um-
gangssprachliche Aussprache angegeben [kiːna][5] und die Variante mit initialem *sch*-Laut wie in der Aussprcheform [šiːna] wird überhaupt nicht erwähnt.

Mit dieser Situation sind insbesondere ausländische Wissenschaftler konfrontiert, die im Bereich Deutsch als Fremdsprache arbeiten. So z. B. die englischen Linguisten, die an eine andere Praxis des Umgangs mit Aussprachevarianten gewöhnt sind. Im Wörterbuch der Aussprache des Englischen von
Wells (2008) z. B. werden Varianten nicht ausgeschlossen, sondern angeführt
und mit verschiedenen Informationen bezüglich ihres Gebrauchs versehen.
Man erfährt dort nicht nur, wo und in welchem Kontext Aussprachevarianten
verwendet werden, sondern z. B. auch, welche Varianten von den Sprechern
bevorzugt werden, was ja ein gutes Zeichen dafür ist, dass die entsprechenden
Varianten sich in Zukunft ausbreiten werden.

Diese Information über gängige Varianten – sowohl Aussprachevarianten
als auch Variationsphänomene auf anderen Sprachebenen – vermissen die
Lehrer von Deutsch als Fremdsprache im Ausland häufig. Es ist ihrer Meinung nach nicht ausreichend, nur die „kodifizierten" Formen anzugeben, sie
als „allgemeine Gebrauchsnorm" (Duden) zu erklären und die übrigen, im
Sprachgebrauch befindlichen Formen einfach zu ignorieren. Die Arbeiten von

---

[4] Duden Aussprachewörterbuch (2000, Vorwort).
[5] Duden Aussprachewörterbuch (2000: 65).

Russ (1992), Barbour/Stevenson (1998) und Martin Durrell (1995, 2003 und 2004) geben einen guten Überblick über den Stand der Diskussion zu dieser Problematik (vgl. Bibliographie).[6]

Abgesehen von diesen konkreten Bedürfnissen der Auslandsgermanistik stellt dieses Thema auch ein allgemeines Forschungsdesiderat der germanistischen Linguistik dar. Es liegen zwar hervorragende Forschungsergebnisse im Bereich der Dialektologie vor – in Form von Dialektatlanten und Dialektwörterbüchern, die ausreichend Informationen über die deutschen Dialekte geben. Auch für die zahlreichen dialektnahen Umgangssprachen liegen Auskunftswerke wie Atlanten und Beschreibungen vor (vgl. z. B. Eichhoff 1977–2000 und Mihm 2000). Man kann sich z. B. in dem überblicksartigen Beitrag von Mihm (2000) über die wichtigsten Formen der deutschen Umgangssprachen und die relevanten Sprachvarianten informieren. Für die Standardsprache existiert etwas Ähnliches gegenwärtig nicht. Das einzige Werk, das Auskunft über die Variation in der Standardaussprache gibt, ist der *Atlas der Aussprache des Schriftdeutschen in der Bundesrepublik Deutschland* (König 1989). Vor mehr als 30 Jahren[7] hat Werner König feststellen können, dass Sprecher des Deutschen schon beim Vorlesen beträchtliche regionale Unterschiede aufweisen und dass es zu diesem Zeitpunkt in der Bundesrepublik Deutschland keine Region gegeben hat, deren Aussprache „den Regularitäten eines der Wörterbücher" (auch in den „gemäßigten" Varianten, „Umgangslautung") voll entsprochen hätte (König 1989, Bd. I, S. 122). Wie das heute aussieht und welche Varianten noch im Gebrauch sind, wie tatsächlich in den einzelnen Regionen des deutschsprachigen Raumes gesprochen wird – darüber gibt es auch 30 Jahre danach so gut wie keine empirischen Untersuchungen und folglich auch keine verlässlichen umfassenden Informationen.

Ein Projekt des Instituts für Deutsche Sprache (Mannheim) hat sich jetzt im buchstäblichen Sinne des Wortes auf den Weg gemacht, um dem „Volk aufs Maul zu schauen" und die wichtigsten gesprochensprachlichen Varianten der deutschen Standardsprache der Gegenwart zu erfassen, zu dokumentieren und zu beschreiben. Mit diesem Projekt möchte das Institut vor allem der Forderung der Auslandsgermanisten und der Lehrer von Deutsch als Fremdsprache nachkommen, die eine adäquate und zeitgemäße realistische Darstellung des tatsächlich im Alltag gesprochenen Hochdeutsch und seiner Varianten fordern. Zunächst sollte ein einschlägiges Korpus von Sprachdaten erhoben werden, das die empirische Grundlage des Projekts darstellen wird. Zu diesem Zweck wurde in den deutschsprachigen Ländern, in denen das Deutsche die offizielle Staatssprache ist, eine umfangreiche Sprachaufnahmeaktion mit dem Titel „Deutsch heute" gestartet, die das Ziel hatte, Sprachaufnahmen nach einem bestimmten

---

[6] Auch in den osteuropäischen Ländern ist man sich neuerdings bewusst, dass die moderne Gegenwartssprache Variation aufweist, die in der traditionell gelehrten deutschen Standardsprache nicht vorkommt (vgl. Berend/Knipf-Komlósi 2006; Knipf-Komlósi 2004).

[7] Die Datengrundlage für diesen Atlas entstand in den 1970er Jahren.

Konzept durchzuführen und ein einschlägiges Korpus an Sprachdaten für die
Untersuchung der modernen Variation zu erstellen. Die Auswertung des Korpus soll solche Informationen über die gegenwärtig existierenden Varianten im
Deutschen geben, die für Wörterbücher und Grammatiken des Deutschen und
auch im praktischen Unterricht Deutsch als Fremdsprache verwendet werden
können. Als Ergebnis ist ein Atlas der Varianten der hochdeutschen Alltagssprache angestrebt, der allen Interessierten im Internet zur Verfügung gestellt
werden soll. Diese Aufnahmeaktion ist bereits fast abgeschlossen, das ange-
strebte Korpus ist erhoben und liegt im Institut für deutsche Sprache zur Aufbereitung und Auswertung vor. Im Folgenden sollen die wichtigsten Eckpunkte
des Projekts dargestellt und die Untersuchungsfragen beleuchtet werden. (Wie
ist das Korpus erhoben worden und was kann man damit anfangen?)

2. Zum Konzept von „Deutsch heute"

2.1 Einschlägiges Korpus

Um die Frage nach der Variation im deutschsprachigen Raum zu beantworten,
bedarf es eines einschlägigen Korpus an Sprachdaten, die erlauben, die Variation festzustellen und zu dokumentieren, d.h. Informationen darüber vorlegen
zu können, welche Varianten und in welchem Umfang gegenwärtig in den verschiedenen Regionen des deutschsprachigen Raumes in Gebrauch sind. Aber
gerade im Hinblick auf die Vielfältigkeit der Variation im Deutschen und die
Existenz von zahlreichen Varietäten wie Dialekte, Umgangs- und Regional-
sprachen ist es eine große Herausforderung, ein in Bezug auf den Untersuchungsgegenstand einschlägiges und repräsentatives Korpus zu erheben. Das
Entscheidende ist dabei, dass es sich nicht um eine beliebige Sammlung von
Aufnahmen gesprochener Sprache handeln kann. Denn so könnten nur verschiedene Beispiele an Variation exemplarisch beschrieben werden, es könnte
jedoch kein Gesamtüberblick vorgelegt werden. Für unsere Zwecke kommt
nur ein Korpus in Frage, das methodisch reflektiert erhoben wurde, wobei
methodisch reflektiert in diesem Fall bedeutet, dass das Sprachkorpus nach
bestimmten Kriterien erhoben wurde und dass die Vergleichbarkeit der Daten
gewährleistet ist. Zu solchen Kriterien gehören z.B. die Auswahl der Sprecher
(nach Alter, Bildung, Ortsansässigkeit), die Auswahl der Orte (nach dialektgeo-
graphischen Gesichtspunkten) und die Auswahl der Situation bzw. der äußeren
Kontexte, in denen die Sprachdaten erzeugt worden sind.

   Betrachten wir diese Kriterien, die bei der Auswahl berücksichtigt wurden,
etwas näher, da sie von entscheidender Bedeutung für das erstellte Sprachda-
tenkorpus sind.

2.1.1 *Alter der Probanden*

Um einen Vergleich der Variation zwischen den Generationen zu ermöglichen,
ist es wichtig, sowohl junge als auch ältere Sprecher zu untersuchen. Ein solcher

Vergleich ist notwendig, um den möglichen Wandel im Sprachgebrauch und die Sprachnormenverschiebungen in der Gegenwart festzustellen. Für Sprachaufnahmen wurden zwei Generationen ausgewählt: 1) die junge Generation (zwischen 17 und 20 Jahren alt) und 2) die ältere Generation (zwischen 50 und 60 Jahren alt). Durch diese Auswahl ist einerseits ein direkter Vergleich zwischen den Generationen möglich. Andererseits ist auch ein Vergleich mit gleichaltrigen Sprechern vor ca. 30 Jahren möglich, da die Studie von König (1989) als Kontrastbasis herangezogen wird[8]. Nach dem Kriterium des Alters wurden im jeweiligen Untersuchungsort vier Vertreter der jungen Generation und zwei Vertreter der älteren Generation für die Sprachaufnahmen ausgewählt (insgesamt 6 Sprecher pro Ort).

2.1.2 Geschlecht der Probanden

Ein weiteres Kriterium war das Geschlecht der Probanden. In Bezug auf dieses Kriterium sollte ein ausgewogenes Verhältnis hergestellt werden, d. h. jeweils die Hälfte der Sprecher vor Ort sollten männliche und die andere Hälfte weibliche Probanden sein. Es wurde angestrebt, dass jeweils drei Frauen und drei Männer pro Ort interviewt werden. Auf diese Weise soll die Möglichkeit gegeben sein, den Sprachgebrauch von Männern und Frauen in Bezug auf den Variantengebrauch zu untersuchen. Es könnte sich z. B. herausstellen, dass Frauen weniger (bzw. mehr!) Varianten gebrauchen als Männer, bzw. dass Männer andere Varianten gebrauchen als Frauen. Es gibt zumindest Hinweise darauf, dass es in manchen Regionen einen definitiven Zusammenhang zwischen dem Geschlecht der Sprecher und deren Aussprache gibt (z. B. ist festgestellt worden, dass im Raum Nürnberg Frauen eine geschlossene Aussprachevariante von <Ä> bevorzugen, also *Keese*, *speet*, vgl. Mang 2004: 364).

2.1.3 Bildung der Probanden

Für die Sprachaufnahmen sollten nur Sprecher in Frage kommen, die mindestens die Bildungsstufe Abitur anstreben (bei den jungen Sprechern) bzw. schon erreicht haben (bei erwachsenen Sprechern). Pro Ort sollten zwei Sprecher der älteren Generation mit Abitur (bzw. Fachabitur) und vier Sprecher der jüngeren Generation aus Abiturklassen interviewt werden. Die Beschränkung auf die Bildungsebene Abitur beruht auf der Annahme, dass Sprecher mit Abitur häufiger im standardsprachlichen Kommunikationskontext interagieren, d. h. dass sie die Standardsprache als die reguläre Sprachvarietät sowohl im beruflichen als auch im privaten Sprachgebrauch benutzen und anwenden. Das hängt damit zusammen, dass Sprecher mit Abitur und höherer Bildung häufig bzw. in der Regel Berufe ausüben, die den Gebrauch der Standardsprache erfordern bzw. implizieren. An der Untersuchung nahmen Probanden mit folgenden

---

[8] In König (1989) wird ebenfalls die junge Generation im Alter von ca. 20 Jahren untersucht.

Berufen teil: Lehrer (Schullehrer, VHS-Lehrer), Journalisten, Wissenschaftler, Ärzte, Ingenieure, Juristen u.a. Durch die Beschränkung der untersuchten Sprechergruppe nach dem Kriterium der Bildung sollte gewährleistet werden, dass nur die Variation im Sprachgebrauch dieser bestimmten Bildungsschicht untersucht und beschrieben wird.

2.1.4 Lokale Verwurzelung der Probanden

Außerdem sollten die Sprecher lokal gut verankert sein: Sie sollten am Untersuchungsort bzw. in seiner Nähe geboren und aufgewachsen sein. Die erwachsenen Sprecher sollten die meiste Zeit ihres Lebens im Untersuchungsort verbracht haben (mit kurzen Unterbrechungen wie z. B. zum Studium oder zum Dienst bei der Bundeswehr). Ein wichtiges Zusatzmerkmal dieses Kriteriums ist der Geburtsort der Eltern. Besonders erwünscht waren Probanden, deren Eltern auch am Untersuchungsort oder in seiner Nähe geboren und aufgewachsen sind (am besten beide Eltern bzw. wenigstens ein Elternteil).

2.1.5 Untersuchungsregion und Ortsnetz

Die Sprachaufnahmeaktion sollte im gesamten deutschsprachigen Raum durchgeführt werden. Das sind zunächst die Länder Deutschland, Österreich und die Schweiz mit dem Deutschen als Staatsprache. Die deutsche Standardsprache wird in diesen Ländern als „nationale Varietät" aufgefasst (Ammon 1995). Außerdem sollten auch Regionen, die direkt an das Hauptgebiet des Deutschen grenzen und in denen Deutsch neben anderen als Staatsprache gebraucht wird, in die Untersuchung miteinbezogen werden: Luxemburg, Liechtenstein, Südtirol, Belgien. Die im Anhang dargestellte Karte zeigt die Untersuchungsregion und das Ortsnetz (vgl. Anhang 5, Stand der Erhebung: Dezember 2007).

2.1.6 Exploratoren

Durch die Anwendung des gleichen Konzepts der Sprachaufnahmen in allen Regionen soll die Vergleichbarkeit der Daten gewährleistet werden. Dazu gehörte auch die Bedingung, dass die Exploratoren selbst ihren Interviewstil möglichst konstant halten. Dies sollte dadurch erreicht werden, dass möglichst wenige Exploratoren eingesetzt wurden, nach dem Prinzip, je weniger Exploratoren, desto weniger Variation im Erhebungsstil und in den Fragen, die während des Interviews gestellt werden. Das führte dazu, dass insgesamt nur drei Exploratoren[9] während der Aufnahmeaktion tätig wurden. Um die Unterschiedlichkeiten im Verhalten der Interviewer selbst zu vermeiden bzw. zu minimieren, wurde ein Interviewleitfaden herausgearbeitet und getestet, der dann als Grundlage für die Exploratoren während der Interviews diente und der auch gewährleisten sollte, dass die Interviews eine vergleichbare Struktur

---

[9] Die Exploratoren sind Wissenschaftler des Instituts für Deutsche Sprache Nina Berend, Stefan Kleiner und Ralf Knöbl.

annehmen würden (bis zu einem verantwortbaren Grad, denn freie Gespräche lassen sich nur zu einem gewissen Grad steuern).

3. Realisierung

3.1 Kooperationspartner vor Ort

Bei einem solchen Unternehmen, in das der gesamte deutschsprachige Raum involviert war, kam es insbesondere darauf an, vor Ort Kooperationspartner zu finden, die in der Lage wären, die entsprechende Unterstützung bei der Auswahl der Sprecher und der Einhaltung der Auswahlkriterien zu gewährleisten. Für eine solche Aufgabe geeignet erschienen Einrichtungen wie Schulen (Gymnasien) und Volkshochschulen, Organisationen, die dank ihres Bildungsauftrags in der Gesellschaft am ehesten Interesse für dieses Projekt aufbringen könnten.

Auch von einem anderen Gesichtspunkt aus war es wichtig, mit diesen Bildungseinrichtungen vor Ort zu kooperieren. Für die Erforschung der gesprochenen Sprache ist es besonders relevant, mit authentischen Daten des gesprochenen Deutsch zu arbeiten. In dieser Hinsicht können die von uns erhobenen Sprachdaten als relativ authentisch angesehen werden. Der Untersuchungsgegenstand ist die gesprochene deutsche Standardsprache, die von Sprechern in einer relativ formellen Alltagssituation gebraucht wird. Da die Sprecher von den Schulen und VHS ausgewählt und zum Aufnahmetermin eingeladen wurden, stellte sich die Aufnahmesituation für die Sprecher selbst als eine Art formelle Situation dar, in der sie sich implizit aufgefordert fühlten, ihr standardsprachliches authentisches Hochdeutsch zu sprechen.

Im Großen und Ganzen ist es gelungen, das Interesse der Schulen und VHS des deutschsprachigen Raums für die Aufnahmeaktion zu wecken und für die Unterstützung zu mobilisieren. Um Kontakte anzuknüpfen, wurden an die ausgewählten Gymnasien und VHS entsprechende Schreiben mit der Konzepterklärung des Projekts und Informationen zur Auswahl der Sprecher per Post und per Email versandt. Die angeschriebenen Institutionen haben das Projekt überwiegend mit großem Interesse aufgenommen und Unterstützung zugesagt.

3.2 Die Auswahl der Sprecher

Der schwierigste Teil der Organisation bei der gesamten Sprachaufnahmeaktion war die Auswahl der Sprecher. Und zwar deswegen, weil diese Auswahl von den Kooperationspartnern vor Ort abhängig war. Es hat sich gezeigt, dass sich in den Gymnasien der Auswahlprozess leichter gestaltete als in den VHS, denn unter den Gymnasiasten gab es genügend Schüler (Jungen und Mädchen), die den genannten Kriterien entsprachen und die dann während des Unterrichts für die Teilnahme an der Sprachaufnahme frei gestellt wurden. Die Interviews fanden in den Räumen der ausgewählten Gymnasien statt.

Als schwieriger erwies sich dagegen die Auswahl der erwachsenen Sprecher durch die VHS. Es stellte sich als relativ kompliziert heraus, im jeweiligen

Ort erwachsene Sprecher zu finden, die allen genannten Kriterien entsprechen (Alter, Geschlecht, Bildung, Ortsansässigkeit). Es bedurfte in den meisten Fällen einer intensiven „Suchtätigkeit" durch die Kontaktperson der VHS, um geeignete Sprecher zu finden. Die Kontaktpersonen orientierten sich an der Anleitung zur Auswahl von Probanden (vgl. im Anhang 1 eine der letzten Versionen der Anleitung). Die Aufnahmen wurden ebenfalls in den Räumen der Volkshochschulen durchgeführt.

4. Ergebnisse

4.1 Sprachdaten

Das Hauptziel der Aufnahmeaktion war, ausreichend Sprachdaten verschiedener Typen zu sammeln, die das gegenwärtig gesprochene moderne Deutsch im gesamten deutschsprachigen Raum dokumentieren. Im Ergebnis der Aktion wurden folgende Sprachdatentypen erhoben:

1) *Vorleseliste und Vorlesetexte:* In jedem Erhebungsort wurden Texte und Wortlisten vorgelesen. Hier ein Auszug aus dem Vorlesetext 2:[10]

> Schluss mit dem Gesundheitsterror!
>
> *Haben Sie ein reines Gewissen? Sind Sie sicher, dass Sie heute wirklich alles für Ihre Gesundheit getan haben? Sind Sie ausreichend gejoggt, selbstverständlich nach vorschriftsmäßigem Aufwärmen und Stretching? Haben Sie dabei den Puls kontrolliert? War nicht der Blutdruck nach dem Aufwachen etwas zu hoch? Musste das zusätzliche Knäckebrot beim Frühstück unbedingt noch sein? Haben Sie auch Ihre tägliche Ration an Vitaminpillen und den Cholesterin senkenden Fitnessdrink nicht vergessen? Enthielt die Fischmahlzeit am Mittag die richtigen Omega-3-Fettsäuren? Das Gläschen Weißwein – war es wirklich notwendig? Und Hand aufs Herz: Zeigte die Waage nicht ein paar Gramm mehr an als gestern?…*
> [usw.] [11]

Dadurch, dass der Text in allen Erhebungsorten vorgelesen wurde, können die Aussprachebesonderheiten aller Probanden verglichen werden, und es können Gemeinsamkeiten und Unterschiede untersucht und die regionale Variation beim Vorlesen dokumentiert und interpretiert werden.

Bei der Wortliste (vgl. unten) handelt es sich um solche Wörter, die in verschiedenen Regionen unterschiedlich ausgesprochen werden. Durch diesen Datentyp kann die Aussprache überprüft werden und es kann festgestellt werden, ob es immer noch regionale Unterschiede bei der Aussprache gibt oder ob sich bereits eine einheitliche Aussprache nach einem bestimmten Muster etabliert hat. So ist z. B. bekannt, dass das Wort *China* in drei verschiedenen

---

[10] (Vorlesetext 1: *Der Nordwind und die Sonne* siehe Anhang 2)
[11] (aus: P.M.-Magazin, 04/2006, gekürzt und leicht verändert)

Haupt-Ausspracheformen existiert: [çi:na] / [ki:na] / [ši:na] (*China, Kina, Schi-na*). Hier sind zwei Möglichkeiten zu überprüfen. a) existieren diese bekannten Aussprachetypen noch im aktuellen Sprachgebrauch (und wenn ja, welche Form in welcher Region?); b) hat sich möglicherweise im aktuellen Sprachgebrauch eine dieser Formen, z.B. die im Duden verzeichnete Ausspracheform [çi:na] im gesamten Sprachraum durchgesetzt und die anderen Ausspracheformen verdrängt?

Die Wortliste (Auszug)[12]:

Säure	lieblich	Alternative
Spray	Bücher	schauen
Herzogtum	irgendwas	mysteriös
Frevel	Ballen	Scanner
Flagge	unaufrichtig	Bronzemedaille
bestäuben	Türen	baumeln
Ordner	purpur	Feier
winzigster	tankt	Ecken
Bäumen	Glas	Sarg
Perspektive	kriegt	stillos
Reichtümer	zerpflückt	Parfum
Million	Gans	Räder
Kritik	Söldner	Braten
unterwegs	besteigbar	Sirup
massiv	Scheusal	Anträge
Skala	Pfeffer	Kopf
Kaffee	spielen	Finger
Pflanzen	ein anderer Zweck	Möglichkeiten
sporadisch	Stereo	Roboter

2) *Bildbenennungen:* Jeder Proband sollte außerdem eine Reihe von Bildern benennen (vgl. Bilderausschnitt im Anhang). Die Bezeichnungen von Bildern sind in der Wortliste und die meisten auch in den Vorlesetexten enthalten. Das Ziel war dabei zu prüfen, welche Aussprache gewählt wird, wenn das Schriftbild (wie beim Vorlesen) nicht vorliegt und die Schriftzeichen keine Einwirkung auf die Aussprache haben (*Käse* oder *Keese? Zug* oder *Zuch? Pflaster* oder *Flaster, Kirsche* oder *Kirche?* usw.).

3) *Übersetzungen aus dem Englischen:* Die Probanden sollten außerdem eine Reihe von Wörtern und Sätzen aus dem Englischen ins Deutsche übersetzen. Auch dieser Datentyp dokumentiert spontanes Sprechen (Aussprache von gezielt ausgewählten Wörtern), denn die Aufmerksamkeit der Sprecher ist auf die Richtigkeit des Übersetzens aus dem Englischen ins Deutsche gelenkt, und nicht auf die eigene deutsche Aussprache. Auch hier kann ein Vergleich mit dem vorgelesenen Material durchgeführt werden und die Rolle der Aufmerksamkeit bei der Aussprache von regionalen Varianten untersucht werden. Im

---

[12] Die Wortliste enthält insgesamt über 1000 Wörter.

Satz *„In the kitchen are pots, pans, knives, forks and spoons"* kommt für *pans* häufig die Ausspracheform ‚*Fannen*' vor (norddeutsch für *Pfannen*), obwohl in der Wortliste dieses Wort von denselben Sprechern in der Regel als [pfanə] ‚*Pfanne*' ausgesprochen wird.

4) *Spontanes Gespräch:* Einen ganz anderen Datentyp bietet das sprachbiographische Interview, das in Form eines spontanen Gesprächs durchgeführt wurde. Hier kam es in erster Linie darauf an, die Probanden zum Sprechen und zum Erzählen zu motivieren. Als Grundlage für das Gespräch diente der Interviewleitfaden (vgl. oben). Nach dem Vorlesen, der Bildbeschreibung und der Übersetzung waren die Probanden meist froh, sich nun einem freien spontanen Gespräch widmen zu können und haben in den allermeisten Fällen mit Enthusiasmus und Hingabe die gestellten Fragen beantwortet und ausführliche und detaillierte Interpretationen zu den besprochenen Themen gegeben.

5) *Map Task:* Dieser Datentyp dokumentiert ebenfalls den spontanen Sprachgebrauch. Im Unterschied zu dem spontanen Gespräch handelt es sich dabei nicht um ein Interview mit dem Probanden, sondern um ein Gespräch zwischen zwei Probanden. Das Ziel war dabei, die Probanden zum Sprechen zu motivieren, wobei es nicht um Erzählungen bzw. Stellungnahmen ging, wie im Interview, sondern es handelte sich dabei um eigenartige „Wegbeschreibungen", die nach einem vorgeschriebenen Schema gemacht werden sollten. Dabei führte der „Weg" zwischen verschiedenen Gegenständen (vgl. Anhang 4: *map task: vom Start zum Ziel*). Die Benennung dieser Gegenstände war ein wichtiger Punkt in der Wegbeschreibung, da dadurch ebenfalls Vergleiche der Ausspracheform mit denen in anderen Datentypen ermöglicht werden. Außerdem war bei dieser Aufgabe wichtig, dass die Probanden mit Gesprächspartnern gesprochen haben, die ihnen bekannt sind und mit denen sie auch sonst kommunizieren. Auf diese Weise konnte der alltägliche Sprachgebrauch und die dafür gewöhnlich benutzte, für die Sprecher nicht markierte, neutrale Varietät dokumentiert werden.

Diese Aufgabe konnte nur in Schulen, also mit Sprechern der jüngeren Generation, durchgeführt werden. In den VHS musste auf diese Aufgabe und somit auch auf den Datentyp *map task* für die erwachsenen Sprecher aus organisatorischen Gründen verzichtet werden.

4.2 Inhaltsdaten

Das Hauptziel der Aufnahmeaktion war die Sammlung von Sprachdaten. Es liegen nun Sprachdaten in verschiedenen oben dargestellten Formaten vor, die erlauben werden, die gegenwärtige Ausprägung der regionalen Variation an konkreten Sprachdaten empirisch zu untersuchen und in Form von Sprachkarten übersichtlich darzustellen. Es wird z.B. möglich sein, die genauen Geltungsareale der Varianten [çi:na] / [ki:na] und [ši:na] im deutschsprachigen Raum darzustellen.

Neben den konkreten Sprachdaten bietet das vorliegende Korpus aber auch andere Daten, die sog. „Inhaltsdaten"[13], die Informationen über Spracheinstellungen und Sprachbewertungen der Probanden geben. Im Unterschied zu den Sprachdaten sind die Inhaltsdaten nicht direkt vergleichbar. Dieses Ziel war aber auch nicht intendiert. Vielmehr sollten so viel wie möglich Informationen über das regionale Sprachbewusstsein und dessen Reflexion in den verschiedenen Regionen des deutschsprachigen Raums gesammelt werden. Dabei waren zwei Punkte entscheidend.

Erstens sollten die Reflexionen möglichst „ungelenkt" vorgebracht werden. Es war dabei eine brisante Aufgabe des Explorators, einerseits die nötigen Fragen zu stellen, andererseits aber auch dem Probanden genügend Raum zu geben, um die gängigen und regional typischen Ansichten, Meinungen, Bewertungen und Einstellungen möglichst unbeeinflusst darzustellen und den eigenen Gesichtspunkt zu verdeutlichen. Auf diese Weise wird es möglich sein, zu klären, welche Fragen in welchen Regionen in Bezug auf den regionalen Sprachgebrauch überhaupt thematisiert werden und welche Fragestellungen bzw. Positionen eine zentrale Rolle in diesen Reflexionen einnehmen. So wurde in einem Ort in der Gegend nordöstlich von München ein größerer Gesprächsabschnitt der Frage gewidmet, welche Sprachvarietät die übliche Alltagssprachform ist und wie sich die Beziehung zum Hochdeutschen gestaltet. Der Proband hat ein Jahr in beruflichem Zusammenhang in Köln verbracht. Er schildert die Schwierigkeiten, die er mit dem Hochdeutschen allgemein hat, und stellt fest, dass es ihm nicht immer leicht fällt, „im Hochdeutschen zu verweilen" (vgl. Epigraph am Anfang des Beitrags). In detaillierter Schilderung stellt er dar, welche Besonderheiten der Sprachgebrauch in der Region hat und wie es sich mit dem Gebrauch des Hochdeutschen verhält. Die Analyse der Beispiele und der Merkmale seines Sprachgebrauchs machen offensichtlich, dass in der Gegend ein typischer, stark markierter regionaler Gebrauchsstandard[14] verbreitet ist, der eine deutliche Distanz zum kodifizierten Hochdeutsch aufweist. Dieser Gebrauchsstandard ist offensichtlich die übliche, unauffällige Alltagssprache der Region, auch in offiziell-formellen Zusammenhängen, und nicht das Hochdeutsche, in dem man in dieser Gegend üblicher Weise nicht „zu verweilen" pflegt.

In anderen Regionen sind entsprechend andere Fragen von den Probanden thematisiert worden. Es handelte sich aber immer sowohl um den eigenen als auch um den fremden Sprachgebrauch, die Sprachvarianten in der eigenen und anderen Regionen, um die Sprachbewertung (die Bewertung von eigenen und fremden Varianten), und um vieles mehr.

---

[13] Man spricht auch von „objektiven" und „subjektiven" Daten. Bei subjektiven Daten handelt es sich z. B. um Aussagen der Sprecher über den eigenen Sprachgebrauch, d. h. um solche Aussagen, die vom Forscher nicht direkt überprüft werden können.

[14] Zum Gebrauchsstandard vgl. Berend 2005.

Aber nicht nur in den Interviews selbst, sondern bereits bei der Kontaktaufnahme mit den entsprechenden VHS und Schulen vor Ort sind zum Teil schon relevante Themen angeschnitten worden, die etwas über das Sprachbewusstsein in der entsprechenden Region oder dem Untersuchungsort explizieren. So teilten uns z. B. die Kontaktpersonen aus einer norddeutschen Stadt mit, dass sie nicht an der Untersuchung teilnehmen könnten, und fügten unmissverständlich hinzu, dass man ja übrigens sowieso „nach wie vor Hochdeutsch in eindeutiger norddeutscher Klarheit" spreche (vgl. Epigraph am Anfang des Beitrags). Damit bestätigten sie (als Betroffene) den im deutschen Sprachraum weit verbreiteten Mythos über das am besten gesprochene Hochdeutsch in dieser Region.

Zweitens war es wichtig, die Ebenen der Regionalität zu trennen, d. h. die Aufmerksamkeit der Probanden auf die regionalen Varianten der Standardsprache zu lenken, auf das „regional gefärbte Hochdeutsch". Denn genau das ist die relevante Frage in Bezug auf das regionale Sprachbewusstsein in der vorliegenden Studie. Und so kamen in allen Interviews Fragen zum sächsischen, bairischen, schwäbischen, pfälzischen, rheinischen und allen anderen Typen des regional gefärbten Hochdeutsch und ihrer Varianten zur Sprache.

Die vorliegenden Inhaltsdaten sind authentische Informationen aus erster Hand über die Beliebtheit der verschiedenen Varianten des regional geprägten Hochdeutsch und können daher Aufschluss geben über die Präferenzen und letztlich auch über den möglichen Sprachgebrauchswandel, der durch die Sprecher gesteuert wird. In diesem Sinne sind die Inhaltsdaten für die vorliegende Studie in erster Linie eine Erkenntnisquelle über die Attitüdenstruktur des regionalen Sprachgebrauchs der Gegenwart. Vor allem werden diese Inhaltsdaten aber als empirische Grundlage für die Interpretation der Sprachdaten dienen, wenn bei der Darstellung der Ergebnisse die einzelnen Formen und Varianten erklärt werden müssen, so wie das z. B. im Wörterbuch der englischen Sprache von Wells (2008) der Fall ist.

5. Schluss

Zurzeit befinden sich die erhobenen Sprachmaterialien in der Phase der Aufbereitung. Erst darauf wird die Phase der Analyse und der Darstellung der Ergebnisse in Form von interpretierten Sprachkarten im Internet folgen. Für diejenigen Leser, die sich bereits jetzt selbst in der Variantenanalyse und Bestimmung von regional gefärbten Sprechweisen des Deutschen üben möchten, sei auf das Ratespiel „Hör mal, wo der spricht" auf der Homepage des Projekts hingewiesen (http://www.ids-mannheim.de/prag/AusVar/Deutsch_heute/). Dort befinden sich auch weitere Informationen zur Strukturierung und Durchführung der Sprachaufnahmeaktion, die in dem vorliegenden Beitrag nur erwähnt bzw. angedeutet werden konnten.

6. Bibliographie

Ammon, Ulrich (1995) Die deutsche Sprache in Deutschland, Österreich und der Schweiz. Das
    Problem der nationalen Varietäten. Berlin
Barbour, Stephen, Patrick Stevenson (1998) Variation im Deutschen. Sozilinguistische Perspek-
    tiven. Berlin
Berend, Nina (2005) Regionale Gebrauchsstandards: Gibt es sie und wie kann man sie beschrei-
    ben? In: Eichinger, Ludwig M./Werner Kallmeyer (Hrsg.): Standardvariation. Wie viel Varia-
    tion verträgt die deutsche Standardsprache? Berlin. (= Jahrbuch des Instituts für deutsche
    Sprache 2004), S. 143–170
Berend, Nina, Elisabeth Knipf-Komlósi (2006) „Weil die Gegenwartssprache von der Standard-
    sprache abweicht …" – Sprachliche Variation als Herausforderung für den Deutschunterricht
    in Osteuropa. In: Neuland, Eva (Hrsg.) Variation im heutigen Deutsch: Perspektiven für den
    Sprachunterricht. Frankfurt/Main, S. 161–174
Duden Aussprachewörterbuch. 4., neu bearb. Aufl. Mannheim; Leipzig; Wien; Zürich: Duden-
    verlag, 2000
Durrell, Martin (1995) Sprachliche Variation als Kommunikationsbarriere. In: Popp, Heidrun
    (Hrsg.) Deutsch als Fremdsprache. An den Quellen eines Faches. Festschrift für Gerhard
    Helbig zum 65. Geburtstag. München, S. 417–428
Durrell, Martin (2003) Register, Variation und Fremdsprachenvermittlung. In: Stickel, Gerhard
    (Hrsg.) Deutsch von außen. Berlin, S. 239–258
Durrell, Martin (2004) Variation im Deutschen aus der Sicht von Deutsch als Fremdsprache. In:
    Der Deutschunterricht, Heft 1/2004, S. 69–77
Dürscheid, Christa, Martin Businger (2006) (Hrsg.) Schweizer Standarddeutsch. Mit einem
    Vorwort von Ulrich Ammon. Beiträge zur Varietätenlinguistik. Tübingen
Eichhoff, Jürgen (1977–2000) Wortatlas der deutschen Umgangssprachen. Band 1–4. Bern;
    München
Knipf-Komlósi, Elisabeth (2004) Variation in der Sprache im Deutsch als Fremdsprache-
    Unterricht in Ungarn. In: Der Deutschunterricht, Heft 1/2004, S. 87–90
König, Werner (1989) Atlas zur Aussprache des Schriftdeutschen in der Bundesrepublik Deutsch-
    land. Ismaning
Mang, Alexander (2004) Sprachregion Nürnberg. (= Sprachatlas von Mittelfranken, Band 6).
    Heidelberg
Mihm, Arend (2000) Die Rolle der Umgangssprachen seit der Mitte des 20. Jahrhunderts. In:
    Besch, Werner / Anne Betten / Oskar Reichmann / S. Sonderegger (Hrsg.) Sprachgeschichte.
    2. Aufl. Berlin; New York: de Cruyter, S. 2107–2137
Russ, Charles V. J. (1992) Variation im Deutschen: die Perspektive der Auslandsgermanistik. In:
    Der Deutschunterricht VI, 1992, S. 5–15
Wells, J. C. (2008): Longman Pronunciation Dictionary. 3rd Edition. Harlow

Anhang

Anhang 1:
Informationen für die Auswahl der Sprecher vor Ort

Information
für die **Kontaktperson** an der VHS
für die Auswahl der Probanden

Für ein sprachwissenschaftliches Interview suchen wir zwei *ortstypische* Sprecher des Hochdeutschen (einen Mann und eine Frau). Die beiden Probanden sollen nach Möglichkeit folgenden Kriterien entsprechen:

GEBURTSORT: Es ist erforderlich, dass die Probanden im Ort geboren sind.
Anmerkung: Falls solche Personen nicht zu finden sind, dann können die Probanden auch aus der Umgebung kommen (z. B. im Umkreis von bis zu ca. 30 km).

ORTSANSÄSSIGKEIT: Es ist wünschenswert, dass die Probanden die meiste Zeit ihres Lebens auch am Ort verbracht haben.
Anmerkung: Kurze Abwesenheitszeiten wie z. B. Studium bzw. bei der Bundeswehr sind kein Hindernis für die Teilnahme.

ALTER: Die Probanden sollten zwischen 50 und 60 Jahre alt sein.
Anmerkung: Falls solche Personen nicht zu finden sind, können sie auch etwas älter oder jünger sein (z. B. + / – zwei bis drei Jahre).

BILDUNG: Die Probanden sollten Abitur (Matura) erlangt haben.
Anmerkung: Falls solche Personen nicht zu finden sind, genügen auch vergleichbare Bildungsabschlüsse (Fachabitur oder eine andere Hochschulzulassung).

WELCHE PROBANDEN SIND GEEIGNET?

1. Mitarbeiter aus dem Team der VHS, falls sie den oben genannten Kriterien entsprechen. *Anmerkung:* Es sollen keine Sprachlehrer, insbesondere keine Deutschlehrer sein.
2. Kursteilnehmer (z. B. aus gegenwärtigen oder früheren Kursen der VHS), die den oben genannten Kriterien entsprechen.
3. Bekannte oder Verwandte des Personals der VHS aus dem Ort, die den oben genannten Kriterien entsprechen.

DAUER DES INTERVIEWS: Die Aufnahme mit jedem Probanden dauert ca. 1,5 Stunden. Aus Zeitgründen ist es erforderlich, dass die zwei Interviews an einem Tag (z. B. an einem Vor- oder Nachmittag) unmittelbar nacheinander stattfinden.

TERMIN: Der Aufnahmetermin kann an einem der folgenden Wochentage stattfinden: Montag, Dienstag, Mittwoch, Donnerstag. Konkret werden die Termine telefonisch ausgemacht, indem wir Sie persönlich anrufen. Bitte teilen Sie uns per Email Ihre Telefonnummer mit. Wir rufen Sie dann baldmöglichst an.

ENTLOHNUNG: Jeder Proband erhält für das Interview 10,– Euro.

VIELEN DANK!!

Anhang 2:
Vorlesetext „Der Nordwind und die Sonne"

Der Nordwind und die Sonne

Einst stritten sich Nordwind und Sonne, wer von ihnen beiden wohl der Stärkere wäre, als ein Wanderer, der in einen warmen Mantel gehüllt war, des Weges daherkam. Sie wurden einig, dass derjenige für den Stärkeren gelten sollte, der den Wanderer zwingen würde, seinen Mantel auszuziehen. Der Nordwind blies mit aller Macht, aber je mehr er blies, desto fester hüllte sich der Wanderer in seinen Mantel ein. Endlich gab der Nordwind den Kampf auf. Da erwärmte die Sonne die Luft mit ihren freundlichen Strahlen, und schon nach wenigen Augenblicken zog der Wanderer seinen Mantel aus. Da musste der Nordwind zugeben, dass die Sonne von ihnen beiden der Stärkere war.

Anhang 3:
Bilderbenennung (Ausschnitt)

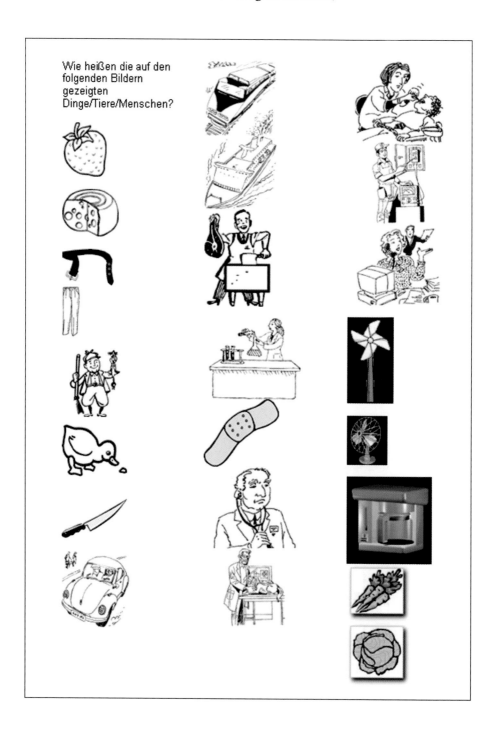

Wie heißen die auf den folgenden Bildern gezeigten Dinge/Tiere/Menschen?

Anhang 4:
Wegbeschreibung „map task" (Ausschnitt)

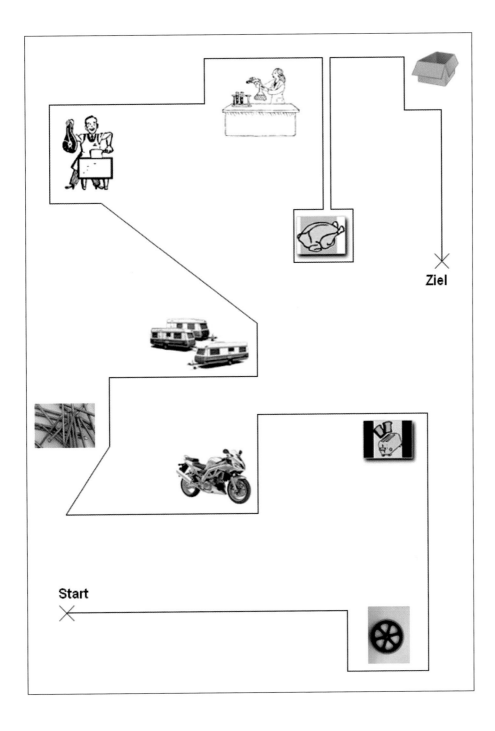

Nina Berend

Anhang 5:
Untersuchungsregion und Untersuchungsnetz

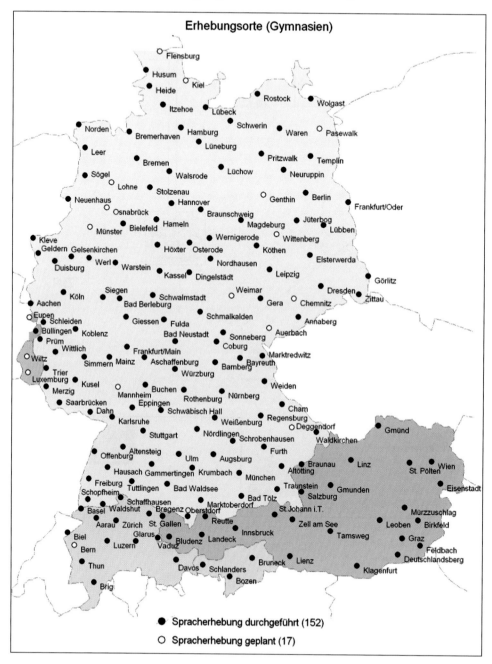

Heidelberger Jahrbücher, Band 53 (2009)
E. Felder (Hrsg.) Sprache
© 2009 Springer-Verlag Berlin Heidelberg

Kommunikationsprofil:
ein zentrales Analysefeld der Dialektsoziologie –
am Beispiel des Heidelberger Dialekts

KLAUS J. MATTHEIER

Obgleich die Beschäftigung mit dialektsoziologischen Forschungen schon Anfang des 19. Jahrhunderts einsetzte, formulierte erst die moderne Dialektsoziologie systematische Forschungsfragen zu der gesellschaftlichen Positionierung
und Verbreitung des Dialekts. Von einigen 'early birds' (Hard 1968) abgesehen
finden sich derartige Untersuchungen erst in den 70er Jahren des 20. Jahrhunderts. Dialektsoziologie ist dabei einzuordnen in den Forschungsbereich der
Varietätenlinguistik des Deutschen, neben die Erforschung anderer Varietäten,
etwa der Jugendsprache. Die Varietätenlinguistik wiederum ist ein Teilbereich
der Soziolinguistik des Deutschen und steht dort neben der Kontaktlinguistik, die sich mit mehrsprachigen Konstellationen in den Sprachgemeinschaften
beschäftigt. Die Dialektsoziologie ihrerseits ist nun wiederum aufzugliedern
in drei deutlich voneinander zu trennende Forschungsfelder: Erstens die Dialektsoziologie ganzer Sprachgemeinschaften, wie etwa die Varietätenstatistik
des Deutschen, also die Verteilung von Dialekt, Standard und Regionalsprache innerhalb des deutschen Sprachraumes. Zweitens die Dialektsoziologie
der einzelnen Sprecher bzw. Sprecherinnen – also etwa die Regeln des Va-
rietätenwechsels – und drittens die Dialektsoziologie der Kommunikations-
gemeinschaften, also etwa innerhalb von Dörfern oder kleineren städtischen
Regionen, deren Mitglieder wichtige Sprech- und Sprachverhaltensregeln gemeinsam haben. Wir unterscheiden also eine Makroebene der dialektsoziologischen Forschung von einer Mikroebene und von einer Mesoebene. Und
um eine solche Mesoebenen-Analyse geht es hier: die Dialektsoziologie von
Heidelberg und Umgebung.

Dabei geht es besonders um das Kommunikationsprofil dieses durch die
Stadt Heidelberg geprägten Raumes. Das Kommunikationsprofil ist eine der
zentralen Analyseeinheiten in der Dialektsoziologie, ja in der Varietätenlinguistik und der Soziolinguistik allgemein. Zum Kommunikationsprofil einer
dialektsoziologischen Region, also eines Dorfes oder einer Stadt, gehört einmal das Spektrum der Varietäten, die in dieser Region vorkommen: in unserem Fall also der Heidelberger Dialekt einschließlich der regionalen Varianten

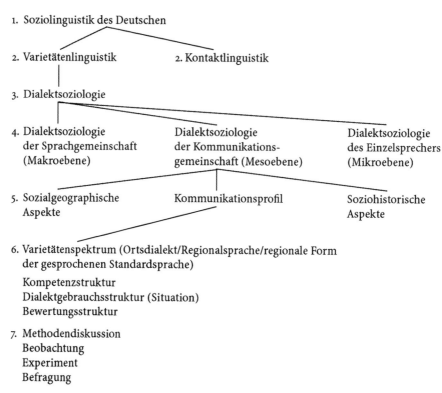

1. Soziolinguistik des Deutschen

2. Varietätenlinguistik   2. Kontaktlinguistik

3. Dialektsoziologie

4. Dialektsoziologie   Dialektsoziologie   Dialektsoziologie
   der Sprachgemeinschaft   der Kommunikations-   des Einzelsprechers
   (Makroebene)   gemeinschaft (Mesoebene)   (Mikroebene)

5. Sozialgeographische   Kommunikationsprofil   Soziohistorische
   Aspekte   Aspekte

6. Varietätenspektrum (Ortsdialekt/Regionalsprache/regionale Form
   der gesprochenen Standardsprache)
   Kompetenzstruktur
   Dialektgebrauchsstruktur (Situation)
   Bewertungsstruktur

7. Methodendiskussion
   Beobachtung
   Experiment
   Befragung

8. Fragebogen

9. „Soziolinguistischer Heidelberger"
   – Jugend in HD
   – Hälfte des Lebens in HD
   – jetzt in HD wohnhaft

10. Fragebogenstruktur
    Dialektkompetenz
    Dialektgebrauch
    Dialektbewertung
    Dialekttradition
    Biosoziale Daten

11. Auswertung des Fragebogens
    Varietätenkompetenz (6)
    Varietätendominanz (7)
    Biosoziale Struktur der Dialekt- und Standardsprecher
    Alter
    Geschlecht
    Bildung
    Tradition
    Dialektgebrauchssituationen
    Dialektbewertung

Schaubild 1. Dialektsoziologie: Stichwörter zur internen Struktur

des Umfeldes, die verschiedenen Ausprägungen der Regionalsprache dieses Raumes und die regionalspezifische Form der gesprochenen Standardsprache. Zum anderen gehört zu einem Kommunikationsprofil ein Komplex dialektsoziologischer Informationen zur sozialen und situativen Einbettung und Abgrenzung der verschiedenen Varietäten: Informationen zur Kompetenz, zum Gebrauch und zur Bewertung der verschiedenen die Kommunikationsgemeinschaft prägenden Varietäten. Also geht es erstens darum, herauszuarbeiten, wie weit etwa die Kenntnis des tiefen Ortsdialekts der untersuchten Sprachgemeinschaft verbreitet ist, ob er eher von älteren Männern oder von jüngeren Frauen verwendet wird. Wichtig ist dabei, dass hier unterschieden werden muss zwischen der Fähigkeit, eine oder mehrere Varietäten des Heidelberger Raumes sprechen zu *können* und der tatsächlichen Verwendung, dem Gebrauch dieser Varietäten in den verschiedenen Kommunikationssituationen. So kommt es unter in Heidelberg aufgewachsenen Akademikern durchaus vor, dass sie in ihrer Familie den Heidelberger Dialekt gelernt haben, ihn jedoch so gut wie nie wirklich einmal verwenden. Doch gehören natürlich auch die Informationen über die situativen Konstellationen, in denen in Heidelberg nur Dialekt bzw. nur Standardsprache verwendet wird, also die Varietätengebrauchsdaten zu einem tragfähigen Kommunikationsprofil. Die dritte Komponente eines dialektsoziologischen Kommunikationsprofils ist die Bewertung der verschiedenen vorhandenen Varietäten, speziell die Bewertung des Dialekts (vgl. Hundt u.a. demn.). Die Attitüden, die in einer Kommunikationsgemeinschaft wie etwa Heidelberg zur Bewertung der Varietäten verbreitet sind, wurden und werden auch heute noch in ihrer Bedeutung für die Rekonstruktion von Kommunikationsprofilen unterschätzt. Vorliegende neueste Studien zeigen, dass Dialektattitüden insbesondere für die Analyse von Varietätengebrauchsstrukturen als Steuerkomponenten von großer Bedeutung sind.

Wie sieht nun das Kommunikationsprofil des Heidelberger Raumes aus? Und mit welchen Methoden sollte sich der Dialektsoziologe einem solchen Phänomen nähern? Mit dieser Frage habe ich mich in einer Serie von Hauptseminaren zu den Heidelberger Dialekten beschäftigt, die ich in den letzten fünf Semestern veranstaltet habe. Im Zentrum stand dabei anfangs die Arbeit an den theoretischen Umrissen des Forschungskonzeptes „Kommunikationsprofil". Es ging um die wichtigsten Strukturkomponenten, etwa um die Bedeutung sozialer Basisdaten wie Alter, Geschlecht, Bildung, Berufstätigkeit usw. (Mattheier 1980). Aber auch um die theoretischen Beziehungen zwischen Dialektkompetenz und Dialektverwendung sowie die Varietätenbewertungsstrukturen, die die Strukturen des Varietätengebrauchs bis zu einem gewissen Grade steuern. Neben diesen theoretischen Überlegungen dominierte in der Seminararbeit jedoch schon bald die Diskussion der methodischen Möglichkeiten, die die Frage nach der Rekonstruktion eines Kommunikationsprofils von Heidelberg impliziert. Mit welchen Methoden kann bzw. sollte man Kommunikationsprofile beschreiben und analysieren? Relativ schnell wurde erkennbar, dass

Methoden der empirischen Sozialforschung, die prinzipiell durchaus zur Verfügung gestanden hätten, wie etwa die Beobachtung und auch das Experiment,
allenfalls für erste Vorstudien sinnvoll eingesetzt werden konnten. So haben
einige Studierende systematische Beobachtungen zur Verwendung des Dialektes auf dem Markt, in einer Vorstadtgastwirtschaft und auf Ämtern gemacht.
Die angemessene Methode für den Einstieg in die Erarbeitung eines Kommunikationsprofils und für den Aufbau sinnvoller Hypothesen zu diesem Bereich
ist jedoch ohne Zweifel die Befragung und der Fragebogen. Zwar konnten wir
auch hier keine statistisch validen und repräsentativen Ergebnisse erarbeiten.
Dafür waren die Zahlen der Befragten zu gering, die mit einem studentischen
Projektseminar erfasst werden konnten. Aber die Befragung ermöglichte uns
die Erfassung von vielen zentralen Daten des Kommunikationsprofils für jeden
einzelnen Interviewten und insofern zumindest die Stützung bzw. Problematisierung der wichtigsten Hypothesen zum Kommunikationsprofil.

In den letzten drei Semestern stand die Konzipierung und Erprobung eines
Fragebogens zum Heidelberger Kommunikationsprofil im Zentrum der Pro-
jektarbeit. In zwei Erhebungskampagnen im Februar und im Juni 2006 sind
dann von den Teilnehmern der Seminare etwa 300 Fragebögen abgefragt worden. Dieses Fragebogenkorpus bildet die Grundlage zum Heidelberger Kommunikationsprofil.

Bevor ich nun einige „Highlights" aus den Ergebnissen vorstelle und auch
einige Probleme schildere, die sich aus den Daten ergeben haben, erst noch einige Bemerkungen zum Aufbau und zur Problematisierung des Fragebogens.
Untersuchungsgegenstand der Studie sollten die in Heidelberg verbreiteten
Varietäten sein, also „der Dialekt" und „das Hochdeutsch". Wenn wir aber
nach ‚Dialekt' und ‚Hochdeutsch' fragen wollten, wie konnten wir sicher sein,
dass die Befragten dasselbe unter diesen Bezeichnungen verstanden wie die
Befrager? Vielleicht verstand der Interviewte unter ‚Dialekt' nicht nur den
tiefsten Basisdialekt und die Regionalsprache, sondern auch einen leichten
Dialektakzent. Um dieses Problem zu lösen, mussten wir für die Befragten
erkennbar machen, was von uns und auch von ihnen unter ‚Dialekt' verstanden werden sollte, nämlich „die Sprachweise, die unmittelbar mit Heidelberg
und seiner Umgebung in Verbindung gebracht wird und eine Identifikation
mit Heidelberg ermöglicht". Deshalb die kurzen Informationen zu Beginn des
Fragebogens. Ob diese Vorgehensweise tatsächlich zu einer „Eichung" des Dia-
lektbegriffs geführt hat, muss bezweifelt werden. In den Befragungen zeigte
sich, dass die Befragten in der Regel relativ feste Bedeutungskonzepte zu diesen Bezeichnungen mitbrachten, die durch solche Zusatzinformationen nicht
infragegestellt werden konnten.

Ein zweiter Problembereich des Fragebogens war und ist die Definition des
Untersuchungsgegenstandes. Natürlich sollte es sich um den *Heidelberger* Dialekt und seine Sprecher handeln. Aber wer ist eigentlich im dialektologischen
und speziell im dialektsoziologischen Sinne „Heidelberger"? Sicherlich nicht –

wie im stadtsoziologischen Sinne – alle die, die jetzt in Heidelberg wohnen. Damit würden etwa alle nur zeitweise in Heidelberg lebenden Studenten auch als Heidelberger gezählt. Zu den Heidelbergern im dialektologischen Sinne sind nur diejenigen Sprecherinnen und Sprecher zu rechnen, die über ihre Sprachbiographie so lange und so intensiv mit Heidelberg verbunden sind, dass sie zumindest potentiell auch den Heidelberger Dialekt erworben/übernommen haben können. Deshalb sind in unserer Stichprobe nur die als Heidelberger erfasst, die heute in Heidelberg wohnen, zusätzlich aber auch ihre Kindheit in Heidelberg und Umgebung verbracht sowie mehr als die Hälfte ihres Lebens in Heidelberg gelebt haben. Nur wer diese drei Bedingungen erfüllt, wird als Heidelberger gezählt und in die Stichprobe aufgenommen. Dass es dann trotzdem in dieser Gruppe einige gibt, die keinen Dialekt gelernt haben, ist ein Ergebnis der Analyse, das es zu klären gilt.

Fragebogen zum Projekt „Dialekt in Heidelberg" (2006)

Allgemeine Anmerkungen zum Fragebogen:
Mit diesem Fragebogen wollen wir herausfinden, wie weit Heidelberger den Dialekt ihrer Stadt bzw. ihrer Umgebung sprechen können. Wir verstehen dabei unter Dialekt die Sprechweise, die unmittelbar mit Heidelberg und seiner Umgebung in Verbindung gebracht wird. Hochdeutsch meint das, was man etwa in den Nachrichten im Rundfunk zu hören bekommt.

1. Wohnen Sie jetzt in Heidelberg oder Umgebung?   Ja □   Nein □

2. In welchem Stadtteil/in welchem Ort?

3. Haben Sie Ihre Kindheit in Heidelberg oder Umgebung verbracht?   Ja □   Nein □

4. Haben Sie mehr als die Hälfte Ihres Lebens in Heidelberg verbracht?   Ja □   Nein □

5. Wurde in Ihrem Elternhaus eher häufig, eher selten oder nie Heidelberger Dialekt gesprochen?
   Eher häufig □   Eher selten □   Gar nicht □

6. Wie gut können Sie den Dialekt von Heidelberg oder seiner Umgebung sprechen?
   Sehr gut □   Gut □   Etwas □   Gar nicht □
   (Wenn gar nicht, dann weiter mit 11)

7. Sprechen Sie im normalen Tagesablauf mehr Dialekt oder mehr Hochdeutsch?
   Mehr Dialekt □   Mehr Hochdeutsch □

8. Mit wem und bei welcher Gelegenheit sprechen Sie *immer* Dialekt?
   ....
   ....
   Kann der Gesprächspartner Heidelberger Dialekt sprechen?   Ja □   Nein □

9. Mit wem und bei welcher Gelegenheit sprechen Sie *nie* Dialekt?
   ....
   ....
   Kann der Gesprächspartner Heidelberger Dialekt sprechen?   Ja □   Nein □

10. Schildern Sie die letzten beiden Gelegenheiten, bei denen Sie Dialekt verwendet haben:
    a) ....
    ....
    Kann der Gesprächspartner Heidelberger Dialekt sprechen?   Ja □   Nein □

Fragebogen zum Projekt „Dialekt in Heidelberg" (2006) (Fortsetzung)

    b) ....
....

    Kann der Gesprächspartner Heidelberger Dialekt sprechen?   Ja ☐ Nein ☐

11. Nehmen Sie bitte zu folgenden Behauptungen Stellung: Stimmen Sie ihnen zu oder lehnen Sie sie ab?

	Stimme zu		Stimme nicht zu	
Im Dialekt wird vieles leichter ausgedrückt.	☐	☐	☐	☐
Dialekt ist eine plumpe Sprache.	☐	☐	☐	☐
Dialekt schafft Heimatverbundenheit.	☐	☐	☐	☐
Dialekt ist ein Zeichen mangelnder Bildung.	☐	☐	☐	☐
Dialekt schafft Gemütlichkeit.	☐	☐	☐	☐
Dialekt hilft, soziale Kontakte zu knüpfen.	☐	☐	☐	☐
Dialekt ist nicht vornehm.	☐	☐	☐	☐
Im Dialekt lassen sich Gefühle besser ausdrücken.	☐	☐	☐	☐
Dialekt ist unverständlich.	☐	☐	☐	☐
Dialekt macht sympathisch.	☐	☐	☐	☐
Dialekt wirkt sich negativ auf die berufliche Karriere aus.	☐	☐	☐	☐
Dialekt ist primitiv.	☐	☐	☐	☐

12.1 Alter (Geburtsjahr) ....

12.2 Geschlecht: männlich ☐   weiblich ☐

12.3 Schulabschluss:

    ☐ Volksschule   ☐ Hauptschule   ☐ Realschule

    ☐ Gymnasium   ☐ Hochschule   ☐ Andere: ....

12.4 Was machen Sie beruflich? ....

(Nur für den Interviewer)

In welcher Sprachlage/Varietät hat der Befragte während des Interviews gesprochen?

Mehr als Regionalakzent ☐   Regionalakzent ☐   Kein Regionalakzent ☐

    Der Fragebogen, der als Datengrundlage für unsere Analyse dient, ist gemäß der Definition des Kommunikationsprofils in drei bzw. vier Teile gegliedert: Fragen zur Dialektkompetenz, Fragen zu den Gebrauchssphären von Dialekt und Standardsprache und Fragen zur Dialektbewertung. Hinzu kommen einige Fragen zu zentralen biosozialen Daten (Alter, Geschlecht, Bildung, Beruf) und eine sozialgeographische Frage zum Faktor „Stadt/Land". Mit einer Frage, der Frage 5, wird die sonst durchweg beibehaltene synchrone Forschungsperspektive durch einen diachronen Aspekt ergänzt, wenn danach gefragt wird, in welchem Ausmaß im Elternhaus der Befragten Dialekt oder Standard gesprochen wurde.

Die zentrale Kompetenzfrage ist die Frage 6. Hier wird gefragt, wer den Dialekt von Heidelberg wie gut sprechen kann. Aus dieser Frage kann man durch einfache Mittelwertbildung einen Dialektkompetenzindex errechnen.

Die Fragen 7, 8, 9 und 10 zielen auf den Bereich ‚Sprachgebrauch'. Dabei ist die normale Methode der Befragung nach situativer Beschränkung von Dialektgebrauch umgedreht worden. Normalerweise werden hier Listen von Sprechsituationen vorgegeben und nach der dabei üblichen Varietät gefragt. Das führt zwar zu einer leichten Auswertbarkeit, setzt aber voraus, dass die Situationen schon bekannt sein müssen.

Die Frage 11 schließlich zielt auf die Dialektbewertung. Gegeben ist ein Test auf der Basis einer Lickert-Skala, der – über den Mittelwert aufbereitet – für jede Gewährsperson einen Dialektbewertungsindex zwischen 1.0 und 4.0 ergibt. Darüber hinaus sind auch die einzelnen Items gesondert als Bewertungsvoten auszuwerten. Dadurch kann etwa die gesellschaftliche Struktur der Gruppe bestimmt werden, die der Meinung ist, dass der Dialekt eine „primitive" und „plumpe" Ausdrucksform darstellt.

Nun einige Detailauswertungen zum Kommunikationsprofil der Heidelberger. Dabei ist allgemein zu beachten, dass alle Werte wegen eines deutlichen bias, also einer zusätzlichen Gewichtung, in Richtung auf die jüngere Generation hin verschoben sind. Die ältere Generation ist zu schwach besetzt. Das hängt sicherlich mit den Auswahlmethoden der Interviewer zusammen. Aber auch was die Bildung angeht, so sind die höher Gebildeten stärker vertreten als die Volks- und Hauptschüler. Beide Komponenten wirken in dieselbe Richtung. Insgesamt kann man davon ausgehen, dass die Werte der Grundgesamtheit eine deutlichere Dialektprägung haben als die in der Stichprobe. Dialekt ist also in der „Wirklichkeit" in und um Heidelberg noch weiter verbreitet als in den Analysedaten.

Wie gut können die eingesessenen Heidelberger nun eigentlich Dialekt? Wenn man die Sprecherinnen und Sprecher nimmt, die angeben, sehr gut und gut „Heidelbergerisch" zu können, dann sind es 61,1 %. Das liegt etwas unter den demoskopischen Befragungsergebnissen für Baden-Württemberg in den vergangenen 20 Jahren mit 66,1 % für 1983 und 66,6 % für 1992. Das bedeutet natürlich nicht, dass über 60 % der Heidelberger nun immer Dialekt sprechen. Im normalen Tagesablauf dominiert der Dialekt nur bei 30,5 % der Befragten. Fast 70 % verwenden im Alltag mehr standardnahe Varietäten.

Nun wissen wir aus anderen Analysen von Kommunikationsprofilen im Rahmen von Ortssprachenforschungen, dass die Verbreitung der Dialektkompetenz von einer Reihe gesellschaftlicher Bedingungen abhängt, die der Dialektverbreitung in den Orten förderlich oder hinderlich sind. Schauen wir uns zuerst die beiden sozialen Grundfaktoren „Geschlecht" und „Alter" an. Relativ unbestritten ist wohl die Hypothese, dass die Dialektkompetenz in einer sich globalisierenden Industriegesellschaft bei älteren Menschen höher ist als bei jüngeren. Die Auswertung der Fragebogendaten hinsichtlich einer sehr guten Dialektkompetenz und der Zugehörigkeit zu einer älteren, einer mittleren und einer jüngeren Generation zeigt eindeutig eine Bestätigung der Hypothese. 57,1 % der älteren und 55,3 % der mittleren Generation können Dialekt, dagegen nur 15,2 % der jüngeren Generation. Parallel dazu kann von der älteren Generation niemand gar keinen Dialekt und von der mittleren Generation 6,4 %. Von der jüngeren Generation sind es aber 20,7 %, die überhaupt keinen Dialekt können. Ungewöhnlich ist bei diesen Ergebnissen, dass eine relativ große Zahl junger Sprecher angibt, „etwas" Dialekt sprechen zu können. Es handelt sich um 30,4 % der jungen Sprecher. Hier könnte sich andeuten, dass die Zurückdrängung des Dialektes in den jüngeren Generationen wohl nicht auf direktem Weg zu einer Verbreitung des Hochdeutschen führt, eher wohl zu einem Ausbau des Zwischenbereichs der regionalen Umgangssprachen (Mattheier 2005).

Sprechen Frauen weniger Dialekt als Männer? Diese Frage ist in Kommunikationsprofilen immer von besonderer Brisanz. Nach meinen Daten für Heidelberg tun sie das wohl. Bei den sehr gut und gut Sprechenden stehen 64,3 % Männer nur 53,8 % Frauen gegenüber. Und auch bei den „gar nicht" Dialekt Sprechenden haben wir nur 8,2 % Männer, aber 20,0 % Frauen.

Der dritte dialektsoziologisch brisante Faktor ist die Bildung. Von den sehr gut / gut sprechenden Gewährspersonen (Gwpp.) haben 47,2 % ein gymnasiales Ausbildungsniveau, aber 85,4 % ein Volks- und Hauptschulniveau. Und von den höher Gebildeten sprechen 19,1 % gar keinen Dialekt, während das bei den weniger Gebildeten nur 9,8 % sind. Mit diesen drei biosozialen Faktoren zeichnen sich schon die ersten Umrisse eines „typischen" Dialektsprechers von heute bzw. eines typischen Hochdeutschsprechers in der Kommunikationsgemeinschaft in Heidelberg ab: Ältere Männer mit unteren Bildungsgraden sind die besten Dialektsprecher in Heidelberg. Und parallel dazu können jüngere Frauen mit höherer Bildung überdurchschnittlich Standardsprache.

Weniger bedeutsam scheint für Heidelberg der sonst in anderen Studien durchaus relevante Faktor „städtisch" / „ländlich" zu sein. Sehr gut und gut können den Dialekt nach unseren Daten in Heidelberg 53,9 % der städtischen Gwpp. und 51,9 % der im Umland Wohnenden. Dieses Ergebnis könnte jedoch dadurch beeinflußt sein, dass bei der Auswertung Schwierigkeiten bei der Operationalisierung dieser beiden Kategorien auftraten.

Bisher wurden nur synchrone Faktoren auf ihre Bedeutsamkeit hinsichtlich einer mehr oder weniger großen Dialektkompetenz getestet. Eine Frage, die Frage 5, zielte in einen diachronen Hypothesenzusammenhang. Gefragt wurde danach, in welchem Ausmaß im Elternhaus der Gwpp. Dialekt verwendet worden ist. Die Hypothese zielt natürlich auf die Annahme, dass eine familiäre Dialekttradition auch eine erhöhte Dialektkompetenz und evtl. sogar eine höhere Verwendung von Dialekt im Alltag impliziert.

Und die Korrelationsergebnisse bestätigen diese Hypothese überzeugend. Während von der Gesamtstichprobe 48,3 % auch ein dialektsprechendes Elternhaus hatten, waren es von der Gruppe der sehr gut / gut Sprechenden 71,9 %. Und umgekehrt haben von der Gesamtstichprobe 23,5 % keinen Dialekt im Elternhaus gehört, aber von denjenigen, die gar keinen Dialekt sprechen, mit 52,4 % fast doppelt so viel. Ein dialektgeprägtes Elternhaus ist daher wohl ein wichtiger Faktor dabei, ob der Sprecher heute sehr gut / gut oder überhaupt nicht Dialekt spricht.

Das Kommunikationsprofil einer Ortsgemeinschaft wie in Heidelberg besteht nicht nur aus dem Bereich der Kompetenzstruktur. Hinzu kommen noch die Bereiche des Sprachgebrauchs und auch der der Varietätenbewertung.

Im Bereich der Sprachgebrauchsanalyse wird untersucht, welche Kommunikationspartner Dialekt verwenden bzw. welche Kommunikationssituationen im Dialekt bewältigt werden und welche eher in Standardsprache. Im Gegensatz zu der traditionellen „Situations-Methode", bei der die Gwpp. aufgefordert werden, aus einer vorgegebenen Liste von Situationen und Gesprächspartnern die anzumerken, die in der jeweiligen Gemeinschaft Dialekt oder Standard erfordern, wird bei der hier gewählten Methode die Varietät vorgegeben und nach den Situationen selbst gefragt, die diese Varietät erfordert. Gefragt wird etwa, mit wem und bei welchen Gelegenheiten immer oder nie von dem Befragten Dialekt gesprochen wird. Die Ergebnisse dieser Varietätengebrauchsanalyse sind auf zwei Ebenen angesiedelt. Einmal erhält man durch den Vergleich und die Typisierung der an die 150 Fragebogenangaben für Heidelberg ein erstaunlich festes Spektrum von Dialekt-Situationen: die gesamte Familie (teilweise eingeschränkt auf die Großelterngeneration); die Freunde und Bekannten sowohl im beruflichen als auch im Freizeitbereich. Hinzu kommen die Gespräche im Umkreis der regionalen Identität, also mit Bezug zum Heimatort, aber auch im Umkreis von „einfachen Leuten" im Heimatort. Dann gibt es Antworttypen, die betonen, dass es keine Situation gibt, in der nicht Dialekt verwendet wird. Dialekt kann also in allen Situationen verwendet werden. Weiter gibt es aber auch Situationen, in denen nie ausschließlich Dialekt gesprochen wird. Und schließlich antwortet eine nicht kleine Gruppe auf die Frage, wann Dialekt verwendet wird: 'Immer dann, wenn etwas Lustiges thematisiert wird, beim Witzemachen, wenn man Spaß macht.' Das Auftreten dieser Dialektsituation ist unvorhergesehen. Mit der traditionellen „Situationsliste-Methode" hätte man nicht auf diesen Dialektgebrauchsbereich stoßen können.

Die zweite Ebene, auf der die Sprachgebrauchssituationen analysiert werden können, betrifft die Annahme, dass die Situationen sich nicht zufällig über die Gesamtgruppe verteilen, sondern dass es bestimmte soziolinguistische Konstellationen für bestimmte Situationsspektren gibt. Setzt man die Situationstypen mit zentralen Sozialfaktoren in Beziehung, so ergibt sich etwa in der Gruppe derer, die in allen Situationen Dialekt gebrauchen, wie zu erwarten ein hohes Alter (mittlere und alte Generation), eine sehr hohe Dialektkompetenz (nur sehr gut), durchweg unteres Bildungsniveau und, das sei hier vorweggenommen, einen sehr hohen Dialektbewertungsindex von 3,11 (von 4,00).

Die Gruppe, die Dialektgebrauch insbesondere in lustigen Konstellationen lokalisiert, weicht dagegen von der vorigen Gruppe völlig ab. Es handelt sich um eine Gruppe von jüngeren Frauen mit hoher Bildung und einer mittleren Dialektbewertung ebenso wie einem mittleren Dialektkompetenzwert.

Diese Analyseergebnisse lassen vermuten, dass es innerhalb von Ortsgemeinschaften nicht einheitliche Regeln für die situative Verwendung von Dialekt gibt, sondern dass schon innerhalb der Ortsgemeinschaft unterschiedliche dialektsoziologische Gruppen jeweils differente Sprachgebrauchsregeln haben. Das ist natürlich von erheblicher Bedeutung für die jeweilige Entwicklungsdynamik der einzelnen Varietäten einer Ortsgemeinschaft. Wenn Dialekt nur noch von alten Männern beim Witzeerzählen gebraucht wird, ist die Dialekterhaltung gefährdet, wenn Dialekt auch von jungen Leuten im Berufsbereich verwendet wird, ist eher mit Dialekterhaltung zu rechnen.

Der dritte Datenbereich eines Kommunikationsprofils ist die Untersuchung der Bewertungsstrukturen des Dialektes in der gesamten Ortsgemeinschaft und unter dem Einfluß verschiedener dialektsoziologischer Faktoren. Dazu ist in den Fragebögen ein besonderes Messinstrument eingefügt worden, das auf der Stellungnahme der einzelnen Gwpp. zu einer Reihe von Statements basiert. Dieses Instrument, das mit einer Lickertskala arbeitet, führt zu einem Dialektbewertungsindex zwischen 1.0 und 4.0, wobei die positive Bewertung bei 4.0 liegt.

Bei der Auswertung der Daten habe ich nicht mit der Gesamtgruppe, sondern mit zwei Extremgruppen gearbeitet, den Fragebögen mit Indizes zwischen 4.0 und 3.0 und den Bögen mit Indizes zwischen 1.0 und 2.0. Wir haben also zwei Extremgruppen, diejenigen, die eine sehr positive Einstellung zum Dialekt haben und die mit einer sehr niedrigen Einstellung zum Dialekt.

Wie sieht nun die Sprechergruppe aus, die in Heidelberg eine positive Einstellung zum Dialekt hat?

Einmal scheint eine Dialektprägung in der Familie eine *positive* Dialekteinstellung zu verursachen. In der Gruppe derjenigen mit positiver Dialektbewertung haben 80.0 % ein dialektgeprägtes Elternhaus, in der Gesamtstichprobe dagegen nur 48.3 %. Auch zu der in der Forschung immer noch umstrittenen Frage nach dem Zusammenhang zwischen Dialektbewertung und Dialektkompetenz liefert die Befragung Ergebnisse. Während in der Gesamt-Gruppe 31.9 % sehr gute Dialektkompetenz vorliegt, weist die Teilgruppe derjenigen mit positiver Dialekteinstellung sogar 70 % sehr gute Dialektsprecher auf. Alter und Geschlecht zeigen dagegen keine besonderen Auswirkungen auf die positive Dialektattitüde. Die Werte der Teilgruppe entsprechen der Gesamtgruppe. Frauen und Männer bzw. alte und junge Sprecher unterscheiden sich nicht in der Dialektbewertung. Allenfalls im Bereich der Bildung kann man eine positive Korrelation zwischen positiver Dialektattitüde und Volksschulbildung feststellen.

Nun noch einige Bemerkungen zu den sozialen Faktoren, die mit einer extrem *negativen* Einstellung gegenüber dem Dialekt verbunden ist. Wie erwartbar haben diejenigen, die keinen Dialekt sprechen können, überdurchschnittlich schlechte Meinung vom Dialekt. Einem Durchschnittswert von 10.0 % entspricht in der Gruppe der „Dialektverächter" ein Wert von 28.6 %. Beim Alter zeigt sich eine starke Korrelation zwischen negativer Dialektattitüde und junger Generation. Und auch bei der Bildung korreliert die negative Attitüde mit der hohen Bildung. Hier werden im großen und ganzen die Forschungsergebnisse der Ortssprachenforschung der vergangenen Jahrzehnte bestätigt. Positive Einstellung zum Dialekt findet sich in der Regel bei älteren Dialektsprechern mit geringer Bildung und einer guten Dialektkompetenz, die in ihrer Familie früher schon dialektgeprägt waren. Negative Dialektattitüde dagegen bei jüngeren, gebildeten Sprechern ohne Dialektprägung im Elternhaus und mit nur rudimentär vorhandener Dialektkompetenz.

Abschließen möchte ich diese kleine dialektsoziologische Skizze zum Kommunikationsprofil mit einigen Beobachtungen, die die Entwicklungsdynamik eines solchen Kommunikationsprofils erkennen lässt. In dem Fragebogen wurde in Frage 6 danach gefragt, wer von den Gwpp. „gar nicht" Dialekt gelernt habe, obgleich dazu die besten Ausgangsbedingungen (FB, 1, 3, 4) gegeben waren. Alle diese Sprecher sind in Heidelberg geboren und haben dort sowohl ihre Jugend als auch mehr als die Hälfte ihres Lebens verbracht. Und natürlich wohnen sie auch jetzt noch hier. Wieso kommt es dann vor, dass sie trotzdem keinen Dialekt gelernt haben? Eine Spezialanalyse nach den evtl. wirksamen Sozialfaktoren ergibt folgendes: Bei der Gruppe der „gar nicht"-Sager in F6 handelt es sich überdurchschnittlich um junge Frauen, die in der Stadt selbst leben, eine hohe Bildung haben und keine Dialektprägung aus der Vorgeneration. Hier liegt also wohl die „Speerspitze" des Dialektverfalls. Denn diese Gruppe trägt zugleich die Hauptaufgabe bei der – dialektfernen oder dialektnahen – Spracherziehung der heranwachsenden Kinder.

Das Konzept des Kommunikationsprofils liefert – das sollte hier gezeigt werden – bestimmte Standardisierungen und theoretisch-methodische Strukturierungen, die als Bausteine für dialektsoziologische Untersuchungen insbesondere im Meso-Bereich dienen können.

Und zugleich liefert das Konzept Ansatzpunkte für eine Erfassung der dialektsoziologischen Entwicklungsdynamik, die ebenfalls eng mit der Ortsgemeinschaft und ihrer Kommunikationsstruktur verbunden ist.

Literatur

Hard, Gerhard (1968) Zur Mundartgeographie. Ergebnisse, Methoden, Perspektiven. Düsseldorf

Hundt, Markus u. a. (demnächst): Perceptual-dialectology – Neue Wege der Dialektologie. Im Druck

Mattheier, Klaus J. (1980) Pragmatik und Soziologie der Dialekte (UTB 994). Heidelberg

Mattheier, Klaus J. (2005) Dialektsoziologie/Dialect Sociology. In: Ammon, Ulrich, Norbert Dittmar, Klaus J. Mattheier, Peter Trudgill (eds.) Sociolinguistics/Soziolinguistik. International Handbook of the Science of Language and Society. 2. Aufl. Berlin, New York. Bd. 2/2, 1436–1446

Willemyns, Roland, Wim Vandenbussche (2008) Diglossie vs. Kontinuum. Der Einfluß des Dialektverlustes. SOCIOLINGUISTICA 22 (im Druck)

Heidelberger Jahrbücher, Band 53 (2009)
E. Felder (Hrsg.) Sprache
© 2009 Springer-Verlag Berlin Heidelberg

Nichtnatürlich über natürliche Sprache schreiben

Zu einigen formalen Aspekten von Wörterbuchartikeln

HERBERT ERNST WIEGAND

Einem aus dem Adressatenkreis dankbar
gewidmet: Michael Schröder, Chef der HNO-
Klinik im Klinikum Kassel

1. Vorbemerkungen zum Adressatenkreis

Dieser Beitrag ist nicht für diejenigen meiner Fachkollegen geschrieben, die
Experten für Lexikographietheorie sind. Als den Adressatenkreis betrachte ich
vielmehr akademische Kollegen, die Lust und ab und zu ein wenig Zeit haben, sich darüber zu informieren, was die Kollegen in anderen Fächern oder
anderen fachzugehörigen Forschungsfeldern denn eigentlich so treiben, was
sie bewegt und wie sie argumentieren. Lexikographietheoretische Kenntnisse
werden im Folgenden nicht vorausgesetzt, sondern gelegentlich *en passant* eingeführt. Allerdings muss ich mathematische und logische Kenntnisse auf Ab-
iturniveau voraussetzen. Der folgende Text hat allenfalls ein mittleres Abstrak-
tionsniveau; das bedeutet, dass öfters Vereinfachungen auftreten und manche
Argumentation verkürzt ist.

2. Zwischenbemerkungen zur Einstimmung auf das Thema

Natürliche Sprachen sind z. B. Deutsch, Griechisch und Französisch; aber auch
Hessisch und Schwäbisch sowie z. B. die Fachsprache der Juristen gelten als
natürlich. Nicht nur natürliche Sprachen gehören zur Natur des Menschen,
sondern auch – um es im Hinblick auf die Titelformulierung dieses Beitrages
dichotomisch zu sagen – die nichtnatürlichen Sprachen, die auch *künstliche
Sprachen* heißen. Diese sind semiotische Werkzeuge für das Denken in hochspezialisierten Bereichen und für Teilbereiche der fachlichen Kommunikation,
besonders in ihrer schriftkonstituierten Form. Durch sie werden die Werk-
zeugkästen mit Werkzeugen für die händische Arbeit ergänzt. Viele von ihnen
sind eine der Voraussetzungen für die Möglichkeit moderner Technik. Es gibt
sehr unterschiedliche Typen von nichtnatürlichen Sprachen, z. B. Plansprachen
wie Volapük und Esperanto, alle formalen Logiksprachen, wie z. B. die Sprachen der Prädikatenlogik und die der Modallogik, alle Programmiersprachen,

wie z. B. LISP und PROLOG, sowie nicht zuletzt die Formelsprache der Mathematik und die der Chemie – um nur wenige zu nennen. Alle nichtnatürlichen Sprachen sind wissenschaftliche Artefakte. Für die formalen Sprachen gilt: Sie ändern sich nicht – wie die natürlichen Sprachen – durch ihren Gebrauch. Soll etwas verändert werden, geschieht dies in intentionalen Akten identifizierbarer Personen und nicht – wie bei den natürlichen Sprachen – nach den Gesetzlichkeiten der unsichtbaren Hand. Weiterhin ist hier die so genannte Parallelität von Syntax und Semantik relevant, d. h.: Von der syntaktischen Form eines korrekten syntaktisch komplexen Ausdrucks einer formalen Sprache kommt man entlang eines festen Inferenzweges zu genau einer und immer zu dieser Bedeutung.

Über natürliche Sprachen kann mit nichtnatürlichen geschrieben werden und umgekehrt. Die erste Möglichkeit ist allerdings stark eingeschränkt; beispielsweise gehört in der Linguistik die prädikatenlogische Notation von lexikalischen Bedeutungen und semantischen Relationen dazu. Mit dem Titel dieses Beitrages ist aber gerade nicht der Fall gemeint, dass jemand mit einer eingeführten nichtnatürlichen Sprache über natürliche Sprache schreibt oder geschrieben hat, sondern es sind Fälle wie die gemeint, die sich in den fünf Wörterbuchartikeln (wa) in Abb. 1 finden.

¹Bär [bɛːɐ̯]. der; -en, -en ⟨Vkl. ↑Bärchen⟩ [mhd. ber, ahd. bero, eigtl. = der Braune]: *großes Raubtier mit dickem braunem Pelz, -gedrungener Gestalt u. kurzem Schwanz:* der B. brummt; -en jagen, erlegen; Ü er ist ein richtiger B. (ugs.; *ein plumper, vierschrötiger Mensch);* *der Große B., der Kleine B. *(Sternbilder des nördlichen Himmels;* nach lat. Ursa Major u. Ursa Minor); wie ein B. (ugs.; *sehr*): hungrig sein, stark sein wie ein B.; schwitzen wie ein B.; schlafen wie ein B. (ugs.; *sehr fest schlafen;* gemeint ist der Winterschlaf des Bären); jmdm. einen -en aufbinden (ugs.; *jmdm. etw. Unwahres so erzählen, daß er es glaubt;* H. u.); ²Bär, der; -s, -en, fachspr.: -e [vgl. ↑¹Bär] (Bauw.): *Rammklotz, großer Hammer (zum Bearbeiten von Werkstücken od. Einrammen von Pfählen).*

Granulat, das; -(e)s, -e *durch Granulieren gekörnte Substanz:* dieses Düngemittel kommt als G. in den Handel

sum·mon ['sʌmən] I *v/t* 1. auffordern, -rufen, beauftragen: to ~ s.o. to do s.th. – 2. rufen, (zu sich) bestellen, kommen lassen, her'beizi,tieren: to ~ away wegrufen. – 3. *fig.* (her'vor)rufen: a sight that ~ed the blood to his face ein Anblick, der ihm das Blut ins Gesicht trieb.– 4. *bes. jur.* (vor Gericht) laden, vorladen, (vor Gericht) zi'tieren. – 5. *(Konferenz etc)* zu'sammen-, einberufen: to ~ Parliament das Parlament einberufen. – 6. *oft* ~ up zu'sammennehmen, aufbieten: he ~ed all his strength er bot seine ganze Kraft auf. – 7. *mil. (Stadt etc)* zur 'Übergabe auffordern. – 8. *euphem.* (aus dem Leben) ab(be)rufen *(meist pass)*: in the midst of his work he was ~ed mitten in seiner Arbeit wurde er abberufen. – II *v/i* 9. eine Vorladung *od.* Aufforderung ergehen · lassen. – *SYN.* call, cite, convene, convoke, muster. — 'sum·mon·er *s* 1. Bote *m.* – 2. *jur. hist.* Gerichtsbote *m.*

Abb. 1. Wörterbuchartikel wa₁ und wa₂ aus Duden-GW, wa₃ aus HWDG sowie wa₄ und wa₅ aus LEW Engl./Dt. (1963)

Wörterbuchartikel wie wa₁ bis wa₅ kommen nur in Sprachwörterbüchern der Neuzeit vor. In ihnen wird *nichtnatürlich über natürliche Sprachen* geschrieben; in ihnen werden zwar neben anderen vor allem Ausdrucksmittel von natürlichen Sprachen verwendet, aber ihre Teile, z. B. die Angaben, sind nicht mit Hilfe einer natürlichsprachlichen Syntax in ihre jeweilige lineare Ordnung gebracht. Besonders das auffällige Fehlen von artikelinternen syntaktischen Beziehungen zwischen Artikelteilen, die aufgrund der Syntax einer natürlichen Sprache zustande gekommen sind, ist der Grund dafür, dass Wörterbuchartikel wie wa_1 bis wa_5 nicht als Texte einer natürlichen Sprache gelten können. Vielmehr gehören sie zu einer Textsorte mit einem besonderen Textformat, das ausschließlich ihnen zukommt. Dieses Textformat ist weder natürlichsprachlich noch das einer in einem besonderen nichtlexikographischen Text eingeführten künstlichen Sprache; vielmehr ist es genuin sprachlexikographisch und, wie wir noch genauer sehen werden, in einem bestimmten Sinne teilweise strikt formal und teilweise nicht. Dieses Textformat zusammen mit dem jeweils infrage kommenden Teil in den wörterbuchinternen Metatexten (wie z. B. den Benutzungshinweisen oder der lexikographischen Einleitung) erlaubt es, dass sprachliche Formen und Textfragmente mehrerer natürlicher Sprachen sowie Zeichen aus sehr verschiedenen semiotischen Systemen derart zu einem lexikographischen Artikeltext geordnet werden können, dass ein kundiger Benutzer, also einer, der das Textformat aufgrund z. B. der Lektüre der Benutzungshinweise kennt, wenn er usuelle Benutzungshandlungen (*sensu* Wiegand 1998a: 303ff.) ausführt, in der Lage ist, anhand der wahrnehmbaren artikelinternen lexikographischen Daten für jede textuelle Artikelposition eine ganz bestimmte Sorte von lexikographischen Informationen als kognitive Gegebenheiten zu erschließen.

Die Präsentation des jeweiligen Wörterbuchgegenstandes in den Wörterbuchartikeln, die, wie wa_1 bis wa_5, zum Typ des vollständig kondensierten Wörterbuchartikels (vgl. unten) gehören, geschieht u. a. auf der Basis einer oder mehrerer Sprachvarietäten einer oder mehrerer natürlicher Sprachen. Dabei werden sprachliche Ausdrücke dieser Varietäten auf recht verschiedene Weise verwendet, und zwar so, dass eine simple Unterscheidung wie die von Objekt- und Metasprache zur Differenzierung der unterschiedlichen Verwendungsweisen nicht ausreicht (vgl. z. B. Wiegand 1983: 422ff. u. 2002a: 275f. sowie Wolski 1988). Zu den unterschiedlichen Verwendungsweisen folgen nun einige exemplarische Hinweise am Beispiel von wa_1 und wa_4 in Abb. 1.

Jedes Sprachwörterbuch weist mindestens einen Wörterbuchgegenstandsbereich auf; das ist derjenige Bereich, in dem die sprachlichen Ausdrücke verwendet werden, die hinsichtlich bestimmter, vom jeweiligen Wörterbuchtyp festgelegter Eigenschaftsausprägungen, in einem Wörterbuch lexikographisch bearbeitet werden (vgl. Wiegand 1998a: 303). Der Wörterbuchgegenstandsbereich des Duden-GW, aus dem wa_1 stammt, ist die deutsche Standardsprache der Gegenwart, wie sie als Leitvarietät bis in die 80er Jahre des vorigen Jahrhunderts gesprochen und geschrieben wurde. Relativ zu diesem Sprachstadium liegen die Wörterbuchartikel des Duden-GW auf einer Metaebene; diese wird mit der Entstehung der Wörterbuchartikel als einem zentralen Teil des Ergebnisses der lexikographischen Bearbeitung konstituiert. Es wäre nun – wissenschaftstheoretisch betrachtet – ein schwerwiegender Irrtum anzunehmen, die Wörterbuchartikel auf der Metaebene seien in einer Metasprache verfasst. Vielmehr setzt sich die text- und sprachreflexive lexikographische Beschreibungssprache aus unterschiedlichen Einheiten mehrerer Sprachvarietäten und semiotischer Systeme in unterschiedlichen Verwendungsweisen zusammen. In wa$_1$ in Abb. 1 treten z. B. folgende Verwendungsmodi auf:

(i) Sprachliche Einheiten der lexikographisch bearbeiteten Sprache im Modus der Erwähnung. Mit der lemmatischen Substantivangabe „Bär" wird das nhd. Substantiv dadurch auf der lexikographischen (ersten) Metaebene erwähnt, dass seine lexikographische Nennform, nämlich die Form des Nominativs Singular *Bär* in orthographisch korrekter Schreibung erwähnt (oder: genannt) wird, und zwar zum Zwecke seiner sich anschließenden lexikographischen Bearbeitung, so dass über *Bär* auf der zweiten Metaebene etwas ausgesagt werden kann. Nicht nur *Bär* wird in wa$_1$ erwähnt. Auch mit den verdichteten Angaben der Sternbildnamen „**der Große B.**" und „**der Kleine B.**" werden sprachliche Einheiten aus dem Wörterbuchgegenstandsbereich partiell erwähnt und können im Zuge der Ausführung einer kognitiven Substitutionsoperation, in der „B." durch *Bär* ersetzt wird, vom Benutzer erschlossen werden. Entsprechendes gilt für die beiden Angaben, mit denen so genannte feste Wendungen erwähnt werden, nämlich für die beiden verdichteten Phrasemangaben „**wie ein B.**" und „**jmdm. einen -en aufbinden**".

(ii) Sprachliche Einheiten der lexikographisch bearbeiteten Sprache im Modus des (erläuternden) sprachreflexiven Gebrauchs. Zunächst könnte man denken, mit der Artikelangabe „der" in wa$_1$ werde der bestimmte Artikel *der* nur erwähnt. Das ist aber nicht der Fall. Nur erwähnt wird er vielmehr mit der lemmatischen Artikelangabe „**der**", mit welcher der Wörterbuchartikel zum bestimmten Artikel *der* beginnt. In wa$_1$ wird „der" vielmehr sprachreflexiv auf der zweiten Metaebene so verwendet, dass der kundige Benutzer-in-actu anhand von „der" das Genus und die Wortart von *Bär* erschließen kann. Auch mit der verdichteten Singularbildungsangabe „-en" und mit der auf diese folgende verdichteten Pluralbildungsangabe „-en" werden keine Endungen lediglich erwähnt, sondern sie werden sprachreflexiv gebraucht, damit der kundige Benutzer erschließen kann, wie die Singular- und Pluralformen von *Bär* lauten. Auch mit Bedeutungsparaphrasenangaben wie z. B. „*großes Raubtier mit dickem Pelz, gedrungener Gestalt u. kurzem Schwanz*" wird die lexikographisch bearbeitete Sprache sprachreflexiv auf der zweiten artikelinternen Metaebene erläuternd gebraucht. Besonders wenn die lexikographisch bearbeitete Sprache sprachreflexiv gebraucht wird, um Eigenschaftsausprägungen von erwähnten Ausdrücken zu erläutern, sagt man auch, dass sie als lexikographische Beschreibungssprache verwendet wird.

(iii) Sprachliche Einheiten der lexikographisch bearbeiteten Sprache im Modus des (demonstrierenden) textreflexiven Gebrauchs. Eine Angabe wie „der B.

brummt" ist nicht etwa ein Beispiel für die Verwendung von *Bär*; vielmehr liegt eine verdichtete Beispielangabe vor, mit der ein Beispiel partiell genannt wird, so dass ein Benutzer-in-actu das Beispiel *der Bär brummt* erst erschließen muss; anhand der verdichteten Beispielangabe „-en jagen, erlegen" können sogar zwei Beispiele erschlossen werden, nämlich *einen Bären jagen* und *einen Bären erlegen*. Während z. B. mit der Artikelangabe „der" in wa$_1$ etwas über *Bär* gesagt wird, wird mit Beispielangaben nicht im gleichen Sinn etwas über *Bär* (als Einheit des Sprachsystems) gesagt, vielmehr wird der Gebrauch von *Bär* in syntaktischen Konstruktionen ausschnittsweise demonstriert.

(iv) Sprachliche Einheiten, die nicht zur lexikographisch bearbeiteten Sprache gehören im Modus des (erläuternden) sprachreflexiven Gebrauchs. Die Ausspracheangabe in wa$_1$ ist unter Verwendung einer speziellen Lautschrift formuliert. In der Etymologieangabe werden mhd. und ahd. Formen verwendet („ber" und „bero"). In der Angabe zur Entlehnung „nach lat. Ursa Major u. Ursa Minor" treten lateinische Formen auf. Weiterhin treten auf der zweiten Metaebene verschiedene verdichtete Angaben auf, mit denen Abkürzungen für linguistische Termini genannt werden, z. B. in wa$_1$ „Vkl.", die Abkürzung für *Verkleinerung*, als Diminutividentifizierungsangabe, weiterhin „Ü", die Abkürzung für *Übertragung*, als Angabe zum semantischen Übergang und in wa$_4$ „v", die Abkürzung für engl. *verb*, als Wortartangabe sowie „t", die Abkürzung für engl. *transitive*, als Angabe der syntaktischen Verbklasse. Schließlich werden in wa$_4$ arabische Zahlen als Polysemie- und römische Zahlen als Polymorphieangaben verwendet.

Wir haben also als Ergebnis: Vollständig kondensierte Wörterbuchartikel weisen keine natürlichsprachliche Syntax auf, vielmehr werden sprachliche Formen der unterschiedlichsten Art, nämlich Wortformen, Flexionsendungen, Satzfragmente, Zahlen, Abkürzungen u. a. aus verschiedenen Sprachen und Sprachvarietäten in verschiedenen Verwendungsweisen linear geordnet. Ergänzt sei, dass auch die Schriftverwendung in den Wörterbuchartikeln eigenwillig ist: Verschiedene Schriftstärken treten unvermittelt nebeneinander auf, wie z. B. fett und normal, und weiterhin unterschiedliche Schriftlagen, wie gerade und kursiv. Die gleichen Interpunktionszeichen, die im Wörterbuchgegenstandsbereich verwendet werden, werden auf der Ebene der Artikelform z. T. gleich, z. T. aber anders verwendet.

Die nichtnatürliche Art und Weise der lexikographischen Präsentation textueller Daten innerhalb von kondensierten Wörterbuchartikeln hat erhebliche Folgen für eine Theorie lexikographischer Texte: Weder die in der Textlinguistik entwickelten Methoden noch die ohnehin recht dürftigen theoretischen Ansätze textlinguistischer Provenienz reichen aus, um für Wörterbuchartikel moderner Printwörterbücher, die statische Informationssysteme in der Form eines Textverbundes sind, eine Theorie zu erarbeiten, die mindestens die folgenden Gegebenheiten erklärt: die Struktur und die genuine Funktion von

Wörterbuchartikeln, die Struktur und genuine Funktion aller textuellen Teile von Wörterbuchartikeln, ihre externe und interne Datenakzessivität, ihren Benutzerbezug, ihre Vernetzung mittels Verweisungen mit anderen Artikeln sowie mit allen anderen Texten des Textverbundes, wie z. B. Umtexten, eingelagerten Binnentexten, Einschüben und Registern und ihre Textverdichtungen sowie den Grad der Benutzerfreundlichkeit. Weiterhin muss die Theorie ein typologisches System für alle Typen von Wörterbuchartikeln liefern (vgl. Wiegand 2003a) sowie für alle Typen von Textsegmenten, die in Wörterbuchartikeln auftreten (vgl. Wiegand 2005a). Eine solche Theorie liegt vor; sie ist ein speziell auf Wörterbuchartikel als den wichtigsten akzessiven Einträgen bezogener Ausschnitt aus einer Theorie der Wörterbuchform (vgl. zu dieser meine Arbeiten im Lit.-Verz.). Im Folgenden werden drei einführende Einblicke in diese Theorie gegeben; *expressis verbis* sei festgestellt: Diese reichen nicht aus, um einen Überblick über den genannten Theorieausschnitt zu erhalten. Auf die wissenschaftstheoretischen Grundlagen kann dabei nicht eingegangen werden (vgl. dazu u. a. Wiegand 1989a u. 1989b).

Eine Gegenstandseinschränkung für die nachfolgenden Darstellungen sei noch explizit genannt: Meine Ausführungen gelten für vollständig kondensierte Wörterbuchartikel in alphabetischen Printwörterbüchern, deren Wörterbuchgegenstandsbereiche solche Sprachen sind, die nach einer Alphabetschrift verschriftet sind, deren Schriftrichtung durchgängig dextrograd ist, so dass mithin auf allen Zeilen von links nach rechts geschrieben wird.

3. Einführende Bemerkungen zu Artikelkonstituenten- und Artikelmikrostrukturen

Satzkonstituentenstrukturen sind aus der Syntax bekannt, Textkonstituentenstrukturen aus der Textlinguistik. Artikelkonstituentenstrukturen sowie Artikelmikrostrukturen als deren prominenteste Teilstrukturen sind Textkonstituentenstrukturen von kondensierten Wörterbuchartikeln. Wir berücksichtigen nur die für vollständig kondensierte Wörterbuchartikel (*sensu* Wiegand 2003a: 207f.), für die wa_1–wa_5 in Abb. 1 Beispiele sind. Partiell kondensierte Wörterbuchartikel, die mindestens einen Angabetext und damit in mindestens einer textuellen Artikelposition eine natürlichsprachliche sytaktische Konstruktion auf der Ebene der Artikelform aufweisen, werden der Einfachheit halber nicht berücksichtigt.

Wir benötigen zunächst den Begriff der Artikelkonstituente. Eine Artikelkonstituente ist eine Textkonstituente, die eine feste kontinuierliche Form, genau eine textuelle Position mit mindestens einer textuellen Nachbarposition und mindestens eine genuine Funktion aufweist. Man unterscheidet folgende Typen von Artikelkonstituenten: Angaben, Angabetexte und nichttypographische Mikrostrukturanzeiger. Neben den gerade genannten funktionalen Textsegmenten mit Textkonstituentenstatus gibt es funktionale Textsegmente ohne

Textkonstituentenstatus, mit denen etwas angegeben wird; diese Textsegmente heißen *funktionale Angabezusätze*. Während alle Textkonstituenten eines Wörterbuchartikels durch eine korrekte Anwendung der Methode der exhaustiven funktional-positionalen Segmentation erhältlich sind (vgl. Wiegand 1990: 20ff. u. 2005a: 217ff.), gilt dies für funktionale Angabezusätze nicht. Sie sind nur durch die Anwendung anderer Segmentationsmethoden erhältlich, wie wir noch genauer sehen werden. In wa$_3$ ist der Unterstrich unter dem Angabeformsegment **a** in **Granulat** ein bifunktionaler Angabezusatz; es handelt sich um eine Wortakzentkennzeichnung, die zugleich eine Vokalquantitätskennzeichnung zur Länge (des Vokals) ist (vgl. 3.2). Wörterbuchartikel, in denen kein funktionaler Angabezusatz auftritt, weisen gerade eine reine Artikelkonstituentenstruktur auf und als Substruktur gerade eine reine Artikelmikrostruktur. Die genannten Strukturen heißen *rein* (oder: *nichthybrid*) weil die zugehörigen strukturtragenden Mengen (oder: die Trägermengen) elementenhomogen sind: Sie weisen ausschließlich Elemente mit Textkonstituentenstatus auf. Wörterbuchartikel, in denen mindestens ein funktionaler Angabezusatz auftritt, kann ein reine und eine hybride Artikelkonstituentenstruktur sowie als deren jeweilige Teilstruktur eine reine und eine hybride Artikelmikrostruktur zugewiesen werden. *Hybrid* werden die entsprechenden Strukturen deswegen genannt, weil ihre Trägermengen in dem Sinne elememtenheterogen sind, dass sie nicht nur Textkonstituenten als ihre Elemente aufweisen, also solche Textsegmente, die aus der Anwendung der exhaustiven funktional-positionalen Segmentation hervorgegangen sind, sondern auch solche Textsegmente, die mittels anderer Segmentationsmethoden gewonnen wurden, so dass die Elemente der Trägermenge von zweierlei Herkunft und daher *hybrid* zu nennen sind.

3.1 Erster Einblick: Reine Textkonstituentenstrukturen von vollständig kondensierten Wörterbuchartikeln

Im Folgenden dient uns der HWDG-Artikel wa$_3$ als Beispiel. Er wird schrittweise so analysiert, dass ihm Artikelkonstituenten- und Artikelmikrostrukturen zugewiesen werden können.

Textkonstituentenstrukturen sind hierarchische Strukturen. Es ist nicht selbstverständlich, dass man einem linear geordneten Schriftgebilde, das – wenn es länger ist als ein Zeile – auch eine zweidimensionale textuelle Gestalt aufweist, eine nicht wahrnehmbare hierarchische Struktur zuweist. Dies verlangt eine Rechtfertigung, insbesondere dann, wenn nicht nur flache, sondern tiefe hierarchische Strukturen angesetzt werden. Zur Erinnerung sei erwähnt: Flache hierarchische Textkonstituentenstrukturen sind solche Strukturen, deren Strukturdarstellungen mittels eines geordneten Baumgraphen lediglich aus genau einem Wurzelknoten, n terminalen Knoten (mit $n \geq 2$) sowie m Kanten (mit $m \geq 2$) bestehen. Dagegen weisen tiefe hierarchische Strukturen mindestens einen Kantenzug auf und damit neben dem Wurzelknoten und den

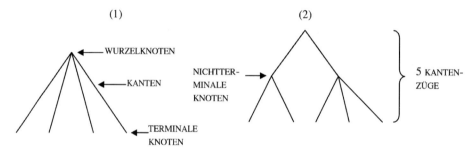

Abb. 2. *Geordnete Baumgraphen* als Darstellungsmittel flacher (1)
und tiefer (2) hierarchischer Strukturen

terminalen Knoten mindestens einen nichtterminalen Knoten. Die hierarchische Struktur (1) in Abb. 2 ist flach, (2) dagegen ist tief.

Im Folgenden wird zunächst dargelegt, warum dem Artikel wa₃ in der Theorie der Wörterbuchform keine flachen hierarchischen Strukturen zugeordnet werden. Dabei wird so vorgegangen, dass wa₃ eine konkrete hierarchische flache reine Artikelmikrostruktur deswegen zu Demonstrationszwecken zugeordnet wird, damit anschaulich gezeigt werden kann, warum flache Artikelmikrostrukturen einen nur sehr geringen und trivialen Informationswert aufweisen. Sollen Strukturen dieses Strukturtyps vollständig kondensierten Wörterbuchartikel zugeordnet werden, benötigt man zunächst alle elementaren Angaben des Artikels, hier also die von wa₃. Elementare Angaben sind solche Angaben, die durch eine Anwendung der Methode der funktional-positionalen Segmentation nicht restfrei weiter in Angaben segmentierbar sind. Sie sind erhältlich durch eine Anwendung der nichtexhaustiven funktional-positionalen Segmentation (vgl. Wiegand 1990: 20ff. u. 2005a: 282ff.). Die Nichtexhaustivität dieser Methode besteht darin, dass die nichttypographischen Mikrostrukturanzeiger (in wa₃ z.B. das Komma auf der Ebene der Artikelform hinter „Granulat") als Textkonstituenten keine Berücksichtigung finden. Der Artikel wa₃ wird dann wie folgt segmentiert, wobei der senkrechte Strich „|" die Segmentationsfugenmarkierung ist:

Granulat | das | -(e)s | -e | *durch Granulieren gekörnte Substanz* | dieses Düngemittel kommt als G. in den Handel

Das Segmentationsergebnis lautet: wa₃ besteht aus sechs elementaren Angaben. Die Bildung der konkreten hierarchischen flachen reinen Mikrostruktur sei im Folgenden auf informelle Weise vorgenommen. Wir etikettieren den Wurzelknoten eines geordneten Baumgraphen mit dem ganzen Artikel wa₃ und sechs terminale Knoten mit den elementaren Angaben. Alle Kanten erhalten die Interpretation, dass sie eine Teil-Ganzes-Beziehung der gleichen Sorte repräsentieren, und die terminalen Knoten werden (wie in wa₃) linear geordnet. Das Ergebnis ist die in Abb. 3 dargestellte flache Struktur.

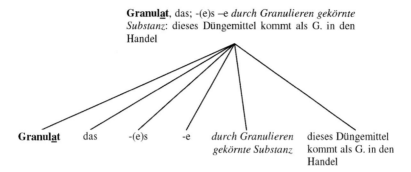

Granulat, das; -(e)s –e *durch Granulieren gekörnte Substanz*: dieses Düngemittel kommt als G. in den Handel

Granulat	das	-(e)s	-e	*durch Granulieren gekörnte Substanz*	dieses Düngemittel kommt als G. in den Handel

Abb. 3. *Nichtkommentierter Strukturgraph* zur konkreten hierarchischen flachen reinen Artikelmikrostruktur, die wa₃ in Abb. 1 aufweist; *Darstellungskonvention* „x —— y" bedeutet (von unten nach oben gelesen) soviel wie *x ist ein Teil von y*

Die Struktur in Abb. 3 gehört deswegen zu den *konkreten* Artikelmikrostrukturen, weil die sieben Elemente ihrer Trägermenge, nämlich der gesamte Artikel wa₃ und die sechs elementaren Angaben *konkrete* textuelle Gegebenheiten des Wörterbuchtextes sind. Die Struktur in Abb. 3 ist aus verschiedenen Gründen wenig informativ. Alle sechs Teile des Artikels werden gleichrangig behandelt; es wird keine Rücksicht darauf genommen, ob bestimmte Teile inhaltlich näher zusammengehören als andere, so dass gegebenenfalls Teilganze angesetzt werden. Insgesamt betrachtet, ist die in Abb. 3 abgebildete Struktur keineswegs als falsch zu bewerten, wohl aber als trivial, weil man aus ihr nicht mehr erfährt als man wahrnimmt, wenn man in der Lage ist, einzelne Angaben zu erkennen und damit zu unterscheiden: Der Artikel wa₃ besteht aus sechs Angaben, die in der angegebenen Reihenfolge aufeinander folgen.

Grundsätzlich betrachtet, gibt es zwei verschiedene Strukturierungsstrategien für Wörterbuchartikel. Die eine wird in erster Linie von sprach- und lexikographietheoretischen Kategorien und Zusammenhängen und erst in zweiter Linie von wahrnehmbaren Gegebenheiten der zweidimensionalen Artikelgestalt determiniert. Die andere geht von den wahrnehmbaren zweidimensionalen Textgestalten und Textteilgestalten aus, und zwar unter Berücksichtigung der Benutzerwahrnehmung, und berücksichtigt sprachtheoretische Gesichtspunkte erst in zweiter Linie (vgl. Wiegand 2000a: 269ff.). Im Folgenden kommt ausschließlich die erstgenannte Strukturierungsstrategie zum Zuge.

In Abb. 4 findet sich das Ergebnis einer Anwendung der Methode der exhaustiven funktional-positionalen Segmentation. Als exhaustiv gilt diese Methode deswegen, weil sie alle Artikelkonstituenten berücksichtigt.

Die Kommentierung des Baumgraphen in Abb. 4 besteht darin, dass allen durch die Segmentation gegebenen Textkonstituenten von wa₃ in runden Klammern ein Individuennamen zugeordnet ist, der sie eindeutig identifiziert; es gilt: Alle funktionalen Textsegmente, die Angaben sind, haben als Angabenname einen Kleinbuchstaben aus dem lateinischen Alphabet, und alle

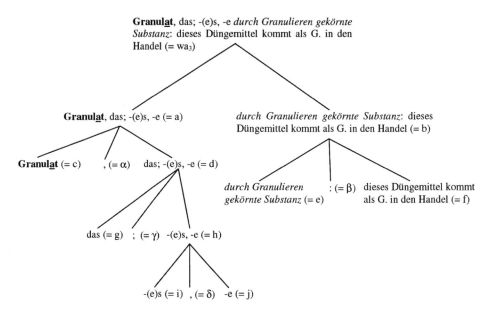

Abb. 4. *Kommentierter Strukturgraph* zur konkreten hierarchischen reinen Artikelkonstituentenstruktur von wa₃ in Abb. 1; „=" bedeutet soviel wie *hat als Individuenname*

Textkonstituenten, die nichttypographische Mikrostrukturanzeiger sind, haben als Strukturanzeigernamen einen Kleinbuchstaben aus dem griechischen Alphabet. Die Kommentierung wirkt sich auf die formalen Eigenschaften des geordneten Baumgraphen nicht aus.

Im Folgenden sei – ohne auf Exhaustivität Wert zu legen – dargelegt, wie sprachtheoretische Aspekte bei der Segmentation berücksichtigt wurden, die zu dem Ergebnis in Abb. 4 geführt hat. Sprachliche Zeichen (hier: *Granulat*) haben eine Form und eine Bedeutung. In wa₃ werden mit a zunächst explizite lexikographische Aussagen zur Form von *Granulat* gemacht und anschließend mit b solche zur Bedeutung. Daher wird die erste Segmentationsfuge zwischen a und b gelegt; a ist demnach eine nichtelementare Angabe zur Form. Diese erhält als erste unmittelbare Textkonstituente des gesamten Artikeltextes den Klassennamen *Formkommentar*, zu dem die Abkürzung FK gehört, die als Klassensymbol verwendet werden darf, so dass man schreiben kann: a ∈ FK; die Textkonstituente b erhält den Klassennamen *semantischer Kommentar* (SK), so dass gilt: b ∈ SK. Alle Textkonstituenten eines Artikels, die unmittelbare Textkonstituenten des Artikeltextes sind, heißen – falls sie nicht nur aus einem nichttypographischen Strukturanzeiger bestehen – *Kommentar* (z.B. *Präkommentar, Postkommentar, mittlerer Zwischenkommentar, Kommentar zur Form und Semantik* u.a.; vgl. Wiegand 1989a; 2005a: 307ff.). Kommentare von Wörterbuchartikeln sind also Angaben, die ausschließlich in einer bestimmten strukturellen Position auftreten.

Im nächsten Segmentationsschritt wird dann a ∈ FK in c, α und d segmentiert, die in der genannten Reihenfolge aufeinander folgen. Die Begründung für diese Segmentation lautet: c vereigt alle lexikographischen Aussagen zum Formativ des Lemmazeichens; α, das Komma als Trennzeichen (TZ), ist ein nichttypographischer Mikrostrukturanzeiger, der zwei Angaben mit verschiedener genuiner Funktion voneinander trennt; anhand von d sind nur lexikographische Aussagen zur Morphologie des Lemmazeichenparadigmas erschließbar. Die Artikelkonstituente c ist eine elementare polyfunktionale Angabe: „**Granul_at**" ist eine Lemmazeichengestaltangabe (LZGA) für die schriftliche Realisierung (sR) des Lemmazeichens (LZGA.sR), ausgeprägt als lemmatische Substantivangabe; diese ist unten erweitert („⊥⊥") durch einen Unterstrich, der erstens die Wortakzentstelle und zweitens zugleich („|") die Vokalquantität kennzeichnet (und zwar als lang), so dass mit dem Unterstrich eine Wortakzent- und zugleich Vokalquantitätskennzeichnung zur Länge (L) (WAk|VQK.L) realisiert wird. Weiterhin ist die LZGA zugleich eine Wortformangabe (WFA) für den Nominativ Singular (WFA.NSg) und schließlich wird mit c die Rechtschreibung angegeben, so dass man mithin von einer Lemmazeichengestaltangabe für die orthographisch korrekte Realisierung (LZGA.oR) oder aber einer LZGA, die zugleich eine Rechtschreibangabe (RA) ist, (LZGA| RA) sprechen kann; c = „**Granul_at**" gehört also zu folgender Angabeklasse: Lemmazeichengestaltangabe, unten erweitert um eine Wortakzent- und zugleich Vokalquantitätskennzeichnung zur Länge, zugleich Wortformangabe für den Nominativ Singular und zugleich Rechtschreibangabe (c ∈ LZGA|⊥⊥ WAk|VQK.L|WFA.NSg|RA).

Die nichtelementare Angabe d = „das; -(e)s, -e" erhält den Klassennamen *Morphologieangabe bei Substantiven* (MorA.S); d wird im nächsten Segmentationsschritt in g, γ und h segmentiert, die in der genannten Reihenfolge aufeinander folgen. Das erste Segment g = „das" ist eine Artikelangabe, anhand derer das Genus (G) und die Wortart (WAr) erschließbar („⊣") ist (ArtA ⊣ G|WAr); γ, das Semikolon, ist als Trennzeichen ein nichttypographischer Mikrostrukturanzeiger; h = „-(e)s, -e" ist die nichtelementare Deklinationsklassenangabe (DekKA), deren genuine Funktion darin besteht, die Deklinationsklasse erschließbar zu machen, denn nach einer bestimmten flexionsmorphologischen Tradition ist die Deklinationsklasse, zu der ein Substantiv gehört, dann festgelegt, wenn man (neben der Form des NSg., die durch c gegeben ist) die Endung(en) für den Genitiv Singular (hier *-s* und *-es*) sowie die Endung für den Nominativ Plural (hier *-e*) kennt (was allerdings allenfalls für Muttersprachler gilt).

In einem weiteren Segmentationsschritt wird die Deklinationsklassenangabe in die funktionalen Textsegmente i, δ und j zerlegt, die in der genannten Reihenfolge aufeinander folgen; i = „-(e)s" und j = „-e" gelten hier als elementare Angaben mit Kohäsionsanweisungen. Dass diese Angaben als elementar gelten, ist in einer speziellen Segmentationskonvention festgelegt, die

zu einer Menge von methodenzugehörigen Segmentationskonventionen gehört (vgl. Wiegand 1996c: 229f.). Diese Konventionen müssen zu Beginn einer
Analyse ausdrücklich in Geltung gesetzt werden und gelten dann für die ganze
Analyse. Die genannte Segmentationskonvention hätte auch durch eine andere
ersetzt werden können, nach der z. B. „-e" als nichtelementare Angabe gilt, weil
das Platzhaltersymbol „-", mit dem die Kohäsionsanweisung realisiert wird, als
verdichtete Stammangabe gilt, so dass wie folgt segmentiert werden darf: -|e.
Nach der hier in Geltung gesetzten Segmentationskonvention gilt aber dies:
i ist die verdichtete Singularbildungsangabe, aus der zwei Endungen für den
Genitiv Singular erschließbar sind (v.Sgb^{2}A), so dass gilt: -(e)s $\in$ v.Sgb^{2}A; j
ist die verdichtete Pluralbildungsangabe (v.PlbA); es gilt mithin: -e $\in$ v.PlbA.
Dass hier von Singularbildungs- und Pluralbildungsangaben die Rede ist, geht
auf die traditionelle Ansicht zurück, dass alle Singularformen gebildet werden
können, wenn die Endung für den Genitiv Singular bekannt ist, und dass das
Gleiche für alle Pluralformen gilt, wenn die Endung für den Nominativ Plural
gegeben ist.

Auch b, die zweite unmittelbare Textkonstituente von wa$_3$, kann weiter seg-
mentiert werden, und zwar in die Segmente e, β und f, die in der genannten
Reihenfolge aufeinander folgen; e gehört zur Klasse der Bedeutungsparaphrasenangaben (BPA); β, der Doppelpunkt, ist ein Trennzeichen in der textsorten-
spezifischen Funktion des nichttypographischen Mikrostrukturanzeigers, und
f ist eine verdichtete Kompetenzbeispielangabe (v.KBeiA).

Auch für die Berücksichtigung der nichttypographischen Mikrostrukturanzeiger gibt es Segmentationskonventionen. Bei der Segmentation von wa$_3$
wurde z. B. folgende Konvention K$_{s1}$ eingehalten:

K$_{s1}$ = Blanks auf der Ebene der Wörterbuchform sind bei der Segmentation
         nicht zu berücksichtigen,

Hält man sich an folgende Konvention:

K$_{s2}$ = Alle Blanks auf der Ebene der Wörterbuchform sind bei der Segmenta-
         tion zu berücksichtigen,

ergibt sich ein Segmentationsergebnis von größerer Granularität. Denn nun
müssen alle Blanks, die gemäß den üblichen Verschriftungskonventionen auf
deutsche Interpunktionszeichen (wie z. B. Komma, Semikolon und Punkt) unmittelbar folgen, sowie alle Blanks, die zwischen zwei Angaben stehen – wie in
wa$_3$ der Blank zwischen a und b – berücksichtigt werden. Als nichttypographi-
scher Mikrostrukturanzeiger gilt dann nicht mehr z. B. α, das Komma, sondern
das Komma zusammen mit dem unmittelbar folgenden Blank (B) („=" B, mit
„=" für *geht unmittelbar voraus*). Im folgenden halten wir uns weiterhin an K$_{s1}$.

Um eine Strukturdarstellung wie die in Abb. 4 genau zu verstehen, muss man
einige (in allen Wissenschaften geltenden) Konventionen für die Darstellung von

hierarchischen Strukturen mittels Baumgraphen kennen, die deutlich werden, wenn man die folgenden Erläuterungen berücksichtigt.

Gegeben sei die um wa_3 erweiterte Menge aller Textkonstituenten (T) von wa_3 (also aller Angaben und aller nichttypographischen Mikrostrukturanzeiger); die Menge heiße $M_T^k(wa_3)$. Unter Verwendung der Individuennamen aus Abb. 4 kann sie wie folgt angegeben werden:

$$M_T^k(wa_3) = \{wa_3, a, b, c, \alpha, d, e, \beta, f, g, \gamma, h, i, \delta, j\}.$$

$ArtKS_h^k(wa_3)$, die konkrete (k) hierarchische (h) Artikelkonstituentenstruktur (ArtKS) von wa_3, erhält man wie folgt: Auf $M_T^k(wa_3)$, der vorgesehenen Trägermenge für $ArtKS_h^k(wa_3)$, wird eine zweistellige Relation vom Typ der partitiven Relation (oder: Teil-Ganzes-Relation) – sie heiße $R_{part}(wa_3)$ – definiert, die reflexiv, antisymmetrisch und transitiv ist; es gilt $R_{part}(wa_3) \subseteq M_T^k(wa_3)$ $\times M_T^k(wa_3)$. Auf die Elemente dieser Relation (also die geordneten Paare (oder: 2-Tupel), wie z. B.: $\langle a, wa_3 \rangle$, $\langle \gamma, d \rangle$, $\langle f, b \rangle$) trifft der Relationsterm *ist eine Textkonstituente von* zu; beispielsweise ist „g ist eine Textkonstituente von d" eine wahre Aussage. Weiterhin wird auf $M_T^k(wa_3)$ eine zweistellige Relation vom Typ der Präzedenzrelation (oder: Vorgänger-Nachfolger-Relation) – sie heiße $R_p(wa_3)$ – definiert, die irreflexiv, asymmetrisch und transitiv ist; es gilt $R_p(wa_3)$ $\subseteq M_T^k(wa_3) \times M_T^k(wa_3)$. Auf die Elemente von $R_p(wa_3)$ (also die geordneten Paare, wie z. B. $\langle a, b \rangle$, $\langle \alpha, d \rangle$, $\langle \beta, f \rangle$) trifft der Relationsterm *geht voraus* (nachfolgend symbolisiert durch „$\langle$") zu. Die konkrete hierarchische Artikelkonstituentenstruktur $ArtKS_h^k(wa_3)$ ist dann als eine Ordnungsstruktur (im strikten mathematischen Sinne) definiert, bestehend aus der Trägermenge $M_T^k(wa_3)$ sowie den beiden ordnungsstrukturprägenden disjunkten Relationen $R_p(wa_3)$ und $R_{part}(wa_3)$.

Für Baumgraphen, mit denen hierarchische Strukturen, also auch hierarchische Textkonstituentenstrukturen dargestellt werden, gilt *erstens* die Konvention, dass die partitive Relation nicht vollständig explizit repräsentiert wird. Denn der gesamte so genannte transitive Mantel (die Sprache der Mathematik ist reich an Metaphorik), der aus einer Menge von Kanten besteht, wird – aus Gründen der Übersichtlichkeit – nicht mittels Kanten dargestellt, weil diese aufgrund der Eigenschaft der Transitivität erschlossen werden können. So fehlt beispielsweise die Kante c——wa_3 und die Kante j——a, durch welche die 2-Tupel $\langle c, wa_3 \rangle$ und $\langle j, a \rangle$ als Elemente der partitiven Relation abgebildet werden. *Zweitens* gilt die Konvention, dass die zweite strukturprägende Relation, die Präzedenzrelation, überhaupt nicht durch graphische Mittel repräsentiert wird. Vielmehr gelten die Konventionen des Schriftsystems *mutatis mutandis*, so dass das, was durch die Etikettierung eines am weitesten links liegenden Tochterknotens bezeichnet wird, dem vorausgeht, was durch die weiteren weiter rechts liegenden Tochterknoten des gleichen Vaterknotens bezeichnet wird. Es gelten also beispielsweise: a < b oder c < α < d.

Eine wichtige Substruktur (i.S.v. Wiegand 1989a, 443) der konkreten hierarchischen reinen Artikelkonstituentenstruktur von wa_3 ist die konkrete (k) hierarchische (h) reine (r) Mikrostruktur $rArtMiS_h^k(wa_3)$. Diese Struktur von wa_3 ist erhältlich, wenn man die Trägermenge $M_T^k(wa_3)$ von $rArtKS_h^k(wa_3)$ um die Teilmenge aller nichttypographischen Strukturanzeiger vermindert, so dass die um wa_3 erweiterte Menge aller Angaben (A) von wa_3 – sie heiße $M_A(wa_3)$ – als neue Trägermenge gegeben ist. Die beiden auf $M_T(wa_3)$ definierten Relationen werden dann, um die konkrete hierarchische reine Artikelmikrostruktur von wa_3, $rArtMiS_h^k(wa_3)$ zu erhalten, auf $M_A(wa_3)$ = {wa_3, a, b, c, d, e, f, g, h, i, j} eingeschränkt. Eine Darstellung der konkreten hierarchischen reinen Mikrostruktur von wa_3 wird in Abb. 5 gegeben.

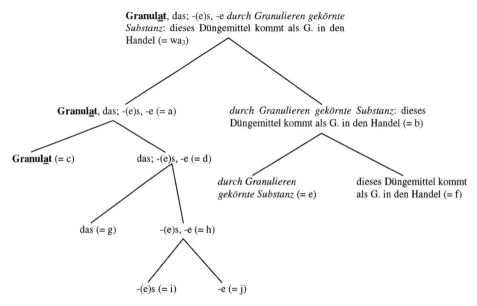

Abb. 5. *Kommentierter Strukturgraph* zur konkreten hierarchischen reinen Mikrostruktur von wa_3

Tilgt man in den Abb. 4 und 5 die Kommentierungen, in denen die Individuennamen den erwähnten funktionalen Textsegmenten zugeordnet werden, liegen nichtkommentierte Strukturgraphen vor. Anhand solcher nichtkommentierter Strukturgraphen zu konkreten hierarchischen reinen Textkonstituentenstrukturen können nun folgende Informationen zum jeweiligen Wörterbuchartikel gewonnen werden:

(1) Kenntnis der Anzahl der Textkonstituenten; die Anzahl ergibt sich, weil wa_3 ein Element der Trägermenge ist, aus der Kardinalzahl für die Mächtigkeit der Trägermenge minus 1,

(2) Kenntnis der Mächtigkeit der Trägermenge,

(3) Kenntnis aller elementaren Angaben,

(4) Kenntnis aller nichtelementaren Angaben,

(5) Kenntnis aller nichttypographischen Mikrostrukturanzeiger,

(6) Kenntnis aller Teil-Ganzes-Beziehungen, in denen Textkonstituenten zueinander stehen,

(7) Kenntnis aller Reihenfolgebeziehungen, in denen Textkonstituenten zueinander stehen.

Die konkrete hierarchische reine Artikelkonstituentenstruktur eines bestimmten Wörterbuchartikels ist diejenige Textkonstituentenstruktur, die erstens die artikelinterne Distribution der Angaben festlegt und zweitens diese Distribution mittels der nichttypographischen Mikrostruktur kenntlich macht. Die konkrete hierarchische Artikelmikrostruktur legt dagegen nur die artikelinterne Distribution der Angaben fest.

Eine Theorie der Wörterbuchform kann sich nicht damit begnügen, lediglich ein Analyseinstrumentarium und die theoretischen Kategorien für die Betrachtung je konkreter lexikographischer Texte bereitzustellen. Vielmehr müssen strikte und überprüfbare Generalisierungen möglich sein. Hierzu benötigt man abstrakte Kategorien, so dass man von den konkreten zu abstrakten Strukturen übergehen kann.

Im Folgenden betrachten wir daher abstrakte textuelle Strukturen, und zwar zunächst die abstrakte hierarchische reine Artikelmikrostruktur von wa$_3$ und damit diejenige ab-strakte Struktur, die zu der konkreten hierarchischen reinen Artikelmikrostruktur in Abb. 5 gehört. Der konstitutive Unterschied von konkreten und abstrakten Textkonstituentenstrukturen besteht darin, dass die Elemente der Trägermengen von konkreten reinen Strukturen immer konkrete Textkonstituenten sind, während die Elemente der Trägermengen von abstrakten reinen Strukturen stets Klassen von funktionalen Textsegmenten sind, die als Textkonstituenten auftreten können. Zur Etablierung von abstrakten reinen Mikrostrukturen benötigt man daher ein System von Angabeklassen von elementaren Angaben. Die Theorie der Wörterbuchform verfügt über ein solches System, zu dem mehr als 1200 Klassen von elementaren Angaben gehören (vgl. u. a. Wiegand 2005a). Es sei hier auch erwähnt, dass inzwischen zu jeder dieser Angabeklassen ein Wörterbuchartikel geschrieben ist, der im „Wörterbuch zur Lexikographie und Wörterbuchforschung" gedruckt wird (vgl. Wiegand 2003b u. www.fabulex.de).

Im Folgenden weisen wir die konkreten Angaben von wa$_3$ ihren Angabeklassen zu, und zwar unter Verwendung der in Abb. 5 zugeordneten Angabenamen und der bereits oben eingeführten Klassensymbole sowie nach der Aussageform x ∈ Y (= x ist ein Element von Y) mit „x" als Variable für Angabenamen und „Y" als Variable für Klassensymbole. Es ergeben sich folgende Zuordnungen:

wa_3 ∈ WA	f ∈ KBeiA
a ∈ FK	g ∈ ArtA ⊣ G|WAr
b ∈ SK	h ∈ DekKA
c ∈ LZGAWAk|VQK.L|WFA.NSg|RA	i ∈ v.Sgb^{2}A
d ∈ MorA.S	j ∈ v.PlbA
e ∈ BPA	

Im Folgenden bilden wir die Trägermenge für rArt $MiS_h^a(wa_3)$, die abstrakte (a) hierarchische (h) reine Artikelmikrostruktur von wa_3; sie heiße $M_T^a(wa_3)$ und kann wie folgt angegeben werden:

$$M_T^a(wa_3) = \{WA, FK, SK, LZGA⊥⊥ WAk|VQA.L|WFA.NSg|RA, MorA.S, BPA,$$
$$v.KBeiA, ArtA ⊣ G|WAr, DekKA, v.Sgb^2A, v.PlbA\}.$$

Analog zu dem Vorgehen bei der Bildung der konkreten reinen Artikelmikrostruktur wird nun auf $M_T^a(wa_3)$ eine Relation vom Typ der partitiven und eine Relation vom Typ der präzedentiven Relation definiert, so dass rArtMiS$_h^a$(wa_3, die abstrakte hierarchische reine Artikelmikrostruktur, resultiert, deren Strukturgraph sich in Abb. 6 findet. Dieser Strukturgraph ist mit etikettierten Umrandungszeichen kommentiert.

Die Umrandungszeichen umranden solche Teilstrukturen von Artikelmikrostrukturen, die – weil sie regelmäßig und häufig wiederkehren – einen festen Strukturnamen aufweisen, der mit dem zugehörigen Etikett genannt wird.

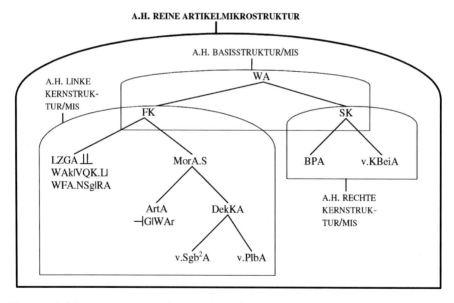

Abb. 6. *Einfach kommentierter Strukturgraph* zur abstrakten hierarchischen reinen Mikrostruktur von wa$_3$; *Abkürzungen:* A = ABSTRAKT; H = HIERARCHISCH; LINKE KERNSTRUK-TUR/MIS ist zu lesen wie *linke Kernstruktur als Teilstruktur der Mikrostruktur*

Zu jeder abstrakten hierarchischen reinen Textkonstituentenstruktur sind viele konkrete hierarchische reine Textkonstituentenstrukturen isomorph. Dabei handelt es sich um einen Isomorphismus, der die Element-Klassenrelation respektiert (vgl. Wiegand 1991: 374ff.). Dies gilt entsprechend auch für die abstrakte hierarchische reine Artikelmikrostruktur, die in Abb. 6 dargestellt ist. Sie ist nicht nur zur konkreten hierarchischen reinen Artikelmikrostruktur von wa$_3$ isomorph, sondern z.B. auch zu den konkreten hierarchischen Mikrostrukturen, die die Artikel in Abb. 7 aufweisen (und zu Hunderten von weiteren Artikeln im HWDG).

wa$_6$–wa$_9$:   wa$_{10}$–wa$_{13}$:

Bestrebung, die; -, -en *zielgerichtete ideelle und praktische Bemühung*: es gibt Bestrebungen, das zu verändern

Sonate, die; -, -n *Komposition mit meist drei od. vier Sätzen für ein od. mehrere Soloinstrumente*: sie spielten eine S. für Violine und Klavier von Beethoven

Hehler, der; -s, - *jmd., der Hehlerei begeht, begangen hat*: gegen einen H. Anklage erheben

Staffelei, die; -, -en *stufenweise verstellbares hölzernes Gestell, auf dem in Arbeit befindliche Gemälde senkrecht aufgestellt werden*: ein großes, halbfertiges Bild steht auf der S.

Skale, die; -, -n *(bezifferte) Maßeinteilung an Meßgeräten*: einen Meßwert an einer S. ablesen

Staupe, die; -, -n *Seuche, von der Tiere, bes. Hunde, befallen werden*: der Pudel hat die S.

Smoking, der; -s, -s *meist schwarzes Herrenjackett mit seidenen Rockaufschlägen für festliche Anlässe*: im S. erscheinen

Stepperei, die; -, -en *Verzierung mit Steppnähten*: sie trägt ein Kleid mit einer plastischen S.

Abb. 7. Wörterbuchartikel wa$_6$–wa$_{13}$ aus dem HWDG

Alle acht Wörterbuchartikel in Abb. 7 gehören zum gleichen Isomorphietyp wie wa$_3$ aus Abb. 1. Das bedeutet, dass alle Aussagen über Struktureigenschaften der abstrakten Struktur auch für die isomorphen konkreten Strukturen gelten. Der Isomorphismus und auf der Darstellungsebene die formalen Eigenschaften von Baumgraphen bilden die Voraussetzung dafür, dass abstrakte hierarchische zusammen mit deren isomorphen konkreten hierarchischen Textkonstituentenstrukturen eines Artikels in einem Strukturgraphen, der zwei Baumgraphen aufeinander abbildet, dargestellt werden können. Bei einer solchen Strukturdarstellung, die – ähnlich wie in der Syntax – in der Theorie der Wörterbuchform am häufigsten verwendet wird, werden von der konkreten Textkonstituentenstruktur nur die terminalen Textkonstituenten explizit berücksichtigt; die nichtterminalen können aufgrund des Isomorphismus systematisch erschlossen werden. In Abb. 8 sind die beiden Strukturdarstellungen in Abb. 5 und Abb. 6 zu einer Strukturdarstellung vereinigt. Zu der einfachen Kommentierung, die in Abb. 6 vorliegt und aus den etikettierten Umrandungszeichen besteht, wird eine erweiterte Kommentierung hinzugefügt. Beide Kommentierungsarten tangieren die formalen Eigenschaften von Baumgraphen nicht.

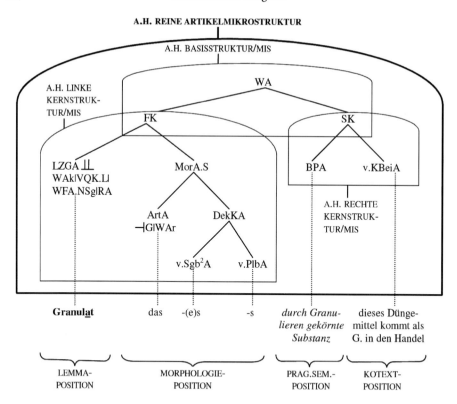

Abb. 8. *Erweitert kommentierter Strukturgraph* zur (abstrakten und zur isomorphen konkreten) reinen Artikelmikrostruktur, die wa₃ aus Abb. 1 aufweist; *Abkürzungen*: PRAG.-SEM. = pragmatisch-semantisch

Die in Abb. 8 gekennzeichneten mikrostrukturellen POSITIONEN sind sprach- und lexikographietheoretisch motivierte Teilstrukturen der präzedentiven Artikelmikrostruktur. Dieses ist eine lineare Struktur, die eine Trägermenge besitzt, deren Elemente bei einer abstrakten präzedentiven Artikelmikrostruktur, die ein vollständig kondensierter Wörterbuchartikel aufweist, nur solche Angabeklassen sind, deren Elementen zu den terminalen Angaben gehören. Auf dieser Trägermenge wird eine Relation vom Typ der Präzedenzrelation definiert mit dem Relationsterm *x geht y voraus* (x < y). Die abstrakte (a) präzedentive (p) reine (r) Artikelmikrostruktur von wa₃ – sie heiße $rArtMiS_p^a(wa_3)$ – kann dann wie folgt angegeben werden:

LZGA⊔ WAk|VQK.L|WFA.NSg|RA < ArtA ⊣G|WAr < v.Sgb²A < v.PlbA < BPA < v.KBeiA.

Abstrakte mikrostrukturelle Artikelpositionen sind disjunktive Teilstrukturen der präzedentiven Artikelmikrostruktur. Ihnen sind textuelle Artikelpositionen zugeordnet. Beispielsweise ist der MORPHOLOGIEPOSITION ArtA ⊔ G| WAr < v.Sgb²A < v.PlbA die textuelle Position „das; -(e)s, -e" zugeordnet.

Bisher wurde der Artikel wa$_3$ ohne Rücksicht auf die Ausführungen der Lexikographen im Metatext des HWDG, den „Hinweise[n] für den Benutzer" (S. VIII–XXVIII), analysiert. Dies ist für Demonstrationszwecke erlaubt, nicht aber, wenn es darum geht, adäquate Analysen von textuellen Strukturen von Wörterbuchartikeln zu machen. In diesem Fall muss der Wörterbuchforscher berücksichtigen, dass ein Wörterbuch als Textverbund organisiert ist, dessen „Aufbau" – wenn auch häufig genug mehr schlecht als recht – in einem oder seltener in mehreren Metatexten des Wörterbuchs erklärt wird. – Im Folgenden soll nun exemplarisch gezeigt werden, wie und warum die Berücksichtigung des Metatextes das bisherige Analyseergebnis modifiziert. In den Hinweisen für den Benutzer im HWDG wird festgestellt:

„Ausspracheangaben werden für alle Wörter verzeichnet, die von den Ausspracheregeln der deutschen Sprache abweichen" (XXV)

Dies ist z. B. in wa$_{14}$ und wa$_{16}$ in Abb. 9 der Fall.

wa$_{14}$–wa$_{15}$ wa$_{16}$–wa$_{17}$

Charmeur, der; -s, -s/-e [ʃarmøːr] geh. *Mann, der Frauen hofiert, sie durch Charme für sich einzunehmen sucht*

Branche, die; -, -n [branʃə] Kaufm. *Fachgebiet, Zweig, bes. in Industrie und Handel:* sie arbeiten in der gleichen B.; er verfügt über lange Erfahrungen, gute Kenntnisse in dieser B.

Disposition, die; -, -en 1. *Verfügung über etw.:* die freie, unumschränkte D. über etw. haben; etw. steht zu jmds. D. *(steht jmdm. zur Verfügung);* etw. zu seiner D. haben — 2. *Gliederung einer Abhandlung:* eine D. entwerfen — 3. Med. *Veranlagung, Empfänglichkeit eines Organismus für bestimmte Krankheiten:* er hat eine D. zu, für Hautallergien, zur Hysterie

Galle, die; -, -n 1. /o. Pl./ *von der Leber abgesondertes, in der Gallenblase gespeichertes bitteres, gelbes Sekret, das die Verdauung der Fette ermöglicht:* etw. schmeckt bitter wie G. — 2. *Gallenblase:* er ist, wird an der G. operiert + umg. jmdm. kommt, steigt die G. hoch, läuft die G. über *(jmd. wird wütend);* — ↗ Gift und G. spucken

Abb. 9. Wörterbuchartikel wa$_{14}$–wa$_{17}$ aus HWDG

Die Ausspracheangaben in wa$_{14}$ und wa$_{16}$ folgen unmittelbar auf die Morphologieangaben bei Substantiven in eckigen Klammern. Der kundige Benutzer, der das Artikelformat kennt, kann aus dem Fehlen einer Ausspracheangabe nach der Morphologieangabe bei Substantiven in wa$_{15}$ und wa$_{17}$ und damit anhand eines bestimmten positionsfesten Blanks schließen, dass das Lemmazeichen *Granulat* regelmäßig ausgesprochen wird. Daher wird in der abstrakten hierarchischen reinen Mikrostruktur eine Klasse der Nullangaben angesetzt, zu der eine Angabe zur regelmäßigen Aussprache (A-rAus) gehört und als Element dieser Angabeklasse in der konkreten hierarchischen reinen Mikrostruktur ein Angabeblank ($_i$AB$_j$), dessen strukturelle Position über die Belegung der Vorgängervariable „i" und der Nachfolgervariable „j" mit den entsprechenden Klassensymbolen der beiden Nachbarn festgelegt wird (vgl. Abb. 10).

Weiterhin sind im HWDG pragmatische Markierungsangaben vorgesehen, die zu verschiedenen Markierungsdimensionen gehören. „Kaufm." in wa$_{16}$

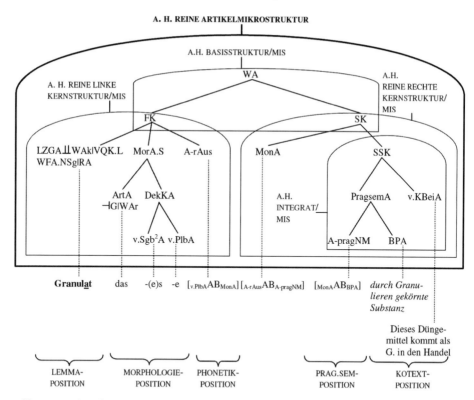

Abb. 10. *Erweitert kommentierter Strukturgraph* zur (abstrakten und zur isomorph konkreten) reinen Artikelmikrostruktur von wa₃ in Abb. 1

und „Med." im dritten semantischen Subkommentar von wa₁₅ sind beispielsweise verdichtete Fachgebietsangaben (v.FGA). In Artikeln zu Lemmazeichen, die als monosem interpretiert sind, geht die jeweilige pragmatische Markierungsangabe, wie auch „geh." in wa₁₄ und „Kaufm." in wa₁₆, der Bedeutungsangabe voraus. Aus dem Fehlen einer pragmatischen Markierungsangabe an der genannten Stelle, z. B. in wa₃, kann der kundige Benutzer schließen, dass *Granulat* in allen im Metatext berücksichtigten Markierungsdimensionen pragmatisch unmarkiert ist. Daher wird in der abstrakten hierarchischen reinen Mikrostruktur von wa₃ eine Klasse der Nullangaben angesetzt, zu der eine Angabe zur pragmatischen Nullmarkierung (A-pragNM) als erste Teilangabe der pragmatisch-semantischen Angabe (PragsemA) gehört und in der konkreten hierarchischen reinen Mikrostruktur als Element dieser Angabeklassen ein über die Variablenbelegung funktional-positional festgelegter Angabeblank.

Bei der Analyse kann weiterhin davon ausgegangen werden, dass das Fehlen von Polysemieangaben und insbesondere das Fehlen von „1." (oder „1") oder das Fehlen einer Bedeutungsspezifizierungsangabe (wie z. B. 1.1) den Schluss erlaubt, dass das Lemmazeichen vom Lexikographen als monosem interpretiert wird. Im Zusammenhang mit der Einsicht, dass es – verglichen mit den

textuellen Strukturen von Wörterbuchartikeln zu polysemen Lemmazeichen
– zu einer Vereinheitlichung der Strukturdarstellung führt, empfiehlt es sich
daher, eine Monosemieangabe (MonA) als Nullangabe anzusetzen und die Monosemie eines Lemmazeichens formal als Spezialfall der Polysemie aufzufas-
sen, so dass der semantische Kommentar einen semantischen Subkommentar
aufweist. Berücksichtigt man das über die Ausspracheangaben, die pragmatischen Markierungsangaben und die Monosemie Gesagte, dann ergibt sich
die Darstellung der abstrakten und isomorphen konkreten reinen Artikelmikrostrukturen von wa$_3$ in Abb. 10.

Es ist klar, dass die in Abb. 10 dargestellten konkreten und abstrakten hierarchischen reinen Artikelmikrostrukturen erweiterte (erw) elementenhomogene
Trägermengen aufweisen und dass weiterhin die auf ihnen definierten Relationen um entsprechende geordnete Paare erweitert werden müssen. Beispielsweise muss die Trägermenge für die abstrakte Struktur – sie heiße $M^a_{erwT}(wa_3)$
– um folgende Elemente erweitert werden: A-rAus, MonA, SSK, PragsemA
und A-pragNM, so dass sie die Mächtigkeit |16| aufweist. Entsprechend hat der
Baumgraph in Abb. 10 für die abstrakte hierarchische reine Artikelmikrostruktur 16 etikettierte Knoten.

In der Theorie der Wörterbuchform werden über 200 Typen von Artikelmikrostrukturen unterschieden und entsprechende Strukturen sind bisher in
zwölf Sprachen analysiert. Für alle Strukturtypen wird es im „Wörterbuch
zur Lexikographie und Wörterbuchforschung" einen Fachwörterbuchartikel
geben. Eine (nicht ganz vollständige) Übersicht über die Strukturtypen findet sich in Wiegand (2002b: 573ff.). Zu jedem Mikrostrukturtyp kann ein allgemeines Mikrostrukturbild angegeben werden; dies ist ein Ausschnitt aus
einem einfach kommentierten Baumgraphen für abstrakte hierarchische reine Artikelmikrostrukturen, der nach festgelegten Darstellungskonventionen
hergestellt wird, so dass allgemeine Mikrostrukturbilder als formale Darstellungsmittel zu gelten haben. Das allgemeine Mikrostrukturbild für wa$_3$ ist in
Abb. 11 (1) angegeben. Daneben steht das allgemeine Strukturbild für den Artikel wa$_{15}$. Allgemeine Mikrostrukturbilder ermöglichen ein rasches Erkennen
des Mikrostrukturtyps.

Die Konventionen für die Erzeugung von allgemeinen Mikrostrukturbildern lassen sich wie folgt angeben: (a) Berücksichtigt werden nur die unmittelbaren Textkonstituenten von WA, in Abb. 11 also FK und SK. (b) Im Zweitkommentar (hier im SK) werden nur die Subkommentare berücksichtigt, die
in Abb. 11 semantische Subkommentare sind (SSK). (c) Nur die gesamte Mikrostruktur, die Basisstruktur, die Kommentarstrukturen (in Abb. 11 die linke
und rechte Kernstruktur) sowie die Subkommentarstrukturen (in Abb. 11 die
Integrate) werden als intern nicht analysierte Strukturen mit etikettierten Umrandungszeichen versehen. Zu jedem allgemeinen Mikrostrukturbild gehört
ein Artikelstrukturschema und ein erweitertes Artikelstrukturschema. Das
Artikelstrukturschema für (1) und (2) in Abb. 11 hat die Form WA : FK < SK

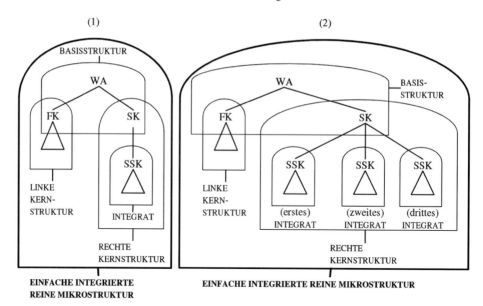

Abb. 11. (1) *Allgemeines Mikrostrukturbild* für einfache integrierte reine Mikrostrukturen von Wörterbuchartikeln mit monosemen Lemmazeichen wie in wa₃ in Abb. 1; (2) Allgemeines Mikrostrukturbild für einfache integrierte Mikrostrukturen von Wörterbuchartikeln mit dreifach polysemen Lemmazeichen wie wa₁₅ in Abb. 9

(mit „:" für *besteht aus* und „<" für *geht voraus*. Das erweiterte Artikelmikrostrukturschema für (1) hat die Form: WA : FK < SK[SSK], für (2) hat es die Form: WA : FK < SK[SSK, SSK, SSK]. In Artikelstrukturschemata, die man an allgemeinen Mikrostrukturbildern ablesen kann, wird also die Reihenfolge der Kommentare angegeben; in erweiterten Artikelstrukturschemata werden beim Zweitkommentar die Subkommentare berücksichtigt und in eckigen Klammern hinter dem Klassensymbol für den Zweitkommentar in der auftretenden Reihenfolge genannt.

3.2 Zweiter Einblick: Hybride Artikelmikrostrukturen von vollständig kondensierten Wörterbuchartikeln

Wir wissen bereits: Kondensierten Wörterbuchartikeln kann dann eine hybride Textkonstituentenstruktur zugewiesen werden, wenn sie mindestens einen funktionalen Angabezusatz aufweisen. Es gibt zahlreiche (mindestens 100) Typen von funktionalen Angabezusätzen; eine Typologie dieser findet man in Wiegand (2005a: 327ff.). Wir begnügen uns hier mit nur einem Typ funktionaler Angabezusätze, nämlich dem Typ des unten erweiternden funktionalen Angabezusatzes, der zahlreiche Untertypen aufweist. Mit dem Unterstrich in „**Granula̱t**" sowie mit allen Unterstrichen, die sich unter den lemmatischen Substantivangaben in wa₆–wa₁₃ in Abb. 7 und in wa₁₄ und wa₁₅ in Abb. 9 fin-

den, wird ein bifunktionaler Angabezusatz realisiert, der zum Typ der Wortakzentkennzeichnung gehört, die zugleich eine Vokalquantitätskennzeichnung
zur Länge ist (WAk|VQK.L). Im Folgenden wird weiterhin exemplarisch am
Beispiel von wa₃ in Abb. 1 und anhand seiner inzwischen bekannten textuellen
Strukturen argumentiert, wenn es darum geht, wa₃ in mehreren Schritten seine
abstrakte hierarchische hybride Artikelmikrostruktur zuzuordnen. Betrachtet
man z. B. den Strukturgraphen in Abb. 6, dann erkennt man, dass in der Darstellung der abstrakten hierarchischen reinen Artikelmikrostruktur für den unten
erweiterten bifunktionalen Angabezusatz kein eigener Knoten vorgesehen ist.
Er besitzt damit keinen eigenen strukturellen Ort in dem geordneten Baumgraphen, der mittels mindestens einer Kante mit einem anderen Knoten des
gleichen Baumgraphen verbunden ist. Der Grund dafür ist, dass der bifunktionale Angabezusatz keine eigene textuelle Position innerhalb, sondern nur unterhalb der sprachlichen Kette hat und damit keinen Textkonstituentenstatus
aufweist. Dass es den bifunktionalen Angabezusatz in wa₃ gibt, erfährt man nur
aus dem komplexen Knotenetikett „LZGA⊔ WAk|VQK.L|WFA.NSg|RA". Auch
in der zugehörigen isomorphen konkreten hierarchischen reinen Artikelmikrostruktur kann daher der konkrete Unterstrich keinen eigenen strukturellen
Ort aufweisen: Vielmehr erscheint er in der LEMMAPOSITION genauso wie
im Artikeltext! Will man bei der Darstellung von Artikelmikrostrukturen von
vollständig kondensierten Wörterbuchartikeln nicht nur die artikelinterne An-
gabedistribution explizit berücksichtigen, sondern (wenn vorhanden) auch die
artikelinternen funktionalen Angabezusätze, muss man von reinen zu hybriden Artikelmikrostrukturen übergehen, was im Folgenden nur anhand einer
abstrakten Artikelmikrostruktur demonstriert werden kann.

  „Granulat" aus wa₃ ist eine Lemmazeichengestaltangabe vom Untertyp der
lemmatischen Substantivangabe. Sie ist eine elementare Angabe, weil sie nicht
in weitere Angaben funktional-positional segmentierbar ist. Sie gehört zu den
einfach erweiterten elementaren Angaben und bei diesen zu den unten erweiterten Angaben (vgl. Wiegand 2005a: 289). Während nicht erweiterte elementare Angaben – wie z. B. die Artikelangabe „das" in wa₃ – keine interne Struktur
aufweisen, kann erweiterten elementaren Angaben eine interne Struktur zugewiesen werden. Deren Elemente sind bei oben oder unten erweiterten elementaren Angaben durch eine korrekte Anwendung der Methode der funktionalen
segmentativen Isolierung erhältlich. Bei deren Anwendung werden horizon-
tale Segmentationsschnitte so gelegt, dass die oben und unten erweiternden
funktionalen Angabezusätze vom Rest der einfach erweiterten elementaren
Angabe abgetrennt werden. Bei der unten erweiterten lemmatischen Substantivangabe „Granulat" bedeutet dies: Das Segmentationsergebnis besteht aus
dem Segment **Granulat** und dem Unterstrich, so dass zwei Teile einer einfach
erweiterten elementaren Angabe vorliegen. Um die zwar visuell wahrnehmbare Position des Unterstrichs auch auf einem methodischen Weg eindeutig
festlegen zu können, wird „Granulat" mittels einer Anwendung der Metho-

de der nichtfunktional-positionalen Segmentation zerlegt, und zwar so, dass sich folgende drei Angabeformsegmente ergeben: **Granul|a|t**. **Granul** gehört zur Klasse der vorderen Angabeformsegmente (vAFSeg), so dass gilt: **Granul** ∈ vAFSeg; **a** gehört zur Klasse der mittleren Angabeformsegmente (mAFSeg), so dass gilt: **a** ∈ mAFSeg; und schließlich gehört t zur Klasse der hinteren Angabeformsegmente (hAFSeg), so dass gilt: **t** ∈ hAFSeg. Es gelten weiterhin folgende Aussagen: **Granul** < **a** < **t** sowie entsprechend vAFSeg < mAFSeg < hAFSeg (mit „<" für *geht voraus.*).

Um die zur konkreten internen Angabestruktur isomorphe abstrakte interne Angabestruktur von **Granulat** angeben zu können, wird im Folgenden zunächst folgende Trägermenge gebildet: M_{Ar}^a(**Granulat**) = {mAFSeg, WAk|VQLK.L}. Diese Trägermenge enthält also zwei Elemente, die Klassen sind. Auf ihr wird im nächsten Schritt eine zweistellige irreflexive und damit asymmetrische sowie nichttransitive Relation R_{unt}^a(**Granulat**) vom Typ der (textarchitektonischen) *unterhalb*-Relation definiert, zu welcher der Relationsterm *x ist unterhalb von y* gehört, mit „x" als Variable für funktionale Angabezusätze und „y" als Variable für Angabeformsegmente, die deren Bezugsadresse bilden; es gilt: R_{unt}^a ⊆ M_{Ar}^a(**Granulat**) × M_{Ar}^a(**Granulat**). Die Relation R_{unt}^a(**Granulat**) prägt auf der Trägermenge M_{Ar}^a(**Granulat**) eine Struktur, die zu den vertikalen Angabearchitekturen gehört, da textuelle Strukturen, deren strukturprägende Relationen *oberhalb*- oder *unterhalb*-Relationen sind, *Architekturen* heißen (vgl. u. a. Wiegand 2001: 191ff. und Wiegand 2008a u. 2008b). Vertikale Angabearchitekturen lassen sich mittels der gleichen formalen Darstellungsmittel darstellen wie die vertikalen Textarchitekturen von Wörterbuchartikeln, die hier nicht behandelt werden (vgl. u. a. Bergenholtz/Tarp/Wiegand 1999: 1791ff.). Das allgemeine Angabearchitekturbild für die unten um eine Wortakzent- und Vokalquantitätskennzeichnung zur Länge erweiterte Lemmazeichengestaltangabe „**Granulat**" findet sich in Abb. 12.

Das allgemeine Angabearchitekturbild in Abb. 12 gilt nicht etwa nur für die Lemmazeichengestaltangabe in wa₃, sondern auch für alle unten erweiterten

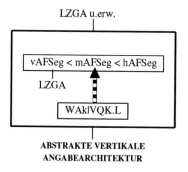

Abb. 12. *Allgemeines Angabearchitekturbild* zur abstrakten vertikalen Angabearchitektur der unten erweiterten Lemmazeichengestaltangabe (LZGA u.erw.) aus wa₃ in Abb. 1; „x ⇒ y" bedeutet so viel wie *x ist unterhalb von y*, wenn der Pfeil nach oben zeigt.

Lemmazeichengestaltangaben in wa_6–wa_{13} in Abb. 7 und wa_{14} und wa_{15} in Abb. 9. Der Anschaulichkeit halber wird in allgemeinen Architekturbildern die gesamte erweiterte Angabe berücksichtigt, auch wenn die *unterhalb*-Beziehung nur von WAk|VQK.L zu mAFSeg besteht.

Im Folgenden wird die Trägermenge M_{Ar}^a(**Granul<u>a</u>t**) erweitert, und zwar um folgende Elemente: die Klasse der vorderen Angabeformsegmente (vAFSeg), die Klasse der hinteren Angabeformsegmente (hAFSeg), die Klasse der nichterweiterten Lemmazeichengestaltangaben (LZGA) und die Klasse der um eine Wortakzent- und Vokalquantitätskennzeichnung unten erweiterten Lemmazeichengestaltangaben, die zugleich Wortformenangaben im Nominativ Singular und Rechtschreibeangaben sind (LZGA⊔WAk|VQK.L|WFA.NSg|RA), so dass sich als erweiterte elementenheterogene Trägermenge für die abstrakte (a) hybride (hy) Angabestruktur (AnS) – sie heiße M_{hyAnS}^a(**Granul<u>a</u>t**) – eine Menge mit der Mächtigkeit |6| ergibt, die wie folgt angegeben werden kann:

$$M_{hyAnS}^a(\text{Granul\underline{a}t}) = \{\text{mAFSeg, WAk|VQK.L, vAFSeg, hAFSeg, LZGA, LZGA}⊔$$
$$\text{WAk|VQK.L|WFA.NSg|RA}\}.$$

Auf dieser Trägermenge werden im nächsten Schritt folgende drei Relationen definiert:

(i) R_p^a(**Granul<u>a</u>t**), eine Relation vom Typ der Präzedenzrelation mit dem Relationsterm *x geht y voraus* (mit „x" und „y" für Klassen von Textsegmenten). Es gilt:

$$R_p^a(\text{Granul\underline{a}t}) \subseteq M_{hyAnS}^a(\text{Granul\underline{a}t}) \times M_{hyAnS}^a(\text{Granul\underline{a}t}).$$

(ii) R_{part}^a(**Granul<u>a</u>t**), eine Relation vom Typ der partitiven Relation mit dem Relationsterm *u ist ein Teil von v* (mit „u" und „v" als Variablen für Klassen von Textsegmenten). Es gelten: R_{part}^a(**Granul<u>a</u>t**) $\subseteq M_{hyAnS}^a$(**Granul<u>a</u>t**) $\times M_{hyAnS}^a$(**Granul<u>a</u>t**) sowie R_{part}^a(**Granul<u>a</u>t**) $\cap R_p^a$(**Granul<u>a</u>t**) $= \oslash$.

(iii) R_{unt1}^a(**Granul<u>a</u>t**), eine textarchitektonische Relation vom Typ der *unterhalb*-Relation mit dem Relationsterm *r ist unterhalb von s* (mit „r" als Variable für funktionale Angabezusätze und „s" als Variable für deren Bezugsadressen). Es gelten:

$$R_{unt1}^a(\text{Granul\underline{a}t}) = M_{hyAnS}^a(\text{Granul\underline{a}t}) \times M_{hyAnS}^a(\text{Granul\underline{a}t}); R_{unt1}^a(\text{Granul\underline{a}t})$$
$$\cap R_p^a(\text{Granul\underline{a}t}) = \oslash; R_{unt1}^a(\text{Granul\underline{a}t}) \cap R_{part}^a(\text{Granul\underline{a}t}) = \oslash.$$

Als Ergebnis aller genannten Operationen ist die abstrakte hierarchische architektonisch angereicherte Angabestruktur der um eine Wortakzent- und Vokalquantitätskennzeichnung unten erweiterte Lemmazeichengestaltangabe erhältlich, die zugleich eine Wortformenangabe für den Nominativ Singular und eine Rechtschreibangabe ist. Ihre Darstellung findet sich in Abb. 13.

Die in Abb. 13 abgebildete abstrakte hierarchische architektonisch angereicherte Angabestruktur ist nicht nur isomorph zur konkreten hierarchi-

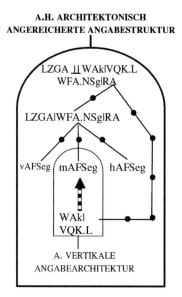

Abb. 13. *Einfach kommentierter und mit architektonischen Komponenten angereicherter Baumgraph* zur abstrakten architektonisch angereicherten Angabestruktur der unten erweiterten Lemmazeichengestaltangabe aus wa$_3$; „u—•—v" bedeutet (von unten nach oben gelesen) soviel wie *u ist ein Teil von v.*

schen architektonisch angereicherten Angabestruktur, die „**Granulat**" aus wa$_3$ in Abb. 1 aufweist, sondern auch z. B. zu allen entsprechenden konkreten Strukturen aller unten erweiterten lemmatischen Substantivangaben in wa$_6$–wa$_{13}$ in Abb. 7 und wa$_{14}$ und wa$_{15}$ in Abb. 9.

Die in Abb. 13 dargestellte abstrakte hierarchische architektonisch angereicherte Angabestruktur ist eine Teilstruktur der abstrakten hierarchischen hybriden Artikelmikrostruktur, die zur entsprechenden konkreten Struktur von wa$_3$ in Abb. 1 isomorph ist. Möchte man die in Abb. 13 dargestellte Angabestruktur in die abstrakte hierarchische reine Artikelmikrostruktur integrieren, so dass die abstrakte hierarchische hybride Artikelmikrostruktur von wa$_3$ gegeben ist, dann muss man $M^a_{erwT}(wa_3)$, die erweiterte elementenhomogene Trägermenge für die abstrakte hierarchische reine Mikrostruktur $rArtMiS^a_h(wa_3)$, die in Abb. 10 dargestellt ist, um die fünf Elemente, mAFSeg, WAk|VQK.L, vAFSeg, hAFSeg und LZGA der Trägermenge M^a_{hyAnS}(**Granulat**) erweitern, so dass sich die elementenheterogene Trägermenge – sie heiße $M^a_{erwT}(wa_3)$ – ergibt, die entsprechend wie folgt mit einer Mächtigkeit von |21| angegeben werden kann:

$$M^a_{erwT}(wa_3) = \{WA, FK, SK, LZGA \perp\!\!\!\perp WAk|VQK.L|WFA.NSg|RA, MorA.S, BPA,$$
$$\text{v.KBeiA, ArtA} \dashv G|WAr, DekKA, v.Sgb^2A, v.PlbA, A-rAus,}$$
$$\text{MonA, SSK, PragsemA, A-pragNM, LZGA|WFA.NSg|RA,}$$
$$\text{vAFSeg, mAFSeg, hAFSeg, WAk|VQK.L}\}$$

A. H. HYBRIDE ARTIKELMIKROSTRUKTUR

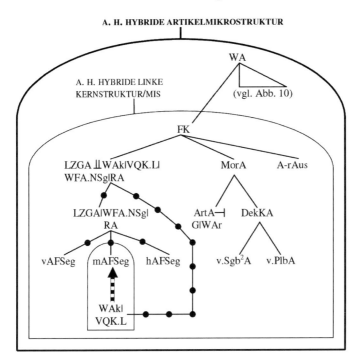

Abb. 14. *Nicht vollständig ausgeführter Strukturgraph* zur abstrakten hierarchischen hybriden Artikelmikrostruktur, die wa₃ in Abb. 1 aufweist.

Definiert man auf $M^a_{erwT}(wa_3)$ eine Relation vom Typ der Präzedenzrelation, eine Relation vom Typ der partitiven Relation sowie eine vom Typ der *unterhalb*-Relation, dann ist die abstrakte (a) hierarchische (h) hybride (hyb) Artikelmikrostruktur hybArt $MiS^a_h(wa_3)$ erhältlich. Da sich im semantischen Kommentar nichts ändert (verglichen mit Abb. 10) wird in Abb. 14 nur der Formkommentar berücksichtigt und die abstrakte hierarchische hybride linke Kernstruktur dargestellt.

Die gepunkteten Kanten in Abb. 14 sind solche Kanten, die zu Textsegmenten ohne Textkonstituentenstatus führen, während die nicht gepunkteten Kanten zu Textkonstituenten führen.

4. Dritter Einblick: Adressierung in vollständig kondensierten Wörterbuchartikeln und Informationsgewinnung

Eine Person P_1 mit Deutsch als Muttersprache kann eine Satzäußerung wie z. B.

(1) *Gestern ist der Schulbus verunglückt.*

verstehen, wenn P_1 die Bedeutung der in (1) verwendeten Wörter kennt und in der Lage ist die Satzteile gemäß den syntaktischen Beziehungen in (1) aufeinander zu beziehen, so dass er den propositionalen Gehalt p_1 kognitiv konstruieren kann, den man üblicherweise mit einem *dass*-Satz nennt:

$p_1 = $ *dass gestern der Schulbus verunglückte.*

Der propositionale Gehalt p_1 verweist auf einen Sachverhalt in der Vergangenheit, der zu den Ereignissen zählt. Kannte P_1 vor der Äußerung von (1) den Sachverhalt nicht, dann hat er mit dem Verständnis von (1) eine Information gewonnen. Hat der Unfall tatsächlich gestern stattgefunden, so dass (1) wahr ist, dann ist die Information, dass gestern der Schulbus verunglückt ist, ein Wissen *sensu stricto*, das P_1 zugeschrieben werden kann.

Wie funktioniert die Informationsgewinnung anhand eines kondensierten Wörterbuchartikels, in dem es – wie wir gesehen haben – keine natürlichsprachlichen syntaktischen Beziehungen gibt? Betrachten wir zunächst ein Beispiel. Ein kundiger (k) Benutzer des HWDG, dessen Muttersprache Deutsch ist – er heiße B_k – benutzt mit der Suchfrage „Wie ist das Genus von *Granulat?*" das HWDG. Nach der erfolgreichen Ausführung einer externen Zugriffshandlung (vgl. Wiegand 1998a: 393ff.) erreicht B_k **Granulat**. Möchte er in wa$_3$ eine Antwort auf seine Suchfrage ermitteln, muss B_k zweierlei wissen:

(a) Er muss wissen, dass „das" (die Artikelangabe) diejenige Textkonstituente ist, die zur Beantwortung der Suchfrage benötigt wird.

(b) B_k muss weiterhin wissen, dass man „das" auf „**Granulat**" beziehen muss, wenn man die gesuchte lexikographische Information als Antwort auf die Suchfrage erschließen möchte.

Die Informationsgewinnung im Beispiel erfolgt mithin anhand eines geordneten Paares lexikographischer Textdaten, und zwar anhand des Paares (das, **Granulat**). Die beiden Komponenten dieses geordneten Paares (oder: 2-Tupels) stehen in einer nichtnatürlichen textsyntaktischen Beziehung; diese heißt *Adressierungsbeziehung*. Es gilt: „das" ist adressiert an „**Granulat**". Die Artikelangabe „das" ist die adressierte Angabe. Die lemmatische Substantivangabe „**Granulat**", die zu den Lemmazeichengestaltangaben gehört, ist die Bezugsadresse; dies ist eine verkürzte Redeweise. In elaborierten Zusammenhängen ist es notwendig, zwischen dem Bezugsadressenträger „**Granulat**" und der Bezugsadresse |Granulat| zu unterscheiden. Im Folgenden betrachten wir die Adressierungskonstellation, die in wa$_3$ in Abb. 1 vorliegt, anhand der Abb. 10 und Abb. 14.

Die um einen funktionalen Angabezusatz vom Typ der Wortakzent- und Vokalquantitätskennzeichnung zur Länge unten erweiterte Lemmazeichengestaltangabe, die als lemmatische Substantivangabe zugleich eine Wortformangabe im Nominativ Singular ist sowie eine Rechtschreibangabe, gehört zu den nichtadressierten elementaren Angaben. Mit diesen wird dadurch etwas angegeben, dass sprachliche Ausdrücke erwähnt werden. Eine zweite nichtadressierte Angabe ist der Formkommentar, weil die Lemmazeichengestaltangabe eine Textkonstituente des Formkommentars ist. Alle anderen elementaren und nichtelementaren Angaben von wa$_3$ sind an die Lemmazeichengestaltangabe und damit lemmatisch adressiert. Daher tritt in wa_3 bei der Angabeadressierung nur Linksadressierung auf. Zwei Angaben, die unmittelbar aufeinander folgen, sind adjazente Angaben, wobei nichttypographische Mikrostrukturanzeiger nicht berücksichtigt werden. „Granul**at**" und „das" in wa_3 sind mithin adjazente Angaben. Stehen adjazente Angaben in einer Adressierungsbeziehung, dann ist diese auch adjazent, so dass gilt: „das" ist an „Granul**at**" adjazent linksadressiert. Bei adjazenter Adressierung ist der Wert für die Adressenentfernung gleich Null. Die Adressenentfernung wird dadurch gemessen, dass die elementaren Angaben gezählt werden, die zwischen einer adressierten Angabe und ihrer Bezugsadresse stehen. Beispielsweise hat die Adressenentfernung von der nichtadjazenten linksadressierten Bedeutungsparaphrasenangabe in wa_3 zu ihrer Bezugsadresse, der LZGA, den Wert 3, da die drei elementaren Angaben „das", „-(e)s" und „-e" zwischen der Bedeutungsparaphrasenangabe und der Lemmazeichengestaltangabe als Bezugsadresse stehen. Mit steigender Adressenentfernung wird die Informationsgewinnung schwieriger, insbesondere dann, wenn gebrochene Angabenadressierung vorliegt, wenn also zwischen einer adressierten Angabe und ihrer Adresse ein Seitenumbruch liegt. In wa_1 tritt auch adjazente Rechtsadressierung auf. Beispielsweise ist „Ü", die Angabe zum semantischen Übergang, adjazent rechtsadressiert, und zwar an die verdichtete Kompetenzbeispielangabe, mit der der übertragene Gebrauch von *Bär* demonstriert wird. Bei den nichtelementaren Angaben werden die adressenhomogenen von den adressenheterogenen Angaben unterschieden. Eine adressenhomogene Angabe liegt vor, wenn die nichtelementare Angabe die gleiche Bezugsadresse hat wie alle ihre Teilangaben; ist das nicht der Fall, ist eine nichtelementare Angabe adressenheterogen. In wa_3 ist die Morphologieangabe bei Substantiven adressenhomogen. Sie und alle ihre Teilangaben sind an „Granul**at**" adressiert. Der Formkommentar von wa_3 ist dagegen adressenheterogen. Bisher wurde nur die Adressierung von Angaben berücksichtigt. Neben der Angabenadressierung tritt jedoch auch Angabezusatzadressierung auf. Beispielweise ist der Unterstrich in „Granul**at**" an das Angabeformsegment „a", mit dem der Silbenkern von *-lat* genannt wird, hinaufadressiert. Ein Benutzer, der wissen möchte, wie der Wortakzent von Granulat ist, muss den Unterstrich auf **a** beziehen, wenn er die entsprechende Information benötigt. Da die Hinaufadressierungsbeziehung eine Beziehung ist, die innerhalb einer erweiterten elementaren lemmatischen Angabe gegeben ist, spricht man von einer *internlemmatischen Adressierung*. Da in wa_3 alle Angaben lemmatisch adressiert sind und auch interlemmatische Adressierung gegeben ist, gehört die Adressierungskonstellation, die in wa_3 vorliegt, zum Typ der vollständig lemmatischen mit internlemmatischer Adressierung (vgl. Wiegand 2008b). Während in den Artikeln wa_6–wa_{13} in Abb. 7 die gleiche Adressierungskonstellation gegeben ist wie in wa_3, liegt z. B. in wa_{17} in Abb. 9 eine andere Adressierungskonstellation vor. In wa_{17} sind nicht alle adressierungsfähigen Angaben an die Lemmazeichengestaltangabe adressiert: Beispielsweise ist die diamediale Markierungsangabe „umg" adjazent rechtsadressiert an die verdichtete Phrasemangabe, und die verdichtete Bedeutungsparaphrasenangabe „*jmd. wird wütend*" ist adjazent linksadressiert an die gleiche verdichtete Phrasemangabe. In wa$_{17}$ treten mithin neben der lemmatischen Adresse nichtlemmatische Adressen auf. Demgemäß liegt in wa$_{17}$ eine Adressierungskonstellation vor, die zum Typ der partiell lemmatischen mit internlemmatischer Adressierung gehört. Es lassen sich zahlreiche weitere Adressierungskonstellationen unterscheiden (vgl. die Typologie in Wiegand 2008b). Der Typ der jeweiligen Adressierungskonstellation liefert erstens Informationen über die textsyntaktische Struktur eines Wörterbuchartikels sowie zweitens solche über die Themenverteilung im Wörterbuchartikel. Beispielsweise besagt die Adressierungskonstellation der vollständig lemmatischen Adressierung, dass alle textsyntaktischen Beziehungen zur Lemmazeichengestaltangabe führen und dass *n* Eigenschaftsausprägungen des Lemmazeichens (mit *n* > 1) lexikographisch bearbeitet und damit thematisch sind. Wörterbuchartikel mit vollständig lemmatischer Adressierung und solche mit vollständiger und internlemmatischer Adressierung wie z. B. wa$_3$ sind monothematisch. Die Zahl *n* wird bestimmt durch den Lemmazeichentyp und das Mikrostrukturenprogramm des jeweiligen Wörterbuchs. Bei allgemeinen einsprachigen Wörterbüchern wie dem HWDG ist *n* stets größer als 1, so dass zu einem Lemmazeichen mehrere Informationen verschiedener Art erschlossen werden können. Entsprechend sind die Wörterbuchartikel polyinformativ: Nicht nur Eigenschaftsausprägungen des Lemmazeichens *Galle* sind lexikographisch bearbeitet, sondern auch z. B. solche des Phrasems *jemandem läuft die Galle über*, und die Bearbeitung ist nicht nur mit Angaben eines Angabetyps erfolgt, sondern mit Angaben, die zu mehreren Typen gehören.

Zu jedem kondensierten Wörterbuchartikel lässt sich eine Adressierungsstruktur angeben. Während die Adressierungskonstellation in relativ allgemeiner Weise den nichtnatürlichen syntaktischen Typus eines vollständig kondensierten Wörterbuchartikels charakterisiert, spezifiziert die zugehörige Adressierungsstruktur die nichtnatürliche Syntax eines Wörterbuchartikels formal exakt und vollständig.

Im Folgenden wird die Adressierungsstruktur von wa$_3$ in Abb. 1 angegeben, und zwar in ihrer abstrakten Ausprägung, so dass ihre Trägermenge nur Klassen enthält. Die Trägermenge für eine artikelinterne abstrakte Adressierungsstruktur muss die Klassen aller adressierten Angaben und die aller funktionalen Angabezusätze sowie die Klassen aller Bezugsadressen als Elemente aufweisen. Diese elementenheterogene Trägermenge – sie heiße $M^a_{ArtAdS}(wa_3)$ – kann wie folgt angegeben werden:

$$M^a_{ArtAdS}(wa_3) = \{SK, LZGA\rlap{\sqcup}\ WAk|VQK.L|WFA.NSg|RA, MorA.S, BPA,$$
$$v.KBeiA, ArtA \dashv G|WAr, DekKA, v.Sgb^2A, v.PlbA, A\text{-}rAus,$$
$$MonA, SSK, PragsemA, A\text{-}pragNM, mAFSeg, WAk|VQK\}.$$

Auf $M^a_{ArtAdS}(wa_3)$ wird nun eine zweistellige asymmetrische und irreflexive Relation vom Typ der Adressierungsrelation – sie heiße $R_{artAdS}(wa_3)$ – definiert mit dem Relationsterm *x ist artikelintern adressiert an y*, mit „x" als Variable für adressierte funktionale Angabezusätze und adressierte Angaben und „y" als Variable für Bezugsadressen. $R_{artAdS}(wa_3)$ ist eine Teilmenge des kartesischen Produktes $M^a_{ArtAdS}(wa_3) \times M^a_{ArtAdS}(wa_3)$. $R_{artAdS}(wa_3)$, die strukturprägende Relation, induziert auf der Trägermenge $M^a_{ArtAdS}(wa_3)$ ein Partition $P(wa_3)$; das bedeutet, dass die Trägermenge in zwei disjunkte Teilmengen zerlegt wird, nämlich in $M^a_{KadA}(wa_3)$, die Menge der Klassen (K) von adressierten (ad) Angaben (A), sowie in $M^a_{KAdr}(wa_3)$, die Menge der Klassen von Adressen (Adr). $P(wa_3)$ ist demgemäß wie folgt definiert:

$$P(wa_3) := \{M^a_{KadA}(wa_3), M^a_{KAdr}(wa_3)\}.$$

$M^a_{KadA}(wa_3)$ ist der Vorbereich, $M^a_{KAdr}(wa_3)$ ist der Nachbereich der Relation $R_{artAdS}(wa_3)$. Für die Darstellung von $ArtAdS^a(wa_3)$, der abstrakten Artikeladressierungsstruktur (kurz: Adressierungsstruktur) von wa_3, verwenden wir die bewährte Darstellungsmethode für endliche Relationen mittels Pfeildiagrammen, so dass sich die Strukturdarstellung in Abb. 15 ergibt.

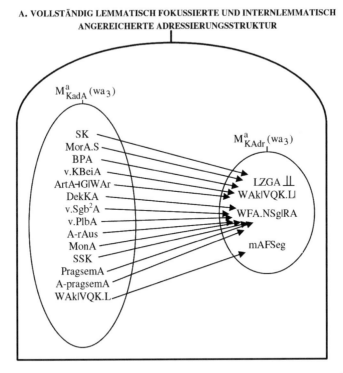

A. VOLLSTÄNDIG LEMMATISCH FOKUSSIERTE UND INTERNLEMMATISCH ANGEREICHERTE ADRESSIERUNGSSTRUKTUR

Abb. 15. *Strukturdarstellung* zur abstrakten vollständig lemmatisch fokussierten und internlemmatisch angereicherten Adressierungsstruktur, die in wa_3 in Abb. 1 aufweist; „x → y" bedeutet soviel wie *x ist artikelintern an y adressiert*.

Anhand der abstrakten Adressierungsstruktur, die zum Typ der vollständig lemmatisch fokussierten und internlemmatisch angereicherten Adressierungsstruktur gehört, erfährt man *erstens* explizit, welche nichtnatürlichen textsyntaktischen Beziehungen genutzt werden können, um lexikographische Informationen anhand von wa_3 und aller derjenigen Artikel zu gewinnen, deren Adressierungsstrukturen zu der von wa_3 isomorph sind. Man erfährt *zweitens*, welche der nichtnatürlichen textsyntaktischen Beziehungen Angabeadressierungsbeziehungen sind und welche Angabezusatzadressierungsbeziehungen.

Wenn man hierarchische Artikelmikrostrukturen um Adressierungsstrukturen erweitert, erhält man hierarchische Artikelangabenstrukturen (kurz: Angabenstrukturen). Dies sind diejenigen textuellen Strukturen von vollständig kondensierten Wörterbuchartikeln, anhand derer alle Informationen erhältlich sind, die ein Lexikograph benötigt, um einem potenziellen Benutzer in den Benutzungshinweisen den „Artikelaufbau" und die „Beziehungen zwischen den Bauteilen" (natürlich ohne Verwendung lexikographietheoretischer Termini) verständlich aber genau zu erklären.

Im Folgenden wird $hybArtMiS_h^a(wa_3)$, die abstrakte (a) hierarchische (h) hybride (hyb) Artikelmikrostruktur (ArtMiS) von wa_3 (vgl. Abb. 10 und 14), um $ArtAdS^a(wa_3)$, die abstrakte (a) Artikeladressierungsstruktur (ArtAdS) von wa_3, erweitert. Dazu wird auf der Trägermenge $M_{erwTl}^a(wa_3)$, über die wir bereits verfügen, eine weitere Relation definiert, nämlich eine Relation vom Typ der Adressierungsrelation mit dem Relationsterm *x ist artikelintern an y adressiert*.

Möchte man von der Darstellung von abstrakten hierarchischen (reinen oder hybriden) Artikelmikrostrukturen zur Darstellung der zugehörigen abstrakten hierarchischen Artikelangabenstrukturen übergehen, kann man zwischen den folgenden drei Möglichkeiten wählen:

(a) Innerhalb der Strukturgraphen wird jede Adressierungsbeziehung (analog zu den Pfeildiagrammen) durch einen Pfeil repräsentiert, der von einem Knoten mit einem Klassensymbol für eine Klasse von adressierten Angaben oder für eine Klasse von adressierten funktionalen Angabezusätzen zu einem Knoten für eine Klasse von Bezugsadressenträgern führt (vgl. Abb. 16).

(b) Man verwendet Adressensymbole; diese bezeichnen die Bezugsadressenträger und werden – getrennt durch einen fetten Mittenpunkt – hinter das Klassensymbol für eine Klasse von adressierten Angaben oder adressierten funktionalen Angabezusätzen gestellt; ein entsprechendes erweitertes Knotenetikett hat z. B. die Form „MorA.S • LZGA" (vgl. Abb. 17).

(c) Es werden Adressensymbole verwendet, und zwar unter der Geltung der Darstellungskonvention, dass bei allen adressenhomogenen Angaben die Verwendung der Adressensymbole bei allen ihren Teilangaben unterbleibt,

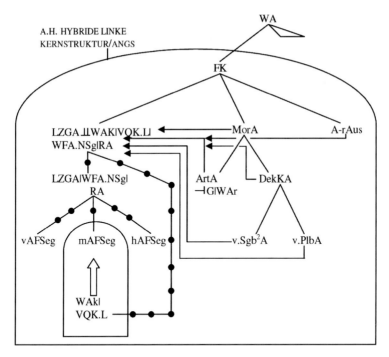

Abb. 16. *Kommentierter Strukturgraph* zur abstrakten hierarchischen hybriden linken Kernstruktur, die zum Formkommentar von wa$_3$ in Abb. 1 gehört; *Abkürzungen*: ANGS = ANGABENSTRUKTUR; x $\Longrightarrow$ y bedeutet soviel wie *x ist unterhalb von y und an y hinaufadressiert* (wenn der bifunktionale Pfeil nach oben zeigt)

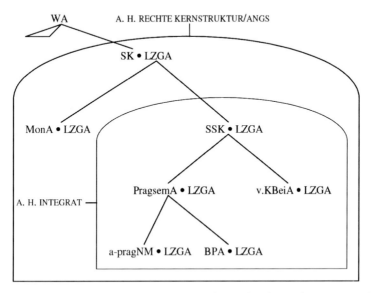

Abb. 17. *Kommentierter Strukturgraph* zur abstrakten hierarchischen rechten Kernstruktur, die zum semantischen Kommentar von wa$_3$ in Abb. 1 gehört

da ja gilt, dass alle Teilangaben das gleiche Adressensymbol erhalten wie die nichtelementare Mutterangabe.

Die Möglichkeit (a) ist die mit der größten Anschaulichkeit; sie eignet sich allerdings kaum für die Darstellung komplexerer Artikelangabenstrukturen, sondern beispielsweise für die Darstellung von partiellen Artikelangabenstrukturen, wie z. B. Kommentarangabenstrukturen. In Abb. 16 ist die abstrakte hierarchische hybride Kommentarangabestruktur dargestellt, die zum Formkommentar von wa₃ gehört und damit eine Teilstruktur der Artikelangabenstruktur von wa₃ ist, und zwar unter Rückgriff auf die Möglichkeit (a).

In Abb. 17 ist die abstrakte hierarchische Kommentarangabenstruktur dargestellt, die zum semantischen Kommentar gehört, und zwar nach der Möglichkeit (c).

In Abb. 18 wird schließlich die abstrakte hierarchische hybride Artikelangabenstruktur dargestellt, die wa₃ in Abb. 1 aufweist, und zwar unter Rückgriff auf die Möglichkeit (b).

Anhand der in Abb. 18 dargestellten abstrakten hierarchischen hybriden Angabenartikelstruktur sind zu wa₃ und allen Wörterbuchartikeln, deren gleichartige textuelle Struktur zu der von wa₃ isomorph sind, folgende Informationen erhältlich:

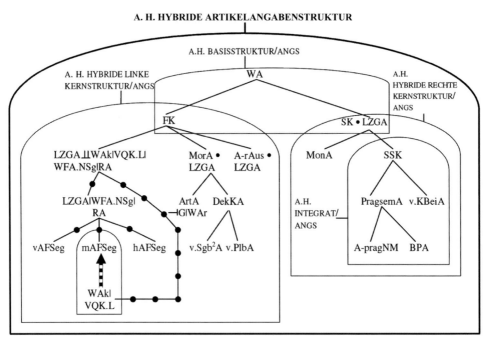

Abb. 18. *Kommentierter Strukturgraph* zur abstrakten hierarchischen hybriden Artikelangabenstruktur, die wa₃ in Abb. 1 aufweist.

(1) Die Anzahl aller Klassen von Angaben,

(2) Die Art aller Angaben,

(3) Die Anzahl aller Klassen funktionaler Angabezusätze,

(4) Die Art aller funktionaler Angabezusätze,

(5) Die Anzahl aller Klassen von Angabeformsegmenten,

(6) Die Art aller Angabeformsegmente,

(7) Alle partitiven Beziehungen, in denen die Angaben untereinander und zum ganzen Wörterbuchartikel stehen,

(8) Alle partitiven Beziehungen, in denen die Angabeformsegmente zur Angabeform von Angaben stehen,

(9) Alle präzedentiven (oder: linearen) Beziehungen, in denen Angaben untereinander stehen,

(10) Alle präzedentiven Beziehungen, in denen die Angabeformsegmente untereinander stehen,

(11) Die Anzahl aller Teilstrukturen,

(12) Die Art aller Teilstrukturen.

Schließlich sei abschließend noch auf einen Sachverhalt hingewiesen, der für die Informationsgewinnung anhand von kondensierten Wörterbuchartikeln wichtig ist. Wie in Wiegand (2000b u. 2002a) ausführlich gezeigt wurde, sind die Formkommentare von kondensierten Wörterbuchartikeln Wissensrepräsentationen im strengen Sinne. Das bedeutet unter anderem, dass ein Benutzer, der das Textformat kennt und der eine Suchfrage zur Form des Lemmazeichens hat, die im Formkommentar beantwortet wird, über einen festen Inferenzweg verfügt, auf dem er zur Konstruktion des propositionalen Gehaltes gelangt, der die gesuchte Antwort auf die Suchfrage als lexikographische Information zur Form darstellt. Für den Erhalt dieser Information benötigt er keinerlei semantisches Wissen, sondern die Kenntnis der formalen Struktur des Repräsentats. In den verschiedenen Zweitkommentaren (wie z.B. einem semantischen Kommentar) oder auch in anderen Kommentaren, in denen keine oder nicht nur Angaben zur Form stehen, liegt keine Wissensrepräsentation im strengen Sinne vor. Wer z.B. eine Bedeutungsparaphrasenangabe nutzen möchte, um die Bedeutung des Lemmazeichens zu ermitteln, der muss sie nicht nur formal erkennen und auf ihre Bezugsadresse beziehen, sondern er muss sie auch inhaltlich verstehen; wenn aber Verstehen von semantischen Inhalten notwendig ist, dann gibt es Interpretationsspielräume, deren Breite erheblich sein kann. Es gibt damit lexikographischen Daten zur Form, die als Wissensrepräsentation gelten können und solche, für die dies nicht gilt.

5. Schlussbemerkung

Historisch betrachtet, ist der Grund dafür, dass in modernen Printwörterbüchern nichtnatürlich über natürliche Sprachen geschrieben wird, der sprachliche Reichtum sowie der ökonomische Zwang, Druckraum und damit Kosten zu sparen. Die Textformate der wichtigen Sprachwörterbücher, die in wesentlichen Zügen ähnlich und im Detail recht verschieden sind, haben sich zusammen mit der Einsicht entwickelt, dass die standardisierte Textverdichtung (vgl. dazu Bustos/Wiegand 2007; Wiegand 1996b u. 1988b) nicht nur Nachteile hat, die vor allem darin bestehen, dass man die Textformate für den erfolgreichen Umgang mit Wörterbüchern erst erlernen muss, sondern dass sie auch Vorteile hat. Diese bestehen vor allem darin, dass der kundige Benutzer auf kleinerem Druckraum mehr Daten finden und schneller die gesuchten Daten ermitteln kann.

Eine Theorie der Wörterbuchform hat zahlreiche Anwendungsmöglichkeiten:

- Sie liefert wichtige Grundlagen für die Lehrbarkeit wichtiger Teile der Lexikographie
- Sie ermöglicht das Verfassen von angemessenen Instruktionsbüchern für die Lexikographen
- Sie liefert Einsichten für das Parsen von Wörterbuchartikeln
- Sie erleichtert die Softwareentwicklung für Softwarepakete, die das Schreiben von Wörterbuchartikeln unterstützen
- Sie erleichtert die Erarbeitung von Dokumenttyp-Definitionen und von Dokumenttyp-Grammatiken
- Sie liefert Grundlagen für die Prüfung der Wörterbuchqualität
- Sie liefert für eine sachliche Wörterbuchkritik Argumente.

Die Theorie der Wörterbuchform ist ein Beweis dafür, dass auch in den so genannten Geisteswissenschaften formale Darstellungen dann zum gewünschten Erfolg führen und nützlich sind, wenn der Gegenstand der Theoriebildung Eigenschaften aufweist, die dies erlauben. In den nichtnatürlichen Texten moderner Printwörterbücher über natürliche Sprachen und deren Texte sind diese Eigenschaften in einem hohen Maße ausgeprägt.

Literatur

Bergenholtz, Henning/Tarp, Sven/Wiegand, Herbert Ernst (1999) Datendistributionsstrukturen, Makro- und Mikrostrukturen in neueren Fachwörterbüchern. In: Hoffmann, Lothar/ Kalverkämper, Hartwig/Wiegand, Herbert Ernst. In Verbindung mit Galinski, Christian/ Hüllen, Werner (Hrsg.) Fachsprachen. Languages for Special Purposes. Ein internationales Handbuch zur Fachsprachenforschung und Terminologiewissenschaft. Berlin. New York (Handbücher zur Sprach- und Kommunikationswissenschaft 14.2, S. 1762–1832)

Bustos Plaza, Alberto/Wiegand, Herbert Ernst (2007) Condensación textual lexicográfica: esbozo de una concepción integral. In: Revista de Lexicografía XII, S. 7–46

Duden. Das Große Wörterbuch der deutschen Sprache in sechs Bänden. Hrsg. u. bearb. v. Wissenschaftlichen Rat u. den Mitarbeitern der Dudenredaktion unter der Leitung v. Günther Drosdowski. Mannheim [usw.] Bd. 1: A–Ci 1976; Bd. 2: Ci–F, 1976; Bd. 3: G–Kal, 1977; Bd. 4: Kam–N, 1978; Bd. 5: O–So, 1980; Bd. 6: Sp–Z, 1981; [2. Ausg. als Bd. 30, 1979; Bd. 31, 1980; Bd. 32, 1981 von Meyers Enzyklopädischem Lexikon. Mannheim [usw.]. [Duden-GW]

Handwörterbuch der deutschen Gegenwartssprache. In zwei Bänden; 1. Bd. *A–K*; 2. Bd. *L–Z*. Von einem Autorenkollektiv unter der Leitung von Günther Kempke. Berlin 1984 [HWDG]

Hausmann, Franz Josef/Wiegand, Herbert Ernst (1989) Component Parts and Structures of General Monolingual Dictionaries. A Survey. In: Hausmann, Franz Josef/Reichmann, Oskar/Wiegand, Herbert Ernst/Zgusta, Ladislav (Hrsg.) Wörterbücher. Dictionaries. Dictionnaires. Ein internationales Handbuch zur Lexikographie [...]. 1. Teilbd. Berlin. New York (Handbücher zur Sprach- und Kommunikationswissenschaft 5.1), S. 328–360

Langenscheidts Enzyklopädisches Wörterbuch der englischen und deutschen Sprache. Begr. v. E. Muret und D. Sanders. Teil I: Englisch-Deutsch. 1. Bd.*A–M*; 2. Bd.*N–Z*. Hrsg. v. Otto Springer. Berlin-Schöneberg 1963 [LEW Engl./Dt. (1963)]

Kammerer, Matthias/Wolski, Werner (Hgg.) Herbert Ernst Wiegand: Kleine Schriften. Eine Auswahl aus den Jahren 1970 bis 1999 in zwei Bänden. Bd. 1: 1970–1988; Bd. 2: 1988–1999. Berlin. New York 2000

Wiegand, Herbert Ernst (1983) Was ist eigentlich ein Lemma? Ein Beitrag zur Theorie der lexikographischen Sprachbeschreibung. In: Wiegand. Herbert Ernst (Hg.): Studien zur neuhochdeutschen Lexikographie III: Hildesheim (Germanistische Linguistik 1–4) 1982, S. 401–474

Wiegand, Herbert Ernst (1988) Wörterbuchartikel als Text. In: Harras, Gisela (Hg.) Wörterbücher. Artikel und Verweisstrukturen. Jahrbuch des Instituts für deutsche Sprache 1987. Düsseldorf (Sprache der Gegenwart LXXIV), S. 30–120. [Auch in: Kammerer, Matthias/Wolski, Werner (Hgg.), S. 877–950]

Wiegand, Herbert Ernst (1989a) Der Begriff der Mikrostruktur: Geschichte, Probleme, Perspektiven. In: Hausmann, Franz Josef/Reichmann, Oskar/Wiegand, Herbert Ernst/Zgusta, Ladislav (Hgg.) Wörterbücher. Dictionaries. Dictionnaires. Ein internationales Handbuch zur Lexikographie [...]. 1. Teilbd. Berlin. New York (Handbücher zur Sprach- und Kommunikationswissenschaft 5.1), S. 409–462

Wiegand, Herbert Ernst (1989b) Arten von Mikrostrukturen im allgemeinen einsprachigen Wörterbuch. In: Hausmann, Franz Josef/ Reichmann, Oskar/Wiegand, Herbert Ernst/Zgusta, Ladislav (Hgg.) Wörterbücher. Dictionaries. Dictionnaires. Ein internationales Handbuch zur Lexikographie [...]. 1. Teilbd. Berlin. New York (Handbücher zur Sprach- und Kommunikationswissenschaft 5.1), S. 462–501

Wiegand, Herbert Ernst (1990) Printed Dictionaries and Their Parts as Texts. An Overview of More Recent Research as an Introduction. In: Lexicographica 6, S. 1–126. [Auch in: Kammerer, Matthias/Wolski, Werner (Hgg.), S. 951–1092]

Wiegand, Herbert Ernst (1991) Über die Strukturen der Artikeltexte im frühneuhochdeutschen Wörterbuch. Zugleich ein Versuch zur Weiterentwicklung einer Theorie lexikographischer Texte. In: Goebel, Ulrich/ Reichmann, Oskar (Hgg.) Historical Lexicography of the German Language 2. Lewiston. New York (Studies in German Language and Literature 6), S. 341–673

Wiegand, Herbert Ernst (1996a) Das Konzept der semiintegrierten Mikrostrukturen. Ein Beitrag zur Theorie zweisprachiger Printwörterbücher. In: Wiegand, Herbert Ernst (Hg.) Wörterbücher in der Diskussion II. Vorträge aus dem Heidelberger Lexikographischen Kolloquium. Tübingen (Lexicographica. Series Maior 70), 1–82 [Auch in Kammerer, Matthias/Wolski, Werner (Hgg.), S. 1163–1192]

Wiegand, Herbert Ernst (1996b) Textual Condensation in Printed Dictionaries. A Theoretical Draft. In: Lexikos 6, S. 133–158

Wiegand, Herbert Ernst (1996c) Deutsch-Usbekisches Wörterbuch. Einblicke in die Wörterbucharbeit an der Staatlichen Usbekischen Weltsprachenuniversität in Taschkent. In: Lexicographica 12, S. 190–254. [Auch in Kammerer, Matthias/Wolski, Werner (Hgg.), S. 1339–1409]

Wiegand, Herbert Ernst (1997) Über die gesellschaftliche Verantwortung der wissenschaftlichen Lexikographie. In: Hermes 18, S. 117–202 [Auch in: Kammerer, Matthias/Wolski, Werner (Hgg.), S. 1410–1427]

Wiegand, Herbert Ernst (1998a) Wörterbuchforschung. Untersuchungen zur Wörterbuchbenutzung, zur Theorie, Geschichte, Kritik und Automatisierung der Lexikographie. 1. Teilbd. Mit 159 Abbildungen im Text. Berlin. New York

Wiegand, Herbert Ernst (1998b) Lexikographische Textverdichtung. Entwurf zu einer vollständigen Konzeption. In: Zettersten, Arne/ Pedersen, Vigger Hjornager/Morgensen, Jens Eric (Hgg.) Symposium on Lexicography VIII. Proceedings of the Eight Symposium on Lexicography May 2–4, 1996, at the University of Copenhagen, Tübingen (Lexicographica Series Maior 10), 1–95 [Auch in : Kammerer, Matthias/Wolski, Werner (Hgg.), S. 1454–1489]

Wiegand, Herbert Ernst (2000a) Über Suchbereiche, Suchzonen und ihre textuellen Strukturen in Printwörterbüchern. In: Wiegand, Herbert Ernst (Hg.) Wörterbücher in der Diskussion IV. Vorträge aus dem Heidelberger Lexikographischen Kolloquium. Tübingen (Lexicographica. Series Maior 100), S. 233–301

Wiegand, Herbert Ernst (2000b) Wissen, Wissensrepräsentation und Printwörterbücher. In: Heid, Ulrich/Evert, Stefan/Lehmann, Egbert/ Rohrer, Christian (Hgg.) Proceedings of the Ninth EURALEX International Congress. EURALEX 2000 Stuttgart, Germany. August 8th– 12th, 2000. Vol. I. Stuttgart 2000, S. 15–38

Wiegand, Herbert Ernst (2000c) Adressierung in der ein- und zweisprachigen Lexikographie. Eine einführende Übersicht über die Forschungs- und Problemlage. In Lexikos 10, S. 32–74

Wiegand, Herbert Ernst (2001) Sprachkontaktwörterbücher. Typen, Funktionen, Strukturen. In: Igla, Birgit/Petkov, Pavel/Wiegand, Herbert Ernst (Hgg.) Theoretische und praktische Probleme der Lexikographie. 1. Internationales Kolloquium am Institut Germanicum der St.-Kliment-Ohridski-Universität Sofia, 7. bis 8. Juli 2000. Hildesheim. New York (Germanistische Linguistik, S. 115–224)

Wiegand, Herbert Ernst (2002a) Wissen in der Sprachlexikographie. Ein Plädoyer für einige immer noch notwendige Differenzierungen. In: Ezawa, Kennosuke/Kürschner, Wilfried/Rensch, Karl H./Ringmacher, Manfred (Hgg.). Linguistik jenseits des Strukturalismus. Akten des II. Ost-West-Kolloquiums. Berlin 1998, S. 265–281

Wiegand, Herbert Ernst (2002b) Über textuelle Strukturen der Wörterbuchartikel und Artikelnischen im de Gruyter Wörterbuch Deutsch als Fremdsprache. Zugleich ein Beitrag zur Weiterentwicklung einer Theorie der Wörterbuchform. In: Wiegand, Herbert Ernst: Perspektiven der pädagogischen Lexikographie des Deutschen II. Untersuchungen anhand des de Gruyter Wörterbuchs Deutsche als Fremdsprache. Tübingen (Lexicographica. Series Maior 110), S. 497–595

Wiegand, Herbert Ernst (2003a) Überlegungen zur Typologie vom Wörterbuchartikel in Printwörterbüchern. Ein Beitrag zur Theorie der Wörterbuchform. In: Lexicographica 19, S. 169–313

Wiegand, Herbert Ernst (2003b) Wörterbuch zur Lexikographie und Wörterbuchforschung (WLWF). Dictionary of Lexicography and Dictionary Research. In: Städtler, Thomas (Hg.) Wissenschaftliche Lexikographie im deutschsprachigen Raum. Im Auftrag der Heidelberger Akademie herausgegeben. Heidelberg, S. 417–437

Wiegand, Herbert Ernst (2005a) Angaben, funktionale Angabezusätze, Angabetexte, Angabestrukturen, Strukturanzeiger, Kommentare und mehr. Ein Beitrag zur Theorie der Wörterbuchform. In: Lexicographica 21, S. 202–379

Wiegand, Herbert Ernst (2005b) Über die Datenakzessivität in Printwörterbüchern. Einblicke in neuere Entwicklungen einer Theorie der Wörterbuchform. In: Lexikos 15, S. 196–230

Wiegand, Herbert Ernst (2005c) Über die textuellen Strukturen im Großen Wörterbuch der deutschen Sprache. In: Wiegand, Herbert Ernst (Hg.) Untersuchungen zur kommerziellen Lexikographie der deutschen Gegenwartssprache II. Duden. Das große Wörterbuch der deutschen Sprache in zehn Bänden. Print- und CD-ROM-Version. 2. Bd. Tübingen (Lexicographica. Series Maior 121), S. 295–335

Wiegand, Herbert Ernst (2007a) Über Zugriffspfade in Printwörterbüchern. Ein Beitrag zur
Schnittstelle von Benutzungshandlungen und Wörterbuchform. In: Lexikos 17. 2007, S. 180–
211

Wiegand, Herbert Ernst (2007b) Zur Adressierung in Printwörterbüchern. Präzisierungen und
weiterführende Überlegungen. In: Lexicographica 22. 2006[2007], S. 187–261

Wiegand, Herbert Ernst (2008a) Hybrid text constituent structures of dictionary articles. A
contribution of the expansion of the theory of textual dictionary structures [Erscheint in
einer Festschrift]

Wiegand, Herbert Ernst (2008b) Adressierung in der ein- und zweisprachigen Lexikographie.
Eine zusammenfassende Darstellung [Erscheint in einem Sammelband]

Wiegand, Herbert Ernst (2008c) Zugriffsstrukturen in Printwörterbüchern. Eine zusammen-
fassender Beitrag zu einem zentralen Ausschnitt einer Theorie der Wörterbuchform. In:
Lexicographica. 24. 2008, S. 209–315

Zaiping, Pan/Wiegand, Herbert Ernst (1995) Über die Musterartikel für das Große Deutsch-
Chinesische Wörterbuch. Zugleich ein Beitrag zu einer Theorie zweisprachiger lexikographi-
scher Texte. In: Wiegand, Herbert Ernst (Hg.) Studien zur zweisprachigen Lexikographie mit
Deutsch II. Hildesheim. New York (Germanistische Linguistik 127–128), S. 63–190

Wolski, Werner (1988) Beschriebene und beschreibende Sprache im Wörterbuch. In: Harras, Gisela (Hg.) Wörterbücher. Artikel und Verweisstrukturen. Jahrbuch des Instituts für deutsche
Sprache 1987. Düsseldorf (Sprache der Gegenwart LXXIV), S. 144–160

Heidelberger Jahrbücher, Band 53 (2009)
E. Felder (Hrsg.) Sprache
© 2009 Springer-Verlag Berlin Heidelberg

Grundlagen, Positionen und semantische Kämpfe in der Orthographiediskussion

JÖRN STEGMEIER

Einleitung

Ob im privaten Bereich, in der Schule, in den schreibenden Berufen oder in der Wissenschaft: die Orthographie ist ein stark polarisierendes Thema. Die Diskussion um die seit 2008 gültige reformierte Schreibung zeigt daher ein großes Aussagenspektrum und einen hohen Emotionalitätsgrad.

Der folgende Artikel stellt kurz die Grundlagen und die historische Entwicklung der Orthographie vor und gibt einen Überblick über die semantischen Kämpfe, die im Rahmen der Orthographiediskussion zwischen 1995 und 2008 beobachtet werden können.

Grundlagen der Orthographie

Was ist Orthographie?

Einteilung der Sprache, Verortung der Orthographie

Bevor eine grundlegende Definition des Begriffs „Orthographie" gegeben wird, soll kurz anhand typischer sprachwissenschaftlicher Fragestellungen verdeutlicht werden, wo die Orthographie innerhalb der Sprachbetrachtungen verortet ist. Dafür wird verschiedenen Fragestellungen der Sprachwissenschaft nachgegangen: Eine große und grundlegende Frage ist die nach dem Wesen der Sprache selbst: „Was ist Sprache?". Die moderne Sprachwissenschaft sieht Sprache als ein teilbares Ganzes an, wobei die Unterteilungen nach unterschiedlichen Gesichtspunkten vorgenommen werden können: Zum einen wird zwischen *Sprache* als abstraktem System und *Sprache* als konkreter Realisierung von Instanzen dieses Systems unterschieden. Die Einheiten des abstrakten Systems (*types*) können beliebig oft und in unterschiedlichen Ausprägungen realisiert werden (*tokens*). Wird das Wort *Sprache* bspw. mal mit sogenanntem rollenden, mal mit nicht rollendem „r" ausgesprochen, ist es trotzdem immer eine Realisierung einer einzigen Systemeinheit.

Aus der Frage „Wie existiert Sprache?" ergibt sich eine weitere großmaschige Unterteilung von Sprache: Es wird zwischen Mündlichkeit und Schriftlichkeit unterschieden. Engere Fragestellungen wie beispielsweise „Wie wird

Sprache schriftlich dargestellt?" führen zu feinmaschigeren Unterteilungen und damit innerhalb der Sprachwissenschaft zu einem eindeutiger umrissenen Untersuchungsgegenstand. Aus solchen Fragestellungen können sich ganze Teilbereiche der Sprachwissenschaft entwickeln, wie in diesem Falle die sogenannte *Graphematik*. Und innerhalb solcher Teilbereiche lassen sich ebenfalls wieder gesonderte Bereiche feststellen: Die Orthographie ist ein Teilbereich der Graphematik, die wiederum ein Teilbereich der Sprachwissenschaft ist. Die Beobachtungen und Überlegungen der Graphematik und auch der Orthographie beziehen sich im Kern auf die Ebene der konkreten Realisierung von Sprache.

Der Graphematik verdankt die Sprachwissenschaft Erkenntnisse darüber, welche Möglichkeiten von verschiedenen Sprachgemeinschaften genutzt werden, ihre Sprache schriftlich darzustellen. Man unterscheidet Alphabetschriften, Silbenschriften und logographische Schriften. Steht in logographischen Schriften eine Schrifteinheit für ein ganzes Wort, so steht sie in Silbenschriften für eine (Sprech-)Silbe und in Alphabetschriften für einen Buchstaben.

Zeichenbegriff und semiotisches Dreieck

Hier muss darauf hingewiesen werden, dass es sich bei solchen Schrifteinheiten nicht immer auch um Zeichen im sprachwissenschaftlichen Sinne handelt. Ferdinand de Saussure (Saussure 2001: 82) folgend wird ein Zeichen in der Sprachwissenschaft als eine bilaterale Einheit verstanden, deren zwei Seiten sich aus einer Form auf der einen und einem Inhalt auf der anderen Seite zusammensetzen. Diese Seiten sind einander willkürlich zugeordnet. Unter Inhalt wird dabei nicht verstanden, dass ein tatsächliches außersprachliches Objekt Teil eines sprachlichen Zeichens ist. Vielmehr besteht die Inhaltsseite eines sprachlichen Zeichens aus einer Art Verweis auf einen außersprachlichen Gegenstand; dieser Verweis wird durch den Sprecher aktiviert. Der Gebrauch eines Zeichens lässt sich also als eine Beziehung zwischen drei Größen beschreiben: Einem Sprecher, einem sprachlichen Zeichen und einem außersprachlichen Gegenstand. Das hieraus entstehende Dreieck wird *semiotisches Dreieck* genannt.

Ein Buchstabe in seiner Funktion als Schrifteinheit eines Alphabets ist in diesem Sinne zunächst kein sprachliches Zeichen, da er keine Bedeutung trägt bzw. nicht auf einen außersprachlichen Gegenstand verweist. Ein einzelner Buchstabe kann jedoch den Unterschied zwischen zwei Wörtern und damit auch zwischen zwei Bedeutungen herstellen: Innerhalb der schriftlichen Darstellung von Sprache, des Schriftsystems, kommt ihm bedeutungsunterscheidende Funktion zu. Eine solche Einheit des Schriftsystems wird in der Sprachwissenschaft *Graphem* genannt. Die entsprechende Einheit auf lautlicher Seite ist das *Phonem*. Wenn nun die Graphematik sich damit beschäftigt, auf welche Weise die Sprache schriftlich realisiert wird, womit beschäftigt sich dann die Orthographie?

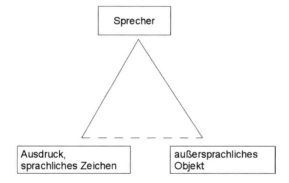

Abb. 1. Semiotisches Dreieck: indirekte Beziehung zwischen sprachlichem Zeichen und außersprachlichem Objekt

Definition „Orthographie" und Regelbegriff

Dieter Nerius definiert Orthographie folgendermaßen: „Unter Orthographie verstehen wir die Norm der Schreibung einer Sprache." (Nerius 1994: 720) Eine *Norm* ist laut Duden Universalwörterbuch eine *allgemein anerkannte, als verbindlich geltende Regel. Regel* wiederum wird wie folgt erläutert: „[eine] aus bestimmten Gesetzmäßigkeiten abgeleitete, aus Erfahrungen und Erkenntnissen gewonnene, in Übereinkunft festgelegte, für einen jeweiligen Bereich als verbindlich geltende Richtlinie."

Es wird deutlich, dass sowohl eine wahrnehmbare Regelhaftigkeit (= „aus bestimmten Gesetzmäßigkeiten abgeleitet") als auch normative Kraft (= als verbindlich geltend) und Akzeptanz (= „allgemein anerkannt"; „in Übereinkunft festgelegt") als bestimmende Größen herangezogen werden. Dies geht konform mit der sprachwissenschaftlichen Auffassung des Regelbegriffs: Es gibt deskriptive, also beschreibende Regeln auf der einen und normative, also vorschreibende Regeln auf der anderen Seite.

Der Regelbegriff in der Orthographie

Gerade für die Orthographie ist diese Zweideutiget von großer Bedeutung. Von mindestens ebenso großer Bedeutung ist darüber hinaus die Tatsache, dass aus beinahe jeder feststellbaren Regelhaftigkeit eine Vorschrift gemacht werden kann. Wer aktuelle Zeitungs- oder Buchtexte beispielsweise daraufhin analysiert, welche Regelhaftigkeiten er hinsichtlich der Großschreibung feststellen kann, der wird als deskriptive Regel zurecht formulieren können: *Substantive schreibt man groß.*[1] Dieselbe Formulierung kann er sodann in ein Regelwerk zur deutschen Rechtschreibung aufnehmen, wo sie dem Gebrauch nach zu einer Vorschrift wird.

---

[1] Diese Formulierung findet sich als § 55 in der amtlichen Regelung der deutschen Rechtschreibung von 2006.

Dieser doppelten Verwendungsweise sind jedoch Grenzen gesetzt. Manche Regelhaftigkeiten können zwar allgemein beschrieben, in dieser allgemeinen Form jedoch nicht als Vorschrift verwendet werden. Wer analysiert, wie der Diphthong [ɔʏ] geschrieben wird, stellt mehrere Regelhaftigkeiten fest. Zum einen lässt sich allgemein formulieren: *Der Diphthong [ɔʏ] wird mit „eu" wiedergegeben.*[2] Allerdings finden sich in Zeitungen, Büchern etc. auch Wörter, in denen [ɔʏ] mit „äu" wiedergegeben wird. Bei näherer Analyse lässt sich feststellen: *Für den Diphthong [ɔʏ] schreibt man „äu" statt „eu", wenn es eine Grundform mit „au" gibt.*[3] Beide Regeln beschreiben eine feststellbare Regelhaftigkeit, die jederzeit auch als Vorschrift verwendet werden kann. Doch diese beiden Regeln decken nicht alle Aufkommen von Schreibungen ab, in denen der Laut [ɔʏ] mit „äu" wiedergegeben wird. Es wird also eine weitere deskriptive Regel formuliert: *In wenigen Wörtern schreibt man ausnahmsweise „äu".*[4] In dieser allgemeinen Form kann diese in einem Regelwerk aber nicht als Vorschrift angewendet werden. Niemand weiß aufgrund dieser Regel, welche Wörter er mit „äu" schreiben soll. Es bedarf konkreter Ausprägungen dieser Regel, um eine Vorschrift formulieren zu können, z. B. *„Knäuel" schreibt man mit „äu"* oder *„täuschen" schreibt man mit „äu".*

Rechtschreibregeln können dementsprechend anwendbar oder nicht anwendbar sein. In die erste Kategorie fallen Regeln wie § 55 *Substantive schreibt man groß*; in die zweite Formulierungen wie die von § 17: *In wenigen Wörtern schreibt man ausnahmsweise „äu".* Zwar wird in beiden Regeln gesagt, was der Anwender tun soll – groß schreiben im ersten, mit „äu" schreiben im zweiten Fall – jedoch wird ihm nur im ersten Fall mitgeteilt, *wann* er diese Anweisung umsetzen soll. Es lassen sich auf dieser Grundlage für diese Betrachtung *Regeln* von *Feststellungen* unterscheiden: Regeln bestehen aus mindestens einem Kriterium und einer Handlungsanweisung, die umgesetzt werden soll, wenn das Kriterium erfüllt ist.[5] Im Falle von § 55 heißt das: Liegt ein Substantiv vor, ist dieses mit großem Anfangsbuchstaben zu schreiben. *Substantiv* ist das Kriterium, *schreibt man groß* die Handlungsanweisung. In § 17 liegt keine Regel dieser Art vor. Sie nennt kein Kriterium dafür, wann die Handlungsanweisung *schreibe „äu" für den Diphthong [ɔʏ]* umzusetzen ist.

Die Formulierung *Schreibung einer Sprache* in Nerius' Definition der Orthographie ist so zu verstehen, dass *Schreibung* als eine konkrete Realisierung der Sprache im Sinne der eingangs getroffenen Unterscheidung zwischen abstrak-

---

[2] Diese Regel findet sich inhaltsgleich als eine nicht näher bezeichnete Unterregel der Teilregel § 1 (3) in der amtlichen Regelung der deutschen Rechtschreibung von 2006.

[3] Diese Formulierung findet sich als § 16 in der amtlichen Regelung der deutschen Rechtschreibung von 2006.

[4] Diese Formulierung findet sich als § 17 in der amtlichen Regelung der deutschen Rechtschreibung von 2006.

[5] Eine detailliertere Darstellung, wie Rechtschreibregeln aufgebaut sind, findet sich in Stegmeier (in Vorb.)

ter System- und konkreter Realisierungsebene anzusehen ist. Untersucht man die Norm der Schreibung einer Sprache, ist zu Beginn die Beziehung zwischen lautlicher und graphischer Ebene zu thematisieren.

Beziehung zwischen Lautung und Schreibung

Es wird im Folgenden untersucht, welche Beziehung zwischen Phonemen und Graphemen besteht. Der bereits eingeführte Zeichenbegriff von de Saussure stellt in seiner einfachsten Form fest, dass ein sprachliches Zeichen aus einer Formseite und einer Inhaltsseite besteht, deren Zuordnung arbiträr erfolgt, also nicht aus einer Regel abgeleitet werden kann. In diesem Sinne kann nicht nur eine Lautfolge, sondern auch eine Buchstabenfolge die Formseite eines sprachlichen Zeichens sein, denn es gehört „zu den Eigenschaften verschrifteter Sprachen, dass viele ihrer Einheiten zwei Formseiten haben: eine phonologische und eine graphematische" (Eisenberg 1996b: 1368). Ähnlich formuliert Dieter Nerius:

> Die Sprache eines Volkes, das eine entsprechende Stufe der gesellschaftlichen Entwicklung erreicht hat, existiert in zweifacher Weise: als gesprochene und als geschriebene Sprache. Dem Wesen der Sprache gemäß haben wir es in beiden Fällen jeweils mit einer Verbindung von zwei Seiten zu tun, einer materiell wahrnehmbaren Form einerseits und einer Bedeutung [...] auf der anderen Seite.[6]

Es ist zu beachten, dass diese Auffassung die beiden Darstellungsformen – Laute auf der einen, Schriftzeichen auf der anderen Seite – als sehr eigenständig betrachtet. Christian Stetter leitet aus dieser Eigenständigkeit sogar den „arbiträren Charakter orthographischer Normen" (Stetter 1994: 688) als einen Grundsatz der Orthographie ab. Der Ausdruck „orthographische Norm" ist hier eng als die Zuordnung von Buchstabenfolgen zu einer bestimmten Bedeutung zu verstehen. Nerius schränkt die Eigenständigkeit der beiden Formseiten jedoch ein:

> Wir vertreten die Auffassung, daß das Phonem- und Graphemsystem relativ eigenständige, wenn auch miteinander in Beziehung stehende sprachliche Teilsysteme darstellen, deren spezifische Struktur auf den unterschiedlichen Funktionen der gesprochenen und der geschriebenen Form der Sprache in der gesellschaftlichen Kommunikation basiert.[7]

Eine indirekte Beziehung dieser beiden Formseiten resultiert dabei aus der Bedeutungsseite, wie im Folgenden gezeigt wird: Nimmt man eine Bedeutung [A] an, so wird dieser in der gesprochenen Sprache eine bestimmte Lautfolge $[A_{akustisch}]$ arbiträr zugeordnet. Derselben Bedeutung kann eine bestimmte

---

6   Nerius 1975, zitiert nach Nerius 2000: 32.
7   Nerius 1975, zitiert nach Nerius 2000: 33.

Buchstabenfolge [A$_{grafisch}$] ebenfalls arbiträr zugeordnet werden, womit also zwei Teilsysteme vorlägen, die über die Bedeutungsseite miteinander in Beziehung stünden. Allerdings muss gleich darauf hingewiesen werden, dass darin nicht alle feststellbaren Beziehungen zwischen diesen Systemen erfasst werden. Verhältnisse dieser Art müssten herrschen, wenn orthographische Normen tatsächlich von arbiträrem Charakter wären. Dies kann jedoch so nicht der Fall sein, da den Buchstabenkombinationen unseres Alphabets nicht immer unabhängig von den Lauten eine Bedeutung zugeordnet wird.

Dieter Nerius nimmt an, dass der Schreibenlernende „die anzuzeigenden Schriftzeichen auf lautliche Gegebenheiten der gesprochenen Sprache bezieht" (Nerius 1987: 79). Die beiden oben erwähnten Formseiten sprachlicher Zeichen sind also nicht nur durch die Bedeutung miteinander verbunden. Setzt man weiter voraus, dass dieser Bezug zwischen lautlicher Gegebenheit und anzuzeigendem Schriftzeichen dem sogenannten phonografischen[8] Prinzip folgt, so deutet man Christian Stetter zufolge Schreiben als Funktion, „welche die Elemente der Definitionsmenge {Buchstaben} auf die der Wertemenge {Laute/Phoneme} abbildet" (Stetter 1994: 688). Die Abbildung erfolgt dabei regelhaft; bestimmten Graphemen werden bestimmte Phoneme zugeordnet (Graphem-Phonem-Korrespondenz-Regeln, Eisenberg 2006: 68).

Ein Darstellungssystem, das vollständig dem phonografischen Prinzip folgt, ordnet jedem Laut genau einen Buchstaben zu. Im Deutschen ist das nicht immer der Fall, Nerius' Annahme trifft für die deutsche Sprache also nur im Grundsatz zu. Die schriftliche Form eines sprachlichen Zeichens hängt hier vollständig von der akustischen Form ab. Der Bezug zwischen schriftlicher Form und Bedeutung ist nur indirekt über die akustische Form herzustellen. Jedoch entspricht auch dieses Modell nicht dem feststellbaren Gebrauch der schriftlichen Ausdrucksseite.

Ein Blick auf die Entwicklung vor allem des Graphembestands zeigt, dass die uneingeschränkte Umsetzung des phonografischen Prinzips in der deutschen Schriftsprache unmöglich ist. Dies erklärt sich aus der Entstehungsgeschichte des deutschen Schreibens. Die Verschriftung des Deutschen ruht auf dem lateinischen Alphabet, was unter anderem zu einem Missstand zwischen Graphem- und Phonembestand führte:

> „Die Anfänge geschriebener deutscher Sprache vollziehen sich zwischen lateinischer Schriftkultur und heimischer mündlicher Tradition." (Augst 1996: 1500)

Somit war es von Beginn unmöglich, in der Schreibung das phonografische Prinzip ideal umzusetzen und genau einen Buchstaben genau einem Laut zuzuordnen. Um den Anforderungen des Phonembestandes gerecht zu werden, kombinierten die ersten Anwender der deutschen Schriftlichkeit die ihnen

---

[8] Statt „phonografisch" findet sich auch häufig die Bezeichnung „phonematisch".

zur Verfügung stehenden lateinischen Buchstaben; teilweise setzten sich auch leichte Modifikationen und Erweiterungen dieser Buchstaben durch. So wurden Umlaute zu Anfang noch als Kombination zweier Schriftzeichen dargestellt; die uns heute bekannte Form entwickelte sich erst mit der Zeit.

Von Anpassungen dieser Art abgesehen, verfestigte sich das Graphemsystem im Laufe der Anwendung jedoch. Dabei ist zu betonen, dass sich die Benutzung des Graphembestandes fast zwangsläufig je nach Ort auf eine andere Art entwickelte. Eine zentrale Regelung, wie die deutsche Sprache schriftlich darzustellen sei, gab es nicht, daher bildeten sich lokal begrenzte Schreibstubentraditionen aus. Es gab

> bis ins 16. Jahrhundert im deutschen Sprachgebiet keine einheitliche Schreibsprache, sondern nur verschiedene Schreib- und Schriftdialekte [...]. Eine einheitliche Form der geschriebenen Sprache setzte sich, befördert durch die schon im 17. Jahrhundert rapide anwachsende Buchproduktion, erst gegen Ende des 17. Jahrhunderts durch: die deutsche „Schriftsprache". (August 1996: 1500)

Das Verhältnis zwischen Laut und Buchstabe ist demgemäß auch das Ergebnis eines jahrhundertelangen Entwicklungsprozesses und entspringt letztlich der Anwendung. Das bedeutet, dass keine übergreifende Systemtheorie geschaffen und nach langer Prüfung in die Praxis umgesetzt wurde, sondern dass im Gegenteil aus der Praxis ein Schreibsystem entstand, das nun zwar eine Verbindung zwischen Lauten und Buchstaben herstellt, gleichzeitig aber auch die Möglichkeit nutzt, allein auf graphischer Ebene zu operieren. Denn es sind eben nur „viele Einheiten" und nicht alle, die zwei Formseiten haben. Dieses Phänomen bezeichnet Dieter Nerius als „phonologisches Grundprinzip" bzw. „semantisches Grundprinzip" und führt weiter aus: „Während das phonologische Grundprinzip Beziehungen zwischen Elementen der phonologischen und der graphischen Ebene umgreift, erfaßt das semantische Grundprinzip die Beziehungen der graphischen Ebene zu der semantischen Seite [...]" (Nerius 2000: 142).

So ist es möglich, in der geschriebenen Sprache unterschiedliche Bedeutungen gleichklingender Wörter voneinander abzugrenzen. Der Lautfolge /li:t/ werden beispielsweise nicht nur zwei völlig verschiedene Bedeutungen, sondern auch unterschiedliche schriftliche Ausdrucksseiten zugeordnet:

- *sangbares, vertontes Gedicht* („Lied")
- *zum Schutz des Auges dienende Hautfalte* („Lid")

Die folgende Abbildung 2 zeigt einen Überblick darüber, welche Beziehungen zwischen den Teilsystemen der akustischen bzw. schriftlichen Darstellung der deutschen Sprache feststellbar sind.

Wie in Abbildung 2 gezeigt wird, ist die schriftliche Formseite also nicht unabhängig von der lautlichen. Der Charakter orthographischer Normen, spe-

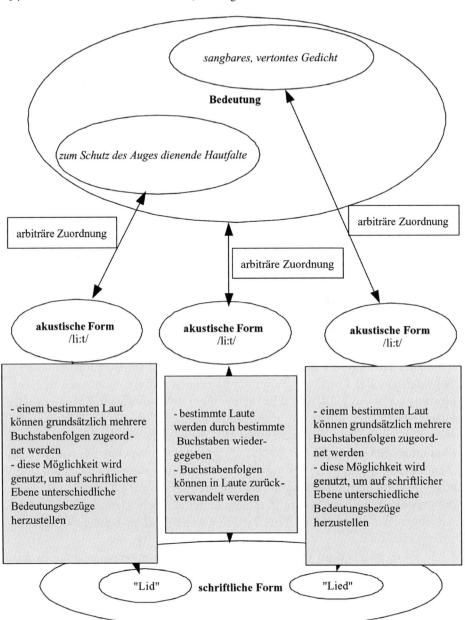

Abb. 2. Verbund voneinander abhängiger Formseiten

ziell die Zuordnung von Buchstaben zu bestimmten Lauten, ist nicht wie von Christian Stetter angenommen arbiträr, sondern Teil eines Gesamtsystems.

Die schriftliche Darstellung von Sprache endet jedoch nicht mit der Zuordnung von Buchstaben zu Lauten:

[…] zur Schreibung gehört nicht nur die graphische Wiedergabe von Morphemen und Wörtern mittels Buchstaben, zu ihr gehören auch solche graphischen Gegebenheiten wie die Getrennt- und Zusammenschreibung, die Groß- und Kleinschreibung, die graphische Worttrennung am Zeilenende und die Interpunktion. Das gleiche gilt für die Orthographie […] (Nerius 1994: 720f.)

Demgemäß sind alle genannten grafischen Gegebenheiten der Gegenstand der Rechtschreibung.

Entwicklung der Orthographie

Für Dieter Nerius ist die Rechtschreibung eine beinahe zwingende Nebenerscheinung des Verschriftungsprozesses, zumindest, was Alphabetschriften betrifft:

Da Schreibung […] normalerweise der graphischen Fixierung und Übermittlung von Inhalten für andere dient, ergab sich im Zuge der Entwicklung der schriftlichen Kommunikation sehr bald die Notwendigkeit einer gewissen Angleichung der graphischen Formen sprachlicher Einheiten und der Entwicklung von Schreibungskonventionen zwischen den Partnern des Schriftverkehrs. (Nerius 1994: 725)

Diese „gewisse Angleichung der graphischen Formen", die einheitliche Schreibung von Wörtern, ist nicht nur die Grundlage der Orthographie. In Verbindung mit der fortschreitenden Alphabetisierung und einem immer größeren Bestand an Geschriebenem sorgt sie auch für die Verbreitung der sogenannten Standardvarietät. Bei der genauen Ausbildung dieser Standardvarietät kommt „der Kodifizierung der Rechtschreibung […] eine spezielle symbolische Funktion für die Einheitlichkeit der Sprache" (Mattheier 2000: 1105) zu.

Die Kodifizierungen der Orthographie wiesen inhaltlich und strukturell erhebliche Differenzierungen auf, die Variabilität der Schreibungsnormen im deutschen Sprachgebiet war noch bis weit ins 17. Jahrhundert hinein sehr beträchtlich, und der Verbindlichkeitsgrad war noch relativ gering und weitgehend konventionell gestützt, d. h. nicht durch behördliche Verordnungen gesichert. (Nerius 1994: 726)

[…]

Die erste orthographische Kodifikation bestand zunächst vor allem in Wortlisten und kleineren Schreibanweisungen, an deren Herstellung die Drucker selbst maßgeblich beteiligt waren und die anfänglich sehr stark regional, örtlich oder sogar durch die jeweilige einzelne Druckerei geprägt waren. Der so eingeleitete Prozeß der orthographischen Kodifikation und Etablierung externer Schreibungsnormen […] ging in die Hände der sich im Zuge

dieser Entwicklung der Schriftlichkeit herausbildenden Zunft der Sprach-
gelehrten und Sprachlehrer über. (Nerius 1994: 726)

Die Uneinheitlichkeit der Sprache machte allen zu schaffen, die als Erste begannen, sich dem System der deutschen Sprache zu nähern:

> Die am Ende des 15. und Anfang des 16. Jahrhunderts beginnende gram-
> matische Reflexion über die deutsche Sprache betont immer wieder die
> Schwierigkeit der Kodifizierung einer an sich in allen Bereichen des Sys-
> tems noch uneinheitlichen Sprache. (Moulin 1992: 24)

Die Grammatikschreibung stößt so oft auf diese Schwierigkeit, dass sie selbst
zu einem Teil der Suche nach einer deutschen Standardsprache wird. Zwei
grundlegend unterschiedliche Annahmen bilden sich heraus:

> Einerseits wird die vorbildliche, normgebende deutsche Sprache als eine
> über den verschiedenen Dialekten stehende, also faktisch nicht realisierte
> Hochsprache betrachtet, deren Beschreibung und Festlegung Aufgabe des
> Grammatikers ist. Andererseits kristallisiert sich, besonders im ostmittel-
> deutschen Raum, vorzugsweise bei Meißnern und Schlesiern, die Meinung
> heraus, daß der dort bei den gebildeten Ständen vorhandene Sprachge-
> brauch als vorbildlich zu betrachten sei. (Moulin 1992: 24f.)

Beide Auffassungen fanden sich in den Reihen der 1617 gegründeten Fruchtbringenden Gesellschaft, die ihre Aufgabe vor allem in der Sprachpflege sah.
Als Vertreter der ersten Position ist herausragend Justus Georg Schottelius –
z.B. in seinem Werk „Teutsche Sprachkunst" (1641) – zu nennen; der zweiten Auffassung schloss sich Christian Guentz in seiner Grammatik „Deutscher
Sprachlehre Entwurf" (1641) an.

Auf dem Weg hin zu einer deutschen Standardsprache nimmt ein Para-
digmenwechsel in der Schuldidaktik eine wichtige Position ein: Immer mehr
Didaktiker, unter ihnen Wolfgang Ratke, vertraten die Ansicht, dass der Schulunterricht in der Muttersprache abzuhalten sei. Auf einer anderen gesellschaftlichen Ebene begünstigt das Kanzleiwesen die Suche nach einer deutschen
Standardsprache. Gerade hier spielt die Einheitlichkeit als Garant für die allgemeine Verständlichkeit eine große Rolle.

Im 18. Jahrhundert war die Rechtschreibung nicht zuletzt aufgrund der
Wechselwirkung zwischen schriftlicher und mündlicher Sprache ein präsentes
Thema der Forschung:

> Das auffällige Interesse des 18. Jahrhunderts an den Belangen der deut-
> schen Rechtschreibung dürfte zum einen auf das damals dominierende
> Bedürfnis nach einer einheitlichen deutschen Literatursprache (im Sinne
> von Standardsprache) zurückgehen, da sich deren Herausbildung und Kon-
> solidierung primär in der geschriebenen Existenzweise vollzog. [...] Zum

anderen sah die Mehrzahl der zeitgenössischen Grammatiker in einer (vereinheitlichten) Rechtschreibung das entscheidende Instrument zum Abbau
der gravierenden, mundartlich bedingten Unterschiede in der phonischen
Realisierung der sich entwickelnden Einheitssprache. (Ewald 1992: 61f.)

Die Rückwirkung der geschriebenen Sprache auf die Aussprache wird generell als gegeben angenommen. Bewertet wird sie hingegen unterschiedlich:
Gottsched hält dies für wünschenswert (vgl. Ewald 1992: 62), wohingegen andere, z. B. Manuel Raschke, darin einen verderblichen Einfluss sehen (Raschke
1862: 2).

Im 19. Jahrhundert wurde der Ruf nach einer einheitlichen deutschen
Schreibung immer lauter. Schreib- und Lesekenntnisse nahmen in der Gesellschaft einen immer höheren Rang ein; nicht zuletzt sorgte auch die Einführung der allgemeinen Schulpflicht um die Wende vom 18. zum 19. Jahrhundert
dafür, dass immer mehr des Lesens und Schreibes mächtig waren. Eine standardisierte Schreibung war schon allein aus Sicht des Schreibunterrichts wünschenswert, von der einfacheren Verständigung über Dialektgrenzen hinweg
ganz zu schweigen.

Es verwundert also nicht, dass diejenigen, die sich um die Orthographie
bemühten, versuchten, allgemeine Schreibprinzipien zu erkennen und für die
Rechtschreibung nutzbar zu machen. Zu der Gruppe derjeniger, die der Orthographie immer mehr Aufmerksamkeit widmeten, gehörten zunehmend auch
staatliche Stellen. Höhepunkt dieser Entwicklung ist die I. Orthographische
Konferenz, die 1876 in Berlin stattfand. Obwohl die Vorlage für die Konferenz
– von Rudolf von Raumer erarbeitet – eng am herrschenden Schreibgebrauch
orientiert war, wurden Beschlüsse gefasst, die auf großen Widerstand in der
Öffentlichkeit stießen. Herausragend hierbei war „die Neuregelung der graphischen Kennzeichnung der langen Vokalphoneme" (Nerius/Möller 1983: 117).

Statt einer staatlich vereinheitlichten Schreibung entstanden zunächst
Schulorthographien der einzelnen Länder, die sich zwar teilweise voneinander
unterschieden, aber im Grunde eng an Raumers Vorschlag für die I. Orthographische Konferenz orientiert waren. Dies gilt vor allem auch für Konrad
Dudens „Vollständiges Orthographisches Wörterbuch der deutschen Sprache",
das 1880 erschien und sich rasch „im gesamten deutschen Sprachgebiet" (Ne-
rius/Möller 1983: 126) ausbreitete. Die Vereinheitlichung der Schreibung, die
durch diese Entwicklung der Schulorthographien de facto stattfand, wurde dadurch eingedämmt, dass Bismarck, der damalige Reichskanzler, sich nicht mit
den so entstehenden Schreibweisen anfreunden konnte und den Gebrauch in
den Ämtern verbot.

In den folgenden zwanzig Jahren erreichte Dudens Wörterbuch den Rang
eines Standardwerkes der Rechtschreibung. Dies ist nachvollziehbar, schließlich ging es mit der damaligen preußischen Schulorthographie, die ebenfalls
immer weitere Verbreitung fand, Hand in Hand. Die II. Orthographische Kon-

ferenz fand 1901 statt und brachte einen Wechsel in der Herangehensweise mit sich. Von den 14 Teilnehmern der I. Orthographischen Konferenz von 1876 waren relativ viele als sprachwissenschaftliche Fachleute hinzugezogen worden. 1901 trafen sich 26 Teilnehmer, um über die Reform der Rechtschreibung zu beraten; ganze vier davon waren Sprachwissenschaftler (Nerius/Möller 1983: 128).

Das Ziel dieser Konferenz war, die Rechtschreibung zu vereinheitlichen; es ging jedoch nicht mehr darum, die Schreibungen durchgängig an ein übergeordnetes Schreibprinzip anzupassen.

> Größere Änderungen in der Orthographie, insbesondere in den Phonem-Graphem-Beziehungen, auf die der Begriff der Orthographie vor allem bezogen wurde, konnten in dieser Zeit nicht mehr durchgesetzt werden. Damit im Zusammenhang ging der Einfluß der Sprachwissenschaft auf die Gestaltung der Orthographie immer mehr zurück, während die Einflußnahme amtlicher bzw. staatlicher Stellen und Behörden auf die orthographische Entwicklung immer mehr zunahm. (Nerius/Möller 1983: 129)

Dies trägt der Tatsache Rechnung, dass Rechtschreibung ein ebenso gesellschaftliches wie sprachliches Phänomen ist. Aus diesem Grund entwickelten sich Auffassungen von Orthographie, die weniger sprachwissenschaftlich und mehr gesellschaftlich orientiert sind. So ist vor allem die Auffassung der Rechtschreibung als Kulturgut zu nennen, nach der die schriftliche Wiedergabe von Sprache eine hohe Verpflichtung nicht nur gegenüber der Schreibtradition, sondern auch gegenüber des kommunikativen Selbstverständnisses hat.

> Zu den generellen Merkmalen sprachlicher Normen gehört, daß sie ein Teil der sozialen Normen einer Gesellschaft sind [...]. Solche Normen sind im Prinzip Verallgemeinerungen, die aus der sprachlich-kommunikativen Tätigkeit einer Gesellschaft gewonnen werden und gleichzeitig dieser Tätigkeit wieder als Richtschnur zugrunde liegen. Die Wechselseitigkeit dieses Prozesses ist in der Orthographie in besonderer Weise ausgeprägt. (Nerius 1994: 721)

Normen dieser Art sind für manche Sprachteilnehmer von identitätsstiftender Wirkung; eine Änderung der Rechtschreibung kann dementsprechend als Bedrohung des eigenen Selbstverständnisses angesehen werden.

Einheitliche Schreibungen

Einheitliche Schreibungen scheinen für eine funktionierende schriftliche Kommunikation als unerlässlich angesehen zu werden. Diese Sichtweise bildet sich bereits „im Kanzlei- und Schreibwesen des ausgehenden 15. und des 16. Jahrhunderts" (Moulin 1992: 27) aus. Darüber hinaus symbolisieren sie die Einheitlichkeit der Standardvarietät. Dabei kann „einheitlich" auf verschiedene

Weisen verstanden und verschiedenen Ebenen der schriftlichen Sprache zugeordnet werden: Der Gemeinschaft der Schreibenden an sich, einem einzelnen Text oder dem System der Rechtschreibung.

Bezieht man „einheitlich" auf die Gemeinschaft der Schreibenden, so soll ein gegebenes Wort von jedem gleich geschrieben werden. Das Wort „Haus" soll beispielsweise von jedem mit großem Anfangsbuchstaben geschrieben werden. Dabei ist es nicht wichtig, ob ein anderes Wort, das ähnliche Eigenschaften hat, auch mit großem Anfangsbuchstaben geschrieben wird – solange es *alle* mit kleinem Anfangsbuchstaben schreiben.

Ähnlich verhält es sich mit der Ebene eines einzelnen Textes. Hier scheint es mit am leichtesten zu sein, einheitliche Schreibungen herzustellen. Nicht zuletzt darum, weil diese Schreibungen weder mit den übrigen Teilnehmern der schriftlichen Sprache noch mit einem übergeordneten System von Rechtschreibung abgeglichen werden müssen. Eine einheitliche Schreibung innerhalb eines Textes zu erreichen wird jedoch zu einer sehr komplexen Aufgabe, wenn es sich um einen sehr umfangreichen Text handelt, der beispielsweise über einen Zeitraum von mehreren Jahren in verschiedenen Abschnitten erstellt wurde. Um für einen solchen Text einheitliche Schreibungen umsetzen zu können, bedarf es einer bewussten Auswahl und letztendlich eines Rechtschreibsystems, das auf diesen Einzeltext zugeschnitten ist.

So finden sich auch bei Luther Schreibvarianten, obwohl dieser von vielen der frühen Orthographiker als Vorbild hinsichtlich der Wortschreibung angeführt wird (vgl. Moulin 1992: 35).

Bezieht man „einheitlich" auf das System der Rechtschreibung, so soll ein gegebenes Wort wie alle anderen Wörter geschrieben werden, die seine Eigenschaften teilen. Dabei kann es sich auch nur um eine einzige Eigenschaft handeln, wenn diese unter mehreren Eigenschaften als ausschlaggebend für die Rechtschreibung angesehen wird. Wird ein solches System von der Gemeinschaft der Schreibenden konsequent angewandt, so wird jedes gegebene Wort von jedem Schreibenden gleich geschrieben.

Damit ist auch gesagt, dass Regeln, die eine solche systematische Einheitlichkeit erzeugen wollen, die für die Schreibung ausschlaggebenden Eigenschaften des zu schreibenden Wortes genau und eindeutig nennen und auf ebenso eindeutige Weise genau einer Schreibweise zuordnen müssen. Die Kriterien, die in Rechtschreibregeln genannt werden, sind gleichzeitig eine solche Beschreibung der Eigenschaften eines Wortes bzw. der zu schreibenden Phrase oder Fügung.

Eine solche systematische Rechtschreibung produziert keinerlei Schreibvarianten, solange der Anwender sich an das System hält. Betrachtet man die Entstehungsgeschichte der Rechtschreibung und wie hoch der Grad der Uneinheitlichkeit zu Beginn der deutschen Grammatikschreibung war, so scheint die Anzahl an Schreibvarianten heutzutage gering.

> [...] die Zahl der variativen Schreibungen bei konstanter Bedeutung und
> konstanter Lautung der entsprechenden sprachlichen Einheiten, also der
> fakultativen Varianten, die nicht als Normabweichungen anzusehen sind,
> ist insgesamt z. B. in der deutschen Orthographie sehr klein. (Nerius 1994:
> 723)

Doch es gibt Bereiche in der deutschen Rechtschreibung, in der Einheitlichkeit
schon immer nur schwer zu erreichen war.

> [...] eine gewisse zahlenmäßige Relevanz besitzen sie [= die Schreibvari-
> anten] im Deutschen vor allem in der Fremdwortschreibung als Resultat
> der Tendenz der allmählichen fremder Phonem-Graphem-Beziehungen an
> heimische *(Photo – Foto, Friseur – Frisör)* und in der Getrennt- und Zu-
> sammenschreibung infolge des Übergangs von Wortgruppen zu Wörtern
> *(auf Grund – aufgrund, [...], danksagen – Dank sagen, [...]).* Neuerdings
> treten solche Varianten auch des öfteren in der Groß- und Kleinschreibung
> terminologischer oder phraseologischer Wortgruppen auf *(künstliche In-
> telligenz – Künstliche Intelligenz, [...], weißer Tod – Weißer Tod).* (Nerius
> 1994: 723, Hervorhebungen im Original)

Unterschiedliche Schreibungen sind in großer Anzahl und großer Variationsbreite kommunikationshemmend, da sie den Lesefluss stören und auch die
Informationsentnahme beeinträchtigen können. In kleinerer Anzahl stören
sie zwar die Einheitlichkeit und erschweren es, allgemeingültige Rechtschreibregeln aufzustellen; sie scheinen jedoch eine selbstverständliche Erscheinung
von Schreibung zu sein, die vollständig zu unterbinden nur dann möglich wäre,
wenn alle Schreibungen aus einfachen Regeln ableitbar wären. Eine Entwicklung hin zu mehr Einheitlichkeit lag schon immer im Bestreben derjenigen,
die sich der Rechtschreibung angenommen haben. Daran hat sich bist heute
auch nichts geändert:

> Im Grunde kann man sogar sagen, daß der jüngere Kodifizierungspro-
> zeß der deutschen Orthographie nicht zuletzt die fortgesetzte Reduzierung
> der orthographischen Variabilität zum Ziel gehabt hat. Das ist natürlich
> auch für Orthographiereformüberlegungen von großer Bedeutung, und ei-
> ne Reform, die diesen Prozeß etwa umkehren wollte, hätte sicher wenig
> Realisierungschancen. (Nerius 1994: 723)

Trotzdem erzeugt das im März 2006 von den Kultusministern beschlossene
Regelwerk mehr Varianten als in der ursprünglichen Reform von 1998/2004
vorgesehen. Auch Konrad Dudens „Deutsches Wörterbuch", das zur Grundlage der Beschlüsse der I. Orthographischen Konferenz wurde, beinhaltete eine
hohe Anzahl an Schreibvarianten, dokumentierte also einen unterschiedlichen
Schreibgebrauch, wo es nicht angebracht schien, sich auf eine einzige Schreibung festzulegen. Einheitlichkeit wird in der Rechtschreibung zwar gefordert

– jedoch scheint sie nicht über der jeweils eigenen Auffassung von Richtigkeit zu stehen.

Wichtige Prinzipien der Rechtschreibung

Die Frage, nach welchen Prinzipien geschrieben wird bzw. geschrieben werden soll, berührt zunächst die Verschriftlichung in der gesprochenen Sprache ganz allgemein. Für die deutsche Schriftsprache wurde bereits festgestellt, dass es sich um eine Alphabetschrift handelt; einer Ausprägung von Schriftlichkeit also, die darauf beruht, bestimmten lautlichen Elementen bestimmte schriftliche Elemente zuzuordnen.

Diese als phonografisches Prinzip bezeichnete Vorgehensweise ist in Alphabetschriften naheliegend und dadurch eine der prominentesten überhaupt. Wie in den Anmerkungen zur Geschichte der Rechtschreibung schon festgestellt, besteht eines der Probleme bei der Anwendung des phonografischen Prinzips darin, eine Referenzaussprache festzulegen. Problematisch wird dies vor allem dann, wenn die schriftliche Sprache überregional eingesetzt werden soll. Die einfachste Umsetzung des phonografischen Prinzipien besteht darin, jedem Phonem genau ein Graphem zuzuordnen. Das phonografische Prinzip ist – als Urpfeiler der Verschriftlichung einer Sprache durch eine Alphabetschrift – bei allen frühen Grammatikschreibern zu finden.[9] Üblicherweise wird es als Schreibung gemäß der Aussprache umschrieben, die Lautung ist also ausschlaggebend dafür, welcher Buchstabe geschrieben werden muss.

Doch gibt es neben dem phonografischen Prinzip noch weitere Schreibprinzipien, deren wichtigste hier kurz erläutert werden sollen. Die aktuelle Dudengrammatik (Eisenberg 2006: 66ff.) stellt drei Prinzipien der (Recht-)Schreibung dar: das phonografische Prinzip, das silbische Prinzip und das morphologische Prinzip. Von diesen drei ist das silbische Prinzip als eine Ausnahme zu betrachten; insofern, als es im Unterschied zu den anderen beiden Prinzipien weniger ein Leitfaden zur Schreibung, sondern mehr ein Erklärungsansatz für dieselbe ist. Das silbische Prinzip stellt den Silbenaufbau in den Mittelpunkt und erklärt hierdurch Besonderheiten der deutschen Schreibung. So wird beispielsweise die Schreibung <sp> für die Lautfolge /ʃp/ in der Silbe <spalt> dadurch erklärt, dass die Lautfolge /ʃp/ in der deutschen Standardsprache als Silbenanfangsrand nicht vorkommt. Die Schreibweise <sp> für /ʃp/ reduziert die Komplexität des Silbenanfangsrandes, weshalb sie vorgezogen wird, obwohl sie der üblichen Graphem-Phonem-Korrespondenz zuwiderläuft. Es ist deutlich zu erkennen, dass es sich beim silbischen Prinzip nicht im selben Maße wie z. B. bei dem phonografischen Prinzip um ein Rechtschreibprinzip handelt. Vielmehr ergänzt das silbische Prinzip in den meisten das phonografische Prinzip, indem es bestimmte Umsetzungen oder auch Brüche der Graphem-Phonem-Korrespondenz-Regeln verdeutlicht.

---

9 Vgl. Moulin 1992: 28ff.; Ewald 1992: 62f.; Nerius 2000: 120.

Das morphologische Prinzip wiederum ist eine Richtschnur, entspricht in der Art also dem phonografischen Prinzip. Es dient dazu, Verwandschaftsbeziehungen zwischen Wörtern (bspw. Derivata) auf graphischer und graphematischer Ebene zu verdeutlichen. Im Unterschied zum silbischen Prinzip ergänzt es das phonografische Prinzip nicht, sondern steht ihm gegenüber und führt zu von ihm abweichenden Formen. Als Beispiel sei die Schreibung <äu> für den Diphthong /ɔi/ angeführt. Die Graphem-Phonem-Korrespondenz-Regel ordnet diesem Laut die Schreibung <eu> zu. Um jedoch Verwandschaftsbeziehungen wie in <Haus> – <Häuser> besser aufzeigen zu können, wird in diesem und ähnlichen Fällen das morphologische Prinzip über das phonografische Prinzip gesetzt.

Verwandschaftsbeziehungen anderer Art verdeutlicht das sogenannte etymologische Prinzip, demzufolge Wörter gleicher Abstammung auch gleich geschrieben werden sollen. Mit Abstammung sind hier historisch-genetische Zusammenhänge gemeint; synchron-genetische Zusammenhänge schlagen sich, wie oben gezeigt, im morphologischen Prinzip nieder. Beispiele hierfür sind Lehnwörter aus anderen Sprachen wie „Rhythmus".

Das vor allem in der frühen Orthographieschreibung oft vertretene historische Prinzip hat das Ziel, die Schreibungen des Mittelhochdeutschen zur Grundlage der Rechtschreibung zu machen. Ein bekannter Vertreter dieser Richtung war Jakob Grimm. Im Wesentlichen geht es beim historischen Prinzip um Fragen der Laut-Buchstaben-Zuordnung und um Fragen der graphischen Kennzeichnung der Vokalquantität und -qualität.

Der Schreibgebrauch (auch Schreibusus) zieht sich als Schreibprinzip durch alle Jahrhunderte der Orthographischreibung. Bereits zu Beginn des 17. Jahrhunderts wird der Gebrauch als Richtschnur für die eigene Schreibung genannt. Zu dieser Zeit ist damit meist gemeint, man solle sich an der Schreibung vorbildlicher „Scribenten" orientieren (z. B. Luther). Erst im Laufe der Zeit und mit wachsender Schreibgemeinschaft wird unter Schreibusus immer mehr die Schreibung einer Art von gebildeter Mehrheit verstanden.

Kriterien der Schreibung als Bündel von Eigenschaften

Als Kriterium für die Schreibung kann die *Beschreibung* eines Wortes herangezogen werden. Unter Beschreibung wird hier verstanden, dass ein Wort kontextabhängig bestimmten Klassen zugeordnet wird. Das so entstehende Bündel von Beschreibungen bestimmt die Eigenschaften, die ein Wort oder ein zu schreibendes Element erfüllen muss, um von einer bestimmten Regel erfasst zu werden.

Eigenschaften von Wörtern sind grundsätzlich ein Thema der Sprachwissenschaft und in vielen Fällen ein Thema der Grammatik. Dies gilt auch für die Eigenschaften, die in Rechtschreibregeln herangezogen werden. Sprachwissenschaftliche und grammatische Einheiten sind zwar durchaus geeignet,

Wörter zu beschreiben und so Kriterien für die Schreibweise ganzer Klassen zu bilden; sie haben jedoch den Nachteil, dass nicht immer Einigkeit über ihre Definition besteht. Hinzu kommt, dass die Anwender von Rechtschreibregeln normalerweise keine Sprachwissenschaftler sind. Soll ein Regelwerk also für jeden Anwender verständlich sein, lässt sich nur allgemeine Schulbildung, aber keine vertiefte wissenschaftliche Ausbildung voraussetzen.

Kriterien der Rechtschreibung können höchstens den Stand der Grammatikforschung inhaltlich widerspiegeln; die Bezeichnungen grammatischer Einheiten müssen sorgfältig gewählt sein, um normal gebildete Anwender in die Lage zu versetzen, die Regeln ohne fachliche Vorbildung zu verstehen. Doch selbst dann ist die Anwendung der Regeln problematisch. Selbst wenn die Kriterien bei der Lektüre einer Regel grundsätzlich verstanden werden, so heißt das nicht, dass ein Anwender in der Lage ist, sein spezielles Rechtschreibproblem den Kriterien zuzuordnen, die laut Regelwerk für die Schreibung ausschlaggebend sind.

In den Kernbereichen der Rechtschreibung stehen sich widersprüchliche Schreibungen gegenüber: Man kann entweder groß- oder klein-, getrennt oder zusammen-, mit oder ohne Bindestrich schreiben.

Ist ein Anwender unsicher, wie etwas geschrieben wird, fragt er sich zum Beispiel, ob groß-, getrennt oder mit Bindestrich geschrieben wird oder wie die genaue Buchstabenfolge eines Wortes lautet. Er ordnet sein Problem automatisch bestimmten Teilgebieten der Rechtschreibung zu. Innerhalb dieser Teilbereiche hängt die Orientierung jedoch davon ab, ob der Anwender sein spezielles Rechtschreibproblem abstrahieren kann und die so erkannte Sachlage noch dazu in denselben Kategorien beschreibt wie das Regelwerk. Erst dann gelingt es ihm, die Handlungsanweisung herauszufinden, die das Regelwerk für diese Sachlage vorsieht.

Es ist die Aufgabe des Regelwerks, eine bestimmte Sachlage so eindeutig wie möglich zu beschreiben, wozu häufig Wortartkategorien verwendet werden.[10] Doch gerade diese sind nur sehr schwer einheitlich zu definieren.

Bereits im zweiten Jahrhundert vor Christus wurden von Dionysios Thrax die ersten Einteilungen von Wörtern nach verschiedenen Kategorien vorgenommen. Er konzentrierte sich bei dieser Einteilung auf analoge Eigenschaften von Wörtern. (vgl. Rauh 2000: 23f.):

> „Als analoge Eigenschaften [werden] zunächst solche der Form [...] und der Bedeutung identifiziert [...], wobei die Eigenschaften der Form Flexionseigenschaften und Wortbildungseigenschaften umfassen. Sind solche nicht als analoge Eigenschaften identifizierbar, so werden andere gesucht und im Falle von Präpositionen positionale und im Falle von Adverbien relationale Eigenschaften als kategorienbildend identifiziert". (Rauh 2001: 24)

---

[10] Ausführlicher hierzu Stegmeier (i. Vorb.).

Auch heute noch ist eine solche Einteilung gültig. Markus Hundt stellt „drei
Hauptkriterien" fest, nach denen Wortarten eingeteilt werden: das morphologische, das semantische und das syntaktische (vgl. Hundt 2000: 3). Zwar gibt
es eine Fülle anderer Modelle der Wortartenklassifikation, keinem davon ist es
jedoch gelungen, diese Annäherung an die Fragestellung abzulösen. Doch bleiben die Trennlinien der einzelnen Kategorien unscharf; eine hundertprozentig
eindeutige Zuordnung aller Wörter zu einer solchen Kategorie der Wortartenklassifikation ist nicht möglich. Es kommt hinzu, dass diese drei Hauptkriterien zu einer „tendenziell als unwissenschaftlich gescholtenen Mischklassifi-
kation" (Hundt 2000: 6) führen. Die Schwierigkeiten, Wortarten eindeutig zu
bestimmen, sind so groß, dass sie unüberwindbar scheinen: „Der Anspruch,
Wortarten als eindeutig voneinander abtrennbare Kategorien zu etablieren, die
mit Hilfe von notwendigen und hinreichenden Merkmalen definiert werden
können, muss scheitern." (Hundt 2000: 6)

Dementsprechend wenig trennscharf sind Wortartenkategorien auch als
Kriterienelemente in einer Rechtschreibregel. Gleichzeitig ist gerade aufgrund
der langen Tradition dieser Einteilungsweise ein gewisses Grundverständnis
voraussetzbar, wohingegen andere Modelle der Wortartenklassifikation um-
ständlicher Erläuterungen bedürften, die aufgrund der genannten Schwierigkeiten kaum eindeutigere Ergebnisse erzielten.

Entwicklung der Orthographiediskussion

Die Suche nach einer einheitlichen Schreibung gleicht der Suche nach einer
Standardsprache. Bereits die Grammatiker der Fruchtbringenden Gesellschaft
zerfielen in die „Analogisten" auf der einen und die „Anomalisten" auf der
anderen Seite. Die Analogisten begriffen die Standardsprache als ein muster-
haftes System, das allen dialektalen Realisierungen zugrundelag. Die Anomalisten hingegen erklärten einen ihnen vorzüglich erscheinenden Dialekt zur
Standardsprache und argumentierten auf der Grundlage konkreter Einzelfälle
(vgl. Gardt 1999: 128ff.).

An diesen beiden grundlegenden Haltungen gegenüber sprachlicher Kor-
rektheit im Allgemeinen und gegenüber Rechtschreibung im Besonderen hat
sich auch heute nichts geändert. Noch immer sehen Analogisten vor allem die
Vorteile systematischer Regeln auf der Grundlage von Analogien, wohingegen
Anomalisten den feststellbaren oder wahrgenommenen Schreibgebrauch als
Richtschnur heranziehen. Dies führt auch dazu, dass Anomalisten bestehende
Ausnahmen eher in ein Regelwerk zur Rechtschreibung integrieren möchten,
wohingegen Analogisten gerade diese Ausnahmen zugunsten allgemeiner Re-
geln ändern möchten.

In der Konsequenz bedeutet dies, dass ein Regelwerk auf der Grundlage ana-
logistischer Herangehensweise mehr ungewohnte Schreibungen erzeugt als ein

anomalistisches Regelwerk. Gleichzeitig sind die analogistischen Schreibweisen aber nachvollziehbarer und ohne Einzelfallkenntnis erschließbar.

Auch Dudens Intention war anomalistisch, zumindest was die praktische Anwendbarkeit seines Wörterbuchs angeht. Im Vorwort zur ersten Auflage heißt es, das Werk biete all jenen Hilfe, die „ohne den langsamern und schwierigern Weg der Anwendung allgemeiner Regeln auf einzelne Fälle zu betreten, mitten in der Arbeit des Schreibens, Korrigierens oder Setzens schnell und zuverlässig über ein bestimmtes Wort, dessen Schreibung ihnen im Augenblick unsicher ist, Aufschluß haben wollen…" (Duden 1880: VI).

Ein Beispiel dafür, wie schnell sich Einzelschreibungen als sinnvoll anbieten, bietet der folgende Text von Bertolt Brecht. Seine Ausführungen zu einer Rechtschreibreform entstanden „als eine Reaktion auf einen Beitrag von Wolfgang Steinitz in der Berliner ‚Wochenpost‘ Nr. 2, 1955" (Schrodt 1997: 209).

reform der rechtschreibung

ich bin gegen eine reform der rechtschreibung von solchem ausmass dass alle die bücher, die auf alte weise gedrukt sind, schwer lesbar werden. die grossen buchstaben sollte man aber nur für namen und für die fürwörter in der anrede verwenden. (auch für den satzanfang nicht; da genügt der punkt und ein abstand.) die aussprache sollte in der rechtschreibung berücksichtigt werden. ich würde schreiben: er sang so dass man ihn hören konnte, sodass man wusste, in welcher stimmung er war. liebe darf man nicht libe schreiben und toll nicht tol. fisik scheint mir in ordnung, wase nicht. wer ins teater geht sollte einen zilinder aufsezzen können, aber mystik sollte er nicht vorgesezt bekommen, lieber farsen. razion liest sich für mich nicht übel, aber razio geht nicht und nazion ist undenkbar, da habe ich einen schokk bekommen. lassen wir also lieber auch die rationem.[11]

Brechts Ausführungen weisen ihn als Anomalisten aus, obwohl er die Aussprache als allgemeines Schreibprinzip zur Grundlage für die Schreibung macht. Seine Einschränkung „razio geht nicht" steht ohne Begründung. Er scheint ästhetische oder bildungsbürgerliche Einwände gegen diese Schreibweise zu haben. Dass „nazion" undenkbar sei, stellt ebenfalls eine Ausnahme zu den allgemeinen Regeln dar, die er auf der Grundlage der Aussprache in Beispielen zeigt.

Die Diskussion um die Orthographiereform von 1995–2008

Die Teilnehmer an der Diskussion um die 1996 beschlossene Rechtschreibreform sind zahlreich und stammen aus sehr unterschiedlichen Berufsgruppen. Dies spiegelt auch der Mediendiskurs wider, vor allem, wenn man die Leserbriefe zum Thema einbezieht. Auf der Ebene der regelmäßigen und auf der

---

[11] Brecht (1967: 333f.), zitiert nach Eroms (1997: 209).

Ebene der meinungsbestimmenden Diskursteilnehmer lassen sich vor allem die folgenden Berufszugehörigkeiten feststellen: Sprachwissenschaftler, Politiker, Verlagsmitarbeiter, Lehrer, Schriftsteller, Mitarbeiter von Presseagenturen, Mitarbeiter der Gewerkschaft für Erziehung und Wissenschaft (GEW) und Journalisten (Stenschke 2005: 126ff.).

Die Teilnehmer vertreten befürwortende, beobachtende und ablehnende Positionen. Stenschke stellt fest, dass ablehnende Positionen zur Reform häufiger vertreten sind als befürwortende oder neutrale (Stenschke 2005: 281). Beruht die Ablehnung nicht auf bestimmten Schreibweisen, so werden häufig die durch die Reform anfallenden Kosten angeführt. Generell lässt sich aber feststellen, dass die gesamte Diskussion beispiellastig verläuft. Dies gibt einen Hinweis darauf, dass die allgemeine Herangehensweise an Rechtschreibung anomalistisch zu sein scheint. Wie weiter unten zu sehen sein wird, weisen viele Diskursbeiträge ähnliche Merkmale auf wie die Ausführungen Bertolt Brechts. Eine solche Vorgehensweise hält die Diskussion auf der Ebene des „schokks", von dem Brecht spricht. Ungewohnte Schreibweisen erzeugen in erster Linie Ablehnung. Je nach Diskursteilnehmer wird diese Ablehnung dann auf bestimmte Varianten gelenkt – wie es bei Brecht für „razio" oder „nazion" geschieht – oder sie wird *pars pro toto* auf die gesamte Reform übertragen.

Ungewohnte Schreibweisen sollen laut den Reformgegnern aus verschiedenen Gründen nicht zu gültigen Schreibweisen werden. Eine der häufigsten Begründungen hierfür bezieht sich mehr oder weniger direkt auf die Vorstellung von Sprache als schützenswertes und schutzbedürftiges Kulturgut. Diesem Denken gemäß scheint eine Rechtschreibreform etwas zu regeln versuchen, was der Mensch nicht regeln darf. In diesem Zusammenhang findet sich auch oft eine Gleichsetzung von Rechtschreibung mit Sprache. Dass es sich dabei jedoch lediglich um die Norm der Darstellung der schriftlichen Ausdrucksseite von Sprache handelt, wird von Reformgegnern nicht thematisiert.

Die Äußerungen innerhalb eines Diskurses dienen letztendlich dem Versuch, eine bestimmte Sichtweise durchzusetzen. Diskurstheoretisch heißt dies, dass eine außersprachliche Sache – das Referenzobjekt –, wie beispielsweise die Rechtschreibreform, durch eine solche Äußerung erst als Sachverhalt konstituiert wird. Sprachlich verläuft dieser Prozess, ein sogenannter semantischer Kampf,[12] folgendermaßen: Der Produzent einer sprachlichen Äußerung hat Begriffe und Konzepte im Kopf. Begriffe und Konzepte sind hier ausschließlich kognitive Größen und als solche nicht in der Außenwelt wahrnehmbar. Solche Begriffe und Konzepte bestehen wiederum aus Teilbedeutungen, die sich durchaus widersprechen können. Welche Teilbedeutungen einem bestimmten Konzept zugehören, ist von Sprecher zu Sprecher verschieden. Wer sich äußert, versucht nun, bestimmte Teilbedeutungen eines Konzeptes als bestimmend durchzusetzen (= Bedeutungsfixierungsversuch) und auf dieser Grundlage so-

---

[12] Vgl. hierzu auch Felder 2006.

dann den in Frage stehenden Sachverhalt zu konstituieren. Er teilt also nicht mit, worum es sich bei einer Sache handelt, sondern welchen Bedeutungsgehalt er dieser Sache zuordnen möchte (= Sachverhaltsfixierungsversuch). Auf der Ausdrucksseite machen sich solche Sachverhaltsfixierungsversuche an einzelnen Wortformen oder Wortgruppen fest. Der Terminus „Rechtschreibreform" ist innerhalb des Diskurses zur Rechtschreibreform ein wahrnehmbares Element einer Vielzahl unterschiedlicher Sachverhaltsfixierungsversuche. Weder die damit verknüpfte Vorstellung im Kopf des Produzenten noch der Sachverhalt, den er auf der Grundlage dieser Vorstellung gültig werden lassen möchte, sind an sich wahrnehmbar. Wer eine Äußerung hört oder liest (= Rezipient), befindet sich zunächst auf der Ebene der Termini. In einem Mediendiskurs findet jeder nachvollziehbare Austausch auf dieser Ebene statt.

Sachverhaltsfixierungsversuche finden auf der Grundlage von Aussagen (= Prädikationen) statt, die ein Produzent über das Referenzobjekt macht. Die Sprechakttheorie unterscheidet noch weiter zwischen Propositionen und Illokutionen. Propositionen teilen mit, wie die Welt ist, wenn sie wahr sind; Illokutionen stellen hingegen die Behauptung dar, das Gesagte sei wahr. Äußerungen innerhalb eines Diskurses haben sowohl einen propositionalen als auch einen illokutionären Gehalt.

Zur Rechtschreibung finden sich Äußerungen in vielen verschiedenen Medien: Fachbücher, Artikel in Fachzeitschriften, Laienbücher, Artikel und Interviews in Zeitungen und Zeitschriften (auch Interviews), Pressemitteilungen, Online-Publikationen aller Art.

Im Folgenden werden aus diesen Medien verschiedene Äußerungsbeispiele vorgestellt und kommentiert:

Aussagenspektrum: Buchtitel

Bücher zum Themenbereich Orthographie und Orthographiereform werden nicht nur von Experten verfasst. Auch lässt sich nicht sagen, dass Expertentum dazu führt, die Reform zu befürworten. Doch es zeigt sich schon anhand der Titel der hier aufgeführten Bände, dass die interessierte Fach- und Laienwelt den Bereich Rechtschreibung nicht dem offiziell zuständigen Fachgremium – bis Ende 2004 die *Zwischenstaatliche Kommission zur Neuregelung der deutschen Rechtschreibung* und seit Ende 2004 der *Rat für deutsche Rechtschreibung* – überlassen möchte.

> Die Kodifizierung der Orthographie im Rechtschreibwörterbuch (Anna Maria Lasselsberger 2000)

> Die deutsche Rechtschreibung. Geschichte, Reformdiskussion, Neuregelung (Hermann Scheuringer 2004)

> Niemand hat das letzte Wort. Sprache, Schrift, Orthographie. (Peter Eisenberg (Hg.) 2006)

Zur Reform der deutschen Rechtschreibung: ein Kompromißvorschlag (hrsg. von der Deutschen Akademie für Sprache und Dichtung 2003)

Rechtschreibreform in der Sackgasse (Theodor Ickler 2004)

Rettet die deutsche Sprache: Beiträge, Interviews und Materialien zum Kampf gegen Rechtschreibreform und Anglizismen (Kein Hg. genannt 2004)

Die angebliche Rechtschreibreform (Horst Haider Munske 2005)

Falsch ist richtig (Theodor Ickler 2006)

Schuldebakel oder Demokratie-Posse: Rechtschreibreform im deutschsprachigen Presseecho (Norbert Tarsten 2007)

Nur die beiden ersten Titel sind eindeutig sachlich. Alle anderen sind zumindest tendenziell wertend – und alle davon negativ wertend. Peter Eisenberg, Professor für Deutsche Sprache der Gegenwart in Potsdam, und Theodor Ickler, Professor für Deutsch als Fremdsprache an der Universität Erlangen, sind herausragende Akteure im Diskurs um die Reform. Beide hatten aktiven Anteil an der Gestaltung der Reform. Ickler saß eine Zeit lang als Gesandter des PEN-Clubs im Rat für deutsche Rechtschreibung, Eisenberg war Mitglied der Zwischenstaatlichen Kommission für deutsche Rechtschreibung und wurde vom Rat für deutsche Rechtschreibung des Öfteren als Experte hinzugezogen. Ihre Sicht auf die Reform unterscheidet sich nicht unwesentlich, was nicht heißt, dass Eisenberg ihr unkritisch gegenüber steht. Tonfall und Publikationsverhalten unterscheiden sich jedoch deutlich. Ickler zeichnet sich durch eine besonders produktive und vehemente Kritik an den Reformbestrebungen aus. Gerade ein Titel wie „Falsch ist richtig" knüpft in seiner Bewertungshaltung an eine schulmeisterliche Sprachbetrachtung an, wie sie in der Diskussion um die Rechtschreibung häufig anzutreffen ist. Eisenbergs Titel kann als unterschwellige Kritik an der Diskussion um die Rechtschreibreform verstanden werden.

Die Laienpublikation von Tarsten zeigt deutlich, dass die Rechtschreibreform in den Medien überwiegend negativ dargestellt wird. Der Titel „Rettet die deutsche Sprache …" schließlich misst der Rechtschreibung offensichtlich so viel Bedeutung innerhalb des Sprachsystems zu, dass die Sprache selbst durch eine Reform der Rechtschreibung gefährdet ist. Diese Auffassung findet sich in den folgenden Äußerungen noch öfter; vor allem auch in der Variation, dass Rechtschreibung mit Sprache direkt gleichgesetzt wird.

Aussagenspektrum: Schlagzeilen

Schlagzeilen fassen, ähnlich wie die Buchtitel, eine Hauptaussage des Themas zusammen, auf das sie sich beziehen, weshalb sie als tragende Elemente innerhalb eines Diskurses gesehen werden können. Nähere Ausführungen hierzu finden sich bei Stenschke (2005: 27ff.).

> „Kuß" oder „Kuss" – das höchste Gericht entscheidet (Focus 18. 08. 1997)
>
> Letzte Warnung vor dem ‚Kauboi' (SZ 26. 10. 1995)
>
> Errettung vor der Katastrofe (SZ 01. 12. 1995)
>
> Nassschnee lässt Karlsruhe kalt (SZ 27. 06. 1996)
>
> Die große Verwirrung um Spageti mit Ketschup (SZ 17. 07. 1996)
>
> Mit einem ißt auf jedn Phall Schlus (Focus 28. 11. 1994)
>
> Packet, Rytmus, Tron? (Spiegel 19. 06. 1995)
>
> Spaghetti oder Spageti (Focus 28. 10. 1995)
>
> Rechtschreibung jetzt hausgemacht (SZ 04. 06. 1997)
>
> Die mutwillige Vernichtung der Wörter (SZ 19. 02. 1997)

Schlagzeilen nutzen oft den in Zusammenhang mit Brechts Ausführungen erwähnten „Schokk"-Effekt: eine ungewohnte Schreibung wird prominent platziert, um Aufmerksamkeit zu erregen und Problembewusstsein zu schaffen. Schlagzeilen wie „Errettung vor der Katastrofe" verdeutlichen eine ablehnende Haltung zweifach, indem sie eine eindeutig negative Aussage durch eine ungewohnte Schreibweise verstärken.

Ohne ungewohnte Schreibung als Blickfang kommen die letzten beiden Schlagzeilen aus. Sie repräsentieren innerhalb des Diskurses eine andere Form der Fokussierung: Wortgruppen wie „mutwillige Vernichtung" zeigen nicht nur eine ablehnende Haltung, sondern weisen den Sachverhalt auch als Skandal aus. Der bewertende und somit intendiert meinungslenkende Anteil an der Äußerung ist deutlicher als in Äußerungen, in denen ungewohnte Schreibungen in den Mittelpunkt gestellt werden.

Aussagenspektrum: Wertende Äußerungen in Artikeln

Eindeutig wertende Äußerungen finden sich in den Artikeln selbst. In den folgenden Zitaten werden Äußerungen von wichtigen Teilnehmern bzw. Teilnehmergruppen im Diskurs um die Rechtschreibreform wiedergegeben. Anschließend werden sie in das Modell der Sachverhaltsfixierungsversuche eingeordnet.

Äußerungen von Schriftstellern und Autoren

> Eine solche „Reform" ist natürlich so überflüssig wie ein Kropf. (H. M. Enzensberger im Spiegel-Interview, 14. 10. 1996)

Ich fühle mich als Schriftsteller durch die Reform geschädigt, ja, ein biß-
chen gedemütigt. (Walter Kempowski im Spiegel-Interview, 14.10.1996)

Da die Neuregelung wegen ihrer offenkundigen Mängel mit Sicherheit noch
einmal überarbeitet wird [...], empfehlen wir den Medien und Verlegern,
die Mühen und Kosten einer unsinnigen Umstellung zu sparen und die
Neuschreibung erst dann in Betracht zu ziehen, wenn sie soweit korrigiert
ist, daß sie als echte Verbesserung allgemein akzeptiert werden kann. (30
Autoren zur Rechtschreibreform auf Initiative von Christian Meier, Präsident der Deutschen Akademie für Sprache und Dichtung; darunter Ilse
Aichinger, H. M. Enzensberger, Günter Grass, Walter Jens, Martin Walser.
Spiegel 27.07.1998)

Die Reform wird in den vorangegangenen Äußerungen zu drei unterschiedlichen Sachverhalten: Enzensbergers Begriff von *Reform* findet kaum Übereinstimmung mit dem Sachverhalt, den die Verfasser des neuen Regelwerks
konstituieren möchten. Dies zeigt sich am Gebrauch des hinweisenden Pronomens (*solche*) und am Gebrauch der Anführungszeichen („*Reform*"). Aus
diesem Grund, weil die Rechtschreibreform für ihn keine Reform ist, ist es für
ihn *natürlich*, dass die Rechtschreibreform überflüssig sei. Der von ihm fixier-
te Sachverhalt spricht der Rechtschreibreform den Reformstatus ab, der nötig
wäre, um nicht überflüssig zu sein.

Kempowski hingegen ändert den Sachverhalt *Rechtschreibreform* nicht hinsichtlich der Teilbedeutungen, die der Begriff *Reform* für ihn besitzt. Stattdessen hebt er die Wirkung der Rechtschreibreform auf persönlich-emotionaler
Ebene hervor. Die Rechtschreibreform ist damit als schädigender Sachverhalt
fixiert.

Die gemeinschaftliche Erklärung der Autoren bewegt sich wieder auf der
Ebene der Teilbedeutungen des Begriffs *Reform*. Ihre Vorstellung von *Reform*
kann dem von den Verfassern fixierten Sachverhalt nicht zugesprochen werden.
Die in der Erklärung erwähnten *Mängel* und die aus Sicht der Autoren notwendige *Überarbeitung* zeigen, dass der Sachverhalt der Rechtschreibreform
den Begriff *Reform* der Autoren nur ungenügend treffen.

Äußerungen von Sprachwissenschaftlern

Wenn Lehrer und Schulbuchmacher von den neuen Regeln Eindeutiges verlangen, wird es Chaos und Frustration geben. (Peter Eisenberg im Spiegel-
Interview, 13.07.1998)

Man soll auch schreiben: Die Arbeit Suchenden wenden sich an den Dienst
Habenden: Solche Wortgruppen klingen viel ärger nach Papier- und Amts-
deutsch, als es bei den gewohnten Zusammensetzungen der Fall war. Die
Sprachgemeinschaft wird diese mutwillige Wortvernichtung wohl nicht
mitmachen. (Theodor Ickler, SZ 19.02.1997)

Eisenbergs Äußerung geht auf den Begriff *Reform* ein, den seiner Meinung nach andere Diskursteilnehmer dem Sachverhalt *Rechtschreibreform* zugrunde legen. Für ihn stellt sich als eine Teilbedeutung des Begriffs *Rechtschreibreform*, wie er bei *Lehrern* und *Schulbuchmachern* vorliegt die *Eindeutigkeit* dar. Sein Sachverhaltsfixierungsversuch bezieht sich auf diese Teilbedeutung, indem er diese nicht als Teil des Sachverhalts *Rechtschreibreform* ansieht. (Hierbei wird unterstellt, dass *Chaos* und *Frustration* für ihn kein wünschenswertes Ergebnis einer Reform sind.)

Icklers Äußerung zeigt den Sachverhalt *Rechtschreibreform* als etwas Schädigendes. Sein Begriff von *Reform* wird dabei nicht sehr deutlich, der Gegensatz von *gewohnt* und implizit *ungewohnt* zeigt jedoch, dass diese Teilbedeutungen seines Reformbegriffs die Grundlage für den Sachverhaltsfixierungsversuch bilden.

Äußerungen von Verlagsmitarbeitern

Der Darmstädter Kinderbuch-Verleger Hans-Joachim Gelberg beleuchtete die Reform aus der Praxis: Das Regelwerk stifte Verwirrung mit dem Ergebnis, daß jeder Verlag seine hauseigene Rechtschreibung habe. (SZ 04.06.1997)

Tief greifende Veränderungen unseres Schriftsystems bewirkt die Reform nicht. Unser vertrautes Schriftbild bleibt weitgehend erhalten. Die Lesbarkeit der Texte wird nicht beeinträchtigt. (Matthias Wermke, SZ 19.02.1997

Gelbergs Sachverhaltsfixierungsversuch weist der Rechtschreibreform den Status einer gescheiterten Reform zu. Dies geht aus der Feststellung hervor, dass die Verlage nicht dem reformierten Regelwerk, sondern einer eigenen Rechtschreibung folgen. Ein solcher Zustand kann Gelbergs Begriff *Rechtschreibreform* zufolge nicht das gewollte Ergebnis der Reform sein, was er durch den Hinweis ausdrückt, das reformierte Regelwerk stifte Verwirrung.

Wermke schließt sich in seinem Sachverhaltsfixierungsversuch nicht an Gelberg oder eine ähnliche Position an. Er stellt vielmehr fest, dass als Ergebnis der Reform die Lesbarkeit der Texte nicht beeinträchtigt werde und das vertraute Schriftbild erhalten bleibe. Gleichzeitig markiert er die Reform als wirkungsarm bzw. sieht ihre Wirksamkeit nur auf der Oberfläche, indem er sagt, dass die keine „tief greifenden Veränderungen unseres Schriftsystems" bewirke.

Bevor nun ein Fazit gezogen wird, werden noch kurz drei weitere Themenbereiche vorgestellt, die die Diskussion um die Rechtschreibung mitbestimmt haben. Es handelt sich zum einen um die Frage, wer die Regelungsgewalt über die Rechtschreibung hat bzw. haben soll und zum anderen um die Gleichsetzung der deutschen Rechtschreibung mit der deutschen Sprache an sich. Der dritte Themenbereich umfasst die Vorstellung von Sprache als Kulturgut.

Aussagenspektrum: Regelungsgewalt

Auf der Webseite eines selbständigen Unternehmensberaters, der auch als Buchautor zu im weitesten Sinne betriebswirtschaftlichen Fragen auftritt, findet sich unter dem Menüpunkt „Rechtschreibung" die folgende Mitteilung:

> In allen meinen Werken wird die neue Schlechtschreibung durchgängig nicht angewandt, und es bestehen auch keine Pläne, das zu irgendeinem zukünftigen Zeitpunkt zu tun.
>
> Diese Haltung soll zum Ausdruck bringen, daß Sprache nicht befohlen werden kann, und jeder Versuch, eine Schreibweise administrativ anzuordnen, daher eine Form der totalitären Gedankenkontrolle darstellt. Schließlich denkt der Mensch nur, was er mit der Sprache auch ausdrücken kann oder wenigstens könnte, und jede Änderung der Sprache, die nicht von den Menschen selbst, sondern von einem nicht gewählten Zwangsgremium ausgeht, ist daher undemokratisch und abzulehnen.
>
> Die letzte Regierung, die versucht hat, Sprache administrativ zwangszunormieren, war übrigens das Naziregime, mit dem sich die Schlechtschreibreformer offensichlich auf eine Stufe stellen, denn sie setzen sich in ebenso arroganter Art und Weise über den Willen einer überwältigenden Mehrheit hinweg. Daß Deutschland noch eine Demokratie ist, darf bezweifelt werden, wenn trotz Ablehnung der Reform durch Volksbefragungen versucht wird, die neue Schreib- und offenbar auch Denkweise zu erzwingen.[13]

Beide obengenannten Themenbereiche finden sich bereits in dieser Äußerung: Der Autor spricht dem Staat die Regelungsgewalt für die Rechtschreibung ab. Seine Bezeichnung „Schlechtschreibung" stellt einen Sachverhaltsfixierungsversuch dar, in dem die Reform als ungelungen dargestellt wird. Das weitaus stärkere Anliegen ist jedoch der Sachverhaltsfixierungsversuch, die Rechtschreibreform als eine Entmündigung des Bürgers durch die Regierung darzustellen. Die Rechtschreibreform wird als diktatorischer Akt angesehen und noch dazu mit dem Vorgehen des Naziregimes verglichen. Der Begriff *Rechtschreibreform* scheint für den Autor mit einer dominanten Teilbedeutung belegt zu sein, in der vor allem nicht der Staat die durchführende Instanz sein darf.

Aussagenspektrum: Rechtschreibung = Sprache

Im Rahmen einer Reihe zur deutschen Sprache erschien in der Bild-Zeitung der folgende Artikel, der hier teilweise abgedruckt ist:

> Wer kämpft noch für die Sprache?
>
> Deutsch hat kein scharfes Schwert zur Selbstverteidigung. Doch es findet immer mehr Helfer, die ihm beistehen. Auf der Heidecksburg in Thüringen

---

[13] Quelle: http://www.bwl-bote.de/rsr.htm (29.08.2008).

treffen sich gerade heute Prominente beim „Festspiel der deutschen Sprache", die für unser wichtigstes Kulturgut kämpfen wollen.

Deutsch hat keine für alle Deutschen verbindliche Rechtsgrundlage mehr. Die nach viel Gewürge verabschiedete Rechtschreibreform gilt nur für Schulen und im Amtsverkehr. Und „endgültig" erst ab August 2007!

Immerhin, die Gefahr für unsere Sprache ist erkannt: Der „Verein Deutsche Sprache" mit 27 000 Mitgliedern in mehr als 100 Ländern geht vor allem gegen die „Vermanschung des Deutschen mit dem Englischen zu Denglisch" vor. [...] [14]

Der Sachverhalt *Rechtschreibreform* wird hier als schädliche Grenzöffnung zu fixieren versucht. Gleichzeitig wird auch hier die Rechtschreibung mit der Sprache gleichgesetzt, indem als Folge der Reform das Deutsche keine „verbindliche Rechtsgrundlage mehr" habe. Der Begriff *Rechtschreibung* scheint hier mit einer Teilbedeutung ausgestattet zu sein, derzufolge die gesamte Sprache verbindlich durch die Rechtschreibung geregelt wird. Da es sich um eine Regelung qua Rechtswesen handelt, ist davon auszugehen, dass eine weitere Teilbedeutung existiert, die die Regelungsgewalt für die Rechtschreibung und damit für die gesamte Sprache beim Staat sieht.

Fazit

Insgesamt weisen die hier aufgeführten und kommentierten Äußerungen die Rechtschreibreform als einen hart umkämpften Sachverhalt aus: Von der *Wortvernichtung* bis zum *weitgehend erhaltenen Schriftbild,* von der diktatorischen Handlung bis hin zum Angriff auf „unser wichtigstes Kulturgut" reicht das Spektrum, das es in den Augen der Diskursteilnehmer als Sachverhalt zu verankern gilt.

Die Verortung von Rechtschreibung, die zu Beginn getroffen wurde, sei hier wiederholt: Die Rechtschreibung ist die Norm der Schreibung. Die Schreibung ist die schriftliche Darstellung sprachlicher Äußerungen. Sprachliche Äußerungen sind ein Teil der Sprache. Die Sprache selbst ist viel mehr: Sprache als Gesamtsystem geht weit über Normen hinaus, egal, ob sie sich auf mündliche oder schriftliche Äußerungen beziehen. Sprache als Gesamtsystem berührt kognitive und emotionale Aspekte der menschlichen Natur ebenso wie soziale. All diese Dimensionen werden im Diskurs um die Rechtschreibreform dem einen kleinen Teilbereich der Orthographie zugesprochen, wie die vorangegangenen Beispiele gezeigt haben.

Trotz des breiten Spektrums an Aussagen und Prädikationen lässt sich ein Großteil der Äußerungen in den Diskurs zwischen Anomalisten und Analogisten einordnen, wie er im 17. Jhdt. bezüglich der Standardsprache bereits

---

[14] Quelle: http://www.bild.de/BTO/news/aktuell/2006/10/19/deutsch-serie-bild/deutsch-serie-bild.html (29.08.2008).

geführt wurde. Werden „schokkierende" Schreibungen aller Art zum Grund, die Rechtschreibreform abzulehnen, erkennt man darin die anomalistische Perspektive. Werden Erlernbarkeit, Handhabbarkeit und generelle Gültigkeit betont, herrscht die Herangehensweise der Analogisten vor.

Das Regelwerk der Rechtschreibung, wie es heute gültig ist, umfasst Regeln beider Art: rein anomalistische wie der eingangs zitierte § 17: „In wenigen Wörtern schreibt man ausnahmsweise *äu*" und analogistische wie § 55: „Substantive schreibt man groß."

Das Regelwerk der Rechtschreibung, wie es vor der Reform gültig war, umfasst ebenfalls Regeln beider Art: rein anomalistische wie R 53: „Häufig gebrauchte Fremdwörter, vor allem solche, die keine dem Deutschen fremden Laute enthalten, können sich nach und nach der deutschen Schreibweise angleichen." oder rein analogistische wie R 60: „Substantive werden groß geschrieben."[15]

Literatur

Augst, Gerhard; Müller, Karin (1996) „Die schriftliche Sprache im Deutschen." In: *Schrift und Schriftlichkeit.* (= Handbücher zur Sprach- und Kommunikationswissenschaft. Band 10.2.) Berlin, New York. S. 1500–1506

Brecht, Bertolt (1967) *Schriften zur Politik und Gesellschaft.* (= Gesammelte Werke Bd. 20). Frankfurt/Main. S. 333f.

Duden, Konrad (1880) *Vollständiges Orthographisches Wörterbuch der deutschen Sprache.* Leipzig

Eisenberg, Peter (1996b) „Sprachsystem und Schriftsystem." In: *Schrift und Schriftlichkeit.* (= Handbücher zur Sprach- und Kommunikationswissenschaft. Band 10.2.). Berlin, New York. S. 1368–1380

Eisenberg, Peter (2006) „Phonem und Graphem." In: Wermke, Matthias; Kunkel-Razum, Kathrin; Scholze-Stubenrecht, Werner (Hg.) (2006) Duden. Die Grammatik. Unentbehrlich für richtiges Deutsch. (= Duden. Band 4. Nach den Regeln der neuen deutschen Rechtschreibung 2006 überarbeiteter Nachdruck der 7., völlig neu erarbeiteten und erweiterten Auflage). Mannheim, Leipzig. S. 19–94

Eroms, Hans-Werner; Munske, Horst Haider (Hg.) (1997) *Die Rechtschreibreform. Pro und Kontra.* Berlin

Ewald, Petra (1992) „Das ‚Grundgesetz der deutschen Orthographie' bei Johann Christoph Adelung. Darstellung und Wertung." In: Nerius, Dieter; Jürgen Scharnhorst (Hg.) *Studien zur Geschichte der deutschen Orthographie.* (= Germanistische Linguistik 108–109, 1992.). Hildesheim. S. 61–89

Felder, Ekkehard (Hg.) (2006) *Semantische Kämpfe. Macht und Sprache in den Wissenschaften.* (= Linguistik – Impulse und Tendenzen. Herausgegeben von Susanne Günthner, Klaus-Peter Konerding, Wolf-Andreas Liebert, Thorsten Roelcke.) Berlin, New York

Gardt, Andreas (1999) *Geschichte der Sprachwissenschaft in Deutschland. Vom Mittelalter bis ins 20. Jahrhundert.* (de Gruyter Studienbuch). Berlin, New York

Hundt, Markus (2000) „*Deutschlands meiste Kreditkarte* – Probleme der Wortartenklassifikation." In: Deutsche Sprache. Zeitschrift für Theorie, Praxis, Dokumentation. Im Auftrag des Instituts für deutsche Sprache, Mannheim. 28. Jahrgang. Berlin. S. 1–24

---

[15] Die vor der Reform gültigen Regeln finden sich in Duden 1991.

Mattheier, Klaus Jochen (2000) „Die Herausbildung neuzeitlicher Schriftsprachen." In: *Sprachgeschichte*. (= Handbücher zur Sprach- und Kommunikationswissenschaft. Band 2.2. 2. Auflage.) Berlin, New York. S. 1085–1107

Moulin, Claudine (1992) „‚Aber wo ist die Richtschnur? wo ist die Regel?' Zur Suche nach den Prinzipien der Rechtschreibung im 17. Jahrhundert." In: Nerius, Dieter; Jürgen Scharnhorst (Hg.) (1992) *Studien zur Geschichte der deutschen Orthographie.* (= Germanistische Linguistik 108–109, 1992.). Hildesheim. S. 23–60

Nerius, Dieter (1975) „Zur Neuregelung der Groß- und Kleinschreibung in einer Reform der deutschen Orthographie." In: Wissenschaftliche Zeitschrift der Universität Rostock. Gesellschafts- und Sprachwissenschaftliche Reihe 24, 5. S. 345–353. Nach: Nerius, Dieter (2000). S. 31–50

Nerius, Dieter (1987) *Deutsche Orthographie.* Von einem Autorenkollektiv unter Leitung von Dieter Nerius. Leipzig

Nerius, Dieter (1994) „Orthographieentwicklung und Orthographiereform." In: *Schrift und Schriftlichkeit.* (= Handbücher zur Sprach- und Kommunikationswissenschaft. Band 10.1.) Berlin, New York. S. 720–739

Nerius, Dieter (2000) „Über den linguistischen Status der Orthographie". In: *Beiträge zur deutschen Orthographie.* Herausgegeben von Petra Ewald und Bernd Skibitzki anlässlich des 65. Geburtstages von Dieter Nerius. (= Sprache. System und Tätigkeit. Herausgegeben von Inge Pohl und Karl-Ernst Sommerfeldt. Band 34.). Frankfurt, Berlin u. a. S. 133–145

Nerius, Dieter; Möller, Anneliese (Hg.) (1983) „Zur Entwicklung der deutschen Orthographie im 19. Jahrhundert." Entstanden aus: Nerius, Dieter (Hg.) „Entwicklungstendenzen der deutschen Sprache seit dem 18. Jahrhundert. Arbeitstagung der Bilateralen Germanistenkommission DDD – UdSSR und der Sektion Sprach- und Literaturwissenschaft der Wilhelm-Pieck-Universität Rostock aus Anlaß des 125jährigen Bestehens der Germanistik an der Universität Rostock." In: Linguistische Studien. Reihe A. Heft 111. Berlin. S. 78–95. Nach: Nerius, Dieter (2000). S. 117–130

Raschke, Manuel (1862) *Proben und Grundzüge der deutschen Schreibung auß fünf Jarhunderten. Gesammelt und erläutert fon Manuel Raschke, Lerer des Deutschen und der Geschichte am k. k. ev. Gymnasium in Teschen.* Wien

Rat für deutsche Rechtschreibung (Hg.) (2006) *Deutsche Rechtschreibung. Regeln und Wörterverzeichnis: Amtliche Regelung.* Tübingen

Rauh, Gisa (2000) „Wi(e)der die Wortarten! Zum Problem linguistischer Kategorisierung." In: Linguistische Berichte 184. S. 485–507

Rauh, Gisa (2001) „Wortarten und grammatische Theorien." In: Sprachwissenschaft 26. S. 21–39

Saussure, Ferdinand de (2001) *Grundfragen der allgemeinen Sprachwissenschaft.* 3. Aufl. Berlin, New York

Schrodt, Richard (1997) „Die neue Rechtschreibung – Ein Ziel in Sicht." In: Eroms, Hans-Werner; Munske, Horst Haider (Hg.) (1997) *Die Rechtschreibreform. Pro und Kontra.* Berlin. S. 209–217

Stegmeier (in Vorbereitung) *Die amtliche Rechtschreibung des Deutschen: Ein Kriterienanalyse.*

Stenschke, Oliver (2005) *Rechtschreiben, Recht sprechen, recht haben – der Diskurs über die Rechtschreibreform. Eine linguistische Analyse des Streits in der Presse.* (= Reihe Germanistische Linguistik RGL Bd. 258. Herausgegeben von Armin Burkhardt, Angelika Linke und Sigur Wichter.) Tübingen

Stetter, Christian (1994) „Orthographie als Normierung des Schriftsystems." In: *Schrift und Schriftlichkeit.* (= Handbücher zur Sprach- und Kommunikationswissenschaft. Band 10.1.) Berlin, New York. S. 687–697.

Wissenschaftlicher Rat der Dudenredaktion (Hg.) (1991) *Die deutsche Rechtschreibung.* (= Duden. Band 1.) Mannheim, Leipzig, Wien, Zürich

Heidelberger Jahrbücher, Band 53 (2009)
E. Felder (Hrsg.) Sprache
© 2009 Springer-Verlag Berlin Heidelberg

Zur Ikonisierung komplexer Sprachzeichen in der Medienwelt – das Beispiel Infografik

MARCUS MÜLLER

0. Einleitung

Dieser Beitrag widmet sich dem Phänomen der Ikonisierung komplexer Sprachzeichen in massenmedialen Texten: Jedes Schulkind lernt, dass (Schrift-) Sprache aus Wörtern besteht, welche grammatisch zu Sätzen kombiniert sind, die wiederum zu Texten verknüpft werden. Im Zuge des Vordringens der Bildlichkeit in die massenmediale Kommunikation wird diese Beschreibung für viele Textsorten zunehmend problematisch: In Comics, Werbeanzeigen, Karikaturen, Infografiken und vielen wissenschaftlichen Bild-Texten, um nur die wichtigsten einschlägigen Gebrauchstextsorten zu nennen, sind einzelne Sprachzeichen zu komplexen Sprachzeichen nicht oder nicht nur nach Regeln verknüpft, welche man gewohnt ist, als *grammatische* Regeln zu bezeichnen – vielmehr funktioniert die Sinnzuschreibung an solche komplexen Zeichen zumindest *auch* im Rekurs auf Konventionen, die sich im Bereich des Umgangs mit Bildern ausgeprägt haben. Das soll im Folgenden am Beispiel der Infografik gezeigt werden. Zur Beschreibung der zur Rede stehenden Verknüpfungsregeln greife ich erstens auf den Terminus ‚Kontextualisierung' (Gumperz 1982) und zweitens auf semiotische Grundannahmen nach Charles Sanders Peirce (1960) zurück.

1. Die Bildlichkeit der Schrift als Kontextualisierungshinweis

Schon minderkomplexe schriftsprachliche Zeichen, die ganz ohne Bilder auskommen, sind oft genug nicht einfach mit sprachlichem Regelwissen im engeren Sinne zu deuten, wie sich an folgendem Beispiel zeigen lässt:

Sowjet-Union: Eine Glocke, die nie läutet (DER SPIEGEL 29/1980)

Es handelt sich hier ganz offensichtlich nicht um einen „vollständigen" bzw. „grammatischen" Satz im schulgrammatischen Sinne, auch nicht um zwei Sätze. Größere Schwierigkeiten bei der erstens grammatischen und zweitens funktionalen Interpretation der Beispiele haben wir nur deshalb nicht, weil durch

die Quellenangabe der Schluss nahe liegt, dass es sich bei der in Frage stehenden Konstruktion um eine Überschrift handelt. Falls bei der Einordnung
der Beispiele dennoch Verzögerungen oder Irritationen auftreten, dann mag
das daran liegen, dass das Beispiel aus seinem ursprünglich visuellen Kontext
gerissen ist. Wenn wir solche „ungrammatischen" Konstruktionen als vertraut
einordnen, dann nur, weil wir in der Lage sind, sie visuell zu kontextualisieren,
d.h. in diesem Fall, sie auf Grund von Mustern zu interpretieren, die nicht
im engeren Sinne sprachlich sind aber dennoch die Disposition sprachlicher
Formen im Raum regeln. Wenn die Einordnung des obigen Beispiels nur leicht
verzögert gelingt, so ist dasselbe Beispiel im visuellen Originalkontext (Abb. 1)
sofort und ohne jede reflexive Verzögerung als ‚Exemplar' einer ‚Gattung', nämlich als Überschrift zu erkennen.

Kreml-Türme (im Vordergrund), Neubauten in Moskau: „Über Moskau gibt es nur den Kreml und über dem Kreml nur Gott"

Sowjet-Union: Eine Glocke, die nie läutet

Die Olympia-Stadt Moskau ist vorbereitet auf die Spiele der Kontrollen

Es sollten die „repräsentativsten Olympischen Spiele aller Zeiten" werden, in einer Stadt, die sich mit Milliarden-Beträgen eigens dafür herausgeputzt hatte. Doch nur ein Bruchteil der erwarteten 300 000 Ausländer werden zu den Spielen kommen, die am Wochenende in der Sowjet-Hauptstadt beginnen. Was sie sehen, bestimmt die Touristen-Organisation „Intourist": eine frisch gestrichene Fassade, kaum ein Stück Moskauer Wirklichkeit.

Abb. 1. Ausschnitt aus: DER SPIEGEL 29/1980, S. 110

Als Überschrift wird der Schriftzug deshalb identifiziert, weil er größer und
fett gesetzt ist, aber auch, weil er über dem Fließtext steht, den Satzspiegel des
Fließtextes durchbricht und weil der Zeilenabstand vor und nach ihm größer
ist als sonst auf der Seite. Man stelle sich stattdessen folgende Disposition vor:

Sowjet-Union: Eine Glocke, die nie läutet

Die Olympia-Stadt Moskau ist vorbereitet auf die Spiele der Kontrollen

Abb. 2. Typographische Variante der Spiegel-Überschriften

In dieser Variante wird automatisch die vormalige Unterüberschrift als
Hauptüberschrift und die vormalige Hauptüberschrift als Dachzeile wahrgenommen. Bei der Zeitungslektüre scheinen wir uns auf eine Konvention zu
stützen, die besagt: *Was größer ist, ist wichtiger.* Dieses Prinzip scheint das
konkurrierende *was oberhalb steht, ist wichtiger* zu ‚schlagen'. Das ist ein wenig spektakulärer Befund – er demonstriert aber, dass das Verständnis selbst
solcher schriftsprachlicher Formen, die uns als reine Textphänomene erscheinen, die Einübung in Konventionen voraussetzt, die keine originären Sprach-,

sondern vielmehr Bildkonventionen sind.[1] Zusammenfassend und generali-
sierend: Die bildlichen, die visuelle Wahrnehmbarkeit betreffenden Aspekte
der Schriftsprachlichkeit dienen als Interpretationshinweise für den Leser, und
zwar als solche, die weniger den propositionalen Gehalt (den ,Inhalt') als vielmehr die kommunikativ-soziale Lagerung der Äußerung betreffen – nämlich
Schlüsse auf Gattungszugehörigkeit, Textsorte, Funktion im Gesamttext, den
Autor bzw. die für die Autorenschaft verantwortliche Institution und die Textfunktion (Roth/Spitzmüller 2007). Die spezifische Zeichenfunktion, welche
die bildlichen Aspekte der Schriftsprache hier übernehmen, kann man mit
einem von Gumperz (1982) vorgeschlagenen und von Auer (1986) und zuletzt
Busse (2007) systematisierten, ursprünglich auf para- und nonverbale Aspekte
der mündlichen Interaktion bezogenen Terminus *Kontextualisierunghinweise*
nennen.

2. Symbole und Indices als Schlüssel
zur Bedeutung des sprachlichen Zeichens

Solche Kontextualierungshinweise operieren auf der Basis von Zeichen, die der
Philosoph Charles Sanders Peirce (CP 2.247) als „Symbole" bezeichnet hat:

> A symbol is a sign which refers to the Object that it denotes by virtue of
> a law, usually an association of general ideas, which operates to cause the
> Symbol to be interpreted as referring to that Object.

Als Paradefall eines Zeichens, das auf Grund einer symbolischen Zeichenbeziehung denotiert, wird (jedenfalls in der Linguistik) das sprachliche Zeichen
genannt. Das übergeordnete ,Gesetz', welches nach Peirce die Referenz eines
symbolischen Zeichens zu seinem „Objekt" ermöglicht, kann man sich als
überindividuelles Wissen über die Kontexte, in denen ein Zeichen anwendbar ist, vorstellen. Mit *Kontext* ist hier sowohl die aktuelle unmittelbare Zeichenumgebung, der *Kotext*, gemeint, als auch Kommunikationssituation, in
der ein Zeichen gebraucht werden kann. Außerdem umfasst der Kontext den
Wissensbereich, in dem ein Sachverhalt, der mit einem sprachlichen Zeichen
bezeichnet werden kann, verortet ist (Konerding 1993, Ziem 2008) sowie den
Diskurs, welcher den jeweiligen Wissensbereich sprachlich organisiert (Busse
2007). Beispiele:

---

[1] Onea Gáspár (2006: 128f.) weist in diesem Sinne auf den Bildcharakter von Schrift als geschriebener Sprache hin: „Der schriftliche Text, sofern er als Sprachwerk aufgefasst wird, ist –
letztlich – ein *Bild*, das sich, im Unterschied zu einem Gemälde, nicht aus ikonischen, sondern
aus *konventionellen Zeichen* zusammensetzt." Im Weiteren führt er die „Bildästhetik" des
Schrifttextes betreffende Aspekte an wie die „Paginierung", „Kalligraphie", „Satzlänge" und
die „graphische Motiviertheit der Wortverwendung". Die grafische Aufbereitung und ikonische Organisation schriftlicher Ausdrücke wäre in dieser Perspektive nicht ein Gegenprinzip
zur Schrift als Medium, sondern im Gegenteil deren folgerichtige Weiterentwicklung.

a) Der *Herr Wachtmeister* ist gegangen.
b) Der *Bulle* ist gegangen.
c) Der *Kollege* ist gegangen.
d) Der *Herr Wachtmeister* war Gott sei dank rechtzeitig da.
e) Der *Bulle* kriegt eins auf die Fresse.

In den Sätzen (a) bis (c) sind die unmittelbaren Zeichenumgebungen, die Kotexte, der Ausdrücke *Herr Wachtmeister* / *Bulle* und / *Kollege* identisch. Es muss also eine Konvention geben, die besagt, dass alle drei Ausdrücke als ‚Füllung‘ der Lücke in der Konstruktion *Der x ist gegangen* benutzt werden können.[2] Trotzdem sind die Ausdrücke nicht einfach synonym, also frei gegeneinander austauschbar – lässt man Fälle von uneigentlichem Sprechen wie Ironie oder Metaphorik einmal außer acht, dann kann man durchaus jeweils spezifische Situationen angeben, in denen die Ausdrücke in (a), (b) und (c) geäußert werden können (oder besser: wahrscheinlich geäußert würden). Der Grad der Wahrscheinlichkeit einer Situation variiert von Ausdruck zu Ausdruck: Bei *Herr Wachtmeister* und *Bulle* hat man jeweils einen typischen Sprecher vor Augen, nämlich (a) eine eher ältere, eher konservative, eher gesetzestreue und (b) eine eher jüngere, eher mit dem Gesetz gelegentlich hadernde Person. In (c) ist dagegen die mögliche Sprechergruppe verhältnismäßig überschaubar – vorausgesetzt, wir behandeln *Kollege* hier als referenzidentisch mit den anderen beiden Ausdrücken. In (d) und (e) dagegen sind sowohl Kotext also auch Kontext auf die jeweiligen Ausdrücke hin zugepasst oder, anders ausdrückt: Die Ausdrücke entwickeln in ihrer Verwendungsgeschichte das Potenzial, auf eine bestimmte sprachliche Umgebung zu verweisen, die sprachliche Umgebung als komplexes Zeichen wiederum entwickelt ihrerseits das Potenzial, bestimmte typische Situationen ihrer Verwendung zu indizieren. Wieder anders ausgedrückt: Wir können von Ausdrücken auf Kotexte und von Kotexten auf Situationen schließen, wie wir von am Himmel aufziehenden Wolken auf Regenwetter schließen können. Die Sicherheit, mit der die Schlüsse gezogen werden können, hängt vom jeweiligen sprachlichen Zeichen ab. Diejenige Beziehung zwischen einem Zeichen und Bezeichnetem, die hier angesprochen ist, hat Peirce (CP 2.247) die *indexikalische* Zeichenbeziehung genannt:

> An Index is a sign which refers to the Object that it denotes by virtue of being really affected by that Object.

Die indexikalische Zeichenrelation betrifft also zwei Dinge, aus deren Beschaffenheit selbst sich ein Zusammenhang ergibt, der qua Inferenz nachvollzogen

---

[2] Als Prämisse gilt, dass es sich hier jeweils um grammatisch ‚richtige‘ und inhaltlich ‚sinnvolle‘ Sätze handeln muss.

werden kann. Dieser Zusammenhang kann logisch (a), ontologisch (b) oder kulturell (c) bestimmt sein:[3]

a) Es gibt einen Mörder. → Es gibt einen Ermordeten.
b) Blitz → Gewitter.
c) einziger älterer Mann mit Sakko im Seminarraum → Professor.

Die vorherige Argumentation läuft darauf hinaus, dass ein Symbol als ein usualisierter Index begriffen werden kann. Es verweist auf sprachliche und außersprachliche Zusammenhänge qua Konvention und offenbart die Konvention qua indexikalischer Verweiskraft.[4] Diejenigen Konventionen, kraft deren ein Zeichen auf seine sprachliche Umgebung verweist, werden gemeinhin als *Grammatik* oder – allgemeiner nach der Terminologie des Semiotikers Charles Morris (1975) – als *Syntaktik* behandelt.

3. ‚Textkohäsion‘ in bildlichen Zusammenhängen

Wenn Schriftzeichen mit Bildern zu komplexen ‚Texten‘ komponiert werden, treten bildliche Aspekte beim Verstehen naturgemäß noch weiter in den Vordergrund, wie in Abb. 3 zu sehen: Hier wären die Sprachzeichen ohne bildlichen Kontext einigermaßen unverständlich, sicher jedenfalls würde man sie nicht ohne Weiteres als *Text*[5] bezeichnen:

Vertreter des Wahlkreises, Stimmzettel, Erstimme, Zweitstimme, Kandidat D, Partei A, [. . .], Partei im Bundestag, Mandate von Partei A, Bundestag

In dieser Form handelt es sich eher um eine lose, ungeordnete Aufzählung von Substantiven und kleinen Wortgruppen, die Sachverhalte aus demselben Wissensbereich bezeichnen. Jeder demokratisch geschulte Staatsbürger wäre zwar ohne Weiteres in der Lage, einen kohäsiven, also mit grammatischen Mitteln verknüpften Text zu produzieren, der das offensichtliche Thema ‚Bundestagswahlrecht‘ entfaltet[6], dennoch sind die genauen gedanklichen Verknüpfungen zwischen den einzelnen hier bezeichneten Sachverhalten weder ausformuliert noch angedeutet noch halbwegs eindeutig zu erschließen. Der für die hier

---

3 Solche auf Kontiguitätsverhältnissen beruhenden Schlüsse dienen auch zur Verknüpfung von Propositionen in Texten nach dem Prinzip der „impliziten Wiederaufnahme“, vgl. Brinker (2005: 36f.) – dort auch die Unterscheidung zwischen logischen, ontologischen und kulturellen Kontiguitätsverhältnissen.
4 Keller (1995) hat hier zwischen konventionalisierten Symptomen und nicht-konventionalisierten Indices unterschieden, verweist aber selbst darauf, dass die Grenze zwischen beiden fließend sei.
5 Zum Textbegriff und dessen Problemen siehe z. B. Heinemann/Heinemann (2002), zum zu Problemen des Textbegriff im Zusammenhang mit Bild-Texten Sandig (2000), Schmitz (2001).
6 Zum Begriff der ‚thematischen Entfaltung‘ siehe Hoffmann (2000).

wichtige syntaktische Perspektive zentrale Terminus ‚Kohäsion' soll kurz besprochen werden. Das Textualitäts-Kriterium[7] der Kohäsion

> betrifft die Art, wie die Komponenten des OBERFLÄCHENTEXTES, d.h. die
> Worte, wie wir sie tatsächlich hören oder sehen, miteinander verbunden
> sind. Die Oberflächenkomponenten hängen durch grammatische Formen
> und Konventionen voneinander ab, so dass also Kohäsion auf GRAMMATI-
> SCHEN ABHÄNGIGKEITEN beruht. (Beaugrande/Dressler 1981: 3f.)

Es geht also um an sprachlichen Ausdrücken aufzeigbare Verknüpfungsrela-
tionen in Texten. Welches sprachsystematische Phänomen dabei unter den Begriff ‚grammatische Abhängigkeit' fällt und welches nicht, ist durchaus strittig
(s.u.).

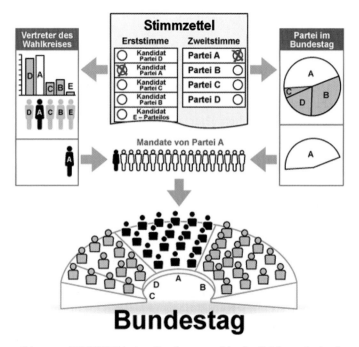

Abb. 3 aus: WIKIPEDIA, Art. Bundestagswahlrecht (leicht verändert)

Betrachten wir nun den ‚Text' in seinem grafischen Zusammenhang: Hier sind
die sprachlichen Ausdrücke in einen durchaus komplexen Sinnzusammenhang eingebettet, der über bildliche Elemente vermittelt wird. Man könnte also

---

[7] Unter diesem Schlagwort werden die Textaspekte *Kohäsion, Kohärenz, Intentionalität, Akzep-
tabilität, Informativität, Situationalität, Intertextualität* diskutiert: Wenn diese „Kriterien"
nicht erfüllt seien, dann könne man nach Beaugrande/Dressler in kommunikativ-kognitiver
Hinsicht nicht von einem *Text* sprechen. Zur den Textualitätskriterien und deren Diskussion
s. Heinemann/Heinemann (2002: 95ff.), Vater (1995: 31ff.).

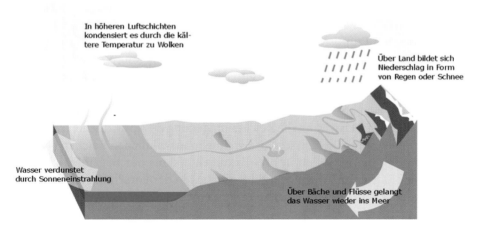

In höheren Luftschichten kondensiert es durch die kältere Temperatur zu Wolken

Über Land bildet sich Niederschlag in Form von Regen oder Schnee

Wasser verdunstet durch Sonneneinstrahlung

Über Bäche und Flüsse gelangt das Wasser wieder ins Meer

Abb. 4 aus: WIKIPEDIA, Art. Wasserkreislauf

vorerst sagen, es handelt sich um ein *Bild*, das u. a. mit *sprachlichen* Gestaltungselementen arbeitet.

Das lässt sich auch über Abbildung 4 sagen, auch wenn hier die reinen Sprachzeichen zusammen schon einen konventionell und regelhaft verknüpften Text ergeben, vorausgesetzt jedenfalls, man setzt sie in die ‚richtige‘ Reihenfolge:

> *Wasser verdunstet durch Sonneneinstrahlung. In höheren Luftschichten kondensiert es durch die kältere Temperatur zu Wolken. Über Land bildet sich Niederschlag in Form von Regen oder Schnee. Über Bäche und Flüsse gelangt das Wasser wieder ins Meer.*

Wenn dieser Text „konventionell und regelhaft verknüpft" genannt wurde, dann bedeutet das, dass Mittel der Textverknüpfung diagnostiziert werden können wie die Wiederaufnahme von *Wasser* durch das Pronomen *es* oder die Rekurrenz (Ausdruckwiederholung bei Referenzidentität) von *Wasser*. Ein im Sprachsystem angelegter paradigmatischer Zusammenhang, nämlich die semantische Gegensatzrelation der Konversion, besteht zwischen den Verben *kondensieren* und *verdunsten,* während der Sachverhalt, dass mit der Ortsangabe *über Land* die Adverbiale *in höheren Luftschichten* spezifiziert wird, sich erst aktuell im Text konstituiert.[8] Die ersten zwei beobachteten Verknüpfungsmittel sind eindeutig Kohäsionsmittel, bei dem dritten könnte man streiten, das vierte gehört nach der obigen Definition sicher nicht dazu. Trotzdem ist es ein sich an der Textoberfläche auswirkendes Mittel der Textverknüpfung. Kohäsion ist also ein prototypisches organisiertes Konzept.[9]

---

[8] Hier wird also lokal eine Relation implementiert, die der sprachsystematischen Hyponymierelation analog ist.

[9] Zur Prototypentheorie in der Linguistik s. Mangasser-Wahl (2000).

Das Bild fügt dem besprochenen Text keine Information mehr hinzu, die aus diesem nicht zumindest erschließbar wären, es stellt die im Text präsentierten und indizierten Propositionen aber in einen visuell aufgerufenen Erlebniszusammenhang und führt dem Betrachter die sprachliche Raumorganisation des Textes (Sonnen*ein*strahlung, *höhere* Luftschichten, *über* Land, *Nieder*schlag, *ins* Meer) vor Augen.

Nun stellt sich aber die Frage, wie die explizite Verknüpfung sprachlicher Zeichen organisiert ist, wenn die Zeichenumgebung des sprachlichen Zeichens nicht mehr aus sprachlichen, sondern vielmehr aus bildlichen Zeichen besteht. Propädeutisch hierzu sollen in drei Exkursen erstens der Begriff des Bildes, zweitens der Zusammenhang von Bild und Text in der Forschung und drittens der Terminus ‚Infografik' thematisiert werden:

Exkurs 1: Was sind eigentlich Bilder?

Nach welchen Prinzipien also funktioniert der Aufbau eines Sinnzusammenhangs mit Bildern? Was sind eigentlich Bilder? Jedenfalls sind Bilder en vogue, sie passen in unsere Zeit: Sie sind schnell rezipierbar, vermitteln mutmaßlich zuverlässig Information, wecken Gefühle – wir leben in Bildern und bebildern unser Leben. Dieser Befund hat seit den 1970er Jahren heftige kulturkritische Reaktionen hervorgerufen – man denke nur an Neil Postmans (1985) berühmte Polemik gegen das Bildmedium Fernsehen. Mittlerweile sind die (Gebrauchs-) Bilder der Alltagskommunikation nicht nur weitestgehend rehabilitiert, sie sind in Kunst-, Medien- und Kommunikationswissenschaft sowie in zunehmendem Maße in der philologischen und sprachwissenschaftlichen Forschung integraler Bestandteil des Forschungsgegenstandes.

Mit dem Wort *Bild* wird ein breiter Phänomenbereich bezeichnet. Die zuverlässigste Schneise in den Dschungel der Bedeutungsseite des Ausdrucks *Bild* hat wohl noch immer W. J. T. Mitchell geschlagen. Mitchell (1986: 10ff.) unterscheidet u. a. zwischen *perzeptuellen* und *grafischen* Bildern. Unter einem *grafischen* Bild versteht er alle künstlerischen oder handgefertigten Repräsentationen, unter einem *perzeptuellen* Bild jeden optischen Sinneseindruck als Sinnesdatum. Weiterhin unterscheidet Mitchell *optische* Bilder (z. B. Spiegelbilder, Projektionen) von *mentalen* (z. B. Träume) und *verbalen* (z. B. Metaphern) Bildern. Diese Mitglieder der „family of images" haben eines gemeinsam, nämlich die Art und Weise, das zu bezeichnen, was sie bezeichnen. Sie tun dies im ikonischen Modus. Hierzu wieder Peirce (CP 2.247). Ihm zufolge ist ein Ikon

> "a sign which refers to the Object that it denotes merely by virtue of characters of its own, [...] anything is an Icon of anything, in so far as it is like that thing and used as a sign of it."

Die Kategorie ‚Ähnlichkeit' hat ausgiebige Kritik erfahren, besonders prägnant war diejenige Goodmans (1976: 3ff.): "A constable painting of Marlborough

Castle is more like any other picture than it is like the Castle, yet it represents the Castle and not another picture – not even the closest copy." Wenn also *ähnlich sein* bedeuten sollte, substanzielle Qualitäten gemeinsam zu haben, dann kann Ähnlichkeit mit ikonischer Repräsentation nichts zu tun haben. Am Ende der Debatte hat man die Ikonizität als Repräsentationsmodus gerettet, indem man der Kognitionspsychologie gefolgt ist, welche die ikonische Relation wiedergefunden hat – zwar nicht zwischen dem Bild und seinem Objekt, sondern vielmehr zwischen deren jeweiligen Perzepten. Dazu Sachs-Hombach (2006: 134):

> Ähnlichkeit muss nicht als erkenntnistheoretische Kategorie aufgefasst werden. Ähnlichkeit kann vielmehr als Relation zwischen der Wahrnehmung eines Bildes und der Wahrnehmung des abgebildeten Gegenstandes bestimmt werden. Um von der Ähnlichkeit einer bildhaften Darstellung sprechen zu können, ist es dann primär wichtig, dass wir an ihr diejenigen Eigenschaften wahrnehmen, die wir auch an dem dargestellten Gegenstand, dem Referenten, wahrnehmen können.[10]

In diesem Sinne aufgrund von Ähnlichkeit denotieren Fotos, Tuschezeichnungen und Karikaturen, aber eben auch beispielsweise Torten- und Balken

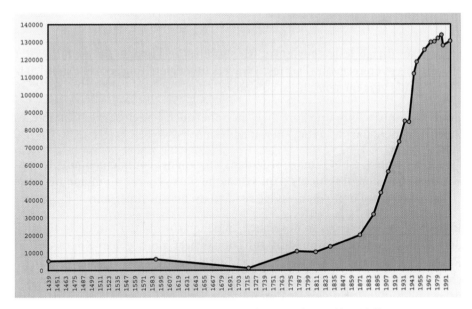

Abb. 5. Liniendiagramm: Entwicklung der Einwohnerzahl Heidelbergs.
Aus: WIKIPEDIA, Art. Heidelberg

---

[10] Zur Bildtheorie s. Scholz (1999), Steinbrenner/Winko (1997), Boehm (2001). Speziell zur weiteren Diskussion um den Ähnlichkeitsbegriff Sachs-Hombach (2006: 131ff.). Zusammenfassend zur bildsemiotischen Diskussion s. Sonesson (1993), Nöth (2000: 471ff.), Stöckl (2004: 47ff.), Felder (2007a: 362ff.).

oder Liniendiagramme, weil sich eine Ähnlichkeitsbeziehung zwischen Sachverhaltsrelationen und grafischen Relationen herstellen lässt, zu sehen in Abb. 5.

Dieser letzte Typ von Ähnlichkeit ist ganz offensichtlich komplizierter, da hier abstrakte Relationen mit abstrakten graphischen Mitteln wiedergeben werden müssen. Während Fotos und (gute) Karikaturen sich also ‚von selbst‘ verstehen, braucht es bei der ikonischen Darstellung abstrakter Zusammenhänge symbolisch kodierte Elemente wie Zahlen oder eben Sprachzeichen, welche die ‚Mitspieler‘ der Relation übersubjektiv verfügbar in den Bildraum einführen.

Exkurs 2: Bild und Text

Die Sprachwissenschaft interessiert sich für Bilder naturgemäß dann, wenn sie mit Sprachzeichen in Kontakt treten.[11] Das geschieht, grob gesagt, auf zwei verschiedene Arten: Erstens können Bilder – graphisch deutlich getrennt vom sprachlich realisierten Textblock – eine Umgebung darstellen, auf die mit dem Sprachtext Bezug genommen wird, und zweitens können Text und Bild ineinander verwoben als gemeinsames Text-Zeichen fungieren. Ein Beispiel für das erste wären kunstwissenschaftliche Bildbeschreibungen oder journalistische Meldungen mit Bild. Diese Relation zwischen Text und Bild hat Barthes (1964: 44) mit dem Terminus ‚Verankerung‘ (*ancrage*) beschrieben:

> le texte dirige le lecteur entre les signifiés de l'image, lui en fait éviter certains et en recevoir d'autres; à travers un dispatching souvent subtil, il le téléguide vers un sens choisi à l'avance.

Zweitens können Bild- und Sprachzeichen aber auch gemeinsam ein komplexes Zeichen bilden. Barthes (ebd.) nennt das *relais*:

> Ici la parole […] et l'image sont dans un rapport complémentaire; les paroles sont alors fragments d'un syntagme plus général, au même titre que les images, et l'unité du message se fait à un niveau supérieur.

In bikodalen Grafiken (also in solchen, in denen sowohl der pikturale als auch der verbale Kode kommunikativ funktionalisiert sind) gehen *Ancrage*- und *Relais*-Modus Hand in Hand: Einzelne Bildelemente werden vom Sprachzeichen in einem logisch-kulturell klar ausgezeichneten Interpretationsraum verortet und bilden dann gemeinsam mit den Sprachzeichen auf der Ebene des Gesamtkommunikats ein ‚Syntagma‘ zur Präsentation eines komplexen Sachverhaltes. In Abbildung 3 werden z. B. durch Ausdrücke wie *Vertreter des Wahl-*

---

[11] Zusammenfassend siehe Nöth (2000: 481ff., 2000a). Einen strukturalen semiotischen Zugriff liefert Titzmann (1990), eine handlungsbezogene Konzeption Felder (2007b). Zur multikodalen Rhetorik Edeline et al. (1992), Stöckl (2004).

kreises, *Stimmzettel* oder *Bundestag* die abstrakten, multipel denotierenden[12] grafischen Gestalten im Wissensbereich ‚Politik‘ verortet und können so recht zuverlässig interpretiert, respektive ‚gesehen‘ werden. Der Sinn der gesamten Grafik erschließt sich dann nur im Zusammenspiel der einzelnen sprachlich ‚verankerten‘ Bildelemente, welches grafisch (durch Pfeile) und per räumlicher Disposition organisiert ist.

Exkurs 3: Ikonizität als Effizienz

Diejenige Gattung, in der sich die Zeichenmodi ‚Ikon‘ und ‚Symbol‘ am wirkmächtigsten durchdringen, ist die Infografik. Der Ausdruck *wirkmächtig* hat dabei eine doppelte Bedeutung: Erstens sind in der Infografik Bild und Text funktional noch wesentlich stärker im Sinne der Relaisbeziehung ineinander verwoben als beispielsweise im Comic[13], und zweitens haben Infografiken als bedeutendes Gestaltungsmittel der massenmedialen Informationsvermittlung[14] großen Einfluss auf die öffentliche Meinungsbildung[15] und vermögen es als mutmaßlich ‚objektives‘ Darstellungsmittel überaus erfolgreich, Perspektiven auf bestimmte Sachverhalte zu setzen (Gerhard/Link/Schulte-Holtey 2001). Der Gebrauch des Grundwortes im Kompositum, *Grafik*, hat sich dabei seit der Demokratisierung der visuellen Kommunikation durch digitale Bildbearbeitungs- und Zeichendispositionsprogramme deutlich erweitert: War früher eine Grafik (bzw. *Graphik*!) das Ergebnis einer Gravurhandlung (gr. *gráphein* ›etw. einritzen‹), so wird heutzutage in der Fachsprache auch eine Bleistiftzeichnung, ein Computerbild oder eine Karikatur als *Grafik* bezeichnet (vgl. Liebig 1999: 20). Was unter einer *Infografik* eigentlich zu verstehen ist, ist dabei weder unstrittig noch leicht zu sagen. Als Beleg hierfür sei die einschlägige Passage aus dem empfehlenswerten Überblickswerk des ‚Infografikers‘ Martin Liebig (1999: 18) zitiert:

> Oft scheint es bis heute, sie [die Infografik] bilde die Restmüll-Kategorie journalistischer Darstellungsformen. Die Infografik wird in Aufsätzen, Seminaren, Gesprächen und Konferenzen explizit oder implizit hingestellt

---

[12] Scholz unterscheidet *singulär* und *multipel* denotierende Bilder (Scholz 1998: 113). Erstere denotieren – wie Eigennamen – ein Individuum, während Letztere, wie Gattungsnamen, solange eine Klasse denotieren, solange sie nicht im Kotext individualisiert werden. Vgl. dazu Felder (2007a: 367).

[13] Zu Text-Bild-Verhältnissen in Comics s. den Überblick in Nöth (2000: 491ff.).

[14] Zur Geschichte, Verbreitung, Funktion und Wirkweise der Infografik in deutschen Medien s. Knieper (1994), Liebig (1999), Sprissler (1999), Jansen/Scharfe (1999), Bouchon (2007). Der Siegeszug der Infografik ist eingebettet in eine Welle der grafischen Neugestaltung deutscher Tageszeitungen in den 1980er und vor allem 1990er Jahren, vgl. Blum/Blum (2001). Zu Grafiken in der Wissenschaft s. Kalverkämper (1999), Vögtli/Ernst (2007).

[15] Zu massenmedial induzierten Bildung einer ‚öffentlichen Meinung‘ s. Lippman (1964; engl. Original erstmals 1923), der für die massenwirksame, zeichenvermittelte Konstituierung stabiler Perspektiven auf Sachverhalte den Erklärungsterminus ‚Stereotyp‘ prägt.

als Darstellungsvariante, die sich entweder dadurch auszeichnet, dass sie exklusiv aus Buchstaben besteht oder dadurch, dass sie ihre Existenz nicht ausschließlich der Druckausübung auf den Auslöser einer Kamera verdankt – Infografiken sind in diesem Sinne also alles, was im klassischen Verständnis nicht nur „Text" oder „Foto" ist. Dementsprechend wurden bereits mit dem Titel „Infografik" geadelt: politische Karikaturen und peppige Logos, schlichte Tabellen und elegante Piktogramme, Listen und Gerichtszeichnungen, bunte Aquarell-Illustrationen und einfache Kolumnen-Leisten genauso wie sechsspaltige Wettersymbolbilder und ganzseitige Text-Bild-Arrangements über das Wesen des Baseball-Spiels als solches.

Liebig (1999: 19) selbst urteilt über diesen bunten Haufen bikodaler Pressephänomene: „Tatsächlich handelt es sich bei allen Beispielen um Presse-Grafiken – aber nur zum Teil um Infografiken." Als Definition für die übergeordnete Kategorie ‚Presse-Grafik' wird angeboten:

Es sind Kombinationen aus optischen Versatzstücken, aus grafischen „Einzelteilen", die durch eine gezielte Zusammenstellung, durch einen konstruierten, dabei logischen optischen Zusammenhang eine sich geschlossene bildliche Aussage hervorbringen.

„Die allermeisten Infografiken", diagnostiziert Liebig (1999: 36), „sprechen eine ikonische, eine zeichnerische, eine konstruierte Bild-Sprache." Grafiker ordnen einzelne Bildgestalten, grafische Elemente und typografisch aufbereitete Sprachzeichen in einer Gesamtkomposition an und stellen sie so in einen räumlichen, bildlichen Zusammenhang. „Im besten Falle erzeugt diese Zusammenstellung der Einzel-Informationen eine ganzheitliche Aussage." (Liebig 1999: 22)

Innerhalb der so gekennzeichneten Kategorie ‚Presse-Grafik' schlägt Liebig (1999: 24) zwei Differenzierungsebenen vor. Das erste Differenzierungskriterium ist die kommunikative Funktion der Grafik: Hier werden neben der *Infografik* die Gattungen, *Kommentargrafik* (politische Karikatur), *Unterhaltungsgrafik* (Witzzeichnungen, Comic-Strips) und *Zuordnungsgrafik* (Logo, Piktogramm) unterschieden. Das zweite Kriterium betrifft die Darstellungstechnik der Grafiken – diesbezüglich unterscheidet Liebig *Textgrafiken, ikonische Grafiken* und *Fotografiken* (aus Liebig 1999: 36ff.):

- „Ikonische Grafiken" sind demnach Grafiken, deren Aussage vornehmlich mit Hilfe hand- oder computererstellter Zeichnungen formuliert wird, seien sie alleinstehend oder durch typographische Elemente ergänzt; es sind Grafiken, in denen Aussage vor allem von gezielt komponierten Flächen, Linien und Figuren getragen wird. Karten sind also ebenso ikonische Grafiken wie statistische Diagramme, Gerichtszeichnungen, Cartoons und politische Karikaturen.

- Als „Textgrafiken" werden grafisch organisiert angeordnete Ziffern, Sätze, Satzsequenzen bezeichnet. Zu dieser Darstellungsgattung sind also Listen, Tabellen und textdominierte Flussdiagramme zu zählen.

- „Fotografiken" werden fotografische Abbildungen genannt, in die nachträglich zeichnerische und/oder typografische Elemente, Pfeile, Linien oder Erläuterungskästen als ergänzende und erläuternde Bildbestandteile integriert sind.

4. Bildsyntaktik als Kohäsionsmittel

Was genau würde aber der grammatischen bzw. syntaktischen Organisation von Sprache im Bereich der Bildlichkeit entsprechen? Die Menge aller Konventionen, welche das Miteinander-Auftreten einzelner Bildelemente regelt, soll mit Schelske (1999) „Bild-Syntaktik" genannt werden. In Text-Bildern wie Infografiken ist die Bildsyntaktik mit Bruchstücken einer Grammatik der natürlichen Sprache auf spezifische Weise korreliert. Sprachzeichen in solchen piktural organisierten Zusammenhängen neigen nach Ulrich Schmitz (2001: 146)

immer mehr dazu, sich den Rezeptionsgewohnheiten für Bilder anzupassen und nicht umgekehrt (mit wenigen Ausnahmen wie Emoticons vor allem in E-Mails). In der Werbung insbesondere wandern Texte in Bilder ein und werden mehr oder minder integrierte Bestandteile davon.

Das heißt, dass die bikodalen *Bild-Texte* eher wie *Text-Bilder* wahrgenommen werden – die für die Wahrnehmung und den Aufbau von Kohärenz zuständigen syntaktischen Organisationsprinzipien solcher Kommunikate wären keine der Textualität, sondern vielmehr der Bildlichkeit. Liebig (1999: 37) verwendet dennoch den Ausdruck „Grammatik" für den Aufbau „zeichnerisch konstruierter" Bilder, allerdings wird die Metaphorik der Wortverwendung in der Aussage deutlich, dass jedes Bild „seine ganz eigene Grammatik" entfalte:

Die grafische „Grammatik" ist also weder in Laute zu übersetzen noch eindeutig in ihrem Inhalt. Es existiert kein universales grafisches Alphabet. Das ist erfreulich für den kreativ unausgelasteten Grafiker, denn er schwebt weder in der Gefahr des eindeutig nachweisbaren „Rechtschreibfehlers", noch sind ihm eindeutige Stilvergehen anzulasten. Er bedient sich innerhalb einer Grafik der eher „vagen" zeichnerischen Sprache und legt gleichzeitig deren Grammatik fest. Die eigentliche Aussage ergibt sich erst aus der Bildkomposition und dem inhaltlichen Kontext.

Dieser metaphorisch gelockerte Begriff von ‚Grammatik' scheint in unserem Zusammenhang, in dem von der sprachlichen Dimension des Phänomens her argumentiert wird, ungeeignet.[16] Wir wollen vielmehr hier an dem eingeführten engen Begriff von Grammatik als einem systematisch verfestigten und kodifizierten Regelsystem zur Bildung von Sätzen festhalten und zur Beschreibung des zur Rede stehenden Phänomens an den Begriff ›Kohäsion‹ anknüpfen: Bilder, mit oder ohne Beteiligung sprachlicher Zeichen, müssen demnach, um unmittelbar verständlich zu sein, kohäsiv sein. Bildkohäsion organisiert sich demnach, ähnlich wie Textkohäsion, in einen ›inneren‹ Bereich mit klar und kontextabstrakt individuierbaren Gestaltclustern und einen ›äußeren‹ Bereich mit interpretationsabhängigen Komponenten, deren Bezug zum Bildganzen in der Situation ad hoc hergestellt werden muss. Zum Beispiel sind die abstrakten Figuren in Abb. 3 als Zeichen für eine unbestimmte Personenmenge voll konventionalisiert, die Disposition mehrerer solcher Gruppen in einem Bild ist also als prototypisches Mittel zur Erzeugung von Bildkohäsion zu bewerten, genauso die von links oben nach rechts unten verlaufenden Strahlen als Zeichen für ›die Sonne‹ in Kombination mit den als ›Wolken‹ konventionalisierten Bildgestalten in Abb. 4, während die grafische Gestalt im unteren Bilddrittel von Abb. 4 als Zeichen für ›die Erde‹ weit weniger konventionalisiert ist und erst im Ko(n)text eindeutig interpretierbar wird. Liebig (1999: 38):

> [...] es existiert zwar kein universales, normiertes System grafischer Entsprechungen – aber es gibt Gewohnheiten, Konventionen, kulturelle Erfahrungswerte, Gepflogenheiten der akademischen „Mutterdisziplinen" der Infographik wie vor allem Statistik und Kartographie, Quasi-Regeln und auch andere, ungeschriebene grafische Gesetze, die sicherstellen, dass bestimmte grafische Darstellungsvarianten von den meisten Leserinnen und Lesern auch ohne ausschweifende „Dechiffrierhilfe" verstanden werden.

Besonders interessant sind in diesem Zusammenhang die Pfeile in den beiden Beispielgrafiken. Pfeile sind voll konventionalisierte Indices („Symptome" im Sinne Kellers 1995) mit zwei – jeweils sehr offenen – Grundbedeutungen:

1. ›Richte deine Aufmerksamkeit auf den Sachverhalt, der von der Spitze des Pfeils indiziert wird‹.

2. ›Beziehe den Sachverhalt, der von einem Zeichen am stumpfen Ende des Pfeils präsentiert wird oder einen Aspekt davon in einer vom Kontext indizierten Art und Weise auf den vom Zeichen am spitzen Ende des Pfeils präsentierten Sachverhalt.‹

---

[16] Siehe zum Versuch der Übertragung von Termini aus der Syntax natürlicher Sprachen auf die Beschreibung formaler Bildkonventionen Plümacher (1998). Ein einflussreiches Konzept zur Beschreibung der Zeichenhaftigkeit von Text-Bildern ist der semiotisch aufgeladene Stilbegriff im Rahmen des „Visual Design"-Modells (Kress/van Leeuwen 1996) geworden. Siehe dazu affirmativ Sandig (2000). Ich schließe mich hier Bucher (2007) an, der an dem „Visual Design"-Modell den unklaren Begriff von ›Stil‹/›Design‹, das bilaterale Zeichenmodell sowie die passive Rolle des Rezipienten kritisiert und stattdessen das Peircesche Zeichenmodell (in der Version Kellers) zugrunde legt.

Die Wahl zwischen den Bedeutungen 1 und 2 bei der aktuellen Zeichenin-
terpretation wird über Kontexte geregelt, die wiederum durch Kontextuali-
sierungshinweise in der semiotischen Umgebung des Pfeils indiziert werden.
Hierbei lassen sich grob zwei Kontexte angeben: Ein Pfeil ist in der Regel außerhalb grafischer Kontexte, also z. B. bei Wegmarkierungen, in der Bedeutung
1 zu interpretieren, während in grafischen Kontexten meist Bedeutung 2 zum
Tragen kommt, wie auch im Falle der Abbildungen 3 und 4: Zum Beispiel hat
der Pfeil in Abb. 3 links oben die durchaus komplexe Bedeutung ›mit x (der
Erststimme auf dem Wahlzettel) wählt man y (die Vertreter des Wahlkreises)‹.
Der Pfeil darunter bedeutet hingegen ›x (das Direktmandat, präsentiert von
Figur A) ist Teil von y (Mandate der Partei A)‹. Die Bedeutung der Pfeile in
Abb. 4 enthält durch deren Rundung einen zusätzlichen, konventionalisierten
Aspekt: ›x bewegt sich von A (indiziert vom stumpfen Ende) nach B (indiziert
vom spitzen Ende) und die Bewegung ist Teil eines Kreislaufs‹. Die konkrete
Bedeutung der Pfeile wird in der Grafik sicherheitshalber verbalisiert, wobei
die Beziehung zwischen Schrift und Pfeil durch grafische Überlagerung beider
Elemente unzweideutig markiert wird.

   Die grundlegenden Wahrnehmungskonventionen, die als Grundparameter
solcher Kohäsionsbildungen im Hintergrund wirken, sind hinlänglich aus der
Gestaltpsychologie bekannt (Arnheim 1978: 233ff.). Weber (1990: 16) formuliert
die Anforderungen an die Gestaltung von Bildern im Allgemein, die sich aus
den Erkenntnissen der Gestaltpsychologie ergeben[17]:

1. Die Figur muß sich vom Grund abheben.
2. Die kleinere Fläche wird meist als Figur, die größere eher als Grund gesehen.
3. Figur und Grund können nicht zugleich wahrgenommen werden.
4. Vor allem dicht beieinander liegende, sich ähnelnde visuelle Elemente werden zu einer Figur zusammengefasst.
5. Symmetrische und geschlossene Formen werden bevorzugt als Figur wahrgenommen.

Auf der Grundlage dieser allgemeinen gestaltpsychologischen Regeln lassen
sich nun am Beispiel der Infografik spezifischere Mittel der Kohäsionsbildung
angeben. Liebig (1999: 115) diskutiert das Moment der Konventionalität als
‚Kreativitätsbremse‘ bei Infografiken.[18] Wenig spräche

> dafür, um des Kreativen willen Karten „einzuwesten" statt einzuorden,
> Ozeane grün statt blau zu färben, Kreisdiagramme in Herzform aufzubieten,

---

[17] Zitiert auch in Scholz (1999: 280).

[18] Konventionell ausgeprägte visuelle Muster in Infografiken kann man als einen Sonderfall
von Medienbildern betrachten, die aus ihrem ursprünglichen Repräsentationszusammen-
hang gelöst wurden und nun ein nach allgemein gestalteten Bildgebrauchskonventionen des
Medienbetriebs geregeltes ‚Eigenleben‘ als massenmediales Zeichen entwickeln. Solche Bilder
hat Pörksen (1997, 2000) „Visiotype" getauft.

Stammbäume von rechts nach links verlaufen zu lassen oder Kaltfronten
dunkelrot zu tönen.

Bei Liebig ist die Beachtung derartiger Konventionen aber nur eine von fünf
„Kompositionsregeln", die zur Erstellung einer Infografik angegeben werden.
Die anderen vier dieser Regeln ergeben sich demnach aus allgemeinen Prinzi-
pien der Wahrnehmung, die zu beachten beim Erstellen einer Infografik gera-
ten wird. Liebig nennt sie „Gesetze". Die vier „Gesetze" neben dem „Gesetz der
Konvention" lassen sich allerdings ihrerseits mehr oder weniger leicht auf kul-
turell geprägte Wahrnehmungstradition, also auf Konventionen, zurückführen
(Liebig 1999: 116ff.):

das Gesetz der Richtung

Die Leserichtung ist in unserem Kulturraum von links nach rechts, ebenso
ist die Oben-unten-Opposition stark kulturell besetzt. Liebig (1999: 117):
„Eine Linie von links unten nach rechts oben wird in der Regel als ‚aufsteigend' begriffen, ein Pfeil in der entgegengesetzten Richtung als ‚abstei-
gende Tendenz'. Dieses ‚Links-Rechts-Prinzip' zieht sich durch Werke der
großen Meister der Renaissance-Malerei genauso wie durch Logos moderner Profi-Designer". Abb. 3 ist ein schönes Beispiel für das Zusammenwirken von Leserichtungs- und Zeichenkonventionen: Ein möglicher Konflikt
zwischen den Prinzipien ‚von links nach rechts' und ‚von oben nach unten'
könnte hier dadurch entstehen, dass das Bildelement links oben tiefer als
das obere in der Mitte platziert ist. Dieser wird durch den Pfeil links oben
gelöst, da die Konvention ‚lies grafische Konstruktionen, die einen Pfeil
enthalten vom stumpfen zum spitzen Ende des Pfeils' die ‚von links nach
rechts' Konvention überlagert. Das oberste Bildelement in der Mitte wird
so als ‚Textanfang' indiziert.

das Gesetz der Nähe

Nebeneinander platzierte Objekte werden als zugehörig empfunden. Die
Wahrnehmungs- und insbesondere die Filmpsychologie hat dieses Phänomen unter dem Schlagwort *Sinn-Induktion* diskutiert (vgl. Schiffer 2004:
55ff.; Schiffer überträgt das Konzept unter Einbeziehung der textlinguistischer Methoden auf Wahrnehmungsmechanismen bei der Rezeption von
Printmedien). So wird die Figurenreihe in Abb. 3 allein durch die räumliche
Nähe als Visualisierung des Ausdrucks *Mandate von Partei A* verstanden.

das Gesetz der Einheitlichkeit

„Als zusammengehörend wird empfunden, was gleiche Charakteristika aufweist: dieselbe Strichstärke, denselben Farbton, dieselbe Farbintensität, dieselbe Typografie." (Liebig 1999: 119) Dieses Prinzip wird in Abb. 3 genutzt,
um die Identität der mit schwarzen Figuren bezeichneten Personen zu indizieren.

das Gesetz der Dimension

Liebig (1999: 121) formuliert hier allgemein: „Größenverhältnisse, Proportionen unterschiedlicher Elemente innerhalb eine Bildes verdeutlichen, auf welchen Elementen die Schwerpunkte liegen und welche von untergeordneter Bedeutung sind." Größenverhältnisse werden z. B. in Abb. 3 zur Thematisierung der Figur A (›Vertreter des Wahlkreises‹) genutzt: Im linken Kasten erscheint die Figur größer, hier wird sie als Ganzheit thematisiert, während sie in der Figurenreihe in der Bildmitte als Teil eines Ganzen wiederaufgenommen wird. Hier steht nicht mehr die einzelne Figur, sondern das Bildelement der Reihe als Zeichen für eine Personengruppe im Vordergrund, dementsprechend sind die einzelnen Figuren kleiner. Daneben bietet Abb. 3 in dem Tortendiagramm ein klassisches Beispiel für die ikonische Präsentation abstrakter Relationen (hier: Mandatsverteilung im Bundestag) mittels unterschiedlich proportionierter grafischer Gestalten.

So wird insbesondere an Abb. 3 deutlich, wie sprachliche Ausdrücke über pikturale Kohäsionsmittel in ein Text-Bild integriert und zur bikodalen Präsentation komplexer Sachverhalte funktionalisiert werden.

5. Bildsyntaktik als sozialer Index

Schelske (1999: 149f.) betont die Bedeutung der syntaktischen Dimension von Bildern für die Indizierung sozialer Beziehungen. Mit der „syntaktischen Dimension" meint Schelske in etwa den *Stil* eines Bildes, also seine Machart im Gegensatz zum bedeuteten Sachverhalt. Die Bildsyntaktik sei für den Beziehungsaspekt von Bildern zuständig:

Der Beziehungsaspekt der Kommunikation fokussiert, dass Farben und Formen eine Regel(-haftigkeit oder „Ordnung") beinhalten können, deren Wirkung Personen dazu veranlaßt, zueinander kommunikativ in Beziehung zu treten. Im Allgemeinen beobachten wir eine solche Regel als kulturellen Stil oder auch subkulturell nuancierte Form, die beide als organisierte (Bild-)Syntaktik verwendet werden. So ist ein Bild in seiner syntaktischen Form beispielsweise zentralperspektivisch gemalt, um im Beziehungsaspekt die Mitteilung „als getreue Darstellung" zu symbolisieren. Es könnte aber ebenso im syntaktischen Stil des Pointilismus dargestellt sein, womit es seine Zugehörigkeit zur spätimpressionistischen Kunst(-Gruppierung) mitteilen würde. Schelske (1999: 149)

Die Funktion des Beziehungsaspektes von Bildern bestehe „darin, mittels der Gliederungsstruktur seiner Darstellungsformen, also mittels seiner Syntaktik, einen demonstrativ wirkenden Index zu präsentieren, der dem deutenden Bildbetrachter anzeigt, „wie" er eine Bild in seiner bildtypischen Funktion auf eine Weise versteht, die der Bildproduzent intendierte." Übersetzt in die hier angebotene Terminologie: Die Art und Weise der Disposition einzelner Bild-elemente zu einem Bildganzen hat Kontextualisierungsfunktion, sie erlaubt es dem Betrachter, indexikalische Schlüsse über ‚die Kultur' oder, etwas weniger allgemein, den Diskurs zu ziehen, innerhalb dessen etwas geäußert wird.[19] Ein bildsyntaktisch realisierter Index in diesem Sinne wäre beispielsweise die Dar-bringungsweise der Bildgestalten in den Abbildungen 3 und 4: Die auf Linien und jeweils monochrome Füllungen reduzierte Darstellungsform in Abb. 3 in-diziert ‚Seriösität' und damit einen an der Fachkommunikation orientierten Diskurs, während die Plastizität suggerierende Darstellung von Wolken und Landmasse in Abb. 4 einen Vermittlungskontext indiziert, welcher an den Re-zeptionsgewohnheiten von älteren Kindern und Jugendlichen ausgerichtet ist, die an die ‚Sprache' der abstrahierten grafischen Formen erst herangeführt werden müssen.

Schelske (1999: 151) betont allerdings, dass dasjenige, was er „kulturelle Stile der syntaktischen Gestaltung" nennt, nicht mit der Grammatik einer Sprache gleichzusetzen sei, „wenngleich sie auch einer syntaktischen Regel folgen, die sie mit anderen Bildern ihrer Zeit gemeinsam haben." Der Begriff der Bild-syntax bleibt hier also einigermaßen unterbestimmt. In der Perspektive des hier eingeführten Kontextualisierungsmodells wird jedoch deutlich, dass eine Grammatik der Sprache durchaus *auch* in Schelskes Sinne interpretiert werden kann: Die sprachsystematische, kommunikationsgruppen- sowie diskursbezo-gene Disposition von Wörtern sowohl in Texten als auch in Text-Bildern hat demnach – nicht nur, aber auch – eine kontextindizierende Funktion.

6. Untergang des Abendlandes?

Es ist also festzustellen, dass diejenigen Mittel in Text-Bildern, welche formal einen Sinnzusammenhang konstituieren, einerseits einen stark konventionel-len Charakter haben, andererseits aber nicht an die explizite und metasemio-tisch vermittelbare Konventionalität einer sprachlichen Grammatik heranrei-chen. An diesen Befund knüpfen die meisten kritischen Stimmen zum nicht mehr zu bremsenden Einzug der Bildlichkeit in die schriftliche Medienkom-munikation an (Gerhard/Link/Schulte-Holtey 2001). Eine Kritik der ikonischen Organisation sprachlicher Zeichen gewinnt an Brisanz, wenn kommunikative Gattungen wie die Infografik als Indiz für einen epochemachenden Umwäl-zungsprozess im Bereich der Medienkommunikation verstanden wird, den der Buchtitel von Bolz (1993) prägnant als das „Ende der Gutenberg-Galaxis" be-

---

[19] *Diskurs* hier im Sinne von Link (1988): „Die Differenzierung der Diskurse setzt nicht primär bei den Klassen, sondern bei der Praktikenteilung an. Mit Foucault können wir also vom juristischen, medizinischen, politoökonomischen Diskurs usw. sprechen: Jeder arbeitsteilig ausdifferenzierten und auf der Basis eigener pragmatischer Rituale gesondert institutiona-lisierten Praxisart entspricht dann ein spezieller Wissensbereich, den wir Diskurs nennen können." Zur neueren Diskurslinguistik s. Warnke (2007), Warnke/Spitzmüller (2008).

zeichnet, nämlich eine Verlagerung von der Schrift zum Bild als zentralem Zeichenmodus der Distanzkommunikation – ein Prozess, welcher andernorts als *visual* bzw. *iconic turn* (Mirzoeff 1998, Bucher 2007: 53f.) thematisiert wurde. Andererseits ist durch die Entwicklung der elektronischen Massen- und Individualmedien die Schrift in anderen Bereichen (z. B. SMS, Chat, E-Learning, Weblog) und mit anderen Konventionen ihres Gebrauchs ein unverändert zentrales Kommunikationsmittel. Sie tritt aber immer mehr als ein gleichgeordneter Kode in multikodalen Kommunikationszusammenhängen (Kress 1998) auf, in denen Pikturalität, Typographie, Musik, schriftliche und mündliche Sprache und filmische Elemente zu komplexen Zeichensystemen verwoben sind.[20] Zu Recht wird auf die Gefahr der manipulativen Wirkungen von Infografiken verwiesen: Die oben besprochenen diskursindizierenden bildsyntaktischen Aspekte von Infografiken können – so die Befürchtung – dazu führen, dass diese per se im Rahmen auf Objektivität ausgerichteter Diskurse interpretiert werden und man daher dazu tendiert, die dargestellten Sachverhalte nicht nur zu glauben, sondern auch die aus der Art und Weise der Darstellung resultierenden Implikationen dem ‚neutral‘ präsentierten ‚objektiven‘ Sachverhalt zuzuschreiben. Im holistischen und vorreflexiven Rezeptionsprozess von Infografiken werde nicht wahrgenommen, dass multipel denotierende Bildzeichen wie alle anderen Zeichen auch Sachverhalte perspektivieren (vgl. dazu Köller 1993, 2004).

Allerdings konnte die Rede von der spezifischen manipulativen Wirkung von Infografiken in Strukturanalysen zwar überaus plausibel gemacht (Krämer 2001), von der Medienwirkungsforschung als allgemeines, gattungstypisches Phänomen aber nicht nachgewiesen werden. Hollander (1994) kam bei einem in den USA durchgeführten Experiment immerhin zu dem Ergebnis, dass Leser mit geringerer Bildung nach der Rezeption einer durch Infografiken präsentierten Meinungsumfrage sich signifikant eher der Mehrheitsmeinung anschlossen als nach Rezeption derselben Umfrage in Textform. Noch größer war die ‚Manipulations-Schere‘ zwischen Grafik und Text, wenn das Thema der Umfrage die Leser nicht persönlich tangierte. Der Effekt blieb bei Lesern mit höherer formaler Bildung allerdings aus.[21] Hollanders Ergebnisse sprechen

---

[20] Schmitz (2001: 147) schreibt: „Aus heutiger Sicht geht die weltgeschichtlich eher kurze, aber doch einschneidende Phase stark schriftzentrierter Medien ihrem Ende zu." Als Grund für die Entwicklung nennt er neben der technischen Entwicklung und der Internationalisierung der Kommunikation, dass „immer anspruchsvollere Informationsbedürfnisse über die Leistungsfähigkeit von Sprache und Schrift" hinauswüchsen. Und zitiert Kloepfer/Landbeck (1991: 18), die in einer Studie zur Ästhetik des Werbespots schreiben: „Entsprechend werden allenthalben Kommunikationsverfahren gesucht, die das Sprachliche zugunsten anderer Kodes entlasten." „Damit", resümiert Schmitz, „nimmt, was wir ‚Kohärenz‘ nennen, andere Grundlagen und Dimensionen an. Sie wird nicht mehr ‚selbst-verständlich‘ im Text vermutet, sondern will aktiv aus Spannungen zwischen Text und Bild erst hergestellt werden."

[21] Hollander hatte 142 Besucher eines Einkaufzentrums im Alter von 17 bis 80 Jahren mit Umfrageergebnissen zu jeweils einem Thema von mutmaßlich hoher persönlicher Relevanz (Ben-

also dafür, dass es eine im Bildungsprozess erworbene Beurteilungskompetenz für Infografiken gibt und diese geschult werden kann und muss.

Auf der Haben-Seite sind für die Infografik allerdings deren beachtliche kommunikationsökonomischen Meriten zu verbuchen. Knieper (1995) referiert in einer Metastudie zahlreiche Studien, welche die eindeutig positiven Auswirkungen auf das Verstehen und Erinnern von Information ausweisen. Dass komplexe Information, die in Infografiken vermittelt wird, schneller und nachhaltiger erfasst wird, kann demnach als empirisch belegt gelten. Dass die Information, die auf diese Weise vermittelt wird, durch die Art und Weise ihrer Präsentation eben nicht mehr komplex ist, ist die Kehrseite der Medaille. Allerdings hat eine hier ansetzende Fundamentalkritik zu bedenken, dass komplexe und überkomplexe Prozesse wie das Bundestagswahlrecht mit all seinen Haken und Ösen (Stichwort *Überhangmandate*!) oder eben der Wasserkreislauf und sein Zusammenhang mit Topographie und Klima einer im massenmedialen Interdiskurs (Link 1988) erreichbare breite Bevölkerungsschicht aus vielerlei Gründen (z. B. Zeit, Interesse, Vorwissen) so oder so nicht vermittelbar ist. So spricht im Zeitalter des ausufernden Spezialwissens einiges für einen massenmedialen Vermittlungsdiskurs, an dem möglichst viele partizipieren können und in dem Wissen zwar nicht in der semiotischen Gestalt des jeweiligen Spezialdiskurses, aber immerhin in stark vereinfachten, in der Tendenz bildlich organisierten Figuren gesellschaftlich wirksam wird. Link (1988) spricht im selben Sinne von „Kollektivsymbolen".

Nach einer Diskussion von Argumenten für und Vorbehalten gegen die Infografik plädiert Liebig (1999: 59) für ein strukturiertes Miteinander der konkurrierenden Informationsträger Text, Fotografie und Infografik: „Das Ergebnis wird, mit ein bisschen Routine, eine Berichterstattung sein, die effizient, genau und auch platzökonomisch ist." Der Topos, der hier bedient wird, Kommunikation tendiere dazu, nach dem negativen Ökonomieprinzip zu funktionieren, also eine gegebene Menge an Information in möglichst kurzer Zeit zu vermitteln, hat in der Sprachbetrachtung vom *brevitas*-Gedanken der antiken Rhetorik an eine lange Tradition (Bär/Roelcke/Steinhauer 2007). Auch wenn die Vorstellung, die massenmediale Präsentation komplexer Sachverhalte könne und solle vor allem „effizient, genau und platzökonomisch" sein, eine gemäßigte kommunikative Weltuntergangsstimmung durchaus befördert, so kann die Infografik als Exempel für eine neue Ikonizität vieler massenmedialer Textgattungen dann eine Bereicherung der neuen multikodal organisierten Zeichenwelt sein, wenn der produzierende und rezipierende Umgang mit ihr

---

zinpreise) und mutmaßlich geringer persönlicher Relevanz (Kabinettsumbildung) in textueller und infografischer Aufbereitung konfrontiert und dazu eine Befragung durchgeführt. Als niedrige formale Bildung wurden 12 Jahre und kürzer, als hohe formale Bildung 13 Jahre und länger bestimmt. Über die Studie berichtet Knieper (1995: 212ff.). Zu Medienwirkungen allgemein s. Jäckel (2008).

als durchaus anspruchsvolle Kulturtechnik verstanden und auf allen Bildungs-
stufen vermittelt wird.

7. Schluss

Text-Bilder, in denen Schriftäußerungen bildlich zu komplexen Zeichen verknüpft sind, stellen eine Herausforderung für die Linguistik dar, weil in ihnen Verknüpfungsregeln zur Geltung kommen, die nicht mehr in Termini
der traditionellen Grammatikschreibung gefasst werden können. Beispielhaft
wurde das Problem an der florierenden Medientextgattung ‚Infografik' verdeutlicht. Es wurde gezeigt, wie schriftsprachliche Zeichenketten in bildliche
Umgebungen eingebettet werden, die ihrerseits mehr oder weniger konventionalisiert sind. Die einzelnen Bildgestalten solcher Zeichenkomplexe werden
nach Konventionen organisiert, die auf Wahrnehmungsgewohnheiten bezüglich der Aspekte ‚Richtung', ‚Nähe', ‚Einheitlichkeit' und ‚Dimension' beruhen.
An dieser Stelle konnte nur angedeutet werden, wie die sich immer stärker
konventionalisierende Einbettung von Textfragmenten in Bildräume auf der
Grundlage einer multikodalen Semiotik nach Peirce und im Rückgriff auf den
Terminus ‚Kontextualisierung' beschrieben werden könnte. Eine systematische
Syntaktik der Text-Bilder in diesem Sinne wäre ein Desiderat an eine Linguistik, die den Blick auf den real existierenden Gebrauch von Sprache auch in
ihrer schriftlichen Form nicht scheut.

Als größter Vorteil der Infografik – und damit des Kommunizierens mit
Text-Bildern – wird deren Effizienz genannt, wobei den Gefahren einer bewusst
manipulativen oder unbewusst übersimplifizierenden Präsentation komplexer
Sachverhalte vor allem dadurch zu begegnen ist, dass Infografiken als Kulturtechnik im medienevolutionären Fahrwasser der Schrift verstanden und
vermittelt werden.

Literatur

Arnheim, Rudolph (1978) Kunst und Sehen. Eine Psychologie des schöpferischen Auges. Ber-
    lin/New York. [Erstmals 1965 erschienen]
Auer, Peter (1986) Kontextualisierung. In: Studium Linguistik 19, S. 22–47
Bär, Jochen A./Thorsten Roelcke/Anja Steinhauer (Hrsg.) (2008) Sprachliche Kürze. Berlin/
    New York
Barthes, Roland (1964) Rhétorique de l'image. In: Communications. Recherches sémiologiques
    4, S. 40–51
Beaugrande, Robert-Alain de/Wolfgang Dressler (1981) Einführung in die Textlinguistik. Tübin-
    gen
Blum, Claudia/Blum, Joachim (2001) Vom Textmedium zum Multimedium. Deutsche Tageszei-
    tungen im Wandel. In: Bucher, Hans-Jürgen/Püschel, Ulrich (Hrsg.) Die Zeitung zwischen
    Print und Digitalisierung. Opladen, S. 19–43
Boehm, Gottfried (Hrsg.) (³2001) Was ist ein Bild? München
Bolz, Norbert (1993) Am Ende der Gutenberg-Galaxis. Die neuen Kommunikationsverhältnisse.
    München
Bouchon, Catherine (2007) Infografiken. Einsatz, Gestaltung und Informationsvermittlung.
    Boizenburg

Brinker, Klaus ([6]2005) Linguistische Textanalyse. Eine Einführung in Grundbegriffe und Methoden. Berlin

Bucher, Hans-Jürgen (2007) Textdesign und Multimodalität. In: Roth/Spitzmüller (Hrsg.) Textdesign und Textwirkung in der massenmedialen Kommunikation, S. 49–75

Busse, Dietrich (2007) Diskurslinguistik als Kontextualisierung – Sprachwissenschaftliche Überlegungen zur Analyse gesellschaftlichen Wissens. In: Ingo H. Warnke (Hrsg.) Diskurslinguistik nach Foucault, S. 81–105

Edeline, Francis/Jean-Marie Klinkenberg/Philippe Minguet (Groupe ì) (1992) Traité du signe visuel. Paris

Felder, Ekkehard (2007a) Text-Bild-Hermeneutik. Die Zeitgebundenheit des Bild-Verstehens am Beispiel der Medienberichterstattung. In: Hermanns, Fritz/Holly, Werner (Hrsg.) Linguistische Hermeneutik. Tübingen, S. 357–385

Felder, Ekkehard (2007b) Von der Sprachkrise zur Bilderkrise. Überlegungen zum Text-Bild-Verhältnis im Paradigma der pragma-semiotischen Textarbeit. In: Müller, Friedrich (Hrsg.) Politik, [Neue] Medien und die Sprache des Rechts. Berlin, S. 191–219

Fix, Ulla/Hans Wellmann (Hrsg.) (2000) Bild im Text – Text und Bild. Heidelberg

Gombrich, Ernst(1986) Bild und Auge. Stuttgart

Goodman, Nelson (1995) Sprachen der Kunst. Entwurf einer Symboltheorie. Frankfurt a. M.

Gumperz, John J. (1982) Discourse strategies. Cambridge u. a.

Heinemann, Wolfgang/Margot Heinemann (2002) Grundlagen der Textlinguistik: Interaktion – Text – Diskurs. Tübingen

Hoffman, Ludger (2000) Thema, Themenentfaltung, Makrostruktur. In: Klaus Brinker u. a. (Hrsg.) Text- und Gesprächslinguistik. Bd. 1, S. 344–355

Jäckel, Michael ([4]2008) Medienwirkungen. Ein Studienbuch zur Einführung. Wiesbaden

Jansen, Angela/Wolfgang Scharfe (1999) Handbuch der Infografik. Visuelle Information in Publizistik, Werbung und Öffentlichkeitsarbeit. Berlin u. a.

Kalverkämper, Hartwig (1993) Das fachliche Bild. Zeichenprozesse in der Darstellung wissenschaftlicher Ergebnisse. In Hartmut Schröder (Hrsg.) Fachtextpragmatik. Tübingen, S. 215–238 (Forum für Fachsprachen-Forschung Band 19)

Keller, Rudi (1995) Zeichentheorie. Zu einer Theorie semiotischen Wissens. Tübingen, Basel

Kloepfer, Rolf/Landbeck, Hanne (1991) Ästhetik der Werbung. Der Fernsehwerbespot in Europa als Symptom neuer Macht. Frankfurt a. M.

Knieper, Thomas (1995) Infographiken. Das visuelle Informationspotential der Tageszeitung. München

Köller, Wilhelm (1993) Perspektivität in Bildern und Sprachsystemen. – In: Peter Eisenberg, Peter Klotz (Hrsg.) Sprache gebrauchen – Sprache erwerben. Stuttgart, S. 15.34

Köller, Wilhelm (2004) Perspektivität und Sprache. Zur Struktur von Objektivierungsformen in Bildern, im Denken und in der Sprache. Berlin, New York

Konerding, Klaus-Peter (1993) Frames und lexikalisches Bedeutungswissen. Untersuchungen zur linguistischen Grundlegung einer Frametheorie und zu ihrer Anwendung in der Lexikographie. Tübingen

Kress, Gunther (1998) Visual and Verbal modes of Representation in Eletroically Mediated Communication. The Potentials of New Forms of Text. In: Ilana Snyder (Hrsg.) Page to Screen. Taking Literacy into the Electronic Era. London/New York, S. 53–79

Kress, Gunther/van Leeuwen, Theo (1996) Reading images. The Grammar of Visual Design. London: Routledge

Liebig, Martin (1999) Die Infografik. Konstanz

Link, Jürgen (1988) Literaturanalyse als Interdiskursanalyse. Am Beispiel des Ursprungs literarischer Symbolik in der Kollektivsymbolik. In: Jürgen Fohrmann/Harro Müller (Hrsg.) Diskurstheorien und Literaturwissenschaft. Frankfurt a. M.: Suhrkamp, S. 288

Lippman, Walter (1964) Die öffentliche Meinung. München

Mangasser-Wahl, Martina (2000) (Hrsg.) Prototypentheorie in der Linguistik: Anwendungsbeispiele, Methodenreflexion, Perspektiven. Tübingen

Morris, Charles (²1975) Grundlagen der Zeichentheorie. Ästhetik und Zeichentheorie. München

Nöth, Winfried (²2000) Handbuch der Semiotik. Stuttgart

Nöth, Winfried (2000a) Der Zusammenhang von Text und Bild. In: Klaus Brinker u. a. (Hrsg.) Text- und Gesprächslinguistik, S. 489–496

Onea Gáspár, Edgar (2006) Sprache und Schrift aus handlungstheoretischer Perspektive. Berlin/New York

Peirce, Charles S. (1960) Collected Papers. Cambridge, Massachusetts. [Zitiert als CP.]

Postman, Neil (1985) Wir amüsieren uns zu Tode. Urteilsbildung im Zeitalter der Unterhaltungsindustrie. Frankfurt a. M.

Plümacher, Martina (1999) Wohlgeformtheitsbedingungen von Bildern. In: Klaus Sachs-Hombach/Klaus Rehkämper (Hrsg.) Bildgrammatik, S. 145–154

Pörksen, Uwe (1997) Weltmarkt der Bilder: eine Philosophie der Visiotype. Stuttgart

Pörksen, Uwe (2000) Visiotype. Die Welt der Zweiten Anschauung. In: Ulla Fix/Hans Wellmann (Hrsg.) Bild im Text – Text im Bild, S. 191–206

Roth, Sven Kersten/Jürgen Spitzmüller (2007) (Hrsg.) Textdesign und Textwirkung in der massenmedialen Kommunikation. Konstanz

Sachs-Hombach, Klaus/Rehkämper, Klaus (Hrsg.) (1999) Bildgrammatik. Interdisziplinäre Forschungen zur Syntax bildlicher Darstellungsformen. Magdeburg

Sachs-Hombach, Klaus (2006) Das Bild als kommunikatives Medium. Elemente einer allgemeinen Bildwissenschaft. Köln

Sandig, Barbara (2000) Textmerkmale und Sprache-Bild-Texte. In: Ulla Fix/Hans Wellmann (Hrsg.) Bild im Text – Text im Bild, S. 3–30

Schelske, Andreas (1999) Wie wirkt die Syntaktik von bildhaften Zeichen kommunikativ? In: Klaus Sachs-Hombach/Klaus Rehkämper (Hrsg.) Bildgrammatik, S. 145–154

Schiffer, Sabine (2004) Die Darstellung des Islams in der Presse. Sprache, Bilder, Suggestionen. Eine Auswahl von Techniken und Beispielen. Erlangen/Nürnberg

Schmitz, Ulrich (2001) Stets heikle Kohärenz in Text-Bild-Gefügen. In: Ernest Hess-Lüttich (Hrsg.) Medien, Texte und Maschinen. Angewandte Mediensemiotik. Wiesbaden, S. 141–166

Schmitz, Ulrich (Hrsg.) (2003) Wissen und neue Medien. Bilder und Zeichen von 800 bis 2000. Berlin

Scholz, Martin (1999) Gestaltungsregeln in der pictoralen Kommunikation. In: Klaus-Sachs-Hombach/Klaus Rehkämper (Hrsg.) Bildgrammatik, S. 273–287

Scholz, Oliver R. (1991) Bild, Darstellung, Zeichen. Philosophische Theorien bildhafter Darstellungen. Freiburg/München

Scholz, Oliver R. (1998) Was heißt es, ein Bild zu verstehen? In: Klaus Sachs-Hombach/Klaus Rehkämper (Hrsg.) Bild – Bildwahrnehmung – Bildverarbeitung. Interdisziplinäre Beiträge zur Bildwissenschaft. Wiesbaden, S. 105–117

Sonnesson, Göran (1993) Die Semiotik des Bildes. Zum Forschungsstand am Anfang der 90er Jahre. In: Zeitschrift für Semiotik 15/1993, S. 203–234

Sprissler, Hanno (1999) Infografiken gestalten, Techniken, Tips und Tricks. Berlin u. a.

Steinbrenner, Jakob/Ulrich Winko (Hrsg.) (1997) Bilder in der Philosophie und in anderen Künsten und Wissenschaften. Paderborn

Stöckl, Hartmut (2004) Die Sprache im Bild – das Bild in der Sprache. Zur Verknüpfung von Sprache und Bild im massenmedialen Text. Berlin/New York

Titzmann, Michael (1990) Theoretisch-methodische Probleme einer Semiotik der Text-Bild-Relationen. In: Wolfgang Harms (Hg.) Text und Bild, Bild und Text: DFG-Symposion 1988. Stuttgart, S. 368–384

Vater, Heinz ([2]1994) Einführung in die Textlinguistik. München

Vögtli, Alexander/Beat Ernst (2007) Wissenschaftliche Bilder. Eine Bildkritik. Basel

Warnke, Ingo H. (Hrsg.) (2007) Diskurslinguistik nach Foucault. Theorien und Gegenstände. Berlin/New York

Warnke, Ingo/Jürgen Spitzmüller (Hrsg.) (2008) Methoden der Diskurslinguistik. Sprachwissenschaftliche Zugänge zur transtextuellen Ebene. Berlin/New York

Ziem, Alexander (2008) Frames und sprachliches Wissen. Kognitive Aspekte der semantischen Kompetenz. Berlin/New York

Heidelberger Jahrbücher, Band 53 (2009)
E. Felder (Hrsg.) Sprache
© 2009 Springer-Verlag Berlin Heidelberg

Spracherwerb – Vielfältige Perspektiven gefragt

KATHARINA BREMER

Development, in my view, is the key
to understanding the adult mind.

Annette Karmiloff-Smith

1 Zum Charakter der Aufgabe – und ihrer Lösung

Es gibt einige Eigenschaften des Spracherwerbs, die man bei näherem Hinsehen erstaunlich finden kann: seinen frühen Beginn noch im Säuglingsalter, seine Dauer über viele Jahre, die Vielschichtigkeit dessen, was erworben werden muss – neben einem Wortschatz und der zugehörigen Grammatik auch das Lautsystem seiner Muttersprache, darüberhinaus viele Prinzipien der Verwendung von Sprache.

Besonders erstaunlich – angesichts der Komplexität der Aufgabe – erscheint die Robustheit, mit der dieser voraussetzungsreiche Prozess zum Erfolg führt: alle Kinder lernen ihre Muttersprache. Sprechen lernen ist das „Selbstverständlichste von der Welt" (Klein 1989), es steht im Prinzip nicht in Frage,[1] auch nicht bei schlechten sozialen Bedingungen, nicht bei vergleichsweise eingeschränkter Intelligenz. Als Ausnahmen, die diese Regel bestätigen, sind nur sehr wenige Fälle dokumentiert, in denen den betroffenen Kindern jeder Kontakt zu anderen Menschen verwehrt blieb (sog. „Wolfskinder"). Diese Grenzfälle des Nicht-Gelingens verweisen bereits auf eine grundlegende Voraussetzung, die allerdings gegeben sein muss: sprachliche Kommunikation mit anderen Menschen; Ehlich (1996: 6) spricht in diesem Zusammenhang von der „unaufgebbaren Kommunikationsgebundenheit des Spracherwerbs".

Vielleicht ebenso erstaunlich: Kinder lernen ihre Muttersprache ohne Anstrengung; sie erweitern ohne explizite Unterstützung ihr Repertoire an Ausdrucksmitteln, sie empfinden im Verlauf dabei augenscheinlich kaum einen deutlichen Mangel und machen nur selten wahrnehmbare Fehler (vgl. zum letzten Punkt z. B. Weissenborn 2000) – verglichen mit den Frustrationen des typischen Fremdsprachenlernens in der Schule fast ein Wunder. Wie ist das möglich? Wie muss dieser spezielle Typ von Lernen beschaffen sein, dass er

---

[1] Ich gehe hier nur auf den normalen Verlauf ein; näheres zu abweichenden Erwerbsverläufen vgl. z. B. Grimm 2000; Dittmann 2002.

uns in Stand setzt, eine so komplexe Aufgabe so scheinbar mühelos zu bewältigen? Wie kann ein langjähriger Prozess, der im einzelnen unter außerordentlich
variablen Bedingungen abläuft, trotzdem zu einem so verlässlichen Ergebnis
führen?

Eine mögliche und gleichzeitig fast paradoxe Erklärung ist – und darüber
besteht weithin Konsens –, dass für die Entwicklung der Sprachfähigkeit Ressourcen aus sehr verschiedenen Bereichen genutzt werden. Dazu gehört eine
genetische Grundausstattung, die es gerade dem Menschenkind (und nur ihm bzw.
ihr) erlaubt, sprechen zu lernen – im Kontrast zu selbst den klügsten
Tieren. Unkontroverser Teil dieser Ausstattung sind z. B. die physiologischen
Voraussetzungen des Sprechens selbst (wie die erforderliche Struktur des Kehl-
kopfs) oder bestimmte Dispositionen der Wahrnehmung und Informations-
verarbeitung. Kontrovers diskutiert wird weiterhin, ob und in welchem Umfang
Teile des Sprachvermögens selbst (etwa in Form einer Universalgrammatik)
angeboren sein können (vgl. z. B. Tracy 2000).

Sprachfähigkeit ist darüberhinaus nicht denkbar ohne eine *Entwicklung
des Denkens,* die dem Kind wesentliche Konzepte erschließt. Um Gegenstände
zu benennen, muss ich sie unterscheiden, einer Kategorie zuordnen können;
um eine Geschichte zu erzählen oder einen Weg zu beschreiben muss, ich
räumliche, zeitliche und kausale Verhältnisse erfassen und ins Verhältnis setzen
können – kognitive Fähigkeiten, die sich erst allmählich entwickeln. Diese
Entwicklung ist eng verknüpft mit den Schritten, die das Kind in die *soziale Welt*
hinein macht – Sprechen lernen bedeutet auch, in die (Sprach-)Gemeinschaft
aufgenommen zu werden, kulturelles Wissen über die Welt und den Menschen
aufzunehmen und sich diesem Wissen anzuverwandeln, indem man sich in
dieser Welt bewegen lernt. Das ist vermittelt über eine Fülle von Teilhabe an
Gesprächen (im Jargon der Datenverarbeitung: „input"), von denen das Kind
zunächst wenig, später immer mehr versteht, und in denen es eine immer
aktivere Rolle einnehmen kann (dazu v. a. Bruner 1987). Ziel dieser – passiven
und aktiven – Beteiligung ist es gleichzeitig immer, sprachliche Ausdrücke
mit bestimmten Bedeutungen in regelhafter Weise zu verknüpfen, und so sein
sprachliches Wissen Schritt für Schritt zu vergrößern.

Verglichen mit anderen Lernprozessen, die mehr vom Scheitern bedroht
sind, kann man also am Spracherwerb des Kindes hervorheben, dass er zum
einen die ganze Person involviert (und zwar über eine lange Zeit auf sehr intensive Weise[2]) und sich zum anderen auf eine sonst nicht denkbare soziale und
kulturelle Verankerung und Absicherung stützen kann. Man könnte zugespitzt
sagen: So erfolgreich kann Lernen sein, wenn Fühlen und Wahrnehmen, Denken und Kommunizieren konzertiert für ein dringliches, ja existenzielles Ziel

---

[2] Wieviel nicht verkürzbare „Arbeit" mit dem Erwerb der Muttersprache immer auch verbunden ist, dass der Prozess notwendigerweise langwierig ist, weil er akkumulativ verläuft, darauf
hat vor allem W. Klein immer wieder nachdrücklich hingewiesen; vgl. u. a. Klein 1989, 1991;
ähnlich auch Clark 2003.

eingesetzt werden. Mit ebenso intensiven Folgen: Er verändert den Menschen, der ihn durchläuft (wir kommen weiter unten darauf zurück.)

Der Prozess des Spracherwerbs wird dem Kind nicht bewusst, wir können uns auch nicht an ihn erinnern: *„Der Spracherwerb ‚geschieht' – und er geht in seinem Ergebnis auf; er verschwindet, sobald er durchlaufen ist. So ist es nicht weiter erstaunlich, dass die Aneignung von Sprache sich im Rückblick als ein geradezu natürlicher Wachstumsprozess darstellt"* (Ehlich 1996: 6). Durch seine oberflächlich unspektakuläre, graduelle Natur und die Verwobenheit des Sprachewerbs in das Leben des Kindes gibt es kaum einen „natürlichen" Ansatzpunkt für die wissenschaftliche Analyse. So waren die Perspektiven, unter denen Sprachentwicklung in der noch relativ jungen Forschungsgeschichte der Disziplin untersucht worden sind, immer wieder geprägt von Interessen, die sich aus allgemeineren Fragestellungen ergeben hatten, zunächst der Psychologie, später der Linguistik. Ein kurzer Blick auf die leitenden Fragen, die die Forschung zum Spracherwerb geprägt haben und zur Zeit prägen, wird der Inhalt des folgenden Abschnitts sein. Das schafft den Ausgangspunkt, um im folgenden Ergebnisse der Spracherwerbsforschung aus verschiedenen Perspektiven vorzustellen: zunächst sozusagen longitudinal, entlang der Zeitachse und biografischen Entwicklung (3), dann gebündelt um ein Thema, das zur multiperspektivischen Untersuchung geradezu auffordert: dem Erwerb des Wortschatzes (4). Abschnitt 5 erkundet Kontinuität und Differenzen in Prozessen des späteren Spracherwerbs im Vergleich zum „Sprechen lernen" der ersten fünf Jahre.

2 Ein kurzer Blick auf das Forschungsfeld

> *Recognizing their intimate relationship, we nowadays pay little attention to the nature-nurture dichotomy that for so long characterized debates.*
>
> Shatz (2007)

Es ist nicht ohne eine gewisse Ironie, dass es gerade technische Neuerungen waren, die dem Aspekt des Sozialen in der Spracherwerbsforschung neues Gewicht gegeben haben: nur über die Verwendung von Video-Aufzeichnungen und neu entwickelte experimentelle Methoden war es möglich, dass der Säugling während der neunziger Jahre des 20. Jahrhunderts in einem ganz neuen Licht wahrgenommen werden konnte: als intelligentes Wesen mit differenzierter Wahrnehmung und bereits sehr spezifisch ausgeprägten Vorlieben und Prägungen – ein Wesen, das seine Bezugperson dazu einlädt, mit ihr zu kommunizieren, wenn auch zunächst noch ohne Sprache. Die Bedeutung dieser ersten, wortlosen Gespräche und ihrer Leistung für die Entwicklung des Menschenkinds ist kaum zu überschätzen, wir kommen in Abschnitt 3 darauf zurück.

Für lange Zeit vorher hatte die These der prinzipiellen Nicht-Lernbarkeit von natürlichen Sprachen – unter den (vermeintlich) gegebenen Bedingungen der „poverty of the stimulus" – große Teile der Forschungslandschaft bestimmt: Vertreter einer nativistischen Position hatten zu zeigen versucht, dass die Kreativität, die das Kind beim Sprechen von Anfang an zeigt, nur durch angeborene Sprachfähigkeiten erklärt werden kann, da der *input* nicht genügend Informationen über die zu inferierende Struktur der Sprache enthalte. Funktionalistisch orientierte Spracherwerbsforscher hatten dagegen immer wieder argumentiert, dass die für das Kind zugänglichen Sprachdaten durchaus nicht „arm" an relevanter Information sind und dass das Kind im Verlauf auch Korrekturen erfährt („negative evidence"), um seine Hypothesen bezüglich der aufzubauenden Strukturen zu verfeinern. In neuerer Zeit wurde in diesem Zusammenhang vor allem betont, dass das Kind über die Fähigkeit verfüge, über einen langen Zeitraum hinweg Eigenschaften des Inputs zu analysieren, die oberflächlich gegeben sind, um daraus zugrundeliegende Strukturen zu abstrahieren. Eine intensive und aufschlußreiche Auseinandersetzung mit der klassischen nativistischen Position und einigen der revidierten Versionen leistet Klann-Delius (1999, Kap. 3).[3]

Inzwischen wird einerseits immer deutlicher zur Kenntnis genommen, wie viele untereinander vernetzte Einflussgrößen am Spracherwerb beteiligt sind, darüberhinaus aber vor allem auch, dass sich das jeweilige Gewicht dieser Faktoren mit der Entwicklung verändert:

"Increasingly, researchers propose **interactive theories**, where one kind of linguistic knowledge can influence, or is even crucial to, the development of another." (Shatz 2007: 4)

Die Integration der Entwicklungsbereiche kann dabei auf verschiedene Weise gedacht und theoretisch geleistet werden: indem Sprache als ein Strang in der Entwicklung des Kindes zum Erwachsenen betrachtet wird, der mit anderen Bereichen eng und systematisch vernetzt ist und entsprechend untersucht werden muss (z. B. Shatz 1994) oder, – und m. E. radikaler – indem man von sozial-kognitiven Fähigkeiten als allgemeiner (und hinreichender!) Basis des Spracherwerbs ausgeht (z. B. Tomasello 1992, 2003). Als entscheidende Antriebsgröße für den Prozess des Spracherwerbs muss in dieser Perspektive auf jeden Fall das Kind selbst gesehen werden; es wird als aktives Subjekt konzeptualisiert, das auf jeder Stufe seiner Entwicklung die bereits vorhandenen sozialen, kognitiven und sprachlichen Fähigkeiten einsetzt, um neue zu erwer-

---

3 Ein auch nur vorläufig abschließendes Ergebnis kann dabei nicht festgehalten werden: „Da das P&P Modell mit dem ‚Minimalist Program' einer erheblichen Revision unterzogen wurde, sich damit die Konzeption der UG [= Universalgrammatik/Anm. K.B.] und die Annahmen über das angeborene Wissen geändert haben, ist derzeit offen, worin genau die genetischen Dispositionen zum Spracherwerb nach nativistischer Auffassung bestehen" (Klann-Delius 1999: 66).

ben – und auf diese Weise sich und das, was es kann, ständig verändert. Und es verändert nicht nur sich selbst, sondern gleichzeitig seine soziale Umgebung: in dem Maße, wie es sprechen lernt, wenden sich Gesprächspartner ihm oder ihr in anderer Weise zu, damit eröffnen sich wiederum neue Möglichkeiten der Analyse und Sprachverwendung, die das Kind nutzen kann (aber auch selbst nutzen muss)[4]. Zwei grundlegende Eigenschaften sind also zu berücksichtigen, um die sprachliche Entwicklung des Kindes angemessen zu beschreiben: sie erfordert zum einen **konstruktive** Leistungen von Seiten des Kindes, für die es je nach Entwicklungsstand verschiedene Ressourcen nutzen kann. Zum anderen ist sie eingebettet in den sozial-kulturellen Zusammenhang, der die Sozialisation insgesamt erst möglich macht, und insofern nur **systemisch** zu denken.

3 Biografisch gesehen: Spracherwerbs-Abschnitte sind Lebensabschnitte

> *The divisions of social, cognitive, and language*
> *development are divisions of the researcher, not the child.*
> Shatz (2007)

Im Leben des Kindes sind diese drei Stränge der Entwicklung (und vielleicht könnten noch andere analytisch herausgehoben werden – auch die motorische Entwicklung und damit verbundene Möglichkeiten, sich selber fortzubewegen, bleibt nicht ohne Einfluss, wie wir unten sehen werden) eng miteinander verwoben, und das Sprechen lernen erscheint als natürliches, kontinuierliches Fortschreiten zu neuen Möglichkeiten. Trotzdem sind von Eltern wie Forschern einige Übergänge immer wieder deutlicher wahrgenommen worden als andere – am prägnantesten vielleicht das erste vom Kind gesprochene Wort, das sehr wahrnehmbar den Eintritt in eine neue Welt markiert. Im Folgenden soll versucht werden, die Wechselwirkungen zwischen verschiedenen Bereichen der Entwicklung für drei Abschnitte des Sprechen-Lernens zu skizzieren. Die gewählten Abschnitte sind unterschiedlich klar umrissen, zeichnen sich aber m. E. doch intern dadurch aus, dass hier aus der Sicht des Kindes eine charakteristische Konstellation beschreibbar ist – und zwar in Bezug auf seine Kompetenzen, seine sozialen bzw. funktionalen Bedürfnisse und Ansprüche, in Bezug auf die jeweils charakteristische Rolle der Bezugsperson(en) und die sprachlichen Möglichkeiten und angestrebten Ziele. (Und wenn sozial-kognitive Fähigkeiten der wesentliche Schlüssel für den Spracherwerb sind (Tomasello 2003), dann muss sich das auf jeder neuen Stufe zeigen, wenn auch in immer wieder veränderter Weise.)

---

[4] Dazu Shatz zusammenfassend: "To optimize their learning opportunities, then, children have to be social beings interested and able to engage in communicative interactions involving language [...]. How much opportunity they have to exercise their skills, and how well their language mode matches their abilities for analysis will have an effect on the rate and course of their particular language development" (2007: 9).

Die ersten Monate: Vorbereitung auf sprachlichen Austausch

Als „extremer Nesthocker" ist das neugeborene Menschenkind auf Nahrung und Schutz angewiesen, seine Orientierung auf andere Menschen zunächst also keine Bildungs- sondern eine Überlebensfrage. Es erstaunt deshalb nicht, dass es für die Kontaktaufnahme mit einer Bezugsperson gut vorbereitet ist:[5] so liegt nicht nur der Schärfebereich für die visuelle Wahrnehmung in den ersten Tagen bei 20 cm – also gerade der Entfernung, die das Gesicht einer sorgenden Person von ihm entfernt sein wird – sondern das Kind zeigt darüberhinaus vor allen anderen Reizen eine Präferenz für das menschliche Gesicht. Auch die auditive Wahrnehmung ist bereits gut entwickelt: Säuglinge können die Stimme ihrer Mutter von Geburt an von anderen Stimmen unterscheiden, sie bevorzugen kindgerichtete[6] vor erwachsenengerichteter Sprache und nutzen prosodische Konturen wie Tonhöhenverlauf und Betonung, um den Lautstrom in Wörter, Phrasen und Sätze zu segmentieren und auf diese Weise einen Einstieg in den Sprachlernprozeß zu gewinnen. Sind sie am Anfang noch bereit, ihre Sensibilität für sprachrelevante akustische Signale für das Lernen jeder beliebigen Sprache einzusetzen, verfeinern sie durch Erfahrung ihre Wahrnehmung in der zweiten Hälfte des ersten Jahres, um sich speziell auf den Erwerb der Muttersprache einzustellen. Dabei stellen sie sich z.B. immer besser auf sprachspezifische Betonungsmuster ein, die ihnen helfen, Wortgrenzen zu erkennen. (Ein Beispiel ist das trochäische Betonungsmuster vieler Wörter im Deutschen, vgl. Weissenborn 2000.)

Im Prozess dieser Spezialisierung verlieren Säuglinge nach und nach die Fähigkeit, Kontraste in anderen Sprachen wahrzunehmen, die in ihrer Muttersprache keine Bedeutung haben. Sie nehmen andererseits die in ihrer Sprache auftretenden phonotaktischen Sequenzen als Schlüsselmerkmale der Wörter immer genauer wahr. So sind Sprachen dadurch charakterisiert, dass bestimmte Lautkombinationen an bestimmten Stellen eines Wortes auftreten können oder nicht – im Holländischen kann z.B. der Schwa-Laut in einer ersten Silbe eines Wortes auftreten, im Englischen nicht; ansonsten sind sich die beiden Sprachen in Bezug auf Phoneme und Prosodie ähnlich. Präsentiert man englischsprachigen Babys Listen mit holländischen bzw. englischen Wörtern, so zeigen die Kinder mit 6 Monaten noch keine Präferenz für eine der Listen, mit

---

5 Einen Überblick über Ergebnisse zur Säuglingsphase in der Spracherwerbsforschung geben Hennon et al. 2000; die Autorinnen gehen auch ausführlich auf die Methoden ein, mit denen diese Befunde erzielt werden konnten: z.B. Messung der Herzschlagrate, der Saugrate oder der Fixationszeit.

6 Als *kindgerichtete Sprache* wird eine besondere Sprechweise bezeichnet, die sich u.a. durch kürzere Sätze, mehr Wiederholungen, längere Pausen zwischen den Äußerungen, besondere Betonung der prosodischen Konturen und eine höhere Tonhöhe auszeichnet und die damit „Kapazitäten des Säuglings beantwortet, dem weniger ein Sinn- und Syntaxverständnis unterstellt werden kann als eine anfängliche Sensibilität für Tonhöhe, -dauer, Prosodie und Pausen". (Klann-Delius 1999: 144.).

9 Monaten dagegen eine deutliche Präferenz für die englische Wortliste (vgl. dazu im einzelnen Hennon et al. 2000: 58f.). Zu den Kompetenzen des Säuglings gehört also die Fähigkeit, das Gehörte aktiv zu analysieren und für die Aneignung der Muttersprache relevante Hinweise bevorzugt wahrzunehmen. Parallel dazu wird in immer differenzierterem „Babbeln" die eigene Fähigkeit zur Lautbildung eingeübt und verfeinert. Allerdings zeigt sich hier eine typische Asymmetrie, die den Spracherwerbsprozeß durchgehend auszeichnet: Verständnis für bestimmte Strukturen geht der Fähigkeit zur Produktion in allen Bereichen voraus. Daraus entsteht eine Spannung, die den Prozess antreibt – indem über das Verständnis ein Ziel definiert werden kann, an dem das Kind seine eigene Produktion immer wieder misst (vgl. dazu v. a. Clark 2003, 417ff.).

Die Analyse typischer Lautmuster ist allerdings nur eine Seite der Voraussetzungen, die ein zukünftiger Sprachnutzer zu erschließen hat. Mindestens ebenso elementar ist es für den Säugling, die wahrgenommene Welt um sich herum zu ordnen und so den Schritt vorzubereiten, sie „in Sprache zu fassen". Objekte, Handlungen und Ereignisse sind schrittweise nach visuellen bzw. funktionalen Eigenschaften zu gruppieren; dabei geht das Kind bald über eine Kategorisierung nach äußeren Merkmalen hinaus und gelangt zu konzeptuellen Kategorien, die eine tiefere Analyse erfordern, aber dafür Induktionsschlüsse möglich machen. Wenn wir z. B. erkennen, dass etwas ein Tier ist, weil es Mund und Augen hat, können wir daraus auf etwas schließen, was wir nicht sehen können: dass es sich fortbewegen kann, innere Organe hat usw. Kinder verarbeiten ihre Erfahrungen mit Ereignissen auf eine Weise, dass sie daraus Muster abstrahieren und auf Ursachen und Folgen schließen – kurz: "infants do not wait for language to begin to think" (Mandler, 1998, 203).

Bei beiden Analyseaufgaben ist der Säugling aber nicht allein – sein Lernen findet im engen Austausch mit Bezugspersonen statt, die ihrerseits (typischerweise) ihr Verhalten in besonderer Weise auf seine Bedürfnisse abstimmen. So ermöglichen Austauschprozesse im frühen Eltern-Kind-Dialog den Erwerb kommunikativer Grundqualifikationen (Klann-Delius 1999, Kap. 5.3), die eine weitere wesentliche Bais für den Spracherwerb darstellen. Dazu gehört zum einen Reziprozität, wechselseitige Bezogenheit, die bereits vorsprachlich – z. B. über den Austausch von vokalen Äußerungen, Gesten und mimischem Ausdruck – eingeübt werden kann und den späteren Wechsel der Dialogrollen vorbereitet. Zu entwickeln ist zum anderen Intentionalität „im Sinne einer *mentalen Ausgerichtetheit auf Welt* und im Sinne eines *Ausdrucks kommunikativer Absichten*" (Klann-Delius 1999: 155; Hervorhebg. dort), die – nach interaktionistischer Auffassung – nur über die *Zuschreibung* von Intentionalität aufgebaut werden kann. Wichtige Etappe dabei ist die gemeinsame Ausrichtung der Aufmerksamkeit als Basis dafür, über verschiedene Wahrnehmungsmodi Aufgefasstes miteinander (und später mit Sprache) in Verbindung zu setzen.

Insgesamt etablieren solche „Gespräche ohne Sprache" einen Rahmen dafür, dass sich Entwicklung als ein wechselseitiger Prozess entfalten kann, in dem auch das Kind die Erwachsenen durch sein Verhalten mitbestimmt. Während sich diese Wechselseitigkeit zunächst für die Augen eines Beobachters kaum wahrnehmbar vorbereitet, wird sie beim Übergang zur sprachlichen Kommunikation sehr deutlich.

Mit einem Jahr: erste Wörter und Spiele mit Sprache

Wenn das Kind erste Schritte in die Sprache macht, indem es versucht, für seine Mitteilungen selbst Wörter zu benutzen, hat es sich bereits in vieler Hinsicht verändert: Es wird selbst mobil und erforscht seine Umgebung in einem größeren Radius. Für sprachlern-relevante Situationen typisch ist allerdings jetzt eine andere Lage, nämlich zu sitzen – der Bezugsperson gegenüber oder auf ihrem Schoß. Sprachverwendung in diesem Alter ist noch auf punktuelle Beteiligung auf Einladung Erwachsener hin beschränkt. Eine wichtige Rolle haben in dieser Phase ritualisierte Spiele, bei denen dem Sprechen eine wachsende Bedeutung zukommt. Unter dem Begriff des „Formats" hat J. Bruner sehr detailliert beschrieben, wie in diesen bei genauer Betrachtung sehr dicht und systematisch organisierten Interaktionen spielerisches, aber doch zweckgerichtetes Handeln und sprachliche Äußerungen aufeinander bezogen werden. So lernt das Kind bei verschiedenen Varianten von Versteckspielen nicht nur, dass Objekte auch dann weiter existieren, wenn man sie nicht mehr sehen kann – die Entdeckung der *Objektkonstanz,* – sondern „sie bieten zum ersten Mal die Möglichkeit, zu erkunden, wie Dinge mit Worten bewirkt werden können." (Bruner 1987: 37)

Im Rahmen dieser Spielformate werden einerseits Bedeutungen vermittelt, andererseits aber auch Wege des Aushandelns von Bedeutungen: „Das Kind wird nicht nur auf Sprachkenntnisse hin ‚trainiert', sondern auch darauf hin, die Sprache als Mitglied der kulturellen Gemeinschaft zu gebrauchen" (Bruner 1987: 107). In Longitudinalstudien lässt sich über viele Monate hinweg zeigen, wie fein die Abstimmung zwischen Betreuungsperson und Kind dabei ist, und wie sie sich im Lauf der Zeit in Richtung auf mehr Anforderungen hin verändert:

> „Die geschilderten Spiele beider Kinder waren voller Übergänge, indem die Mutter immer wieder etwas Neues einführte und es dann nach und nach an das Kind ‚übergab', wenn es fähig wurde, dieses Neue selber auszuführen. [...] Man führt ein Spiel ein, gibt einen Rahmen, der sicherstellt, dass die Schwächen des Kindes aufgefangen und korrigiert werden können, und entfernt diesen Rahmen in dem Maße, in dem die Struktur ‚auf der anderen Seite' selber stehen kann. Dieses ‚Übergabe'-Prinzip ist so allgegenwärtig, dass wir es kaum bemerken." (Bruner 1987: 51)

Solche Übergänge betreffen sowohl die Rollenverteilung – wer initiiert einen Spielzug, wer führt eine Handlung aus –, als auch die Gestaltung der sprachlichen Äußerungen selbst: Sind die Beiträge des Kindes zunächst nur in Umriss und Länge lexemartig, bildet sich im Verlauf des oft wiederholten Spiels das konventionelle Wort heraus. Und von dem Moment an, in dem das Kind einige Wörter gebraucht, ändert sich die Haltung der Mutter zu seinen Produktionen: Sie wird anspruchsvoller, fordert das Kind bei einem unverständlichen Wort dazu auf, es zu wiederholen oder zu verbessern und macht auf diese Weise ihre Erwartung deutlich, dass es seinen *turn* jetzt angemessen ausfüllen kann.

Der Wissenshintergrund für den Erwerb der ersten Wörter besteht vor allem in Erfahrungen mit wiederkehrenden Alltagshandlungen. Trinken, essen und gewickelt werden, spazierengehen und einkaufen, spielen und schlafengehen – durch variierte Wiederholung werden solche Abläufe für das Kind als strukturiert erfahrbar, und es kommt in die Lage, Erwartungen auszuprägen, z. B. in Bezug auf die beteiligten Personen, Objekte und Handlungsschritte. Auf dieser Basis bilden Kinder schon früh sog. verallgemeinerte Ereignis-Repräsentationen aus (Nelson et al. 1986), deren wichtigste strukturelle Merkmale zunächst allgemeine Rollen-slots und das Wissen über die Einbettung von Handlungssequenzen in übergeordnete Handlungen sind. Im Verlauf der Entwicklung wird das Wissen über Ereignisse einerseits zunehmend schematisiert, andererseits flexibilisiert: Hinzu kommt die Unterscheidung zwischen optionalen und notwendigen Handlungen, Voraussetzungs-Folge-Beziehungen und die Hierarchisierung der Strukturen in dem Sinn, dass Teilziele und entsprechende Handlungen übergeordneten Zielen zugeordnet werden. Nelson geht davon aus, dass Ereignis-Repräsentationen als *Basic Building Blocks of Cognitive Development* insgesamt der Entwicklung kognitiver Funktionen höherer Ordnung (Planung, Reversibilität und andere logische Relationen, Inferenzen als Vorläufer zur logischen Implikation) den Weg bereiten (dazu a. Nelson 1996).

So basieren die ersten Wörter auf Handlungen und Ereignissen, in die das Kind involviert ist; sie beziehen sich auf Aspekte seiner unmittelbaren Umgebung. Zunächst stehen Objektbezeichungen, *personal-social words* (wie *hallo, nein, aua*) und erste „relationale Wörter" (wie *mehr, weg, rein*; vgl. Kauschke 2000) im Vordergrund, die Phase der Bezeichnung von Aktionen setzt etwas später ein.[7] Wie die Seite des ausgedrückten Konzepts muss dabei auch die Seite der sprachlichen Form typischerweise Schritt für Schritt erarbeitet werden: Erste Wörter unterscheiden sich in vieler Hinsicht von Wörtern in der Erwachsenensprache. Das betrifft sowohl ihre lautliche Struktur, die häufig phonologische Vereinfachungen zeigt, als auch die starke Kontextgebundenheit im Gebrauch mancher solcher „Protowörter". Der Übergang zum konventionellen Wort setzt dagegen voraus, dass die lexikalische Form phonetisch konsistent und semantisch kohärent verwendet wird – und zwar nicht mehr nur an spe-

---

7 Für einen knappen Überblick zum Wortschatzerwerb vgl. Rothweiler/Meibauer 1999; für eine empirische Untersuchung zum Erwerb des Deutschen vgl. Kauschke 2000.

zifische Kontexte oder Handlungsroutinenen gekoppelt; wir kommen weiter unten darauf zurück.

Zwischen Eins und Drei: Toddler lernen mitreden

Im Englischen wird diese Phase der Kindheit nach dem charakteristischen Gang benannt: Toddler sind Kinder, die in einer bestimmten Weise laufen – mit viel Körpereinsatz und Freude an Bewegung, aber noch etwas „tolpatschig" und im Rhythmus eher schubweise als gleichmäßig (leider gibt es im Deutschen kein Wort dafür). Noch ist ihre Welt ganz überwiegend durch wenige, enge Bezugspersonen geprägt. In dieser unterstützenden Umgebung nimmt das Kind am Leben teil – und lernt dabei, wer es selbst ist, warum die anderen so handeln, wie sie es tun,[8] ... und scheinbar wie nebenbei seine Muttersprache.

Denn in diesen beiden Jahren wird zum einen der Wortschatz in erstaunlicher Weise erweitert: Während die ersten 50 Wörter relativ langsam erworben werden, folgt typischerweise ab dem Ende des zweiten Lebensjahrs eine sehr dynamische Phase, die häufig als „Wortschatzspurt" bezeichnet wird; erst mit dem Ende des vierten Jahres tritt wieder eine Verlangsamung ein. Damit verbunden und darüberhinaus wird aber auch die Grundlage der gesamten Grammatik erworben: Mehr und mehr Wörter werden in größere Äußerungseinheiten eingebunden, sie werden dazu nach Bedarf morphologisch verändert – das Kind erwirbt also Syntax, Flexions- und Derivationsmorphologie, und zwar bis zum Alter von zweieinhalb bis drei Jahren. Das ist nicht erwartbar und es „ergibt sich für die Spracherwerbsforschung die Frage, wie dieser erstaunlich schnelle und relativ fehlerfreie Grammatikerwerb möglich ist" (Weissenborn 2000: 145).

Wie ist das zu schaffen? Wie kann es dem Kind gelingen, „aus wenig viel zu machen", wie so oft beobachtet wurde? Eine Erklärung, die die soziale Einbettung des Lernens in diesem Zusammenhang ernstnimmt, bietet Tomasello (1992; 2003). Auf der Basis einer großen Zahl empirischer Untersuchungen kann er zeigen, dass sich der Beginn der Verwendung von Wortkombinationen und ersten syntaktisch strukturierten Äußerungen aus einzelnen wortbasierten Mustern ergibt, in denen jeweils nur einzelne slots zu füllen sind:

> "In the initial stages, then, children's linguistic competence is most accurately characterized not as 'a grammar', but rather as an inventory of relatively isolated, item-based constructional islands. Development after these initial stages, typically 2–3 years of age, then proceeds gradually and in a piecemeal fashion, with some constructions becoming abstract more rapidly than others – mainly depending on the type and token frequency with

---

[8] Marilyn Shatz (1994) hat ihren Enkelsohn Ricky über zwei Jahre intensiv begleitet und zeichnet in ihrer Einzelfallstudie ein dichtes und detailreiches Bild des Ineinanderwirkens von sozialer und sprachlicher Entwicklung.

which children hear particular constructions, since this is what provides the raw material for the schematization process." (Tomasello 2003: 140ff.)

Kinder bilden also zunächst keine weitgehenden Generalisierungen – z.B. in Bezug auf allgemeine syntaktische Regeln – aus dem, was sie hören und verstehen, sondern sie stützen sich auf konkrete Kostruktions-Muster, die sie über einen Schematisierungsprozess gewonnen haben, und die sie Schritt für Schritt zu komplexeren Stukturen ausbauen. Damit steht das Lexikon (und nicht mehr die Grammatik) im Zentrum des Spracherwerbs – eine Wendung, die mit der Sicht neuerer theoretischer Entwürfe auf die Gesamt-Architektur der Sprache durchaus kompatibel ist (vgl. z.B. Jackendoff 2002).

Gegen Ende des Toddler-Alters (oder für manche Kinder auch später[9]) kündigt sich eine weitere qualitative Veränderung im Spracherwerbsprozess an, für die wieder Bezüge zur Lebenssituation deutlich gemacht werden können. Unterhaltungen mit Kleinkindern gestalten sich eher kleinschrittig – das Kind leistet seine Beiträge in Form einzelner Äußerungen (oder stellt seine Gesprächspartner mitunter durch insistierende Fragen auf die Probe). Mit dem Schritt zu einem selbständigen, von der Familie unabhängigen Abschnitt des Tages mit vielen neuen, auch fremden Bezugspersonen sind neue Anforderungen auch in Bezug auf sprachliche Ausdrucksfähigkeit verbunden. Auch größere sprachliche Aufgaben rücken jetzt in seine Reichweite. So können Dreijährige auf die Frage nach dem alleine Erlebten etwas berichten, übernehmen in ersten kleinen Erzählungen in Ansätzen die Rolle eines Sprechers, der einen Diskurs gestaltet[10]. Spiele mit Gleichaltrigen sind für einige Kinder in diesem Alter etwas Neues – und sie tragen zu diesen Entwicklungen entscheidend bei. So geben Rollenspiele, in denen die Kinder gemeinsam fiktive Situationen entwerfen und darin – auch sprachlich – handeln, einen neuen, deutlichen Anlass für „dekontextualisierten" Sprachgebrauch: Kinder lernen, dass und wie durch Sprache Kontexte geschaffen werden. Die Formel *„ich wär' jetzt die mutter"* als Spieleinleitung verschafft der Sprecherin eine neue Rolle, die so lange Geltung hat, bis sie wieder aufgehoben wird. Und es gelingt ihnen damit, in spielerischer Weise durch die Fiktion das Hier und Jetzt zu verlassen: „Dekontextualisierung bedeutet dabei nicht die Befreiung der Handlungen von jeglichem Kontext, sondern die Versetzung in einen anderen Kontext, eben den Kontext ‚Spiel'" (Andresen 2002: 43).

Auch wenn bis zum Alter von ca. fünf Jahren die wesentlichen Strukturen der Muttersprache erworben sind[11], ist doch klar, dass Kinder auch danach

---

[9] Es ist klar, dass der zeitliche Umriss der hier skizzierten großen Abschnitte individuell stark variieren kann; nicht nur soziale Einflussfaktoren sind in diesem Zusammenhang relevant (aber vgl. dazu auch Hoff 2000).

[10] Für einen Überblick zum Diskurserwerb vgl. z.B. Pan/Snow (1999).

[11] Eine prägnante Zusammenfassung dessen, was danach noch zu lernen bleibt, gibt Karmiloff-Smith (1988).

noch vielfältige sprachliche Aufgaben zu bearbeiten haben. Einige Aspekte dieser weitergehenden Kompetenzen sollen im 5. Abschnitt zum Spracherwerb im Schulalter vorgestellt werden. Zunächst soll aber am Beispiel des Lexikons gezeigt werden, wie vielfältig die Perspektiven sind, die für eine auch nur annähernd angemessenen Konzeptualisierung des Erwerbs in dieser Domäne zu berücksichtigen sind.

4 Exemplarisch betrachtet: Wortschatzerwerb – zur Verflechtung von sprachlichen, kognitiven und sozialen Faktoren

Man kann – wie oben bereits angedeutet – den Wortschatz als Kernbereich des Spracherwerbs betrachten; damit rückt eine Konzeptualisierung in den Blick, in der die Mehrdimensionalität der Zusammenhänge und Wechselwirkungen verschiedener funktionaler und formbezogener Eigenschaften einzelner Wörter immer wieder mit der Metapher des Netzstruktur zu fassen versucht wird. So beschreiben z. B. Hall(Waxman (2004) die Aufgabe des Lerners folgendermaßen:

> "... to succeed in this task, learners weave together many different threads of knowledge and skill. These strands include perceptual (visual and auditorty) sensitivities, general associative-learning mechanisms, conceptual and semantic constraints, an appreciation of lexical form class, and a rich understanding of communicative intent." (Hall/Waxman 2004: XI)

Zwei solcher Stränge sollen in diesem Abschnitt kurz aufgenommen werden, um einen (notwendigerweise unvollständigen) Eindruck der vielfältigen Verflechtungen zwischen verschiedenen Dimensionen des Wortschatzerwerbs zu geben.

Wortschatzerwerb und Lautsystem

Der Erwerb erster Wörter beginnt nicht erst, wenn das artikulatorische System des Kindes vollständig entwickelt ist (vgl. dazu z. B. Rothweiler 2002). Daher besteht über einige Zeit eine Diskrepanz zwischen der lautlichen Wahrnehmung von Wörtern durch das Kind einerseits und ihrer Produktion beim Sprechen andererseits. So zeigt Elsen (1999) auf der Basis einer Längsschnittuntersuchung für den Erwerb des Deutschen, dass vor allem die Gruppe der Frikative über einen längeren Zeitraum hinweg erworben werden muss. Das Kind vermeidet in dieser Zeitspanne Wörter, die solche Laute enthalten, oder realisiert sie nur annäherungsweise. Als dem Kind im Alter von einem Jahr und zwei Monaten die Bildung von Frikativen dann zunehmend gelingt, hat das vielfältige Folgen: mehr Konsonantengruppen erscheinen, Silben können geschlossen werden, das Wortakzentmuster wird flexibler. Diese Entwicklung fällt zusammen mit einem deutlichen nichtlinearen Vokabelanstieg – es liegt also nahe, einen Zusammenhang herzustellen. Aber wie sieht er aus? Hat die verbesserte Aussprache die Produktion von mehr Wörtern ermöglicht oder ist umgekehrt die Erweiterung des Vokabulars eine Hilfe, um das Lautsystem zu vervollständigen? Elsen nimmt in ihrer Diskussion eine interaktive, i.e. sich gegenseitig verstärkende Wirkung zwischen beiden Bereichen an – und von Wirkungen darüber hinaus:

> „Ein vergrößertes Lexikon stellt eine breitere Datenbasis dar, aufgrund derer dann die Informationsverarbeitung der Laute beschleunigt und damit verbessert wird. Gleichzeitig führt das sichere Beherrschen vorher vermiedener, also wohl schwieriger Laute zu erhöhter Sprechbereitschaft" (Elsen 1999: 98).

Man könnte hinzufügen: erhöhte Sprechbereitschaft macht es wiederum wahrscheinlicher, dass das Kind in Interaktionen eintreten kann, die neues „Material" für seinen Wortschatzerwerb zugänglich machen, und zwar auf eine Art und Weise, die diesen Zugang gleichzeitig in Bezug auf die Bedeutung erschließt. Blicken wir also auf den Zusammenhang von Lautentwicklung und Wortschatz, sind dabei – mindestens – Faktoren der biologischen Ausstattung (das artikulatorische System passt sich erst schrittweise den Erfordernissen an), des Sprachsystems (nicht jede Sprache erfordert z.B. den Erwerb palato-alveolarer Frikative), der kognitiven Verarbeitung (die Repräsentationen der gehörten und der selbst produzierten Lautbilder müssen miteinander verglichen werden) und der kommunikativen Situation miteinander verknüpft.

Erwerb von Verben: kognitive und sprachliche Komplexität

Bei der Untersuchung des Wortschatzerwerbs standen lange Objektbenennungen – und damit Nomina – im Vordergrund. Das war ein vergleichsweise einfacher Fall – für die Kategorisierung wichtig sind hier meist mehr oder weniger klar umrissene perzeptuelle und funktionale Eigenschaften der Objekte, und in einer Erwerbssituation ist nicht schwer zu erschließen, was ein Erwachsener mit seinen Zeigegesten und der Blickrichtung jeweils meint. Wie aber lernt ein Kind, was das Wort *verkaufen* bedeutet? Das auch nur ansatzweise angemessen zu beschreiben, setzt voraus, bei der Analyse eine Vielzahl von Aspekten zu berücksichtigen (vgl. dazu z. B. Tomasello 1995; Behrens 1999).

Zum einen sind die zugrundeliegenden kognitiven Konzepte komplexer und weniger transparent. Verben thematisieren Handlungen und Ereignisse, die in der Zeit stattfinden und „flüchtig" sind; sie referieren nicht notwendig auf das ganze Ereignis, sondern beschreiben es aus verschiedenen Perspektiven (*kaufen, bezahlen, bekommen* …), die u. U. noch nicht einmal sichtbare Handlungsaspekte aufweisen (z.B. *kosten*). Viele Verben enthalten konzeptuelle Anteile – wie z. B. Raumrelationen (*überqueren*), Gefühlsqualitäten (*enttäuschen*), oder Zeitstrukturen (*trödeln*) – die in ihrer Komplexität über typische Objektkonzepte hinausgehen.

Das bedeutet, dass sie auch anders gelernt werden müssen. Es genügt dann nämlich nicht, der Blickrichtung oder den Zeigegesten einer Erwachsenen zu folgen – um z. B. zu erkennen, was sie dem Wort *Tasse* meint – sondern das Kind muss intensiv und aktiv die Absichten der Sprechenden über einige Zeit verfolgen, um zu erschließen, was gemeint sein kann: Solche „nicht-ostensiven" Lernkontexte sind kein Ausnahmefall für den Erwerb des Lexikons, sondern seine alltägliche Grundlage. Damit gewinnt in der Lernsituation der sprachliche Kontext, in dem das Wort verwendet wird, größeres Gewicht: das Kind kann u.U. syntaktische Information zum Erschließen der Wortbedeutung nutzen.

Über die z.T. eher relational organisierte konzeptuelle Struktur hinaus verhalten sich Verben aber noch in einer zweiten Weise verbindungsstiftend, nämlich in Bezug auf die Grammatik: sie organisieren die Äußerung, funktionieren als strukturelles Zentrum in dem Sinn, „dass sie zwischen den einzelnen sprachlichen Elementen ein bestimmtes Verhältnis aufbauen" (Lange 2007: 5). Sie müssen also nicht nur in der Äußerung positioniert, mit dem Erwerb des finiten Gebrauchs auch morphologisch angepasst werden, sondern mit ihrem Einsatz ist auch ein in spezifischer Weise offenes Verhältnis zwischen lexikalischer und grammatischer Bedeutung jeweils wieder neu auszutarieren.

Eine Reihe von empirischen Untersuchungen hat gezeigt, dass Kinder zunächst eher einzelfall-basiert vorgehen, um sich in diese vielfältigen Beziehungen „hineinzuarbeiten". Der Grammatikerwerb vollzieht sich damit – vom Verb aus betrachtet – als schrittweise Abstraktion von lexemspezifischen Wissen. So zeigt sich bei der genauen empirischen Analyse des Gebrauchs einzelner Verben, dass die verschiedenen Positionen wie Subjekt oder Objekt zunächst mit festen oder wenigen, keineswegs aber mit allen grammatisch möglichen Ergänzungen besetzt werden: „Es kann z. B. vorkommen, dass das Kind ein Verb wie *werfen* mit einer Präpositionalphrase (PP) benutzt (*auf die Straße werfen*), ohne dass es deshalb fähig ist, auch das Verb *schmeißen* mit einer PP zu gebrauchen." (Behrens 1999, 43).

Die Komplexität der Aufgabe beim Erwerb und Gebrauch eines Verbwortschatzes ist mit diesen wenigen Punkten natürlich nur angedeutet – allerdings ist damit klar, dass sie nur zu bewältigen ist, wenn Kinder aktiv die Absichten ihrer Gesprächspartner mitverfolgen und dabei eine Vielzahl von Hinweisen berücksichtigen und für den Aufbau einer Deutung „auswerten",[12] dabei aber auch ihre Erfahrung mit ähnlichen Situationen immer mit einbeziehen.

---

[12] Baldwin/Meyer (2007: 93) fassen die bisherige Forschung zu dieser wesentlichen Ressource des Wortschatzerwerbs in folgender Weise zusammen: "infants a) actively exploit an impressive array of intentional clues to guide inferences about word meaning, b) can track these clues across time in the context of relatively novel and complex interactive scenarios, c) frequently take social clues indicating referential intent as criterial for establishing new word-referent links [...], and d) can mine input for social clues to meaning even when overhearing language addressed to others [...]."

5 Eine Erweiterung des Zeit-Horizonts – und ein Perspektiven-Wechsel: Spracherwerb im Schul- und Jugendalter

Richtet man den Blick auf die Kindheit jenseits von fünf oder sechs Jahren, ergibt sich ein geteiltes Bild: einerseits arbeitet das Kind kontinuierlich an seiner Sprachkompetenz weiter – es baut seinen passiven und aktiven Wortschatz aus, verwendet Schritt für Schritt mehr verschiedene grammatische Konstruktionen, und es kann auf diese Weise immer mehr sprachliche Aufgaben mit immer weniger rahmensetzender Hilfe durch Erwachsene selbst in Angriff nehmen. Die Basisaufgabe, adäquate Formen für kommunikative Funktionen im Gehörten zu entdecken und verwenden zu lernen, bleibt im Prinzip noch für längere Zeit bestehen. Dabei gibt es bisher kaum Konsens darüber, wie ein möglicher Endpunkt zu definieren wäre. Klein (1989) schlägt eine Mindestdauer des Erstspracherwerbs von ca. sieben bis acht Jahren vor – mit dem Argument, dass auch lange nach Schuleintritt „etwas komplexere, aber ganz verbreitete Konstruktionen" noch nicht beherrscht werden. Berman (2004; 2007) argumentiert darüberhinaus, dass auch in der Adoleszenz noch wesentliche Entwicklungen zu beobachten sind: "adolescents have attained abstract thinking and have well-established metacognitive skills, developments that both enable and are fostered by advances in linguistic knowledge. This does not mean that later language development culminates in a clear *end state*. Rather, the process continues across the lifespan, since the language used by adult speaker-writers of a standard dialect differs in significant ways from that of high school seniors (…)." (a. a. O. 2007, 348). In diesem Zusammenhang ist wichtig, darauf hinzuweisen, dass der Maßstab dessen, was erwachsene Sprecher in ihrer Sprache können, als sehr variabel anzusehen ist.[13]

Andererseits kann man beim Schuleintritt durchaus von einer Zäsur für den Erwerbsprozess sprechen. Denn mit dem Eintritt in die Schule verändert sich die Konstellation der Erwerbsbedingungen mindestens in einer Hinsicht einschneidend: Den Gebrauch der Schriftsprache lernt das Kind (im wesentlichen) in der Schule. Damit ist ein institutioneller Rahmen für das Lernen gegeben, der vieles verändert: Im Unterschied zum „Sprechen lernen" des Anfangs ist das Lesen- und Schreiben-Lernen nicht mehr für alle Kinder mühelos, und nicht alle sind damit in gleicher Weise erfolgreich. Ein wichtiger Grund dafür ist, dass im Vergleich Unterschiede in den Voraussetzungen des einzelnen Kindes für die neue, intensivierte – und sofort bewertete! – Lernphase deutlich werden: Die Vorbereitung auf Literarisierung ist je nach Elternhaus sehr verschieden. Und besonders drastisch wirkt das Fehlen einer Vorberei-

---

[13] "Speakers in each community share a good deal of common ground […] But even within such a community speakers at every age also exhibit large individual differences. They differ on how well they tell jokes or stories, how clearly they can give instructions, how persuasive they can be […]." Clark 2003, 411.

tung natürlich für den Schuleintritt derjenigen Kinder, die über die ersten Jahre des Spracherwerbs eine andere Muttersprache gelernt haben. Nicht umsonst erfährt ihre Situation in den letzten Jahren verstärkte Aufmerksamkeit und eine große Zahl von Förderprogrammen für die letzten Kindergartenjahre widmet sich dem Versuch, diese Voraussetzungen schon möglichst früh zu verbessern.[14]

Textkompetenz erwerben: Was heißt das?

Nach dem Schuleintritt hat vor allem die Entwicklung sprachlicher Fähigkeiten für die Bewältigung komplexerer diskursiver Aufgaben eine wichtigen Platz im Spracherwerb: die Kinder lernen einerseits, im Gespräch aus einer eher reagierenden Rolle herauszutreten und den kommunikativen Austausch selbst mit zu gestalten[15]; sie übernehmen jetzt – punktuell – auch für größere Beiträge die Sprecherrolle, z. B. für eine Erzählung. Kinder im Schulalter lernen also, Information für größere sprachlichen Einheiten zu strukturieren und diese Einheiten in sich kohärent zu gestalten. Damit das gelingt und für den Hörer nachvollziehbar wird, sind mehr Bedingungen zu erfüllen, als für die Gestaltung einer Äußerung, die sich an die vorangegangene des Gesprächspartners anschließt. Dazu gehört u. a. die Etablierung eines gemeinsamen Referenzrahmens und die Kontrolle von geteiltem Wissen, aber auch die Markierung des Informationsstatus von Referenten (z. B. als neu eingeführte oder bereits bekannte) und deren sprachliche Verknüpfung. Um in kohärenter Weise über einen Gegenstand zu sprechen – z. B. die Handlung eines Films nachzuerzählen – muss das Kind Strukturierungs-Entscheidungen in verschiedenen Bereichen[16] treffen, die aber nicht unabhängig voneinander funktionieren: „Diese Entscheidungen münden nur dann in die Produktion eines kohärenten Textes, wenn der Sprecher übergreifenden Planungsprinzipien folgt. Die Konstruktion jeder Äußerung muss den Bedingungen globaler, d. h. textübergreifender Prinzipien unterliegen." (v. Stutterheim/Carroll 2007).

Diese Entwicklungen der Diskurskompetenz setzen auch die Fähigkeit zu *verschobener Referenz* voraus. Als kognitiver Hintergrund dafür haben auch hier routinisierte Ereignissequenzen, die z.T. von den Kindern in Fiktions-Spielen variiert werden (Andresen 2002, 2004), eine Schlüsselfunktion. Sie ermöglichen die Hinwendung zum *da und dann* im Kontrast zum *hier und jetzt*: In Kontexten, wo solchermaßen strukturiertes Wissen thematisiert wird, verwenden Kinder eine Reihe von neuen Ausdrücken, die ihnen sonst noch nicht

---

[14] Forschungsarbeiten zu diesem Aspekt des Spracherwerbs werden von Rothweiler (2007) und Genesee/Nicoladis (2007) im Überblick vorgestellt.

[15] Zur Entwicklung mündlicher Fähigkeiten im Schulalter vgl. Quasthoff (2003); zu konversationellen *skills* Pan & Snow (1999).

[16] Entscheidungen betreffen z. B. die *Auswahl* dessen, was genau versprachlicht werden soll, aber auch die *Perspektivierung* des Sachverhalts in verschiedener Hinsicht, z. B. der Detailliertheit der Darstellung, oder der Wahl relevanter Raumkonzepte (vgl. dazu v. Stutterheim/Klein 2002; Carroll 2000; Carroll/Lambert 2003).

zur Verfügung stehen. Eine besondere Rolle nehmen in diesem Zusammenhang *Ereignisschemata* ein (Trabasso/Rodkin 1994): solche Repräsentationen komplexer Ereignissequenzen, die wesentlich durch Handlungs*ziele* der Protagonisten strukturiert sind, erleichtern sowohl Erinnerung und Verständnis, aber auch das Erzählen von Geschichten (vgl. dazu schon Abschnitt 3 oben).

Vor diesem Hintergrund ist nicht erstaunlich, dass zu den ersten Textmustern, die Kinder in Rezeption und Produktion bearbeiten, das Erzählen gehört: Schon ab ca. vier Jahren verstehen und erzählen Kinder erste Geschichten – an diesem Anfang müssen allerdings viele Informationen noch vom Hörer „mitgedacht" werden. Studien zum Erzähl-Erwerb zeigen, wie viele Entwicklungsschritte in verschiedenen Bereichen der sprachlichen Gestaltung nötig sind, bis ein Sprecher die dabei geforderten Aufgaben wirklich „beherrscht"[17] – und wie lange noch weitergelernt wird (Berman/Slobin 1994, Boueke et al. 1995).

Während beim Erzählen die Zeitachse als „übergreifendes Planungsprinzip" (s. o.) zur Linearisierung der Information genutzt werden kann, muss die Sprecherin für andere sprachliche Aufgaben eine globale Strukturierung auf andere Weise konstruieren – z. B. über Raumkonzepte. Es zeigt sich allerdings, dass sich die Fähigkeit, Rauminformation in konkreten kommunikativen Aufgaben angemessen zu versprachlichen, eher spät entwickelt. Zwei Untersuchungen von Weissenborn (1985, 1986) zeigen das eindrücklich. Im Verlauf einer räumlichen Instruktionsaufgabe konte Weissenborn (1986) zeigen, dass noch neunjährige Kinder daran scheitern, einen globalen Referenzrahmen zu etablieren, der einem Partner eine Orientierung in derselben Spiellandschaft ermöglichen würde: Ihr Vorgehen beim Beschreiben ist wesentlich von der eigenen Wahrnehmung geprägt und zur Identifizierung von Referenten werden daher nur *lokal* relevante Eigenschaften herangezogen (z. B. Größe oder Farbe), nicht aber ihr Bezug zum globalen Zuschnitt der Konstellation.

Erst Acht- bis Zehnjährige sind überhaupt in der Lage, eine zielführende Wegbeschreibung zu geben (Weissenborn 1985). Vorher verfügen Kinder nicht in ausreichendem Maß über die beiden dafür unabdingbaren Voraussetzungen: Zum einen die sprachlichen Mittel – hier projektive Lokalausdrücke – um die Position und Bewegungsrichtung eines *imaginären Wanderers* für den Hörer nachvollziehbar zu machen; zum anderen die interaktiven Routinen der Verständnissicherung, die bei einer Aufgabe solcher Komplexität unverzichtbar sind. Die Dreidimensionalität räumlicher Verhältnisse (die hier der Sprecherin darüberhinaus nur im Vorstellungsraum zugänglich sind) in ein Nacheinander zu organisieren und dabei zusätzlich die Perspektive des uneingeweihten Hörers einzubeziehen, ist offensichtlich eine außerordentlich fordernde Aufgabe. Bei der Schwierigkeit solcher Aufgaben zur Vermittlung von Rauminformation

---

[17] Berman (2004) schlägt für eine solche höhere Anforderung an das Niveau einer sprachlichen Lösung den Begriff des *proficient speaker* vor (im Kontrast zum *native speaker).*

spielen also alle für den Spracherwerb im Prinzip wesentlichen Bereiche eine Rolle. Gleichzeitig wird ihre Verzahnung deutlich: Im kognitiven Bereich ist die Fähigkeit vorausgesetzt, eine der Aufgabe angemessene Raumrepräsentation aufzubauen. Für die Planung der Versprachlichung muss die Rauminformation aber auf den Hörer zugeschnitten werden: Erst dann werden entsprechende Selektions- und Linearisierungsprozesse funktional. Eine spezifische Abstimmung auf die Bedürfnisse des Hörers kann wiederum verlangen, einen kommunikativen Austausch darüber zu initiieren – der allerdings nur mit differenzierten sprachlichen Ausdrucksmöglichkeiten erfolgreich sein kann. Die damit angedeutete Komplexität der Abstimmungsprozesse macht deutlich, wie wichtig die Entlastung der Sprecherin durch Routinisierung ist. Das ist eine wichtige Funktion von Diskursmustern – ein Muster stellt sicher, dass die wesentlichen Informationsbestandteile berücksichtigt und in erwartbarer Weise verknüpft werden. Ein wichtiger Bereich des Spracherwerbs im Schulalter ist deshalb der Aufbau einer Kompetenz, Textmuster zu erkennen, selbst zu nutzen und zu variieren (dazu z. B. Feilke 2003: 183ff.).

Parallel zum Ausbau ihrer Sprachkompetenz stehen für fortgeschrittene Lerner also weiterhin in hohem Umfang konzeptuelle Entwicklungsaufgaben an. Dabei sind zentrale Fragen bisher noch wenig erforscht: „Wie verhalten sich in der Ausbildung textueller Kohärenz Lexik, Syntax und Text zueinander? Wie sieht insbesondere das Verhältnis von syntaktisch-formulativer und textueller Entwicklung aus? Entwickelt sich die Textkompetenz gewissermaßen aufsteigend als Folge einer sukzessiven Ausdifferenzierung zunächst syntaktischer Formulierungsstrukturen, die immer wieder an Grenzen stoßen?" (Feilke 2003: 183.).

6 Kleines Fazit und Blick nach vorn

Die Darstellung in den vorangegangenen Abschnitten konnte nur einen skizzenhaften Eindruck dessen geben, was den Spracherwerb des Kindes ausmacht. Trotzdem ist vielleicht deutlich geworden, dass er nicht mit einem einheitlichen Prozess erklärt werden kann. Stattdessen ist das Zusammenwirken vieler Kräfte gefordert, damit er gelingt. Vorausgesetzt sind viele Stunden intensiver sprachlicher Interaktion mit zugewandten Menschen: Daraus erwächst zum einen Verständnis für Zusammenhänge in der Welt – zwischen Personen und Ereignissen, Orten und Bewegungen, Ursachen und Wirkungen, Regeln und Ausnahmen; zum anderen – und zeitlich damit verflochten – erwächst daraus für das Kind die Möglichkeit, die in seiner Sprachgemeinschaft konventionelle Weise zu erkennen, über diese Zusammenhänge zu sprechen (bis hin zu den Punkten, über die man eben nicht redet …): d. h. es erwirbt neben den Regeln des Sprachsystems gleichzeitig auch immer mögliche Perspektiven, in denen Sachverhalte wahrgenommen und bewertet werden. In dieser parallelen Entwicklung beeinflusst sowohl das Denken die Sprache, als auch das zunehmend differenzierte Sprachvermögen die Möglichkeiten des Denkens.

Versucht man die Prinzipien zu beschreiben, nach denen das im einzelnen geschieht, erscheint die Rolle des wachsenden Wissens immer wieder unterschätzt. Auch deshalb kann eine Spracherwerbs-Theorie kaum sehr elegant sein: der Prozess zu Beginn unterscheidet sich notwendigerweise in seinem Charakter sehr von dem gegen Ende, einfache Konzeptualisierungen greifen deshalb zu kurz: „Wenn man den Prozess des Spracherwerbs wirklich verstehen will, muss man nicht nur seine Struktur, sondern seinen Zeitverlauf betrachten. Was ein Lerner zu einem bestimmten Zeitpunkt lernt, ist nur zu verstehen, wenn man berücksichtigt, was er zu diesem Zeitpunkt bereits an Wissen angesammelt hat. Daher muss eine ernsthafte Theorie des Spracherwerbs eine Entwicklungstheorie sein [...]." (Klein 1989: 13). Ein Bereich dieses Wissens ist dabei wiederum die gewachsene Kompetenz in der Sprache selbst: Nach den ersten Anfängen hilft uns – vielleicht mehr als alles andere – die Sprache, das Sprechen (und Schreiben ...) zu lernen.

Dieser Aspekt, auf verschiedene Weise selbst-bezüglich einsetzbar zu sein, ist nur eine der vielen faszinierenden Facetten unserer Sprache – die ja überhaupt ihr eigenes Leben hat: "Splendid also to feel the curious and potent, inexplicable and irrefutably magical life language leads within itself" (J. Updike).

Literatur

Andresen, Helga (2002) Spiel, Interaktion und Dekontextualisierung von Sprache vor Schulbeginn

Baldwin, Dare & Meyer, Meredith (2007) How inherently social is Language? In: Hoff & Shatz (eds.), 87–106

Behrens, Heike (1999) Was macht Verben zu einer besonderen Kategorie im Spracherwerb? In: Meibauer & Rothweiler (Hrsg.), 32– 50

Bredel, Ursula, Günther, Hartmut, Klotz, Peter, Ossner, Jakob, Siebert-Ott, Gesa (Hrsg.) (2003) Didaktik der deutschen Sprache. Paderborn: Schöningh

Berman, Ruth A. (2007) Developing Linguistic Knowledge and Language Use Across Adolescence. In: Hoff & Shatz (eds.)

Bruner, Jerome (1987) Wie das Kind sprechen lernt. Bern u.a.: Huber

Carroll, Mary (2000) Representing path in language production in English and German: Alternative perspectives on Figure and Ground. In: Habel, Ch. & Stutterheim, Ch. v. (Hrsg.) Räumliche Konzepte und sprachliche Strukturen. Tübingen: Niemeyer, 97–118

Carroll, Mary & Lambert, Monique (2003) Information structure in narratives and the role of grammaticised knowledge. In: Dimroth, Ch. & Starren, M. (eds.) Information structure and the dynamics of language acquisition. (267–286)

Clark, Eve (2003) First language acquisition. Cambridge: CUP

Ehlich, Konrad (1996) Kindliche Sprachentwicklung, ihre Daten und ihre Konzeptualisierungen. In: ders., (Hrsg.) Kindliche Sprachentwicklung: Konzepte und Empirie. Opladen: Westdt. Verlag, 1–17

Elsen, Hilke (1999) Auswirkungen des Lautsystems auf den Erwerb des Lexikons. Eine funktionalistisch-kognitive Perspektive. In: Meibauer & Rothweiler (eds.) Das Lexikon im Spracherwerb, 88–106

Feilke, Helmuth (2003) Entwicklung schriftlich-konzeptualer Fähigkeiten. In: Bredel et al. (Hrsg.), 178–193

Genesee, Fred & Nicoladis, Elena (2007) Bilingual First Language Acquisition. In: Hoff & Shatz (eds.), 324–342

Grimm, Hannelore (Hrsg.) (2000) Sprachentwicklung. Enzyklopädie der Psychologie, Bd. C3. Göttingen u. a.: Hogrefe

Hall, Geoffrey D. & Waxman, Sandra R. (eds.) (2004) Weaving a Lexicon. Cambridge, MA/London, MIT Press

Hennon, Elizabeth, Hirsh-Pasek, Kathy & Michnick Golinkoff, Roberta (2000) Die besondere Reise vom Fötus zum spracherwerbenden Kind. In: Grimm, H. (Hrsg.), 41–103

Hoff, Erika (2000) In: Grimm (Hrsg.) Sprachentwicklung

Hoff, Erika & Shatz, Marilyn (2007) (eds.) Blackwell Handbook of Language Development. Oxford u. a.: Blackwell

Jackendoff, Ray (2002) Foundations of Language. Brain, Meaning, Grammar, Evolution. Oxford: OUP

Karmiloff-Smith, Annette (1988) Some fundamental aspects of language development after age 5. In: Fletcher, Paul & Garman, Michael (eds.) Language acquisition: studies in first language development

Kauschke, Christina (2000) Der Erwerb des frühkindlichen Lexikons – eine empirische Studie zur Entwicklung des Wortschatzes im Deutschen. Tübingen: Narr

Klann-Delius (1999) Spracherwerb. Eine Einführung. Stuttgart: Metzler

Klein, Wolfgang (1989) Sprechen lernen – das Selbstverständlichste der Welt. In: Zeitschrift für Literaturwissenschaft und Linguistik 73, 7–17

Klein, Wolfgang (1991) Seven trivia of language acquisition. In: L. Eubank (ed.) Point Counterpoint, Universal Grammar in the Second Language. Amsterdam: Benjamins, 49–70

Klein, Wolfgang (2001) Typen und Konzepte des Spracherwerbs. In: Gerhard Helbig, Lutz Götze, Gert Henrici & Hans-Jürgen Krumm (Hrsg.) Deutsch als Fremdsprache. Ein Internationales Handbuch. 1. Halbband, 604–616

Lange, Bettina (2007) Machen, haben, gehen, kommen: einige „Passepartout"-Verben im Primärspracherwerb des Deutschen. Frankfurt u. a.: Lang

Mandler, Jean M. (1998) Representation. In: W. Damon (ed.) Handbook of child psychology. Vol. 2: Cognition, perception, and language. New York: Wiley, 255–308

Mandler, Jean M. (2004) The foundations of mind. Origins of Conceptual Thought. Oxford: University Press

Meibauer, Jörg & Rothweiler, Monika (Hrsg.) (1999) Das Lexikon im Spracherwerb. Tübingen: Francke

Nelson, Katherine (1996) Language in Cognitive Development

Pan, Barbara A. & Snow, Catherine E. (1999) The development of conversational and discourse skills. In: Barrett, Martyn (ed.) The development of language

Rothweiler, Monika & Meibauer, Jörg (1999) Das Lexikon im Spracherwerb – ein Überblick. In: Meibauer, J. & Rothweiler, M. (1999) (Hrsg.), 9–32

Rothweiler, Monika (2002) Spracherwerb. In: Meibauer et al.: Einführung in die germanistische Linguistik

Rothweiler, Monika (2007) Bilingualer Spracherwerb und Zweitspracherwerb. In: Steinbach, Markus et al.: Schnittstellen der germanistischen Linguistik. Stuttgart/Weimar: Metzler

Shatz, Marilyn (1994) A Toddler's life. Becoming a Person. New York/Oxford: OUP

Shatz, Marilyn (2007) On the development of the field of language development. In: Hoff & Shatz (eds.)

Stutterheim, Christiane v. & Carroll, Mary (2007) Durch die Grammatik fokussiert in: Zeitschrift für Literaturwissenschaft und Linguistik, Bd. 145, 35–61

Stutterheim, Christiane v. & Klein, Wolfgang (2002) Quaestio and l-perspectivation. In: Graumann, C. F. & Kallmeyer, W. (eds.) Perspectivity and perspectivation in discourse. Amsterdam: Benjamins, 179–198

Tomasello, Michael (1992) The social Bases of Language Acquisition. In: Social Development 1, 67–87

Tomasello, Michael (1995) Pragmatic Contexts for Early Verb Learning. In: Tomasello, Michael & Merriman, William E. (eds.) Beyond Names for Things, 115–146

Tomasello, Michael (2003) Constructing a Language. A Usage-based Theory of Language Acquisition. Cambridge, MA: Harvard University Press

Tracy, Rosemarie (2000) Was erworben werden muss. In: Grimm, H. (Hrsg.) Sprachentwicklung. Göttingen: Hogrefe

Weissenborn, Jürgen (1985) „Ich weiss ja nicht von hier aus wie weit es von da hinten aus ist". Makroräume in der kognitiven und sprachlichen Entwicklung des Kindes. In: Schweizer, Harro (Hrsg.) Sprache und Raum. Stuttgart; 209–244

Weissenborn, Jürgen (1986) Learning How to Become an Interlocutor. The Verbal Negotiation of Common Frames of Reference and Actions in Dyads of 7–14 Year Old Children. In: Cook-Gumperz, J., Corsaro, W.A. & Streeck, J. (eds.) Children's worlds and children's language

Weissenborn, Jürgen (2000) Der Erwerb von Morphologie und Grammatik. In: Grimm, Hannelore (Hrsg.) Sprachentwicklung. Enzyklopädie der Psychologie Bd. C3. Göttingen: Hogrefe, 141–169

Heidelberger Jahrbücher, Band 53 (2009)
E. Felder (Hrsg.) Sprache
© 2009 Springer-Verlag Berlin Heidelberg

Sprachkritik und Sprachmagie

Eine Kategorisierung von Formen der Sprachkritik
vor dem Hintergrund des Streits
zwischen Sprachkritikern und Sprachwissenschaftlern

JANA TEREICK

1. Zur Einführung

(1) „Das Pausenbrot im Papierkorb oder der Kaviar im Abfalleimer kann getrost *Wohlstandsmüll* genannt werden. Arbeitsunwillige und sogar Arbeitsunfähige mit dieser Vokabel zu belegen, wie es sich ein Konzernmanager in einem Interview geleistet hat, missachtet jedoch jede Schamgrenze" (Schlosser 2000a: 48).

(2) „‚It's your Heimspiel! – Make it real‘, ei[n] völlig unverständliche[r] Appell von freischwebender Kernigkeit, aber verheerender Vorbildwirkung auf junge Menschen, die sich, hätten sie bessere Vorsprecher, vielleicht doch irgendwann aus ihrer ‚Voll der Hammer‘-Sprache herausackern könnten" (Schreiber 2006: 185).

(3) „‚Wir haben zum 1. Januar diesen Jahres die Steuern gesenkt‘, verkündet die Regierung stolz. Das ist natürlich erfreulich, auch wenn es leider nicht richtig ist […]. Die inflationäre Ausbreitung der falschen Fallbildung vor dem ‚Jahres‘-Wort erregt Besorgnis und sorgt für Erregung" (Sick [11]2004: 90, 92).

(4) „Wörter sind nicht unschuldig, können es nicht sein, sondern die Schuld der Sprecher wächst der Sprache selber zu, fleischt sich ihr gleichsam ein. […] Das Wort ‚Lager‘, so harmlos es einmal war und wieder werden mag, können wir doch auf Lebenszeit nicht mehr hören, ohne an Auschwitz zu denken" (Sternberger/Storz/Süskind [3]1968: 7).

(5) „[Es] herrscht unter Sprachwissenschaftlerinnen und Sprachwissenschaftlern darüber, daß Frauen und Männer in der Sprache unterschiedlich behandelt werden, Einverständnis. Es gibt zahlreiche Arbeiten, die sich damit befassen, daß Frauen in der Sprache über Männer definiert werden oder daß die weiblichen Formen zu männlichen Bezeichnungen fehlen, […] daß Männer die Norm sind und Frauen die Ausnahme" (Trömel-Plötz 1982: 71f.).

Aussagen wie die fünf hier abgedruckten kennt vermutlich jeder – oder hat sogar selbst schon einmal eine ähnliche getätigt. Es handelt sich um *sprachkritische* Aussagen. Sie kritisieren individuelle Äußerungen (erstes, zweites und drittes Zitat), Sprachnormen bestimmter Gruppen (zweites Zitat), „Moden" des öffentlichen Sprachgebrauchs (drittes Zitat) oder die etablierten Normen der Sprache selbst (viertes und fünftes Zitat). Dahinter können so unterschiedlich Motive stehen wie die Sehnsucht nach einem „reinen", „richtigen" oder „humanen" Sprachgebrauch oder der Kampf für die Gleichberechtigung von Frauen. Gemeinsam ist allen hier abgedruckten Beispielen, dass sie große öffentliche Resonanz gefunden haben. Das *Wörterbuch des Unmenschen* (Sternberger/Storz/Süskind 1945–48/³1968), das totalitäre Tendenzen im Sprachgebrauch der Nachkriegszeit aufdecken wollte (viertes Zitat), löste eine breite Debatte aus und wurde mehrfach neu aufgelegt. Die feministische Sprachkritik (fünftes Zitat), die in den 1970er Jahren ihren Anfang genommen hat, übt bis heute einen Einfluss auf den öffentlichen und institutionellen Sprachgebrauch aus und die Stilführer-Reihe „Der Dativ ist dem Genitiv sein Tod" (Sick ¹¹2004, ²2005, 2006; drittes Zitat) erzielte Anfang des 21. Jahrhunderts eine Millionenauflage. Im Oktober 2006 widmete das Nachrichtenmagazin *Der Spiegel* der Sorge um den durch Anglisierung und allgemeinen Schlendrian drohenden Untergang der deutschen Sprache eine Titelgeschichte („Rettet dem Deutsch! Die Verlotterung der Sprache", *Spiegel* 40/2006). Das zweite Zitat stammt aus diesem Artikel (Schreiber 2006). Über die Wahl der „Unwörter des Jahres" (www.unwortdesjahres.org, vgl. Schlosser 2000) schließlich (erstes Zitat) wird jährlich in allen großen Medien berichtet und diskutiert. Dies alles zeigt, dass das Thema Sprachkritik viele Menschen anzugehen und zu bewegen scheint.

Dadurch dass – in verschiedenen Formen – *Sprache* kritisiert wird, muss sich die Sprachwissenschaft angesprochen fühlen. Tatsächlich haben Sprachwissenschaftler immer wieder von sich aus auf sprachkritische Urteile reagiert oder wurden sogar von Sprachkritikern direkt angegriffen und mussten sich verteidigen. In allen erwähnten Debatten haben Sprachwissenschaftler Stellung bezogen, mal nüchtern und akribisch wie nach der Veröffentlichung des *Wörterbuchs des Unmenschen*, mal schroff und polemisch wie nach der Veröffentlichung des *Spiegel*-Artikels: „So wie vielen Kollegen ist mir bis heute schleierhaft, wie ein so schlechter, linguistisch ignoranter Artikel [...] es nicht nur in das anspruchsvolle Wochenmagazin, sondern sogar noch auf die Titelseite geschafft hat [...]. Das scheint mir ein viel größerer Fall von Kulturniedergang zu sein als ‚die schleichende Schwächung' einiger Verben" (Meinunger 2008: 10, Anm. 1).

Auffallend häufig sprachen dabei Sprachwissenschaftler Sprachkritikern ab, tatsächlich Sprachkritiker zu sein. Sie hielten ihnen vor, in Wirklichkeit Sprecher- oder Gesellschaftskritiker zu sein und die Sprache nur „als Aufhänger" (Dieckmann 2006: 20) zu benutzen:

„Diese Kritik richtet sich aber nur gegen gewisse Denkformen, nicht eigentlich gegen die Sprache" (Polenz 1968: 252).

„Es kommt hinzu, dass in sprachkritischen Zeugnissen oft gar nichts Sprachliches kritisiert wird, sondern entweder die begriffliche Verarbeitung der Wirklichkeit im Bewusstsein der Sprecher oder sogar die Sachverhalte selbst, über die geredet wird" (Diekmann 2006: 17).

„Wörter selbst sind immer unschuldig" (Schiewe 1998: 26).

„[D]ie Sprachwissenschaft beschäftigt sich mit Unwörtern genausowenig wie die Zoologie mit Untieren oder die Mathematik mit Unsummen. Die Begründung der Jury hat dann mit Sprache auch nur wenig zu tun" (Stefanowitsch 2007a).

Im Folgenden soll nach einem kurzen historischen Überblick dieser Vorwurf genauer untersucht werden. Dazu werden zwei exemplarische sprachkritische Veröffentlichungen bzw. Aktionen vorgestellt, die ihn in der Diskussion auf sich gezogen haben, das *Wörterbuch des Unmenschen* und die Aktion „Unwort des Jahres". Anhand der Darstellung dieser Debatten wird eine Definition von Sprachkritik erarbeitet und anschließend werden verschiedene Formen von Sprachkritik kategorisiert. Dabei steht die folgende Frage im Hintergrund: *Was* wird *nach welchem Maßstab* kritisiert? Die Kategorien werden anschließend in einer Zusammenschau durch die exemplarische Einordnung weiterer Beispiele veranschaulicht (Abschnitt 4). Zum Abschluss werden die Debatten um das *Wörterbuch des Unmenschen* und die *Unwort*-Aktion in einen breiteren Zusammenhang gestellt und mögliche Konsequenzen für eine „linguistisch begründete Sprachkritik" besprochen.*

2. „Sprachkritik" und „Sprachwissenschaft"

2.1 Sprachkritik – ein historischer Überblick

Sprachkritik ist wahrscheinlich fast so alt wie die Sprache selbst. In jedem Fall gilt: „Sprachkritik ist älter als *Sprachkritik*" (Heringer 1982: 5), es gibt die Sache also wesentlich länger als das Wort, das wir heute dafür verwenden. Der Ausdruck *Sprachkritik* „wird erst im 20. Jh. fest lexikalisiert", zuvor fand sich seit dem 18. Jahrhundert der Ausdruck *Kritik der Sprache* (Reallexikon ³2003: 479). Die ersten Belege für Sprachkritik im deutschen Sprachraum sind jedoch viel älter.

Bereits aus dem Mittelalter finden sich Aussagen, die Sprach- und Sprachdifferenzbewusstheit zeigen (vgl. Bär in diesem Band: S. 70). Jones (1995: 4) nennt mittelalterliche Beispiele für Reflexionen über den Einfluss des Lateinischen und der romanischen („welschen") Sprachen, unter anderem die Erklärung des Thomasin von Zerklaere (~1215/2004: 23), er werde in seiner Lehre keine romanischen Wörter verwenden.[1] Im Jahr 1448 bemängelte Niklas von

---

* Für die Einführung in das Thema Sprachkritik und unzählige wertvolle Anregungen bin ich Jochen A. Bär (Heidelberg) zu großem Dank verpflichtet. Für kritische Kommentare zu diesem Aufsatz danke ich des weiteren Ekkehard Felder, Sandra Kluwe, Marcus Müller (Heidelberg) und Horst J. Simon (London).

[1] Thomasin, selbst Italiener, schreibt in seinem Lehrgedicht „Der Welsche Gast": „[S]wie wol ich welhische kan, / so wil ich doch in mîn getiht / welhischer worte mischen niht" (Thomasin ~1215/2004: V. 34–36) – „Obwohl ich welsch kann, werde ich dennoch in mein Gedicht keine

Wyle, dass viele Stadtschreiber modische Fremdwörter „wie die Affen" (Wyle 1478: 243r) sofort übernähmen und dass anders als bei „unseren Vorfahren" (*unser fordern*, ebd.) die zeitgenössische Dichtung „vier oder fünf" Sprachen mische. Das erste Beispiel, das Schiewe (1998) in seiner Überblicksdarstellung für Sprachkritik aus dem deutschen Sprachraum nennt, ist die Kritik des Paracelsus an der lateinisch geprägten medizinischen Fachsprache im 16. Jahrhundert (vgl. Schiewe 1998: 57–60).

Gerade eine Kritik an Fremdwörtern und anderen Einflüssen fremder Sprachen wurde über die Jahrhunderte immer wieder geäußert, mit den unterschiedlichsten Motivationen und aus den verschiedensten Perspektiven. Im 17. Jahrhundert bildeten sich zahlreiche Sprachgesellschaften, die sich dem Kampf gegen Fremdwörter verschrieben, allen voran die „Fruchtbringende Gesellschaft" (gegründet 1617), deren Ziel es war, „unsere hochgeehrte Muttersprache / in ihrem gründlichen Wesen und rechten Verstande / ohn Einmischung fremder ausländischer Flikwörter / so wol im Reden / Schreiben / Getichten / auf allerzier- und deutlichste zu erhalten und auszuüben" (Neumark 1668: 31). Eine Fülle von Streitschriften und Parodien erschien, die den Einfluss der lateinischen und der französischen Sprache kritisierten. Georg Philipp Harsdörffer, Mitglied der Gesellschaft, persiflierte das „Lateinischdeutsch" der „Alamodisten" (Harsdörffer 1659: 294): „Auf Befragen / warum er doch nicht rein Teutsch rede / sagte er: Ich *fundamen*tir mich auf den *usum*, der uns Lateinische *terminos obtrudi*ret" und so fort. Ein Anonymus (eventuell der Arzt, Schriftsteller und Astrologe Christoph Schorer, vgl. Jones 1995: 287, Hartig 1922) beklagte in seinem Pamphlet „Der Unartig Teutscher Sprach-Verderber", dass, „wann ein Teutscher [...] nur einen Frantzosen hören reden / so ist jhm seine Muttersprache schon erleydet / Er will alsobald eine Frantzösische Zunge haben" (Anonymus 1643: 2). Auch er fügte unzählige, seitenlange Karikaturen der „Sprach-Verderber" ein („Mein allerliebste *Dama*, mich erfrewet sehr hoch / daß sich diese *brave occasion præsentiert*, euch zu besuchen / vnnd meine *paßion*, so ich gegen euch trage zu offenbaren" usw., Anonymus 1643: 13). Der zweiten Auflage des „Sprachverderbers" („Gedruckt im Jahr / Da Sprach / Sitten und Tugend verderbet war" 1644) wurde ein Lexikon angefügt, das Übersetzungen „eingeschlichener" Fremdwörter auflistete (Anonymus 1644: J$_i$r–K$_{vi}$r), z. B. „*Assistentz*, beystand hülffe" (ebd.: J$_i$r), „*Definiren*, benambsen" (J$_v$r) oder „*Event*, außgang" (J$_{vi}$r). Zusätzlich wurde eine Liste von Wörtern angefügt, die die Franzosen „von den alten Francken oder Teutschen entlehnet" hätten (K$_{vi}$r–K$_{vii}$v), „damit man sehe / daß die Frantzösische sprach keine hauptsprach / sondern von theils Teutschen und Lateinischen wörtern be-

welschen Wörter einflechten" (Übersetzung von Eva Willms in Thomasin 2004: 23). Allerdings betont er im Folgenden, dass er grundsätzlich nichts daran auszusetzen habe, dass ein Deutscher „welsche" Wörter verwende, im Gegenteil sei dies durchaus elegant (vgl. V. 39–46). Das *gewant* (‚Gewand'), also die sprachliche ‚Einkleidung', seiner eigenen Lehre solle jedoch *einvar* (‚einfarbig') sein (V. 37f.).

stehe / deßwegen auch auß solcher sprach keine wörter in eine hauptsprach sollen eingeführet werden" (K$_{vii}$vf.), beispielsweise „Balle, ein Ball", „Baßin, becken"(K$_{vi}$r), „Pantouffle, Pantoffel", „Papier, Papir", „Tonneau, Tonne"(K$_{vii}$v). Im Umfeld der Sprachgesellschaften wurden zahlreiche Vorschläge zur Übersetzung fremdsprachlicher Ausdrücke gemacht, von denen einige bis heute bestehen (z. B. Augenblick statt Moment, Rechtschreibung statt Orthographie, Tagebuch statt Journal, vgl. Schiewe 1998: 64, Kirkness 1975: 32–43), wenn sie das Fremdwort auch meist nicht verdrängt, sondern lediglich zur Differenzierung des Wortschatzes beigetragen haben. Philipp von Zesen (1619–1689) tat sich besonders als ein solcher Übersetzer hervor. Er bildete beispielsweise den Ausdruck Menschenbild (für Person, vgl. Zesen 1645: 13) und trug zahlreiche bereits bestehende deutsche Entsprechungen zusammen. Viele seiner Vorschläge konnten sich jedoch nicht durchsetzen, wie z. B. der Jungferzwinger (statt Nonnenkloster, vgl. Zesen 1645: 13, Zesen 1672: v^{v}f.) oder der Tageleuchter (für Fenster, vgl. Zesen 1645: 14).

Ein ähnliches, wenn auch anders motiviertes Projekt verfolgte Ende des 18. und zu Beginn des 19. Jahrhunderts der Aufklärer Joachim Heinrich Campe (vgl. Schiewe 1998: 125–138). Beeindruckt von (dem Beginn) der Französischen Revolution, die ihm zu zeigen schien, dass eine Beteiligung aller gesellschaftlichen Schichten an öffentlichen Debatten möglich sei (vgl. Campe 1790: 51, Anm.), wollte er solches auch in Deutschland ermöglichen. In seinem „Wörterbuch zur Erklärung und Verdeutschung der unserer Sprache aufgedrungenen fremden Ausdrücke" (1801/²1813) trug er über 11 000 Übersetzungsvorschläge für Fremdwörter zusammen, von denen er viele (z. B. Ergebnis statt Resultat, Feingefühl statt Delicatesse, gegenteilig statt konträr, Lehrgang statt Cursus, Schalksernst statt Ironie) selbst gebildet hatte.[2] Viele dieser Vorschläge haben sich gehalten – auch hier besteht jedoch das „ersetzte" Fremdwort meist bis heute in einer anders nuancierten Bedeutung weiter (vgl. Schiewe 1998: 137f.). Noch mehr hingegen konnten sich nicht durchsetzen (vgl. dazu Polenz 1994: 126–133), z. B. Spitzgebäude (statt Pyramide) oder Kunststrom (statt Kanal).

In der „Sprachkrise" am Ende des 19. Jahrhunderts richtete sich, im Gegensatz zu den bisher vorgestellten Formen, die Sprachkritik nicht gegen eine bestimmte Einzelsprache. Verschiedene Schriftsteller und Philosophen wie Hugo von Hofmannsthal und Friedrich Nietzsche formulierten die ernüchterte Feststellung, dass Sprache an sich (vgl. 3.3) unfähig ist, zu Erkenntnis jeglicher Art zu führen oder menschliche Empfindungen adäquat auszudrücken (vgl. dazu ausführlich Felder in diesem Band: S. 44ff.).

---

[2] In seinem als Ergänzungsband zu seinem Wörterbuch der deutschen Sprache veröffentlichten Fremdwörterlexikon gibt Campe nicht immer Aufschluss über die Herkunft eines Übersetzungsvorschlages, aber im Wörterbuch selbst markiert er die „Campe'schen neuen Wörter" mit einem speziellen Zeichen (Campe 1807: XXI).

Ebenfalls Ende des 19. Jahrhunderts, kurz nach der Reichsgründung 1871, lebte wiederum eine Form der nationalistisch begründeten Fremdwortkritik auf. Sie richtete sich weiterhin gegen das Französische und Lateinische, aber inzwischen auch gegen das Englische. 1885 wurde der Allgemeine Deutsche Sprachverein (ADSV) – ab 1923 Deutscher Sprachverein (vgl. Zeitschrift des deutschen Sprachvereins 1/38, 1923) – gegründet, dessen Ziel es war,

> „1) die Reinigung der deutschen Sprache von *unnöthigen fremden Bestandteilen* zu fördern, –
>
> 2) die Erhaltung und Wiederherstellung des *echten Geistes und eigenthümlichen Wesens* der deutschen Sprache zu pflegen – und
>
> 3) auf diese Weise das *allgemeine nationale Bewußtsein* im deutschen Volke zu kräftigen" (Riegel 1886: 1, Hervorhebungen im Original).

Der ADSV war mit seinen Vorschlägen zur „Verdeutschung" von Fremdwörtern in Deutschland überaus erfolgreich, vor allem im Post- und Eisenbahnwesen und der Verwaltung (z. B. *Umschlag* statt *Couvert*, *Abteil* statt *Coupé*, *Rechtsanwalt* statt *Advokat*, vgl. Schiewe 1998: 158). Aber auch im „gewöhnlichen Leben" wurden schnell Erfolge erzielt, wie Dunger (1887: 3) stolz bemerkte. Er berichtete, dass die „Tramway=Company of Germany limited" sich in „Dresdner Straßenbahnen" und die „Velocipedisten" sich in „Radfahrerbund" umbenannt, Vereine nun „Satzungen" statt „Statuten" und Buchhändler-, Architekten- und Lehrerverbände angekündigt hätten „entbehrliche Fremdwörter" zu vermeiden (Dunger 1887: 3f.).

Der Verein bestand bis in die NS-Zeit hinein. Die Machtübernahme der Nationalsozialisten wurde zunächst begeistert aufgenommen: „Ein Sturm geht durch das deutsche Volk. Viele Millionen haben sich zu einem neuen Deutschland bekannt" (Jahnke 1933: 97f.). Doch war die Sprache der Nationalsozialisten dem Verein wegen ihres hohen Fremdwortgehalts zuwider. Der Vorsitzende mahnte: „[I]hr Staatsmänner, in deren Händen des Reiches Schicksal liegt, bedenkt: wer einem Volke Führer sein will, muß ihm ein Beispiel sein [...] auch in der Lebensführung, und zu der gehört eine reine, sorgfältige Sprache! Und wer zu allen Volksgenossen spricht, wer auf alle einwirken will, dessen Pflicht ist es, so zu sprechen, daß er allen verständlich sei" (Jahnke 1933: 97f.). Streicher (1933a: 99) bemängelte die Wörter *Propaganda* („Warum das volksfremde Wort?"; vgl. Schulze 1933: 359) und *Terrorakt* (für das er *Gewalttat* vorschlug). Er bedauerte, dass der „große Aufruf" Hitlers „An das deutsche Volk" (1. Februar 1933) Ausdrücke wie *turbulente Instinkte*, *Chaos*, *Basis*, *Situation*, *Symbol*, *Sanierung*, *Tradition*, *Existenz*, *Solidarität* und *egoistisch* enthalten hatte. Ähnlich appellierte Ammon (1933: 430) „aus heißer Vaterlandsliebe" an Hitler, Fremdwörter wie *Synthese* oder *Konglomerat* zu vermeiden. Unzählige Fremd- und Lehnwörter aus dem Englischen, Lateinischen, Französischen und Griechischen wurden kritisiert und übersetzt, darunter immer wieder auch zentrale Ausdrücke der NS-Propaganda, zum Beispiel *Antisemit* („Judengegner", Marcus 1940: 162), *Arisierung* (Scheffler 1934a: 100), *Konzentrationslager* („Sammellager", Scheffler 1934b: 98), *Machinator der Kriegshetze* (für Churchill; Übersetzungsvorschlag: „Kriegsausweiter Nr. 1", Marcus 1940: 162), *Propaganda* („Werbe", Schröer 1933: 400), *Sterilisation* („Unfruchtbarmachung", Winkler 1934: 214). Entscheidend ist, dass nicht etwa die bezeichneten Gegenstände oder ihre sprachliche Verschleierung kritisiert wurden. Im Gegenteil betonte beispielsweise Winkler (1934: 214), dass das Sterilisationsgesetz ein „wichtige[s] und wohltätige[s] Gesetz" sei. Schmidt-Rohr (1940: 33) bemerkte in einer (morphologischen, nicht fremdwortkritischen) Erörterung, es gehe „schlechthin um die Klarheit des nationalen Denkens, wenn die Frage gestellt wird, ob es Rassebewußtsein oder Rassenbewußtsein heißen soll". Die Kritik blieb rein formal und richtete sich allein gegen das fremde Sprachmaterial.

Es meldeten sich jedoch bald Stimmen zu Wort, die die Sprache der NS-Führung ausdrücklich aus ihrer Fremdwortkritik ausschlossen, da sie „wohlerwogener staatsmännischer Absicht" entspringe (Götze 1935: 80): „Adolf Hitler hat den ebenso einfachen wie genialen Gedanken gefaßt, daß man den Gegner nur mit seinen eigenen Waffen schlagen könne; dazu gehörte wohl auch, daß man mit dem Gegner in seiner eigenen Sprache redet – was denn freilich die entdeutschte und verausländerte Sprache des marxistischen und demokratischen Parlamentarismus war" (Hübner 1934: 110). Nach diesem „Fußfall" (vgl. Polenz 1967: 85) des Berliner Germanistikprofessors Hübner und seines Gießener Kollegen Alfred Götze wendete sich der Verein weitgehend von der Sprache der Führung ab und der Alltags- und Amtssprache zu. Bereits im April 1933 hatte der Verein „allen Reichs- und Staatsbehörden" (Sprachverein 1933a: 145f.) in der Hoffnung auf „Erlasse über Pflege und Schutz der deutschen Sprache" in allen Bereichen des öffentlichen Lebens geschrieben (Sprachverein 1933a: 147) und verzeichnete in der Folge auch zahlreiche Fortschritte in der „Amtliche[n] Sprachpflege" (Sprachverein 1933b u. ö., Streicher 1933b: 183f.; vgl. Bernsmeier 1983: 38).

Ein Erlass des Reichsministers für Wissenschaft, Erziehung und Volksbildung vom 19. November 1940 unterband jedoch diese Sprachpflege zum Teil:

> „[Es] ist dem Führer in letzter Zeit mehrfach aufgefallen, daß – auch von amtlichen Stellen – seit langem in die deutsche Sprache übernommene Fremdwörter durch Ausdrücke ersetzt werden, die meist im Wege der Übersetzung des Ursprungswortes gefunden und daher in der Regel unschön sind. Der Führer wünscht nicht derartige gewaltsame Einschränkungen" (zitiert bei Kirkness 1975: 396).

Entgegen häufiger Darstellung (z. B. Schiewe 1998: 162, Kirkness 1975: 396, Ludwigsen 2008: 13) bedeutete dies jedoch keinesfalls das Ende des Vereins. Olt (1991: 201–221) dokumentiert den Schriftwechsel zwischen dem Ministerium

für Volksaufklärung und Propaganda, dem Innenministerium, dem Vorsitzenden des Deutschen Sprachvereins u. a., die sich um die Auslegung des Erlasses
stritten. Goebbels drohte zwar mehrmals mit einem Verbot des Vereins, setzte
dies aber nicht durch (vgl. Olt 1991: 144).

Das Vereinsleben ging währenddessen relativ unbeeindruckt weiter. Die
Muttersprache berichtet im Dezemberheft 1940, dass den Vortragsabenden des
Vereins noch im Monat des Erlasses die Gemeinnützigkeit zuerkannt wurde
(Muttersprache 12/55, 1940: Sp. 191). Marcus (1942: 162) nahm positiv auf den
Erlass Bezug und verwies auf eine andere Anweisung des Ministeriums, die
das „beschränkte Lebensrecht des Fremdworts" als Unterrichtsgegenstand vor-
schrieb (Erziehung und Unterricht in der höheren Schule, Berlin 1938, S. 42).
Es sei zu begrüßen, dass das Ministerium und damit die Schule „mit maß-
voller Überlegung der Behandlung dieser seit je für unser Sprachleben wichtigen Frage sich widmen" (Marcus 1942: 162). Seemann (1941: 83) lobte, die
Regierung habe „deutschem Wert und deutschem Wort wieder die Geltung
verschafft, die sie brauchen, um von deutschem Wesen und Geist eindrucksvoll zu künden". Im Zentrum der Kritik standen nun französische und vor
allem englische Fremdwörter: „heute, da [...] Frankreich bereits besiegt am
Boden liegt und das längst morsche englische Weltreich seinem verdienten
Ende entgegengeht, ist es an der Zeit, auch die letzten überflüssigen fremden
Spracheinflüsse auszumerzen" (Seemann 1941: 81). Seemann verwendete dabei
selbst das Wort *Propaganda*: „Mit Hilfe seiner Propaganda hatte es England
verstanden, englisches Wesen und englische Lebensart in aller Welt als vor-
bildlich und erstrebenswert hinzustellen" (Seemann 1941: 82). Das Ziel war es,
Deutsch als „Weltsprache" (Reußner 1941: 70 u. ö.) zu etablieren.

1943 wurde die Zeitschrift tatsächlich eingestellt: „Die Kriegswirtschaft
erfordert stärkere Zusammenballung aller Kräfte. Diese Zusammenfassung
macht es notwendig, daß unsere Zeitschrift mit dem heutigen Tage bis auf weiteres ihr Erscheinen einstellt, um Menschen und Rohstoffe für andere kriegs-
wichtige Zwecke frei zu machen" (Ruprecht 1943: 1). Man rechnete jedoch
damit, dass sie „nach dem siegreichen Kriegsende" („Möge es nicht allzu ferne
sein") wieder aufgelegt werden würde (Ruprecht 1943: 1). Auch in der letzten Ausgabe gab es noch eine Mitglieder-Werbeanzeige („Volksgenosse [...],
werde Mitglied des Deutschen Sprachvereins", Muttersprache Schlussheft/1943,
S. 73) – und Verdeutschungsvorschläge für die Ausdrücke *Temperament* und
Korrektur (Müller 1943). Der Verein bestand weiter (vgl. Wiechers 2004: 54–57).
Olt (1991: 145) berichtet für Darmstadt, dass in der dortigen Zweigstelle erst mit
dem Luftangriff auf Darmstadt im Herbst 1944 das Vereinsleben endete. Nach
dem Zweiten Weltkrieg wurde von Mitgliedern des Deutschen Sprachvereins
die „Gesellschaft für deutsche Sprache" gegründet, in der Teile des Sprachvereins aufgingen (vgl. Wiechers 2004: 59ff.) – sie bemühte sich jedoch, sich von
den Zielen des alten Vereins zu distanzieren (vgl. Wiechers 2004: 89).

Nach dem Zweiten Weltkrieg wurde der NS-Jargon aus gänzlich anderer Perspektive zum Gegenstand von Sprachkritik, aus jener der Humanität und der demokratischen Werte.[3] In der DDR veröffentlichte der Romanist Victor Klemperer seine Notizen über die Sprache des „Dritten Reiches", die er in einer ironischen Anspielung auf die bei den Nationalsozialisten beliebten Kurzwörter und die Fremdwortversessenheit des Jargons als „LTI – Lingua Tertii Imperii" bezeichnete (vgl. Klemperer 1947/1997: 15). Klemperer war während der NS-Zeit als Jude verfolgt worden, überlebte jedoch, da seine „arische" Ehefrau sich trotz großen Drucks nicht von ihm trennte. Eindrücklich beschreibt er die Veränderung des Sprachgebrauchs, die zum Beispiel dazu führte, dass Juden nicht mehr als religiöse Gruppe, sondern als „Rasse" angesehen wurden, die von ‚Deutschen' begrifflich scharf abgegrenzt war. So wurde er eines Tages von einer Bekannten gefragt: „Der Albert sagt, Ihre Frau ist eine Deutsche. Ist sie wirklich eine Deutsche?" (Klemperer 1997: 124). Klemperer notierte: „Dieser Sancta-Simplicitas-Seele, die ganz unnazistisch und ganz menschlich empfand, war das Grundelement des nazistischen Giftes eingeflossen; sie identifizierte das Deutsche mit dem magischen Begriff des Arischen; es erschien ihr kaum faßlich, daß mit mir, dem Fremden, der Kreatur aus einer anderen Sparte des Tierreiches, eine Deutsche verheiratet sei" (Klemperer 1997: 124). Er macht den Sprachgebrauch für diese Umstrukturierung des Denkens verantwortlich: „sie hatte ‚artfremd' und ‚deutschblütig' und ‚niederrassig' und ‚nordisch' und ‚Rassenschande' allzuoft gehört und nachgesprochen" (Klemperer 1997: 124).

Klemperer beschrieb vornehmlich die Sprache der Nationalsozialisten zur Zeit des „Dritten Reiches", doch bemerkte er auch, dass jene Sprache im Nachkriegsdeutschland weiterlebte. „[Z]u verschwinden hat ja nicht nur das nazistische Tun, sondern auch die nazistische Gesinnung, die nazistische Denkgewöhnung und ihr Nährboden: die Sprache des Nazismus. Wie viele Begriffe und Gefühle hat sie geschändet und vergiftet!" (Klemperer 1997: 6). Von dieser „Vergiftung" geht in seinen Augen eine große Gefahr aus: „Wörter können sein wie winzige Arsendosen: sie werden unbemerkt verschluckt, sie scheinen keine Wirkung zu tun und nach einiger Zeit ist die Giftwirkung doch da" (Klemperer 1997: 21).

Auch in der Bundesrepublik wurde die Sprache des Nationalsozialismus bald nach dem Krieg zum Gegenstand einer Sprachkritik. Das *Wörterbuch des Unmenschen*, von 1945–1948 in einer Reihe von Aufsätzen in der Zeitschrift „Die Wandlung" veröffentlicht, erschien 1957 erstmals in Buchform. Der Fokus des Wörterbuchs liegt eindeutig auf der Sprache im Deutschland der Nachkriegszeit und auf dem Ziel, ‚vergiftete' Wörter zu finden und zu kritisieren (vgl. Sternberger/Storz/Süskind 1945–48/[3]1968: 11). So wird zum Beispiel das Wort *Betreuung* bzw. *betreuen* abgelehnt, da es eine totalitäre Struktur aufweise (vgl. Sternberger/Storz/Süskind [3]1968: 32f.). Im Gegensatz zu Ausdrücken

---

[3] Zur Nachkriegszeit vgl. Kapitzky (2000: 113–145).

wie *jemandem treu sein* oder *jemandem die Treue halten*, bei denen dieser
jemand durch den Dativ „selbständig, gültig und frei" bleibe (Sternberger/
Storz/Süskind [3]1968: 31), drücke die Vorsilbe be- in *betreuen* eine „Unterwer-
fung des Gegenstands" aus (Sternberger/Storz/Süskind [3]1968: 31f.). Wie bei den
analog gebildeten Wörtern *jemanden bestrafen, beherrschen, belohnen* oder
beruhigen werde *jemand* „mindestens zeitweilig des eigenen Willens beraubt
oder soll des eigenen Willens beraubt werden" (Sternberger/Storz/Süskind
[3]1968: 32).

Ein dem *Wörterbuch des Unmenschen* vergleichbares Anliegen hatte auch
Karl Korns Buch *Sprache in der verwalteten Welt*, das die „Abstraktheit" dieser Sprache kritisierte (Korn 1958/1962: 138). Er beschrieb „[t]ypische neue
Erscheinungen der Wortbildung und der Satzlehre" (Korn 1962: 9) wie einen
zunehmenden Nominalstil, Funktionsverbgefüge und vermehrte Komposita-
bildung und deutete sie als inhumane, technisierte Strukturen. Er schloss sich
dabei zum Teil an die im ersten Viertel des 20. Jahrhunderts geäußerte Kritik
von Karl Kraus am öffentlichen, vor allem am politischen und journalistischen
Sprachgebrauch an (vgl. Korn 1962: 23). Kraus hatte eine „Trockenlegung des
weiten Phrasensumpfes" angestrebt (Kraus 1899: 2).

Ebenfalls auf die öffentliche Sprache zielte die Frankfurter Schule mit ihrer
Kritik am „Jargon der Eigentlichkeit" (Adorno 1964) und der Mediensprache,
die in ihrem „autoritäre[n] Charakter" (Marcuse 1967: 110) dazu dienten, die
herrschende „Ideologie" zu verschleiern und zu befestigen (vgl. Kapitzky 2000:
119f.).

In den 70er Jahren des zwanzigsten Jahrhunderts nahm das bis heute wahrscheinlich erfolgreichste sprachkritische Unternehmen seinen Anfang – die
feministische Sprachkritik. Im Zuge der „Neuen Frauenbewegung" begannen
Ende der 1970 Jahre Linguistinnen, zunächst in den USA, dann auch in Deutschland, die Sprache aus feministischer Sicht zu betrachten und zu bewerten.
Dabei rückten vor allem Personenbezeichnungen ins Zentrum des Interesses
(vgl. Pusch 1984: 11). Die „Diagnose" lautete, dass das Deutsche eine „Männersprache" sei, die dringend einer „Therapie" bedürfe (Pusch 1984: 46). Sowohl
der Sprachgebrauch als auch die kodifizierten Sprachnormen diskriminieren
demnach Frauen oder machen sie gar unsichtbar, beispielsweise dadurch, dass
Bezeichnungen für weibliche Personen von jenen für männliche abgeleitet
werden (*Studentin* < *Student*) oder durch die Verwendung des „generischen
Maskulinums" (neunundneunzig Studentinnen und ein Student ergeben *hundert Studenten*). Die „Therapievorschläge" (Pusch 1984: 46) der Kritikerinnen (später auch der Kritiker) reichten von der Beidnennung (*Studentinnen
und Studenten*) über das „Binnen-I" (*StudentInnen*) bis hin zum „verrückten
Pusch-Vorschlag" (Pusch 1999: 14, vgl. Pusch 1984: 61), der die Abschaffung
femininer Personenendungen und für Oberbegriffe die Ersetzung des Artikels
der durch *das* vorsieht (*das Student* als unspezifischer, *die Student* und *der
Student* als spezifische Ausdrücke), und zur Forderung, das generische Femi-

ninum zu verwenden („Alle Menschen werden Schwestern", neunundneunzig Studenten und eine Studentin ergeben *hundert Studentinnen*). Hintergrund dieser Vorschläge ist die Annahme, dass die Sprache nicht nur eine Diskriminierung in der Gesellschaft abbildet, sondern dass die Diskriminierung in der Sprache selbst stattfindet – und dass damit eine Änderung des Sprachgebrauchs auch gesellschaftliche Änderungen bewirken kann. Daher ist es das Ziel der feministischen Sprachkritik, Frauen in der Sprache sichtbar zu machen und eine sprachliche Gleichbehandlung von Mann und Frau zu erreichen. Der Aufsatz „Linguistik und Frauensprache" von Senta Trömel-Plötz (1978), Luise Puschs Sprachglossen und die von Pusch und Trömel-Plötz sowie zwei weiteren Kritikerinnen veröffentlichten „Richtlinien zur Vermeidung sexistischen Sprachgebrauchs" (Guentherodt u. a. 1980) fanden breite Resonanz und lösten eine bis heute andauernde Debatte aus. Viele ihrer Änderungsvorschläge sind heute in weiten Bereichen fest etabliert.

Ein ähnliches Anliegen hat die ökologische Sprachkritik (ein Teilgebiet der „Ökolinguistik", vgl. Fill 1993: 6), deren Ziel es ist, Tiere, Pflanzen und die Natur im Allgemeinen sprachlich respektvoll und ohne anthropozentrische (Marquardt 1984: 50) Voreingenommenheit zu behandeln. So werden beispielsweise Ausdrücke wie „Unkraut", „Schädlinge" oder „Reittiere" abgelehnt (Fill 1993: 105f.), da sie Lebewesen allein nach ihrer Nützlichkeit für den Menschen benennen, oder der Ausdruck *Tiere* durch *nicht-menschliche Tiere* ersetzt (um deutlich zu machen, dass auch Menschen Tiere sind). Euphemistische Verschleierungen wie z.B. „artgerechte Haltung" in der Fleisch- und Tierversuchsindustrie sollen aufgedeckt werden (vgl. Fill 1993: 109, 111–115). Das Ziel ist es, eine „Wende im Denken und Handeln" zu erreichen (Fill 1993: 115).

Sowohl die feministische als auch die ökologische Sprachkritik wurden Teil der „Political Correctness"-Debatte, die seit Beginn der 1990er Jahre prominent geführt wurde (vgl. Kapitzky 2000: 57, Wengeler 2002: 7). Der Terminus „Political Correctness" (PC) wurde zunächst als Eigenbezeichnung „orthodoxer linker Gruppen der Vereinigten Staaten" eingeführt, um „die vollständige Übereinstimmung einer Position [...] mit den Vorgaben des politischen Programms der jeweiligen Gruppe" auszudrücken (Kapitzky 2000: 26f.). Im Verlauf der Diskussion wurde der Ausdruck jedoch vermehrt als Schimpfwort von Gegnern der PC verwendet. Bei politisch korrekter Sprache geht es allgemein darum, eine sozial benachteiligte Gruppe wie Migranten, Menschen mit Behinderung oder ethnische Minderheiten sprachlich nicht zu diskriminieren. Über Vorschläge zu einem politisch korrekten Sprachgebrauch wurden heftige und teilweise hochpolemische Feuilleton-Debatten geführt.

1991 nahm mit der Wahl der „Unwörter des Jahres" eine „sprachkritische Aktion" (so die Eigenbezeichnung) ihren Anfang, die heute sehr bekannt ist und breit rezipiert wird. Jeweils zu Jahresbeginn wählt eine Jury, die aus vier Linguisten und zwei sprachwissenschaftlichen Laien mit publizistischen Berufen besteht, mehrere Wörter, die „es nicht geben sollte" (vgl. Schlosser 2000a:

7) und die für den öffentlichen Diskurs des vorangegangenen Jahres charakteristisch waren, wobei jeweils ein Wort auf den ersten Platz gewählt und zum „Unwort des Jahres" ernannt wird. Die gewählten „Wörter" – die sowohl einzelne Wörter (z. B. *Überfremdung*, 1993) als auch komplexere Ausdrücke wie zum Beispiel Attributionsgefüge (z. B. *sozialverträgliches Frühableben*, 1998) oder ganze Äußerungseinheiten (*Dreck weg!*, 2000) sein können – werden dabei nach bestimmten Maßstäben (vgl. 3.3) kritisiert.

Ebenfalls in den neunziger Jahren des zwanzigsten Jahrhunderts begann eine neue Phase der Fremdwortkritik, diesmal so gut wie ausschließlich gegen Anglizismen (genauer Amerikanismen) gerichtet. Zahlreiche dem Kampf gegen „Denglisch" gewidmete Initiativen bildeten sich (vgl. Pfalzgraf 2006), die bekannteste ist vermutlich der 1997 gegründete Verein Deutsche Sprache (VDS) mit fast 30 000 Mitgliedern (vgl. VDS 2008). Der Verein ist sich der langen Tradition der Fremdwortkritik, die zunächst die Angst vor einer Bedrohung der deutschen Sprache durch fremde Einflüsse zu relativieren scheint, durchaus bewusst. Um die hohe Dringlichkeit seines Anliegens trotzdem plausibel zu machen, wird die These angeführt, dass der gegenwärtige Einfluss des Englischen weit größer sei als der vormalige des Lateinischen oder Französischen:

> „Die zunehmende Verwendung von angloamerikanischen Wörtern und Wendungen verändert die deutsche Sprache heute schneller und umfassender als Latein und Französisch in früheren Jahrhunderten. In früheren Jahrhunderten benutzte fast nur der kleine Kreis der Eliten Wörter und Wendungen aus anderen Sprachen. Heute dagegen fördern Werbung und Medien das Eindringen angloamerikanischer Wörter in die Alltagssprache aller Bevölkerungsschichten" (VDS 2006: 1).

Dies widerspricht allerdings der Wahrnehmung von Fremdwortkritikern früherer Jahrhunderte.[4]

Zu Beginn des 21. Jahrhunderts schließlich machte der Journalist Bastian Sick die stilistische Sprachkritik erneut populär, die bereits der Gymnasiallehrer und Bibliothekar Gustav Wustmann Ende des 19. Jahrhunderts ähnlich vertreten hatte. 1891 veröffentlichte Wustmann seine später vielfach wiederaufge-

---

4 Im „Unartig Teutscher Sprach-Verderber aus dem 17. Jahrhundert wird zum Beispiel beklagt, dass ‚selbst die Schneider' fremde Wendungen in ihren Sprachgebrauch aufgenommen hätten, die sie zum Teil nicht einmal verstehen: „Das *Deo sit Laus Semper* muß in allen Brieffen oben an stehen / da doch der meiste theil nicht weiß was es heisset: da brauchen sie / (auch wol die Schneider) das *Adi, Attreßiern, datum, passato*, vnd so fortan" (Anonymus 1643: 4). Auch der „Teutsche Michel" hatte in seinem „Klaglied wider alle Sprachverderber" festgestellt: „Ein jeder Schneyder / Will jetzund leyder / Der Sprach erfahren sein / Vndt redt Latein: / Welsch vnd Fratzösisch / Halb Japonesisch" (Anonymus ~1638: A2ʳ). Auch Dunger (1887: 58) bemerkt ausdrücklich, dass besonders viele französische Ausdrücke in der „Sprache des gewöhnlichen Volkes" zu finden seien.

legten[5] „Allerhand Sprachdummheiten. Kleine deutsche Grammatik des Zweifelhaften, des Falschen und des Häßlichen" (Wustmann 1891). Er beschäftigte sich mit zahlreichen Zweifelsfällen wie z. B. (genau wie Sick [2]2005: 39–42) mit der Frage, ob es *wir Deutsche* oder *wir Deutschen* heißen müsse (Wustmann 1891: 49; Antwort: *wir Deutschen*) und erregte sich (genau wie Sick [11]2004: 157f., 2006: 229) über die Wendung *in* + Jahreszahl („in 1870" statt „im Jahre 1870"), die eine „willkürliche Nachäfferei des Französischen und des Englischen" sei (Wustmann 1891: 268), oder über „Modewörter" (ebd.: 96) wie *Darbietung*, *eigenartig* oder *Vorjahr* (ebd.: 98, 99, 104). Stilführer unterschiedlichster Ausprägung waren das ganze zwanzigste Jahrhundert über äußerst populär. Die bekanntesten und erfolgreichsten Vertreter sind Ludwig Reiners (1943), Hans Weigel (1974), Eike Christian Hirsch (1976) und Wolf Schneider (1982, 1987 u. a.), deren Werke jeweils unzählige Auflagen erzielten und die alle bis heute verlegt werden (dazu Sanders 1988). Bastian Sick, ursprünglich Dokumentationsjournalist beim *Spiegel*, dann Redakteur bei *Spiegel Online*, erreichte mit seiner zunächst nur online publizierten Sprachkolumne „Zwiebelfisch" und dem daraus kompilierten Buch „Der Dativ ist dem Genitiv sein Tod" (Sick [11]2004) einen Überraschungserfolg (vgl. dazu Sick [11]2004: 9–14). Sick versuchte, sich durch einen ironischen Grundton und eine humorvolle Schreibweise von seinen Vorgängern abzugrenzen: „Da die Rolle des grimmigen Erbsenzählers und desillusionierten Sprachzynikers, der den Untergang des Abendlandes für unausweichlich hält, bereits von zahlreichen anderen Autoren besetzt ist, versuche ich es als ironischer Geschichtenerzähler" (Sick [11]2004: 9).[6]

2.2 Sprachnörgler gegen Sprachnörglernörgler

Die „wissenschaftliche" Herangehensweise an Sprache, die sich explizit darum bemüht, nicht zu werten und rein deskriptiv zu sein (was natürlich nie vollständig möglich ist, da auch ein Wissenschaftler aus einer bestimmten Perspektive schreibt, vgl. Gardt 2002: 39), ist viel jünger als die Sprachkritik, so dass man sogar von einer „Ausgliederung der Sprachwissenschaft aus der Sprachkritik" (Schiewe 2003) sprechen kann.

In der Mitte des 19. Jahrhunderts bildete sich erstmals eine Ansicht heraus, die die Sprache als einen durch den Menschen nicht zu beeinflussenden „Organismus" betrachtete; Jacob Grimm verwendete diese Metapher wiederholt (z. B. Grimm 1821/[3]1840: 85, 385, 534). Zur vollen Ausprägung der Auffassung kam es bei August Schleicher, Professor für vergleichende Sprachwissenschaft in Prag und Jena (vgl. Gardt 1999: 280):

---

5 Das Buch wurde für die Neuauflagen teilweise stark überarbeitet. Das Kapitel, das sich mit femininen Berufsbezeichnungen beschäftigt, war zum Beispiel in der Erstauflage noch nicht enthalten, entwickelte sich dann von „Ärztin und Patin" (Wustmann [3]1903: 66) zu „Ärztin und Blockwartin" ([10]1935: 51) und schließlich zu „Der weibliche Bürgermeister" ([13]1966: 51).

6 Zur Kritik an der Rechtschreibreform, ebenfalls eine Form der Sprachkritik, vgl. Stegmeier in diesem Band: S. 287–315.

„Die Sprachen sind Naturorganismen, die, ohne vom Willen des Menschen bestimmbar zu sein, entstanden, nach bestimmten Gesetzen wuchsen und sich entwickelten und wiederum altern und absterben; auch ihnen ist jene Reihe von Erscheinungen eigen, die man unter dem Namen ‚Leben' zu verstehen pflegt. Die Glottik, die Wissenschaft der Sprache, ist demnach eine Naturwissenschaft" (Schleicher 1863: 88).

Eine Kritik am Sprachgebrauch oder an sich neu herausbildenden Sprachnormen ist nach dieser Auffassung unangebracht. Doch die romantische Organismus-Metapher prägte, entgegen der Darstellung von Schiewe (2006),[7] durchaus nicht die gesamte Sprachwissenschaft jener Zeit (vgl. Einhauser 2001: 1343, Gardt 1999: 299). So finden sich bereits um die Wende vom 19. zum 20. Jahrhundert Vorläufer der Debatten zwischen auf die Beschreibung des Sprachgebrauchs abzielenden Sprachwissenschaftlern und Sprachkritikern, wie sie nach dem Zweiten Weltkrieg geführt wurden – besonders in der Folge der Veröffentlichung von Wustmanns „Allerhand Sprachdummheiten". „Allerhand Sprachgrobheiten" diagnostizierte Jakob Minor, Professor für deutsche Sprache und Literatur in Wien, und versuchte Wustmanns Urteilen mit Mitteln der „modernen Sprachwissenschaft, welche es seit Jakob Grimm vermeidet, gewaltthätig in die Sprache einzugreifen" (Minor 1892: 16), entgegenzutreten. Er führte Belege aus den Grimmschen Märchen, Reichstagsprotokollen und Feldstudien auf Wiener Straßen an (Minor 1892: 14, 21f.), um Wustmannsche Thesen zu widerlegen. Um Wustmanns Ablehnung des Relativpronomens *welcher* anzugreifen,[8] ließ er durch „meine braven Wiener Seminaristen" (Minor 1892: 23) eine große Sammlung literarischer Texte aus hundert Jahren zusammenstellen. Er zählte aus, dass „von ungefähr 4000 Nebensätzen [...] nahezu die Hälfte Relativsätze" waren, „und unter diesen wieder kam durchschnittlich auf zwei Sätze mit *der* immer einer mit *welcher*" (Minor 1892: 23). Er analysierte die Belege akribisch (Minor 1892: 23–30), um zu zeigen, dass Wustmanns Forderungen nicht dem Sprachgebrauch entsprachen: „Unter mehr als 1200 Relativsätzen habe ich *welche die* öfter als hundert Mal, *die die* im Ganzen vier Mal gefunden" (Minor 1892: 27, vgl. Wustmann 1891: 148). Er richtet sich gegen die Angst vor einem Aussterben der Sprache (Minor 1892: 17), wehrt sich gegen Wustmanns Tendenz „ohne Rücksicht auf die in der Sprache herrschenden Kräfte überall eine verbindliche Regel aufzustellen", und plädiert dafür, auch gegen das persönliche ästhetische Empfinden die „Freiheit des individuellen Sprachgebrauches" zu akzeptieren (Minor 1892: 16).

---

[7] „Das führte im 19. Jahrhundert noch nicht zu einem Konflikt, denn die Klammer zwischen beiden Formen des Umgangs mit Sprache bildete ein gemeinsamer Sprachbegriff: Sprache verstanden als selbsttätiger Organismus" (Schiewe 2006: 13).

[8] Vgl.: „Ein Hauptübel unsrer ganzen Relativsatzbildung liegt [...] in der Verwendung des langweiligen papiernen Relativpronomens *welcher, welche, welches*" (Wustmann 1891: 1145).

Ernst Tappolet (1898) widmete dem Thema „Wustmann und die Sprachwissenschaft" ebenfalls eine ganze Abhandlung, in der er die Methode der
Sprachkritiker, sprachliche Phänomene ohne Rücksicht auf ihren Gebrauch
als „gut" oder „schlecht" einzuordnen, als unwissenschaftlich angreift (Tappolet 1898: 2). Gegen die Fremdwortkritik wendete sich der Wiener Romanist
Leo Spitzer: „Die Sprachreinigung stützt sich nicht auf *Wissenschaft*" (1918: 64)
und setzte ihr eine Beschreibung zahlreicher Funktionen von Fremdwörtern
entgegen (Spitzer 1918: 22–34).

Der Ton der Abhandlungen ist insgesamt entspannt-ironisch[9] und von der
Auffassung bestimmt, dass „richtig" und „falsch" keine angemessenen Kategorien für die Bewertung von Sprache darstellten und dass es deshalb sinnlos sei,
die Sprache hin zu einem „richtigen" Sprachgebrauch beeinflussen zu wollen.
Später prägte der Linguist Robert A. Hall für diese Haltung den Slogan: „Leave
your language alone!" (Hall 1950, zu „right" und „wrong" vgl. dort S. 9ff.). Sie
bestimmte größtenteils die akademische Beschäftigung mit Sprache. Die nor-
mativ, sprachkonservativ ausgerichtete Sprachkritik hingegen lagerte sich in
nicht-universitäre Institutionen wie den „Allgemeinen Deutschen Sprachverein" aus und wurde weitgehend von sprachwissenschaftlichen Laien betrieben
(vgl. Schiewe 2006: 13). Vor diesem Hintergrund muss die historische Spannung
zwischen „deskriptiver" Sprachwissenschaft und „normativer" Sprachkritik
betrachtet werden.

Nach dem Zweiten Weltkrieg, als die Linguistik als institutionalisierte
Wissenschaft entstand, führten die beiden „Lager" Debatten in verschiedenen Formen (vgl. Schiewe 2006: 13f.). Dabei verliefen die Grenzen zwischen
„Sprachwissenschaftlern" und „Sprachkritikern" wie auch schon in früheren
Auseinandersetzungen durchaus nicht streng.[10] Es sind jedoch Etikette, mit
denen die Diskussionsteilnehmer sich selbst auszeichnen. Dolf Sternberger,
einer der Herausgeber (und maßgeblicher Autor) des *Wörterbuchs des Unmenschen*, nennt sich selbst zum Beispiel „Sprachkritiker" und seine Gegner
auf Seiten der Linguisten „Sprachwissenschaftler" (Sternberger 1965: 332; ebenso Polenz 1968: 246). Herbert Kolb (1968: 230) spricht von *Sprachforschern* und
Moralisten.[11] Der Linguist Anatol Stefanowitsch kontrastiert „Sprachkritik"

---

9 Sowohl Minor als auch Tappolet machen sich einen Spaß daraus, Wustmanns Regeln ironisch
zu folgen: „Wustmann, der den Schulmeistern sonst so hart zu Leib rückt – ich sollte schreiben:
zu Leibe rückt" (Minor 1892: 7); „Im Jahr 1892 – oder vielmehr im Jahre 1892 – ist das Buch
erschienen" (Tappolet 1898: 1).

10 Die Sprachwissenschaftler Friedrich Kluge und Otto Behaghel standen dem Allgemeinen
Deutschen Sprachverein beispielsweise wohlwollend gegenüber (vgl. Schiewe: 1998: 159).
Der Linguist Leo Weisgerber solidarisierte sich mit dem Anliegen des *Wörterbuchs des Un-
menschen* (vgl. Sternberger 1962: 35, Weisgerber 1958).

11 Schlosser (2003: 74) grenzt sich von „Systemlinguisten" ab. Tappolet (1898: 3f.) spricht von einer „wissenschaftlichen und einer nicht-wissenschaftlichen Sprachauffassung" und bedauert,
„für die zweite keine positive Bezeichnung zu finden. Es gibt meines Wissens keinen allgemein gültigen Ausdruck, man nennt sie gelegentlich die *ästhetische, stilistische, grammatische*

und „Sprachwissenschaft" und bezeichnet bestimmte Arten von Sprachkritikern als „Sprachnörgler" und ihre Gegner als „Sprachwissenschaftler" – oder
auch selbstkritisch als „Sprachnörgler-Nörgler" (Stefanowitsch 2008 und ebd.,
Komm. 12). Im Folgenden werden zwei Beispiele für solche Debatten vorgestellt.

In der Folge der Veröffentlichung des *Wörterbuchs des Unmenschen* ent-
spann sich eine lebhafte Debatte zwischen Sprachkritikern und Sprachwissenschaftlern, die sich zentral auch in Heidelberg abspielte. Dolf Sternberger
war seit 1960 Professor für Politikwissenschaft in Heidelberg. Er griff in seiner Kritik den Linguisten Peter von Polenz, seit 1964 Inhaber des Lehrstuhls
für deutsche Philologie und Linguistik, direkt an. Polenz (2005: 102–107) hat
diesen Streit anschaulich geschildert. So wurde er zum Beispiel – mit Hinweis
auf die „Unmenschlichkeit" des Ausdrucks *Betreuung* (s. o.) – von Sternberger
dafür kritisiert, dass er das Ehrenamt eines „Betreuungsdozenten" der Stu-
dienstiftung des deutschen Volkes übernommen hatte. Polenz argumentierte,
wie zuvor schon Kolb (1968: 241) damit, dass *betreuen* wie auch zahlreiche andere *be-*Verben bereits sehr alt sei und schon im 19. Jahrhundert eine „Fürsorge
und Pflege in sehr menschlichen und privaten Beziehungen" zum Ausdruck gebracht habe (Polenz 2005: 103). Sternberger akzeptierte eine historische Argumentation jedoch nicht: „Das ist alles interessant, sagt indessen nichts über den
heutigen Bedeutungs- und Stimmungsgehalt unserer Wendung aus" (Stern-
berger/Storz/Süskind ³1968: 216 zum Ausdruck *Wissen um*). Zudem stellte er
fest, dass die *be-*Verben „samt und sonders aus dem Bereich der Feudal- und
Grundherrschaft" zu stammen schienen und ein „gesellschaftliches Verhältnis
von Überordnung und Unterordnung, von Abhängigkeit und Untertänigkeit"
zum Ausdruck brächten (Sternberger 1962: 278). Damit machen Sternberger,
Storz und Süskind explizit nicht nur den nationalsozialistischen, sondern einen
totalitären Sprachgebrauch schlechthin zum Gegenstand der Kritik.

Die Aktion „Unwort des Jahres" (ab 1991) unterscheidet sich vom *Wörterbuch des Unmenschen* dadurch, dass die Sprachkritiker (hauptsächlich)
Sprachwissenschaftler sind. Dennoch – oder gerade deswegen – wurde sie Ziel
der Kritik von Sprachwissenschaftlern. Gemeinsam ist der Kritik der Sprachwissenschaftler an den sprachkritischen Veröffentlichungen häufig der Vorwurf, die vorgebliche Sprachkritik sei eigentlich gar keine Sprachkritik, sondern vielmehr eine Sprecher- bzw. Gesellschaftskritik. Daran schließt sich
sofort die Frage an: Was genau ist eigentlich Sprachkritik?

Wir wollen zunächst die Frage vorlagern, wieso es überhaupt Sprachkritik geben kann. Denn schließlich ist doch die Beziehung zwischen Zeichen
und Bezeichnetem stets arbiträr (vgl. Bär in diesem Band: S. 60f.). Aber: Es
ist zwar reine Willkür, ob nun ein entsprechender Gegenstand als *Stuhl*, *chair*
oder *chaise* bezeichnet wird (vgl. Bär in diesem Band: S. 61). Nicht mehr will-

---

Sprachbetrachtung, will man boshaft sein, so sagt man die *pedantische* […]. Ich würde sie am
liebsten die ‚*Wustmannche Sprachauffassung*' nennen".

kürlich sind jedoch alle Formen von zusammengesetzten Wörtern (vgl. Saussure 1916/²1967: 156). Für das Beispiel *Stuhl* ist der Ausdruck *Stuhlbein* ein solcher nicht-willkürlich zusammengesetzter Ausdruck (Kompositum). Diese Bezeichnung ist nicht notwendig (man könnte sich Tausende alternativer Ausdrücke ausdenken, z. B. *Stuhlstütze, Stuhlsäule, Stuhlständer*), aber doch ist sie motiviert. Es gibt zwar für die Beziehung zwischen den Bestandteilen eines Kompositums keine Regel.[12] Dennoch können Sprecher bei zusammengesetzten Wörtern aufgrund ihres Weltwissens und ihrer Kenntnis analog gebildeter Wörter (*Tischbein*) zumindest einige Schlüsse von der Bezeichnung auf den Gegenstand ziehen – was bei nicht zusammengesetzten Wörtern nicht möglich ist (Ähnliches gilt für Wortverbindungen und Sätze).

Und so kann es sein, dass bestimmte zusammengesetzte Ausdrücke, wie z. B. *ausländerfrei*, kritisiert werden können. Im vorliegenden Fall aufgrund der Analogie zu Wörtern wie *keimfrei, angstfrei, staubfrei, cholesterinfrei, FCKW-frei* oder *pestizidfrei*, in denen der erste Teil des Kompositums etwas ‚Gefährliches‘, ‚Unangenehmes‘, ‚Ekelhaftes‘ ist, dessen Fehlen gut und wünschenswert ist (vgl. Schlosser 2003: 75). Das *Lexikon der Unwörter* hat *ausländerfrei*, das nach Angaben des Wörterbuchs 1991 von Rechtsextremisten bei einer Reihe ausländerfeindlicher Ausschreitungen in Hoyerswerda verwendet wurde, in seinen Wortschatz aufgenommen (Schlosser 2000a: 87). Anhand dieses Beispiels formuliert Dieckmann (2006: 20ff.) seine Kritik an der Aktion „Unwort des Jahres“. Sein Argument lautet folgendermaßen: In der Tat drückt das Wort *ausländerfrei* eine ausländerfeindliche Haltung aus. Aber diejenigen, die diesen Ausdruck verwenden, *sind* ausländerfeindlich. Das Wort drückt damit ihre Haltung adäquat aus. Da das Wort der ausgedrückten Meinung angemessen ist, könne es sich bei der Kritik nicht um Sprachkritik handeln: „In dem Wort drückt sich das rechtsradikale Denken und Wollen recht präzise aus, und welche andere Funktion sollte Sprache haben als eben die, das Gemeinte kenntlich und kommunizierbar zu machen“ (Dieckmann 2006: 22). Der Eintrag ins Unwörterbuch sei daher keine Sprachkritik, sondern eine Kritik an der Einstellung des Sprechers (Dieckmann 2006: 20). Ein ähnliches Argument verwendete Peter von Polenz in seiner Replik auf die Kritik Karl Korns an Funktionsverbgefügen. Korn hatte Wendungen wie *zur Entscheidung bringen* (statt *entscheiden*) als Ausdruck einer „verwalteten Welt“ kritisiert (vgl. Korn 1962: 34). Polenz gestand den Funktionsverbgefügen zu, tatsächlich eine bürokratisierte Denkweise auszudrücken, wandte jedoch ein:

---

[12] Man vergleiche beispielsweise die Ausdrücke *Zitronenkuchen* (‚Kuchen mit Zitronen‘), *Geburtstagskuchen* (‚Kuchen, der aus Anlass des Geburtstages gebacken wird‘) und *Hundekuchen* (‚Kuchen/Gebäck für Hunde‘). Hierin liegt auch einer der theoretischen Fehler des aufklärerischen Fremdwortübersetzers Campe begründet. Denn selbst wenn die Wortbestandteile bekannt sind, müssen die Sprecher immer noch wissen, was zum Beispiel eine Pyramide oder ein Kanal ist, um die Ausdrücke *Spitzgebäude* und *Kunststrom* zu verstehen – dann jedoch können sie fast ebenso gut die Bedeutung der Fremdwörter erlernen.

„Diese Kritik richtet sich aber nur gegen gewisse Denkformen, nicht eigentlich gegen die Sprache. Mit einem umständlichen, stufenweise gegliederten
Vorgangsdenken haben wir in der ‚verwalteten Welt' nun einmal zu rechnen. [...] Eine Kritik an dieser Art von Vorgangsdenken selbst [...] steht
der Sprachwissenschaft nicht zu. Sie hat hier nur danach zu fragen, ob und
in welcher Weise die Sprache die Aufgabe erfüllt, dieses verumständlich-
te Vorgangsdenken, wo es von der Sache her gefordert ist, auszudrücken"
(Polenz 1968: 252).

Auch hier findet sich wieder das Argument, dass die Wortwahl angemessen sei,
weil sie das dahinterstehende Denken adäquat ausdrücke. Es stellt sich jedoch
die Frage, ob eine Äußerung nicht noch auf ganz andere Weise *unangemessen*
sein kann, als es hier von Dieckmann und Polenz angesetzt wird.

Auf jeden Fall gibt es einen deutlichen Unterschied zwischen Aussagen wie:

(1) „*Ausländerfrei* ist ein Unwort", „*Ausländerfrei* – das darf man nicht
    sagen!"

und Aussagen wie:

(2) „*Ausländerfrei* – daran sieht man, wie ausländerfeindlich der Sprecher
    ist – und diese Haltung ist zu verurteilen."

Während Aussagen wie (2) eindeutig eine Kritik am Sprecher sind und das
Wort hier lediglich als Schibboleth für eine zu verurteilende Denkweise genommen wird, sind Aussagen wie (1) tatsächlich allein auf das Wort gerichtet.
Natürlich wird auch vorausgesetzt, dass die hinter der Verwendung von *ausländerfrei* stehende Denkweise abzulehnen ist. Und doch steht ein *sprachlicher
Ausdruck* im Zentrum der Kritik. Es ist daher durchaus zu rechtfertigen, Urteile wie (1) ebenfalls als Sprachkritik zu bezeichnen. Sie können als Indiz
dafür genommen werden, dass von Sprachkritikern mehr zum „Sprachspiel"
gezählt wird als von ihren linguistischen Opponenten. Dafür spricht auch, dass
sich Sprachkritiker explizit gegen den Vorwurf verwahren.[13] Die Sprachkritiker haben andere Vorstellungen von der *Angemessenheit* eines sprachlichen
Ausdrucks. Im Folgenden sollen diese daher – statt sie per Definition aus dem
Begriff von ‚Sprachkritik' auszuschließen – genauer untersucht werden.

3. Arten von Sprachkritik

3.0 Definition

Es sollen also alle als Kritik an einem sprachlichen Ausdruck formulierten
Aussagen als Sprachkritik verstanden werden. Sprachkritische Urteile sind
metasprachliche Aussagen, die „ein explizit wertendes Moment" (Schiewe

---

[13] „In diesem Buche wird nicht Kulturkritik getrieben, sondern Sprachkritik" (Korn 1958/1962:
    9, vgl. Sternberger 1962: 272).

2003: 402) enthalten. Dadurch unterscheiden sie sich von anderen metasprachlichen Aussagen wie beispielsweise „Das Wort *Kollateralschaden* hat 17 Buchstaben". Im engeren Sinne von *Kritik* werden dabei zudem meist allein *negative*
Urteile als Sprachkritik bezeichnet. So soll es auch im Folgenden gehandhabt
werden. Eine Aussage wie „Das Zusammenspiel der Vokale in *Kollateralschaden* ergibt einen wunderbaren Klang" soll daher nicht als Sprachkritik gelten,
auch wenn sie metasprachlich und wertend ist. Ein sprachkritisches Urteil ist
zudem abzugrenzen von einem Urteil über den bezeichneten Sachverhalt. Die
Aussage „Die Zahl der Kollateralschäden in diesem Krieg ist entsetzlich" ist
keine Sprachkritik.

Ein sprachkritisches Urteil ist also eine negativ wertende metasprachliche
Aussage wie beispielsweise „*Kollateralschaden* ist ein entsetzlicher Euphemismus". Im Gegensatz zur Sprachwissenschaft, die sich allein mit dem *Sein* der
Sprache beschäftigen will, ist die Sprachkritik am *Sollen* der Sprache interessiert (vgl. Schiewe 2006: 6).

3.1 Gegenstand der Kritik

> 1. Laute/Buchstaben
> 2. Morphologische Phänomene
> 3. Syntaktische Phänomene
> 4. Wörter/komplexerer Ausdrücke

Verschiedene sprachliche Formen können Gegenstand der Kritik werden. So
können **Laute (bzw. Buchstaben)** kritisiert werden. Bastian Sick (2004: 40) be-
mängelt beispielsweise die Schreibung *Schlawittchen* für *Schlafittchen* (denn
das Wort „kommt von den Schlagfittichen, den Schwungfedern des Vogels"). Es
können **morphologische Phänomene** wie z. B. Pluralendungen kritisiert werden: „Sind Antibiotikas schädlich? Lohnen sich Praktikas? [...] Viele kennen
sich im Einzelfall nicht aus, und erst recht nicht mit der Mehrzahl" (Sick [11]2004:
51). Auch in dem folgenden Beispiel aus der dritten Auflage von Gustav Wustmanns „Allerhand Sprachdummheiten" wird ein morphologisches Phänomen
zum Gegenstand der Kritik (der Abschnitt wurde in späteren Auflagen, z. B.
Wustmann [10]1935, wieder gestrichen):

> „[Es liegt etwas Geringschätziges] in den Bildungen auf *ler*, wie [...] *Zünft-
> ler*, [...] *Abstinenzler*, *Protestler*, *Radler* [...]; deshalb ist es unbegreiflich,
> wie manche Leute so geschmacklos sein können, von *Neusprachlern* und
> von *Naturwissenschaftlern* zu reden" (Wustmann [3]1903: 66).

Auch **syntaktische Strukturen** können kritisiert werden:

> „Weil das ist ein Nebensatz – [...] Einer der größten ‚Hits' der Umgangs-
> sprache: die Abschaffung des Nebensatzes hinter ‚weil'" (Bastian Sick [2]2005:
> 157).

Sick lässt im Folgenden seine Figur „Henry" urteilen, dies sei sowohl eine „neue Entwicklung" als auch „falsch [...]. Und wenn sie sich weiter so ungehemmt ausbreitet, steht zu befürchten, dass sich die Grammatikwerke dem irgendwann anpassen" (vgl. dazu Bär in diesem Band: S. 87).

Im häufigsten Fall werden **Wörter oder komplexere Ausdruckseinheiten** beanstandet (wie die meisten Beispiele in diesem Aufsatz zeigen; vgl. auch Bär 2001: 15). Im Extremfall kann die Kritik auf ganze Texte oder sogar Textsorten und bestimmte Kommunikationsmedien ausgedehnt werden:

> „Die ‚sprachlich-moralische Verluderung' des Deutschen [...] ist nicht auf bestimmte Krassheiten des Jugendjargons beschränkt. Sie greift lange schon aus auf immer mehr Felder der sprachlichen Kommunikation aller Schichten, Generationen, Institutionen und Milieus. [...] Das Handy, zumal seine ablesbaren ‚SMS'-Kurznachrichten [...], aber auch der E-Mail-Verkehr übers Internet, mitsamt den dort üblichen ‚Chatrooms', ‚Download-Portalen' und ‚Websites', sind nicht nur Medien dieses Verlusts, sondern Mitursache" (Schreiber 2006: 183).

Auch das *Fehlen* von Ausdrücken kann Gegenstand der Kritik werden. Der aufklärerische Fremdwortkritiker Campe beispielsweise bemängelte das Fehlen eines deutschen Ausdrucks für ‚Revolution' (Zitat siehe unten, S. 391): „So lange ein Volk noch keinen Ausdruck für einen Begriff in *seiner* Sprache hat, kann es auch den Begriff selbst weder haben noch bekommen. Nur diejenigen unter ihm können ihn haben oder bekommen, die der fremden Sprache kundig sind, welche das Wort dazu leiht. Dies ist der Gesichtspunkt, aus welchem die Reinigung unserer Sprache von fremden Zusätzen zu einer so überaus wichtigen Angelegenheit wird" (Campe 1794: 196). Hinter der interessanten Auffassung, dass die Menschen sich ohne ein *Wort* für ‚Revolution' auch keine *Vorstellung* von einer „Umwälzung" des Staates (so Campes Übersetzungsvorschlag) machen können, steht die Überzeugung, dass Sprache und Denken eng zusammenhängen und dass Wörter bestimmte Vorstellungen auslösen können (vgl. 3.4).

3.2 Aspekt der Kritik

> 1. Rein formal
> 2. Formal-inhaltlich

Es können verschiedene Aspekte eines Ausdrucks bzw. der Verwendung eines Ausdrucks kritisiert werden. Die Kritik kann sich allein auf die sprachliche Form beziehen – wie in den oben zitierten Beispielen für Kritik an bestimmten Schreibweisen und an der syntaktischen Struktur von *weil*-Nebensätzen mit Verbzweitstellung. Schlosser (2000a: 16) beklagt die Wortbildung des „lexikalischen Ungetüm[s]" *Ein-Eltern-Familie* als „Verhunzung der Grammatik" (da *Eltern* für gewöhnlich nur im Plural auftritt). Sie kann jedoch neben der formalen Kritik auch einen inhaltlichen Aspekt haben.

Das Wort *Peanuts* (in der Bedeutung ‚Kleinigkeiten') wurde zum Beispiel 1994 zum „Unwort des Jahres" gewählt, weil der Vorstandssprecher der Deutschen Bank mit diesem Ausdruck Verluste in Höhe von gut 50 Millionen Mark bezeichnet hatte (vgl. Schlosser 2002a: 46). Hier wird die Angemessenheit der Verwendung des Wortes mit der Bedeutung ‚Kleinigkeiten' in Bezug auf den Sachverhalt 50 Millionen Mark, nicht jedoch die Wortform an sich kritisiert. Im „Anglizismen-Index" (www.vds-ev.de/anglizismenindex/) des Vereins Deutsche Sprache wird *Peanuts* hingegen rein formal kritisiert und werden die Übersetzungen „Bagatelle, Klacks, Kleinkram" vorgeschlagen.

Auch die Kritik an Euphemismen (Beschönigungen) gehört in diese Kategorie der formal-inhaltlichen Kritik. *Diätenanpassung* wurde 1995 Unwort des Jahres, weil es eine Beschönigung der Diätenerhöhung im Bundestag darstelle (vgl. Schlosser 2000a: 15), da *-anpassung* gewöhnlich eine Justierung nach oben *oder unten* meinen kann. Wieder wird also der Ausdruck mit seiner Bedeutung in Bezug auf den bezeichneten Gegenstand kritisiert. Bastian Sicks Kritik des Ausdrucks *vorprogrammiert* ist ebenfalls formal-inhaltlich: „‚Vorprogrammiert' ist ein umgangssprachliches Blähwort [...]: man programmiert immer im Voraus, die Vorsilbe vor- ist daher pleonastisch, zu Deutsch: doppelt gemoppelt" (Sick [11]2004: 226). Hier wird der Ausdruck in Bezug auf den mit ihm verbundenen Begriff kritisiert: Da *vor-* dem Begriff ‚programmiert' nichts hinzufüge, sei sie überflüssig (dagegen Meinunger 2008: 113–115).

3.3 Ebene der Kritik

> 1. „Sprache an sich"
> 2. Kodifizierte Norm
> 3. Gebrauchsnorm
> 4. Einzelne Äußerung

Neben den in Abschnitt 3.1 erwähnten Sprachformen kann auch die **Sprache an sich** Gegenstand der Kritik werden – wie in der „Sprachkrise" am Ende des 19. Jahrhunderts. Diese Form der Sprachkritik unterscheidet sich von allen anderen. Während hinter den meisten anderen Formen die Auffassung steht, dass es eine angemessenere Alternative zum kritisierten Ausdruck gegeben hätte, gibt es für den Kritiker an der Sprache an sich überhaupt keine angemessene sprachliche Ausdrucksform. Die Kritik an der Sprache „an sich" steht auf einer ganz anderen Ebene als andere Formen der Sprachkritik, die sich auf Normen oder einzelne Äußerungen in einer Einzelsprache (im vorliegenden Fall Deutsch) beziehen.

Sprachkritik in einer Einzelsprache kann auf verschiedenen Ebenen stattfinden. Es kann zum Beispiel die **kodifizierte Norm einer Sprache** – jener Wortschatz und jene Regeln, die in Wörterbüchern und Grammatiken festgehalten sind und von vielen Sprechern als verbindlich empfunden werden – kritisiert werden.[14] Dies tat beispielsweise Campe mit seiner Kritik am Fehlen eines deutschen Wortes für ‚Revolution‘. Ein weiteres Beispiel ist das von feministischen Linguistinnen kritisierte in Grammatikwerken vorgesehene generische Maskulinum (vgl. Pusch 1984: 82f.): „Als besonders entfremdend bzw. grotesk empfand frau solche Supermaskulina wie *man* und *jedermann* in frauenspezifischen Kontexten […]: Wie kann *man seine* Schwangerschaft frühzeitig feststellen?“ (Pusch 1984: 86). Hier stehen weniger einzelne Sprecher im Zentrum der Kritik als die aktuellen Normen der Sprache selbst. Sobald allerdings durch die Kritiker eine Alternative vorgeschlagen wurde („frau“), können wiederum einzelne Äußerungen kritisiert werden. So hatten die feministischen Linguistinnen wie auch bereits Vorgänger(innen) in den 1950er Jahren die Anredeform *Fräulein* kritisiert, da sie die Frau über ihren Status als ‚Unverheiratete‘ definiert, zumal das Pendant „Herrlein“ o. ä. für einen unverheirateten Mann nicht existierte (vgl. Guentherodt u. a. 1980: 19f., Trömel-Plötz 1982: 90, Samel ²2000: 139, Klann-Delius 2005: 26). In der Folge wurde das *Fräulein* weitgehend abgeschafft, so dass Sick (2006: 74) dessen konkrete Verwendung durch „meinen Freund Henry“ kritisieren konnte.

Die Kritik an neu aufgekommenen oder als neu aufgekommen empfundenen **Normen des Sprachgebrauchs** mit einer Strukturierung in ‚früher‘ und ‚heutzutage‘ ist typisch für viele sprachkritische Äußerungen. Es werden häufig Redeweisen kritisiert, die „seit einiger Zeit […] modisch geworden“ (Sternberger/Storz/Süskind ³1968: 24)“ seien und „seit einigen wenigen Jahren und offenbar in rapide zunehmendem Maße“ (ebd.: 18), „[s]eit einiger Zeit“ (ebd.: 69), verwendet werden: „<u>Früher</u> sagte man zum Beispiel noch: ‚Das ist sinnvoll.‘ Dieser Ausdruck scheint inzwischen vollständig verschwunden. <u>Neuerdings</u> hört man nur noch ‚Das macht Sinn‘“ (Bastian Sick ¹¹2004: 47, Hervorhebungen durch Unterstreichen von mir – J.T.). Dahinter steht meist als Motivation, die Durchsetzung der als abzulehnend empfundenen neuen Norm zu verhindern.

Die letzte Ebene schließlich ist die der **einzelnen sprachlichen Äußerung**. Auch hierfür finden sich zahlreiche Beispiele, z. B. die oben erwähnte „Peanuts“-Stellungnahme. 2001 wurde *Kreuzzug* eines der Unwörter des Jahres, weil George W. Bush es für den Afghanistan-Feldzug verwendet hatte, laut Jury „eine pseudoreligiöse Verbrämung kriegerischer Vergeltungsmaßnahmen“ (www.unwortdesjahres.org/unwoerter.htm). Hinter der Kritik an einer individuellen Äußerung steht die Auffassung: *Es hätte besser nicht gesagt werden sollen.* Die Voraussetzung für Sprachkritik dieser Art ist, dass Menschen in Sprechsituationen stets unendlich viele Möglichkeiten haben, etwas zu sagen

---

[14] Der Hintergrund einer solchen Kritik an der kodifizierten Norm einer Sprache ist, dass das Sprachsystem mehr Möglichkeiten des Gebrauchs zulässt, als aktuell in kodifizierenden Werken berücksichtigt werden. Über die Kritik wird versucht, eine neue Gebrauchsnorm durchzusetzen (die nach Durchsetzung dann wiederum kodifiziert werden kann).

(oder nicht zu sagen). Deswegen kann ein Sprecher dafür kritisiert werden, diese bestimmte Form gewählt zu haben – anstelle einer anderen oder anstatt zu schweigen.

3.4 Maßstab der Kritik

Der problematischste und konfliktträchtigste Teil einer sprachkritischen Äußerung ist der Maßstab der Kritik: „Entscheidend für Sprachkritik ist dieser Maßstab: Woher ihn nehmen? Wie ihn begründen?" (Schiewe 2003: 402f.).

Der Maßstab der Sprachkritik ist der der Angemessenheit (vgl. Bär 2000: 134). Er wird auch von Vertretern einer „linguistischen Sprachkritik" (siehe Abschnitt 5) als Maßstab vertreten (Schiewe/Wengeler 2005: 5). Seit der Antike ist das *aptum* (‚das Angemessene') eine Kategorie der Rhetorik, nach der Reden bewertet werden (Schiewe/Wengeler 2005: 5). In einem sprachkritischen Urteil wird stets eine sprachliche Form als unangemessen kritisiert. Doch kann die Angemessenheit sprachlicher Ausdrücke nach gänzlich unterschiedlichen Kriterien beurteilt werden.

Angemessenheit in Bezug auf …
1. Sprecherintention
2. Kommunikationsregeln
   - Kommunikationsroutinen
   - Textsorte
   - Code
3. Wahrheit/Akkuratheit
4. Sprachnormen
5. Ästhetische Normen
6. Gesellschaftliche Normen

Nach dem Maßstab der Angemessenheit in Bezug auf die **Sprecherintention** ist ein Ausdruck dann angemessen, wenn er tatsächlich das leistet, was der Sprecher beabsichtigt hat (vgl. Bär 2000: 134). Wird dieses Ziel nicht erreicht oder vermutlich nicht erreicht, kann die Äußerung kritisiert werden. Ammon (1933: 430) kritisierte beispielsweise Hitlers Verwendung der Fremdwörter *Synthese* und *Konglomerat*, weil sie einfachen Menschen nicht verständlich seien und er somit entgegen der ihm unterstellten Intention nicht das ganze Volk erreiche.

Viele Maßstäbe ergeben sich aus der Erwartungshaltung des Lesers/Hörers an bestimmte **Kommunikationsregeln.** Zum Beispiel kann der Leser/Hörer das Gefühl haben, dass der Autor/Sprecher sich „im Ton vergriffen", also beispielsweise einen der Situation oder der Textsorte nicht angemessenen Stil gewählt hat. Bastian Sick schreibt: „‚Nach Wahldebakel: SPD schmeißt Schröder raus' – ‚Der Kanzler kriegt die rote Karte.' Sätze wie diese sind vorstellbar. Aber Sie werden sie hoffentlich niemals in einer seriösen Zeitung lesen müssen. Nicht aus Rücksicht auf den Kanzler, sondern aus Respekt vor der Sprache" (Sick [11]2004: 190). Seinem Empfinden nach sind die Ausdrücke *schmeißen* und *kriegen* den Textsorten in einer seriösen Zeitung nicht angemessen.

Auch kann der Kritiker das Gefühl haben, dass eine Äußerung einen Sachverhalt nicht **wahrheitsgemäß** oder nicht **akkurat** zum Ausdruck bringt. So kann beispielsweise eine Bezeichnung wie *Schraubenzieher* in die Bestandteile *Schraube* und *ziehen* (sowie die Endung *-er*, die hier ein Werkzeug anzeigt) zerlegt (vgl. die Überlegungen zur Dekomposition zusammengesetzter Ausdrücke oben) und anschließend wegen mangelnder Akkuratheit kritisiert werden, denn man ziehe nicht, man drehe. In der Tat legt die DIN-Norm 898 fest, dass das Werkzeug als *Schraubendreher* zu bezeichnen ist.[15] Eine Kritik dieser Art kann mit einer Kritik am Sprecher verbunden sein, wenn diesem anhand der Verwendung des Ausdrucks eine bewusste Verschleierung oder Lüge unterstellt werden kann (wie im obigen Beispiel der „Diätenanpassung").

Die kodifizierten **Sprachnormen**, die zum Teil selbst zum Gegenstand der Kritik werden (vgl. 3.3), sind häufig der Maßstab stilistischer Sprachkritik. Bastian Sick zum Beispiel bezieht sich sehr häufig auf „den Duden" (Sick [11]2004: 63, Sick [2]2005: 39, Sick 2006: 166 u. ö.). Dies ist vor dem Hintergrund des Streits zwischen Sprachkritikern und Sprachwissenschaftlern besonders interessant, da die kodifizierenden Werke meist von Sprachwissenschaftlern (mit deskriptivem Anspruch) erstellt werden. Trotzdem gelten sie weiterhin als Autorität, selbst wenn sie Elemente des Sprachwandels in sich aufnehmen: „Zähneknirschend nahm man es hin, dass im trüben Fahrwasser der Rechtschreibreform mit einem Mal ‚Helga's Hähncheneck' und ‚Rudi's Bierschwemme' höchste Weihen erhielten [...]. ‚Was habt ihr denn? Ist doch richtig so! Steht sogar im Duden's!'" (Sick [11]2004: 29). Aber natürlich kann – wie es sich besonders in der Debatte um die Rechtschreibreform zeigte – die (neu) kodifizierte Norm als Maßstab abgelehnt und stattdessen auf eine „bewährte" Norm zurückgegriffen werden.

Auch ein Verstoß gegen **ästhetische Normen** kann kritisiert werden. Dies kann,[16] muss jedoch nicht[17] mit einer Abschwächung durch Verweis auf einen persönlichen Geschmack einhergehen. Teilweise wird der eigene als allgemeiner Geschmack vorausgesetzt: „Die Einmischung von fremden Ausdrücken verstößt gegen den guten Geschmack, – das ist ein unanfechtbarer Satz" (Dunger 1887: 66). Außerdem kann ein ästhetisches Urteil durch ein zusätzliches Argument rationalisiert werden. So bettet beispielsweise Schreiber (2006) seine

---

[15] Dies könnte wiederum mit dem Hinweis kritisiert werden, dass mit *ziehen* ‚anziehen, festziehen' gemeint sei (vgl. DWB 15: 1657) und daher der *Schraubenzieher* dem *Schraubendreher* vorzuziehen sei, da man nicht nur drehe, sondern festdrehe. Worauf ein *Dreher*-Befürworter wieder erwidern könnte, dass man nicht nur fest- sondern auch herausdrehe. Und so fort.

[16] Vgl. z. B.: „Viele Deutsche gebrauchen das Wort ‚holen' anstelle von ‚kaufen' [...] Für mich klingt das immer ein wenig suspekt – ich finde, es hört sich irgendwie nach Ladendiebstahl an" (Sick 2007).

[17] Vgl. z. B.: „noch immer klingt die beliebte Frühstücksaufforderung ‚Schmeiß mal die Butter rüber' nicht nur unverhältnismäßig, sondern – zumindest für feine Ohren – auch unappetitlich" (Sick [11]2004: 191).

Klage über „die schleichende Schwächung der starken Verbformen (‚backte‘ statt ‚buk‘), eindeutig eine kangliche Verarmung", in eine allgemeinere Betrachtung über die „Entdifferenzierung des Sprachbilds" ein (Schreiber 2006: 184). Schneider (2008: 68) lehnt in seiner Liste der „töri̇chsten Anglizismen" den Ausdruck *Gewittersturm* mit einem historischen Argument ab: „Geschwätzige Nachäffung von *thunderstorm*, ‚Donnersturm‘. Tausend Jahre lang waren die Deutschsprachigen mit dem *Gewitter* zufrieden".[18]

In sprachkritischen Urteilen, die sich auf (als vorhanden empfundene) **gesellschaftliche Normen** beziehen, liegt in der Debatte zwischen Sprachwissenschaftlern und Sprachkritikern anscheinend das größte Konfliktpotential.

Die Sprachkritiker berufen sich ausdrücklich auf „gesellschaftliche Normen" (vgl. Schlosser 2000a: 7, Sternberger 1965: 332). Der Maßstab der Angemessenheit in Bezug auf gesellschaftliche Normen steht zum Beispiel hinter der oben zitierten Kritik am Wort *ausländerfrei*. Das Wort ist nicht angemessen, weil es gegen die (als vorhanden angenommene) gesellschaftliche Norm der Offenheit und Toleranz verstößt. Ähnlich kritisiert das *Wörterbuch des Unmenschen* den Ausdruck *Menschenbehandlung*, weil er den „behandelten" Menschen in die Rolle eines bloßen Gegenstandes dränge (vgl. Sternberger/Storz/Süskind [3]1968: 126–136) – dahinter steht die Norm der Unantastbarkeit der Menschenwürde („Dem Menschen ziemt es nicht, den Menschen zu behandeln", ebd.: 136).

Nach Ansicht der Sprachkritiker kann Sprache bestimmte Gedanken und Meinungen evozieren. Es ist demnach gefährlich, wenn bestimmte, gesellschaftliche Normen verletzende Aussagen in den *öffentlichen* (und damit besonders einflussreichen) Diskurs geraten (vgl. Schlosser 2000: 115). Die Sprachkritiker würden Dieckmanns These, Sprache habe keine andere Funktion „als eben die, das Gemeinte kenntlich und kommunizierbar zu machen" (Dieckmann 2006: 22), entschieden ablehnen. Sprache hat für sie auch und vor allem die Funktion, bestimmte Diskurspositionen sichtbar zu machen und ihnen dadurch Einfluss zu verleihen. Deshalb wird es als bedrohlich empfunden, wenn normverletzende Aussagen öffentlich geäußert werden:

> „Trotzdem erscheint mir auch das gedankenlose Nachplappern von Wörtern und Wendungen, die einer Sache und/oder dem Menschen und seiner Würde nicht gerecht werden, durchaus gefährlich. Darin liegt nämlich das schleichende Gift, die kleine, für sich unbedeutende ‚Dosis Arsen‘, wie Victor Klemperer es in seiner *LTI* treffend formuliert hat, die, immer wieder eingenommen, zum Tod, im sprachkritischen Sinne zum Tod der Menschlichkeit führen kann" (Schlosser 2000b: 293).

---

[18] Im *Deutschen Wörterbuch* von Jacob und Wilhelm Grimm finden sich allerdings etliche Belege für *Gewittersturm* auch aus früheren Jahrhunderten (DWB 6: 6428–6429).

Sprachmagie

In gewisser Weise haben die Sprachkritiker also eine Auffassung von Sprache als einem „magischen" Instrument, ähnlicher der Vorstellung von *Sprachmagie* (*The magic of language*), die David Crystal in seiner „Enzyklopädie der Sprache" beschreibt (Crystal ²1997: 8). Die Vorstellung ist, dass Sprache bestimmte Vorstellungen, Gedanken oder sogar Sachverhalte evozieren kann. Crystal beschreibt Zaubersprüche, Tabuwörter und Gottesbezeichnungen (Crystal ²1997: 8f.). Doch eine ähnliche Vorstellung zieht sich durch viele weitere metasprachliche Überzeugungen.

Sternberger nimmt ausdrücklich einen direkten Zusammenhang zwischen Sprache und Denken und damit auch von Sprache und gesellschaftlicher Wirklichkeit an: „Soviel und welche Sprache einer spricht, soviel und solche Sache, Welt oder Natur ist ihm erschlossen.[19] [...] Der Verderb der Sprache ist der Verderb des Menschen. Seien wir auf der Hut!" (Sternberger/Storz/Süskind ³1968: 7). Er hat den Vorwurf der Sprachwissenschaftler verstanden („Es gebe, so ist die Meinung, keine böse Sprache, sondern nur böse Sprecher, und was wir als ‚Sprachkritik' betreiben, sei in Wahrheit moralische Gesellschaftskritik", ebd.), hält jedoch dagegen, Wörter seien „nie jenseits ihres Gebrauchs zu denken, daher auch nicht jenseits ihres Mißbrauchs. [...] Wörter sind nicht unschuldig, können es nicht sein, sondern die Schuld der Sprecher wächst der Sprache selber zu, fleischt sich ihr gleichsam ein" (ebd.).

Nach Auffassung der Sprachkritiker verfügt der sprachliche Ausdruck über diese „magische" Wirkung – siehe das „gedankenlose Nachplappern" im obigen Schlosser-Zitat – *unabhängig* von den tatsächlichen Überzeugungen des Sprechers. Der Vorwurf, die vermeintliche Sprachkritik sei eigentlich eine Kritik an der Einstellung des Sprechers (Dieckmann 2006: 20, Polenz 1968: 252), zielt daher ins Leere. Denn häufig wird den Sprechern gar keine unmoralische Einstellung unterstellt, sondern vielmehr befürchtet, dass diese *unbewusst* zu einer Aufweichung sprachlicher und damit schließlich gesellschaftlicher Normen beitrügen (vgl. Schlosser 2000: 8, Sternberger/Storz/Süskind ³1968: 171 zur „falsch[en]" Verwendung von *Ressentiment*): „Wer solche verbalen Vorgaben – und sei es auch nur gedankenlos – weiter benutzt oder ‚kreativ' abwandelt [...], trägt zum Überleben des überwunden geglaubten Ungeistes bei" (Schlosser 2000a: 10, Hervorhebung von mir – J.T.).

Die sprachmagische Ansicht kann die unterschiedlichsten Formen annehmen. In der nationalistisch motivierten Sprachkritik des „Unartig Teutscher Sprach-Verderbers" findet sich beispielsweise die Auffassung, dass erst mit dem Wort *Kompliment* (das für den Verfasser die Bedeutung ‚heuchlerisches Kompliment' hat) auch die entsprechende Sache gehäuft vorgekommen sei:

---

[19] Hier spiegelt sich die *Sapir-Whorf-Hypothese* (nach Edward Sapir und Benjamin Lee Whorf), die davon ausgeht, dass die Strukturen einer Sprache das Denken der Sprecher determinieren (vgl. Whorf 1956).

„Was soll ich aber sagen von dem Wort *Complementen,* welches sehr gemein worden. Ich sage / mit diesem Wort sey auch seine Krafft in Teutschland eingeführt worden. Dann Complementen ist so viel als Geprång (gut teutsch / Auffschneiderey / Betrug / Heucheley /). Wann ist aber bey den Teutschen jemahl mehr Prangens / Auffschneidens vnd Betrugs gewesen / als eben jetzunder / da das Wort *Complement* auffkommen ist?" (Anonymus 1643: 4).

Sie steht auch hinter den sprachreformatorischen Bestrebungen der feministischen Linguistik und der Vertreter der Political Correctness: Es ist in diesem Falle die Vorstellung, dass sich über eine Änderung des Sprachgebrauchs auch die Einstellung der Sprecher und Sprecherinnen und damit schließlich die gesellschaftlichen Verhältnisse ändern werden.

Der Linguist Rudi Keller reflektiert diese Vorstellung ironisch, wenn er beobachtet, dass sich „hierzulande Leute massenhaft dem Waldlauf verschrieben haben, nachdem das Wort ‚Jogging' dafür propagiert worden war" (Keller ²1994: 17).

Die Ansicht steht nicht nur hinter Kritik an der Unangemessenheit in Bezug auf gesellschaftliche Normen, sondern auch hinter vielen anderen sprachkritischen Urteilen, zum Beispiel jenen nach dem Kriterium der ästhetischen Normen – die Ausdrücke werden abgelehnt, weil sie unangenehme Empfindungen hervorrufen. Dieser „Sprachekel" (Meinunger 2008: 51, 172) kann durch eine bestimmte Schreibung oder Lautung, durch fremdsprachliche Elemente und Ähnliches ausgelöst werden (vgl. Dieckmann 2006: 19). Er kann jedoch auch allein durch die *Frequenz* eines Ausdrucks im öffentlichen Diskurs hervorgerufen werden. Man betrachte folgende Beispiele aus Weblogs und Internetforen:[20]

„Mein persönliches Unwort des Jahres: Streik. Ich kann es nicht mehr hören. Es geht mir auf den Nerv" (Rohweder 2008).

„Mein Unwort des Jahres ist echt mal ‚Finanzkrise', überall in den Medien wird man damit zugebombt und jede Talkshow dreht sich nur um dieses Thema. Ich kanns nicht mehr hören" (Uni-Protokolle 2008).

„Hiermit schlage ich offiziell ‚Web 2.0' zum Unwort des Jahres vor. Ich kann es nicht mehr hören oder lesen. Widerlich dieses rumgehype" (Rowi 2007).

Auch können Ausdrücke kritisiert werden, weil sie unschöne Empfindungen auslösen:

„Ich denke mir oft, dass ich ein Wort nicht mehr hören kann. Einige davon wären ‚Terrorismus', [...] ‚Überwachung', ‚Preiserhö[h]ung', ‚Bush', ‚Ame-

---

[20] Die Zusammenstellung entstand auf Basis einer Suche nach *Unwort* (und später zusätzlich nach *nicht mehr hören*) über die Suchmaschine *Google.* Es ist auffallend, dass die weitaus meisten Vorschläge für „Unwörter" die Kriterien der offiziellen Unwort-Wahl nicht erfüllen würden, weil sie entweder das Frequenz- oder das Emotions-Kriterium anwenden.

rika', ,Öl' [...]. Ich glaube jeder hat so seine Unwörter und so hat auch jede
Zeit seine [sic] Unwörter [...]. Unwörter drücken auch das Weltgeschehen
aus und wir verbinden mit diesen Wörtern sicher Erlebnisse oder erinnern
uns was damals passiert ist" (Thalex 2008).

Wörter wie *Streik, Finanzkrise* oder *Bush* hätten bei der tatsächlichen Wahl zum
„Unwort des Jahres" keine Chance, da dort das Kriterium der Angemessenheit
in Bezug auf gesellschaftliche Normen der alleinige Maßstab ist. Dementsprechend lehnt Schlosser auch die Wahl von Wörtern wie *Mehdorn* oder *Äh* explizit
ab (Schlosser 2007, vgl. Schlosser 2003: 72). Doch werden die Urteile eindeutig
als Kritik an sprachlichen Ausdrücken formuliert – aufgrund der mit ihnen
verbundenen Evokation unangenehmer Empfindungen.

Ein anderes Beispiel für eine sprachmagische Ansicht, eines für den Versuch
einer Tabuisierung, liefert Feilke (1994: 79). Nach einer Meldung der *Frankfurter Rundschau* vom 22. Juli 1989 wollten italienische Bischöfe den Ausdruck
Kinder machen unterdrücken, da dieser die Kinder als Produkt der Eltern und
damit nicht als Schöpfung Gottes darstelle. Dahinter steht nach Feilkes Analyse
die Annahme, „die Kontrolle des Bewußtseins hänge mit der sozialen Kontrolle
des Sprechens zusammen" (Feilke 1994: 79). Feilke bemerkt weiter:

> „Hierin zeigt sich der Doppelmechanismus einer äußeren (sozialen) Kon-
> trolle des Sprechens, deren Rationalität in der Unterstellung einer inneren
> (kognitiven) Kontrollfunktion des Sprachgebrauchs für das Bewußtsein be-
> steht. Nur vor diesem Hintergrund wird der auch in ‚offenen Gesellschaften'
> immer wieder erbittert geführte ‚Streit um Worte' erklärbar" (Feilke 1994:
> 79).

Dies ist eine entscheidende Beobachtung. Nur mit der sprachmagischen An-
sicht lässt sich erklären, warum öffentliche Debatten sehr häufig als Streit um
Worte und nicht als Streit um die Sache geführt werden. Man kann sagen,
dass der Streit um Worte häufig die subtilere Variante einer offenen Werte-
debatte darstellt. Durch die Kontrolle über die öffentliche Verwendung von
Ausdrücken soll die Ausbreitung der durch sie evozierten Meinungen oder
Sachverhalte verhindert werden. Solche Kontrollversuche können sich zum
Beispiel in der Verwendung von Redewendungen wie derjenigen zeigen, man
könne etwas „so nicht stehen lassen" oder eine bestimmte Äußerung müsse „zurückgenommen" werden, um die mit ihr verbundene Schadenswirkung
einzuschränken.

Greift ein Kritiker *ausschließlich* einen Ausdruck an, so bleibt die dahinterstehende Meinung, die ggf. von der Meinung des Kritikers abweicht, im
Diskurs unsichtbar. Für ein solches Vorgehen, das abweichende Vorstellungen
unerwähnt lässt, kann es verschiedene Gründe geben (wobei es nicht möglich
ist, im Einzelfall mit Sicherheit zu beurteilen, welcher Grund vorliegt):

1) Principle of charity. Zum einen kann das Nichterwähnen bedeuten, dass die Sprachkritiker nach einer Art „Principle of charity" handeln.[21] Sie gehen davon aus, dass ihre Leser den gleichen Wertmaßstab zugrunde legen wie sie selbst, und greifen daher ausdrücklich nicht die Person, sondern deren irreführende Wortwahl an. Dies kann sich zum Beispiel darin zeigen, dass explizit von einer „gedankenlosen" Verwendung des Wortes ausgegangen wird (s. o.).

Ein Musterbeispiel für die Anwendung des *Principle of charity* lieferte der Moderator Johannes B. Kerner in seiner Talkshow (ZDF), als die Autorin Eva Herman dort zu Gast war (Kerner 2007). Herman, die zuvor durch die Veröffentlichung ihrer Streitschrift „Das Eva-Prinzip" (Herman 2006) eine Debatte über die Rolle der Frau in der Gesellschaft ausgelöst hatte, hatte auf einer Pressekonferenz zur Vorstellung ihres neuen Buches vermeintlich die Familienpolitik des „Dritten Reiches" gelobt. Kerner versuchte fast eine Stunde lang, sie zu einer Rücknahme ihrer Aussage zu bewegen. Er griff dabei Herman als Person nicht an, sondern betonte ausdrücklich, dass er davon ausgehe, dass die vermeintlich ausgedrückte Meinung nicht die ihre sei. Mehrmals bot er ihr an zuzugeben, dass sie mit ihrer Aussage einen „Fehler" gemacht habe (Kerner 2007: 00:01:59, 00:02:13, 00:15:56, 00:46:50). Herman distanzierte sich jedoch ausdrücklich nur von der implizierten Meinung, nicht vom Wortlaut selbst, weshalb sie die Sendung schließlich verlassen musste (Kerner 2007: 00:52:48; vgl. hierzu auch Anm. 25).

2) Manipulation durch Sprache. Zum anderen könnte die Motivation des Sprachkritikers eine subtile Sprachmanipulation (mit dem Ziel der Gesellschaftsmanipulation) sein. Dies wäre dann der Fall, wenn der Sprecher/Autor weiß bzw. zu wissen glaubt, dass der Maßstab seiner Sprachkritik und der versuchten Sprachbeeinflussung *nicht* allgemein akzeptiert ist. Abweichende Vorstellungen sollen marginalisiert oder buchstäblich „totgeschwiegen" werden. Einen solchen Manipulationsversuch unterstellt Campe einem Gegner in seinen „Proben einiger Versuche von deutscher Sprachbereicherung":

> „Revolution – Umwälzung; also Staatsrevolution – Staats=umwälzung. Diese Uebersetzung [...] wurde neulich in einer Recension meiner *Briefe aus Paris geschrieben*, verworfen, vielleicht, weil der Recensent vor allem, was Revolution heißt, uns Deutsche so fern zu halten wünscht, daß wir nicht einmal ein Wort dafür in unserer Sprache haben sollen" (Campe 1791: 39).

Es zeigt sich gleich, dass es unmöglich ist, im Einzelfall zu entscheiden, ob der Versuch einer Sprachmanipulation vorliegt, da sich die Motivation der Kritik einem (sprach-)wissenschaftlichen Zugang entzieht. Zwar äußern sich die Kri-

---

[21] Dieser von Donald Davidson geprägte Ausdruck bezeichnet ursprünglich ein Verfahren bei der Interpretation eines philosophischen Textes. Kommen für die Interpretation eines Argumentes mehrere Versionen in Frage, so wird diejenige gewählt, die einem als die beste und rationalste erscheint (vgl. Davidson 1973, zu Bezeichnung besonders S. 328, Anm. 14).

tiker nicht selten über ihre Motivation, doch ist es nicht möglich, die Aufrichtigkeit dieser Aussagen zu überprüfen. Dennoch spielt diese Unterscheidung eine wichtige Rolle, wenn es darum geht, bestimmten Urteilen abzusprechen, Sprachkritik zu sein.

Deutlich wird dies zum Beispiel in Schlossers (des Vorsitzenden der „Unwort"-Jury) Selbst-Abgrenzung von Sachkritik. Schlosser urteilte in einem Interview mit der *Welt*: „Begriffe wie ‚Kopftuchverbot' scheiden auch aus. Da wird ja die Sache als solche kritisiert, nicht das Wort" (Schlosser 2007). Er berichtete, dass es sich um den Manipulationsversuch einer „muslimische[n] Organisation" handle, die zum Vorschlag des Wortes aufgerufen hatte (dpa 2007). Würde Schlosser allerdings Normen als gegeben annehmen, die das ‚Verbot' des ‚Kopftuches' und damit die Kombination der Ausdrücke *Kopftuch* und *Verbot* von vornherein für absurd hielten, so hätte er vermutlich auch dieses Wort (ähnlich dem *Ahnenpass*[22]) sprachkritisch besprechen können. Ebenso hätte er bei entsprechender Überzeugung annehmen können, dass es sich beim *Kopftuchverbot* um einen verschleiernden Ausdruck für die Diskriminierung des Islam handle. Stefanowitsch (2007b, Komm. 4) kommentiert: „Die ‚Sprachkritische Aktion' tut so, als könne zwischen Wörtern und dem, was sie bezeichnen, eine objektive Diskrepanz bestehen. Tatsächlich macht sie aber ihre eigene, nicht näher dargelegte Weltsicht zur Norm[,] an der sie, unter dem Vorwand der Sprachkritik, andere Weltsichten misst". Er spricht derartigen Äußerungen generell den Status ab, Sprachkritik zu sein, wenn er sarkastisch kommentiert:

---

[22] Schlosser selbst ist wiederholt vorgehalten worden, Sach- statt Sprachkritik zu betreiben. So moniert beispielsweise Dieckmann (2006: 20) den Eintrag „Ahnenpass" im *Lexikon der Unwörter*. Der Eintrag lautet:

> „Ahnenpass. Der in der NS-Zeit vorgeschriebene Nachweis, dass man den Normen der Rassenideologie entsprach, also rein „arischer", möglichst sogar „deutschblütiger" Abstammung war, musste in einem *Ahnenpass* dokumentiert sein. Wie andere Pässe auch wurde er von Ämtern ausgestellt, war also nicht irgendein genealogisches Papier, sondern ein Herrschaftsinstrument, das über die berufliche wie private Zukunft der Betroffenen entschied" (Schlosser 2000a: 86).

Dieckmann kommentiert:

> „Kritisiert wird in diesem Artikel primär die Vorschrift, die arische Abstammung zu dokumentieren [...]. Der Artikel enthält keine Hinweise darauf, dass der Autor auch die Bezeichnung für das Dokument für kritisierbar hält. Im Gegenteil scheint zumindest die Verwendung von Pass als Grundwort des Kompositums als angemessen, denn es heißt ja ausdrücklich, dass der Ahnenpass ‚wie andere Pässe auch [...] von Ämtern ausgestellt wurde'. Wenn etwas die gleichen Merkmale aufweist, ist auch der gleiche Name kaum kritisierbar" (Dieckmann 2006: 20).

Vermutlich zielt Schlossers Kritik auf die Verwendung des Bestandteils *-pass* ab. Während der „Nachweis" einer „arischen" Abkunft nach den vorausgesetzten gesellschaftlichen Normen lediglich „irgendein genealogisches Papier" wäre, ist eine Bezeichnung als „-pass" durch „Rassenideologie" und damit durch einen Verstoß gegen diese Normen motiviert, da sie den Nachweis in den Rang eines amtlichen Dokuments erhebt.

„Mit anderen Worten, politische Nörgelei als Sprachkritik verpacken darf nur die selbsternannte Jury der ‚Sprachkritischen Aktion', nicht aber eine ‚muslimische Organisation'" (Stefanowitsch 2007b). Doch auch Stefanowitschs These, dass es der „Unwort"-Aktion um eine Manipulation gehe, ist bloße Spekulation – es könnte genauso gut sein, dass die Jury nach dem *Principle of charity* handelt. In jedem Fall ist jedoch Schlossers Trennung in Sprach- und Sachkritik hier nicht schlüssig.

Aus dem Gesagten folgt, dass entweder der Begriff ‚Sprachkritik' völlig zu verwerfen (oder per Definition auf einen sehr kleinen, klar abgrenzbaren Bereich einzuschränken) ist oder alles als Sprachkritik zu akzeptieren ist, was als solche, d. h. als negativ wertendes metasprachliches Urteil, geäußert wird. In diesem Artikel wurde der zweite Weg gewählt.

Denn unabhängig von der Überlegung, ob ein sprachkritisches Urteil nach dem Maßstab der Angemessenheit in Bezug auf gesellschaftliche Normen manipulativ ist oder nicht, muss die Wichtigkeit dieses Maßstabes hervorgehoben werden. Es lässt sich kaum rechtfertigen, Urteile, hinter denen allein dieser Maßstab steht, aus der Definition von Sprachkritik auszuschließen. Natürlich ist bisweilen fraglich, ob die im Urteil vorausgesetzte Norm tatsächlich allgemein akzeptiert ist und ob der Kritiker dies tatsächlich annimmt. So kritisiert beispielsweise Schlosser den Ausdruck „Lebensabschnittspartner/in", der sich „sogar zur Selbstbezeichnung von Menschen gemausert" habe, „die von vornherein das vorzeitige Ende ihrer Bindung einkalkulieren" (Schlosser 2000: 37). Dies ändert jedoch nichts daran, dass die Kritik als Sprach- und nicht als Gesellschaftskritik *geäußert* wird. Um dies zu veranschaulichen, kann man vergleichbare Fälle von Kritik nach anderen Maßstäben betrachten, z. B. jenem der Akkuratheit: Sagt ein Kritiker zum Beispiel „Die Bezeichnung *Braunbär* ist Unfug, weil ein Braunbär kein Bär ist" (analog der Kritik am Ausdruck *Koalabär*), so ist die Schlussfolgerung wohl eher: „Der Sprachkritiker hat sich geirrt" als „Der vermeintliche Sprachkritiker ist gar kein Sprachkritiker".

Ebenso wie der Maßstab der Angemessenheit in Bezug auf gesellschaftliche Normen sollte auch die hinter sehr vielen sprachkritischen Urteilen stehende „sprachmagische" Auffassung nicht vernachlässigt oder in ihrer Bedeutung für den öffentlichen Diskurs unterschätzt werden. Dies tut jedoch augenscheinlich Dieckmann, wenn er verlangt, dass (seiner Ansicht nach) fälschlicherweise als Sprachkritik präsentierte Urteile stattdessen als Sach- oder Meinungskritik geäußert werden sollten (vgl. Dieckmann 2006: 17, 25). Die Durchsetzung dieses Vorschlags würde entscheidende Regeln der Debattenkultur missachten. Zum einen die Funktion der subtilen Diskursbeeinflussung über die Durchsetzung bestimmter Redeweisen. Zum anderen die Absicht, durch Beachtung des *Principle of charity* respektvoll und höflich zu diskutieren (indem man davon ausgeht, dass jemand eine abzulehnende Meinung eigentlich gar nicht ausdrücken wollte, sondern sich nur „versprochen" hat).

4. Exemplarische Einordnung

Die vier vorgestellten Kategorien Gegenstand, Aspekt, Ebene und Maßstab der Kritik lassen sich nun benutzen, um ein sprachkritisches Urteil genauer zu beschreiben und einzuordnen. Natürlich gibt es zwischen allen diesen Kategorien Überschneidungen. Einerseits überschneiden sich die Kategorien teilweise selbst (so kann das Bemühen um Wahrheit und Akkuratheit als gesellschaftliche Norm empfunden und eine ästhetische Ausdrucksweise kann teilweise als in der Intention des Sprechers liegend angenommen werden), andererseits können sich in einer sprachkritischen Aussage mehrere Kategorien überlagern.

I. Gegenstand der Kritik	II. Aspekt der Kritik	III. Ebene der Kritik	IV. Maßstab der Kritik

1. Laute/Buchstaben
2. Morphologische Phänomene
3. Syntaktische Phänomene
4. Wort/komplexerer Ausdruck
	1. Formal
	2. Formal-inhaltlich
		1. „Sprache an sich"
		2. Kodifizierte Norm
		3. Gebrauchsnorm („Mode")
		4. Einzelne Äußerung
			Angemessenheit in Bezug auf …
			1. Sprecherintention
			2. Kommunikationsregeln
			  – Kommunikationsroutinen
			  – Textsorte
			  – Code
			3. Wahrheit/Akkuratheit
			4. Sprachnormen
			5. Ästhetische Normen
			6. Gesellschaftliche Normen

Beispiel 1: Luise Pusch (1984: 26) zitiert einen Vordruck, den sie in ihrer Universität für den Fall vorfindet, dass sie eine(n) andere(n) Wissenschaftler(in) um einen Sonderdruck bitten will. Dieser beginnt mit der Anrede „Sehr geehrter Herr / Dear Sir / Monsieur" und enthält in der französischen Fassung den Satz: „Je vous serais très obligé" (‚Ich wäre Ihnen sehr verbunden'; die Partizipform müsste *obligée* lauten, um sich auf eine Frau zu beziehen, weshalb der Satz nur einen Mann als Verfasser vorsieht). Pusch kommentiert: „Wer auch immer diese beiden Texte ersonnen und ihre tausendfache Vervielfältigung angeordnet haben mag, er/sie hat die Existenz forschender und publizierender Frauen in Konstanz und anderswo nicht wahrgenommen und damit diese Frauen selbst ignoriert" (Pusch 1984: 26).

Analyse: I.2/4|II.2|III.4|IV.3.[23] Pusch kritisiert die Anredeformel (I.4) und die maskuline Form des Partizips *obligé* (I.2), die in Bezug auf das Bezeichnete (die Menge der Wissenschaftlerinnen und Wissenschaftler) nicht angemessen

---

[23] Die Zahlen beziehen sich auf die Nummerierung in der jeweiligen Tabellenspalte. Lies: Gegenstand der Kritik: Wort/komplexerer Ausdruck bzw. morphologisches Phänomen | Aspekt der Kritik: formal-inhaltlich | Ebene der Kritik: einzelne Äußerung | Maßstab der Kritik: Wahrheit/Akkuratheit.

seien, weil sie es nicht akkurat (nämlich nur als männliche Wissenschaftler) darstellen. Kritisiert wird eine individuelle Äußerung.

Beispiel 2: Schreiber (2006: 184) kritisiert die „schleichende Schwächung der starken Verbformen (‚backte‘ statt ‚buk‘), eindeutig eine klangliche Verarmung“.
Analyse: I.1|II.1|III.2/3|IV.5. Es wird ein Lautphänomen allein auf seine äußere Gestalt hin kritisiert, weil es unschön klinge. Die Gebrauchsnorm werde „schleichend“ zur neuen Norm.

Beispiel 3: „Der Genitiv gerät zusehends aus der Mode. Viele sind *ihn* überdrüssig. Dennoch hat er in unserer Sprache seinen Platz und seine Berechtigung. Es kann daher nicht schaden, sich *seinem* korrekten Gebrauch zu erinnern. Sonst wird man *dem* Problem irgendwann nicht mehr Herr und kann *dem* zweiten Fall nur noch wehmütig gedenken“ (Sick ²2005: 19).
Analyse: I.2/3|II.1|III.3|IV.4.

Beispiel 4: „Das Wort *Tierversuch* ist [...] ein Euphemismus, der für das ‚Quälen und Töten von Tieren für Zwecke der Wissenschaft und der Wirtschaft‘ steht“ (Fill 1993: 109).
Analyse: I.4|II.2|III.2|IV.3.

Beispiel 5: Campe schlug für das Wort *milieu* das deutsche Wort *Umwelt* vor,[24] um es für ein breites Publikum verständlich zu machen (**Analyse:** **I.4|II.1|III.2|IV.1/6**). Später wurde der Ausdruck *Umwelt* selbst zum Gegenstand einer, diesmal ökologischen, Sprachkritik. Da er nur noch für die Umwelt eines Menschen verwendet werde und diesen durch die Vorsilbe *Um-* ins Zentrum stelle, sei er anthropozentrisch (vgl. Fill 1993: 105). **Analyse: I.4|II.2|III.2|IV.6.**

5. Schluss

Bemerkenswerterweise ist der Ausdruck *Sprachkritik* trotz der jahrzehntelangen Auseinandersetzung zwischen ‚Sprachwissenschaftlern‘ und ‚Sprachkritikern‘ unter Linguisten nicht komplett in Verruf geraten; spätestens seit den 1980er Jahren (vgl. Wimmer 1982) wird versucht, ihn für die Sprachwissenschaft in Anspruch zu nehmen.

Wie gezeigt wurde, findet sogar ein regelrechter semantischer Kampf (vgl. Felder 2006) um den Ausdruck *Sprachkritik* statt, indem Sprachwissenschaftler versuchen, ‚unwissenschaftliche‘ Formen von Sprachkritik aus der Definition auszuschließen. Tatsächlich können Werturteile wie ‚schön‘/‚hässlich‘, ‚gut‘/‚schlecht‘, ‚richtig‘/‚falsch‘ nicht den Ansprüchen an eine rein deskriptive

---

[24] Er geht in Campe (1811: 113) davon aus, es selbst erfunden zu haben. Der deutsch schreibende dänische Schriftsteller Jens Baggesen hatte es allerdings schon zuvor verwendet (vgl. Kluge [24]2002: 940).

Vorgehensweise genügen. Doch ist es schwer, daraus abzuleiten, dass es sich nicht mehr um Sprachkritik handle, zumal die Bewertung, dass mancher Kritiker „den Esel ‚Sprache‘ schlägt und den Sack ‚kulturelle und gesellschaftliche Veränderungen‘ meint" (Schiewe 2006: 12, vgl. Dieckmann 2006: 25), ein Urteil über die innere Einstellung des Kritikers beinhaltet, das selbst nicht wissenschaftlich zu begründen ist (vgl. 3.4).

Vor allem die „sprachmagische" Vorstellung der Evokation von Vorstellungen und Sachverhalten wird abgelehnt: „Die Wirkungsmöglichkeiten der Sprache als Sprache auf das Denken und Handeln der Menschen werden heute vielfach sehr überschätzt. Es ist doch keineswegs so, daß jemand auf Grund einer bestimmten Sprachform zu einer bestimmten Verhaltensweise gezwungen wird" (Betz 1968: 337, vgl. Dieckmann 2006: 22, Schiewe 2006: 12). Andere Linguisten wie Martin Wengeler hingegen akzeptieren die Vorstellung: „Dem Argument, das Denken und Handeln des Sexisten oder Rassisten ändere sich nicht, wenn er nur seine Sprache ändert, ist entgegenzuhalten, dass dies eine Unterschätzung des Einflusses sprachlicher Benennungen impliziert" (Wengeler 2002: 10). Auch wenn man die Einstellung selbst nicht akzeptiert, kann man entsprechende sprachkritische Aussagen als aufschlussreiches Indiz dafür nehmen, wie vieles für die meisten Menschen zum Phänomen ‚Sprache‘ gehört und welche Macht ihr zugeschrieben wird. Heringer vertrat dem gemäß die Ansicht: „Sprachkritik ist etwas für alle" (Heringer 1982: 31), also auch für sprachwissenschaftliche Laien.

Die umgekehrte Frage ist breiter und leidenschaftlicher diskutiert worden: Ist Sprachkritik überhaupt etwas für Linguisten? In der Debatte nach der Veröffentlichung des *Wörterbuchs des Unmenschen* fiel die Antwort der Sprachwissenschaftler eindeutig negativ aus. Inzwischen jedoch gibt es vielfältige Versuche, Sprachkritik zum Teilgebiet der Linguistik zu machen (Wimmer 1982, Schwinn 1997, 2005, Kilian 2001, 2004, Bär 2002, Schiewe/Wengeler 2005, Felder 2009 u. a.). Sie gehen davon aus, dass eine klare Grenze zwischen Sprachkritik und Sprachwissenschaft ohnehin nicht zu ziehen ist, da auch die wissenschaftliche Beschreibungssprache Bewertungen enthält (Gardt 2002: 39, Glück 2000: 62). Das Ziel linguistischer Sprachkritik ist es stets, nicht bestimmte Normen vorzuschreiben, sondern zu einem „reflektierten Sprachgebrauch" (vgl. Wimmer 1982: 298, Schiewe/Wengeler 2005: 5, Schiewe 2006: 6) und zu einer „gelingende[n] Kommunikation" (Schiewe 2006: 15) beizutragen. Dabei wird die Angemessenheit eines Ausdrucks aufgrund sprachwissenschaftlicher Erkenntnisse beurteilt und beispielsweise vorausgesetzt (vgl. Schiewe 2006: 14), dass es neben der Standardsprache auch verschiedene andere Varietäten (z. B. Dialekte) gibt, deren Normen gegebenenfalls berücksichtigt werden müssen, dass geschriebene und gesprochene Sprache unterschiedliche Normen haben (so dass die gesprochene Sprache nicht an der geschriebenen gemessen werden darf), und dass Sprache einem beständigem Wandel unterworfen ist (vgl. auch Bär 2002: 224). Die Kritik an sprachlichen Ausdrücken beinhaltet dabei für gewöhnlich keine Urteile wie ‚schön'/‚hässlich', ‚gut'/‚schlecht' oder ‚richtig'/‚falsch', sondern formuliert allein das Untersuchungsergebnis, dass ein sprachlicher Ausdruck in Bezug auf eine bestimmte Situation, Intention oder Norm unangemessen ist. Eine Ausnahme stellt die feministische Linguistik dar. Sie distanziert sich ausdrücklich von einem rein beschreibenden Ansatz, da die Linguistik keine Naturwissenschaft sei: „Sprache ist aber kein Natur-, sondern ein historisch-gesellschaftliches Phänomen und als solches auch kritisier- und veränderbar" (Pusch: 1984: 10).

Der vorliegende Aufsatz ist kein Beitrag zur linguistischen Sprachkritik, vielmehr macht er sprachkritische Urteile zum Gegenstand einer linguistischen Untersuchung. Seine Ergebnisse könnten jedoch in das Modell einer linguistisch fundierten Sprachkritik eingearbeitet werden. So gibt es durchaus einen wissenschaftlichen Zugriff auf den Maßstab der Angemessenheit in Bezug auf gesellschaftliche Normen. Da sich derartige Normen im öffentlichen Diskurs verschiedentlich sprachlich niederschlagen und da sich dieser Diskurs mit sprachwissenschaftlichen Methoden untersuchen lässt, könnten Urteile einer linguistischen Sprachkritik auf Basis einer solchen Untersuchung formuliert werden: *Gemessen an den herausgearbeiteten Konventionen des öffentlichen Diskurses, ist dieser Text angemessen/nicht angemessen.*

Auch jene Auffassung von der „magischen" Fähigkeit der Sprache, bestimmte Denk- oder Vorstellungsinhalte zu evozieren, sollte bei einer linguistisch fundierten Sprachkritik nicht vernachlässigt werden.[25]

Es wurde hier dafür argumentiert, weder „sprachmagische" noch sprachkritische Urteile, die sich auf gesellschaftliche Normen beziehen, aus der Definition von Sprachkritik auszuschließen. Beide sind entscheidende Bestandteile

---

[25] So könnte zum Beispiel erklärt werden, warum die Kommunikation zwischen Eva Herman und Johannes B. Kerner in der erwähnten Fernsehsendung (Kerner 2007) nicht gelingen konnte. Herman distanzierte sich zwar von der implizierten Meinung (sie lobe die Familienpolitik des „Dritten Reiches" oder habe sonstige Sympathien mit dem NS-Programm; vgl. Kerner 2007: 00:08:45, 00:08:54, 00:09:19, 00:11:23, 00:17:27 u.ö.), nicht jedoch vom Wortlaut ihrer Aussage selbst. Sie war sich offensichtlich der sprachmagischen Wirkung ihrer Worte (die *unabhängig von der tatsächlichen Meinung des Sprechers bzw. der Sprecherin* besteht, vgl. 3.4) nicht hinreichend bewusst. Zudem folgte sie durch die Abgrenzung bei gleichzeitigem Bestehen auf ihrer Aussage unbewusst einem klischeehaften Sprachhandlungsmuster – „Ich bin kein Antisemit/Rassist/…, aber …" –, das in einer breiten Öffentlichkeit inzwischen als Indikator dafür gilt, dass genau eine antisemitische/rassistische/… Aussage folgen wird: „Es kompliziert die Lage, dass der erste Satz von Antisemiten zu sein pflegt: Ich bin kein Antisemit, aber …" (*taz*, 12.6.2002: 12), „Das Entscheidende steht rechts vom Komma: ‚Ich bin kein Antisemit, aber …'; ‚Ich habe nichts gegen Ausländer, aber …'" (*Welt*, 3.3.2003: 8); „Vor allem in diesen Wochen, dem Möllemann sei Dank, beginnen eine Menge Sätze, die früher nur gedacht wurden, mit einer kennzeichnenden Einschränkung: ‚Ich bin kein Antisemit, aber …'" (*Spiegel*, 1.7.2002: 160), „‚Ich bin bestimmt kein Frauenfeind aber, Frauen und Fußball – nee, nee.' Oder: ‚Ich bin kein Rassist, aber …'" (*Frankfurter Rundschau*, 24.1.2004; vgl. *Welt* 30.9.2002: 33, *taz*, 30.11.2002 u.v.m.). Schon allein deshalb konnte Hermans Aussage als unangemessen empfunden werden, unabhängig davon, was ihre tatsächliche Meinung war.

demokratischer Diskussionskultur. Zudem ist zu bedenken, dass die Sprachwissenschaft, handelte es sich tatsächlich nicht um Sprach- sondern um Sach-, Meinungs- oder Gesellschaftskritik, für derartige Urteile auch nicht mehr ‚zuständig' wäre. Es ist jedoch durchaus ein Anliegen vieler Linguisten, auf grammatisch oder sprachhistorisch nicht haltbare sprachkritische Thesen zu reagieren – „[d]as Interesse nämlich an sprachlicher Orientierung ist groß" (Schiewe 2006: 14). Nur wenn die Sprachwissenschaft die genannten Formen von Sprachreflexion als Sprachkritik anerkennt, kann sie legitimerweise dem „Zwiebelfisch" das „Szientifisch"[26] entgegensetzen.

Literatur

Adorno, Theodor W. (1964) Jargon der Eigentlichkeit. Zur deutschen Ideologie. Frankfurt a. M.

Ammon, Karl (1933) Heiße Bitte an unsere Führer. In: Muttersprache 12/48, Sp. 429–430.

Anonymus (~1638) Ein neues Klaglied / wider alle Sprachverderber / der teutsche Michel genandt (Druck B). Zitiert nach: Jones (1995), S. 141–157.

Anonymus (1643) Der Vnartig Teutscher Sprach-Verderber. Beschrieben Durch Einen Liebhaber der redlichen alten teutschen Sprach. Zitiert nach: Jones (1995), S. 289–304.

Ball, Hugo (1916) Eröffnungs-Manifest zum 1. Dada-Abend am 14. Juli 1916. In: Ders.: Der Künstler und die Zeitkrankheit. Ausgewählte Schriften. Hrsg. und mit einem Nachwort versehen von Hans Burkhard Schlichting. Frankfurt a. M. 1984, S. 40.

Bär, Jochen A. (2002) Das Wort im Spiegel der Sprachkritik. In: Ágel, Vilmos/Gardt, Andreas/ Haß-Zumkehr, Ulrike/Roelcke, Thorsten (Hg.) Das Wort. Seine strukturelle und kulturelle Dimension. Festschrift für Oskar Reichmann zum 65. Geburtstag. Tübingen, S. 133–158.

Bär, Jochen A. (2001) Gegenstände der Sprachkritik: Wörter – Worte – das Wort. In: Sprachreport 17 (4/2001), S. 14–20.

Bär, Jochen A. (2002) Darf man als Sprachwissenschaftler die Sprache pflegen wollen? Anmerkungen zu Theorie und Praxis der Arbeit mit der Sprache, an der Sprache, für die Sprache. In: Zeitschrift für germanistische Linguistik 30 (2002), S. 222–251.

Bernsmeier, Helmut (1983) Der Deutsche Sprachverein im „Dritten Reich". In: Muttersprache 93, S. 35–58.

Betz, Werner (1968) Fünf Gegenthesen. In: Sternberger/Storz/Süskind (³1968), S. 335–339.

Campe, Joachim Heinrich (1790) Briefe aus Paris zur Zeit der Revolution geschrieben. Braunschweig.

Campe, Joachim Heinrich (1791) Proben einiger Versuche von deutscher Sprachbereicherung. Aus dem Braunschweigischen Journale abgedruckt. Braunschweig.

Campe, Joachim Heinrich (1794) Ueber die Reinigung und Bereicherung der Deutschen Sprache. Dritter Versuch welcher den von dem königl. Preuß. Gelehrtenverein zu Berlin ausgesetzten Preis erhalten hat. Verbesserte und vermehrte Auflage. Braunschweig.

Campe, Joachim Heinrich (1807) Wörterbuch der deutschen Sprache. Band 1. Braunschweig.

Campe, Joachim Heinrich (1811) Wörterbuch der deutschen Sprache. Band 5. Braunschweig.

Campe, Joachim Heinrich (²1813) Wörterbuch zur Erklärung und Verdeutschung der unserer Sprache aufgedrungenen fremden Ausdrücke. Ein Ergänzungsband zu Adelung's und Campe's Wörterbüchern. Neue starkvermehrte und durchgängig verbesserte Ausgabe. Braunschweig.

---

[26] Das Adjektiv *szientifisch* stammt vom vulgärlateinischen *scientificus*, ‚wissenschaftlich' (aus lat. *scientia*, ‚Wissenschaft'), die Gegenüberstellung der beiden „Fische" von Meinunger (2008: 9).

Crystal, David (²1997) The Cambridge Encyclopedia of Language. 2. Auflage. Cambridge.

Davidson, Donald (1973) Radical Interpretation. In: Dialectica 27, S. 313–328.

Dieckmann, Walther (2006) Sprachkritik: ein Haus mit vielen Wohnungen. Spielarten wortbezogener Sprachkritik. In: Der Deutschunterricht 58 (5/2006), S. 17–26.

dpa 2007 = Deutsche Presseagentur (2007) Unwort des Jahres. „Herdprämie" oder „Mumienpornografie"? Online verfügbar auf www.stern.de/unterhaltung/buecher/:Unwort-Jahres-Herdpr%E4mie-Mumienpornografie/602913.html.

Dunger, Hermann (1887) Die Sprachreinigung und ihre Gegner. Eine Erwiderung auf die Angriffe von Gildemeister, Grimm, Rümelin und Delbrück. Festschrift zur Begrüßung der 1. Hauptversammlung des Allgemeinen Deutschen Sprachvereins in Dresden am 8. und 9. Oktober 1887. Dresden.

DWB 6 = Grimm, Jacob/Grimm, Wilhelm (Begr.) Deutsches Wörterbuch. Band 6 (IV,I,3). Bearbeitet von Hermann Wunderlich. Leipzig 1911.

DWB 15 = Grimm, Jacob/Grimm, Wilhelm (Begr.) Deutsches Wörterbuch. Band 15 (IX). Bearbeitet von Dr. Moriz Heyne im Verein mit Dr. Rudolf Meiszner. Leipzig 1899.

Einhauser, Eveline (2001) Die Entstehung und frühe Entwicklung des junggrammatischen Forschungsprogramms. In: Auroux, Sylvain u. a. (Hg.) History of the Language Sciences […]. An International Handbook on the Evolution of the Study of Language from the Beginnings to the Present. […] Bd. 2. Berlin/New York: S. 1338–1350.

Engel, Eduard (1911) Deutsche Stilkunst. Mit 18 Handschriften. Wien.

Feilke, Helmuth (1994) Ohne Netz und Spiegel. Wie bestimmt Sprache das Bewußtsein? In: Der Deutschunterricht 46 (4/1994), S. 71–81.

Felder, Ekkehard (2006) Semantische Kämpfe in Wissensdomänen. Eine Einführung in Benennungs-, Bedeutungs- und Sachverhaltsfixierungs-Konkurrenzen. In: Ders. (Hg.) Semantische Kämpfe. Macht und Sprache in den Wissenschaften. Berlin/New York, S. 13–46.

Felder, Ekkehard (2009) Linguistische Sprachkritik im Geiste linguistischer Aufklärung. In: Liebert, Wolf-Andreas/Schwinn, Horst (Hg.) Mit Bezug auf Sprache. Festschrift für Rainer Wimmer. Tübingen (= Studien zur deutschen Sprache. Forschungen des Instituts für Deutsche Sprache Bd. 49), S. 163–185.

Fill, Alwin (1993) Ökolinguistik. Eine Einführung. Tübingen.

Gardt, Andreas (1999) Geschichte der Sprachwissenschaft in Deutschland: Vom Mittelalter bis ins 20. Jahrhundert. Berlin/New York.

Gardt, Andreas (2002) Sprachkritik und Sprachwissenschaft. Zur Geschichte und Unumgänglichkeit einer Einflussnahme. In: Spitzmüller, Jürgen (Hg.) Streitfall Sprache: Sprachkritik als angewandte Linguistik? Mit einer Auswahlbibliographie zur Sprachkritik (1990 bis Frühjahr 2002). Bremen, S. 39–58.

Glück, Helmut (2000) Dürfen Linguisten werten? In: Glück, Helmut / Krämer, Walter: Die Zukunft der deutschen Sprache. Eine Streitschrift. Leipzig etc., 62–70.

Götze, Alfred (1935) Deutsche Hochschullehrer, deutsche Forscher, sprecht deutsch. In: Muttersprache 3/50, Sp. 80.

Grimm, Jacob (1822/³1840) Deutsche Grammatik. Erster Theil. Göttingen.

Guentherodt, Ingrid/Hellinger, Marlis/Pusch, Luise F./Trömel-Plötz, Senta (1980) Richtlinien zur Vermeidung sexistischen Sprachgebrauchs. In: Linguistische Berichte 69, S. 15–21.

Hall, Robert A. Jr. (1950) Leave your language alone! Ithaca (NY).

Harsdörffer, Georg Philipp (1659) Lateinischdeutsch. In: Ders.: Nathan und Jotham: Das ist Geistliche und Weltliche Lehrgedichte. Durch ein Mitglied der Hochlöblichen Fruchtbringenden Gesellschafft. Nürnberg. Zitiert nach: Jones (1995), S. 269.

Hartig, Otto (1922) Christoph Schorer von Memmingen und sein „Sprachverderber" (1643). München.

Heringer, Hans Jürgen (1982) Sprachkritik – die Fortsetzung der Politik mit besseren Mitteln. In Ders. (Hg.) Holzfeuer im hölzernen Ofen. Aufsätze zur politischen Sprachkritik. Tübingen, S. 3–34.

Herman, Eva (2006) Das Eva-Prinzip. Für eine neue Weiblichkeit. München/Zürich.

Hirsch, Eike Christian (1976) Deutsch für Besserwisser. Hamburg.

Hübner, Artur (1934) Die Einigung der deutschen Sprache. In Muttersprache 4/49, S. 105–112.

Jahnke, Richard (1933) Deutschland, erwache! In: Muttersprache 4/48, Sp. 97–98.

Jones, William Jervis (1995) (Hg.) Sprachhelden und Sprachverderber. Dokumente zur Erforschung des Fremdwortpurismus im Deutschen (1478–1750). Berlin/New York 1995.

Kapitzky, Jens (2000) Sprachkritik und Political Correctness in der Bundesrepublik. Aachen.

Keller, Rudi (²1994) Sprachwandel. Von der unsichtbaren Hand in der Sprache. Zweite, überarbeitete und erweiterte Auflage. Tübingen.

Kerner 2007 = Johannes B. Kerner. Sendung vom 9.10.2007. Online verfügbar unter www.zdf.de/ZDFmediathek/content/Eva_Herman_bei_Kerner/335636.

Kilian, Jörg (2001) Kritische Semantik. Für eine wissenschaftliche Sprachkritik im Spannungsfeld von Sprachtheorie, Sprachnorm, Sprachpraxis. In: Zeitschrift für germanistische Linguistik 29, S. 293–318.

Kirkness, Alan (1975) Zur Sprachreinigung im Deutschen 1789–1871. Eine historische Dokumentation. 2 Bde. Tübingen (= Forschungsberichte des Instituts für deutsche Sprache Mannheim, Bd. 26).

Klann-Delius, Gisela (2005) Sprache und Geschlecht. Eine Einführung. Stuttgart/Weimar.

Klemperer, Victor (1947/1997) An annotated edition of Victor Klemperer's LTI, Notizbuch eines Philologen. With English notes and commentary by Roderick Watt. Lewiston (NY).

Kluge, Friedrich (Begr.) (²⁴2002) Etymologisches Wörterbuch der deutschen Sprache. 24., durchgesehene und erweiterte Auflage. Bearbeitet von Elmar Seebold. Berlin/New York.

Kolb, Herbert (1968) Der inhumane Akkusativ. In: Sternberger/Storz/Süskind (³1968), S. 229–245.

Korn, Karl (1958/1962) Sprache in der verwalteten Welt. Erweiterte Auflage. München.

Kraus, Karl (1899) Vorwort. In: Die Fackel 1, S. 1–2.

Ludwigsen, Horst (2008) „Die Wortstellung ist jüdisch …". In: Sprachnachrichten 38 (Juni 2008), S. 13.

Marcuse, Herbert (1967) Der eindimensionale Mensch. Studien zur Ideologie der fortgeschrittenen Industriegesellschaft. Neuwied/Berlin.

Marcus, Willi (1940) Sprache und Krieg. In: Muttersprache 11/55, Sp. 161–164.

Marcus, Willi (1942) Zum gegenwärtigen Stand der Fremdwörterfrage. In: Muttersprache 11/57, Sp. 160–161.

Marquardt, Beate (1984) Die Sprache des Menschen und ihre biologischen Voraussetzungen. Tübingen.

Meinunger, André (2008) Sick of Sick. Ein Streifzug durch die Sprache als Antwort auf den „Zwiebelfisch". Berlin.

Minor, J[akob] (1892) Allerhand Sprachgrobheiten. Eine höfliche Entgegnung. Stuttgart.

Müller, Hans (1943) Bremer Sprachschlüssel Nr. 59 und 60. In: Muttersprache 58. Schlußheft, Sp. 60–62.

Neumark, Georg (1668) Der Neu-Sprossende Teutsche Palmbaum. Nürnberg.

Olt, Reinhard (1991) Wider das Fremde? Das Wirken des Allgemeinen Deutschen Sprachvereins in Hessen 1885–1944. Darmstadt.

Pfalzgraf, Falco (2006) Neopurismus in Deutschland nach der Wende. Frankfurt.

Polenz, Peter von (1967). Sprachpurismus und Nationalsozialismus. In: Wiese, Benno von (Hg.) Die ‚Fremdwortfrage' gestern und heute. In: Nationalismus in Germanistik und Dichtung. Dokumentation des Germanistentages in München vom 17.–22. Oktober 1966. Berlin, S. 79–112.

Polenz, Peter von (1968). Funktionsverben im heutigen Deutsch. Sprache in der rationalisierten Welt. In: Sternberger/Storz/Süskind (³1968), S. 246–268.

Polenz, Peter von (1994). Deutsche Sprachgeschichte vom Spätmittelalter bis zur Gegenwart. Band 2. 17. und 18. Jahrhundert. Berlin/New York.

Polenz, Peter von (2005) Streit über Sprachkritik in den 1960er Jahren. In: Aptum. Zeitschrift für Sprachkritik und Sprachkultur 2/2005, S. 97–111.

Pusch, Luise F. (1984) Das Deutsche als Männersprache. Aufsätze und Glossen zur feministischen Linguistik. Frankfurt a. M.

Pusch, Luise F. (1999) Die Frau ist nicht der Rede wert. Aufsätze, Reden und Glossen. Frankfurt a. M.

Reallexikon ³2003 = Reallexikon der deutschen Literaturwissenschaft. Dritter Band. 3., neubearbeitete Auflage. Hrsg. von Jan-Dirk Müller. Berlin

Reiners, Ludwig (1943) Deutsche Stilkunst. Ein Lehrbuch deutscher Prosa. München.

Riegel, Hermann (1886) Der allgemeine deutsche Sprachverein. In: Zeitschrift des Allgemeinen Deutschen Sprachvereins 1 (1/1886), S. 1–2.

Reußner, Ernst Adolf (1941) Fliegerdeutsch einmal ernsthaft. In Muttersprache 5/1941, Sp. 67–71.

Rohweder, Christian (2008) Unwort des Jahres: „Streik". In: Just My 2 Cents, 5.3.2008. Online verfügbar auf: http://blog.rohweder.org/2008/03/05/unwort-des-jahres-streik/.

Rowi (2007) Unwort. In: Der Standardleitweg, 9.1.2007. Online verfügbar auf: http://rowi.standardleitweg.de/archives/351-Unwort.html.

Ruprecht, Alwin (1943) Abschied von der „Muttersprache". In: Muttersprache 58. Schlußheft, Sp. 41–42.

Samel, Ingrid (²2000) Einführung in die feministische Sprachwissenschaft. 2., überarbeitete und erweiterte Auflage. Berlin.

Sanders, Willy (1988) Die Faszination schwarzweißer Unkompliziertheit. Zur Tradition deutscher Stillehre im 20. Jahrhundert (E. Engel – L. Reiners – W. Schneider). In: Wirkendes Wort, 3 (1988), S. 376–394.

Saussure, Ferdinand de (1916/²1967) Grundfragen der allgemeinen Sprachwisenschaft. Hrsg. von Charles Bally und Albert Sechehaye. Unter Mitwirkung von Albert Riedlinger übers. von Hermann Lommel. Berlin.

Scheffler, Karl (1934a) Briefakten. In: Muttersprache 3/49, Sp. 98–100.

Scheffler, Karl (1934b) Welschereien aller Art. In: Muttersprache 3/49, Sp. 95–98.

Schiewe, Jürgen (1998) Die Macht der Sprache. Eine Geschichte der Sprachkritik von der Antike bis zur Gegenwart. München.

Schiewe, Jürgen (2003) Über die Ausgliederung der Sprachwissenschaft aus der Sprachkritik: Wissenschaftsgeschichtliche Überlegungen zum Verhältnis von Normsetzung, Normreflexion und Normverzicht. In: Angelika Linke et al. (Hg.) Sprache und mehr. Tübingen, S. 401–416.

Schiewe, Jürgen (2006) Sprachkritik. Historische Positionen und theoretische Begründungen. In: Der Deutschunterricht 58 (5/2006), S. 6–16.

Schiewe, Jürgen/Wengeler, Martin (2005) Einführung der Herausgeber. In: Aptum. Zeitschrift für Sprachkritik und Sprachkultur 1, S. 1–13.

Schleicher, August (1863) Die Darwinsche Theorie und die Sprachwissenschaft. Offenes Sendschreiben an Herrn Dr. Ernst Häckel. Weimar.

Schlosser, Horst Dieter (2000a) Lexikon der Unwörter. Gütersloh.

Schlosser, Horst Dieter (2000b) 525 Jahre „Unwort". Gesamt-, West- und Ostdeutsches im Spiegel der Sprachkritik. In: Eichhoff-Cyrus, Karin M. / Hoberg, Rudolf (Hg.) (2000) Die deutsche Sprache zur Jahrtausendwende. Sprachkultur oder Sprachverfall? Mannheim (= Thema Deutsch, Bd. 1).

Schlosser, Horst Dieter (2003) Sprachkritik per Volksabstimmung? Erfahrungen mit zwölf Jahren „Unwort des Jahres" In: Bär, Jochen A. (Hg.) Von „aufmüpfig" bis „Teuro". Die „Wörter der Jahre" 1971–2002. Mannheim etc. (= Thema Deutsch, Bd. 4), S. 69–79.

Schlosser, Horst Dieter (2007) Zigeuner heißen jetzt „mobile ethnische Minderheit". Bis Januar werden Vorschläge für das „Unwort des Jahres" angenommen: Ein Gespräch mit Jury-Chef Hans-Dieter Schlosser (Antje Hildebrandt.). In: *Die Welt*, 29.11.2007, S. 27.

Schmidt-Rohr, Georg (1940) Rassebewußtsein – Rassenbewußtsein? In: Muttersprache 3/55, Sp. 33–35.

Schneider, Wolf (1982/⁹2001) Deutsch für Profis. Wege zu gutem Stil. 9. Auflage. Überarbeitete Taschenbuchausgabe. München.

Schneider, Wolf (1987/⁴2008) Deutsch für Kenner. Die neue Stilkunde. 4. Auflage. München/ Zürich.

Schneider, Wolf (2008) Speak German! Warum Deutsch manchmal besser ist. Reinbek bei Hamburg.

Schreiber, Mathias (2006) Deutsch for sale. In: Der Spiegel 40/2006 (2.10.2006), S. 182–198.

Schröer, B. (1933) [Fremdwörter der „NSDAP"]. In: Muttersprache 11/48, Sp. 399–400.

Schulze, Werner (1933) NSDAP. In: Muttersprache 10/48, Sp. 357–360.

Schwinn, Horst (1997) Linguistische Sprachkritik. Ihre Grenzen und Chancen. Heidelberg.

Schwinn, Horst (2005) Sprachkritik ist begründbar! In: Aptum. Zeitschrift für Sprachkritik und Sprachkultur 1, S. 37–51.

Seemann, Horst (1941) „Wer mich verbrittet, ich hass' ihn". In: Muttersprache 6/56, Sp. 81–84.

Sick, Bastian (¹¹2004) Der Dativ ist dem Genitiv sein Tod. Ein Wegweiser durch den Irrgarten der deutschen Sprache. Köln.

Sick, Bastian (²2005) Der Dativ ist dem Genitiv sein Tod. Folge 2. Neues aus dem Irrgarten der deutschen Sprache. Köln.

Sick, Bastian (2006) Der Dativ ist dem Genitiv sein Tod. Folge 3. Noch mehr Neues aus dem Irrgarten der deutschen Sprache. Köln.

Sick, Bastian (2007) Wo holen seliger denn nehmen ist. Der Zwiebelfisch, 31.1.2007. Online verfügbar auf www.spiegel.de/kultur/zwiebelfisch/0,1518,462908,00.html.

Spitzer, Leo (1918) Fremdwörterhatz und Fremdwörterhaß. Eine Streitschrift gegen die Sprachreinigung. Wien.

Sprachverein 1933a = An unsere Mitglieder. In: Muttersprache 5/48, Sp. 145–148.

Sprachverein 1933b = Mitteilungen. Amtliche Sprachpflege. In: Muttersprache 9/48, Sp. 323–326.

Stefanowitsch, Anatol (2007a) Presseschau. In: Bremer Sprachblog, 27.1.2007. Online verfügbar auf: www.iaas.uni-bremen.de/sprachblog/2007/01/27/presseschau.

Stefanowitsch, Anatol (2007b) Unwörter und Undinge. In: Bremer Sprachblog, 22.11.2007. Online verfügbar auf: www.iaas.uni-bremen.de/sprachblog/2007/11/22/unworter-und-undinge.

Stefanowitsch, Anatol (2008) Sprachnörgler und Sprachwissenschaftler. In: Bremer Sprachblog, 14.5.2008. Online verfügbar auf: www.iaas.uni-bremen.de/sprachblog/2008/05/14/sprachnorgler-und-sprachwissenschaftler.

Sternberger, Dolf (1962) Maßstäbe der Sprachkritik. Vortrag vor der „Deutschen Akademie für Sprache und Dichtung", 10. Oktober 1962. Abgedruckt in: Sternberger/Storz/Süskind (³1968), S. 269–288.

Sternberger, Dolf (1965) Das heutige Deutsch – nachlässig, verräterisch oder einfach zeitgemäß? Fünf Thesen. Abgedruckt in: Sternberger/Storz/Süskind (³1968), S. 328–339.

Sternberger, Dolf/Storz, Gerhard/Süskind, Wilhelm E. (1945–48/³1968) Aus dem Wörterbuch des Unmenschen. Neue erweiterte Ausgabe mit Zeugnissen des Streites über die Sprachkritik (3. Auflage). Hamburg/Düsseldorf.

Streicher, Oskar (1933a) Ein Volk und zwei Sprachen? In: Muttersprache 4/48, Sp. 97–100.

Streicher, Oskar (1933b) Die Stunde des Deutschen Sprachvereins In: Muttersprache 6/48, Sp. 181–184.

Tappolet, Ernst (1898) Wustmann und die Sprachwissenschaft. Zürich (= Mitteilungen der Gesellschaft für deutsche Sprache in Zürich, Heft III).

Thalex (2008) Unwort des Jahres. In: Thalex the Netdiver, 15.1.2008. Online verfügbar auf http://thalex.wordpress.com/2008/01/15/unwort-des-jahres/.

Thomasin von Zerklaere (~1215/2004) Der welsche Gast. Text (Auswahl) – Übersetzung – Stellenkommentar. Übersetzt von Eva Willms. Berlin/New York.

Trömel-Plötz, Senta (1978) Linguistik und Frauensprache. In: Linguistische Berichte 57, S. 49–69.

Trömel-Plötz, Senta (1982). Frauensprache: Sprache der Veränderung. Frankfurt a. M.

Uni-Protokolle (2008) Was ist das Unwort des Jahres? Online verfügbar auf:
    www.uni-protokolle.de/foren/viewt/210039,0.html.

VDS 2006 = Verein Deutsche Sprache e.V. (2006) Sprachpolitische Leitlinien. Online verfügbar auf: www.vds-ev.de/verein/leitlinien.pdf.

VDS 2008 = Verein Deutsche Sprache e.V. (2006) VDS vorgestellt. Online verfügbar auf:
    www.vds-ev.de/verein.

Weigel, Hans (1974) Die Leiden der jungen Wörter. Ein Antiwörterbuch. Zürich/München.

Weisgerber, Leo (1958) Verschiebungen in der sprachlichen Einschätzung von Menschen und Sachen. Köln/Opladen.

Wengeler, Martin (2002) „1968", öffentliche Sprachsensibilität und *political correctness*. Sprachgeschichtliche und sprachkritische Anmerkungen. In: Muttersprache 112, S. 1–14.

Whorf, Benjamin Lee (1956) Language, thought, and reality. Selected writings of Benjamin Lee Whorf. Edited and with an introduction by John B Carroll. Cambridge (MA).

Wiechers, Silke (2004) Die Gesellschaft für deutsche Sprache. Vorgeschichte, Geschichte und Arbeit eines deutschen Sprachvereins. Frankfurt a. M.

Wimmer, Rainer (1982) Überlegungen zu den Aufgaben und Methoden einer linguistisch begründeten Sprachkritik. In: Heringer, Hans Jürgen (Hg.) Holzfeuer im hölzernen Ofen. Aufsätze zur politischen Sprachkritik. Tübingen, S. 290–313.

Winkler, Leonhard (1934) Entmannung und Unfruchtbarmachung. In: Muttersprache 6/49, Sp. 214.

Wustmann, Gustav (1891) Allerhand Sprachdummheiten. Kleine deutsche Grammatik des Zweifelhaften, des Falschen und des Häßlichen. Ein Hilfsbuch für alle, die sich öffentlich der deutschen Sprache bedienen. Leipzig.

Wustmann, Gustav (^{3}1903) Allerhand Sprachdummheiten. Kleine deutsche Grammatik des Zweifelhaften, des Falschen und des Häßlichen. Ein Hilfsbuch für alle, die sich öffentlich der deutschen Sprache bedienen. Dritte, verbesserte und vermehrte Auflage. Leipzig.

Wustmann, Gustav (^{10}1935) Sprachdummheiten. In der zehnten Auflage vollständig erneuert von Werner Schulze. Berlin/Leipzig.

Wustmann, Gustav (^{10}1966) Hrsg. von Werner Schulze. Erneuerte 14. Auflage, Berichtigter und erweiterter Neudruck. Berlin.

Wyle, Niklas von (1478) wie man aim yeden in seinen stande ain gebürlich überschrift setzen sölt. Zitiert nach: Jones (1995), S. 17–18.

Zesen, Philipp von (1645) Schutzrede an die unůberwůndlichste Deutschinne. Zitiert nach: Jones (1995), S. 213–217.

Zesen, Philipp von (1672) Kriegsarbeit Oder Neuer Festungsbau. Zitiert nach: Jones (1995), S. 239.

Heidelberger Jahrbücher, Band 53 (2009)
E. Felder (Hrsg.) Sprache
© 2009 Springer-Verlag Berlin Heidelberg

Printing: Krips bv, Meppel, The Netherlands
Binding: Stürtz, Würzburg, Germany